南充市
地方志志

NANCHONGSHIDIFANGZHIZHI

南充市地方志志编纂委员会　编

方志出版社
Publishing House of Local Records

图书在版编目（CIP）数据

南充市地方志志 / 南充市地方志志编纂委员会编. —北京：方志出版社，2016.12
ISBN 978-7-5144-2291-7

Ⅰ.①南…　Ⅱ.①南…　Ⅲ.①地方志-编纂工作-南充　Ⅳ.①K297.13

中国版本图书馆 CIP 数据核字（2016）第 302702 号

南充市地方志志

编　　者：南充市地方志志编纂委员会
责任编辑：罗　滔
出 版 人：冀祥德
出 版 者：方志出版社
　　地址　北京市朝阳区潘家园东里 9 号（国家方志馆 4 号）
　　邮编　100021
　　网址　http://www.fzph.org
发　　行：方志出版社发行部
　　电话　（010）67110500
经　　销：各地新华书店
印　　刷：成都勤德印务有限公司
开　　本：889×1194　　1/16
印　　张：26
字　　数：684 千
版　　次：2016 年 12 月第 1 版　　2016 年 12 月第 1 次印刷
印　　数：0001~1500 册

ISBN 978-7-5144-2291-7　　定价：260.00 元

2005年7月2日，四川省地方志编纂委员会党组书记、副主任秦安禄（前排左二）出席南充市《仪陇县志》评审会

2014年9月24日，四川省地方志编纂委员会党组书记、副主任马小彬（左一）到南充市西充县调研地方志工作

2014 年 9 月 2 日至 3 日，四川省地方志编纂委员会党组成员、副主任罗亚夫（左二）到南充研究指导《川北区志》编纂工作

2015年6月18日，四川省地方志编纂委员会党组成员、机关党委书记王孝平（左一）到南充调研地方志工作

2009年12月15日，市委副书记、市长、南充市志编纂委员会主任高先海（中）专题听取《南充市志》编纂情况汇报

2016年1月15日，市委副书记、市长、市地方志编纂委员会主任向东（左三）视察南充市方志馆建设

2016年5月12日，市委副书记、市长、市地方志编纂委员会主任宋朝华（右一）视察南充市方志馆建设

2011 年 6 月 30 日，市政协主席杜光辉（左四）主持召开市政协四届第四十二次主席会议，专题听取《南充市志》编纂及全市地方志工作汇报

1989年4月20日，地区行署副专员、地区地方志编审委员会主任黄德益（中）向修志先进集体颁奖

1991 年 9 月 24 日至 26 日，原地区行署常务副专员、原地区地方志编纂工作领导小组组长郭光杰(前排右四)出席《南部县志稿》评议会

2003年4月9日，市委常委、常务副市长、南充市志编纂委员会副主任伏文超（右一）出席《南充市志》编纂工作会议

2009年3月26日，市委常委、常务副市长、南充市志编纂委员会副主任向东（中）专题研究《南充市志》编纂工作

2014年7月3日，市政府副市长、市地方志编纂委员会副主任朱家媛（右一）到北京请胡耀邦长子胡德平（中）审核《川北区志》（征求意见稿）

2015年7月21日，市政府副市长、市地方志编纂委员会副主任单木真（中）到市地志办调研地方志工作

2012 年 4 月 26 日，市政府召开《南充市志（1707–2003）》编纂总结表彰暨首发式、《川北区志》编纂工作启动会议。省地方志编委会党组书记、副主任马小彬（左五），市人大常委会副主任李南春（右四）、市政府副市长朱家媛（左四）、市政协副主席王晓贤（右三）、市政府秘书长沈一凡（右二）、市政府副秘书长张相君（左二）、省地方志编委会市县（市）志处处长何瑞明（左三）、省地方志编委会综合处处长邓瑜（右一）、市地志办主任夏建平（左一）出席会议

2015年12月15日，市政府召开南充市地方志工作会议，省地方志工作办公室党组书记、主任马小彬（左二），市政府副市长单木真（右二）、市政府副秘书长李会全（左一）、市地志办主任夏建平（右一）出席会议

2010年2月1日，市地志办主任夏建平（左一）在全省地方志工作会议上作经验发言

2013 年 3 月 22 日，市政府副市长、川北区志编委会副主任朱家媛（右三）主持召开川北区志编委会第一次会议

2016 年 5 月 13 日，市政府副秘书长李斌（左三）主持召开《南充市地方志事业第十三个五年发展规划》征求意见会

2006年12月20日，全市2007年度地方志工作会议召开

2008年8月12日，全市地方志工作会议召开。市人大常委会副主任傅伦佳（左四），市政协副主席康大寿（左五），市政府副秘书长、办公室主任袁志鸣（左三）出席会议

2009 年 7 月 30 日，全市地方志半年工作座谈会在西充县召开

2012 年 3 月 14 日，南充市 2012 年度地方志工作会议召开。市政协副主席王晓贤（右五）、市政府秘书长沈一凡（右四）、市政府副秘书长何刚（左三）、市政协学习文史委主任郭宪义（右三）、市人大教科文卫委副主任何志明（左二）等出席会议

2015年4月9日，市地志办主任、《南充市地方志志》编委会主任夏建平（中）主持召开《南充市地方志志》编纂工作会。从左二至右依次为：段红卫、王昌良、杨朝志、唐文雄、于明、夏建平、朱和晏、冯瑛（女）、文海燕（女）、罗君（女）、杨全、刘青（女）

2016年12月9日，市地志办主任夏建平（右三）主持召开全市地志办主任会，对换届后县（市、区）地志办主任进行工作培训

2014 年 9 月 24 日，省地方志编委会党组书记、副主任马小彬（左二）到南充调研南充市方志馆建设情况

2013 年 2 月 21 日，省地方志编委会副主任罗亚夫（右三）、副巡视员汪毅（右二）和省政府法制办处长陈标（左三）等到南充专题调研《四川省地方志工作条例》（修订）立法工作

2015 年 6 月 18 日，省地方志编委会机关党委书记王孝平（右三）到南充市嘉陵区调研地方志工作

2015 年 10 月 13 日，市政协委员视察南充市方志馆建设及南充市地方志工作

2009年11月10日，《南充市志（1707—2003）》复审评议会召开

2009年12月24日，省政府组织召开《南充市志（1707—2003）》终审验收会

2014年10月17日，《川北区志》复审评议会召开

2014年11月28日，省政府组织召开《川北区志》终审验收会

2007年12月26日，南充市《顺庆区志》志稿评议会召开

2010年12月24日，南充市地志办、西充县政府组织召开《西充县志》复审评议会

2011年，市政府县（市、区）地方志书审查验收小组召开《蓬安县志（1986—2006）》终审验收会

1988 年 5 月 16 日，南充县召开《南充县税务志》评审会议

1996 年 11 月 8 日，《南充邮电志》评审会召开

2012 年 9 月 26 日，市地志办组织召开《六合集团志》评审会

2016 年 9 月 20 日,《南充市地方志志》评审验收会召开。评审验收组成员(从左至右依次为):徐方强、邓郁章、朱艳林(女)、李斌、马小彬、高志刚、吴兴中、罗永师

2015 年 10 月 23 日，市政府县(市、区)地方志书审查验收小组召开《南充民盟志(1945—2014)》终审验收会

2015 年 12 月 22 日，市政府县(市、区)地方志书审查验收小组召开《南充市检察志》终审验收会

2015 年 10 月 30 日，市政府县（市、区）地方志书审查验收小组召开《汶川特大地震仪陇县抗震救灾志》终审验收会

2016 年 1 月 13 日，市政府县（市、区）地方志书审查验收小组召开《汶川特大地震南部县抗震救灾志》终审验收会

2013 年 5 月 21 日，高坪区举行《高坪区志（1993—2007）》首发式暨《高坪年鉴（2012—2013）》编纂培训会

2013年12月20日，西充县举行《西充县志（1986—2005）》首发式暨座谈会议

2014年5月16日，嘉陵区举行《嘉陵区志（1993—2003）》首发式

2016年7月20日，蓬安县举行明正德《蓬州志》点校发行座谈会

1989 年 11 月 14 日至 17 日，川东北第六次方志学术讨论暨《蓬安县志》稿评议会在蓬安县召开

1991 年 6 月 26 日至 29 日，川东北地方志第七次学术讨论暨《西充县志》稿评议会在西充县召开

2002 年 11 月 5 日，川东北地区地方志工作研讨会在南充召开

1986 年 10 月 7 日至 12 日，南充地区地方志编纂工作领导小组在营山县召开县（市）志编纂研讨会

1992年11月23日，四川省第二次市志研讨会暨《南充市志》（县级）志稿评议会在南充市（县级）召开

2009 年 11 月 27 日，市地志办主任、南充市志编纂委员会副主任、执行副总编夏建平（左三）与执行副总编何进（左二）、于明（左一），特邀副总编罗永师（右一）、徐方强（右二）研究讨论《南充市志》复审评议会评审意见

2013 年 3 月 25 日，市地志办主任、川北区志编委会副主任、执行总编夏建平（右四）主持召开《川北区志》撰稿人员研讨会议

2016年5月23日，市地志办与9个县（市、区）地志办主任研讨《南充市地方志志》修改工作。从左至右依次为：刘波、段红卫、罗君（女）、于明、何进、袁渊明、夏建平、朱和晏、杨朝志、唐文雄、冯瑛（女）、蒙忻、邱敏、王昌良

2016年11月24日至25日，南充市地志办牵头研究的四川省地方志系统重点研究课题“方志馆建设及规范化管理”研讨会在南充召开。省地方志办党组成员、机关党委书记王孝平（左二），省地方志学会秘书长熊倩（右一）以及南充、广安、达州、巴中、绵阳、泸州、阿坝等7个市州课题研究分管领导和研究人员出席研讨会

2016年12月28日，全市第二轮志书编纂组织与管理课题研讨会召开

2007年8月22日，南充市地方志工作暨学术研讨会在阆中市召开

2008年9月26日，西充县举办《西充县志》分志撰稿人员培训

2012年5月16日至17日，中共高坪区委党校举办地方志（年鉴）撰稿人培训班

2014年3月13日，市地志办主任夏建平给全办干部职工作《牢记宗旨，勤奋实干，争做一名优秀地方志工作者》专题党课报告。从左至右依次为：袁渊明、祝华、于明、何进、夏建平、朱和晏、童梅菁（女）、付薇臻（女）、谢先锋

2015 年 7 月 13 日，市地志办在蓬安县召开《南充市地方志志》资料收集工作现场会

2016年3月16日，市地志办举办《南充年鉴》编辑人员业务培训会

2009年10月29日，市地志办主任夏建平（左三）等到广安市考察交流地方志工作

2012年7月8日至15日，市地志办主任夏建平（右一）随四川省地方志考察组参访台湾“国家图书馆”

2015 年 1 月 29 日，市地志办主任夏建平（右一）等到乐山市地志办考察交流地方志工作

2016 年 6 月 27 日至 30 日，市地志办主任夏建平（右三）参加省地方志办组织的赴浙江省、江苏省考察交流方志馆建设工作。图为考察江苏省方志馆

2016年10月24日至27日，市地志办副主任朱和晏（右二）等赴广东省、深圳市考察学习方志馆建设。图为与深圳市地志办主任黄玲（左二）等座谈交流并赠送《川北区志》

2015年9月8日，广安市地志办副主任谯小松（左二）等到南充考察古充国县遗址

2015 年 10 月 15 日，乐山市政府副秘书长魏立先（左一）等到南充考察南充市方志馆建设

2016 年 3 月 10 日，绵阳市地志办主任余正道（左二）到南充考察南充市方志馆建设

2016 年 11 月 2 日，遂宁市地志办主任周正琴（右二）等到南充考察交流地方志工作

2010 年 12 月 17 日，全国地方志系统表彰先进大会在人民大会堂召开。南充市地志办荣获“全国方志系统先进集体”称号，市地志办主任夏建平作为地方志先进集体代表出席表彰大会

2014 年 1 月 23 日，全省地方志工作会议暨表彰会在成都召开。南充市地志办荣获四川省地方志系统先进集体荣誉称号，市地志办主任夏建平（左一）出席表彰大会

2005年，阆中市地志办主任王国成荣获全国方志先进工作者荣誉称号

2010年，南充市顺庆区地志办主任冯瑛荣获全国方志系统先进个人荣誉称号

荣获四川省第十五次哲学社会科学优秀成果二等奖、四川省第十五次地方志优秀成果一等奖的《南充市志（1707—2003）》

荣获四川省第十七次哲学社会科学优秀成果三等奖、四川省第十七次地方志优秀成果一等奖的《川北区志（1950—1952）》

△ 荣获全国地方志书一等奖、四川省第四次哲学社会科学优秀成果二等奖、南充地区第一次哲学社会科学优秀成果一等奖的《营山县志》（1989年版）

△ 荣获全国地方志书二等奖、四川省第七次地方志优秀成果一等奖、南充市第二次哲学社会科学优秀成果一等奖的《蓬安县志》（1994年版）

△ 荣获四川省第六次哲学社会科学优秀成果三等奖、南充市第一次哲学社会科学优秀成果荣誉奖（高于一等奖）的《阆中县志》（1993年版）

△ 荣获四川省第五次哲学社会科学优秀成果三等奖、南充地区第二次哲学社会科学优秀成果一等奖的《南充蚕丝志》（1991年版）

△ 荣获四川省第十七次哲学社会科学优秀成果三等奖、四川省第十七次地方志优秀成果一等奖的明正德《蓬州志》（点校本）

荣获四川省地方志优秀成果奖、南充市（地区）哲学社会科学优秀成果奖的部分县（市、区）志

荣获四川省地方志优秀成果奖、南充市（地区）哲学社会科学优秀成果奖的部分市（地区）级部门志

荣获四川省地方志优秀成果奖、南充市（地区）哲学社会科学优秀成果奖的部分部门志书和资料书

荣获四川省地方志优秀成果奖的部分综合年鉴

荣获四川省地方志优秀成果奖的部分地情资料书

记述新中国成立初期川北区（省级）建立及发展变化的《川北区志》

记述清康熙四十六年（1707年）至2003年南充发展变化的《南充市志》

南充编纂出版的第一轮县（市）志

南充编纂出版的第二轮县（市、区）志

编纂出版的部分市（地区）级部门志书

县（市、区）编纂出版的部分部门志书

县（市、区）编纂出版的部分乡镇志书

编纂出版的部分专题志书

编辑出版的部分市（地区）级部门年鉴

县（市、区）编辑出版的部分综合年鉴

市地志办编辑出版的《南充年鉴》

点校整理出版的部分旧志

市地志办编辑出版的部分地情资料书

县（市、区）地志办组织编辑出版的部分地情资料书

制作发行的部分电子志书

南充市地方志志编纂委员会

主　任：	夏建平	南充市地方志办公室主任
副主任：	朱和晏	南充市地方志办公室副主任
	何　进	南充市地方志办公室调研员
成　员：	冯　瑛（女）	顺庆区地方志办公室主任
	唐文雄	高坪区地方志办公室主任
	文海燕（女）	嘉陵区地方志办公室主任
	杨朝志	阆中市地方志办公室主任
	罗　君（女）	南部县地方志办公室主任
	王昌良	西充县地方志办公室主任
	刘　波	仪陇县地方志办公室主任
	段红卫	营山县地方志办公室主任
	刘　青（女）	蓬安县地方志办公室主任
	袁渊明	南充市地方志办公室科长
	祝　华	南充市地方志办公室科长
	童梅菁（女）	南充市地方志办公室科长

《南充市地方志志》总编室

总　　　编：夏建平

副 总 编：朱和晏　何　进

特邀副总编：于　明

撰　　　稿：夏建平　朱和晏　于　明　王国成　赵文宝

杨朝志　袁渊明　童梅菁（女）　付薇臻（女）

英文翻译：林志华（女）

编　　　务：谢先锋

《南充市地方志志》评审人员

马小彬　高志刚　李　斌　朱艳林（女）

吴兴中　邓郁章　罗永师　徐方强

序

修志是中华民族的优良传统，具有悠久的历史。春秋战国时期，方志出现雏形。秦汉隋唐，方志渐兴渐长。两宋时期，方志基本定型。从宋徽宗大观元年（1107年）朝廷置“九域图志局”起，历朝历代都设有修志机构，修志成为古代中国的官职官责。清代，方志发展达到鼎盛。民国时期，虽时局动荡，但志书编修仍未中断。

四川，素享“蜀人好治史”之美誉；南充，更具编修史志之根基。三国蜀汉谯周、西晋陈寿乃我国史志之先贤，唐代蓬州（今蓬安县）就有《咸安郡志》问世，明正德《蓬州志》是今川渝地区保存最早最完整的志书。从唐代至民国，南充修志绵延不绝，除佚志外，尚存旧志四十余种。

中华人民共和国成立后，党中央、国务院高度重视地方志工作，地方志步入了新的发展时期，从单一的志书编修逐渐演变为一项地方志事业。特别是国务院《地方志工作条例》颁布实施后，地方志事业步入了依法治志轨道。南充地方志工作在各级党委领导下，各级政府履职尽责，地方志工作机制健全、机构稳定，地方志工作者继承传统、开拓创新，圆满完成了第一轮、第二轮市、县（市、区）区域志书编纂，出版发行了《川北区志（1950—1952）》《南充市志（1707—2003）》等30余部区域志书；大力开展部门（行业）志、专题志编纂，出版发行了《南充市交通志》《南充民盟志》等1000余部市（地区）、县（市、区）部门志、特色志、专题（专项）志和乡镇（街道）志、村志、企业志；全面开展市、县（市、区）综合年鉴编辑，实现了一年一鉴、公开出版；开发利用地方志资源，围绕党委政府中心工作撰写有价值的调研报告，编辑出版实用性强的地情读物，服务南充经济社会发展；点校整理旧志古籍，保护、抢救地方文献；建设方志馆和地方志网站，强化地方志基础设施和信息化工作；开展地方志学术研究，探寻地方志工作规律；贯彻落实《地方志工作条例》，加强对外宣传，营造了领导重视、部门支持、社会关注的良好发展环境，等等。真可谓一份耕耘一份收获，一份奉献一份回报，新时期南充地方志工作硕果盈枝，新时期南充地方志工作成就喜人。

历史是凝结的现实，现实是延续的历史。南充地方志人既用自己的智慧和勤勉记述着南充自然、政治、经济、文化和社会的历史与现状，又用自己的付出和艰辛书写着南充地方志本身的筚路蓝缕。为了充分反映南充地方志事业发展变化历程，全面系统总结南充地方志工作经验，我们组织编纂了《南充市地方志志》，聚铜铸釜，提要钩玄，客观记述南充地方志的探索与实践，充分彰显南充地方志工作的时代特点与地域特色。

闻道有先后，术业有专攻。自己走过的路，是自己走向未来的宝贵财富。南充地方志的风风雨雨已经载入史册，经验与教训都是弥足珍贵的教材。希望全市地方志工作者认真研读和运用《南充市地方志志》，把握地方志工作规律，立足修志编鉴、开发利用，在发挥地方志“资政、存史、教化”重要作用上更有作为，更好地为党委政府中心工作服务、为南充经济社会发展服务。

盛世修志，继往开来。党的十八大以来，党和国家领导人高度重视地方志工作，习近平总书记要求“要高度重视修史修志”，李克强总理做出了“修志问道，以启未来”等重要批示，刘延东副总理提出了“一纳入、八到位”的要求。国务院办公厅印发了《全国地方志事业发展规划纲要（2015—2020）》，省委办、市委办分别印发了关于进一步加强新时期地方志工作的意见，省政府办、市政府办分别印发了地方志事业“十三五”发展规划。党中央和国务院、省委和省政府、市委和市政府对新时期地方志工作提出了新的要求，描绘了新的蓝图，地方志事业迎来了新的发展历史机遇。衷心希望全市广大地方志工作者，牢记“记录历史、传承文明、服务发展”的光荣使命，秉承“直笔著信史、彰善引风气”的方志人精神，赓续传统，创新理念，志存高远，执着守望，以更加饱满的热情和求真存实的作风，站在新的历史起点，抓住新的历史机遇，再谱地方志事业发展新篇章，再创地方志事业发展新辉煌！

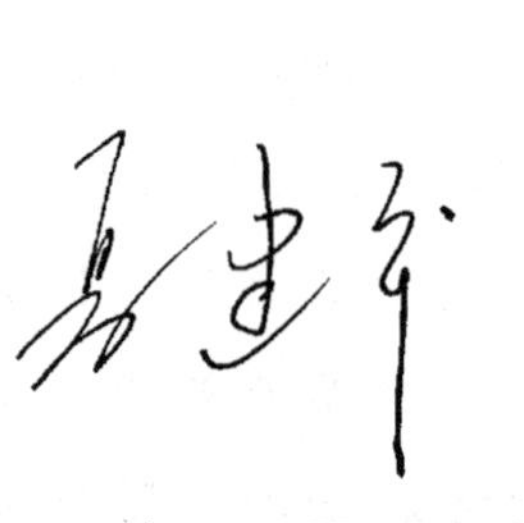

2016 年 11 月 6 日

凡　例

一、本志以马克思列宁主义、毛泽东思想、邓小平理论、“三个代表”重要思想、科学发展观为指导，贯彻落实习近平总书记系列重要讲话精神和治国理政新理念新思想新战略，坚持辩证唯物主义和历史唯物主义观点，存真求实，全面、准确、客观、科学地记述南充市地方志事业发展的历史和现状，突出南充地方志工作特色，力求思想性、科学性、资料性相统一。

二、本志记述空间范围为南充市现行行政区域，即顺庆区、高坪区、嘉陵区、阆中市、南部县、西充县、仪陇县、营山县、蓬安县等9个县（市、区）区域。

三、本志上限原则上为明正德十三年（1518年），下限为2015年。为保持事物的连续性和完整性，部分内容适当上溯下延。

四、本志由志首、志尾和主体部分组成。志首设南充市行政区划图、特载图片、序、凡例、目录、概述、大事记；志尾设附录、编后记、索引；主体部分设组织机构、志书编纂、年鉴编辑、地情资源开发利用、旧志整理、资料与信息工作、地方志学术研究、地方志工作管理、地方志工作荣誉、人物等10个大类。

五、本志采用述、记、志、传、录、图、表等体裁，志为主体，横排竖写，图表随文附置。

六、本志采用条目体，原则上设类目、条目、子目3个层次，全志条目用黑体字加【】表示。

七、本志采用现代汉语书面语言第三人称记述。

八、本志数字用法按国家标准《出版物上数字用法的规定》执行。

九、本志1949年10月1日前纪年采用历史朝代纪年，括注公元纪年；1949年10月1日后采用公元纪年。世纪和年代均使用阿拉伯数字。

十、本志中历史朝代、政区、机关、组织、职官、会议等直书当时名称，首次出现用全称，后用简称。

十一、本志人物直书姓名，不加褒贬词，必要时冠以职务、职称；地名使用事件发生时的名称，易产生歧义时括注全地名。

十二、1993 年 7 月前的南充市为县级市，7 月后新成立的南充市为地级市。

十三、本志大事记以编年体为主，辅以纪事本末体。

十四、本志人物志设人物传、人物简介、人物表三类。遵守“生不立传”原则，立传人物按卒年排序，简介人物按生年排序；人物表按时间先后排序。

十五、地方志工作荣誉中，先进集体、先进个人、获奖优秀成果均按获得荣誉时间先后排序，附录中选录的各类文献按时间先后排序。

十六、本志所用资料主要来自各级地方志机构档案、历代旧志和中华人民共和国成立后南充编纂的各级志书，一般不注明出处，确需注释的，随文注出。

目 录
CONTENTS

组织机构 Department Organization

志书编纂 Local Records Compilation

年鉴编辑 Yearbook Editing

地情资源开发利用
Exploitation and Utilization of Land Resources

旧志整理
Arrangement of Ancient Local Records

资料与信息工作
Documentation and Information Work

地方志学术研究
Academic Research of Local Records

地方志工作管理
Work Management of Local Records

地方志工作荣誉
Work Honor of Local Records

人　物 Characters

附　录 Appendix

概　述

Overview

南充市地处四川盆地东北部，嘉陵江中游。东邻达州，南连广安，西接遂宁、绵阳，北壤广元、巴中。辖顺庆、高坪、嘉陵3个区和南部、西充、仪陇、营山、蓬安5个县，代管省辖阆中市。2015年，全市总面积12477平方千米，总人口724.33万人。

一

南充历史悠久，新石器时期，境内就有先民生息。原始社会的唐尧、虞舜时，境内为“有果氏之国”（原始部落）。夏时，属梁州之地（《尚书·禹贡》）。商时，属巴人之国。周时，仍为巴地；周显王三十年（公元前330年），巴国迁都今阆中，阆中成为嘉陵江中游地区最早的城邑。

秦灭巴、蜀后，秦惠文王更元十一年（公元前314年）置阆中县，为南充境内第一个县。汉高祖五年（公元前202年），为纪念汉将军纪信舍身救主、实开汉业之功，析阆中县南置安汉县（治所今顺庆区五里店）。东汉献帝兴平二年（195年），置巴郡（相当于今地级市行政区，治所安汉县）。梁天监六年（507年），为彰显辞宗赋圣司马相如之成就，析安汉县司马相如故里置相如县（今蓬安县）。隋开皇十八年（598年），因境内有南充国县旧名，安汉县又地处南充国县之南，故安汉县更名为南充县。

唐、宋时期，南充境内置果州、阆州、蓬州3个州。南宋宝庆三年（1227年），升果州为顺庆府。元时，境内设有顺庆路、保宁府及蓬州。明、清时期，境内设有顺庆府、保宁府和蓬州。其间，清顺治三年（1646年），四川省治设保宁府（今阆中）；清康熙四年（1665年），四川省治迁往成都，四川省治设保宁府（今阆中）达20年之久。清雍正八年（1730年），置川北道（道治今阆中），顺庆府、保宁府和蓬州隶之。

民国2年（1913年），全国废府、州、厅，顺庆府、保宁府和蓬州被废除，仅存川北道。民国3年（1914年），川北道更名嘉陵道（道署移驻南充县）。民国13年（1924年），全国废除道制，嘉陵道亦告终结。民国24年（1935年），川政统一，实行“行政督察区制”，四川省分为十八个行政督察区，南充为第十一行政督察区，辖南充、西充、南部、仪陇、营山、蓬安、岳池和武胜8个县。民国38年（1949年）9月，第十一行政督察区终结。

1949年12月，南充县城解放。1950年2月，中共川北区委、川北行政公署（省级行政区）成立，川北区党委、行政公署驻地南充。川北区辖南充市（直辖市）和南充、遂宁、达县、剑阁4个专区和35个县。是月，南充专区成立，辖南充、西充、南部、岳池、武胜、营山、蓬安、仪陇8县。1952年9月，川北区被撤销，并入四川省，南充专区随之并入四川省，南充市改隶南充专区。1953年3月，剑阁专区被撤销，阆中县、苍溪县划入南充专区；川东行政公署大竹专区被撤销，广安县划入南充专区。1969年1月，成立南充地区革命委员会，专区所辖12县（市）未变。1978年5月，成立南充地区行政公署。是年11月，析广安县、岳池县的部分区域成立华云工农示范区（县级，后更名为华蓥市），隶属南充地区行政公署。1985年9月，苍溪县划入广元市。1991年，阆中撤县建市（县级市），为省直辖市，由南充地区代管。1993年7月，国务院作出调整南充行政区划决定。撤销南充地区、南充市、南充县，设立地级南充市，辖原南充地区的南部县、西充县、仪陇县、营山县、蓬安县和新设立的顺庆区、高坪区、嘉陵区，省直辖市阆中市仍由南充市代管。原南充地区所辖的广安县、岳池县、武胜县、华蓥市划入新设立的广安地区。至2015年，南充市行政区域未变。

二

南充修志历受官吏和政府重视，据旧志记载，清道光三十年（1850年）以前，南充修志由府州知府或县府知县亲自主持、聘请人员编修。清道光三十年（1850年）冬，阆中县首设修志局，其后，仪陇县、营山县等亦设修志局。民国时期，阆中县、南部县、仪陇县、南充县、蓬安县等设有修志局、编修县志委员会或文献委员会，负责修志。无论是知府、知县聘请人员修志，还是设立修志机构修志，志书修成后，修志人员随之解散。

中华人民共和国成立后，1981年，阆中县在南充率先成立修志机构——阆中县志编修委员会及办公室。1983年3月,南充地区地方志编纂工作领导小组成立，领导小组下设独立的正县（处）级办公室，核定了人员编制，配备了专职人员。是年至1984年，南充地区所辖各县（市）先后成立了县志编纂委员会，领导修志工作。编纂委员会下设独立的正科级办公室，核定人员编制，配备专职人员，具体负责修志工作。

1993年7月，南充撤地建市，建立地级南充市。南充地区地方志办公室更名为南充市地方志办公室，所辖阆中、南部、西充、营山、蓬安、仪陇6个县（市）地方志编纂委员会及办公室未变，新设立的顺庆区、高坪区、嘉陵区均成立了地方志编纂委员会及办公室。1994年，成立南充年鉴编辑委员会，领导《南充年鉴》编辑工作。2002年，成立南充市志编纂委员会，领导《南充市志》编纂工作。至2003年，200多个市级部门成立了临时修志机构。2008年，南充市地方志办公室被批准为参照《中华人民共和国公务员法》管理的事业单位。其后，9个县（市、区）地方志办公室相继批准为参照《中华人民共和国公务员法》管理的事业单位。2012年，撤销“南充市志编纂委员会”和“南充年鉴编辑委员会”，成立“南充市地方志编纂委员会”，为市政府常设议事机构，全面领导南充地方志工作。9个县（市、区）相应进行调整，设立了县（市、区）地方志编纂委员会，为县（市、区）政府常设议事机构，领导县（市、区）地方志工作。至2015年，在历次机构改革中，南充市地方志工作机构一直保持稳定，市及9县（市、区）地方志办公室均为政府独立设置的正县（处）级和正科级、参照《中华人民共和国公务员法》管理的事业单位。

在新时期地方志工作中，南充各级党委、政府高度重视地方志工作，将地方志工作纳入经济社会发展规划和政府工作之中，建立了“党委领导、政府主持、地方志机构组织实施、社会各界广泛参与”的工作机制，营造了“领导重视、部门参与、社会支持”的发展环境。党委确定一名领导联系地方志工作，政府主要领导担任地方志编纂委员会主任、一名政府领导分管（大多数由政府常务领导分管），人大常委会、政协分别明确一名领导联系地方志工作，形成了四大家领导齐抓共管地方志工作的良好局面。对地方志重要工作或重大事项，党委或政府通过发布公告、制定法规文件、编制发展规划、纳入政府目标考核等方式，切实加强地方志工作的领导。特别是1999年市委办、市政府办制定印发的《南充市地方志工作2010年目标规划纲要》、2011年市政府办印发的《南充市地方志事业第十二个五年发展规划》（全省第一也是唯一由市政府办印发的地方志五年发展规划），保障了南充地方志工作顺利开展。2015年，市委办、市政府办制定印发了《关于进一步加强新形势下地方志工作的意见》，对新形势下地方志工作提出了明确、具体的要求，进一步推动了南充地方志事业持续、科学、健康、全面发展。

在党委、政府和地方志编委会领导下，南充各级地方志工作机构认真履行组织、指导、督促和检查的职能职责，贯彻《地方志工作条例》等各种法规文件，广泛宣传地方志重要意义，制定地方志工作发展规划，组织编纂地方志书、综合年鉴，开发利用地方志资源，编辑实用的地情读物，搜集、保存地方志文献和资料，开展旧志整理和地方志学术研究，加强地方志业务培训和指导，强化地方志质量审查和验收，加大地方志工作检查和督促，实现“志、鉴、馆、库、网、刊、用、研”等多业并举，地方志事业不断发展。

三

南充修志连绵不断，三国时期的谯周著有《三巴记》《蜀本纪》《益州志》《巴蜀异物志》等，西晋时期的陈寿著有《三国志》《益部耆旧传》等；唐宋时期，编修有《咸安郡志》《蓬州志》《蓬州图经》《阆苑记》等；明代，编修有《顺庆府志》《保宁府志》《蓬州志》等10部府州县志，其中明正德十三年（1518年）编修的《蓬州志》是今川渝地区保存最早最完整的志书；清代，编修有《顺庆府志》《南充县志》等18部府州县志和专志；即使到了时局动荡的民国时期，也编修有《阆中县志》《营山县志》等6部志书。除佚散外，南充尚存旧志40余种。

中华人民共和国成立后，1959年，四川省人民委员会指示各地区、各县编纂地方志略，南充地委办公室组织编纂了《南充专区志略》，南充专区所辖12个县（市）委办公室或县（市）人民委员会办公室组织编纂了县（市）地方志略。是年，13部地方志略铅印或油印成书。

1980年，全国第一轮新方志编纂工作开始。是年，阆中县委、县政府率先开展编修《阆中县志》工作。1983年,南充第一轮新方志编纂全面展开。第一轮修志是在没有经验可以借鉴、缺乏理论指导和各项准备不足的情况下，边学边干、摸索总结中进行的。南充地委、行署和各县（市）党委、政府高度重视，成立了党委或政府领导任组长（主任）的地方志编纂工作领导小组或编纂委员会，领导志书编纂工作。第一轮修志，南充地区没有编修地区志书，县（市）志书编修由县（市）委或县（市）人大作出决定，县（市）政府或县（市）志编纂委员会颁布资料征集通告和修志工作重要文件，四大家主要领导和分管领导亲自抓，亲自参加修志重要会议、志稿评议和志书审查验收，加强修志工作的全程领导。地方志机构进行宣传动员和组建队伍，举办修志业务培训班，加强修志业务指导，总结修志经验，加强修志督查，严格志书审查，保证修志工作有计划、有步骤开展。第一轮修志中，南充探索实践、总结形成的“党委领导、人大决议、政府主持、政协支持”四大家齐抓共管、“上下结合、条块结合”抓修志、“领导和群众相结合，老、中、青相结合，专职和兼职相结合”组建修志队伍、“先修部门志、再修县（市）志”的修志方法、“五审定稿、分级负责把关”的审查办法等修志工作经验，省地方志编委会在全省宣传和推广。1989年8月，《营山县志》出版发行，至1994年，南充第一轮8部县（市）志全部出版发行（划至广安地区的广安县、岳池县、武胜县和华蓥市4部志书，至1994年也全部出版发行），南充第一轮修志圆满完成。

1994年，省地方志编委会鉴于南充第一轮修志下限为1985年，原南充市（县级）、南充县有8年（1986年至1993年）的历史没有记载，建议续修1986年至1993年的《南充市志》（县级）和《南充县志》。顺庆区、高坪区分别承担了《南充市志（续编）》《南充县志（1986—1993）》续修工作。经过审查验收后，出版发行。

2001年，营山县被省政府确定为全省第二轮续（新）修志书试点县之一。按照规划，南充市第二轮新修市志1部和区志3部，续修县（市）志6部。2002年，南充市启动新修《南充市志（1707—2003）》工作，营山县启动续修《营山县志（1986—2003）》工作。之后，各县（市、区）相继启动续（新）修县（市、区）志工作，南充第二轮志书编纂工作全面展开。第二轮修志有了第一轮修志经验可以借鉴，有了可以把握的修志规定和质量标准，党委、政府重视修志不像第一轮亲自参与，主要通过成立编委会、纳入政府督查和目标考核、解决修志工作重大问题和具体困难，实现对修志工作的领导。地方志机构负责组建修志队伍、强化业务培训指导、加强修志督促检查、严格志书质量审查验收、抓好志书印制监督，全方位组织和管理修志工作。在第二轮修志工作中，南充成立“党委和人大、政协主要领导任顾问、政府主要领导任主任”高规格的编纂委员会，组建“政府分管领导任总编、地方志专家学者任副总编”权威性和学术性相结合的总编室，分层梯次选拔与专家学者相结合组成编纂人员，采取志书编纂二级负责制的办法（即承编单位负责资料搜集、初稿撰写、初稿初审，各系统牵头单位负责初稿编纂组织、志稿分纂、分纂稿初审，地志办和总编室负责业务指导、志稿总纂），修志纳入政府目标督查和政府目标考核，等等。这些成功的做法取得了很好的实际效果。南充还创新志书审查验收办法，成立南充市地方志书审查验收学术委员会，制定《南充市地方志书审查验收办法》，规范地方志书审查验收组成人员和审查程序，采取“志稿初审、复审评议、终审验收、政府批准出版”的办法，严格志书审查验收工作，确保志书编纂质量。2007年，续修《营山县志（1986—2003）》《仪陇县志（1986—2003）》出版发行。2010年，新修《南充市志（1707—2003）》出版发行。2011年，南充市规划的续（新）修10部区域志书全部通过政府终审验收，相继出版发行，在全省率先全面完成第二轮修志任务。

2012年，为全面、系统、客观地记述原川北区（省级）时期的发展变化情况，填补地方志书专门记述新中国成立初期这一特殊时期省级行政区域的历史空白，南充启动了《川北区志（1950—1952）》编纂工作。是年，完成资料搜集。2013年，完成初纂和总纂。2014年，完成志稿审读、征求意见、专家复审和终审验收。2015年，《川北区志（1950—1952）》出版发行。

南充在开展第一轮、第二轮区域志书编纂的同时，市（地区）级和县（市、区）级部门、单位积极开展了部门志、行业志、专题志、专项事物志编纂工作，部分企业、学校和乡镇（街道）、村开展了企业志、校志、乡镇（街道）志、村志编纂工作。至2015年，南充编纂出版发行了部门志、行业志、专题志、专项事物志和企业志、校志、乡镇志、村志等1000余部。

南充第一轮修志至2015年，编纂出版发行省级区域志书1部、市级区域志书1部、县（市、区）级区域志书19部（不含划至广安的4部志书）和1000余部部门志、行业志、专题志、企业志、乡镇（街道）志、村志。其中，有2部志书分别获全国地方志书一、二等奖，4部志书分别获四川省哲学社会科学优秀成果二、三等奖，64部志书分别获四川省地方志优秀成果一、二、三等奖及优秀奖，25部志书分别获南充市（地区）哲学社会科学优秀成果一、二、三等奖及优秀奖。

四

南充部门年鉴编辑始于1985年。是年，南充地区统计局将《四川省南充地区国民经济统计资料》更名为《四川省南充地区国民经济和社会发展统计年鉴》，为南充第一部部门年鉴。其后，四川师范学院（西华师范大学）、西南石油学院（西南石油大学）、南充邮电局、南充军分区等单位（部门）编辑出版了年鉴。至2015年，南充市级部门、单位编辑出版年鉴109卷，均为内部出版。县（市、区）统计局每年编辑出版了统计年鉴。

南充综合年鉴编辑始于1993年。是年，南充全面完成第一轮县(市)区域志书编纂任务后，工作重点转向地方综合年鉴编辑出版，4月，地区行署印发了《批转地区地志办<关于搞好全区年鉴编写的报告>的通知》，要求将综合年鉴编辑作为地方志的一项重要工作。是年，营山县、阆中市启动了综合年鉴编辑工作。1994年，南充第一部县级综合年鉴《营山年鉴（1986—1993年卷）》出版发行。是年10月，南充市政府决定编辑出版市级综合年鉴《南充年鉴》，成立南充年鉴编辑委员会，设立南充年鉴编辑部（设市地志办内），启动《南充年鉴》编辑工作。1995年，各县（市、区）地志办逐步启动综合年鉴编辑工作。1996年，南充第一部市级综合年鉴《南充年鉴》出版发行。1999年，编纂出版《南充年鉴》和县（市、区）综合年鉴作为地方志主要工作纳入《南充市地方志工作2010年目标规划纲要》。2008年，市政府办印发《关于加强全市地方年鉴工作的通知》，要求市、县（市、区）综合年鉴要实现一年一鉴、公开出版。2011年，“加强年鉴编辑”作为全市地方志事业发展的8项任务之一写入《南充市地方志事业第十二个五年发展规划》。2015年，市委办公室、市政府办公室印发《关于进一步加强新形势下地方志工作的意见》，对规范全市地方综合年鉴、行业（专业）年鉴编辑出版工作、提高年鉴编辑质量提出了新要求。编辑出版地方综合年鉴是各级政府的重要职责，南充综合年鉴编辑是政府主管、地方志办负责承办。每年综合年鉴编辑由政府办发文安排部署，各部门单位和企事业按照当年编辑要求撰写、提供初稿，年鉴编辑部负责篇目总体设计、编辑业务指导培训、稿件图片编辑、史实数据核实，政府组织审查通过后出版发行。至2015年，市级综合年鉴《南充年鉴》出版发行20卷，县（市、区）综合年鉴出版发行80卷。其中，40卷分别获四川省地方志优秀成果二、三等奖及优秀奖。

五

南充地方志工作领域不断拓展，充分挖掘和开发利用丰富的地情资源，通过编辑地情资料书、参与经济社会文化事业建设、撰写有针对性的调研报告、提供地情资料和咨询服务、开展旧志点校整理等方式，服务于党委、政府中心工作，服务于南充经济社会发展，服务于南充文化事业发展。

开发利用修志工作中搜集或馆（库）藏的地情资料，编辑出版了实用性强、可读性强、精炼受用的《南充市情》《南充掌故》《古今南充》《相如故里在蓬安》《张飞的故事》《说古道今话地名》等一批地情资料书或地情读物，提供各级领导和社会各界人士参阅；围绕党委、政府不同时期的中心工作，开展有针对性的调查研究，撰写了《加强南渝经济联系研究报告》《加速我市民营经济发展的思考与建议》《做强做大南充医药制造业的建议》《把南充岩盐开发争取国家项目的建议》《南充城市精神的南充特质》《南部撤县建市、西充和蓬安撤县设区行政区划的命名》等大量调研报告，提供给党委、政府领导决策参考；积极参与四川核电站选址、嘉陵江水电开发、高速公路建设、南充化学工业园建设、旅游开发、国家地理标志产品保护、有机食品商标注册等重大招商和项目引进论证咨询会议，提供相关地情资料，服务南充经济建设；热情接待并做好外来客商、投资者和社会各界人士查阅地情资料、进行地情咨询服务工作。

积极开展旧志点校整理，抢救和保护珍贵的地方志文化遗产。对全市旧志进行全面摸底调查，制定旧志点校整理工作方案，聘请地方志专家或对南充历史有研究的教授学者对旧志进行有计划的点校整理。2007年至2015年，清康熙《顺庆府志》、明正德《蓬州志》、清同治《南部县志》等7部旧志点校整理出版，明嘉靖《保宁府志》、清康熙《西充县志》等9部旧志正在点校整理中。

六

南充开展地方志理论和学术研究始于1983年，第一轮修志是在边干边学、探索实践中进行的，通过组织地方志理论学习、召开志稿编纂研讨会、参加志稿评议会、总结推广修志经验等方式，进行地方志理论学习和学术研究交流，指导南充修志工作。1989年，南充地区地方志协会成立之后，地方志学术研究活动更加活跃，取得了不少学术研究成果。不完全统计，全市地方志工作者撰写的《谈县志人口志的篇目设计及编写》《县志“概述”三议》《试论县志编纂的方法与步骤》《续修志书如何突出地方特色之浅见》《强化质量管理，力出精品志书》等150余篇地方志理论和学术研究文章在市（地）级以上刊物发表或学术研讨会上交流。对地方志重点问题实行课题延伸和深化研究，开展了“张澜研究”“司马相如研究”“阆中历史文化名城研究”等研究工作，编著了《张澜纪念文集》《相如故里旅游文化丛书》（共5册）《天下文宗司马相如》等专著，撰写了《王培荀的“司马相如实今之蓬州人”说考论》《再启北宋三陈籍贯之争》《阆中保宁军与安德军》等学术研究文章。

南充抢抓机遇，加强方志馆和地方志专业网站等基础设施建设。2011年，市、县（市、区）方志馆和地方志专业网站建设作为“十二五”时期工作重点写入了《南充市地方志事业第十二个五年发展规划》。2012年，市地志办正式向市政府呈报了修建南充市方志馆的请示。是年，南部县地志办“南部地情网”开始建设。2013年，市政府同意市方志馆建设立项，完成了可研报告和建筑设计，市方志馆建筑总面积6000平方米。是年，西充县政府批准县方志馆与档案馆合建，方志馆使用面积不少于500平方米。南部县地志办“南部地情网”建成，对外开通运行。2014年，市方志馆、西充县方志馆开工建设。是年，市地志办“南充市地方志”专业网站作为市政府门户网站开始建设，嘉陵区地志办专业网站“嘉陵地情资料网”开始建设。2015年，营山县政府批准县方志馆立项建设，建筑面积1000平方米。是年底，市方志馆主体工程封顶，西充县方志馆建筑工程基本完成，营山县方志馆进行场地平整。南充市地方志网站、嘉陵地情网站建成，对外开通运行。

南充地方志工作认真贯彻落实国务院《地方志工作条例》和《四川省地方志工作条例》，广泛宣传《条例》的重要意义，大力开展《条例》贯彻实施情况的专题检查；借助电视、报纸、网络等新闻媒体，创办地方志刊物、工作简报，印发地方志工作宣传手册，加大地方志对外宣传工作，特别是《南充市志（1707—2003）》公开发行后，《南充日报》《南充晚报》《南充广播电视报》均分别开辟了一个整版、南充电视台制作了两个30分钟的专题节目，宣传《南充市志（1707—2003）》。市及县（市、区）积极开展志书“进机关、进社区、进学校、进企业”活动，让重要地方志成果走进社会、进入百姓视野，营造了地方志事业发展的法治环境和良好氛围。

七

历史的车轮行进到现在，地方志的优秀传统延续到今天，南充地方志事业辛勤耕耘，开拓创新，硕果累累，成就喜人，无愧南充史志先贤，不负社会各界期盼，赢得了高度的称赞和肯定，获得了崇高的荣誉和褒扬。1993年以来，市、县（市、区）地志办多次荣获“全国方志系统先进集体、四川省地方志系统先进集体、四川省地方志工作先进集体”等荣誉称号，一批优秀地方志工作者荣获“全国方志系统先进工作者、四川省地方志工作先进工作者”等荣誉称号，受到中国地方志指导小组、省政府、省人社（事）厅和省地方志编委会的表彰奖励。

南充地方志工作取得的显著成就、获得的崇高荣誉，实属来之不易。长期的地方志工作实践，使我们深刻认识到，地方志事业要实现科学持续发展，争取领导重视是关键，营造良好环境是条件，依法履职尽责是根本，加强督促检查是途径，强化要素保障是基础。我们也清醒认识到，南充地方志事业发展不平衡，地方志专业人员不足，专业人员业务素质不高，方志馆、地方志专业网站等基础设施建设滞后，地方志事业发展保障要素未完全到位，地方志服务党委政府中心工作和经济社会发展尚有差距，等等，需要我们采取有效的办法加以解决。

地方志工作是政府的一项基础性工作，功在当代、利在千秋。中共十八大以来，党和国家领导人高度重视地方志工作，习近平总书记要求“要高度重视修史修志”，李克强总理做出了“修志问道，以启未来”等重要批示，刘延东副总理提出了“一纳入、八到位”的要求，即将地方志工作纳入各地国民经济和社会发展规划、各级政府工作任务，做到认识到位、领导到位、机构到位、编制到位、经费到位、设施到位、规划到位、工作到位。国务院办公厅印发了《全国地方志事业发展规划纲要（2015—2020）》，省委办、省政府办印发了《关于进一步加强和改进新形势下地方志工作的意见》，省政府办印发了《四川省地方志事业第十三个五年发展规划（2016—2020）》，市委办、市政府办印发了《关于进一步加强新形势下地方志工作的意见》，市政府办印发了《南充市地方志事业第十三个五年发展规划（2016—2020）》，党中央和国务院、省委和省政府、市委和市政府对新时期地方志工作描绘了新的蓝图，提出了新的要求。锐意进取的南充地方志人，一定会在各级党委、政府领导下，解放思想，乘势而为，勇于创新，真抓实干，以更加饱满的热情，更加务实的作风，依法推进南充地方志事业全面、协调、科学、持续发展，为实现中华民族伟大复兴中国梦和“四个全面”战略布局、“南充新未来·成渝第二城”宏伟目标做出更大的新贡献！

大事记
Chronicle of Events

三国时期（220年至280年）

儒学大师、史学家谯周（巴西郡西充国县人）著有《古史考》《后汉记》《蜀本记》《三巴记》《益州志》《巴蜀异物志》等。

西晋（265年至316年）

史学家陈寿（巴西郡安汉县人）著有《三国志》《古国志》《益部耆旧传》等。

唐（618年至896年）

“蓬在唐有《咸安郡志》”，李畔纂修，志佚。明正德十三年（1518年）《蓬州志·序》载。

宋（年份不详）

蓬安有《蓬州图经》，书佚，作者不详。《舆地纪胜》《大明一统志》《蜀中广记》等引其条目。

阆中人何求（一作何永）编著《阆苑记》，书佚。

宋崇宁四年（1105年）

沙县人罗畸纂修《蓬州志》五卷，志佚。《大明一统志》等引其条目，《蜀中广记》第69条有记载。

明正德十三年（1518年）

顺庆知府吴德器主修、蓬州学正徐泰总纂成《蓬州志》十卷，宁波天一阁存有此志。2015年，蓬安县地志办点校整理、中国文史出版社出版明正德《蓬州志》。

明嘉靖元年（1522年）

阆中县纂修《阆中县志》，仅存部分残本。编修人员及篇目设置不详。

明嘉靖年间（年份不详）

南部县纂修《南部县志》，志佚。张萱《内阁藏书目录》卷六、黄虞稷《千顷堂书目》卷七皆录有嘉靖《南部县志》手抄本。明嘉靖《保宁府志》南部条下保留有“县志”条文。

明嘉靖二十二年（1543年）

顺庆知府朱修、秦国泰纂修《顺庆府志》十卷。原刻本存日本，北京图书馆存影印胶卷。

分巡川北道杨瞻聘安岳县学教谕杨思震纂修《保宁府志》十四卷，原刻本存台湾，北京图书馆存微缩胶卷，阆中市存复制本。

明嘉靖中期（年份不详）

刘豫章、韩石溪纂修《南充县志》，志佚。

明万历四年（1576年）

营山县知县王廷稷主持，聘官山、于见田、李小庵等人纂修《营山县志》八卷。

明万历十三年（1585年）

刘启周纂修《西充志》，志佚。

清康熙二十四年（1685年）

南部县知县黄贞泰、徐浩聘雍居敬、李先复等纂修《南部县志》，志佚。

清康熙二十五年（1686年）

顺庆知府李成林任总裁、通判张凤翮总修、知县张宿昆、训导陈道行、训导王道昆监修纂修成《顺庆府志》十卷。刻本无存。

清康熙四十二年（1703年）

营山县知县张玉璘聘辞官回县举人、八旬老人白不淄纂修《营山县志》，用时3个月编纂修告成。

清康熙四十五年（1706年）

顺庆知府袁定远将清康熙二十五年（1686年）《顺庆府志》原版交南充县令，令学官对旧志进行校检，“缺者补之，坏者修之”。至清康熙四十六年（1707年）夏，刻印成书，共八卷。刻本存四川省图书馆。

清康熙六十一年（1722年）

西充县知县明凯主持、举人李昭治纂修《西充县志》，木刻本，共五本。四川大学图书馆、重庆大学图书馆存。

清雍正年间（年份不详）

编有《保宁府志》一册，主编李钟峨，志佚。

清乾隆七年（1742年）

营山县知县李榕亲自对清康熙四十二年（1703年）《营山县志》重加校订，次年志稿纂成，7月离任。清乾隆九年（1744年），营山县知县邱日增作序并付梓成书。

清乾隆四十三年（1778年）

营山县知县王绂疆，取旧志重加辑订，修成《营山县志》。

清嘉庆四年（1799年）

虔修主编《金城寺志》。

清嘉庆十二年（1807年）

顺庆知府黄铣、南充县知县王衍庆等人将清康熙四十六年（1707年）刻印成书的《顺庆府志》修订补充，重新刻板印行，共十卷。2010年，南充市地志办以南充市图书馆存木刻本为底本，整理重印《顺庆府志》。

清嘉庆十七年（1812年）

南充县知县袁凤荪组织同僚、学士38人收集资料，次年修成《南充县志》，但未刊刻成书。清咸丰七年（1857年），教谕洪璞山对清嘉庆《南充县志》修整并采辑增补，编纂刻印成书。刻本存南充市图书馆。

营山县知县蒋予藩令于图培编修县志，4个月编成《营山县志》，木刻本。刻本存四川省图书馆。

清嘉庆年间（年份不详）

阆中县训导毛于逵手辑《阆中县志》十卷，志佚。

李光阳编纂《西充志》（稿），有手抄本。

清道光元年（1821年）

分巡川北兵备道黎学锦任总裁、史观任总纂纂修《保宁府志》62卷，木刻本。刻本存四川大学和武汉大学图书馆。

清道光九年（1829年）

蓬州知州洪运开自任总纂，纂修《蓬州志略》。该志存重庆市、四川省图书馆和美国国会图书馆。

清道光二十三年（1843年）

阆中县编有《保宁府艺文志》七卷和《保宁府金石志》，志佚。

清道光二十六年（1846年）

南部县知县王瑞庆访求得到旧抄本县志两册。次年，王瑞庆聘请徐畅达、李咸若为总纂，编纂《南部县志》。清道光二十九年（1849年），刊刻成书。

清道光三十年（1850年）

阆中县成立修志局。

清咸丰元年（1851年）

阆中县知县徐继镛等纂修《阆中县志》，志存阆中市图书馆。

清咸丰三年（1853年）

南部县编有《南部县舆图说》概述。清光绪二十二年（1896年），南部县知县袁用宾重新纂修《南部县舆图说》概述。

清同治九年（1870年）

营山县知县翁道钧署设修志局，自任总纂，聘总裁、协修、分纂、参订、编次、校对等人员，对县志“缺者补之”“疑似者核之”。历时三月，修成《营山县志》三十卷。

仪陇县设修志局，组织人员编纂县志。

南部县知县承绶再聘李咸若为总纂，续补《道光南部县志》。历时3月，纂修成《同治增修南部县志》。2012年，南部县地志办与西华师范大学区域文化研究中心共同整理《同治增修南部县志》，2014年由巴蜀书社出版。

清同治十年（1871年）

仪陇县前知县曹绍越与知县胡晋熙倡议纂修《仪陇县志》共六册，木刻本。

清光绪二年（1876年）

顺庆府事候补知府邓承彬督修，西充县知县高培穀纂修《西充县志》。

清光绪十五年（1889年）

营山县对清同治《营山县志》进行增补，重刻印行。

清光绪二十三年（1897年）

蓬州知州方旭主持纂修《蓬州志》十五篇，清光绪二十三年（1897年）刻印成书。

清光绪三十二年（1906年）

南部县人王道履编纂《南部县乡土志》，未刊印，仅有手抄本。

清宣统元年（1909年）

西充县知县李淇章组织县属士绅编纂《西充乡土志》，手抄本。手抄本存四川大学图书馆。

民国9年（1920年）

南充县设立修志处。

民国14年（1925年）

南部县设立续修县志局。

民国15年（1926年）

阆中县知事岳永武聘郑钟灵、刘文选等40余人补修《阆中县志》。

民国16年（1927年）

蓬安县设立修志局。

民国17年（1928年）

3月　南充县知县李良俊组织王全善、任乃强等30余人开局修志。次年2月修成，定志名为《新修南充县志》。木刻本，计十六卷，附图一卷。年底刻印成书，刻本存南充市图书馆。

8月　仪陇县成立修志局，编修《仪陇县志》。次年冬纂成，未刊印成书，存手抄本四卷。

民国24年（1935年）

3月　蓬安县将清光绪《蓬州志》重印400册，封面题名《蓬安县志》。2007年，蓬安县地志办整理、重印清光绪《蓬州志》。

民国26年（1937年）

蓬安县成立文献委员会，负责修志工作。

民国30年（1941年）

营山县成立文献委员会，编修《营山县志》。

民国31年（1942年）

4月　蓬安县成立续修县志局。

民国32年（1943年）

南部县临时参议会第二次、第三次大会作出“续修县志”决议。次年成立编修县志委员会。

民国34年（1945年）

阆中县编有《阆中概况》（手稿），共十三篇。

四川省代理主席邓锡侯（营山人）聘请四川大学历史系教授蒙文通任总纂，纂修《营山县志》。至民国38年（1949年）秋完成初稿。

民国35年（1946年）

西充县县长杨廷椿组织县政府各科、室、处主要负责人编纂《西充县政务概览》。

民国36年（1947年）

蓬安县人伍玉雯自任主编、自费组织人员编纂《蓬安县志》共二十二卷十二册，仅存手稿本十一册。

民国37年（1948年）

阆中县成立文献委员会，杨诚恭等人编修《阆中县志稿》六册，未付梓。志稿存四川省文史馆。

1958年

阆中县政协编纂《阆中地方志略》共16章19节，3万余字。

1959年

四川省人民委员会指示各地开展修志工作，南充专区及所辖各县开展了志书编纂。南充地委办组织编纂《南充专区志略》，南充县委办组织编纂《南充县志略》，阆中县政协组织编纂《阆中县并地方志略》，南部县委办组织编纂《南部县志略》，西充县委办组织编纂《西充县志略》，仪陇县人委办组织编纂《仪陇县志略》，营山县人委办组织编纂《营山县志略》，蓬安县人委办组织编纂《蓬安县志略》。所修志略内容简略，铅印或油印成书。

1981年

6月　阆中县成立县志编修委员会，下设县志编修办公室，隶属阆中县政协。1984年3月，县志编修委员会及办公室隶属阆中县政府。

1982年

3月　南部县成立县志编纂筹备委员会。1985年3月，撤销筹备委员会，成立南部县志编纂委员会，下设办公室。

12月　南充县成立南充县志编纂工作筹备组。1983年9月，撤销筹备组，成立南充县地方志编纂委员会，下设办公室。

1983年

1月　营山县成立县志编纂委员会，下设办公室。

3月　地区成立地方志编纂工作领导小组，领导小组下设办公室。

是月　南充市（县级）成立南充市地方志编纂委员会，下设办公室。

4月1日　地区行署印发《批转地区地方志编纂工作领导小组〈关于一九八三年工作要点的报告〉的通知》，要求各级政府要认真重视地方志工作，加强地方志工作领导。

是月　西充县成立西充县志编纂委员会，下设办公室。

4月至5月　南充市（县级）、南部县、营山县、仪陇县等县（市）印发新修县（市）志征集史志资料的通告，广泛发动群众征集资料。

5月　仪陇县成立仪陇县志编纂委员会，下设办公室。

6月　地区地方志编纂工作领导小组召开全区第一次地方志工作会议。会后，各县（市、区）和地级各部门进行传达贯彻。

是月　地区地方志编纂工作领导小组办公室创办《南充地方志通讯》。

11月　月初，地区地方志编纂工作领导小组组长、地区行署常务副专员郭光杰主持召开地级各部门负责人会议，地属各部、委、局、办、院、行、司、社以及南充军分区、驻市各院校、石油单位负责人参加了会议。会上，部署了编修部门（单位）志工作。

是月　中旬，地区地方志编纂工作领导小组办公室举办地级各部门修志人员训练班。

11月18日　地委保密委员会、地区档案局、地区地方志编纂工作领导小组印发《关于认真做好修志工作中文书材料管理和保密工作的通知》。

1984年

1月　地区地级机关机构改革，地委、地区行署明确地区地方志编纂工作领导小组办公室为地区行署常设办事机构，属局级单位，日常工作由地区行署办公室代管。

1月23日　地区行署任命地区行署办公室副主任陈祥超兼任地区地方志编纂工作领导小组办公室主任，文崇周任地区地方志编纂工作领导小组办公室副主任。

2月　中共南充地区地志办、人防办、军工办小组成立，隶属中共南充地区行署办公室支部委员会。

3月　地区行署召开全区地方志工作会议。总结全区1983年修志工作，布置全区1984年修志任务。

3月至8月　地区卫生局、水电局、交通局等部门采取一手抓本部门（单位）修志、一手配合县（市、区）地志办抓好下属部门（单位）修志的办法，实行条块结合，地、县（市、区）一齐抓，有力推动部门志编纂工作。

5月　蓬安县成立蓬安县志编纂委员会，下设办公室。

6月19日　地区地志办在地区粮食局召开地区部门（单位）志编修经验交流会。地区地方志编纂工作领导小组副组长陈春华、陈祥超、王化到会并讲话。南充军分区和地区水电局、茧丝绸公司、粮食局、工业局负责人介绍修志工作情况和经验。

是月　地区行署办副主任、地区地志办主任陈祥超到阆中县检查指导修志工作，专题听取《阆中县志》编纂工作情况。

7月30日　地区地志办、南充市（县级）地志办联合举办方志学报告会。南充师范学院中文系教授付平骧作《怎样编写人物志》专题报告。

10月22日　地区行署传达贯彻全国北片13个省、市“县志稿评议会议”精神，地级修志部门分管修志工作领导、修志人员和各县（区）地志办等150余人参加会议。地委组织部副部长、地区地方志编纂工作领导小组成员母中极参加会议并讲话。

12月2日至3日　西充县召开县地方志协会成立暨修志工作表彰大会。会上，成立西充县地方志协会，总结修志工作成绩，交流经验，表彰先进，部署1985年工作。地区地方志编纂工作领导小组副组长王化、地区地方志编纂工作领导小组办公室副主任文崇周到会祝贺。

1985年

1月　地区地志办、地区党史办联办的《南充史志》（季刊）创刊，共编辑12期。1987年停刊。

2月5日至8日　地区地方志编纂工作领导小组召开全区地方志工作座谈会。地区行署常务副专员、地区地方志编纂工作领导小组组长郭光杰到会讲话，地区地志办副主任文崇周主持。这次会议是南充地区讨论地方志编写工作的第一次全区性的修志专题会议。

2月18日　省地方志编委会《情况简报》第15期转发南充地区传达贯彻四川省第二次地方志工作会议精神的情况汇报。

2月19日　地区行署办副主任、地区地志办主任陈祥超，地区地志办副主任文崇周到南充县检查指导地方志工作。

4月2日　地区行署办公室批转《南充地区地方志办公室关于请求编纂〈南充地区简志〉的通知》。

4月7日至22日　地区地志办副主任文崇周到南部县、阆中县、仪陇县、蓬安县调研地方志工作。

5月8日至10日　地区地志办和南充市（县级）地志办联合举办方志业务干部培训班，共有90个部门195名编纂人员参加培训。

6月27日至29日　地区地志办召开南充地区县（市）志业务讨论会。会议传达省地方志编委会《什邡县志》讨论会精神，讨论《〈营山县志〉编纂方案》和《营山县志》篇目，评议《阆中县志》地理分志稿。地区行署常务副专员、地区地方志编纂工作领导小组组长郭光杰，省地方志编委会总编室主任秦宜雅到会讲话。

9月11日　地区行署办副主任、地区地志办主任陈祥超在四川省第二次地方志工作会议上作《南充地区两年来修志工作情况》的经验发言。

是月　地区地志办对34个地级单位修志工作进行检查。

11月2日　地区地方志编纂工作领导小组召开会议，传达全省第二次地方志工作会议精神，研究南充地区地方志工作。

是月　地委办转发地区地方志编纂工作领导小组《关于贯彻国办发〔1985〕33号文件，落实规划，把我区修志工作推向新阶段的报告》。

1986年

1月9日至11日　地区行署办公室副主任、地区地志办主任陈祥超到西充县检查修志工作。

2月15日至21日　地区地志办副主任文崇周到蓬安县、营山县检查指导地方志工作。

2月18日　地区地志办印发《南充地区〈县（市）志·人物志〉编纂试行方案》。

3月5日　中共南充地区地志办（含军工办、人防办）支部委员会成立，隶属中共南充地委直属机关委员会。军工办主任匡宁志任书记，地志办副主任文崇周任副书记。

4月8日至11日　四川省卫生厅在南充市（县级）召开卫生志稿评议会，全省18个市（地、州）及75个县（市）卫生局290人参加会议。省地方志编委会副主任魏国祯，省卫生厅副厅长任长方，地区行署常务副专员、地区地方志编纂领导小组组长郭光杰等出席会议。大会对《南充市医药卫生志》和《西充县卫生志》进行评议，对修志工作中的一些具体问题展开研讨，总结交流经验。

4月9日　省地方志编委会副主任魏国祯到南充市（县级）调研地方志工作。南充市委（县级）副书记任启贵、市政府（县级）副市长胡亨霖参加调研座谈会。

4月12日　地区地志办召开全区地方志工作座谈会议，省地方志编委会副主任魏国祯到会并讲话。各县（市）地志办主任、主编参加会议。

6月13日　地区行署任命吕陌阶为南充地区地方志编纂工作领导小组办公室副主任。

6月24日至26日　地区地志办召开全区首次人物志撰写工作会。

9月3日　地区地志办副主任吕陌阶到阆中县检查指导地方志工作。

9月8日至10日　地区公安处召开修志工作和志稿评议会。全区各县（市）公安政策研究室主任和公安志主笔等30余人参加会议。地区地志办副主任文崇周到会并讲话。会议评议营山县等县公安志稿。

9月15日　南充地区地方志资料丛书之二《南充名特产》出版发行，地委书记康咸熙题写书名，地区行署专员冯希尧撰写前言。

9月25日至26日　地区地志办副主任文崇周参加《南充县林业志》志稿评议会。

10月7日至12日　地区地方志编纂工作领导小组在营山县召开南充地区县（市）志编纂研讨会。与会人员以《营山县志》稿为例，对县志的整体性、科学性以及县志总纂等问题进行研讨。

10月13日至15日　地区农牧局召开《农牧志》工作会议。各县（市）农业局、畜牧局分管修志工作负责人和《农业志》《畜牧志》主编及相关科室、站、所、校50余人参加会议。

是月　省出版协会、省新华书店将《营山县书店志》出版发行。

11月4日　省地方志编委会副主任、省地方志协会会长彭长登到南充调研地方志工作，听取地区地志办关于全区修志工作情况汇报，地区行署常务副专员、地区地方志编纂工作领导小组组长郭光杰，地区地方志编纂工作领导小组副组长陈祥超、王化参加汇报会。

11月5日　地区地志办召开地级单位修志人员业务学习会，省地方志编委会副主任、省地方志协会会长彭长登参加会议并作重要讲话。会议传达川东北片区学术研讨会精神。地级修志部门50余人参加会议。

11月20日至12月下旬　地区地志办副主任文崇周任地委整党巡视工作组西充县小组组长，带队巡视西充县整党工作。

11月21日　西充县志编委会召开县志工作座谈会。地区地志办副主任文崇周，西充县志编委会主任、常务副县长张长端，西充县政府第一任县长庞志汉，原县委书记程志远、白朝永等参加会议。

12月17日　地区地志办副主任文崇周到西充县调研地方志工作。

是年　全区共召开规模较大的志稿评议会38次，其中地区地志办组织召开2次、地级部门组织召开13次、县（市）组织召开23次。

是年　《营山县教育志》获四川省第二次地方志优秀成果一等奖。

1987年

2月　地区地志办创办《南充今古》季刊，共编辑8期。1989年停刊。

4月8日　省地方志编委会市县志处处长余致恬等到南充县检查指导修志工作。

4月23日　南充地区烟草分公司召开《烟草志》编纂工作会议。分公司和各县（市）烟草公司、蓬安烟厂等有关部门负责人及编写人员共30余人参加会议。会议讨论了《烟草志》编写工作方案，成立地区烟草志编纂工作领导小组和编纂办公室，布置地区、县（市）烟草公司（厂）编写任务。

5月8日至15日　南充市（县级）地志办举办《南充市志》（县级）编辑、资料员培训班。地区地志办副主任文崇周、南充市（县级）市长刘永焰、副市长张世富出席会议并讲话。与会人员学习《南充市志》（县级）总纂实施方案、凡例等学习资料。张世富代表市政府向参加编写《南充市志》（县级）各分志的编辑和资料员颁发了聘书，市地志办与各分志编写员签订编写承包协议书。

5月19日至20日　地区地志办召开县（市）地志办主任（主编）会议。地区地志办副主任文崇周传达四川省《绵竹县志》稿评议会情况，安排全区下半年修志工作。地区地方志编纂工作领导小组副组长王化，地区地方志编纂工作领导小组副组长、地区行署办副主任、地区地志办主任陈祥超到会并讲话。

5月22日至23日　地区中级人民法院召开全区法院志编纂工作会议。全区各县（市）法院志主编参加会议。苍溪县法院志主编列席会议。地区地志办副主任文崇周到会指导。会议传达四川省高级人民法院召开的法院志工作会议精神，听取各县（市）法院志编纂工作情况汇报，讨论地区法院志纲目。

5月29日至30日　地区教育局召开全区教育志编纂工作会议。各县（市）教育志主编参加会议。地区地志办副主任文崇周到会指导。会议传达了四川省普教系统修志工作经验交流会精神，听取各县（市）教育志编纂进展情况汇报。

6月5日　地区地志办召开地级修志部门业务学习会，交流志稿编纂工作经验。

7月15日　地区地志办在地委党校召开地方志工作座谈会，在党校学习的各县（市）委、政府领导应邀参加座谈会，地区行署副专员向阳出席并讲话。

8月27日至28日　南充军分区召开军事志编纂工作会议，全区各县（市）人武部军事志办公室负责人等20人参加会议。地区地志办副主任吕陌阶到会指导。会议传达四川省军区军事志座谈会议精神，各县（市）汇报军事志编纂工作情况。

9月7日　地区工商局召开全区工商系统修志工作会。

9月8日　西充县地志办主任李仲华在第二次全国明末农民战争史学术讨论会上宣读《张献忠殉难西充凤凰山》论文，以大量翔实的地方志资料纠正《明史》关于张献忠殉难地记载的错误。

10月8日　地区第三次地方志工作会召开，各县（市）政府办主任和地志办主任以及地级部门分管修志工作的领导、主编参加会议。会议传达全国地方志工作会议和全省第三次地方志工作会议精神，总结了南充1983年至1987年地方志工作，分析南充修志工作形势，布置下一阶段地方志工作任务。地区行署副专员向阳到会并讲话。

10月14日　地区地志办、地名办联合召开第一次职称改革工作会，成立了地区地志办、地名办职称改革领导小组，地区地志办副主任文崇周任组长，地区地名办副主任王浦贤任副组长。12月，南充地区出版系列初级和中级专业技术职务评审委员会成立，地区地志办副主任文崇周任主任委员。下设办公室，办公室设在地区地志办。至1988年12月，基本完成全区地方志系统专业技术人员职称评聘工作。全区地方志系统共评聘副编审（副高）、编辑（中级）、助理编辑（初级）52人。其中，地区地志办8人评聘专业技术职务。

12月6日至10日　省地方志编委会、地区地方志编纂工作领导小组、营山县志编纂委员会在营山县联合召开《营山县志》稿讨论会。省地方志编委会副主任曹希之、地区行署常务副专员李慎宽到会并讲话。会后，省地方志编委会编印《志稿评议文集》。

1988年

3月17日至18日　地区政协联络处主任、地区地方志编纂工作领导小组组长郭光杰到蓬安县检查政协工作时，专程到蓬安县地志办调研，听取县地志办工作汇报，与蓬安县委书记谢正顺交换地方志工作意见。

3月28日　地区地方志编纂工作领导小组召开会议，听取地区地志办副主任文崇周关于全省地志办主任会议精神以及南充地区1987年修志工作情况和1988年工作安排。会议建议地区行署把修志工作纳入专员办公会议日程。会议强调各级地方志编纂委员会要把提高志书编纂质量放在首位，严格志稿审查和审批。

4月5日至6日　全区县（市）地志办主任会议召开。会议交流修志工作经验，研究提高志书编纂质量问题。地区政协联络处主任、地区地方志编纂工作领导小组组长郭光杰到会听取汇报，地区行署常务副专员李慎宽到会并作重要讲话。

4月30日　地区行署办公室印发《批转地区地方志办公室〈关于搞好全区地方志工作的意见〉的通知》。通知要求，要将修志纳入政府议事日程和目标管理，严把志稿质量关。

5月5日　地区地方志编纂工作领导小组召开地级部门修志工作会，地级各部门（单位）分管修志工作负责人及修志人员80余人参加会议。会上，地区地志办副主任文崇周通报地级部门修志情况，地区计委、交通局、民政局、烟草专卖局交流修志工作经验。

5月8日至12日　地区地志办在仪陇县召开营山、蓬安、仪陇3县县志篇目研究讨论会。地区地志办副主任吕陌阶、《营山县志》主编李定国、《蓬安县志》主编邓郁章、《仪陇县志》编纂委员会副主任任俊杰参加研讨会。

10月28日　地区地方志编纂工作领导小组印发《南充地区县、市志审查验收工作试行方案》，成立南充地区地方志审查验收小组，代表行署负责对全区县（市）志审查验收。审查验收小组组长由地委委员、行署常务副专员李慎宽担任，地区政协联络处主任郭光杰任第一副组长，地区地志办主任陈祥超、副主任文崇周、吕陌阶任副组长。审查验收小组聘请18位特约审稿员。

11月8日　地区地方志编纂工作领导小组召开会议，专题研究审查《营山县志》工作。会议指出，《营山县志》是南充编纂成稿的第一部社会主义新方志，要确保志书质量，把好质量关。就审查验收《营山县志》稿作出具体安排。会上，郭光杰向18位特聘审稿员颁发聘书。

11月9日至11日　地区检察分院在营山县召开《营山县检察志》稿评议会。省高级人民检察院史志办主任张长德，地区检察分院副检察长、地区检察分院修志领导小组组长李开林，营山县委常委、政法领导小组组长宋正芳等出席会议。会议收到志稿评议文章16篇。

是年　《阆中地理志》《南充市医药卫生志》获四川省第三次地方志优秀成果一等奖，《西充县城乡建设环境保护志》《营山县书店志》获四川省第三次地方志优秀成果三等奖。

1989年

1月16日　地区行署批准同意《营山县志》（1989年版）出版发行。8月，四川辞书出版社出版发行。《营山县志》（1989年版）是南充地区第一部出版发行的社会主义新方志。

3月　南充地区地方志编纂工作领导小组更名为南充地区地方志编审委员会。1993年7月，南充撤地建市，南充地区地方志编审委员会自行撤销。

是月　南充地区地方志编纂工作领导小组办公室更名为南充地区地方志办公室，地区行署办公室副主任陈祥超兼任南充地区地方志办公室主任，文崇周、吕陌阶任南充地区地方志办公室副主任。

4月1日　地区地方志编审委员会听取地区地志办关于成立南充地区地方志协会筹备工作汇报，同意就成立地区志协正式报告地区社科联。4月11日，地区社科联批复同意成立南充地区地方志协会。

4月18日　地区地方志编审委员会印发《关于表彰地方志工作先进集体、先进个人、优秀成果的决定》。对1984年至1988年修志工作中做出显著成绩的26个先进集体、58名先进个人和40项地方志优秀成果给予表彰。

4月18日至20日　南充地区地方志工作会议暨地区志协成立大会召开。地、县（市）领导及特邀专家学者等160余人出席会议。会上，地区行署办副主任、地区地志办主任陈祥超总结1983年至1989年全区地方志工作，地委宣传部副部长、地区地方志编审委员会副主任郝振书宣读地区地方志编审委员会《关于表彰地方志工作先进集体、先进个人、优秀成果的决定》，地区行署副专员、地区地方志编审委员会主任黄德益等领导向获奖单位和个人颁奖。会议通过《南充地区地方志协会章程》，选举产生南充地区地方志协会第一届理事会理事、常务理事。地区地方志协会第一次常务理事会上，选举郭光杰为会长，郝振书、陈祥超、陈春华、文崇周、吕陌阶为副会长。会议期间，地区行署专员冯希尧、常务副专员李慎宽、副专员文正经、黄益安到会看望与会代表；举办南充地区地方志成果展。

5月17日至20日　地区地方志编审委员会在仪陇县召开《仪陇县志》稿评议会，会议收到35篇评议文章。

8月30日至9月1日　地区地志办副主任文崇周到蓬安县检查指导地方志工作。

11月14日至17日　川东北片区第六次方志学术讨论会暨《蓬安县志》稿评议会在蓬安县召开。省地方志编委会副主任曹希之、副编审马国栋参加会议。会议收到《蓬安县志》稿评议文章63篇。《四川地方志》1990年第三期特发一组评议专稿。

12月12日　地区地志办副主任文崇周参加《营山县志》（1989年版）首发式暨总结表彰会。

12月29日至30日　地区地志办副主任文崇周参加《南充工运史》编纂工作总结表彰会。

是月　地区军工办被撤销，中共南充地区地志办支部委员会由地区地志办、地区人防办、地区无委办、地区地名办联合组成，地区地志办副主任文崇周任书记。

1990年

1月24日　“张澜学术研讨会”第一次筹备会议召开，会议决定下半年在南充召开“张澜学术研讨会”，会上还提出举办南充丝绸节的建议。8月25日至29日，地委、地区行署举办首届中国·四川·南充丝绸节。

2月28日至3月6日　中共南充地区地志办支部委员会开展民主评议党员工作。

7月　南充地区地方志资料丛书之三《名人名胜》由四川辞书出版社出版发行。地区行署副专员黄德益作序，著名书法家、美术家赵蕴玉题写书名。

9月12日至14日　地区地志办召开全区县（市）志主编会议。地区地方志编审委员会领导、各县（市）志主编（副主编）及地区地志办等28人参加会议。会议听取了各县（市）志编纂情况汇报，重点研究保证志书质量特别是政治质量方面的问题。

10月30日至11月2日　地区地方志协会牵头、四川师范学院历史系和地区历史学会参与的张澜生平与思想学术讨论会在南充果州宾馆召开，省政协常务副主席李培根、全国政协文史专员吕光光和张澜的女儿张茂延、张惠延以及省内外专家、学者等63人出席。地委、地区行署主要领导及南充地、市民主党派负责人和南充市（县级）、南充县有关领导出席开幕式、闭幕式。省政协常务副主席李培根在会议开始和结束时作了重要讲话。这次专门研究张澜生平与思想的学术讨论会在全国尚属首次，在全国史学界、理论界引起强烈反响。会议收到40篇有一定价值的论文和张澜著述及研究张澜文章的目录索引，了解了国内张澜学术研究的现状，提高了南充的知名度。

11月8日　中江县委书记唐道润带领县四大家领导及县地志办负责人到南充学习交流修志经验。

12月14日　《南充蚕丝志》评审会召开。地区行署副专员黄德益，省地方志编委会副编审杨鸿儒，地区行署办副主任、地区地志办主任陈祥超，地区地志办副主任文崇周、吕陌阶及地区丝绸公司负责人、《南充蚕丝志》编纂人员等30余人参加会议。

是年　地区地志办印发《关于新编地方志书行文的暂行规定》《关于审批县市志和地区部门志的意见》《关于志书编纂中几个问题的通知》等文件。

是年　《营山县志》获四川省第四次哲学社会科学优秀成果二等奖，是全省县级志书中最高奖。

是年　四川省第四次地方志优秀成果评奖中，《南充市交通志》获二等奖，《阆中县农业志》《南部县军事志》《史志与逻辑》（论文）获三等奖。

是年　南充地区第一次哲学社会科学优秀成果评奖中，《营山县志》《南充蚕丝之最》（资料书）获一等奖，《史志与逻辑》（论文）获二等奖，《南充市交通志》获三等奖。

1991年

3月15日　地区地方志编审委员会印发《关于表彰奖励南充地区第二次评选地方志优秀成果的决定》。

3月18日至22日　《阆中县志》志稿评议会召开，省地方志编委会副主任秦安禄，地区行署副专员黄德益等参加志稿评议会。

5月28日至31日　《南充县志》志稿评议会召开，省地方志编委会副主任秦安禄，地区行署副专员黄德益、王庭基等参加志稿评议会。

6月26日至29日　川东北地方志第七次学术讨论暨《西充县志》稿评议会在西充县召开。省地方志编委会副主任秦安禄，地委副书记赵培善，地区行署秘书长彭修昌等参加志稿评议会。

7月10日　地区行署任命蔡白坚、周永兴为南充地区地方志办公室副主任。

7月24日至25日　地区地志办副主任文崇周、周永兴到南部县、阆中市检查指导地方志工作。

7月30日　地区行署办副主任、地区地志办主任陈祥超，地区地志办副主任文崇周、蔡白坚、吕陌阶、周永兴听取南充县地志办《南充县志》总纂工作汇报。

是月　南充地区地方志资料丛书之一《建置沿革　自然环境》出版发行，地委副书记、地区行署专员李慎宽作序。

是月　地区机构编制委员会同意地区地志办设立秘书科、编审科。

8月5日　地区地志办副主任吕陌阶、周永兴参加《南充地区卫生志》稿评议会。

8月14日　地区行署批准同意《仪陇县志（1911—1985)》出版发行。1994年7月，《仪陇县志(1911—1985)》由四川科学技术出版社出版发行。

8月17日　地区地志办副主任蔡白坚、吕陌阶、周永兴参加《南充地区经济综合志》编写工作会议。

9月24日至26日　《南部县志稿》评议会召开，原地区行署常务副专员、原地区地方志编纂工作领导小组组长郭光杰出席评议会。

12月30日　地区行署副专员黄德益主持召开《南充地区经济综合志》编纂委员会第一次会议，地区行署办副主任、地区地志办主任陈祥超，地区地志办副主任蔡白坚、吕陌阶、周永兴及地级30余个相关单位负责人参加会议。

是月　中共南充地区地志办（含地志办、人防办、无委办）支部委员会改选，地区地志办副主任蔡白坚任书记。

1992年

1月5日　地区地志办副主任蔡白坚、周永兴到西充县检查指导地方志工作，

3月31日至4月3日　地区志协、四川师范学院历史系、地区历史学会在南充果州宾馆联合召开全国第二次张澜思想学术讨论会。省政协常务副主席李培根、全国政协文史专员吕光光、张澜原秘书沈自强和张澜女儿张茂延、张惠延以及来自全国各地的专家、学者、史志工作者等80余人出席会议。地委、行署、地人大工委、地政协工委、地委宣传部、地委统战部、地区社科联、四川师范学院主要领导出席了开幕式和闭幕式。会议收到论文58篇，从不同角度对张澜的政治思想、哲学思想、经济思想、教育思想、文学思想、爱国主义思想、统一战线思想、廉政思想进行研究和探讨。4月2日是张澜诞辰120周年纪念日，会议第一天，与会代表还参加了南充地区各界群众纪念张澜诞辰120周年大会暨《张澜文集》首发式和张澜纪念室开展剪彩仪式。

5月18日　地区地志办副主任蔡白坚、吕陌阶、周永兴听取《南充地区文化艺术志》编纂人员修改情况汇报。

5月26日　省政协南充地区工作委员会副主任郭光杰，地区行署办副主任、地区地志办主任陈祥超，地区地志办副主任蔡白坚、吕陌阶、周永兴专题研究“张澜研究”课题立项工作。会后，地区地方志协会向省社科联申报“张澜研究”课题。10月，“张澜研究”课题被批准列入四川省哲学社会科学“八五”期间重点课题。

7月15日　地区地志办副主任周永兴到中国地方志指导小组汇报南充地区地方志工作，中国地方志指导小组办公室主任孔令士听取汇报。

8月5日　地区行署批准同意《西充县志（1911—1985)》出版发行。1993年8月，《西充县志(1911—1985)》由重庆出版社出版发行。

10月12日　地区行署办副主任、地区地志办主任陈祥超，地区地志办副主任蔡白坚、吕陌阶、周

永兴参加《南充地区供销社志》稿评议会。

11月25日　地区行署批准同意《阆中县志（1911—1985)》出版发行。1993年9月，《阆中县志(1911—1985)》由四川人民出版社出版发行。

是月　四川省第二次县（市）志研讨会暨《南充市志》（县级）志稿评议会在南充市（县级）召开，省内外124位代表参加评议会。会议收到学术论文和志稿评议文章14篇。

是月　地区行署批准同意《蓬安县志（1911—1985)》出版发行。1994年11月，《蓬安县志(1911—1985)》由四川辞书出版社出版发行。

12月5日　地区行署批准同意《南充县志（上限不限—1985)》出版发行。1993年12月，《南充县志（上限不限—1985)》由四川人民出版社出版发行。

是年　《南充蚕丝志》获四川省第五次哲学社会科学优秀成果三等奖、南充地区第二次哲学社会科学优秀成果一等奖。

是年　《南充盐业志》《南充地区水利志》《南部县金融志》《南充县烟草志》获四川省第五次地方志优秀成果三等奖。

1993年

2月12日　地区行署批准同意《南部县志（上限不限—1990)》出版发行。1994年9月，《南部县志(上限不定—1990)》由四川人民出版社出版发行。

3月9日　地区地志办副主任周永兴参加南充地区革命烈士纪念馆布展筹备会。

4月5日　地区行署批转地区地志办《关于搞好全区年鉴编写的报告》。要求将综合年鉴编辑作为各级地志办的重要工作任务。

5月10日　省政府印发《关于表彰地方志工作先进集体、先进工作者的通知》。地区地志办等4个单位被省政府授予“地方志工作先进集体”称号，于明等9人被省政府授予“地方志工作先进工作者”称号。

5月21日　南充地区176部（件）志书、地情资料书参加四川省新编地方志成果展。

6月14日　省地方志编委会副主任秦安禄到南充县调研地方志工作。

7月2日　国务院批准南充行政区划调整，撤销南充地区和南充市（县级）、南充县，成立地级市南充市和顺庆区、高坪区、嘉陵区。原南充地区的阆中市、南部县、西充县、仪陇县、营山县、蓬安县划归新成立的南充市，原南充地区的广安县、岳池县、武胜县和华蓥市划归新成立的广安地区。地区地志办及县（市）地志办相应调整隶属关系。

7月28日　地区地志办副主任周永兴参加地委举办的地级机关县级干部“中国特色社会主义”理论学习班学习。

9月17日　地区地方志编审委员会印发《关于表彰地方志优秀成果的决定》。

是月　地区行署、省地方志编委会批准同意《南充市志（1950—1985)》出版发行。1994年11月，《南充市志（1950—1985)》由四川科学技术出版社出版发行。

10月20日　中国地方志指导小组办公室印发《关于全国新编地方志优秀成果评选结果的通报》，

《营山县志》获全国地方志优秀成果一等奖。

11月15日至16日　省地方志编委会副主任秦安禄到顺庆区、高坪区调研地方志工作。

12月18日　地区计划委员会召开《南充地区经济综合志》工作会，地区行署副专员黄德益出席会议并讲话。

12月24日　西充县召开《西充县志》首发式暨座谈会。

1994年

1月5日　南充地区地方志办公室更名为南充市地方志办公室，市政府任命市政府办公厅副主任余善卫兼任南充市地方志办公室主任。

是月　中共南充市地方志办公室支部委员会成立，隶属市政府办党组，市地志办副主任蔡白坚任书记。

2月1日　市政府任命周永兴、蔡白坚为南充市地方志办公室副主任，吕陌阶为南充市地方志办公室副编审。

3月11日至16日　省地方志编委会副主任秦安禄，工会主席马红湘，史志编辑室主任蒋钟灵到西充县、蓬安县、营山县、阆中市调研地方志工作。

5月25日至26日　市地志办副主任周永兴参加省地方志编委会举办的民俗志编纂专题培训班学习。

7月4日　市地志办副主任周永兴到南部县检查指导地方志工作。

8月10日　阆中市举行《阆中县志》首发式，市地志办副主任周永兴出席。

9月10日至14日　市地志办副主任周永兴、蔡白坚带领市地志办全体人员到乐山市地志办、夹江县地志办考察学习。

10月24日　市政府印发《关于编辑出版〈南充年鉴〉的通知》，决定从1994年开始，分年度编辑出版《南充年鉴》。成立南充年鉴编辑委员会，下设南充年鉴编辑部，与市地志办编审科合署办公，具体承办《南充年鉴》编辑出版工作。

是年　省地方志编委会建议顺庆区编纂《南充市志（续编）》。市政府采纳省地方志编委会的建议，由顺庆区政府组织《南充市志（续编）》（县级）编纂工作。

是年　《阆中县志》获四川省第六次哲学社会科学优秀成果三等奖。

是年　南充市5项地方志成果获四川省第六次地方志优秀成果奖。其中，《南充县志》《南充地区交通志》获二等奖，《南充地区军事志》《南充地区文化艺术志》《南充地区气象志》获三等奖。

是年　南充市5项地方志成果获南充市第一次哲学社会科学优秀成果奖。其中，《阆中县志》获优秀荣誉奖（高于一等奖），《南充地区交通志》获二等奖，《南充地区军事志》获三等奖，《南充县志》《南充地区图书发行志》获优秀奖。

1995年

4月8日　市地志办印发《关于南充市第一次（1992—1993）地方志优秀成果评选结果的通知》。

4月26日　市地志办召开《南充年鉴》撰稿人员业务培训班，市级部门及有关企事业单位撰稿人122人参加培训。市政府副秘书长、市政府办副主任、市地志办主任、《南充年鉴》副总编余善卫强调，分年度编辑出版《南充年鉴》是市政府的一项重要工作，市级各部门及有关企事业单位要高度重视，共同办好这部具有权威性、科学性、综合性的政府年度刊物。

6月10日　南充年鉴编辑部印发了《〈南充年鉴〉编辑进度情况通报》。

7月16日　南充年鉴编辑部印发了《〈南充年鉴〉编辑进度情况通报（二)》。

10月　嘉陵区地方志办公室成立。

11月6日　市地志办副主任周永兴到市政协文史委研究《南充人物》撰稿、编辑等工作。

11月14日　市政府办公厅召开《南充市志（续编)》（县级）工作会议。市政府副市长王正忠和顺庆区区长张世富到会讲话。

12月1日　市地方志协会召开《张澜研究》课题组成员会议，郭光杰、龙显昭、陈祥超、谢增寿、周永兴、蔡白坚等参加。

1996年

5月2日至3日　市地志办召开南充市地方志系统市社科优秀成果评委会，研究南充市地方志系统申报市社科优秀成果工作。

6月　省地方志编委会、省人事厅印发《关于联合表彰地方志工作先进集体和先进工作者的决定》。顺庆区地志办、营山县地志办被省地方志编委会、省人事厅授予“地方志工作先进集体”称号；顺庆区地志办潘大德、营山县地志办胡洪春、蓬安县地志办蒋明善被省地方志编委会、省人事厅授予“地方志工作先进工作者”称号。

10月13日　省地方志编委会副主任秦安禄、市地志办副主任周永兴、广安地区地志办副主任代大禄到西充县检查贯彻全国第二次、全省第五次地方志工作会议精神及西充县地方志工作情况。

10月14日至15日　省地方志编委会副主任秦安禄到顺庆区检查指导地方志工作。

10月23日　市政协副主席向洪武率市政协文史资料委员会到西充县视察地方志工作，与西充县县长刘荣志、县政协主席李占富、县委副书记庞明轩共商地方志工作。

12月　市政府召开年鉴编辑工作会，市级部门全体撰稿人员参加会议。会议总结1995年、1996年年鉴编辑工作，布置1997年年鉴编辑工作。

是年　南充市6项地方志成果获四川省第七次地方志优秀成果奖。其中，《南充市志》《蓬安县志》获方志类一等奖，《仪陇县志》获方志类二等奖，《南充金融志》获方志类三等奖，《顺庆年鉴（1995)》获年鉴类二等奖，《营山年鉴（1986—1993)》获年鉴类三等奖。

是年　南充市4项地方志成果获南充市第二次哲学社会科学优秀成果奖。其中，《蓬安县志》获一等奖，《南充市志》获二等奖，《仪陇县志》获三等奖，《南充财政志》获优秀奖。

1997年

5月　市政府任命蒲俊錩为南充市地方志办公室副主任，免去余善卫的南充市地方志办公室主任职务，免去周永兴、蔡白坚的南充市地方志办公室副主任职务。

6月　中共南充市地志办支部委员会改选，市地志办副主任蒲俊錩任书记。

7月　市级机构改革，市政府印发《南充市地方志办公室职能配置、内设机构和人员编制方案》。明确南充市地方志办公室为市政府直属事业单位，正县级；内设秘书科、编审科（《南充年鉴》编辑部合署办公）；核定事业编制7名，工勤人员编制1名。

10月　《南充市志（续编）》（县级）由四川人民出版社出版发行。

是年　《蓬安县志》（1994年版）获全国地方志书二等奖。

1998年

1月至3月　市委研究室和市地志办组成联合调研组，到南充各县（市）和重庆市委研究室、重庆市地志办以及重庆市有关企业开展南充与重庆经济联系专题调研，形成《加强南渝经济联系研究报告》《关于重庆市加快积极发展的有关情况报告》。

2月8日　市地志办被南充市委授予“先进联乡包村部门”荣誉称号。

8月1日　省地方志编委会党组书记、副主任秦安禄到高坪区检查指导地方志工作，建议高坪区续编《南充县志（1986—1993）》。

10月28日　市政府办公厅印发《关于续修〈南充县志（1986—1993）〉的通知》。

12月　市地志办创办《南充市情研究》年刊。仅办1期。

是年　南充市9项地方志成果获四川省第八次地方志优秀成果奖。其中，《南充邮电志》《南充炼油厂志》获方志类二等奖，《南充市志（续编）》《飞凤镇志》《阆中名胜古迹考释》获方志类三等奖，《南充年鉴（1996—1997）》《顺庆年鉴（1996）》获年鉴类三等奖，《南充年鉴（1995）》《西充十年大事记》获年鉴类优秀奖。

是年　南充市3项地方志成果获南充市第三次哲学社会科学优秀成果奖。其中，《南充邮电志》获一等奖，《南充市志（续编）》获二等奖，《飞凤镇志》获三等奖。

1999年

5月　市政府任命何进为南充市地方志办公室副主任，免去蒲俊錩的南充市地方志办公室副主任职务。

6月　中共南充市地志办支部委员会改选，市地志办副主任何进任书记。

8月26日　市委办、市政府办印发《南充市地方志工作2010年目标规划纲要》。

是月　市机构编制委员会同意市地志办增设资料征管科。

12月　《张澜纪念文集》由四川教育出版社出版。

2000年

4月3日　《张澜纪念文集》出版发行座谈会在北京人民大会堂举行，党和国家领导人姜春云、王兆国、丁石孙等出席座谈会并作重要讲话。中共中央政治局常委、全国政协主席李瑞环为文集题写书名；全国政协副主席、中共中央统战部部长王兆国，全国人大常委会副委员长、民盟中央主席丁石孙，全国政协副主席钱伟长和曾经在南充工作过的胡耀邦夫人李昭为文集题词，四川省政协副主席、中共四川省委统战部部长李培根为文集作序。

10月　南充市30余部志书、年鉴、地情资料书参加在北京举办的全国地方志成果展。

11月14日至21日　南充市300余部志书、年鉴、地情资料书参加四川省地方志成果展。

是月　市地志办被省政府授予“修志工作先进单位”称号，市地志办何进、南部县地志办曾海清被省政府授予“地方志工作先进个人”称号；顺庆区地志办、阆中市地志办被省人事厅、省地方志编委会授予“地方志系统先进集体”称号，嘉陵区地志办严延贵、西充县地志办赵文宝被省人事厅、省地方志编委会授予“地方志系统先进工作者”称号。

是年　《张澜纪念文集》获四川省第九次哲学社会科学优秀成果三等奖。

是年　南充市8项地方志成果获四川省第九次地方志优秀成果奖。其中，《四川石油管理局地质调查处志》获方志类一等奖，《南充地区国土志》获方志类二等奖，《西充县人民医院志》《西充方言》《木兰乡志》获方志类三等奖，《南充年鉴（1999）》《顺庆年鉴（1999）》获年鉴类二等奖，《南充年鉴（1998）》获优秀奖。

是年　南充市2项地方志成果获南充市第四次哲学社会科学优秀成果奖。其中，《西充县人民医院志》获三等奖，《地灵人杰话西充》获优秀奖。

2001年

12月20日　省政府办印发《关于认真开展志书续修工作的通知》，确定营山县为全省23个续修志书试点县之一。

12月28日　市政府办印发《南充市地方志办公室机构编制方案》。明确市地志办是市政府授权主管全市地方志工作的直属事业单位，设秘书科、编审科（与《南充年鉴》编辑部合署办公）、资料征管科3个职能科室。

是月　市政府任命刘刚为南充市地方志办公室副主任。

2002年

2月26日　市地志办工作简报《南充地方志通讯》更名为《南充市地方志通讯》。至2007年，共印发28期。

5月29日　中共南充市地志办支部委员会改选，市地志办副主任何进任书记。

6月　营山县政府召开《营山县志》续修工作动员大会，正式启动县志续修工作。

7月29日　市委、市政府印发《关于组织编纂〈南充市志〉的决定》。决定从2002年开始，组织力量编纂《南充市志》。成立南充市志编纂委员会，将《南充市志》编纂工作纳入市委、市政府目标管理。

7月30日　市政府印发《关于表彰首届修志工作先进集体的决定》。对20个首届修志工作先进集体予以表彰。

8月1日至2日　市政府召开全市地方志工作会议。市人大常委会副主任杨汉翔、市政协副主席李阶生、市政府秘书长陈自立等出席会议，各县（市、区）政府分管领导和市级各部门、驻市相关单位负责人等200余人参加会议。会议全面总结南充首届修志工作，表彰首届修志工作先进集体，对第二轮续（新）修志书工作进行动员部署。

11月5日　川东北片地方志工作研讨会在南充召开。省地方志编委会党组书记、副主任秦安禄及绵阳、德阳、广元、遂宁、达川、巴中、广安、南充等川东北8个市和23个县地志办领导、主编参加会议。与会人员围绕志书续修工作进行研讨。

是年　南充市4项地方志成果获四川省第十次地方志优秀成果奖。其中，《武警南充支队志》《南充电力工业发展史》获方志类三等奖，《顺庆年鉴（2001）》获年鉴类二等奖，《南充炼油厂年鉴（1991—1995）》获年鉴类三等奖。

2003年

2月9日　市政府任命市政府副秘书长、市政府办公室副主任尹光明兼任南充市地方志办公室主任。

3月27日　市政府印发《〈南充市志〉编纂方案》，成立《南充市志》总编室。

4月9日　市政府召开《南充市志》编纂工作会议，市委常委、常务副市长伏文超出席会议并讲话。

6月18日　市志编纂委员会印发《〈南充市志〉编纂细则》《南充市志·凡例》《〈南充市志·大事记〉编纂方案》《〈南充市志〉人物入志办法》。

6月26日　市政府召开《南充市志》编纂工作动员大会，市委常委、常务副市长伏文超出席并作重要讲话。

6月26日至28日　市志编委会举办《南充市志》编纂业务培训班，聘请5名地方志专家学者对全市400余名从事《南充市志》编纂人员进行专题培训，全面系统地讲授南充历史、方志基础知识、资料搜集与整理、志书编纂方法、大事记编写方法、人物志编写方法等6个专题。

是月　市地志办编印《〈南充市志〉编纂工作文件法规汇编》《〈南充市志〉编纂培训教材》业务学习资料，赠送各县（市、区）、市级各部门（单位）和各位修志人员。

9月14日　市政府办印发《〈南充县志（1986—1993）〉续修方案》。

是年　市地志办编辑制作《古今南充》VCD光碟，主要反映南充撤地建市10周年取得的辉煌成就和南充自然人文风光。

2004年

2月14日　市政府办印发《关于2003年〈南充市志〉编纂工作情况通报》。

6月　市政府免去刘刚的南充市地方志办公室副主任职务。

7月2日　市政府任命吴兴中为南充市地方志办公室主任，免去尹光明的南充市地方志办公室主任职务。

7月27日　市地志办主任吴兴中、助理调研员于明到高坪区地志办调研地方志工作，与高坪区地志办和《南充县志》续修总编室编辑人员进行座谈。

7月29日　市地志办主任吴兴中、副主任何进、助理调研员于明到营山县检查指导县志续修试点工作。与营山县政府副县长刘晓梅交换意见。吴兴中指出，营山县作为县志续修全省的试点县，备受省、市关注，希望续修《营山县志》要写出水平、写出特色，起好步带好头，真正起到试点示范作用。

8月2日至3日　市地志办主任吴兴中、助理调研员于明到蓬安县、仪陇县、西充县调研、指导续修县志工作。

8月16日至17日　市地志办主任吴兴中、助理调研员于明到阆中市调研地方志工作。

9月2日　市政府召开全市地方志工作会议。市政府副秘书长、市政府办主任袁志鸣主持会议，市委常委、常务副市长蒋辅义在会上作重要讲话。市级有关领导，各县（市、区）政府分管领导，市级有关部门和市属以上企事业单位分管领导，各县（市、区）地志办主任，新闻单位记者等200余人参加会议。会议全面总结南充市第二轮续（新）地方志书工作启动以来所取得的成绩和经验，进一步明确和落实市志、县（市、区）志编纂任务。营山县政府、市经贸委、人行南充市中心支行、市交通局、市国税局、市轻工食品行办在会上总结交流续修县志和市志编纂工作经验。

9月26日　市政府法制办、市地志办联合发出《关于认真学习贯彻〈条例〉，依法搞好南充地方志工作的通知》。

10月12日至14日　省地方志编委会副主任罗亚夫、市县志工作部副主任马国栋、省政府法制办助理调研员朱大胜到南充检查《四川省地方志工作条例》贯彻情况。市政府副秘书长、市政府办主任袁志鸣主持汇报会。市委常委、市政府常务副市长蒋辅义向检查组汇报南充宣传贯彻实施《四川省地方志工作条例》情况。检查组听取南充汇报后认为，南充市党政领导对学习贯彻《四川省地方志工作条例》高度重视，学习宣传形式多样，主管部门工作得力，南充地方志工作发展势头良好。

10月18日　市地志办办公地点由市政府一号办公院（南充市涪江路1号）搬迁到市政新区市政府1号办公楼2楼办公。

11月26日至28日　省地方志编委会党组书记、副主任秦安禄，省地方志编委会市县志工作部副主任马国栋到南充调研。秦安禄与市委常委、常务副市长蒋辅义交换地方志工作意见。秦安禄、马国栋还到顺庆区、南部县检查指导地方志工作。

是年　在南充8项地方志成果获四川省第十一次地方志优秀成果奖。其中，《古今南充》（电子光盘）获地情资料及论著类二等奖（地情资料及论著类未设一等奖），《纪信》获地情资料及论著类优秀奖，《南充年鉴（2002）》《西充年鉴（2000—2002卷）》《阆中年鉴（2002—2003）》《仪陇年鉴（1998—2001）》获年鉴类三等奖，《顺庆年鉴（2003）》获年鉴类优秀奖，《栖乐灵园志》获方志类三等奖。

是年　《古今南充》（VCD）获南充市第六次哲学社会科学成果二等奖。

2005年

1月11日至12日　全市地方志工作会议在营山县召开，省地方志编委会副主任罗亚夫、市县志工作部副主任马国栋到会指导。会议传达全省地方志工作会议精神，总结全市2004年地方志工作，布置2005年工作。会议还通报2004年度县（市、区）地方志工作考核评比结果并对先进集体颁奖，学习续修《营山县志》经验。各县（市、区）地志办主任参加会议。

1月至5月　市地志办按照市委的统一部署，认真抓好“保持共产党员先进性教育活动”。教育活动结束时，市委检查组进行全面验收，市地志办获得99分。

4月6日　市政府召开市志编纂工作滞后的部分承编单位督办会议。市政府副秘书长、市政府办主任袁志鸣，市政府目标督查办副主任何刚，市地志办主任吴兴中及市志编纂滞后的11个承编单位负责人参加会议。袁志鸣要求各部门要依法承担修志义务，加快编纂进度，按时按质完成编纂任务。

5月20日　市志编委会召开市志编纂牵头单位会议，市志编纂35个牵头单位负责人参加会议。会议要求各牵头单位一定要带好头，负好责，切实加强领导，认真搞好督办工作，开好各卷的评审会，按时按质报送初稿。

5月24日至26日　市地志办主任吴兴中、助理调研员于明到蓬安县、营山县检查指导修志工作。研究续修《蓬安县志》篇目，抽查部分志稿，并就志稿中存在的问题与编写人员交换意见。

6月8日　南充市地方志协会召开理事会进行换届选举，市地志办主任吴兴中当选为理事长。

8月1日至6日　市地志办主任吴兴中在成都参加中国地方志指导小组举办的地志办主任、主编培训班学习。

8月19日　市志编委会第二次召开市志编纂工作滞后的13个承编单位督办会议。要求工作滞后的13个承编单位狠抓工作落实，安排好与任务相匹配的人力、物力、财力，确保按时按质完成编纂任务。

8月20日至24日　全省召开第二轮修志试点工作会议，营山县介绍续修县志试点经验。

8月23日　市地志办主任吴兴中、助理调研员于明到仪陇检查指导续修县志工作。

8月31日　市地志办主任吴兴中、助理调研员于明到高坪区检查和指导区志编纂工作。

9月8日　市地志办主任吴兴中、副主任何进到西充县检查指导县志续修工作，与西充县县长蔡绍雄交换县志续修工作意见。

10月8日　市地志办主任吴兴中、助理调研员于明到高坪区地志办研究《南充县志（1986—1993）》评审工作。

10月28日　市地志办主任吴兴中、助理调研员于明到嘉陵区检查指导工作，与嘉陵区委书记何智彬交换地方志工作意见。

11月2日　省地方志编委会副主任罗亚夫、市县志工作部副主任马国栋到顺庆区检查指导地方志工作。

11月3日至4日　《营山县志（1986—2003）》评审会在营山县召开。省地方志编委会党组书记、副主任秦安禄，副主任罗亚夫，市县志工作部副主任马国栋，市地志办主任吴兴中、副主任何进以及营山县委、县人大、县政府、县政协等领导出席。与会人员认为，营山县作为全省续修试点县之一，县志续修经验值得学习和借鉴。《营山县志（1986—2003）》志稿立足于“续”，准确记录历史发展轨迹；致力于“创”，更好地体现时代特点和地方特色。

11月4日　省地方志编委会党组书记、副主任秦安禄到高坪区检查指导地方志工作，与高坪区区长黄小明、副区长郑莉交换地方志工作意见。

是日　省地方志编委会副主任罗亚夫、市县志工作部副主任马国栋到仪陇县检查指导地方志工作。要求仪陇县既要抓县志编纂进度，又要注重县志编纂质量。

11月15日　四川省人事厅、四川省地方志编纂委员会印发《关于表彰四川省地方志工作先进集体和先进个人的决定》。授予南充市地方志办公室、营山县地方志办公室、阆中市地方志办公室“四川省地方志工作先进集体”称号；授予市地志办于明、顺庆区地志办卿远明、高坪区地志办曾冬清、仪陇县地志办伍正荣“四川省地方志工作先进个人”称号。

12月22日　中国地方志指导小组发文，表彰全国地方志系统先进集体和先进个人。授予顺庆区地志办“全国方志先进集体”称号，授予阆中市地志办王国成“全国方志先进工作者”称号。

2006年

1月16日　《南充县志（1986—1993）》评审会在高坪区召开。与会人员对志稿政治、史实、体例、语言、文字等方面进行评议并提出修改建议意见。

1月19日　市政府批复同意《营山县志（1986—2003）》出版发行。2007年1月，《营山县志（1986—2003）》由成都时代出版社出版发行。

4月　市地志办组织编辑的《南充市情手册》出版发行。

5月8日　南充市志编纂委员会印发《〈南充市志〉总纂实施方案》。

6月7日　市政府批复同意《南充县志（1986—1993）》出版发行。2010年5月，《南充县志（1986—1993）》由中国文史出版社出版发行。

7月4日至5日　《仪陇县志（1986—2003）》稿评审会召开。与会人员对《仪陇县志》评审稿进行全面、认真评审，对评审稿中存在的问题提出修改建议意见。

8月　市地志办与市委宣传部共同组织编辑的《嘉陵江畔话南充》由四川出版集团、四川人民出版社出版发行。《嘉陵江畔话南充》是南充创建中国优秀旅游城市和纪念朱德诞辰120周年纪念活动的文化建设内容之一。

11月10日　市政府批复同意《仪陇县志（1986—2003)》出版发行。2007年7月，《仪陇县志(1986—2003)》由四川科学技术出版社出版发行。

12月13日　市地志办主任吴兴中、副调研员于明到顺庆区检查指导地方志工作，与顺庆区区长刘彬、常务副区长戚辉交换地方志工作意见。

12月15日　市地志办主任吴兴中出席蓬安县修志业务培训会并讲话。

12月20日　全市地方志工作会议在南部县召开。市地志办主任吴兴中及全市9个县（市、区）志办主任参加会议。会议传达全省地方志工作会议精神，学习省委副书记、常务副省长、省地方志编委会主任蒋巨峰在全省地方志工作会议上的讲话，总结全市2006年地方志工作，布置2007年工作，表彰2006年全市地方志工作先进集体。会上，南部县地志办副主任罗君介绍南部修志工作经验，与会人员参观南部县修志成果展。

是年　南充市8项地方志成果获四川省第十二次地方志优秀成果奖。其中，《南充市地方税务志》获方志类二等奖，《升钟水库南部县灌区志》获方志类三等奖，《南充市志·国土资源卷》《南部县农业机械志》获方志类优秀奖，《南充年鉴（2004)》《南部年鉴（2005)》获年鉴类三等奖，《南充炼油化工总厂年鉴（2000—2002)》《顺庆年鉴（2005)》获年鉴类优秀奖。

2007年

1月5日　《嘉陵区志》《嘉陵年鉴》编修工作会召开。嘉陵区委常委、副区长何晓林，区人大常委会副主任郭成志，区政协副主席苏俊富及区级机关、乡镇分管领导及编写人员参加会议。市地志办主任吴兴中、副调研员于明到会指导。

2月16日　《南充市志》总编室召开市志总纂研讨会，执行副总编、总纂人员及市志分卷主编出席。会议对提高市志总纂稿质量的措施和方法进行了研究。

3月15日至16日　省地方志编委会副主任罗亚夫到市地志办、西充县、仪陇县、南部县调研，并与各地领导交换搞好地方志工作意见。他要求大家要切实增强依法修志的意识，进一步认清地方志工作的新形势、新任务、新要求，用心想事，用心谋事，用心干事，全面提高地方志工作水平。

7月2日　市地志办主任吴兴中、副调研员于明到省地方志编委会报送《南充市志》总纂篇目，并向省地方志编委领导汇报市志总纂等工作。

8月22日至23日　南充市地方志工作会暨学术研讨会在阆中市金龙大酒店召开。市地志办主任吴兴中、副主任何进、副调研员于明、各县（市、区）地志办主任、主编及学术论文作者等30余人出席会议。阆中市政府副市长文春涛到会并讲话。会议听取各地上半年工作汇报及下半年工作打算，研讨续修志书人物入志和突出地方特色问题。

9月6日　《南充市志》总编室召开市志总纂研讨会。与会人员学习《四川省第二轮市县级志书编纂规范》，并就市志总纂稿无题序、子目设置、突出地方特点、行文规范等问题进行专题研讨。

9月14日　市地志办主任吴兴中、副主任何进参加《顺庆区志》政党卷、人大卷、政府卷、政协卷评审会议。

9月18日至19日　省地方志编委会在峨眉山市召开全省地志办主任学习会。会上，市地志办主任吴兴中以《创新思维　精心组织　竭尽全力抓好新修〈南充市志〉工作》为题，从“高标准起步、落实三级责任制、强化督查督办、借力借脑、突出地方特色、加强业务指导、全力抓好总纂”7个方面介绍新修《南充市志》经验。

11月26日至28日　《南充市顺庆区志》志稿评议会召开，会议收到16篇志稿评议文章。

2008年

2月　四川省人事厅印发《关于批准南充市档案局（馆）等5个事业单位参照公务员法管理的通知》，明确南充市地方志办公室为参照《中华人民共和国公务员法》管理的事业单位。

3月4日　南充市志编纂委员会印发《〈南充市志〉通纂方案》。

3月19日至22日　阆中市政府召开《阆中市志》各分志主编、副主编及编辑人员培训会议。市地志办主任吴兴中、副调研员于明出席培训会。

5月12日　汶川特大地震发生后，南充市损失严重。市地志办、阆中市地志办在地震发生第一时间，分别给党委、政府领导提供南充、阆中历史上地震概况、南充地质结构等相关资料，为全市抗震救灾、稳定人心发挥了积极作用。全市地方志工作者坚守岗位，服务大局，积极响应“一方有难、八方支援”号召，为灾区捐款累计达21100元人民币。

6月7日至8日　省地方志编委会党组书记、副主任秦安禄到仪陇县调研地方志工作。

6月20日　市地志办召开全体干部职工会议，市委组织部副部长官晓林宣布市委、市政府决定，任命夏建平为南充市地方志办公室主任，免去吴兴中的南充市地方志办公室主任职务。

6月30日　市地志办召开退休干部和全办人员庆祝“七一”座谈会。

7月16日　市地志办主任、《南充市志》执行副总编夏建平组织召开《南充市志》总编室会议，专题研究《南充市志》通纂工作。夏建平要求大家在保证质量的前提下，加快通纂进度，争取年底前完成通纂任务。

7月17日　市地志办主任夏建平、副调研员于明到高坪区调研地方志工作。夏建平要求高坪区加快新修区志进度，组织好编纂队伍，搞好编纂人员业务培训，保证志书编纂质量。夏建平与高坪区副区长黄春就加强地方志领导、修志用志等工作交换意见。

7月28日　市地志办主任夏建平专程到省地方志编委会汇报南充二轮修志和今后一段时期地方志工作情况。省地方志编委会党组书记、副主任秦安禄听取汇报后，充分肯定南充市地方志工作思路清晰，开拓创新，措施得力，他要求南充要加强专职业务力量配备，抓紧做好二轮修志资料搜集工作，按省上要求圆满完成二轮修志任务。省地方志编委会副主任罗亚夫和地方文献处处长叶红，综合处副处长蒋钟灵、邓瑜，市县志工作处副处长何瑞明参加座谈会。

8月4日　市地志办主任夏建平、副调研员于明到顺庆区调研地方志工作。夏建平充分肯定顺庆区修志工作取得的成绩，要求顺庆区地志办今后要把主动为党委、政府中心工作服务作为工作重点，搞好年鉴编辑、重要地情资料开发等工作。夏建平与顺庆区委副书记谢勇就加强地方志工作领导等交换了意见。

8月6日　市地志办印发《南充市地方志办公室管理制度》。管理制度由10个制度构成，经全办干部职工讨论、主任会议审定通过。

8月7日　市委常委、常务副市长向东专题听取市地志办工作汇报，他充分肯定了市地志办新的工作思路和举措，要求加快修志进度，圆满完成二轮修志任务；加强对县（市、区）地方志工作指导，确保志书质量；坚持“党委领导、政府主持”的修志体制，加强党委、政府对地方志工作的领导，解决地方志工作中的具体问题。向东对市地志办提出的关于专业人员配备、地方志工作经费保障、办公条件改善特别是公务小车购置等具体问题给予明确的解决办法。

是日　南充市志编纂委员会印发《关于广泛征集新修〈南充市志〉入志图片的通知》。

8月8日　市地志办工作简报《南充市地方志通讯》更名为《南充地方志》，《南充地方志》第一期正式印发。至2015年12月，共印发102期。

8月12日　全市地方志工作会议召开。市人大常委会副主任傅伦佳，市政协副主席康大寿，市政府副秘书长、市政府办公室主任袁志鸣，市政协学习文史委主任郭宪伟等领导出席，各县（市、区）地志办主任、副主任和市地志办全体干部参加会议。傅伦佳副主任、康大寿副主席在会上对地方志工作取得的成绩给予了充分肯定。受市委常委、常务副市长向东委托，袁志鸣在会上讲话。他指出，全市地方志工作思路清晰，具有开拓创新精神，要求要牢记使命，爱岗敬业，增强第二轮修志工作的紧迫感和责任感；要加强领导，明确责任，确保第二轮修志工作圆满完成；要牢固树立精品意识，编修精品志书，实现修志与用志有机统一；要加强修志队伍建设，注重人才培养，不断开启修志事业传承工作。市地志办主任夏建平作《认真贯彻市委四届五次全会精神，奋力开创南充地方志工作新局面》的工作报告。他指出，一要牢记职责，增强地方志工作责任感。二要把握重点，推动地方志工作新发展。三要加大宣传，营造地方志工作良好环境。

9月3日至6日　市地志办主任夏建平和9个县（市、区）地志办主任或主编参加省地方志编委会主办的“四川省市县志主编培训研讨班”培训学习。培训班上，夏建平就地方志书审查验收工作作《规范地方志书审查验收，确保地方志书质量》的中心发言；仪陇县地志办主任伍正荣就突出志书地方特色作《浅谈续志中的时代特点与地方特色》的经验交流。

9月10日至11日　省地方志编委会综合处副处长蒋钟灵，省志处副处长曾新苗、王友平，市县志工作处副处长何瑞明到南充就如何借助社会力量修志进行专题调研。市政府副秘书长陈斌、市地志办主任夏建平、副主任何进、副调研员于明等参加调研座谈会。调研组对南充借助社会各界力量，坚持党委领导，政府主持，分级负责，分步实施，众手成志的做法给予高度称赞和肯定。

9月19日　市地志办创办的《志鉴利用》第一期印发。《志鉴利用》围绕市委、市政府中心工作，挖掘丰富的地情资源，刊发为领导决策参考和南充经济社会发展服务的研究成果，发挥地方志的资政作用。

9月23日至24日　市地志办主任夏建平、副调研员于明等到蓬安县、营山县、仪陇县调研地方志工作。调研中，要求营山县、仪陇县将工作重心转到志鉴开发利用、主动为党委政府中心工作服务上来，认真编好每年度的综合年鉴，充实业务人员加强队伍建设。要求蓬安县切实加强续修《蓬安县志》的组织工作，加快续修志书工作进度。调研中还与各县政府分管领导就加强地方志工作领导、解决地方志工作具体困难等交换意见。

9月26日　市地志办主任夏建平、副调研员于明等到西充县调研地方志工作，并出席《西充县志》分志撰稿人培训会。夏建平在培训会上指出，纂修志书，历为政府之责。要求编纂人员要把握要领，纂修精品志书；要不辱使命，圆满完成修志任务。西充县委常委、常务副县长、县志编纂委员会副主任朱仕友对《西充县志》编纂提出编纂要求。于明和原西充县地志办副主任赵文宝就志书续修的基本原则、志书体例和章法、志书行文规则等9个专题进行培训。

10月6日　市地志办召开退休干部暨重阳节座谈会。

10月8日　南充市地方志协会召开理事会进行换届选举，市地志办主任夏建平当选为会长。

10月9日至14日　市地志办主任夏建平赴西安参加第六届中国中心城市地方志交流暨西部城市地方志编修研讨会。夏建平撰写的《规范地方志书审查验收，确保地方志书编纂质量》文章在会上交流。

10月15日　省地方志编委会党组书记、副主任秦安禄和市县志工作处副处长何瑞明到南充调研。调研中，秦安禄与市委常委、市政府常务副市长向东就加强地方志工作领导、修志用志等工作交换意见。秦安禄在听取市政府副秘书长陈斌就南充新修《南充市志》及今明两年地方志重点工作汇报后，充分肯定南充地方志工作取得的成绩，南充第二轮修志走在了全省前头，希望南充进一步加强对地方志工作领导，加快修志进度，确保志书质量，在2010年前全面完成第二轮修志任务；南充地方志工作思路清晰，重点突出，富有创新，坚持不懈地抓下去，一定会干出一番成绩来。市地志办主任夏建平、副主任何进、副调研员于明参加调研。

10月15日至17日　《四川省志》各分卷编纂的省级部门志办主任（主编）学习会在阆中召开。省地方志编委会党组书记、副主任秦安禄，副主任罗亚夫出席。

10月30日　全省市州地志办主任学习会议在泸州市召开，市地志办主任夏建平在会上作《精心修志，服务大局，努力开创地方志工作新局面》的发言。

11月11日至13日　市地志办主任夏建平、副主任何进、副调研员于明到嘉陵区、南部县、阆中市调研地方志工作。调研中，要求各县（市、区）进一步加强对地方志工作领导，解决好修志等工作经费；组织好编纂队伍，搞好编纂人员业务培训；遵循志书体例和行文规范，力争编纂出史实相符的精品志书。调研中还与各县（市、区）分管领导就加强地方志工作领导、修志用志、年鉴编辑等工作交换意见。

11月13日　市政府办印发《关于加强全市地方年鉴工作的通知》。要求综合年鉴要实现一年一鉴、公开出版，年鉴编辑人员培训、公开出版等工作经费列入各级财政预算。

11月14日　市地志办主任夏建平、副调研员于明到仪陇县与县地志办主任伍正荣、朱德故居管理局局长龙腾飞等专题研究《南充市志·朱德故里》篇目设置及志稿编纂等工作。

11月15日　市地志办给市政府呈报《关于更新公务用车的请示》，市委常委、常务副市长向东批示“请市财政局及早考虑纳入明年购车计划”。2009年5月8日，市地志办新购置的排量为2.0的雅阁公务小车到位。这是市地志办成立以来购置的第一辆公务小车。

11月17日　市地志办主任夏建平、副调研员于明到市委研究室专题研究《变革与奋进——南充改革开放30年》编纂工作。《变革与奋进——南充改革开放30年》由市委研究室牵头，市地志办、市委党史研究室、市统计局参加编辑，12月出版发行。

11月20日　市政府批准《南充市顺庆区志（1993—2005)》公开出版发行。2009年4月，《南充市顺庆区志（1993—2005)》由方志出版社出版发行。

12月2日　南充市电视台采访制作的专题新闻“精心编纂南充300年来首部地（市）级志书”在《晚间新闻》播出，宣传报道《南充市志》编纂工作。

12月3日　南充市志编委会印发《关于成立南充市地方志书审查验收学术委员会的通知》文件，市地志办主任夏建平任学术委员会主任，市地志办副主任何进、副调研员于明任学术委员会副主任，原四川师范学院（西华师范大学）副院长、历史学教授龙显昭等23名专家学者、地方志工作者任学术委员会成员。

12月5日　南充市地方志书审查验收研讨会召开。市政府副秘书长陈斌、市地志办主任夏建平、副主任何进以及受聘的南充市地方志书审查验收学术委员会全体成员、各县（市、区）地志办主任等30余人出席会议。会上，宣读《关于成立南充市地方志书审查验收学术委员会的通知》文件，向受聘的南充市地方志书审查验收学术委员会成员颁发聘书。会议讨论通过《南充市地方志书审查验收办法(试行)》，对地方志书审查验收的范围、标准、重点、程序、出版等作出了明确规定，是南充第一个规范审查验收地方志书的办法。成立审查验收学术委员会和制定审查验收办法，是南充地方志工作创新之举，有利于地方志书规范化审查验收，保证地方志书编纂质量。

12月16日　市委常委、常务副市长向东专题听取《南充市志（1707—2003)》编纂情况，要求将市志通纂稿反馈给各牵头单位和承编单位再次审核。12月18日，市政府办公室印发《关于做好〈南充市志〉（通纂稿）审核工作的通知》。至2009年4月，各单位审核工作全面结束。

12月19日　市政府对南充市志编纂委员会和《南充市志》总编室组成人员进行调整，市委副书记、市长高先海任南充市志编纂委员会主任；市委常委、常务副市长向东任编纂委员会副主任、市志总编；市委常委、市委秘书长唐文金，市政府秘书长李晓松，市委副秘书长、市委办主任沈一凡，市政府副秘书长、市政府办主任袁志鸣，市地志办主任夏建平任编纂委员会副主任；市人大常委会办公室等21个市级部门主要负责人任编纂委员会成员。

是年　市地志办被省地方志编委会评为“2008年四川省志书编纂工作先进单位”。

是年　南充市20项地方志成果获奖四川省第十三次地方志优秀成果奖。其中，《营山县志》《仪陇县志》《南充市交通志》获志书类二等奖，《南充市顺庆军事志》《南充市粮食志》《南充市教育志》《仪陇县军事志》《西充县规划和建设志》获志书类三等奖，《南充文化志》《太蓬山志》《西充县财政志》《顺庆工商行政管理志》获志书类优秀奖；《南充年鉴（2006)》《南部年鉴（2005)》《阆中年鉴（2007)》获年鉴类三等奖，《顺庆年鉴（2007)》《西充年鉴（2005—2006)》获年鉴类优秀奖；清光绪《蓬州志》获旧志整理类优秀奖；《陈氏族谱》《南部概览》获资料丛书类优秀奖。

是年　南充市5项地方志成果获南充市第八次哲学社会科学优秀成果奖。其中，《仪陇县志》(2007年版）获一等奖，《营山县志（1986—2003)》《南充文化志》获三等奖，《南充市交通志》《太蓬山志》获优秀奖。

2009年

1月7日　市地志办主任夏建平、副主任何进等带着大米、菜油等节日慰问品和慰问金看望慰问顺庆区合众街社区4户帮扶户。

1月16日　全市2009年地方志工作会议召开。市人大常委会副主任傅伦佳、市政协学习文史委主任郭宪伟出席，各县（市、区）地志办主任和市地志办全体干部职工参加会议。市地志办主任夏建平传达全省地方志工作会议精神，总结2008年全市地方志工作，安排2009年全市地方志工作。会议表彰全市2008年地方志工作先进集体。

1月19日　市地志办按照主要领导负总责、一项重点工作一个领导牵头负责、一个科室具体落实、一名干部主抓的原则，将2009年重点工作进行责任分解落实到相关责任领导、责任科室和具体责任人，印发《市地志办2009年重点工作责任分解表》，提出每项重点工作形象进度要求，确保每项工作有人管、有人抓，确保圆满完成年度任务。至2015年，每年年初，市地志办都将年度重点工作进行责任分解，各项工作具体落实到领导、到责任人、到岗位。

1月21日　市地志办主任夏建平、副主任何进等带着鲜花、水果等节日慰问品，看望慰问全办6名退休老干部。

1月23日　市委常委、常务副市长向东到市地志办看望慰问全体干部职工，向全市地方志工作者致以亲切的慰问和新春的祝福。希望广大地方志工作者按照市委、市政府的要求，突出第二轮修志中心工作，增添措施，狠抓落实，推动南充地方志工作再上台阶。

2月17日　市地志办主任夏建平、副调研员于明与朱德故居管理局局长龙腾飞、副局长林品强等对《南充市志·朱德故里》初稿进行研讨。要求在志稿总纂中，进一步修订完善篇目，重点突出朱德故里特色，围绕朱德在故乡重大历史史实等方面着力。

2月26日　市地志办主任夏建平、副调研员于明到南部县研究《南部县志》续修工作，就志书无题序撰写、行文规范、体例结构、资料补充等技术问题作专题指导。

3月3日　眉山市地志办主任刘运福等一行到南充考察交流市志编纂等工作。

3月26日　市委常委、市政府常务副市长、《南充市志》编委会副主任、总编向东与《南充市志》总编室人员专题研究《南充市志（1707—2003）》编纂工作。

是月　市地志办根据中、省、市安排部署，结合单位工作实际，扎实开展了第二批深入学习实践科学发展观活动。学习实践活动中，成立领导小组，制定活动方案，加强理论学习，深入基层调研，广泛征求各方意见，开展加快南充地方志事业发展专题讨论，撰写领导班子和个人高质量的分析检查报告，召开专题民主生活会，切实抓好问题的整改落实。8月底，第二批深入学习实践科学发展观活动全面结束。

4月21日至22日　蓬安县举办第二轮续修县志编纂人员培训会。市地志办主任夏建平、副调研员于明和邓郁章、王国成、肖志成分别就方志基本知识、地方志资料搜集整理与乡镇志编写、志书编纂方法、人物志编写、大事记编写等专题作全面系统讲授。

4月24日　市地志办到嘉陵区木老乡唐家嘴村对“计生三结合”帮扶户进行专题调研，研究落实对口帮扶5户的具体措施，与5户帮扶户签订脱贫致富帮扶协议，积极开展帮扶工作。市委学习实践科学发展观活动领导小组第62期简报以“市地志办深入计生三结合户中开展调研活动”予以宣传报道。

4月27日　市地志办举行深入学习实践科学发展观集中学习。市地志办主任夏建平围绕科学发展观、结合本单位实际，作《全面准确理解科学发展观》专题辅导报告。

4月29日　市地志办举办南充年鉴编辑人员业务培训会。各县（市、区）地志办及市级各部门、有关企事业单位年鉴编辑人员150余人参加培训。《四川年鉴》编辑社刘志文就年鉴的定义、分类等基础知识和年鉴体例、条目拟定、行文规范等专题作系统讲授。市地志办主任夏建平要求要高度重视年鉴编辑工作，规范撰写高质量年鉴稿件，按时按质完成年鉴编辑任务。

5月11日　市地志办围绕“坚持科学发展，创新地方志工作”“树立正确的政绩观，提升地方志工作质量”2个专题开展深入学习实践科学发展观大讨论。市地志办主任夏建平作《把握发展机遇，开创地方志工作新局面》中心发言。

5月26日　市地志办带着粽子、白糖和菜油等节日慰问品走访慰问顺庆区合众街社区4户贫困帮扶户。

6月11日　顺庆区政府举行《南充市顺庆区志》首发式。省地方志编委会党组书记、副主任秦安禄，副主任罗亚夫，市地志办主任夏建平及顺庆区委、区人大常委会、区政府、区政协领导和部分区级机关单位负责人等60余人出席首发仪式。秦安禄对《南充市顺庆区志》公开发行表示祝贺，希望顺庆区委、区政府一如既往地关心和支持地方志工作。夏建平就实现志书价值提出希望，要认真读志，把握发展历程；要反省领悟，探寻发展规律；要立足中心，服务发展大局。顺庆区委副书记、区长尹光明要求做好《南充市顺庆区志》全面发行工作，广泛开展读志用志，更好地服务于顺庆区经济社会发展。

6月12日至13日　川东北片区地方志工作研讨会在南充召开。省地方志编委会党组书记、副主任秦安禄，副主任罗亚夫以及绵阳、德阳、广元、遂宁、达州、巴中、广安、南充等市和44个县（市、区）地志办主任、主编70余人参加会议。与会人员围绕“如何提高志书总纂质量、如何做好年鉴和志书衔接”两个专题，从篇目设计、史实核实、数据考证、审查验收、图片编辑、印刷装帧、年鉴资料性等方面进行广泛的研讨交流。市政府副秘书长陈斌代表市政府致辞并介绍南充基本市情和南充经济社会发展情况。市地志办主任夏建平就《南充市志》编纂等情况作全面介绍。秦安禄要求二轮修志要做到“三突出一减少”，突出志书的资料性、突出志书的特色、突出志书中人物比例，减少志书的错误。

6月14日　省地方志编委会党组书记、副主任秦安禄，副主任罗亚夫，市县志工作处副处长何瑞明等调研蓬安县续修县志工作。秦安禄听取续修《蓬安县志》情况汇报后，肯定了续修《蓬安县志》组织得力，领导重视，部门协作，督办到位，取得一定成效。他要求要把好志稿质量关，建立修志人员定期业务学习制度、主任修志责任制度、志稿审查责任制度，圆满完成第二轮修志任务。

6月25日　市地志办召开领导班子专题民主生活会，市委深入学习实践科学发展观第六组指导组亲临指导。

6月26日　市地志办召开党员专题组织生活会暨庆祝“七一”座谈会、深入学习实践科学发展观分析检查报告民主评议、民主测评会议。市地志办全体在职和退休党员干部、市辖三区地志办主任参加会议。

6月30日　市地志办主任夏建平在自贡市召开的全省市、州地志办主任学习会上作《强化质量管理，力出精品志书》的交流发言。

是月　嘉陵区委办、区政府办印发《嘉陵区二〇〇九年度地方志工作考评办法》，将全区各乡镇(街道办事处)、各机关单位、各企事业单位的地方志工作纳入全区2009年度综合目标管理。

7月10日至22日　市地志办主任夏建平、副主任何进分别带队对9个县（市、区）上半年地方志工作进行调研、督查。

7月30日至31日　全市地志办主任座谈会在西充县召开。会议传达全省市州地志办主任学习会精神，交流各县（市、区）上半年工作情况和下半年工作重点。市地志办主任夏建平安排部署全市下半年地方志工作，要求大家要突出中心，统筹协调抓出工作亮点；要创新思维，借力借智推动地方志工作；要振奋精神，建设富有朝气活力的队伍。市地志办副主任何进、副调研员于明分别就全市年鉴编辑、第二轮修志督查情况作通报，并对下一步工作提出具体要求。西充县委常委、常务副县长朱仕友和县政协副主席何德清到会致辞和看望与会人员。

8月19日　市委副书记、市长、南充市志编纂委员会主任高先海主持召开了市志编纂委员会会议。会议听取《南充市志（1707—2003)》编纂情况汇报，对新修《南充市志（1707—2003)》人物入志、图片入志的原则进行审定，初审入志人物名录和入志图片，研究《南充市志（1707—2003)》审读、复审评议、政府审查等工作。最后，高先海作重要讲话。会后印发《关于研究新修〈南充市志〉有关事项的会议纪要》。

8月24日　市地志办主任夏建平召集《南充市志（1707—2003)》通纂人员专题研究志稿审核工作，要求大家重点在史实、体例、行文规范等方面认真把关，不出错误。

9月4日　市政府办印发《关于审核新修〈南充市志（1707—2003)〉的函》，对《南充市志(1707—2003)》审核重点、审核分工等提出要求。

9月9日　市委副秘书长、市委办主任沈一凡主持召开党群部门《南充市志（1707—2003)》审核专题会，市地志办主任夏建平、副调研员于明到会指导。

9月15日　市地志办主任、市志执行副总编夏建平主持召开了《南充市志》执行副总编和特邀副总编会议，专题落实新修《南充市志（1707—2003)》审核任务，明确每位特邀副总编、执行副总编审核的重点内容。

9月18日　市地志办召开县（市、区）地志办主任会议，安排部署《南充市志（1707—2003)》审核工作。要求各县（市、区）认真组织本地专家学者审核志稿，提出有价值的审核意见。

10月15日　雅安市地志办一行到南充考察《南充市志（1707—2003)》编纂工作。

10月29日　市地志办主任夏建平等一行到广安市地志办考察交流地方志工作。

是月　市志总编室执行副总编主动到部分市委、市政府离退休老领导家听取《南充市志（1707—2003)》审查意见。

11月3日至4日　市地志办分别召开市人大常委会、市政协离退休领导审查《南充市志（1707-2003)》征求意见专题座谈会。座谈会由市地志办主任夏建平主持，市人大、市政协46名老领导参加座谈会。各位老领导对新修《南充市志》工作给予充分肯定和高度称赞，并从各自曾经分管、联系和熟悉的工作领域各抒己见，提出宝贵的意见和建议。

11月10日　《南充市志（1707—2003）》复审评议会在南充举行。复审评议组成员纷纷发表了复审评议意见，省地方志编委会党组书记、副主任、复审评议组组长秦安禄作总结讲话。复审评议组认为，《南充市志》基础工作扎实，资料翔实，结构严谨，表述规范，彰显时代特点和南充地域特色，符合南充历史发展情况，概括南充近300年的发展变化，堪称南充当代首部地情百科全书。

11月12日　市政府秘书长、市志编委会副主任李晓松召集市志执行副总编专题研究《南充市志》修改工作。要求认真梳理、归纳专家学者提出的意见建议，组织力量逐一查证核实、修改完善，做到不出史实错误，把《南充市志》编修成质量第一的志书。

11月26日　市地志办和南部县政府组织召开《南部县志（1991—2004）》专家复审评议会。复审评议组成员充分发表评审意见和建议。评审组认为，《南部县志（1991—2004）》政治观点正确，内容全面客观，体例结构较为得当，地方特色比较突出，行文比较规范朴实，符合《四川省第二轮市县级志书编纂规范》，基本达到志书编纂质量要求。希望县志总编室认真采纳评议会上提出的意见建议，对志稿进一步修改完善。

11月27日　《南充市财政志》评审会议召开。市人大常委会副主任、原市财政局局长陈修鹏，原市人大常委会副主任、原市财政局局长陈绍森、邹海泉，市地志办主任夏建平、副主任何进、副调研员于明及市财政局局长吴道军、副局长吕兴伦、纪检组长文双全、各科科长20余人等参加会议。评审会议由吴道军主持。评审组认为，市财政志资料系统翔实，基本反映南充财政工作的历史和现状，建议在充分反映南充财政为南充经济社会发展做出贡献、体现南充财政工作特色、反映南充财政发展变化规律等方面着力修改完善。

12月3日　市地志办、市志总编室召开特邀副总编、执行副总编会议，专题审查《南充市志（1707—2003）》终审稿，同意《南充市志（1707—2003）》终审稿报省政府终审验收。

12月15日　市长高先海主持召开市政府四届第35次常务会议，对《南充市志（1707—2003）》进行政府审查，同意通过政府审查，按有关要求和相关程序呈报省政府终审验收。会前，高先海专门听取了《南充市志（1707—2003）》评审后修改完善有关情况。

12月24日　省政府市州志审查验收小组在成都召开《南充市志（1707—2003）》终审验收会议，省政府副秘书长薛康任组长，省地方志编委党组书记、副主任秦安禄任常务副组长并主持终审验收会议。终审验收组成员充分发表终审验收意见和建议。终审组认为《南充市志（1707—2003）》观点正确，体例规范，资料丰富翔实，内容全面系统，横不缺要项，纵不断主线，时代特点和地方特色突出，审验程序规范，基本达到出版要求。秦安禄代表终审验收组宣读终审验收意见，宣布《南充市志（1707—2003）》通过省政府终审验收。

12月28日至29日　内江市地志办主任谢志等一行到南充考察交流市志编纂等工作。

2010年

1月4日　市志执行副总编夏建平、何进、于明和特邀副总编罗永师、徐方强专题研究《南充市志》修改定稿工作。至9月底，经过去粗取精，核实增补，精心打磨，最终形成480万字的市志定稿。

1月6日　市地志办主任夏建平、副调研员于明到蓬安县检查指导县志续修工作。要求蓬安县要按照志书编纂原则和行文规范要求，尽快启动县志分纂，在保证质量前提下加快工作进度，确保《蓬安县志》续修工作按期完成。

2月1日　市地志办主任夏建平在全省地方志工作会上作《精心修志，服务发展，奋力南充开创地方志工作新局面》的经验发言。

2月2日　市地志办主任夏建平、副主任何进、副调研员于明到高坪区调研地方志工作，与高坪区委副书记、区长刘本良和副区长黄春等专题研究《高坪区志》编纂工作。

2月5日　全市2010年地方志工作会议召开。会议传达学习全省地方志工作会议精神，总结全市地方志2009年工作，部署全市2010年地方志工作。市委常委、常务副市长向东，市人大常委会副主任傅伦佳，市政协副主席康大寿，市政府秘书长李晓松，市政协文史委主任郭宪伟等领导出席会议，各县（市、区）地志办主任、市地志办全体人员参加会议。向东对地方志工作提出五点要求，一是充分认识做好新时期地方志工作的重要意义，二是全面完成第二轮续（新）修志书，三是围绕发展做好地方志工作，四是认真抓好地方志队伍建设，五是切实加强地方志工作领导。他要求全市地方志工作者围绕全年地方志工作目标任务，创新举措，振奋精神，实现全市地方志工作加快发展、科学发展、又好又快发。会上还表彰了2009年全市地方志工作先进集体。

2月9日　市地志办主任夏建平、副主任何进等带着节日慰问品和慰问金看望慰问全办每位退休干部和顺庆区合众街社区4户结对帮扶对象。

3月3日　市地志办聘请专家对清康熙《顺庆府志》进行点校整理。9月，清康熙《顺庆府志》点校整理本出版发行。

3月11日至24日　市政府副秘书长陈斌带领市政府目标督查办副主任唐益龙、市地志办主任夏建平、副调研员于明对没有完成二轮县（市、区）志书编修任务的高坪、嘉陵、西充、阆中、蓬安5个县（市、区）修志工作进行专项督，市政府目标督查办印发《关于第二轮县（市、区）续（新）修志书的情况通报》，明确县（市、区）政府主要领导为第一责任人、分管领导为第二责任人。

3月16日　市地志办印发《关于加快第二轮县（市、区）志书编修志进度的通知》，提出县（市、区）2010年志书编修形象进度要求。

4月8日　市政协学习文史委召开全体委员会议，专题听取市地志办关于《南充市志》编纂情况的汇报。市政协副主席康大寿、秘书长何代池、市政协学习文史委全体委员及学习文史委联系单位主要负责人等30余人参加会议。市地志办主任夏建平汇报近年来全市地方志工作特别是新修《南充市志》的编纂情况。与会委员充分肯定市地志办来之不易的显著成绩。市政协副主席康大寿指出，市地志办近年来工作卓有成效，开创了新局面，市政协要给予大力宣传。他还指出，修志是专业性很强的工作，要把热爱修志、具备一定专业知识的人才引进来，确保地方志事业可持续发展。

5月18日　嘉陵区对区志分纂人员进行业务专题培训。市地志办主任夏建平、副调研员于明、原顺庆区地志办主任潘大德以及嘉陵区副区长张学军、区志分纂人员出席培训会。夏建平希望编纂人员要把握修志要领，突出区域特色，修出一部高质量的区志；要团结协作，攻坚克难，圆满完成修志任务。张学军要求分纂人员要扎扎实实做好修志每一环节工作，按时按质完成区志编纂任务。潘大德建议《嘉陵区志（1993—2003）》分纂要突出“建、变、新”3个方面。于明对志稿分纂要求、行文规范等作专题讲解。

5月28日　市地志办主任夏建平在巴中市召开的全省市、州地志办主任学习会上作了《加强组织管理，编修精品志书》的经验交流。

6月22日　市政府县（市、区）志书审查验收小组召开《南部县志（1991—2004）》终审验收会，市政府秘书长李晓松担任《南部县志》终审验收组组长并主持终审验收会议。终审验收组成员分别发表了终审评议意见和建议。终审验收组经过充分酝酿讨论，形成一致终审验收意见，同意《南部县志（1991—2004）》通过市政府终审验收。

6月30日　市地志办全体党员干部到邓小平纪念馆开展“七一”党组织生活。

是月　市地志办党支部被中共南充市直属机关工作委员会授予“‘四强’基层党组织”荣誉称号。

7月6日至8日　市地志办主任夏建平、副调研员于明到嘉陵区、高坪区、蓬安县指导《南充市嘉陵区志》《南充市高坪区志》《蓬安县志》编纂工作，重点解决行文规范、无题序撰写、交叉重复等问题。

7月中下旬　市地志办主任夏建平、副主任何进分别带队，对9个县（市、区）地方志工作半年目标完成情况进行检查指导。夏建平重点对正在编修二轮志书的高坪、嘉陵、阆中、西充、蓬安等5个县（市、区）进行督查指导。何进重点对已完成二轮修志任务的顺庆、营山、仪陇、南部等4个县（区）综合年鉴编辑、地情信息服务、资料收集等工作进行检查指导。

7月30日　全市地志办主任座谈会召开。各县（市、区）志办主任就上半年工作目标完成情况及下半年工作重点作交流发言。通报了全市半年地方志工作督查情况，并就加快二轮志书编纂、做好综合年鉴编辑、资料收集等工作提出具体要求。

8月9日　市政府批复同意《南部县志（1991—2004）》出版发行。12月，《南部县志（1991—2004）》由方志出版社出版发行。

8月30日　市地志办全体干部职工在会议室举行向甘肃舟曲灾区捐款活动，现场共捐款2000元，对口支援舟曲地方志办公室。

是月　《南充年鉴（2009）》出版发行。《南充年鉴》从2009卷改版，改变以往特载图片与记载内容不一致的体例设置。从2010卷开始，《南充年鉴》做到当年卷当年出版发行。

9月17日　市委主要负责人主持召开四届市委常委会第一百三十次会议，专题审查《南充市志（1707—2003）》，原则同意通过市委审查，交付出版发行。会后印发会议纪要。

9月26日　市地志办主任夏建平、副调研员于明与市摄影家协会主席杨麾、市电视台编辑杨东松专题研究《南充市志（1707—2003）》特载图片编辑工作。

9月27日　市地志办参加四川三坝核电站环评会议，给环评专家组提供有关志书和年鉴等地情资料。

10月15日　市政府向省政府呈报《关于批准〈南充市志（1707—2003）〉出版的请示》。

10月22日至23日　广安市地志办主任钟再原等一行到南充考察交流志书审核等工作。

10月31日　省政府批复《南充市志（1707—2003）》公开出版发行。12月，《南充市志（1707—2003）》由方志出版社出版。

是月　南充电视台制作《南充市志·300年来唯此一志》《南充历史文化的名片》2个专题片（各15分钟），在南充电视台民生在线、科技人文频道宣传报道《南充市志（1707—2003）》编纂和地方志工作。

11月16日　省地方志编委会副主任罗亚夫、市县志工作处处长何瑞明到南充调研地方志工作。罗亚夫、何瑞明到顺庆区地方志办公室察看顺庆区近几年地方志工作成果。座谈会上，市地志办主任夏建平汇报南充市地方志工作情况，顺庆区委常委、常务副区长戚辉汇报顺庆区地方志工作情况。罗亚夫充分肯定南充近几年地方志工作取得的显著成效，要求南充地方志工作要上新台阶，要创新业绩。

是月　市地志办向省地方志编委会报送《四川省志·南充市概况》《四川省志·南充人物》志稿和《汶川特大地震·四川抗震救灾志——南充抗震救灾》资料长编，完成省地方志编委会安排布置的任务。

12月3日　市地志办和阆中市政府组织召开《阆中市志（1986—2005）》复审评议会。复审评议组成员充分发表评审意见和建议。评议组认为，《阆中市志（1986—2005）》体例结构合理、政治观点明确、内容全面客观，记述详略得当、地方特色突出，基本符合《四川省第二轮市县级志书编纂规范》，基本达到地方志书编纂要求。希望总编室认真采纳评议会上提出的意见建议，对志稿进一步修改完善。

12月17日　全国地方志系统表彰先进大会在人民大会堂隆重召开。中共中央政治局委员、国务委员刘延东，全国政协副主席、中国社会科学院院长、中国地方志指导小组组长陈奎元接见与会代表并与代表合影留念。刘延东发表重要讲话，陈奎元出席表彰大会并颁奖。中国社会科学院副院长、中国地方志指导小组常务副组长朱佳木作主题讲话，人力资源和社会保障部副部长胡忠义、中国地方志指导小组副组长刘继贤分别宣读了表彰决定，市地志办获全国方志系统先进集体，顺庆区地志办主任冯瑛获全国方志系统先进个人。市地志办主任夏建平作为全国地方志先进集体代表出席表彰大会。

12月24日　市地志办和西充县政府组织召开《西充县志（1986—2005）》复审评议会议。复审评议组成员充分发表评审意见和建议。评议组认为，《西充县志（1986—2005）》基本符合《四川省第二轮市县级志书编纂规范》，基本达到地方志书编纂要求。希望总编室认真采纳评议会上提出的意见建议，对志稿进一步修改完善。

是年　南充市13项地方志成果获四川省第十四次地方志优秀成果奖。其中，《南充市顺庆区志》获志书类一等奖，《南充市国家税务志》《南充市政协志》获志书类三等奖，《西充县水利志》《西充县商务志》《阆中市工商管理志》《阆中市统计志》《西充县安监志》获志书类优秀奖；《南充年鉴（2008）》获年鉴类二等奖，《顺庆年鉴（2009）》《仪陇年鉴（2008）》《嘉陵年鉴（2003—2005）》获年鉴类优秀奖；《解放初期的南充》（上、下）获地情资料类三等奖。

2011年

1月21日　全市2011年地方志工作会议召开。会议传达学习全省地方志工作会议精神，总结全市地方志2010年工作，部署全市2011年地方志工作，表彰2010年全市地方志工作先进集体。市人大常委会副主任傅伦佳、市政协副主席康大寿、市政府副秘书长陈斌、市政协文史委主任郭宪伟等领导出席会议，各县（市、区）地志办主任及市地志办全体人员参加会议。受市委常委、常务副市长向东委托，市政府副秘书长陈斌对做好地方志工作提出新的要求，一要抢抓机遇，增强做好地方志工作的责任感；二要拓宽服务领域，再创全市地方志工作新局面；三要强化领导，着力建设一流地方志工作队伍。

1月28日　市地志办主任夏建平、副主任何进等看望慰问6位退休干部和顺庆区合众街社区4户帮扶户。

2月21日　市地志办启动《南充市地方志事业第十二个五年发展规划》编制工作，落实专人草拟规划初稿。

3月1日　市委目标督查办第25期《督查快报》以《市地志办：科学谋划早部署，强化责任促落实》为题，专门宣传市地志办分解细化工作目标、迅速落实工作责任的做法。

3月24日　市地志办给市机构编制委员会呈报《关于选调一名干部的请示》，市委常委、常务副市长向东批示“请市人事局审核并按相关程序办理”。6月，市地志办选调1名干部到位，是市地志办13年来首次调入专业干部。

4月6日　市地志办讨论修改地方志“十二五”规划初稿，形成征求意见稿。

5月6日　市地志办决定将《南充市志（1707—2003）》与点校整理的清康熙《顺庆府志》制作成一套电子书。8月，电子书公开发行。

5月30日　市地志办印发《关于征求〈南充市地方志事业第十二个五年发展规划〉意见的通知》，将征求意见稿印发各县（市、区）地志办、市级有关部门和市地方志协会部分成员，广泛征求意见。

6月3日　市地志办主任夏建平、副主任何进等到顺庆区合众街社区走访慰问4户结对帮扶对象。

6月13日　市地志办启动《南充市情》地情书编辑工作。12月，《南充市情》出版发行。

6月16日　市地志办和蓬安县政府组织召开《蓬安县志（1986—2006）》复审评议会。复审评审组成员充分发表评审意见和建议。评议组认为，《蓬安县志（1986—2006）》较好地突出了蓬安地域特色，基本符合《四川省第二轮市县级志书编纂规范》，基本到达志书编纂要求。希望总编室认真采纳评议会上提出的意见建议，对志稿进一步修改完善。

6月28日　市地志办党支部组织全办党员干部及退休党员干部参观罗瑞卿故居、张澜纪念室和嘉陵区工业园，观看建党90周年献礼影片《建党伟业》，隆重庆祝建党90周年。

6月30日　市政协四届第四十二次主席会议专题听取《南充市志（1707—2003）》编纂等地方志工作情况。市志编委会副主任、市志执行副总编、市地志办主任夏建平从“积极筹备，认真组织；精心编纂，争修精品；严格审核，确保质量；审定出版，精美制作”4个方面汇报了《南充市志（1707—2003）》编纂、审核、出版等情况。与会领导对《南充市志（1707—2003）》编纂工作给予了充分肯定，对市地志办近几年工作给予了高度评价。市政协主席杜光辉指出，《南充市志（1707—2003）》出版发行，可喜可贺；地方志工作者无私奉献，值得尊敬；要大力支持地方志事业发展，再上台阶。

7月12日　市地志办和嘉陵区政府组织召开《南充市嘉陵区志（1993—2003）》复审评议会。复审评审组成员充分发表评审意见和建议。评议组认为，《南充市嘉陵区志（1993—2003）》政治观点正确，体例符合志体，资料较为翔实，较好地突出了嘉陵特点，基本符合《四川省第二轮市县级志书编纂规范》。希望总编室认真采纳评议会上提出的意见建议，对志稿进一步修改完善。

7月15日　市委常委、常务副市长向东签发、市政府办印发《南充市地方志事业第十二个五年发展规划》，对“十二五”期间全市地方志事业的指导思想、基本原则、主要任务、保障措施提出规划要求。是全省第一个也是唯一由市（州）政府印发地方志事业“十二五”发展规划的市，是市政府第一次印发地方志事业发展专项规划。

7月28日　市地志办主任夏建平在眉山市召开的全省市州地志办主任学习会上作《围绕中心，突出重点，确保“十二五”地方志工作开好局起好步》的交流发言。

8月22日　市地志办承办《重庆经济年鉴（2011）》组稿工作。经过研究，组稿6个版面，突出“嘉陵江畔璀璨明珠——南充”主题，从“历史人文、区位交通、资源物产、山水风光、发展前景”等5个方面全方位宣传南充。10月，稿件及图片经市长高先海审定后，报送《重庆经济年鉴（2011）》编委会。12月，《重庆经济年鉴（2011）》由重庆出版社出版发行。

9月1日　按照市委安排，市地志办主任夏建平到省委党校参加为期1个月的“2011年第12期县处级领导干部进修一班”培训学习。

9月23日　市政府县（市、区）地方志书审查验收小组召开《南充市嘉陵区志（1993—2003）》终审验收会议，市政府秘书长李晓松任终审验收小组组长并主持终审验收会议。终审组成员分别发表终审意见。终审验收组经过充分酝酿讨论，形成一致终审验收意见，同意《南充市嘉陵区志（1993—2003）》通过市政府终审验收。

是日　市地志办和高坪区政府组织召开《南充市高坪区志（1993—2007）》复审评议会。评审组成员充分发表评审意见和建议。评议组认为，《南充市高坪区志（1993—2007）》政治观点正确，体例符合志体，资料较为翔实，基本地方志书编纂规范。希望总编室认真采纳评议会上提出的意见建议，对志稿进一步修改完善。

10月12日　市地志办主任夏建平、副调研员于明到蓬安县指导《蓬安县志（1986—2006）》复审评议后修改工作。

是月　营山县地志办整理的《营山县志（明清版统编本）》出版发行。

11月16日至17日　遂宁市地志办主任马兴隆等一行到南充考察交流地方志工作。

11月23日　市政府县（市、区）地方志书审查验收小组召开《西充县志（1986—2005）》终审验收会议，市政府秘书长李晓松任终审验收小组组长并主持终审验收会议。终审组成员分别发表终审意见和建议。终审验收组经过充分酝酿讨论，形成一致终审验收意见，同意《西充县志（1986—2005）》通过市政府终审验收。

11月29日　市政府县（市、区）地方志书审查验收小组召开《阆中市志（1986—2005）》终审验收会议，市政府秘书长李晓松任终审验收小组组长并主持终审验收会议。终审组成员分别发表终审意见和建议。终审验收组经过充分酝酿讨论，形成一致终审验收意见，同意《阆中市志（1986—2005）》通过市政府终审验收。

12月5日　市政府批复同意《南充市嘉陵区志（1993—2003）》出版发行。2012年3月，《南充市嘉陵区志（1993—2003）》由方志出版社出版发行。

12月22日　市政府县（市、区）地方志书审查验收小组召开《蓬安县志（1986—2006）》终审验收会议，市政府副秘书长陈斌任终审验收组副组长并主持终审验收会。终审组成员分别发表终审意见和建议。终审验收组经过充分酝酿讨论，形成一致终审验收意见，同意《蓬安县志（1986—2006）》通过市政府终审验收。

12月23日　市政府县（市、区）地方志书审查验收小组召开《南充市高坪区志（1993—2007）》终审验收会议，市政府秘书长李晓松任终审验收小组组长并主持终审验收会议。终审组成员分别发表终审意见和建议。终审验收组经过充分酝酿讨论，形成一致终审验收意见，同意《南充市高坪区志（1993—2007）》通过市政府终审验收。至此，南充市、县（市、区）二轮志书续（新）修任务全面完成，是全省21个市州第2个全面完成二轮志书续修（新修）工作的市州。

12月26日　四川省地方志学会七届一次理事会召开，市地志办主任夏建平当选为四川省地方志学会副会长。

是年　南充市2项地方志成果获南充市第九次哲学社会科学优秀成果奖。其中，《南充市顺庆区志》获一等奖，《南充市国家税务志》获三等奖。

2012年

1月15日　市地志办主任夏建平、调研员何进、副调研员于明等看望慰问全办6位退休老干部和顺庆区合众街社区4户帮扶对象。

1月29日　春节后上班第一天上午，市长向东在市政府秘书长沈一凡陪同下到市地志办看望慰问全办干部职工。向东对2011年《南充市志（1707—2003）》《南充市情》的出版发行表示祝贺，鼓励大家继续奋发有为，在挖掘地情史料服务南充经济社会发展等方面争先创优，推进全市地方志工作再上新的台阶。

2月3日　市地志办给市政府呈报《关于组织编纂〈川北区志〉的请示》，市政府副市长朱家媛、市长向东及时作出批示，同意组织编纂《川北区志》。

2月14日　副市长朱家媛在市政府副秘书长何刚陪同下到市地志办专题调研地方志工作。朱家媛查看市地志办办公条件和志书编纂、旧志整理、年鉴编辑、地情书编著、开发利用地情资料服务经济社会发展等地方志成果，听取市地志办主任夏建平就全市地方志机构设置、职责职能、主要工作和亟须解决的问题等情况汇报。朱家媛指出，近几年全市地方志工作取得了令人满意的显著成效，值得充分肯定。今后要重点抓好《南充市志（1707—2003）》全面发行、《川北区志》编纂、南充市方志馆建设、综合年鉴编辑等工作。市政府将进一步加强地方志工作领导，进一步加大财力保障，争取特殊引进人才的政策加大地方志队伍建设，为全市地方志事业健康、持续发展，创造更加有利的环境和条件。

2月22日　市地志办给市政府办呈报《关于增加办公用房的函》。6月，市政府办给市地志办增加1间约30平方米的办公室。

2月27日　市地志办印发《关于组织编辑出版〈南充掌故〉的通知》，对《南充掌故》编辑的主要内容、稿件质量等提出要求。2013年1月，《南充掌故》由中国文史出版社出版发行。

3月14日　全市2012年地方志工作会议召开。会议学习传达全省地方志工作会议精神，总结全市地方志2011年工作，部署全市2012年地方志工作，表彰2011年度全市地方志工作先进集体。市政协副主席王晓贤、市政府秘书长沈一凡、市政府副秘书长何刚、市人大教科文卫委副主任何志明、市政协学习文史委主任郭宪义等领导出席，各县（市、区）地志办主任和市地志办全体人员参加会议。市政府秘书长沈一凡要求，要提高认识，切实增强做好工作责任感；要拓宽领域，全面推进工作新跨越；要强化组织领导，确保圆满完成各项工作任务。

3月26日　市地志办主任夏建平、副调研员于明等到西充县调研地方志工作。

4月10日　市政府办公室印发《关于组织编纂〈川北区志〉的通知》。决定从2012年开始，用3年时间完成《川北区志》编纂出版任务。

4月13日　市地志办特邀龙显昭、何剑青、徐才安、邓郁章、萧红涛、罗永师、徐方强、杨东松等专家学者研讨《南充掌故》组稿工作。

4月16日　南充市地方志编纂委员会印发《〈川北区志〉编纂方案》，对《川北区志》编纂的指导思想、编纂原则、编纂体例、主要内容、实施步骤等提出具体要求。

4月25日　市政府印发《关于表扬〈南充市志（1707—2003）〉编纂工作先进集体和先进个人的通报》。对《南充市志（1707—2003）》编纂工作做出突出贡献的30个先进集体和60名先进个人予以通报表彰。市地志办被评为《南充市志（1707—2003）》编纂先进集体。

4月26日　上午，全市9个县（市、区）地志办主任座谈会召开。省地方志编委会党组书记、副主任马小彬、市县志工作处处长何瑞明、综合处副处长邓瑜专题听取县（市、区）地方志工作情况和意见建议。9个县（市、区）地志办主任在会上汇报工作，对做好“十二五”期间地方志工作提出建议意见。马小彬听取大家汇报后，要求要进一步争取领导的关心、重视和支持，特别是在专业人才的充实、工作经费的增长等方面还需进一步加强；要充分利用好省上“建设文化强省”的有关政策措施，包装好有关红色文化、革命老区人文历史文化等方面的项目，争取省上立项支持；要充分利用加强文化基础设施建设的契机，加快方志馆和地方志信息化、网络化建设；要认真贯彻省、市“十二五”地方志事业发展规划，不断开创地方志事业发展的新局面。市地志办主任夏建平、调研员何进、副调研员于明参加调研座谈会。

是日　下午，市政府召开《南充市志（1707—2003）》编纂总结表彰暨首发式、《川北区志》编纂工作启动大会。省地方志编委会党组书记、副主任马小彬，市人大常委会副主任李南春，市政府副市长朱家媛，市政协副主席王晓贤，省地方志编委会市县志工作处处长何瑞明、综合处副处长邓瑜等领导出席会议。大会由市政府秘书长沈一凡主持。马小彬、朱家媛作了重要讲话。市志编委会副主任、市志执行副总编、市地志办主任夏建平作《各方参与，众手成志，全力将〈南充市志〉编纂成精品良志》工作总结报告。会上，对市委办等30个先进集体和杨英等60名先进个人予以通报表扬，向市级部门、部队、档案馆、高等院校和先进个人代表等单位和个人赠送志书。

是日　《南充日报》第3版整版登载《南充市志·序》、省地方志编委会原副编审马国栋《记川东北重镇，谱新方志佳篇》、省地方志编委会市县志工作处处长何瑞明《五百万言巨著，三百年来南充》两篇评价文章，专题宣传《南充市志（1707—2003）》。省地方志编委会、市委办、市政府办、达州市地志办等58个单位对《南充市志（1707—2003）》出版发行致以祝贺。

5月13日　《南充晚报》第3版整版刊登专访市地志办主任夏建平的《〈南充市志〉架地方史断层之桥——480万字记述南充300年历史》的文章，对《南充市志》重要意义和功能作用等方面进行宣传报道。

是日　市地志办给市财政局报送《关于解决购置非接触扫描仪等专用设备经费的请示》。市财政局审核后拨出专款，为市地志办采购非接触扫描仪、数码单反照相机、数码摄像机、录音笔、笔记本电脑、复印机等专用设备。10月，采购设备到位，是市地志办成立以来第一次集中采购专用设备。

5月16日至17日　高坪区举办为期两天的地方志撰稿人员业务培训班，高坪区各部门、各乡镇（街道办）、重点企事业单位选派本单位拟从事地方志撰稿人员共90余人参加培训，是全市全面完成第二轮志书编纂工作后第一次大规模培训地方志撰稿人员的业务培训班。这次培训通过高坪区委组织部发文、由区委党校举办的地方志专题培训班，培训方式在南充尚属首次。开班典礼上，市地志办主任夏建平和高坪区委常委、常务副区长曹华光作重要讲话。市地志办副调研员于明就地方志基础知识、志书编纂原则、志书篇目制定、资料收集整理、志稿撰写、行文规则等进行系统讲解。高坪区地志办主任唐文雄就年鉴基本知识、年鉴编纂基本原则和条目撰写、大事记撰写等进行讲解。培训人员结合培训班选印的新修《南充市高坪区志》《高坪年鉴（2007）》的优秀篇目、条目进行了分组讨论和学习交流。

5月23日　贵州省遵义市地志办一行到南充考察交流地方志工作。

是月　市地志办给市科学技术和知识产权局申报《川北区政权建设研究》课题。8月，市科学技术和知识产权局批准课题研究，资助科研经费5万元。2013年6月，完成课题研究，研究成果被《川北区志》采用。

6月1日　《南充广播电视报》第6版整版刊登专访市地志办主任夏建平的《〈南充市志〉填补南充300年历史记载空白》文章，对《南充市志》编纂的意义、编纂过程及现实作用进行宣传报道。

6月2日至5日　市地志办主任夏建平参加省地方志编委会组织的方志馆建设考察组赴北京、江苏考察方志馆建设工作。

6月14日至15日　全市地志办主任座谈暨《南充掌故》编辑研讨会在南部县召开。市地志办主任夏建平，南部县委常委、常务副县长朱仕友，市地志办调研员何进，副调研员于明及各县（市、区）地志办主任、副主任等30余人参加会议。会上，各县（市、区）地志办主任汇报上半年工作情况和下半年工作安排。与会人员对《南充掌故》样稿进行探讨交流。夏建平对上半年工作进行点评，对下半年工作重点作了强调，特别是对《南充掌故》编辑的特点、地域特色和题材选取等工作提出具体要求。

6月17日　南充电视台《周末故事会》栏目组采访夏建平、于明制作的30分钟《南充市志——填补南充300年历史记录》专题片在南充电视台首播，首播后在公共频道、新闻频道等多次重播。

7月8日至15日　市地志办主任夏建平参加省地方志编委会组织的赴台湾地方志考察学习交流活动。

7月9日　省地方志编委会批复同意南充市地方志办公室组织编纂《川北区志》。

7月17日　市地志办给市政府呈报《关于修建南充市方志馆的请示》，市政府秘书长沈一凡、副市长朱家媛作出批示：“安排腾出符合条件的办公楼改建，市政府办公室纳入统筹改建范围，尽早安排方志馆建设。”

7月25日　市地志办制定面向全市遴选工作人员方案，开展市地志办成立以来第一次公开遴选人员工作。10月29日，公开遴选的1名干部正式到位。至2014年，市地志办在全市公开遴选3名干部，市地志办人员满编到位。

8月27日　市地志办主任夏建平、副调研员于明等到六合集团指导《六合集团志》编纂工作，对志书篇目进行调整，要求在资料完善、史实核实、突出特色等方面下功夫。

8月30日　市地志办主任夏建平在凉山州召开的全省市州地志办主任学习会上作《拓宽领域，推进地方志事业持续发展》的交流发言。

9月10日　市政府批准《高坪区志（1993—2007）》公开出版发行。2013年1月，《高坪区志（1993—2007）》由方志出版社出版发行。

9月26日　《六合集团志（1912—2011）》评审会在南充六合集团有限责任公司会议室召开。市地志办主任夏建平、副调研员于明、《南充市志（1707—2003）》特邀副总编徐方强和六合集团公司董事长、总经理任立荣，党委书记宋立新，纪委书记黄裕君，副总经理姚刚、李亚波，总工程师王泽泉，《六合集团志》特邀主编罗永师以及编纂人员等20余人参加会议。原南充市总工会党组书记、常务副主席、原南充第二丝绸厂党委书记王敬东应邀出席会议。评审验收人员听取任立荣《六合集团志》编纂组织工作、罗永师《六合集团志（1912—2011）》编纂情况的汇报后，充分发表评审意见和建议。评审验收组经过充分酝酿，形成一致评审验收意见，《六合集团志（1912—2011）》基本达到编纂质量要求，同意通过评审验收。

9月29日　市政府批复同意《西充县志（1986—2005）》公开出版发行。2013年9月，《西充县志（1986—2005）》由方志出版社出版发行。

10月11日　市地志办批复同意《六合集团志（1912—2011）》公开出版发行。12月，南充市第一部厂志《六合集团志（1912—2011）》由光明日报社出版发行。

10月19日　《四川日报》登载四川省第十五次哲学社会科学优秀成果获奖名单进行公示，《南充市志（1707—2003）》被公示为二等奖，这是第十五次全省地方志书类唯一获哲学社会科学优秀成果二等奖的志书。市人大常委会主任高先海，市委副书记、市长向东，市委副书记唐文金，市人大常委会副主任李晓松，市政府副市长朱家媛，市政府秘书长沈一凡等市领导得知信息后，及时通过手机短信致市地志办主任夏建平，对《南充市志》荣获省哲社二等奖表示祝贺，对全体编纂人员付出的辛勤劳动致以深切的慰问。

是月　南充电视台公共频道《新闻630》栏目制作时长6分钟的“《川北区志》编纂进入资料搜集阶段”的专题报道，在南充电视台播出。

11月17日　河南省焦作市地志办主任原应战等一行到南充考察交流地方志工作。

11月19日　市地志办主任夏建平带领于明、罗永师、徐方强、袁渊明等5位同志，到四川省档案馆查阅、复制原川北区历史档案资料。至12月10日，从原川北区近7000卷档案中筛选查阅1300余卷，复印其中近2万页的原始档案资料。

12月2日　市政府办印发《关于印发〈市政府议事协调机构名单〉的通知》，根据工作需要，市政府对常设议事机构进行规范清理。撤销“南充市志编纂委员会”和“南充年鉴编辑委员会”，成立“南充市地方志编纂委员会”，为市政府常设议事机构，负责统筹和管理全市地方志工作。市委副书记、市长向东任主任。

12月4日　南充市地方志编纂委员会印发《关于明确南充市地方志编纂委员会组成人员的通知》。市委副书记、市长向东任主任，副市长朱家媛、市政府秘书长沈一凡、市地志办主任夏建平任副主任，市委办、市人大常委会办、市政府办、市政协办等32个部门主要负责人为成员。南充市地方志编纂委员会办公室设在市地志办，市地志办主任夏建平兼任办公室主任。

12月7日　市地志办主任夏建平、副调研员于明与朱德故居管理局局长龙腾飞、副局长林品强等研究《朱德故居志》编纂工作。

12月12日　市地志办主任夏建平受邀出席“六合集团百年庆典活动”，并为《六合集团志（1912—2011）》正式公开发行揭幕。

是月　《南充年鉴（2012）》由电子科技大学出版发行。从2012卷开始，《南充年鉴》由内部出版改为公开出版。

是年　《南充市志（1707—2003）》获四川省第十五次哲学社会科学优秀成果二等奖，是第十五次全省地方志书中唯一获得哲社最高奖的志书，受到省政府表彰奖励。

是年　南充市15项地方志成果获四川省第十五次地方志优秀成果奖。其中，《南充市志（1707—2003）》获志书类市州志一等奖，《南部县志（1991—2004）》获志书类县（市、区）志一等奖，《南充县志（1986—1993）》获志书类县（市、区）志三等奖，《西充农村信用联社志》获志书类专业志优秀奖；《南充年鉴（2011）》获年鉴类市级年鉴三等奖，《仪陇年鉴（2010）》获年鉴类县级年鉴三等奖，《阆中年鉴（2011）》《南部年鉴（2009—2010）》《蓬安年鉴（2005—2009）》《顺庆年鉴（2009—2010）》获年鉴类县级年鉴优秀奖；《顺庆掌故》获地情资料类二等奖，《南充市情》获地情资料类优秀奖；清康熙《顺庆府志》获旧志整理类二等奖，《营山县志（明清统编本）》、清嘉庆《南充县志》获旧志整理类三等奖。

是年　市地志办被省地方志编委会授予“依法修志工作先进集体”和“地情资源开发利用工作先进集体”荣誉称号。

2013年

1月17日　市地志办给市政府呈报《关于新建南充市方志馆的请示》，市政府副市长朱家媛立即批示“请市规划局纳入科技馆、城市规划馆一并规划建设，根据具体情况合理规划”。

1月21日　市地志办主任夏建平在全省地方志工作会上作《拓宽领域，依法修志，奋力推进地方志事业持续科学发展》的经验交流。

2月1日　市地志办主任夏建平、调研员何进、副调研员于明等走访慰问全办6位退休老干部和顺庆区合众街社区4户结对帮扶户。

2月16日　春节后上班第一天上午，市委副书记、市长向东在市政府秘书长沈一凡陪同下到市地志办看望慰问全办干部职工。向东对《南充市志（1707—2003）》荣获全省第十五次哲学社会科学优秀成果二等奖、《南充掌故》出版发行和全面完成《川北区志》资料搜集任务表示祝贺，鼓励大家再接再厉，围绕中心，真抓实干，奋力推进全市地方志工作再上新的台阶。

2月17日　《南充建市20周年大事记》编辑工作启动。

2月19日　眉山市地志办主任杨文等一行到南充考察交流市志编纂等工作。

2月20日　市政府五届第12次规划委员会决定将南充市方志馆与市规划馆、科技馆、市图书馆（改建）、市青少年活动中心（简称“四馆一中心”）一并规划建设。

2月20日至21日　省地方志编委会副主任罗亚夫、副巡视员汪毅、市县志工作处处长邓瑜和省政府法制办政法文教法制处处长陈标到南充，专题调研《四川省地方志工作条例》（修订）立法工作。市政府法制办、市人社局、市委编办、市财政局、市档案局、市地志办及顺庆区地志办、高坪区地志办等相关单位对《四川省地方志工作条例》修订涉及本单位工作的有关条款提出修改意见和建议。

2月27日　全市2013年地方志工作会议召开。会议传达了中共十八大、省委第十次党代会和市委五届六次全委会以及全省地方志工作会议精神，总结2012年全市地方志工作，安排2013年全市地方志工作，表彰2012年全市地方志工作先进集体，代省地方志编委会颁发四川省第十五次地方志优秀成果奖荣誉证书。夏建平要求全市地方志工作者要善于争取领导支持，不断改善工作环境；要善于突出工作重点，年年抓出新亮点；要切实改进工作作风，努力建设风清气正、干事创业的地方志队伍。

3月22日　《川北区志》编委会第一次会议在市政府307会议室召开，《川北区志》编委会25个成员单位负责人参加会议。会议由市政府副秘书长张相君主持。《川北区志》编委会副主任、执行主编、市地志办主任夏建平通报编纂《川北区志》的缘由、筹备工作和资料搜集工作等情况，对《川北区志》编纂工作作全面安排。市政府副市长、《川北区志》编委会副主任、《川北区志》总编朱家媛要求编委会各成员单位齐心协力、积极配合，按时完成《川北区志》编纂任务。

3月25日　《川北区志》总编室召开全体编纂人员会议，正式启动《川北区志》初纂工作。

3月27日　市委副书记、市长向东主持召开市政府五届第13次规划委员会会议，同意并通过市方志馆的总体设计方案。市方志馆分为“地情展览厅、学术报告厅、藏书室、阅览室（分志书阅览、地情阅览、电子阅览三个部分）、管理用房”五个功能区域，地上建筑面积2490平方米。

4月10日至11日　泸州市政协副主席率市政协学习文史委、市地志办、市财政局等单位负责人一行到南充考察交流地方志工作。

4月24日　市地志办全体干部职工参加市政府机关向“雅安市芦山4·20地震捐款活动”。

是日　市地志办主任夏建平、副调研员于明等到南部县、西充县调研地方志工作。

5月17日　市地志办开展为期2个月的“实现伟大中国梦、建设美丽繁荣和谐四川”主题教育活动。

5月21日　《南充市高坪区志（1993—2007)》首发式暨《高坪年鉴》编辑培训会举行，市地志办主任夏建平、副调研员于明和高坪区委常委、副区长苟国旗等出席。夏建平对《南充市高坪区志(1993—2007)》出版发行表示祝贺，希望大家认真读志用志，把握经济社会发展规律；搞好开发利用，服务经济社会发展大局。于明就年鉴编辑作专题讲座。

5月24日　市地志办召开县（市、区）地志办主任紧急会议，研究部署事业单位分类改革工作。

5月31日　《川北区志》总编室召开志稿试写研讨会，全体撰稿人员通过对试写志稿的研讨，进一步把握《川北区志》编纂要求。

6月20日至21日　宜宾市地志办主任田劲松等一行到南充考察交流地方志工作。

7月16日　市政府召开市方志馆等“四馆一中心”建筑设计方案讨论会，市方志馆地上为4层建筑。

7月22日至23日　省地方志编委会副主任罗亚夫、综合处副处长杨帆等到南部县、西充县调研地方志工作，组织召开了9个县（市、区）地方志工作调研座谈会。罗亚夫听取市地志办主任夏建平和9个县（市、区）地志办主任近年来地方志工作情况汇报后，充分肯定全市地方志工作取得的显著成效，要求大家要认清形势，坚定做好地方志工作的信心；提升能力，推进地方志事业再上台阶。

8月6日　市政府批复同意《蓬安县志（1986—2006)》出版发行。2014年8月，《蓬安县志(1986—2006)》由方志出版社出版发行。

8月22日　凉山州地志办主任尹克华等一行到南充考察交流地方志工作。

9月24日　市地志办专题研究《南充建市20周年大事记》编辑工作，增加编辑力量，加快编辑工作进度。11月，完成稿件编辑。

10月18日　市地志办、《川北区志》总编室召开《川北区志》总纂工作会。市地志办主任、《川北区志》编委会副主任、执行主编夏建平要求总纂中要严格把好史实关，要突出时代特色，要充分反映事物发展轨迹，要切实处理好交叉重复关系。希望总纂人员分工合作，各尽其责，确保12月底前完成总纂任务。市地志办副调研员、《川北区志》执行副主编于明对总纂任务进行分工，对总纂质量要求讲了具体意见。

11月12日　市地志办主任夏建平、副调研员于明等一行到巴中市考察方志馆建设工作。

11月13日至14日　乐山市地志办副主任陈永毅等一行到南充考察交流地方志工作。

12月18日　市政府五届第60次常务会议，审议通过“四馆一中心”建筑设计方案。市方志馆地上4层建筑总面积为2664.05平方米，地下建筑面积3400平方米，总建筑面积6064.05平方米。

12月20日　《西充县志（1986—2005)》首发式暨座谈会议在西充县举行。市地志办主任夏建平、副调研员于明，西充县委常委、常务副县长何晓林，县人大常委会副主任孙琼惠等领导出席座谈会，县志编委会成员单位、县级相关部门和部分乡镇负责人以及志书读者代表等60余人参加座谈会。夏建平对《西充县志（1986—2005)》的出版发行表示祝贺，对县志编纂工作给予高度评价，并就如何深入做好地方志工作提出了要求。何晓林要求全县要积极开展读志用志活动，切实发挥好志书“资政、存史、教化”作用；要进一步抓好县级部门志、乡镇志书和综合年鉴编修工作。会议表彰10个先进集体和10名先进个人，并向县档案馆、县图书馆、西充中学、晋城中学等单位赠送了志书。

是月　《南充建市20周年大事记》由光明日报出版社出版发行。

是年　市地志办、顺庆区地志办、阆中市地志办等3个单位荣获四川省地方志系统先进集体称号，南部县地志办主任罗君、西充县地志办主任科员赵文宝、营山县地志办副主任萧志成荣获四川省地方志系统先进个人称号，受到四川省人力资源和社会保障厅、四川省地方志编纂委员会表彰奖励。

是年　市地志办荣获省地方志编委会“地情资源开发利用、资料报送工作”和“方志馆建设、地方志学会工作”先进单位。

是年　南充市3项地方志成果获南充市第十次哲学社会科学优秀成果奖。其中，《南部县志(1991—2004)》获一等奖，《南充县志（1986—1993)》《顺庆掌故》获三等奖。

2014年

1月7日　市地志办主任夏建平参加省人大常委会教科文卫委组织召开的《四川省地方志工作条例》施行10周年暨新修订《条例》颁布实施座谈会，作《深入贯彻实施〈条例〉，推动地方志事业全面发展》的发言。

1月27日　市地志办看望慰问全办4位退休老干部和顺庆区合众街社区4户结对帮扶户。

2月7日　春节后上班第一天上午，市委副书记、市长向东在市政府秘书长沈一凡陪同下看望慰问市地志办全办干部职工。向东充分肯定市地志办2013年的工作，要求大家再接再厉，围绕党委、政府中心工作，主动服务于经济社会发展，抓好修志编鉴本职工作，再创全市地方志工作新业绩。

2月24日　市政府任命朱和晏为南充市地方志办公室副主任。

2月26日　市政府常务会议审定并原则通过“四馆一中心”项目投资估算，估算总投资5.3718亿元，其中，方志馆估算投资4344万元（不含土地、装饰布展、设备购置等费用）。将市方志馆等“四馆一中心”列为2014年度全市基础设施重点建设项目。

2月28日　市地志办召开党的群众路线教育实践活动动员会议，正式启动教育实践活动。市委第十二督导组全体成员到会指导。市地志办主任、群众路线教育实践活动领导小组组长夏建平作动员讲话，指出一要充分认识开展教育实践活动的重要性和必要性，二要抓实抓好教育实践活动每个环节的工作，三要确保教育实践活动取得实效。第十二督导组组长谢洪才要求思想上要高度重视，行动上认真抓落实，方法上领导做好表率、起好引领作用。按照市委统一部署，严格按照“照镜子、正衣冠、洗洗澡、治治病”的总要求，紧紧围绕为民务实清廉的主要内容，聚焦“四风”突出问题，扎实开展“学习教育、征求意见，查摆问题、开展批评，整改落实、建章立制”各环节的群教活动。至10月，市地志办圆满完成党的群众路线教育实践活动。

3月13日　市地志办主任夏建平给全办干部职工作《牢记宗旨，勤奋实干，争做一名优秀地方志工作者》的专题党课讲座。

3月14日　全市2014年地方志工作会议召开。市地志办主任夏建平传达全省地方志工作会议精神，对2013年全市地方志工作作全面总结，对2014年全市地方志工作作全面部署。要求全市地方志工作者，要切实担负起南充地方志事业发展的历史重任，一要拥有良好心态，激发干事创业激情；二要超前谋划工作，长短结合抓落实；三要突出亮点和特色，树立有为才有位的观念；四要多方争取支持，积极创造有利发展环境。各县（市、区）地志办主任在会上分别汇报2013年的亮点工作和2014年重点工作。会上，对受到省上表彰的3个先进集体、3名先进个人颁发奖牌和荣誉证书，表彰全市2013年地方志工作先进集体。

3月18日　市地志办主任夏建平、原副调研员于明到民革南充市委研究南充民革志编纂工作。

4月1日　市政府批准《阆中市志（1986—2005）》公开出版发行。2014年11月，《阆中市志（1986—2005）》由中国文史出版社出版发行。

4月18日　资阳市地志办主任李卫东等一行到南充考察交流地方志工作。

5月5日　泸州市政府副秘书长胡晓玲带领泸州市地志办、泸州市财政局等单位负责人和《川南区志》部分编纂人员到南充考察《川北区志》编纂工作。市政府副秘书长张相君就南充经济社会发展、南充人文历史等基本情况向泸州市考察组作了介绍，市地志办主任夏建平就《川北区志》编纂的组织机构、篇目制定、资料搜集、初纂总纂等工作作了全面介绍。

5月6日　市地志办举办综合年鉴编辑业务专题培训会，各县（市区）、市级各部门、市级各企事业单位负责综合年鉴编辑的人员共200余人参加培训。市政府副秘书长张相君对综合年鉴编辑工作提出要求，一要深化认识，增强责任意识；二要把握要求，努力打造精品；三要通力协作，保证及时交稿。市地志办主任夏建平总结《南充年鉴（2013）》编辑情况，要求大家以高度负责的态度、以质量精品的意识切实抓好《南充年鉴（2014）》编辑工作。原市地志办副调研员于明从年鉴的概念、年鉴的特性、年鉴的种类和年鉴篇目的制定、材料的筛选、条目的写法、内容的检索以及语言文字、时间表述、数字用法、计量单位、标点符号的规范等方面作全面详细、深入浅出的讲述，并结合实例进行阐述。

5月16日　嘉陵区举行《南充市嘉陵区志（1993—2003）》首发式。市地志办主任夏建平、嘉陵区副区长何建新、区政协副主席苏俊富和区级各部门、各乡镇、有关企事业单位领导等150余人出席首发式。会上向参会单位赠送《南充市嘉陵区志（1993—2003）》。

5月20日　高坪区举办《高坪年鉴（2014）》撰稿人员培训会。市地志办主任夏建平，高坪区委常委、副区长苟国旗出席。高坪区各部门、各乡镇、相关企事业单位年鉴撰稿人员140余人参加培训。原市地志办副调研员于明就年鉴的概念、年鉴的特性、年鉴的种类、怎样编写年鉴等专题对培训人员进行专题培训。

6月7日　市政府办公室印发《关于审核〈川北区志〉的函》，对《川北区志》审核工作作出安排。

6月18日　市地志办主任夏建平、副主任朱和晏到省地方志编委会专题汇报南充地方志工作。省地方志编委会党组书记、副主任马小彬和副主任罗亚夫、副巡视员汪毅、综合处处长邓瑜、市县志工作处处长曾新苗等出席汇报座谈会。

6月20日　市地志办主任夏建平、原副调研员于明与民盟南充市委有关人员专题研究《南充民盟志（1945—2014）》编纂工作。

7月1日至2日　市地志办将《南充市志（1707—2003）》分别赠送国家图书馆、中央档案馆和北大、清华、人大、北师大图书馆收藏，获得各馆颁发的收藏证书。

7月3日　副市长朱家媛和市地志办主任夏建平等人到北京专程拜望原中共川北区南充市委副书记、组织部部长、胡耀邦夫人李昭和原中共中央统战部副部长、原中华全国工商业联合会党组书记、胡耀邦长子胡德平。夏建平汇报了《川北区志》编纂情况，朱家媛汇报了南充近年来经济社会发展情况，并代表市政府邀请李昭审核《川北区志》并作序，李昭欣然答应。

是月　南部县地志办与西华师范大学《清代南部县衙整理与研究》课题组合作、点校整理的《同治增修南部县志》，由巴蜀书社出版发行。

8月5日　市地志办召开领导班子专题民主生活会，市委群教活动第十二督导组全体成员、市纪委常委傅杰修、市委组织部罗旭到会指导。

8月25日　市地志办启动《当代南充第一》地情书编辑工作。9月19日，专题研究《当代南充第一》编辑结构及篇目工作。12月，基本完成资料搜集工作。

8月28日　市地志办召开党员组织生活会和民主评议会。

9月2日至3日　省地方志编委会副主任罗亚夫、市县志工作处处长曾新苗调研南充地方志工作。9月2日召开的调研座谈会上，罗亚夫、曾新苗与市地志办、《川北区志》总编室交换了省上专家审核《川北区志》的意见，对有关问题进行了深入研讨。9月3日，罗亚夫到营山县调研地方志工作，营山县委常委、常务副县长陈俊汇报了营山县地方志工作情况。罗亚夫指出，营山县是我省第一轮、第二轮修志工作试点县，工作富有成效，经验值得肯定。希望营山县委、县政府继续加强领导，加强班子和队伍建设，对地方志工作给予更多的关心和支持。要求县地志办要认真制定工作规划，切实抓好志书的规范性指导和审查验收，抓好综合年鉴编辑，主动为党委、政府中心工作服好务。

9月24日　省地方志编委会党组书记、副主任马小彬，市县志工作处处长曾新苗专题调研南充市方志馆建设工作。马小彬实地察看了位于市中心黄金地段的市方志馆选址，查看了市方志馆的总体设计图和建筑施工设计图，要求市地志办积极配合协助建设部门抓好方志馆的施工建设。同时，根据市方志馆的功能提前思考、研究方志馆的陈列布展，以保证市方志馆建好后能够及时开馆、投入使用。

9月29日　市委群教活动第十二督导组对市地志办开展群教活动进行民主测评和民主评议。

10月14日　市地志办召开党的群众路线教育实践活动总结会议，市地志办主任夏建平对市地志办开展党的群众路线教育实践活动作了全面总结。第十二督导组到会指导，组长谢洪才充分肯定了市地志办开展党的群教活动及所取得的显著成效。

10月15日　内江市地志办主任余崇威等一行到南充考察市方志馆建设等工作。

10月17日　《川北区志》复审评议会在南充召开。省地方志编委会副主任罗亚夫，市政府副市长、《川北区志》编委会副主任、《川北区志》总编朱家媛，市政协原副主席李盛文等领导出席。与会专家学者认为，《川北区志》弥补了第一轮修志对中华人民共和国成立初期历史记载过于简略的不足，彰显了浓郁的川北地方特色和人民民主政权建设的时代特点。复审评议组组长罗亚夫指出，《川北区志》选题意义重大，填补了国内地方志书专门记述中华人民共和国成立初期的历史空白。要求编委会认真梳理与会专家学者提出的意见建议，对审读稿修改完善，高质量完成编纂出版任务。

10月22日　市地志办主任夏建平、原副调研员于明等到蓬安县调研地方志工作。调研中，夏建平与蓬安县委书记温桂彪，县委常委、常务副县长张斌就加强地方志工作领导、班子及队伍建设等工作交换意见。

10月26日　南充市方志馆等“四馆一中心”正式开工建设。建筑工程由南充市政府投资非经营性项目代建中心主管，中国五冶集团有限公司承建。

10月27日　市地志办印发《关于组织编纂〈南充市地方志志〉的通知》，成立编委会和总编室。决定从2014年开始，用3年时间编纂出版《南充市地方志志》。

11月17日　市政府向省政府呈报《关于审查〈川北区志〉的请示》。

是日　市地志办印发《〈南充市地方志志〉编纂方案》，对《南充市地方志志》编纂的指导思想、编纂原则、编纂体例、主要内容、实施步骤等作出规定。

11月28日　省政府组织召开《川北区志》终审验收会，省政府副秘书长陈越良任终审验收组组长，省地方志编委会党组书记、副主任马小彬任副组长并主持会议。终审验收小组成员充分发表了审查意见，提出修改完善的建议意见。终审验收小组经过酝酿讨论，形成一致终审验收意见，同意《川北区志》通过省政府终审验收。

12月4日　市地志办主任夏建平、原副调研员于明等调研阆中市地方志工作。

12月15日　市政府向省政府呈报《关于批准〈川北区志〉出版的请示》。

12月24日　市地志办主任夏建平、原副调研员于明与市检察院检察长廖全军、副检察长李敏和《南充市检察志》主编等研究《南充市检察志》志稿修改完善工作。

12月31日　省人力资源和社会保障厅、省地方志编委会印发《关于表彰汶川特大地震四川抗震救灾志编纂工作先进集体和先进工作者的决定》。授予南部县地志办“汶川特大地震四川抗震救灾志编纂工作先进集体”称号，授予仪陇县地志办伍正滢“汶川特大地震四川抗震救灾志编纂工作先进工作者”称号。

是年　南充市20项地方志成果获四川省第十六次地方志优秀成果奖。其中，《西充县志（1986—2005）》获志书类一等奖，《南充市嘉陵区志（1993—2003）》获志书类二等奖，《南充市高坪区志（1993—2007）》《六合集团志（1912—2011）》获志书类三等奖；《南充年鉴（2013）》《顺庆年鉴（2013）》获年鉴类二等奖，《高坪年鉴（2013）》《南部年鉴（2013）》《嘉陵年鉴（2012）》《仪陇年鉴（2012）》《蓬安年鉴（2012）》《西充年鉴（2013）》获年鉴类优秀奖；《南充掌故》获地方文献类二等奖，《南充建市20周年大事记》《天下文宗司马相如》获地方文献类三等奖，《红色仪陇》《阆中掌故》《似水流年——南充知识青年上山下乡纪实（续）》《文苑钩沉》《时光流真》获地方文献类优秀奖。

是年　市地志办被省地方志编委会授予“志书年鉴编纂工作”和“方志馆建设和地情资源开发利用工作”工作成效突出单位。

2015年

1月6日　四川省人民政府批复同意《川北区志》出版发行。3月，《川北区志》由方志出版社出版发行。11月，市地志办制作的《川北区志》电子书公开发行。

1月15日至16日　市地志办主任夏建平等到蓬安调研地方志工作。

1月22日　中国地方志指导小组副秘书长冀祥德等一行到四川省调研地方志工作，夏建平受邀参加调研座谈会。

1月29日至31日　市地志办主任夏建平等一行到乐山市、眉山市考察交流地方志工作。

2月11日　市地志办主任夏建平、副主任朱和晏等走访慰问全办退休老干部和顺庆区合作街社区4户帮扶对象。

2月25日　春节后上班第一天上午，市委副书记、市长向东在市政府秘书长沈一凡等陪同下，看望慰问市地志办全体干部职工，向大家致以新年的祝福。向东充分肯定市地志办过去一年所取得的成绩，勉励大家继续发扬成绩，保持优良作风，认真履行职责，努力再创佳绩。

是日　嘉陵区委办、区政府办印发《关于启动嘉陵区第一轮乡镇（街道）志、部门志编纂工作的通知》，全面启动第一轮乡镇（街道）志、部门志编纂工作。区委目标督查办将志书编纂工作纳入各级各部门年度目标考核。

3月3日　市地志办全体人员专题研讨《南充市地方志志》资料搜集篇目，原副调研员于明对全办人员进行志书篇目设计专题业务培训。

3月10日　市地志办主任夏建平组织专家学者对《当代南充第一》初稿进行研讨，征求修改意见。

3月18日　省政府召开第八次全省地方志工作会议，市地志办主任夏建平作《求真务实，开拓创新，奋力推进地方志事业科学持续发展》的经验交流发言。

4月9日　市地志办召开《南充市地方志志》资料搜集工作会议，全面布置《南充市地方志志》资料搜集工作。全市9个县（市、区）地志办主任、副主任和负责资料搜集工作的人员以及市地志办全体干部职工参加了会议。市地志办主任夏建平要求，要把《南充市地方志志》编纂作为全市地方志系统最重要、第一位工作来抓，主要领导为第一责任人。将资料搜集工作纳入年度目标考核，实行一票否决。市地志办原副调研员于明结合《南充市地方志志》资料搜集篇目，对与会人员进行资料搜集及整理专题业务培训。

4月10日　全市2015年地方志工作会议召开。会议传达学习第五次全国、第八次全省地方志工作会议精神，总结2014年全市地方志工作，安排全市2015年地方志工作，表彰全市2014年地方志工作先进集体。会议提出贯彻全国、全省地方志工作会议精神的具体意见，一是精心筹备，由市政府召开高规格、大规模的全市地方志工作会议；二是吃透精神，找准新时期地方志工作的突破点；三是狠抓落实，高质量地完成各项工作目标任务。

4月28日至29日　省地方志编委会在泸州市古蔺县召开省地方志编委会中心组（扩大）暨市州地志办主任学习会，市地志办主任夏建平在会上就加强领导班子和队伍思想政治建设作《切实加强班子队伍思想政治建设，全面提升地方志事业科学发展能力》的交流发言。

5月7日　市地志办主任夏建平等到顺庆、高坪调研指导《南充市地方志志》资料搜集等工作。

6月5日　市地志办主任夏建平、副主任朱和晏参加市政府办党组开展的领导班子“三严三实”专题教育活动。

6月8日至12日　市地志办主任夏建平、副主任朱和晏分别带领市地志办工作人员分成3个组，对各县（市、区）《南充市地方志志》资料搜集和资料长编工作专项督查。督查组采取现场查阅已收集到的各类原始资料、研讨已形成的资料长编稿件、听取工作汇报、研究下步工作意见等方式进行督促检查。

6月18日　省地方志编委会党组成员、机关党委书记王孝平等到南充调研地方志工作。市政府副市长单木真汇报全市近年来贯彻实施《地方志工作条例》，营造地方志发展环境；认真落实国省地方志工作会议精神，增添地方志工作动力；增大投入强化保障，筑牢地方志工作基础；拓宽工作领域，促进地方志事业全面发展等方面的情况。王孝平对南充今后一个时期地方志事业发展提出4点希望与要求：进一步推进依法修志，进一步争取党政领导重视，进一步凝神聚力抓好主业发展，进一步着眼长远夯实事业发展基础。王孝平还与市委副书记、市长向东交换了加强南充地方志工作的意见，考察南充市方志馆建设情况，到嘉陵区进行工作调研。

6月26日　民盟南充市委召开《南充民盟志（1945—2014）》征求意见工作会议。民盟南充市委全体干部职工和民盟阆中市委、各直属基层组织负责人等30余人参加会议。原市地志办副调研员于明到会对志稿征求意见的工作重点和工作方法进行指导。

7月2日　市地志办主任夏建平、原副调研员于明，高坪区委常委、副区长苟国旗等出席《高坪年鉴（2015）》全体编辑人员业务培训会。高坪区各乡镇（街道）、区级各部门分管领导和撰稿人员240人参加培训会。

7月13日　市地志办在蓬安县召开《南充市地方志志》资料搜集工作现场会。与会人员观摩学习了《南充市地方志志·蓬安县资料长编》稿件，翻阅蓬安县地志办搜集到的相关原始资料。会上，市地志办通报《南充市地方志志》资料搜集工作的督查情况，对资料搜集整理和资料长编工作进行业务指导。夏建平要求要全力攻坚，打好全市总体战；要拓宽范围，最大限度补充完善原始资料；要分类整理，编写高质量的资料长编；要加强督查，保质保量按时完成工作任务。

7月15日至20日　市地志办主任夏建平随省地方志编委会党组书记、副主任马小彬等赴河南、山西考察学习地方志工作。

7月21日　市政府副市长单木真在市政府副秘书长李会全陪同下，到市地志办专题调研地方志工作。单木真考察市地志办办公条件，查看近年来志书、年鉴及地情资料等重要地方志成果，听取市地志办主任夏建平关于全市地方志工作机构设置、近几年主要工作成效、2015年重点工作以及需要解决的几个主要问题等情况的汇报。他指出，全市地方志系统近年来做了大量的工作，取得显著成效，希望全市地方志工作者再接再厉、再创佳绩。要求认真贯彻落实好全省第八次地方志工作会议精神，抓紧筹备召开好全市地方志工作会议，全面总结全市“十二五”地方志工作和安排部署“十三五”地方志工作，切实加强地方志工作的领导，充实地方志人才队伍，完善地方志基础设施建设，强化工作经费保障，全力推进全市地方志工作再上新台阶。

7月29日至8月8日　市地志办主任夏建平和嘉陵区地志办主任文海燕赴中国井冈山干部管理学院参加省地方志编委会主办的“四川省地方志系统领导干部培训班”培训学习。

8月3日　市政府办印发《关于印发〈市政府议事协调机构名单〉的通知》。市政府决定，对市政府领导担任组长的议事协调机构进行调整规范，市委副书记、市长向东任南充市地方志编纂委员会主任，副市长单木真、市政府秘书长沈一凡任副主任，副市长单木真任执行副主任。地方志编委会办公室设在市地志办，市地志办主任夏建平兼办公室主任。

8月19日　市地志办副主任朱和晏专题研究“南充市地方志网站”建设工作，要求加快建设进度，务必在年底前建成、对外开通运行。

9月7日至8日　广安市地志办副主任谯小松等一行到南充考察淳祐故城、彭城、充国县城等遗址。

9月13日　中共十八届中央委员、中国社会科学院院长、中国地方志指导小组组长王伟光等一行到四川省调研地方志工作，市地志办主任夏建平和嘉陵区地志办主任文海燕参加调研座谈会。嘉陵区地志办作为全省183个县（市、区）基层地方志机构的代表作工作汇报，获得王伟光的高度称赞和充分肯定。

10月13日　市政协学习文史委全体委员视察地方志工作。委员们实地查看南充市方志馆建设情况后，召开视察座谈会，市地志办主任夏建平向委员们作《开拓创新，真抓实干，奋力推进南充地方志事业全面发展》的工作汇报。委员们听取汇报后，充分称赞和肯定南充地方志工作近几年取得的显著成绩，积极为地方志事业发展建言献策，提出很好的建议意见。

10月15日　乐山市政府副秘书长魏立先带领乐山市地志办、乐山市委编办、乐山市图书馆等单位负责人考察南充市方志馆建设等工作。

10月21日　副市长单木真在市地志办《关于南充市地方志工作情况的报告》上批示：“全市地方志工作近5年成果丰硕、成效显著，未来5年思路清晰、目标明确，值得高度称赞和充分肯定！希望全市广大地方志工作者继续解放思想，创新举措，真抓实干，为南充文化强市建设做出新的贡献。”

是日　市地志办召开退休干部重阳节座谈会。

10月23日　市政府县（市、区）地方志书审查验收小组召开《南充民盟志（1945—2014）》终审验收会议，市政府副秘书长李会全任终审验收小组组长，市地志办主任夏建平任终审验收组副组长并主持终审验收会议。市政协副主席、民盟南充市委主委朱家媛出席会议。终审验收组成员由市地方志书审查验收委员会委员吴兴中、朱和晏、于明、童梅菁、李忠伟和民盟四川省委副巡视员、副秘书长高辅平，原民盟南充市委副主委蒋昌志等人组成。终审验收组人员听取民盟南充市委秘书长王线关于《南充民盟志（1945—2014）》编纂情况汇报后，充分发表终审意见和建议。终审验收组经过充分酝酿，形成一致意见，《南充民盟志（1945—2014）》编纂质量达到出版要求，同意通过终审验收。

10月30日　市政府县（市、区）地方志书审查验收小组召开《汶川特大地震·仪陇县抗震救灾志》终审验收会议，市政府副秘书长李会全任终审验收小组组长并主持终审验收会。终审组成员分别发表了评审意见和建议。终审验收组经过充分酝酿，形成一致意见，同意《汶川特大地震·仪陇县抗震救灾志》通过市政府终审验收。

是月　蓬安县地志办点校整理的明正德《蓬州志》由中国文史出版社出版发行。明正德《蓬州志》是川渝地区保存下来最早的最完整的一部志书，由邓郁章点校整理。点校整理本采用点校本后附影印原本的方式出版发行。

11月2日　市委办、市政府办印发《关于进一步加强新形势下地方志工作的意见》。意见要求，要高度重视新形势下地方志工作，加强地方志工作的组织领导，强化地方志队伍建设和经费保障，大力营造地方志事业发展良好环境。

11月3日至19日　市地志办主任夏建平参加市委在北京大学举办的“南充当前和今后发展”专题研修班学习。

11月4日　市委副书记、市长向东在市地志办《关于南充市地方志工作情况的报告》上批示：“治天下者以史为鉴，治州郡者以志为鉴。地方志是全面、客观、翔实的地情书，具有存史、资政、育人的重要作用。近年来，全市地方志工作者辛勤耕耘，记述南充历史，反映时代风貌，取得了可喜成绩。望继续发扬修志问道、直笔著史的方志人精神，为建设成渝经济区北部中心城市和川东北区域中心城市做出新的更大贡献！”

11月20日　市地志办启动《南充市地方志事业第十三个五年发展规划》编制工作。12月，形成征求意见稿。

12月15日　上午，省地方志办主任马小彬到高坪区调研地方志工作。

是日　下午，市政府召开南充市地方志工作会议，省地方志办主任马小彬、市政府副市长单木真出席，各县（市、区）政府领导和市级各部门、有关企事业单位负责人等160余人参加。会上，市地志办主任夏建平作《适应新常态，务求新突破，奋力谱写南充地方志事业发展新篇章》的工作报告，马小彬、单木真作重要讲话。嘉陵区、西充县、蓬安县地志办和市检察院、市统计局、民盟南充市委等单位在会上作经验交流发言。会议召开前，市委副书记、市长向东会见马小彬，就加强南充市地方志工作领导交换了意见。

12月22日　市政府县（市、区）地方志书审查验收小组召开《南充市检察志（1916—2014）》终审验收会议，市政府副秘书长李会全任终审验收小组组长，市地志办主任夏建平任终审验收组副组长并主持终审验收会议。市地方志书审查验收委员会委员吴兴中、斯顺平、朱和晏、于明、罗永师、袁渊明和市检察院检察长廖全军、副检察长李敏、王岚、贾成刚及总纂人员参加会议。终审验收组人员听取李敏关于《南充市检察志（1916—2014）》编纂情况汇报后，充分发表终审意见和建议。终审验收组经过充分酝酿，形成一致意见，同意《南充市检察志（1916—2014）》通过终审验收。

12月23日　南充市方志馆建设项目主体工程封顶，提前完成主体工程施工任务。

12月24日　南充市地方志专业网站正式对外开通运行，网址为：ncdzb.nanchong.gov.cn。

是月　南充市第一部民主党派志书《南充民盟志（1945—2014）》由方志出版社出版发行。原全国政协副主席、原民盟中央第一副主席张梅颖题写书名。

是月　《当代南充第一》由中国文史出版社出版发行。

是年　市地志办获省地方志办“依法行政和宣传工作”“方志馆建设和信息化建设”工作成效突出单位。

组织机构

Department Organization

据旧志记载，清代，阆中县、仪陇县、营山县设有修志局。民国时期，阆中县、南部县、仪陇县、南充县、蓬安县曾设修志局或文献委员会等修志机构。

1981年6月，阆中县成立县志编修委员会，下设办公室，在南充率先成立县级修志机构。1983年3月，南充地区地方志编纂工作领导小组及办公室成立。1983年11月，地区行署部署编纂部门（单位）志工作。南充军分区、地委统战部、地区水电局等20余个部门（单位）设立临时修志机构。1984年，南充各县（市、区）成立地方志编纂委员会及办公室，负责领导各地地方志工作。1986年3月，成立中共南充地区地志办支部委员会。1989年，南充地区地方志编纂工作领导小组更名为南充地区地方志编审委员会。南充地区地方志编纂工作领导小组办公室更名为南充地区地方志办公室（简称地区地志办）。是年，南充地区地方志协会成立（简称地区志协）。1993年7月，南充撤地建市，南充地区地方志编审委员会终结。1994年年初，南充地区地方志办公室更名为南充市地方志办公室（简称市地志办），中共南充地区地志办支部委员会更名为中共南充市地志办支部委员会。2012年，市政府对常设议事机构进行规范清理，成立南充市地方志编纂委员会（简称市地方志编委会）。2015年，南充市市级地方志机构1个，县（市、区）地方志机构9个，均为市、县（市、区）政府参照《中华人民共和国公务员法》管理的独立的直属事业单位。

【南充市（地区）地方志工作领导机构】 1983年，南充地区地方志编纂工作领导小组成立。1989年，南充地区地方志编纂工作领导小组更名为南充地区地方志编审委员会。1993年7月，南充撤地建市，南充地区地方志编审委员会终结。1994年，南充市地方志工作重点转向编辑出版地方综合年鉴，成立南充年鉴编辑委员会。2002年7月，市委、市政府决定组织编纂《南充市志》，成立南充市志编纂委员会。2012年，市政府对常设议事机构进行规范清理，撤销“南充市志编纂委员会”和“南充年鉴编辑委员会”，成立“南充市地方志编纂委员会”，为市政府常设议事机构，负责统筹和管理全市地方志工作。2015年，市政府对南充市地方志编纂委员会组成人员进行调整。

南充地区地方志编纂工作领导小组 1983年3月，地委、地区行署研究决定，成立南充地区地方志编纂工作领导小组。地区行署印发《关于成立地区地方志编纂工作领导小组和办事机构的通知》，明确规定地区地方志编纂工作领导小组在地委和地区行署的领导下，统一组织、指导《南充地区简志》和各县（市）志的编纂工作，领导小组下设办公室。地区行署常务副专员郭光杰任领导小组组长，地委办公室副主任陈春华、地区行署办公室副主任陈祥超、地区文化局副局长王化任领导小组副组长，成员单位有地委办公室、地区行署办公室、地委组织部、地委宣传部、地委统战部、地区计委、地区经委、地区科委、地区农工部、地区财贸部、地区文化局、地区档案局。1984年1月，地级机关机构改革，增补地委宣传部副部长郝振书任副组长。1986年1月，增补南充军分区、地区财政局、地区地志办为领导小组成员单位。至1989年3月，地区地方志编纂工作领导小组其他组成人员和成员单位未变。

南充地区地方志编审委员会 1989年3月，南充地区第一轮新修县（市）志和部分地级部门志相继完成初稿，进入审查验收阶段。同时，地区地志办将开展《南充地区简志》编纂工作，地区行署将南充地区地方志编纂工作领导小组更名为南充地区地方志编审委员会。地区行署副专员黄德益任主任，地区政协联络处主任郭光杰、原地区文化局副局长王化任顾问，地委办公室副主任赵开源、地区行署办公室副主任陈祥超、地委宣传部副部长郝振书任副主任。成员单位有南充军分区、地委办公室、地区行署办公室、地委组织部、地委宣传部、地委统战部、地区人大联络处、地委党史办、地区农贸办、

地区经委、地区计委、地区建委、地区教委、地区科委、地区经贸委、地区财政局、地区统计局、地区文化局、地区档案局、地区地志办。1990年3月，经地区行署研究决定，增补地区地志办副主任文崇周为副主任。1990年8月，经地区行署研究决定，增补地委农工委、地委政法委、地区保密局为成员单位。1993年7月，南充地区行政区划调整、南充地区地方志编审委员会终结。

南充年鉴编辑委员会　1994年，南充市地方志工作重点转到编辑出版地方综合年鉴。10月，市政府成立南充年鉴编辑委员会（简称南充年鉴编委会），领导《南充年鉴》编辑、出版、发行等工作。市委书记李正培、市人大常委会主任李慎宽、市政协主席赵培善、原地委书记康咸熙、原省人大南充地区工委主任冯希尧、原省政协南充地区工委副主任郭光杰任顾问，市长向阳任主任，常务副市长杜元耀、副市长王正忠、南充军分区副司令员李伯霖、市委办公厅主任李盛文、市政府办公厅主任杨先才、市政府办公厅副主任兼市地志办主任余善卫任副主任。成员单位有南充军分区、市委办公厅、市人大常委会办公厅、市政府办公厅、市政协办公厅、市委宣传部、市贸易局、市人民银行、市委党史研究室、市计委、市统计局、市农工委、市政法委、市地志办、市教委、市财政局、市建委、市科委、市经贸委。南充年鉴编委会下设南充年鉴编辑部（设在市地志办内）。至2012年12月，南充年鉴编委会组成人员和成员单位随着领导职务变化、单位机构变更自行进行调整。

南充市志编纂委员会　2002年7月，市委、市政府决定组织编纂《南充市志》，成立南充市志编纂委员会。市委书记黄顺福，市人大常委会主任李慎宽，市政协主席蒲显福任顾问；市委副书记、市长杜光辉任主任；市委常委、常务副市长伏文超，市委常委、市委秘书长蒋辅义，市政府秘书长陈自立任副主任；成员单位有市委办公室、市人大常委会办公室、市政府办公室、市政协办公室、市委组织部、市委宣传部、市委统战部、市委政法委、市计委、市财办、市经贸委、市委农工办、市建设局、市科技局、市人民银行、市财政局、市教育局、市统计局、市保密局、市档案局、市地志办。编委会下设南充市志总编室。2008年12月，市政府调整南充市志编纂委员会组成人员，市委书记、市人大常委会主任刘宏建，市政协主席杜光辉，市人大常委会党组书记、常务副主任李志杰任顾问；市委副书记、市长高先海任主任；市委常委、常务副市长向东，市委常委、市委秘书长唐文金，市政府秘书长李小松，市委副秘书长、市委办公室主任沈一凡，市政府副秘书长、市政府办公室主任袁志鸣，市地志办主任夏建平任副主任。成员单位增加了市发改委、市经委、市商务局、市规划和建设局、市文化局、市卫生局，减少了市计委、市财办、市经贸委、市建设局。至2012年12月，南充市志编纂委员会组成人员和成员单位随着领导职务变化、单位机构变更自行进行调整。

南充市地方志编纂委员会　2012年12月，市政府对常设议事机构进行规范清理，撤销“南充市志编纂委员会”和“南充年鉴编辑委员会”，成立“南充市地方志编纂委员会”，为市政府常设议事机构。南充市地方志编纂委员负责制订全市地方志工作规划，组织编纂地方志书和地方综合年鉴，组织开发、利用地方志资源，组织旧志整理和搜集保存地方志文献资料，加强地方志队伍和基础设施建设，协调指导和督促检查全市地方志工作，解决全市地方志事业发展中的困难和问题。市委副书记、市长向东任主任，副市长朱家媛、市政府秘书长沈一凡、市地志办主任夏建平任副主任。成员单位有市委办公室、市人大常委会办公室、市政府办公室、市政协办公室、市委组织部、市委宣传部、市委统战部、市委政法委、市委农办、市国家保密局、市委党史研究室、市民族宗教事务局、市发展改革委、市教育局、市科技和知识产权局、市经济信息化委、市民政局、市财政局、市人力资源和社会保障局、市住房城乡建设局、市交通运输局、市商务粮食局、市文化广播影视体育局、市卫生局、市国资委、市旅游局、市统计局、市金融办、市档案局、市社科联、人行南充市中心支行、市地志办。南充市地方志编纂委员会下设办公室（设在市地志办），市地志办主任夏建平兼任办公室主任，具体负责日常事务工作。2015年8月，市政府对市政府领导担任组长的议事协调机构进行调整规范，市委副书记、市长向东任南充市地方志编纂委员会主任，副市长单木真、市政府秘书长沈一凡任副主任，副市长单木真任执行副主任。至2015年12月，编委会主任、副主任和编委会办公室主任及成员单位未变。

【南充市（地区）地方志工作机构】 1983年3月，南充地区地方志编纂工作领导小组办公室成立。1984年1月，地级机关机构改革，明确南充地区地方志编纂工作领导小组办公室为地区行署常设办事机构，属局级单位。1989年，南充地区地方志编纂工作领导小组办公室更名为南充地区地方志办公室。1993年7月，南充撤地建市。1994年1月，南充地区地方志办公室更名为南充市地方志办公室。1997年7月，市级机构改革，明确市地志办为市政府直属事业单位，正县级。2008年2月，省人事厅印发《关于批准南充市档案局（馆）等5个事业单位参照公务员法管理的通知》，明确市地志办等5个事业单位为参照《中华人民共和国公务员法》管理的事业单位。至2015年12月，市地志办负责主管全市地方志工作，履行组织、指导、督促和检查全市地方志等职能。

南充地区地方志编纂工作领导小组办公室 1983年3月5日，地区行署印发《关于成立地区地方志编纂工作领导小组和办事机构的通知》，成立南充地区地方志编纂工作领导小组办公室，主要职责是：传达和贯彻上级党委和政府对地方志工作的指示，督促、检查、指导各县（市）志和地级各专志的编纂工作，组织和参与各县（市）志和地级各专志的审查工作，搜集、整理地方志各类资料，处理日常行政事务，完成领导小组临时交办的任务。办公室日常工作由地区行署办公室代管，领导小组副组长、地区文化局副局长王化兼任办公室主任，办公地点设在地区行署一院内。地区地方志编纂工作领导小组办公室暂配干部6人，由组织、人事部门从有关部门抽调，1983年从地区文化局抽调干部1名。

1984年1月，地级机关机构改革，地委印发《关于南充地区地方志编纂工作领导小组及办公室领导干部任职的通知》，明确南充地区地方志编纂工作领导小组办公室为地区行署常设办事机构，属局级单位，日常工作由地区行署办公室代管。1月23日，地区行署任命地区行署办公室副主任陈祥超兼任办公室主任，文崇周为办公室副主任（主持工作）。1984年2月，地区地志办、地区人防办、地区军工办3个单位联合组建党小组，隶属中共南充地区行署办公室支部委员会。党小组有中共正式党员9人，地区人防办杜恩峰任组长。地区地志办副主任文崇周任中共南充地区行署办公室支部委员会宣传委员。是年上半年，地区地志办调入干部2名。8月3日，地区编制委员会核定地区地方志编纂工作领导小组办公室事业编制10名。下半年，调入2人。12月，地级机关精减人员，地委、地区行署决定地区地方志编纂工作领导小组办公室核定事业编制8名，减少2名编制数。1985年，调入1人。1986年3月，成立中共南充地区地志办（含军工办、人防办、地名办）支部委员会，隶属中共南充地委直属机关委员会。地区军工办主任匡宁志任书记，地区地志办副主任文崇周任副书记兼纪检委员，地区人防办杜恩峰任组织、保密委员，地区地志办周永兴任宣传、青年委员。1986年6月，地区行署任命吕陌阶为地区地方志编纂工作领导小组办公室副主任。9月，调入1人。至1986年12月，地区地方志编纂工作领导小组办公室有专职人员8人，其中，专职副主任2人，中共党员4人。

1987年10月，南充地区开展修志人员首次专业技术职务评聘工作，参照出版系列评聘技术职称。

1988年12月，地区地方志编纂工作领导小组办公室有8人评聘了专业技术职务，其中，副编审（副高）1人，编辑（中级）4人，经济师1人，助理编辑（初级）1人，档案管理员（初级）1人。至1989年3月，工作机构未变。

南充地区地方志办公室 1989年3月，地区行署117次办公会议讨论决定，南充地区地方志编纂工作领导小组办公室更名为南充地区地方志办公室，主要职责未变，地区行署办公室副主任陈祥超兼任地区地志办主任，文崇周、吕陌阶任地区地志办副主任。1989年12月，地区军工办被撤销，地区地志办和地区人防办、地区无线电管理委员会办公室、地区地名办联合组成支部委员会，地区地志办副主任文崇周任书记。1991年7月，地区机构编制委员会同意，地区地志办设立秘书科、编审科2个中层机构。是月，地区行署任命蔡白坚、周永兴为地区地志办副主任。8月，地区地志办副主任文崇周退休，蔡白坚主持地区地志办工作。12月，中共南充地区地志办（含地区人防办、地区无委办）支部委员会改选，地区地志办副主任蔡白坚任书记。1992年5月，地区行署办公室副主任、地区地志办主任陈祥超离休。1993年7月，南充撤地建市。在新的市级领导机构成立前，原地级各机构的职能职责暂时保留。至1994年1月，工作机构未变。

南充市地方志办公室 1994年1月，市委、市政府同意，原南充地区地级事业机构更名为南充市市级事业机构，南充地区地方志办公室更名为南充市地方志办公室，为市政府事业机构。人员编制、隶属关系、机构规格、中层机构设置、领导职数、经费渠道等不变，主要职责未变。是月，市政府任命市政府办公厅副主任余善卫兼任市地志办主任。2月，市政府任命周永兴、蔡白坚为市地志办副主任，吕陌阶为市地志办副编审，周永兴主持市地志办工作。3月，市地志办不再和市人防办、市无委办、市地名办组成联合支部，中共南充市地志办支部委员会改选，蔡白坚任书记。10月，市政府决定分年度编辑出版《南充年鉴》，在市地志办编审科增挂《南充年鉴》编辑部，负责《南充年鉴》编辑日常工作。至12月，市地志办定编8名，有在职干部6人，工勤人员1人，其中，专职副主任2人。

1997年5月，市政府任命蒲俊锠为市地志办副主任，主持市地志办工作。免去余善卫的市地志办主任、周永兴和蔡白坚的市地志办副主任职务。6月，中共南充市地志办支部委员会改选，市地志办副主任蒲俊锠任书记。7月，市级机构改革，经市机构编制委员会办公室审核，市机构改革领导小组、市机构编制委员会审定，市政府批准印发了《南充市地方志办公室职能配置、内设机构和人员编制方案》。方案明确南充市地方志办公室为市政府直属事业单位，正县级。主要职责是：负责制定南充市地方志工作“九五”计划和2010年远景规划，负责指导市级各部门、各县（市、区）地方志编纂和综合年鉴编辑工作，负责编辑出版《南充年鉴》和有关地情资料书，负责全市地情资料搜集、储存、管理、开发、利用工作，负责为各级政府及社会各界提供地情咨询服务，完成市委、市政府交办的其他工作。内设秘书科、编审科，核定事业编制10人，其中主任1名、副主任1名、科级领导3名。是月，市地志办副编审吕陌阶退休。

1999年5月，市政府任命何进为市地志办副主任（主持工作），免去蒲俊锠的市地志办副主任职务。6月，中共南充市地志办支部委员会改选，市地志办副主任何进任书记。7月，市委同意谢敏堂任市地志办助理调研员。8月，市机构编制委员会同意市地志办增设资料征管科，增配科级领导职数1名。2001年3月，市地志办助理调研员谢敏堂退休。2001年12月，南充市县乡机构改革，经市政府批准，市政府办公室印发了《南充市地方志办公室机构编制方案》，明确南充市地方志办公室是市政府授权主管全市地方志工作的直属事业单位。主要职责是：负责制订全市地方志工作规划、方案并组织实施，代表市政府审定各县（市、区）志和市级各部门志及各类志书，承担《南充市志》组稿、总纂、上报审定、出版、发行工作，承担《南充年鉴》组稿、编辑、审定、出版、发行工作，督促和指导各县（市、区）、市级各部门志书及年鉴的编修工作，收藏、整理、研究、开发地方文献及地情资料，有计划地编辑出版地情资料专辑，为社会各界提供咨询服务，培训全市修志人员，组织经验交流，开展方志理论研究。内设秘书科、编审科（与《南充年鉴》编辑部合署办公）、资料征管科3个职能科室。秘书科负责会议组织、文秘、机要、保密、保卫、接待、目标管理及机关人事、财务、退休人员管理服务工作，负责机关精神文明建设、社会治安综合治理工作，承办党务和群团工作；编审科（南充年鉴编辑部）负责《南充市志》组稿、总纂、出版工作，负责各县（市、区）志、市级部门志编纂及年鉴编辑的业务指导，负责全市修志人员的业务培训；资料征管科负责收集、整理、保藏全市古今各类志书、各类地方文献、市情资料，负责管理各类图书、报刊，负责资料咨询服务工作，负责志书和年鉴的征订、发行工作。核定事业编制7名，其中，主任1名、副主任1名，科级领导职数3名。核定工勤人员编制1名。是月，市政府任命刘刚为市地志办副主任；市委同意蔡白坚、周永兴确认为助理调研员，从2001年12月起提前退休。2002年5月，中共南充市地志办支部委员会改选，市地志办副主任何进连任书记。

2003年2月，市政府任命市政府副秘书长、市政府办公室副主任尹光明兼任市地志办主任。3月，市政府成立南充市志编纂委员会和总编室，市地志办人员均为总编室成员。是月，市地志办印发《关于市地方志办公室主任、副主任分工的通知》，主任尹光明主持市地志办全面工作；副主任何进协助主任负责市地志办日常工作，负责市志编审和地情资料编辑工作；副主任刘刚负责《南充年鉴》编审工作和县（市、区）志业务指导工作。5月，市委同意于明任市地志办助理调研员。2004年6月，市政府免去刘刚的市地志办副主任职务。

2004年7月，市政府任命吴兴中为市地志办主任，免去尹光明的市地志办主任职务。是月，市地志办印发《关于市地方志办公室主任、副主任分工的通知》，主任吴兴中主持市地志办全面工作，负责市志编审和县（市、区）志业务指导工作；副主任何进负责《南充年鉴》编审工作和地情资料编辑工作。10月18日，市地志办办公地点由市政府1号办公院搬迁到市政新区市政府1号楼2楼办公。2008年2月，省人事厅印发《关于批准南充市档案局（馆）等5个事业单位参照公务员法管理的通知》，明确市地志办为参照《中华人民共和国公务员法》管理的事业单位。至2008年6月，市地志办有在编6人，在岗4人(市政府办公室借用1名公务员、1名工勤人员），其中，主任1人，副主任1人，副调研员1人，科长1人。

2008年6月，市政府任命夏建平为市地志办主任，免去吴兴中的市地志办主任职务。8月，市地志办印发《关于办公室领导分工的通知》，主任夏建平主持市地志办全面工作，分管秘书科；副主任何进协助分管《南充年鉴》编辑、地方志资料搜集与保存和地方志开发利用工作，分管资料科；副调研员于明协助分管地方志编纂与审核、地方志指导和旧志整理等工作，分管编审科。2010年，市政府办借用的1名公务员调市政府办公室，市地志办有在编人员5人、在岗4人（市政府办仍借用1名工勤人员），专业人员严重缺乏。2011年6月，市地志办从蓬安县地志办选调了1名专业人员，是市地志办13年来首次选调专业干部。12月，市地志办副主任何进提任调研员职务。2012年至2014年，市地志办连续3年在全市公开遴选专业人员，每年1人，共公开遴选了3名专业人员。2014年2月，市政府任命朱和晏为市地志办副主任。3月，市地志办印发《关于办公室领导分工的通知》，主任夏建平主持市地志办全面工作，分管编审科；副主任朱和晏协助分管《南充年鉴》编辑、地方志资源开发利用、地方志资料搜集与保存、人事财务等工作，分管秘书科、资料科。是月，市地志办副调研员于明退休。5月，市地志办对主要职责进行了完善调整，完善调整后的主要职责是，贯彻执行国家、省有关地方志工作的法律、法规；制定全市地方志事业中长期发展规划；组织、指导、督促和检查全市地方志工作；组织和指导全市地方志书、地方综合年鉴及相关地情文献资料编纂工作；按市政府授权，审查验收全市各类地方志书；收集、整理、保存全市地方志文献及相关地情文献资料，组织开发利用地方志资源；组织开展全市地方志队伍业务培训，推动方志理论研究；完成市委、市政府交办的其他工作。2015年12月，市地志办有在编在岗公务员7人，其中，主任1人、副主任1人、调研员1人、科长3人、科员1人。在编在岗工勤人员1人。

南充市（地区）地方志办公室历任领导人员一览表

（1983年至2015年）

职务	姓　名	籍　贯	任职起止时间	备　注
主任	王　化	营山县	1983.3—1984.1	地区文化局副局长兼任
	陈祥超	岳池县	1984.1—1992.5	地区行署办副主任兼任
	余善卫	顺庆区	1994.1—1997.5	市政府办副主任兼任
	尹光明	嘉陵区	2003.2—2004.7	市政府副秘书长、市政府办副主任兼任
	吴兴中	嘉陵区	2004.7—2008.6	2008.6 调离
	夏建平	蓬安县	2008.6—	
副主任	文崇周	嘉陵区	1984.1—1991.8	主持工作
	吕陌阶	蓬安县	1986.6—1994.2	1994.2—1997.7 任副编审
	蔡白坚	岳池县	1991.7—1997.5	1991.8—1994.2 主持工作
	周永兴	嘉陵区	1991.7—1997.5	1994.2—1997.5 主持工作
	蒲俊錩	嘉陵区	1997.5—1999.5	主持工作
	何　进	嘉陵区	1999.5—2011.12	1999.5—2004.7 主持工作，2011.12 提任调研员
	刘　刚	顺庆区	2001.12—2004.6	2004.6 调离
	朱和晏	嘉陵区	2014.2—	

【县（市、区）地方志工作机构】 明代及以前，南充地方志工作机构设置情况没有记载。清道光三十年（1850年）冬，阆中县设修志局。清同治九年（1870年），仪陇县、营山县设修志局。民国9年（1920年），南充县设修志处。民国14年（1925年）8月，南部县设续修县志局。民国16年（1927年），蓬安县设修志局。

中华人民共和国成立后，1956年，国务院制订《十二年哲学社会科学规划方案》，修志被列入议程。1959年年初，省人民委员会要求各地开展修志工作。南充所辖各县（市）由县（市）委办公室或县政协、县人民委员会办公室组织编写各县（市）地方志略。地方志略内容较简。是年年底，地方志略铅印或油印成书之后，修志工作中断。1981年1月，阆中县成立史志办公室。6月，成立阆中县志编修委员会，下设办公室，在南充率先成立县级修志机构。至1984年，南充各县（市）先后都成立了地方志编纂委员会，下设办公室，负责各县（市）地方志编纂工作。1993年7月，南充撤地建市。至1995年，新设的顺庆区、高坪区、嘉陵区先后成立地方志工作机构。2015年12月，南充市9个县（市、区）地志办均为参照公务员法管理、独立的政府直属事业单位。9个县（市、区）地志办定编45人，在编38人。

顺庆区地方志工作机构　1950年3月，川北区委批准成立南充市，为川北区直辖市（专区级市）。1952年9月，川北区被撤销，南充市改属四川省。1953年，南充市降格为县级市，改属南充专区。1983年8月，南充市（县级）政府印发《南充市人民政府关于成立市地方志编纂委员会和办事机构的通知》，成立南充市（县级）地方志编纂委员会，下设办公室，蒲吉堂兼任主任，冯秉杰、刘绍光为副主任，暂配干部3人，由组织、人事部门抽调。办公地点设在市政府办公大楼内。1985年12月，市委、市政府确定南充市（县级）地方志编纂委员会办公室为市政府直属常设行政性事业机构，编制7人，其中主任1人、副主任2人。设《南充市志》主编1人，由主任兼，副主编1人（后增为3人）。1986年6月，冯成忠任市地志办主任。至1993年7月，南充市（县级）地志办有工作人员6人，其中主任1人，副主任1人；副高职称1人，中级职称3人，初级职称2人。

1993年7月，南充地区行政区划调整，撤销南充地区、南充市（县级）、南充县，建立地级南充市和顺庆区、高坪区、嘉陵区。顺庆区机构、单位承接原南充市（县级）机构、单位。12月，南充市（县级）地方志编纂委员会办公室更名为南充市顺庆区地方志办公室，冯成忠任主任。1994年11月，冯成忠离任，谢模建任主任。1995年7月，区地志办定为正科级单位。1997年12月，顺庆区机构编制委员会印发《南充市顺庆区地方志办公室机构编制方案》，区地志办定编制5名（事业），其中领导职数1名。2001年机构改革，单位性质编制未变。2003年，冯瑛（女）任副主任。2005年，谢模建离任，冯瑛（女）任主任。2010年9月19日，顺庆区人事局印发《关于冯瑛等5位同志参照公务员法管理登记的通知》，同意区地志办5位同志参照公务员法管理。2012年6月，冯先波任纪检组长。2015年12月，顺庆区地志办核定编制5名，有在岗人员5人。其中，主任1人，纪检组长1人。

高坪区地方志工作机构　清嘉庆十七年（1812年），南充县知县袁凤荪组织同僚、学士38人收集资料，编纂县志。民国9年（1920年），南充县设置修志处，组织修志工作。

中华人民共和国成立后，1959年年初，在中共南充县委办公室内设修志临时办公室。是年，编纂的《南充县地方志略》（油印稿）成书之后，修志工作停止。1982年12月，南充县成立县志编纂筹备组，由县政协代管，办公地点设在县政协文史组。1983年3月，修志工作移交县政府，正式调配干部2人。9月，南充县志编纂委员会办公室成立。1985年1月，吕宗荣任副主任（主持工作）。11月20日，杜丹平任副主任。12月，吕宗荣离任，副主任杜丹平主持工作。1986年4月，萧洪建任主任。1988年5月，县机构编制委员会办公室确定县地志办为事业单位，定编6名。1991年1月，张大良任县地志办副主任。5月，杜丹平离任。8月，张大良离任。1993年7月，李茂春任县地志办副主任，9月，李茂春离任。

1993年7月，南充地区行政区划调整，撤销南充地区、南充市（县级）、南充县，建立地级南充市和顺庆区、高坪区、嘉陵区。高坪区机构、单位承接原南充县机构、单位。1993年8月，萧洪建离任。12月，高坪区机构编制委员会印发《关于区级党政群机关及其他有关机构设置的通知》，撤销南充县志编纂委员会办公室、南充县档案局、南充县党史研究室，成立南充市高坪区档案史志局，为区政府直属正科级事业单位，局长赵祚坤，副局长杜昌先。内设办公室、指导股、馆务股、地方志股、党史研究股。1994年3月，赵祚坤离任。7月，杜昌先任局长。9月，黄海任副局长。1997年4月，区委、区政府印发《关于南充市高坪区党政机构改革方案实施意见》中，撤销高坪区档案史志局，设立高坪区地方志编纂委员会办公室，为副科级事业单位，由区政府办公室管理。杜昌先、黄海分流到高坪区档案局。8月，彭秀权任区地志办主任。9月，杨秀珍（女）任区地志办副主任。1998年10月，高坪区机构编制委员会明确区地志办为正科级事业单位，定编3名。2002年1月，彭秀权离任，曾冬清任区地志办主任。12月，杨秀珍退休。2003年3月，王平任区地志办副主任。2009年5月，南充市实施公务员法领导小组明确高坪区地志办为参照公务员法管理事业单位。2012年2月，曾冬清离任，唐文雄任区地志办主任。2013年5月，王平离任，姚馨任区地志办副主任。2015年12月，高坪区地志办核定编制3名，在岗人员3人。其中，主任1人，副主任1人。

嘉陵区地方志工作机构　1993年7月，南充地区行政区划调整，划出南充市（县级）、南充县部分乡镇，设立嘉陵区。1995年10月，嘉陵区地志办成立，为正科级事业单位。区政府办公室副主任任静海兼任区地志办主任，王重贵任区地志办副主任（主持工作）。1996年6月，《嘉陵年鉴》编辑委员会成立，设年鉴编辑部，与区地志办合署办公。1998年4月，任静海离任，严延贵任区地志办主任。2003年3月，嘉陵区志编纂委员会成立。2005年6月，严延贵离任（保留正科级）。7月，蒲彬任区地志办副主任。8月，区政府办公室副主任赵平兼任区地志办主任。2006年3月，曹义辉任区地志办主任。赵平、蒲彬离任。9月，曹义辉离任，区政府办公室副主任何吉人兼任区地志办主任。2007年3月，何毅任区地志办副主任。2010年3月，何吉人离任，副主任何毅主持工作。12月，何毅任区地志办主任。是月，区人事劳动和社会保障局同意何毅、严延贵、何理文为参照公务员法管理的工作人员。2012年4月，何毅离任。2013年6月，吴唯（女）任区地志办主任，11月离任。2014年1月，文海燕（女）任区地志办主任。2015年12月，嘉陵区地志办核定编制3名，在岗人员2人。其中，主任1人。另外，长期聘用1人。

阆中市地方志工作机构　清道光三十年（1850年）冬，阆中县设立修志局，专门从事《阆中县志》的编修工作。民国24年（1935年），成立阆中县文献委员会，有委员48人，做“保存、研究、流传”3项工作。民国37年（1948年），阆中县设立文献委员会，编修《阆中县志稿》。

中华人民共和国成立后，1958年，阆中县政协编印《阆中地方志略》。1959年，阆中县政协设文史资料委员会，编纂的《阆中县并地方志略》铅印成书后，修志工作停止。1980年12月，中共阆中县委、县政府决定新修《阆中县志》，以政协文史资料委员会牵头组建修志班子。1981年1月，县政协文史资料委员会与党史办联合组建县史志办公室。6月，成立阆中县志编修委员会，下设办公室，为非常设机构，办公室设在县政协，县委统战部部长侯泽周兼任县地志办主任。1984年3月，阆中县志编修委员会办公室从县政协内非常设机构转为县政府常设机构，为正科级事业单位。县政协副主席侯泽周兼任县地志办主任。6月，戚显宗任县地志办副主任。7月，县机构编制委员会下达人员编制，开始选调人员到县地志办工作。1987年9月，县地志办定编4名。1989年9月，刘元义任县地志办主任，侯泽周、戚显中离任。12月，成立阆中县志总编室，戴哲民为主编，杨林由为特约主编。1990年1月，阆中县志编修委员会更名为阆中县地方志编纂委员会，阆中县志编纂委员会办公室更名为阆中县人民政府县志办公室，办公室定编7名。1991年4月，阆中撤县建市，阆中县人民政府县志办公室更名为阆中市人民政府地方志办公室。1992年1月，市地志办增加事业编制2人。1993年5月，阆中市编制委员会同意市地志办内设人秘股、编辑股，股级领导职数按每股1人配备。7月，王国成任市地志办副主任。1994年11月，刘元义离任，副主任王国成主持工作。1996年6月，市级机构改革，市地志办定编7人。1997年6月，机构改革清理机构时，撤销阆中市地方志编纂委员会，市地志办定为正科级事业单位，归口市政府办公室管理。7月，王国成任市地志办主任。1999年3月，闵清珍任市地志办副主任。2001年7月，成立《阆中年鉴》编辑委员会，下设《阆中年鉴》编辑部，与市地志办合署办公。2003年3月，杨朝志任市地志办主任。王国成、闵清珍离任（王国成保留正科级、闵清珍享受正科级非领导职务生活待遇）。2005年4月，阆中市成立阆中市志编纂委员会。2012年10月，胡涛任市地志办副主任。2013年4月，撤销阆中市志编纂委员会和阆中年鉴编辑委员会，成立阆中市地方志编纂委员会，为市政府常设议事协调机构，负责统筹和管理全市地方志工作。编纂委员会下设办公室，与市地志办合署办公，杨朝志兼办公室主任，负责编纂委员会日常工作。2015年12月，阆中市地志办核定编制6名，内设人秘科、编辑科，在岗5人。其中，主任1人，副主任1人。

南部县地方志工作机构 民国14年（1925年）8月，南部县成立续修县志局。一年后因人力物力不济，修志半途而废。民国32年（1943年），成立编修县志委员会，但修志迟迟未能进行。民国33年（1944年），南部县成立编修县志委员会。民国38年（1949年）5月，成立县志委员会，此时已临近解放，修志无果。

中华人民共和国成立后，1959年年初，南部县人民委员会组织编纂的《南部县地方志略》油印成书之后，修志工作停止。1982年3月，南部县筹备编纂县志，成立了县志编纂筹备委员会。1985年3月，南部县志编纂委员会成立，下设办公室，史今律任县地志办副主任（主持工作）。8月，陈开云任县地志办主任（挂职）。1993年2月，第一轮《南部县志》通过评审后，县地志办被撤销，在县政府办设县志科（对外挂县地志办牌子），人员合并到县政府办。陈开云、史今律离任。1993年8月，县政府办公室副主任杨大伟兼任县志办主任。1996年4月，撤销县政府办县志科，恢复成立南部县人民政府县志办公室。1997年4月，曾海清任县地志办主任，杨大伟离任。2002年2月，曾海清离任。2003年2月，县政府办公室副主任梁德华兼任县志办主任。2004年10月，罗君任县志办副主任（主持工作），梁德华离任。2004年12月，成立南部县志编纂委员会，并调整充实了县志办工作人员。2005年11月，县机构编制委员会同意县志办设置综合股。2008年4月，南部县人民政府县志办公室更名为南部县地方志办公室。7月，罗君任县地志办主任。2010年1月，罗俊锋任县地志办副主任。2012年3月，史小龙任县地志办副主任，罗俊锋离任。2013年8月，宋全举任县地志办副主任。2015年12月，南部县地志办核定编制5名，在岗3人。其中，主任1人，副主任2人，长期借用1人。

西充县地方志工作机构 中华人民共和国成立后，1959年年初，西充县人民委员会办公室组织编纂《西充县地方志略》。《西充县地方志略》油印成书之后，修志工作停止。1983年4月，西充县志编纂委员会成立，下设办公室。办公室内设有编辑组，具体负责《西充县志》编纂工作。县政府办公室主任赵良杰兼任县地志办主任，县文教局副局长李质彬、县文化馆馆长杨中杰兼任县地志办副主任。1984年4月，西充县志编纂委员会办公室定为县政府常设办事机构，属科级单位。县政府办公室主任赵良杰兼任县地志办主任，李汝昭任县地志办副主任。6月，李质彬、杨中杰离任。1985年5月，李仲华任县地志办副主任（1991年12月至1993年5月主持工作）。1991年12月，赵良杰、李汝昭离任。1993年5月，李仲华任县地志办主任。1997年8月，县机构改革，西充县志编纂委员会办公室更名为西充县人民政府地方志办公室，为县人民政府直属事业单位。1998年2月，经县人民政府批准，县地志办核定事业编制6名，其中主任1名，副主任1名。2001年，县机构改革，县地志办仍为县政府主管全县地方志工作的直属事业单位。12月，高宏义任县地志办主任，赵文宝任县地志办副主任，李仲华离任。2002年3月，县机构编制委员核定县地志办事业编制4名。是月，县机构编制委员会批准县地志办设编审股，增加股级领导职数1名。2005年9月，李聪任县地志办主任，高宏义离任。2007年4月，张正鸿任县地志办

副主任。2009年2月，何宇元任县地志办副主任（主持工作），李聪离任。2010年，县地志办被批准为参照公务员法管理的事业单位。2011年7月，何宇元离任，副主任张正鸿主持工作。12月，王昌良任县地志办副主任（主持工作）。2012年5月，王昌良任县地志办主任。2014年2月，张正鸿离任。2015年12月，西充县地志办核定编制4名，在岗6人。其中，主任1人。另外，长期聘用2人。

仪陇县地方志工作机构　清同治九年（1870年），仪陇县设有修志局。民国17年（1928年）8月，仪陇县成立修志局，编修《仪陇县志》。

中华人民共和国成立后，1959年年初，仪陇县人民委员会办公室组织编纂《仪陇县地方志略》。《仪陇县地方志略》油印成书之后，修志工作中断。1983年5月，仪陇县启动第一轮修志工作，成立仪陇县县志编纂委员会，下设办公室，县委办公室副主任李传元兼任县地志办主任，李蚊蛟、刘增耀任县地志办副主任，县政协副主席康文静任主编。1983年11月，李传元离任。1984年1月，仪陇县委、县政府加强了修志领导班子建设，调整充实了修志队伍。县政协主席、县志编委会副主任任俊杰兼任县地志办主任，刘增耀、李蚊蛟任县地志办副主任。从乡镇企业局、商业局等单位抽调5人，聘请5人到县地志办公室工作。1988年11月，任俊杰兼任主编。1989年，县地志办核定编制4人（行政管理人员1人，专业技术人员3人）。1991年1月，刘增耀任县地志办主任，任俊杰离任。1993年3月，刘增耀离任。9月，县政府办公室副主任刘良国兼任县地志办主任。1997年，县机构改革，保留仪陇县志编纂委员会办公室，编制未变。1999年9月，县政府办公室副主任何仕刚兼任县地志办主任，刘良国离任。2001年5月，饶军任县地志办副主任。2001年12月，县机构改革，县委、县政府印发的《关于仪陇县县级党政群机关机构改革方案的实施意见》明确规定"粮食局、旅游局、档案局、农机局、县供销社、蚕桑局、县志办等8个单位为县政府直属事业机构，参照党政群机关进行机构改革"。是月，伍正荣任县地志办主任，何仕刚、饶军离任。2002年1月，县级党政机关机构改革，县机构编制委员会核定县地志办事业编制2名，其中领导职数1名。9月，仪陇县志编纂委员会成立。县地志办主任伍正荣任县志编辑部主任、县志执行主编。2009年3月，县政府办公室副主任王轩兼任县地志办主任，伍正荣离任（保留正科级）。2013年11月，县政府办公室副主任何欣兼任县地志办主任，王轩离任。2014年11月，县政府办公室副主任杨全兼任县地志办主任，何欣离任。2015年12月，仪陇县地志办核定编制3名，在岗3人。其中，主任1人。

营山县地方志工作机构　清同治九年（1870年）春，营山县在县署右侧的考棚设修志局，从事县志编修。民国30年（1941年）3月，营山县成立文献委员会，负责收集资料、编修县志。

中华人民共和国成立后，1959年年初，营山县人民委员会办公室组织编纂的《营山县地方志略》成书之后，修志工作停止。1983年1月，营山县县志编纂委员会成立，下设办公室，县委办公室主任郭东祥兼任县地志办主任，县政府办公室副主任何政、县教研室主任李定国兼任县地志办副主任，办公室设在县政府大院内。12月，胡金玉（女）任县地志办副主任。1984年4月，县政府办公室副主任何政兼任县地志办主任，郭东祥离任。1989年12月，何政离任。1990年6月，李定国离任。1990年12月，胡洪春任县地志办副主任（主持工作），胡金玉（女）离任。1991年3月，龚祖培任县地志办副主任（省地方志编委会下派）。5月，营山县县志编纂委员会办公室更名为营山县地方志办公室，为县政府常设一级事业机构。12月，龚祖培离任。1993年8月，胡洪春任县地志办主任。1995年11月，龙占友任县地志办副主任。1997年4月，县政府办公室副主任梁柏清兼任县地志办主任，胡洪春离任。1999年8月，梁柏清离任。1999年11月，县政府办公室副主任胡绍雄兼任县地志办主任，龙占友离任。2001年12月，省政府确定营山县为四川省第二轮续修县志试点县。是月，县政府办公室副主任吴全兴兼任县地志办主任，胡绍雄离任。2002年4月，县政府成立续编营山县志编纂委员会。2002年12月，吴全兴离任。2003年4月，县政府办公室主任胡绍雄兼任县地志办主任。6月，萧志成任县地志办副主任。2005年12月，胡绍雄离任。2006年12月，县政府办公室副主任任晓春兼任县地志办主任。2007年12月，任晓春离任，副主任萧志成主持工作。2010年9月，县地志办定为参照公务员法管理事业单位。2010年12月，县政府办公室副主任陈燕辉兼任县地志办主任。2012年12月，段红卫任县地志办主任，陈燕辉离任。2014年5月，李芳（女）任县地志办副主任。2015年，营山县地志办定编5人，在岗4人。其中，主任1人，副主任1人。另外，长期聘用1人。

蓬安县地方志工作机构　民国16年（1927年），蓬安县设立修志局。民国26年（1937年），成立蓬安县文献委员会。民国31年（1942年）4月，蓬安县成立续修县志局。

中华人民共和国成立后，1959年年初，蓬安县人民委员会办公室组织编纂《蓬安县地方志略》。《蓬安县地方志略》油印成书后，修志工作停止。1984年5月，成立蓬安县志编纂委员会，下设办公室，为县政府常设机构。县政府办公室主任何宗泽兼任县地志办主任，陈应济、蒋明善任县地志办副主任，在全县抽调6名人员任县志主编、副主编。1990年3月，何宗泽离任。4月，县政府办公室主任余九龄兼任县地志办主任。12月，陈应济离任。1991年10月，县政府办公室主任梁中凡兼任县地志办主任，余九龄离任。1995年8月，县地志办明确为县政府直属事业单位，核编5人。1997年5月，蒋明善离任。1998年1月，梁中凡离任。6月，县政府办公室副主任唐明兼任县地志办主任，欧维尧任县地志办副主任。2002年2月，欧维尧离任。2003年2月，县政府办公室副主任唐桥林兼任县地志办主任，唐明离任。2006年7月，唐桥林离任。9月，县政府办公室副主任刘林兼任县地志办主任、县政府办公室彭桂林兼任县地志办副主任。2007年8月，县地志办增加事业编制3名。12月，刘林离任。2008年4月，县政府办公室副主任刘青（女）兼任县地志办主任。是年，县编委办核定县地志办为县政府直属事业单位，定编11人。2010年7月，经批准为参照公务员法管理事业单位，核定编制11人，领导职数为正科级1人、副科级1人。9月，石小辉任县地志办副主任，彭桂林离任。2011年5月，县地志办领导职数按1正2副配备。2012年2月，石小辉离任。11月，唐忠辉、王勇任县地志办副主任。2015年12月，蓬安县地志办定编11人，在岗8人。其中，主任1人，副主任2人。另外，长期聘用1人。

县（市、区）地方志办公室历任领导人一览表

（1981年至2015年）

单位	姓名	性别	职务	任职起止时间	备注
顺庆区地志办	蒲吉堂	男	主　任	1983.8—1986.6	政府办副主任兼任
	冯成忠	男	主　任	1986.6—1994.11	—
	谢模建	男	主　任	1994.11—2005.12	—
	冯　瑛	女	主　任	2005.12 —	—
	冯秉杰	男	副主任	1983.8—1992.5	—
	刘绍光	男	副主任	1983.8—1996.8	—
	冯　瑛	女	副主任	2003.12—2005.12	—
	冯先波	男	纪检组长	2012.6 —	—

续表

单位	姓名	性别	职务	任职起止时间	备注
高坪区地志办	萧洪建	男	主　任	1986.4—1993.8	—
	赵祚坤	男	局　长	1993.12—1994.3	高坪区档案史志局
	杜昌先	男	局　长	1994.7—1997.4	高坪区档案史志局
	彭秀权	男	主　任	1997.8—2002.1	—
	曾冬清	男	主　任	2002.1—2012.2	—
	唐文雄	男	主　任	2012.2—	—
	吕宗荣	男	副主任	1985.1—1985.12	主持工作
	杜丹平	男	副主任	1985.11—1991.5	1985.12—1986.4 主持工作
	张大良	男	副主任	1991.1—1991.8	未到职
	李茂春	男	副主任	1993.7—1993.9	未到职
	杜昌先	男	副局长	1993.12—1994.7	高坪区档案史志局
	黄　海	男	副局长	1994.9—1997.4	高坪区档案史志局
	杨秀珍	女	副主任	1997.9—2002.12	—
	王　平	男	副主任	2003.3—2013.5	—
	姚　馨	男	副主任	2013.5—	—
嘉陵区地志办	任静海	男	主　任	1995.10—1998.4	区政府办副主任兼任
	严延贵	男	主　任	1998.4—2005.6	—
	赵　平	男	主　任	2005.8—2006.3	区政府办副主任兼任
	曹义辉	男	主　任	2006.3—2006.9	—
	何吉人	男	主　任	2006.9—2010.3	区政府办副主任兼任
	何　毅	男	主　任	2010.12—2012.4	—
	吴　唯	女	主　任	2013.6—2013.11	—
	文海燕	女	主　任	2014.1—	—
	王重贵	男	副主任	1995.10—1998.4	主持工作
	蒲　彬	男	副主任	2005.7—2006.3	—
	何　毅	男	副主任	2007.3—2010.12	2010.3—2010.12 主持工作
阆中市地志办	侯泽周	男	主　任	1981.6—1989.9	县政协副主席兼任
	刘元义	男	主　任	1989.9—1994.11	—
	王国成	男	主　任	1997.7—2003.3	—
	杨朝志	男	主　任	2003.3—	—
	戚显宗	男	副主任	1984.6—1989.9	—
	王国成	男	副主任	1993.7—1997.7	1994.11—1997.7 主持工作
	闵清珍	女	副主任	1999.3—2003.3	—
	胡　涛	男	副主任	2012.10—	—

续表

单位	姓名	性别	职务	任职起止时间	备注
南部县地志办	陈开云	男	主　任	1985.8—1993.2	挂职
	杨大伟	男	主　任	1993.8—1997.4	县政府办副主任兼任
	曾海清	男	主　任	1997.4—2002.2	—
	梁德华	男	主　任	2003.2—2004.10	县政府办副主任兼任
	罗　君	女	主　任	2008.7—	—
	史今律	男	副主任	1985.3—1993.2	主持工作
	罗　君	女	副主任	2004.10—2008.7	主持工作
	罗俊峰	男	副主任	2010.1—2012.3	—
	史小龙	男	副主任	2012.3—	—
	宋全举	男	副主任	2013.8—	—
西充县地志办	赵良杰	男	主　任	1983.4—1991.12	县政府办主任兼任
	李仲华	男	主　任	1993.5—2001.12	—
	高宏义	男	主　任	2001.12—2005.9	—
	李　聪	男	主　任	2005.9—2009.2	—
	王昌良	男	主　任	2012.5—	—
	李质彬	男	副主任	1983.4—1984.6	县文教局副局长兼任
	杨中杰	男	副主任	1983.4—1984.6	县文化馆馆长兼任
	李汝昭	男	副主任	1984.4—1991.12	—
	李仲华	男	副主任	1985.5—1993.5	1991.12—1993.5 主持工作
	赵文宝	男	副主任	2001.12—2005.9	—
	张正鸿	男	副主任	2007.4—2014.2	2011.7—2011.12 主持工作
	何宇元	男	副主任	2009.2—2011.7	主持工作
	王昌良	男	副主任	2011.12—2012.5	主持工作
仪陇县地志办	李传元	男	主　任	1983.5—1983.11	县委办副主任兼任
	任俊杰	男	主　任	1984.1—1991.1	县政协主席兼任
	刘增耀	男	主　任	1991.1—1993.3	—
	刘良国	男	主　任	1993.9—1999.9	县政府办副主任兼任
	何仕刚	男	主　任	1999.9—2001.12	县政府办副主任兼任
	伍正荣	男	主　任	2001.12—2009.3	—
	王　轩	男	主　任	2009.3—2013.11	县政府办副主任兼任
	何　欣	男	主　任	2013.11—2014.11	县政府办副主任兼任
	杨　全	男	主　任	2014.11—	县政府办副主任兼任
	李蛟蛟	男	副主任	1983.5—1985.5	县文物管理所所长兼任
	刘增耀	男	副主任	1983.5—1991.1	—
	饶　军	男	副主任	2001.5—2001.12	—

续表

单位	姓名	性别	职务	任职起止时间	备注
营山县地志办	郭东祥	男	主　任	1983.1—1984.4	县委办主任兼任
	何　政	男	主　任	1984.4—1989.12	县政府办副主任兼任
	胡洪春	男	主　任	1993.8—1997.4	—
	梁柏清	男	主　任	1997.4—1999.8	县政府办副主任兼任
	胡绍雄	男	主　任 主　任	1999.11—2001.12 2003.4—2005.12	县政府办副主任兼任 县政府办主任兼任
	吴全兴	男	主　任	2001.12—2002.12	县政府办副主任兼任
	任晓春	男	主　任	2006.12—2007.12	县政府办副主任兼任
	陈燕辉	男	主　任	2010.12—2012.12	县政府办副主任兼任
	段红卫	男	主　任	2012.12—	—
	何　政	男	副主任	1983.1—1984.3	县政府办副主任兼任
	李定国	男	副主任	1983.1—1990.6	县教研室主任兼任
	胡金玉	女	副主任	1983.12—1990.12	—
	胡洪春	男	副主任	1990.12—1993.7	主持工作
	龚祖培	男	副主任	1991.3—1991.12	省地方志编委会下派
	龙占友	男	副主任	1995.11—1999.11	—
	萧志成	男	副主任	2003.6—	2007.12—2010.12 主持工作
	李　芳	女	副主任	2014.5—	—
蓬安县地志办	何宗泽	男	主　任	1984.5—1990.3	县政府办主任兼任
	余九龄	男	主　任	1990.4—1991.10	县政府办主任兼任
	梁中凡	男	主　任	1991.10—1998.1	县政府办主任兼任
	唐　明	男	主　任	1998.6—2003.2	县政府办副主任兼任
	唐乔林	男	主　任	2003.2—2006.7	县政府办副主任兼任
	刘　林	男	主　任	2006.9—2007.12	县政府办副主任兼任
	刘　青	女	主　任	2008.4—	县政府办副主任兼任
	陈应济	男	副主任	1984.5—1990.12	—
	蒋明善	男	副主任	1984.5—1997.5	—
	欧维尧	男	副主任	1998.6—2002.2	—
	彭桂林	男	副主任	2006.9—2010.9	—
	石晓辉	男	副主任	2010.9—2012.2	—
	唐忠辉	男	副主任	2012.11—	—
	王　勇	男	副主任	2012.11—	—

【市（地区）级部门（单位）地方志工作机构】 1983年，南充开展第一轮志书编纂工作。由于地区不编纂地区志书，地区行署要求地级各部门（单位）编纂部门（单位）志书。

1983年11月，地区行署常务副专员郭光杰主持召开地级各部门（单位）负责人会议，部署编纂部门（单位）志工作。会后，地区53个地级部门（单位）中，南充军分区、地委统战部、地区水电局、林业局、交通局、档案局、粮食局、二轻局、文化局、工业局、农业局、商业局、卫生局、农贸办、广播局、邮电局、科委、茧丝绸公司、人民银行、建设银行、农业银行、蚕桑学校、南充炼油厂等部门（单位）把修志工作列为党委（党组）议事日程，成立部门（单位）修志领导小组，增设修志办公室，配备干部，解决办公条件，开展地级部门志（行业志、专业志、厂矿志、校志）编修工作。至2002年，地级33个部门（单位）行业志、部门志先后编纂出版后，增设的常设或临时修志办公室陆续撤销。

2002年，市委、市政府决定编纂《南充市志》。2003年，南充市志编纂委员会印发《〈南充市志〉编纂方案》，方案中对市志编纂进行明确分工。市级200多个部门（单位）承担市志撰稿任务，每个部门（单位）都成立了修志领导小组，落实修志工作分管领导，增设修志办公室，抽调或聘请人员撰写志稿。至2008年12月，《南充市志》稿完成通纂后，市级部分部门（单位）设立的修志办公室撤销。2009年至2015年，南充军分区、市政协、市人民检察院、市国税局、市地税局、市财政局、市司法局、市残联、市体育局、市教育局、市交通局、市文化局、市民政局、民盟南充市委等部门（单位）在完成市志撰稿任务后，庚即组织编纂部门志或行业志，在部门志书或行业志书先后出版后，部门（单位）设立的修志工作机构陆续被撤销。2015年12月，市级部门（单位）没有常设的地方志工作机构。

【地方志（史志）协会】 20世纪80年代，南充贯彻落实《全国省、自治区、直辖市地方志协（学）会会议纪要》关于“修志需要两支队伍，两条腿走路，一支是专业队伍，即各级志办，一支是不占编制的研究队伍，即地方志协（学）会”“希望有条件的地、市都要把地方志协（学）会建立起来”的精神，先后成立了南充地区地方志协会和营山、西充、阆中3个县级地方志（史志）协会。1992年，南充各县（市）第一轮修志任务完成后，工作重点转移，协会人员变化多，未进行换届，活动逐渐停止，营山、西充、阆中3县（市）地方志（史志）协会先后被民政部门注销。至2015年，南充仅存南充市地方志协会。

南充市（地区）地方志协会 1987年12月，地区地志办开始筹备成立南充地区地方志协会（以下简称地区志协），草拟协会章程（草案），协商推举筹备组成员，向地委宣传部、地区科协报送成立地区志协筹备组报告。1989年1月至3月，地区地志办先后召开2次地区志协筹备组会议和各县（市）地志办主任会、地级部门修志人员会议，具体讨论成立地区志协的有关事宜，要求各县（市）地方志办和地级各部门发展协会会员，推荐理事候选人，讨论章程（草案）。4月1日，地区地方志编审委员会听取地区地志办关于地区志协筹备工作汇报，同意就成立地区志协一事正式行文报告地区社科联。4月11日，地区社科联批复同意地区志协成立。1989年4月18日，地区志协成立大会召开，地、县（市）领导及专家学者160余人参加成立大会。大会由地委办公室副主任、地区地方志编审委员会副主任赵开源主持，地委宣传部副部长、地区社科联副主席彭书宣读地区社科联《关于成立南充地区地方志协会的批复》，大会通过《南充地区地方志协会章程》，选举产生地区志协第一届理事会理事、常务理事。第一届地区志协有团体会员5个，会员975人。在会员代表大会上，李世德、黄德益、陈文、徐应江被推选

为名誉会长，聘请李耀仙、刘传煜、李煜生、王化为顾问。选举产生理事67人、常务理事23人。在第一次常务理事会上，地区行署常务副专员郭光杰当选为会长，地委宣传部副部长郝振书，地区行署办公室副主任、地区地志办主任陈祥超，地委办公室副主任、地区党史办主任陈春华，地区地志办副主任文崇周、吕陌阶当选为副会长，蔡白坚当选为秘书长，周永兴当选为副秘书长。南充地区地方志协会挂靠在地区地志办。根据工作需要，地区志协设立学术委员会和组织委员会。地区志协的主要任务是：立足并服务于南充新方志编纂实践，开展方志理论研究，推动方志事业发展。1989年至1990年年初，地区志协按照地区社科联规定，对全体会员统一造册登记、编号并发证。1991年3月，在地区志协第一届第二次常务理事会上，吸收25名新会员，地区志协会员达到1000人。是年，地区志协被地区社科联评为先进协会。

1993年7月，南充撤地建市。1994年1月，南充地区地方志协会更名为南充市地方志协会。2005年6月8日，南充市地方志协会召开理事会进行换届选举，市地志办主任吴兴中当选为理事长，市地志办副主任何进、西华师大教授龙显昭、市地志办副调研员于明当选为副理事长，于明兼秘书长，李翠当选为副秘书长。吴兴中、何进、龙显昭、于明、杨郦冰、李翠、冯瑛、曾冬清、严延贵、赵文宝、罗君、杨朝志、伍正荣、唐桥林、萧志成当选为常务理事。2008年10月8日，南充市地方志协会召开理事会进行换届选举，市志办主任夏建平当选为会长，市地志办副主任何进、西华师大教授龙显昭、市地志办副调研员于明当选为副会长，于明兼秘书长，李翠当选为副秘书长。夏建平、何进、龙显昭、于明、杨郦冰、李翠、冯瑛、曾冬清、严延贵、赵文宝、罗君、杨朝志、伍正荣、刘青、萧志成当选为常务理事。

2013年9月21日，市政府办公室印发《关于清理规范市级部门自办自管社会团体的通知》。按照文件要求，市地方志办研究决定，南充市地志办保留自办自管的南充市地方志协会，并将南充市地方志协会更名为南充市地方志学会，会长由市地志办副调研员于明担任。市地志办向市民政局报送了《关于自办自管社会团体清理规范的自查报告》。10月22日，市志协向市民政局报送了《关于将南充市地方志协会更名为南充市地方志学会的请示》。至2015年12月，按照领导干部兼职等有关规定，南充市地方志协会更名为南充市地方志学会和会长拟任人选还在报批中。

县（市）地方志（史志）协会　1983年11月16日，营山县召开营山县地方志协会成立大会，是南充地区最早成立的县级地方志学术团体，129名协会会员参加成立大会。大会通过协会章程，推选出理事会理事、会长、副会长、秘书长。县政协副主席、县地方志编委会副主任王卓维任会长，县委宣传部部长宋刚、县政协文史组副组长杨春微、郭玉成为秘书长，王卓维、宋刚、杨春微、郭玉成、王金声、文信贵、陈永康、罗鸣常、李中道为理事。

1984年8月29日，阆中县地志办、党史办、县政协文史委员会联合召开会议，筹备成立阆中县史志协会。会后，草拟《阆中县史志协会章程》送县科协审查。

1984年12月2日至3日，西充县地方志协会成立暨修志工作表彰会召开。会上，通过协会章程，县政府常务副县长、县志编委会主任张长端当选为会长，县委视察室巡视员李梏、副县长陈贤柱、县政协副主席李手农、县委宣传部副部长冯道修、县计委调研员赵明宇当选为副会长，县地志办副主任李汝昭当选为秘书长，聘请四川省经济管理干部学院副院长、西充乡友谢琼，县长李占富为名誉会长，徐自强、于成鲲、冯登泰、李耀宗、鲜恒、赵祥生、白朝永、杨绍伯、何光复、王卓维、鲜伯良、袁育梵、宋昭清、王琨为顾问。

1985年4月19日，阆中县史志协会成立大会召开。会上，通过《阆中县地方史志协会章程》，选举产生协会理事会。理事会由会长、副会长、秘书长、理事组成。县政府副县长、县志编委会副主任侯明培当选为第一届理事会会长，县政协副主席、县志编委会副主任侯泽周当选为副会长，县劳动人事局调研员、县地志办副主任戚显宗为秘书长，邓万发、蒲瑞康、李永远为副秘书长。侯明培、侯泽周、杨万全、戴哲民、柯志明、敬俊、刘兴甫、程力行、戚显宗、邓万发、蒲瑞康、李永远当选为常务理事。聘请了县外知名人士4人为协会名誉会长和顾问。协会会员有160多人。协会由正、副会长和正副秘书长组成常务理事会负责处理日常工作。协会与县地志办合署办公。

1985年6月，西充县志协聘请林业部部长、西充乡友杨钟为县志协名誉会长，聘请西南财大博士导师、四川省农经委学会理事长、西充乡友王叔云，广西社科院文学所所长、西充乡友刘映华为顾问。12月28日，西充县志协召开年会，协会会员代表、理事、顾问、各部门志主编共80人参加会议，协会副会长、县政协副主席李手农主持会议。县委视察室副主任、县科协主席何光复宣读《西充县科协关于同意西充县地方志协会加入西充县科学技术协会的批复》。副县长、县地方志协会副会长陈贤柱代表县政府给两年来在新方志理论研究和实践工作中取得突出成绩的8位先进个人和1个先进集体颁发获奖荣誉证书。会上吸收15名新会员入会。会议增补县地志办崔渭阳、蒲生恕为县志协理事。1987年1月16日，西充县地方志工作暨志协第二次会员代表大会召开。选举常务副县长、县志编委会主任张长端为第二届县地方志协会会长，李手农、赵良杰（县政府办公室主任兼县地志办主任）、冯道修、赵明宇为副会长，李汝昭（县地志办副主任）为秘书长。

1989年，营山县志协会员发展到185人（其中男会员174人、女会员11人）。1991年，阆中撤县建市，阆中县史志协会更名为阆中市史志协会。

1992年，第一轮修志工作结束后，协会人员变化较大，营山县志协、西充县志协、阆中史志协会均未进行换届，协会活动逐渐停止。1995年，营山县地方志协会被县民政局注销。1998年，各地民政部门清理整顿社团时，西充县志协、阆中市史志协会因活动停止被注销。

志书编纂

Local Records Compilation

南充修志历史悠久。三国时，儒学大师、史学家谯周（巴西郡西充国县人）著有《古史考》《蜀本记》《三巴记》《后汉记》《益州志》《巴蜀异物志》等。西晋时，史学家陈寿（巴西郡安汉县人）著有《三国志》《古国志》《益部耆旧传》等。唐、宋两代，先后编有《隆苑记》《咸安郡志》《阆苑记》《阆州志》《蓬州志》《蓬州图经》，其书均佚。明、清两代，府、州官吏重视修志，顺庆府、保宁府和蓬州共编纂府、州志8部，县志20部。民国时期，先后编有6部县志和县志稿。

1956年，国务院制订《十二年哲学社会科学规划方案》，修志工作被列入议程。1959年年初，四川省人民委员会（简称省人委）指示各县开展修志工作。南充专区及所辖各县编写了专区志略和各县地方志略，所修志略内容简略，铅印或油印成书之后，修志工作中断。1966年，阆中编有《阆中县志》(未付印)。1981年至2015年，南充先后开展了两轮社会主义新方志编纂，南充市（地）和所辖县（市、区)、市（地）属部门、县（市、区）部门及部分乡镇、工厂、学校、医院、村等地方和企事业单位先后开展修志工作。两轮修志，南充共编纂出版省级行政区域志书1部、市级行政区域志书1部、县（市、区）行政区域志书志19部，部门志、行业志、专题志、厂志、学校志、乡镇志、村志等1000余部。其中，2部志书分别获全国地方志一、二等奖，4部志书分别获省政府哲学社会科学优秀成果二、三等奖，64部志书分别获省地方志优秀成果一、二、三等奖及优秀奖，25部志书分别获市（地区）哲学社会科学优秀成果一、二、三等奖及优秀奖。

【府（州）志编纂】 唐代，南充境内编有《咸安郡志》，志佚。宋代，编有《阆州志》《蓬州志》和《蓬州图经》，志佚。明代，编有正德《蓬州志》、嘉靖前《保宁府志》、嘉靖《顺庆府志》、嘉靖重修《保宁府志》。清代编有康熙《顺庆府志》、雍正《保宁府志》（志佚)、嘉庆《保宁府志》（志佚)、道光《保宁府志》、道光《蓬州志略》、光绪《蓬州志》。

《顺庆府志》编纂 明嘉靖二十二年（1543年)，顺庆知府朱修、秦国泰纂修《顺庆府志》，任少海作序。原刻本国内无存，21世纪初在日本发现，缩微影印回国，胶卷存北京图书馆。全书共8卷，分地理、正赋、建设、祠祀、官师、登用、外志等类。

清康熙二十五年（1686年)，顺庆知府李成林以本地“典籍散遗，志乘剥落，只字莫睹”，组织文人学士在“稗说野史”中寻找“节义”“文人”“典制”精英，历时半载，汇集大批资料，以“本郡宿学名儒互相参酌、考订，删繁就简，正其疵谬，去其俚俗”，当年修成《顺庆府志》。《顺庆府志》知府李成林任总裁，通判张凤翩任总修，知县张宿昆、训导陈道行、王道昆任监修。全书共10卷，列有图考、星野、形胜、山川、建置沿革、城池、宫室、公署、学校、祠祀、贡赋、秩官、名宦、科第、人物、孝义、烈女、隐逸、流寓、仙室、风俗、古迹、陵墓、寺观、祥异、监法、兵制、驿传、艺文等共29类。刻本无存。

康熙四十五年（1706年)，顺庆知府袁定远将康熙二十五年（1686年）《顺庆府志》原版交南充县令，令学官对旧志进行校检，“缺者补之，坏者修之”。康熙四十六年（1707年）夏，刻印成书，共8卷，袁定远撰有“增续跋言”。刻本存四川省图书馆。

清嘉庆十二年（1807年）仲冬，顺庆知府黄铣、南充知县王衍庆等人又将《顺庆府志》修订补充，重新刻板印制，共10卷。市图书馆存有卷三至十，缺卷一、卷二。

《保宁府志》编纂 明嘉靖重修《保宁府志》序载：“前之志吾惑焉。讬于儒者，粗略漫成，或失则晦。专于吏者，勔勷取弊，或失则荒。复有三字自贼，片石共语，贵耳贱目，诮贻未弘。往者不补

其遗，来者不续其后，于旧奚殊，于修奚取也。甚至载物产而附鬼鸟，录流寓而入叛酋，废浮梁而置谬议，几何而不令人绝倒也。”由序可知明嘉靖前有《保宁府志》，志佚，前志资料不全、归属失当、编纂粗糙，令当政者不满。明嘉靖二十二年（1543年），分巡川北道杨瞻邀安岳县学教谕杨思震重新纂修《保宁府志》。杨思震到阆中后，“秉公悉明，广搜博访，汇分注析，权度精严。遗者以补，后者以续，凡言之几乎道而事有益于时者，笔之；论无当于理而名或戾其实者，削之。”数月，完成《保宁府志》重修。明嘉靖重修《保宁府志》为木刻本。全志共6册14卷。卷一为舆地纪上，记沿革、星野、疆域、形胜、风俗；卷二为舆地纪下，记山川；卷三为建置纪上，记城池、迁藩、公署、庙学、官秩；卷四为建置纪下，记神祀、街坊、桥渡、驿传、武备；卷五为食货纪，记民数、物产、田赋、水利；卷六为名胜纪，记公室、古迹、丘墓、寺观、景致；卷七为宦迹纪，记历官；卷八为名宦列传，记循良、保障、死事、刚介、功能、师范、侨寓；卷九为人物纪，记选举；卷十为人物列传，记乡贤、忠义、孝友、贞烈、逸行、赐封、任子、方伎；卷十一为艺文纪一，记铭、歌、词、赋、序；卷十二为艺文纪二，录山川、公宇、城郭之《记》；卷十三为艺文纪三，录庙学、书院、宫室之《记》；卷十四为艺文纪四，录祀庙、桥道和寺观之《记》。重修《保宁府志》成书后，得到时人褒奖，认为“表经纬灿，然史之张本，具矣。”主持其事的杨瞻被誉为识人伯乐，“非公知人用才，两得其当，其何以臻此哉！”此志先后被皇家和天一阁、千顷堂收藏。孙能传《内阁书目》（又称内阁藏书目录）卷六记载：“《保宁府志》六册全，嘉靖癸卯，安岳教谕杨思震修。”《千顷堂书目》卷七记载：“杨思震，《保宁府志》十四卷。”民国时期，此志被北平图书馆收藏，抗日战争前夕移存美国国会图书馆，后转存台湾，成为存世孤本。国家图书馆存微缩胶卷，1982年新修《阆中县志》时，前往复制胶卷带回，洗印成书。

清雍正年间（1723—1734），编有《保宁府志》一册，主编李钟峨，未付梓，志佚。清雍正十二年（1734年）《四川通志》载有“陈书跋李钟峨太史所录《保宁志》序”一篇。清道光《保宁府志》黎学锦序曰：“至國初，始有李钟峨太史录《保宁府志》一册，然未付梓，其书不传。”李钟峨（1661—1749），字雪原，又字雷泉，号芝麓，四川通江县人，康熙四十五年（1706年）丙戌科三甲进士。选庶吉士，授翰林院检讨。康熙五十六年（1717年）提督福建学政，康熙五十九年提督广西学政，雍正五年（1727年），任太常寺少卿。清嘉庆二十年（1815年）曾编修《保宁府志》，志佚。清道光《保宁府志》黎学锦序云：“……取通志观之，多有所未合。况自嘉庆乙亥纂修以后，迄今已七年矣。其间，如兵营、城郭、学校数大事，并为信史所关，至于官师、科第、文章、节烈之伦，亦宜表而出之，使不于此时昭其美，备恐久而缺略者必多，然则郡志之修不可缓也。”清道光元年（1821年），纂修《保宁府志》，分巡川北兵备道黎学锦为总裁并作序，史观为总纂。清道光《保宁府志》为木刻本，共16册、62卷，插图15幅。该志阆中市图书馆、档案馆有存，四川大学、武汉大学图书馆亦有全套馆藏。

《蓬州志》编纂　唐代，编有《咸安郡志》，李晔纂，志佚。明正德《蓬州志·序》载：“蓬在唐有《咸安郡志》。”《四川地方志纂修源流》记载：“《舆地纪胜》引《咸安郡志》中蓬州碑记，官吏郑修、颜真卿、风俗、形胜等六条，明嘉靖《四川总志》七引《咸安郡志》蓬州、连巴引梓等二条。”

宋崇宁四年（1105年），罗畸纂《蓬州志》，志佚。罗畸字畴老，沙县人，熙宁进士，绍圣间历兵部郎中，秘书少监，以右文殿修撰出知庐州、福州。《蜀中广记》第69条载：“《蓬州志五卷》，秘书少监剑门罗畸撰，凡十五门，崇宁四年序。”宋代，蓬州还编有《蓬州图经》，已佚，作者不详。四川省图书馆《四川地方志纂修源流》“府县志类”载：“《舆地纪胜》引《蓬州图经》的有州沿革、风俗，形胜，景物、古迹、仙释等14条。《大明一统志》引《蓬州图经》中的形胜、风俗各一条。《蜀中广记》引《蓬州图经》的形胜，仙释等5条。”

明正德十二年（1517年），吴德器、徐泰纂修《蓬州志》，十三年（1518年）修成，全书共10卷、34个类目，明时领营山、仪陇2县，分蓬州、营山、仪陇3大块记述。卷一为建置沿革。记载了蓬州“后周置蓬州治安固县，辖大寅县……元初置蓬州治相如县。本朝以相如县省入归顺庆府属川北道领营山、仪陇二县”。“户口”中记载：“本朝洪武二十四年，本州户四百五十，人口二千三百九十八。”卷二为城池。其中“乡镇”中载：“本州为乡有七，曰马鞍乡、清泉乡、东乐乡、石门乡、琴台乡、开化乡、太平乡。”同时记载在琴台乡增编舟子口市。卷三为官制。“公署”中载：“元至元戊寅始，自云山徙相如县司马相如祠堂之左今治也，元末兵毁。”卷四为学校。记叙最为详：“本州儒学随州迁涉不一，元至元戊寅，州徙至相如县，学仍其旧在州城东北隅。”“景贤堂在戟门外西，正德乙亥秋蓬州太守陇西阎公允中大修庙学，乃戟门之右为堂三间，以祀郡之名臣乡贤……乡贤若司马相如……子虚大人等赋，后学宗之，前辈当称其文章，故县以相如而名。”卷五为蓬州重修儒学记。记载了学校损毁重建的过程。卷六设宫室、关隘、桥梁、石堰、渡口、铺舍、寺观等。卷七设祠庙、陵墓、古迹。祠庙中记叙“司马长卿祠，在州四十步许。司马长卿祠堂记，县以长卿得名古矣，闻之长卿当居此地”。卷八为名宦。记载了隋朝、唐朝、宋朝、元朝及本朝在蓬州任职的官吏。卷九为流寓。其中写到“相如县以南有司马相如故宅……司马相如有宅在县南三十里”，并引用唐李义山诗“梓橦不见马相如，更欲南行问酒墟。”盖相如县在梁属梓橦郡，故云今祠在州治右。卷十设岁贡、吏员、武功、封赠烈女、仙释。徐泰在《蓬州志后序》中记：“蓬在唐有《咸安郡志》，宋元以来志修否皆莫于考，入国朝百五十年，天下郡邑志修屡矣，而蓬独缺焉。”1984年，新修《蓬安县志》，编纂人员从朱世嘉所编《中国地方志目录》中得知浙江宁波天一阁藏有此书，遂派人前往查阅，仅抄录部分资料，2007年，原省地方志编委会副编审马国栋在网上购得一本明正德《蓬州志》，赠送给蓬安。2014年，蓬安县地志办聘请邓郁章点校整理《蓬州志》，2015年点校本《蓬州志》由中国文史出版社出版发行。

清道光九年（1829年），蓬州知州洪运开以“蓬州自国初以来，无志书。所欠然者志书耳”，组织分修、编次、校对、督梓人员编修，自任总纂，当年冬编成《蓬州志略》。全书10卷，约8万余字，附有州城和八景图。泸州、重庆和美国国会图书馆各藏一部。1984年年底，蓬安县地志办到四川省图书馆复印1961年传抄本回县，每套分上、中、下三册。

清光绪二十三年（1897年），蓬州事桐城方旭编纂《蓬州志》。全书分建置、纪山、纪川、邑聚，学校、职役、民献、孝友、忠义、列瑞异、艺文等十五篇，近10万字，木刻本。该志原附有州廪生伍联珠创绘的蓬州旧图，蓬安县存书无此图。民国16年（1927年），在县教育局内设修志局后，由黄忠源测绘全县行政区划图，督学黄坤及测绘县城图、教育科长黄虎勋作序，民国24年（1935年）重印400部，分上、中、下三册，封面题名《蓬安县志》。

府、州志一览表

朝代	时间	志名	编纂者	备注
唐	不详	《咸安郡志》	李　晔	志　佚
宋	不详	《阆州志》	佚　名	志　佚
	崇宁四年（1105年）	《蓬州志》	罗　畸	志　佚
	不详	《蓬州图经》	佚　名	志　佚
明	正德十三年（1518年）	《蓬州志》	吴德器、徐　泰	—
	嘉靖之前	《保宁府志》	佚　名	志　佚
	嘉靖二十二年（1543年）	《顺庆府志》	朱　修、秦国泰	—
	嘉靖二十二年（1543年）	重修《保宁府志》	杨　瞻、杨思震	—
清	康熙二十五年（1686年）	《顺庆府志》	李成林、张凤翩	—
	雍正年间	《保宁府志》	李钟峨	志　佚
	嘉庆二十年（1815年）	《保宁府志》	佚　名	志　佚
	道光元年（1821年）	《保宁府志》	黎学锦、史　观	—
	道光九年（1829年）	《蓬州志略》	洪运开	—
	光绪二十三年（1897年）	《蓬州志》	方　旭	—

【《川北区志》编纂】 2012年2月，市地志办编纂《川北区志（1950—1952）》的建议，得到市政府领导和省地方志编委会同意。2012年4月，市政府办公室印发《关于组织编纂〈川北区志〉的通知》，成立了《川北区志》编纂委员会和总编室。是年，完成资料搜集工作。2013年，完成《川北区志》初纂和总纂。2014年，完成《川北区志》志稿审读、征求意见、志稿复审、省政府终审验收。2015年，《川北区志》由方志出版社正式出版，公开发行。

筹备启动 中华人民共和国成立初期，中共中央把四川省划分为川东、川南、川西、川北4个省级行政区和中央直辖重庆市、西康省，川北区党委、川北行署驻地南充市。在川北区组建到撤并的2年9个月时间里，川北区党委、川北行署在胡耀邦领导下，带领川北人民迅速荡涤了反动封建势力，建立和巩固了人民民主政权，恢复和发展了地方经济，大力发展了文教卫生事业，为川北的发展奠定了较好的基础，留下了许多可资可鉴的宝贵历史经验。2011年下半年，经过充分酝酿，市地志办提出了组织编纂《川北区志（1950.1—1952.9）》的工作设想，开始筹备相关工作。

2012年2月，市地志办正式向市政府呈报了《南充市地方志办公室关于组织编纂〈川北区志〉的请示》，对《川北区志》编纂的组织领导、组织实施、经费保障等提出了建议意见。市政府副秘书长何刚立即批示"呈朱市长，此事具有积极意义，建议政府批准实施"，市政府副市长朱家媛批示"'川北区'时期是南充历史上非常重要的时期，编纂《川北区志》，系统、全面、客观地记述该时期内南充的发展与变化，为南充'十二五'时期的'双中心'建设提供可资可鉴的宝贵经验和历史依据都十分重要。建议市财政设立专项资金，今年启动编纂工作。呈请向市长审示"，市长向东及时批示"同意。请市财政局安排资金"。根据市领导的批示，市地志办庚即向省地方志编委会呈报了组织编纂《川北区志》的请示，省地方志编委会批复同意南充市组织编纂《川北区志》。2012年4月，市政府办公室印发了《关于组织编纂〈川北区志〉的通知》，决定从2012年开始，用3年时间组织编纂《川北区志》，对《川北区志》的编纂原则、编纂体例、主要内容、实施步骤、保障措施等提出了明确的要求。成立了市委主要负责人、市人大常委会主任高先海、市政协主席马道蓉为顾问，市长向东为主任；市委常委、常务副市长郑和平，副市长朱家媛，市政府秘书长沈一凡，市地志办主任夏建平为副主任；市级25个相关部门负责人为成员的川北区志编委会。成立了朱家媛任总编，沈一凡、张相君（市政府副秘书长）任副总编，夏建平任执行主编，何进、于明任执行副主编，有关专家学者任特邀副主编的总编室。4月16日，市地方志编委会印发了《〈川北区志〉编纂方案》。4月26日，市政府召开《川北区志》编纂工作会议。会议由市政府秘书长、副总编沈一凡主持，省地方志编委会党组书记、副主任马小彬和市政府副市长朱家媛对《川北区志》编纂工作提出了要求，市政府副秘书长张相君宣读了《关于组织编纂〈川北区志〉的通知》，市地志办主任夏建平对《川北区志》编纂工作的组织实施讲了具体意见，正式启动了《川北区志》的编纂工作。

资料搜集　2012年5月，市地志办、总编室研究制定了《川北区志》编纂方案和搜集资料篇目，全面开展资料搜集。绵阳、遂宁、巴中、达州、广元、广安、资阳、德阳和重庆市潼南县等市、县地志办对《川北区志》编纂工作给予了大力支持和帮助。9月，完成了原川北区所辖的35个县（市）第一轮县（市）志收集任务。11月，夏建平、于明、罗永师、徐方强、袁渊明等5人住在成都20多天，从省档案馆保存的近7000卷原川北区档案中逐一查阅筛选，复印了2万余页的原始档案。何进、祝华及聘请的专业摄影人员到南充日报社、市图书馆将原《川北日报》《川北工人报》《川北农民报》全部进行了拍照。市地志办、总编室还千方百计地收集到了《胡耀邦传》《胡耀邦在川北》《开创基业的人们》《南充市文史资料·胡耀邦与川北工作回忆》《中国共产党川北区历史》《中国共产党南充历史大事记》《川北区组织史资料》《川北区大事记》等有关记载反映川北区方面的专业书籍（资料）50余册（本）。2012年10月，南充电视台公共频道《新闻630》栏目制作播出时长6分钟的“《川北区志》编纂进入资料搜集阶段”的专题新闻，报道《川北区志》资料搜集工作。至12月底，共搜集到了有关川北区的7000余万字资料，完成了资料搜集任务。

志稿编纂　2013年3月，川北区志编委会召开了25个成员单位负责人会议，市政府副市长、川北区志编委会副主任、总编朱家媛要求各成员单位齐心协力、积极配合，按照编委会的安排，按时按质完成《川北区志》编纂任务。市地志办主任、川北区志编委会副主任、执行主编夏建平对《川北区志》编纂的缘由、筹备工作和资料搜集等情况作了通报说明，对《川北区志》编纂工作作了全面安排。会后，总编室根据搜集到的资料修订和完善了《川北区志》初纂篇目，印发了《〈川北区志〉编纂工作文件汇编》，组建了由专家学者、地方志工作者等14人组成的初纂队伍，召开了为期2天的编纂人员业务培训会。川北区志总编室组织初纂人员学习了《川北区志·凡例》《地方志书质量规定》《四川省第二轮市县级志书编纂规范》等编纂规范性文件，开展了编纂业务培训。于明对编纂业务进行了讲解，夏建平对志稿编纂提出了遵守编纂原则、充分反映川北区发展变化历程、尊重历史史实、表述准确、行文规范等要求，要求大家不辱使命，以对历史、对事业、对后代负责的态度，力争将《川北区志》编纂成精品佳志。根据编纂人员特长，分工落实了初纂任务。于明负责概述、大事记、人物、附录，罗永师负责川北行署、政事概要、民政、工业、盐业、蚕桑丝绸、酒类专卖、卫生，徐方强负责人事、劳动、监察、外事、交通、邮电、索引，蒲明礼负责农业、商业、供销合作社、粮食，卿远明负责文化、新闻出版、教育、体育，史义华负责政区、川北区协商委员会、民主党派、公安、检察、审判、城市建设，赵玉林负责中共川北区委、群团组织，唐庆玖负责财政、税务、金融，李德林负责军事，鲁廷辉负责自然环境，熊乐成负责宗教，吴兴中负责人口，谢洪才负责特载图片征集和分类编辑，林志华负责英文翻译。4月，初纂人员分别对志稿进行条目试写。5月，总编室召开了条目试写研讨会，对每个试写条目进行了研讨点评，指出存在的问题和修改意见，通过相互讨论交流，进一步把握编纂要求。是月，泸州市政府副秘书长带领泸州市地志办、泸州市财政局等相关人员到南充考察学习《川北区志》编纂工作。6月至8月，初纂人员按照分工撰写志稿，总编室加强业务指导，召开了5次编纂人员集体研讨会，相互探讨、交流编纂心得，专题研究解决编纂中的有关疑难问题。8月，形成130余万字的《川北区志》初稿。初稿形成后，总编室又安排每位初纂人员，将初纂稿与《川北日报》《川北工人报》《川北农民报》《胡耀邦在川北》《胡耀邦与川北工作回忆》《开创基业的人们》《川北统战工作史实综述》《川北区组织史资料》《川北区大事记》《解放初期的南充》等重要著述和珍贵史料逐一对照，对相关史实和数据等进行了全面核实和查补。

2013年10月，总编室夏建平、于明、罗永师、徐方强、蒲明礼等5人承担了《川北区志》总纂工作，修订形成了《川北区志》总纂篇目，采取“一支笔成志、多只手完成”的办法，总纂人员从头至尾各有侧重地分别把好政治关、史实关、体例关、行文关、保密关，重点在突出时代特点、地域特色、充分反映事物发展变化、处理内容交叉重复等方面着力。经过集体研讨和逐一查证《川北日报》《川北工人报》《川北农民报》等重要资料，纠正了一些史实错误，彻底解决了编纂中的疑难问题。12月底，形成110余万字的《川北区志》总纂稿。

在文字志稿编纂的同时，总编室开展了特载图（照）片的收集、整理与编辑工作。特邀副主编谢洪才到省档案局（馆）、市委党史研究室、市档案局（馆）、南充日报社等单位和市部分摄影家个人家里，最大限度地广泛收集、征集各种与川北区有关的历史照片、图片，共收集、征集到珍贵历史老照（图）片100余张（幅）。夏建平、谢洪才、于明根据收集到的照（图）片反复研究编辑方案，最后按照行政区域、川北解放、党政领导、军事武装、党建工作、群团组织、政务要事、民主法制、经济建设、城市建设、文教卫生等11个类别对照（图）片进行甄别、选择，共采用64张（幅）图（照）片。

审核验收　2014年1月至5月，总编室将《川北区志》总纂稿送请市内部分专家学者和川北区部分老领导、老同志进行了审读，总编室根据审读意见，对总纂稿进行修改完善，形成了约100万字的《川北区志》审读本。

2014年6月7日，市政府办公室印发了《关于审核〈川北区志〉的函》，恳请原川北区部分老领导、老同志和省地方志编委会领导、市级领导、省上有关专家学者、原川北区所辖各市地志办领导及专家学者、原川北区部分县（市）地志办领导、川北区志编委会成员对《川北区志》政治观点、重大史实、体例结构以及时代特点、地方特色等方面进行审核。市地志办、总编室及时将《川北区志》审读本分送到相关人员150余人进行审读。同时，请市保密、统计、民族宗教等部门对《川北区志》的保密性、数据准确性、志稿是否违反民族宗教政策等相关内容进行了审查。7月3日，市政府副市长朱家媛和市地志办主任夏建平等到北京专程拜望了原川北区南充市委副书记、组织部部长、胡耀邦夫人李昭，请李昭审核《川北区志》并为《川北区志》作序。李昭和原中共中央统战部副部长、原中华全国工商业联合会党组书记、胡耀邦长子胡德平阅读《川北区志》审读本后，十分高兴，称赞南充市委、市政府对历史高度负责，做了一件功德无量的很有意义的事，感谢编纂者付出的艰辛努力，认为《川北区志》史料非常珍贵，有重大的存史和资政价值。李昭欣然答应为《川北区志》作序。10月，志稿审核（读）

工作基本结束。大家充分肯定了《川北区志》编纂的意义和质量，高度称赞《川北区志》编纂所做的艰辛工作，同时提出了3000余条（处）修改意见和建议。

2014年10月17日，《川北区志》专家复审评议会在南充召开。省地方志编委会副主任罗亚夫，市政府副市长、川北区志编委会副主任、总编朱家媛，原市政协副主席李盛文等领导出席。省地方志编委会市县志工作处处长曾新苗、广元市地志办主任王少卿、达州市地志办主任冉炬、巴中市地志办主任饶松柏、原广安市地志办主任钟再原、遂宁市地志办主任周正琴、德阳市地志办主任李思源、资阳市地志办主任李卫东、重庆市潼南县档案史志局副局长朱长忠、市委宣传部常务副部长赵东、市统计局局长吴兴中、市党史研究室主任唐宗政、市民族宗教局局长熊乐成及《川北区志》执行主编、执行副主编、特邀副主编，川北区志编委会部分成员单位、南充市各县（市、区）地志办负责人等共40余人参加会议。与会人员经过酝酿讨论，组成了由罗亚夫任组长、曾新苗任副组长、王少卿等为成员的16人专家评审组，市政府副秘书长、《川北区志》副总编张相君主持评审会。朱家媛代表市政府、川北区志编委会致辞并全程参加了复审评议会，恳请与会领导、专家学者提出宝贵意见和建议。川北区志编委会副主任、执行主编、市地志办主任夏建平汇报了《川北区志》编纂的重要意义、编纂过程、编纂特点以及修改完善等情况。与会专家学者认为，《川北区志》审读稿政治观点正确，基础工作扎实，资料比较翔实，体例较为完备，总体结构合理，层次脉络清晰。做到了横排纵写，注重人文，以事系人，述而不论，文风简洁，表述规范，特色鲜明，弥补了第一轮修志对中华人民共和国成立初期历史记载过于简略的不足，彰显了浓郁的川北地方特色和人民民主政权建设的时代特点。同时对《川北区志》部分重大史实记述、内容详略取舍等方面提出了宝贵意见和建议。罗亚夫代表评审组衷心感谢南充市委、市政府高度重视《川北区志》编纂工作，充分肯定了《川北区志》编纂者付出的辛勤劳动，高度评价了《川北区志》编纂质量，认为选题意义重大，时代特点和地方特色突出，填补了国内地方志书专门记述中华人民共和国成立初期的历史空白。要求川北区志编委会、总编室认真梳理与会专家学者提出的宝贵意见，进一步修改完善《川北区志》审读稿，按时高质量完成编纂出版任务。

专家复审评议会后，夏建平、于明、罗永师、徐方强、蒲明礼庚即梳理、归纳领导和专家学者的意见建议，进行修改完善，形成了《川北区志》终审稿。

2014年11月，市政府向省政府呈报了《南充市人民政府关于审查〈川北区志〉的请示》，川北区志编委会按照“齐、清、定”的要求，将市政府请示和《川北区志》终审稿报送省政府。11月28日，省政府组织召开《川北区志》终审验收会，省政府副秘书长陈越良任审查验收组组长，省地方志编委会党组书记、副主任马小彬任副组长并主持终审验收会议。省保密局冯宝运、省民族宗教委何晓平、省统计局胡品生、省档案局罗亚夫、省社科院谭继和、省地方志编委会汪毅和曾新苗等专家学者出席了终审验收会。市政府副秘书长张相君、市地志办主任夏建平、副调研员于明等参加了会议。受川北区志编委会主任、市政府市长向东的委托，张相君向终审验收组汇报了《川北区志》编纂工作及复审评议后修改情况。终审验收小组成员分别就《川北区志》史实、保密、民族、宗教、体例、行文规范等方面进行了认真审查，充分发表了审查验收意见，提出了宝贵的修改完善建议意见。马小彬宣读了终审验收意见：《川北区志（1950.1—1952.9）》送审稿观点正确，资料翔实，体例完备，结构层次清晰，文风朴实简洁，体现了地方特点和时代特色，志稿质量基本达到出版要求，同意通过终审验收。请川北区志编纂委员会按终审验收会议提出的意见修改完善后，由南充市人民政府报请四川省人民政府批准交付出版，予以发行。张相君代表川北区志编委会表示一定按照终审验收会提出的要求，组织精干力量，逐条梳理审查意见和建议，精益求精地修改完善，力争把《川北区志》修成一部精品佳志。

出版发行　《川北区志》通过省政府终审验收后，夏建平、于明、罗永师、徐方强及时梳理、归纳终审建议意见，认真核实史实，对终审稿进行修改完善，最后形成了80余万字的《川北区志》定稿。

2014年12月，市长向东主持召开市政府常务会审查通过了《川北区志》定稿，向省政府呈报了《关于批准〈川北区志（1950.1—1952.9）〉出版的请示》。2015年1月，省政府印发《关于同意〈川北区志（1950.1—1952.9)〉出版的批复》，同意《川北区志》公开出版发行。

市地志办按照把《川北区志》印制成质量一流的精品志书要求，拟定了采用国内最好的80克玉龙纯质纸印制内文、157克金东太空索铜版纸印制彩页、仿丝绸烫金制作封面、白色麻布和纤维板制作书盒、每套配电子书等印制要求，通过政府采购，方志出版社承接《川北区志》出版印制工作。2015年3月，《川北区志（1950.1—1952.9)》由方志出版社出版。11月，印制精美、图文并茂的2000套《川北区志（1950.1—1952.9)》正式公开发行。同时，市地志办设计制作的2000套《川北区志（1950.1—1952.9)》电子书也正式对外公开发行。《川北区志（1950.1—1952.9)》全面、系统、客观记述了川北区历史时期的发展变化情况，填补了地方志书专门记述新中国成立初期这一特殊时期的历史空白，为人们研究这段历史提供珍贵的历史资料，凸显了历史上南充在川东北区域的中心地位、为南充加快建设川东北区域中心城市和成渝经济区北部中心城市提供资政借鉴和历史依据。《川北区志（1950.1—1952.9》荣获四川省第十七次哲学社会科学优秀成果三等奖，四川省第十七次地方志优秀成果一等奖。

【《南充专区志略》编纂】　1959年年初，省人民委员会指示各地开展修志工作。地委办公室组织人员编纂《南充专区志略》。11月，《南充专区志略》油印成书，全志3.2万字，设有区域概况、建置沿革、历代农民起义纪要、人物传略、名胜古迹、诗歌民谣等6个部分。其中，第一部分区域概况记述了南充专区的地位界域、面积人口、民族、地势山川、气候、土壤、物产、交通等内容；第二部分建置沿革记述了南充专区沿革和名称由来，并附有南充专区疆域沿革简表；第三部分历代农民起义纪要记述了西晋李特、李雄领导的流民起义，南宋末年段元鉴的抗元斗争，明朝兰廷瑞、鄢本恕等领导的农民起义，清朝中期的白莲教起义，清末南充武胜人民反对外国传教士的斗争，参加辛亥革命和进行反封建军阀的斗争；第四部分人物传略中记述了落下闳、谯周、陈寿、黄辉、宁松生、穆德远、吕松琴、秦炳、李鸣珂、杨仁叔、王文焕、刘伯坚、王璞、杨奚勤、刘石泉、蒋可然、杨玉枢、王敏、杨伯凯等人的生平事迹；第五部分名胜古迹中，记述了塔子山、琳琅寨、锦屏山、桓侯庙、南部离堆、吴道子画观音像、琴台夜月、凤凰山、纪将军庙、太蓬、莲池、万卷楼、藏珠山、书岩古篆、永寿寺、冲相寺、春宝山、虎啸山、秀屏山等南充专区的名胜古迹；第六部分诗歌民谣分为两个部分。第一部分记述了盼红军（仪陇、营山、蓬安）、民歌（广安）、难民（南部）、叹穷人歌（苍溪）、讨口也莫帮长工（仪陇）、穷人无立锥（广安）、叹壮丁（武胜）、丈夫是个奶娃娃（武胜）、民歌（营山）、麦苗赛高粱（仪陇）、廖家寨的姑娘（阆中）、劝郎莫冷心（仪陇）等民谣。第二部分记述了南阳寺（李白）、送客至苍溪放船归阆（李白）、滕王亭子（杜甫）、阆水歌（杜甫）、蓬州（白居易）、篆水（元祯）、渠水冲相寺（崔涂）、西岩寺（唐求）、岳池农家（陆游）、夺锦亭诗（陆游）、琴台（宋祁）、锦屏山暮景（喻汝砺）、蜀望（廖寥）、何侯招饮皇泽寺、泛月纪兴（黄辉）、嘉陵江（杨慎）、红花（姚莹）等古诗。

【《南充市志》编纂】　1999年8月，市委办公室、市政府办公室印发《南充市地方志工作2010年目标规划纲要》，提出2010年前完成新修《南充市志》编纂出版任务。2002年7月，市委、市政府印发《关于组织编纂〈南充市志〉的决定》，成立了南充市志编纂委员会和总编室，将《南充市志》编纂工作纳入市委、市政府目标管理。2003年3月，市政府印发《南充市志》编纂方案。2003年6月，市政府召开《南充市志》编纂工作动员大会，正式启动《南充市志》编纂工作。2003年7月至2004年4月，各承编单位按照市志搜集资料篇目，广泛搜集资料，完成资料搜集。2004年5月至2006年12月，各系统牵头部门、各承编单位完成市志初稿编纂、市志分纂和市志初审。2007年，市地志办、市志总编室完成市志总纂。2008年，市地志办、市志总编室完成市志通纂。2009年，开展市志审读、征求意见工作，完成市志专家复审评议和省政府终审验收。2010年1月至9月，市地志办、市志总编室修改完善形成市志定稿。10月，省政府批准《南充市志（1707—2003)》公开出版发行。12月，《南充市志（1707—2003)》由方志社出版。2011年8月，《南充市志（1707—2003)》完成印制，对外发行。2012年4月，市政府召开《南充市志（1707—2003)》编纂总结表彰暨首发式大会，对编纂《南充市志（1707—2003)》的30个先进集体和60名先进个人予以表彰，举行了《南充市志（1707—2003)》公开发行首发仪式。2012年，《南充市志（1707—2003)》获四川省第十五次哲学社会科学优秀成果二等奖，是第十五次哲学社会科学优秀成果全省志书中唯一获得哲社二等奖的志书，受到省政府表彰奖励。

《南充市志（1707—2003)》是自清康熙四十六年（1707年）以来300年间，南充编纂的第一部地市级志书，堪称当代南充首部地情百科全书，全面系统、客观公正地记述了南充近300年自然、政治、经济、文化和社会发展变化的历史与现状。480万字的鸿篇巨制《南充市志（1707—2003)》成书问世，凝聚了各级领导、各级各部门和社会各界人士、全体编纂人员的心血和智慧，是一部集体杰作，是南充精神文明建设的一项重大成果，是南充地方志事业发展具有里程碑意义的一件重要大事。

组织管理　1999年8月，市委办公厅、市政府办公厅印发《南充市地方志工作2010年目标规划纲要》，提出2010年前完成新修《南充市志》的编纂出版任务。市地志办按照规划要求，积极开展市志编纂的文件草拟、编纂方案制定等各项前期筹备工作。

2002年7月，市委、市政府印发了《关于组织编纂〈南充市志〉的决定》，对《南充市志》编纂的目的意义、编纂原则及总体框架、时间步骤、组织领导及保障措施提出了明确要求。要求从2002年开始，组织编纂《南充市志》；各地、各部门切实加强领导，把《南充市志》编纂作为南充重大文化建设工程来抓；严格工作考核，将《南充市志》组织编纂工作纳入市委、市政府目标管理；强化经费保障，《南充市志》编纂所需工作经费列入财政预算。《南充市志》编纂坚持“党委领导、政府主持”的修志工作原则，成立了高规格的南充市志编纂委员会和南充市志总编室。市委书记、市政协主席、市人大党组书记为市志编委会顾问，市委副书记、市长任市志编委会主任，市委常委、常务副市长和市委秘书长、市政府秘书长、市委办主任、市政府办主任、市地志办主任等任市志编委会副主任，市级21个相关部门主要领导为市志编委会成员。2003年3月，市政府成立了由市委常委、常务副市长任总编，市政府秘书长、市政府办公室主任任副总编，市地志办领导和业务骨干任执行副总编，聘请大学教授和地方志专家、学者等任特邀副总编的具有权威性、学术性的市志总编室。之后，市志编委会、市志总编室组成人员中，领导兼任的职务随着领导职务变化自然进行调整，由新任领导接任相应职务，履行其相应的职责。

《南充市志》编纂实行三级负责制，承编单位（市级各部门）负责资料搜集、初稿撰写、志稿初审；各系统牵头单位负责初稿编纂的组织、市志分纂及分纂稿初审；市地志办、市志总编室负责市志编纂牵头揽总、组织协调和市志资料搜集、市志初纂分纂业务指导以及市志总纂、通纂、市志审核验收、市志出版发行等工作。按照分级负责的要求，市级各系统、各部门分别组建了编纂领导小组和编纂班子，落实了分管领导和资料搜集人员、初纂人员。各单位选聘初纂人员时，市地志办、市志总编室严格把关，尽量选择各部门、各行业政策熟、业务精、有一定写作能力且在本部门、本行业长期工作过的老同志或业务骨干承担市志初稿撰写。市地志办、市志总编室还聘请了大学教授或地方志专家学者撰写综合性强或突出南充地域特色的志稿。通过各方努力，建立健全了市志编纂领导体系、责任体系和编纂队伍。

2003年6月，市政府召开《南充市志》编纂工作会，正式启动市志编纂工作。市委常委、常务副市长、市志编委会副主任、市志总编伏文超对修志工作作了动员部署。市政府秘书长、市志编委会副主任、市志副总编陈自立主持会议。市政府副秘书长、市地志办主任、市志副总编尹光明对市志编纂任务做了具体安排。动员会后，市地志办、市志总编室庚即举办了市志编纂业务培训班，全市400余名市志编纂人员参加了培训。市地志办印发了《〈南充市志〉编纂培训教材》和《〈南充市志〉编纂工作文件法规汇编》等规范性培训材料，特聘四川师范学院（西华师范大学）副院长、教授龙显昭，省地方志编委会总编室主任、编审黄友良，省地方志编委会市县志工作部副主任、副编审马国栋，原《蓬安县志》主编邓郁章，原《营山县志》主编李定国等专家和学者对市志撰稿人员进行了为期3天的集中业务培训。系统讲授了“南充历史、方志基础知识、资料搜集与整理、志书编纂方法、人物志编写方法、大事记编写方法”等6个专题，参训人员通过培训，了解了南充历史演变过程，明确了什么是地方志、怎样搜集整理资料、如何编纂志书等基本知识。在市志分纂、总纂前，市地志办、市志总编室分别对分纂人员、总纂人员进行了集中辅导培训，重点把握分纂、总纂的编纂要求。

市政府根据市地志办、市志总编室拟订的市志编纂进度计划，将市志编纂纳入每年年度目标管理，加强市志编纂工作的检查督促。2004年2月，市政府对各级各部门2003年度市志编纂工作进行了督查检查，印发了《关于2003年〈南充市志〉编纂工作情况通报》，对重视不到位、行动迟缓的单位提出了批评和整改要求。2004年8月，市政府办公室又印发了《关于进一步做好2004年市志编纂工作的通知》，强调2004年度各级各部门市志编纂工作的目标和要求；9月，市志编委会分两批次召开市志编纂牵头单位会议，进一步强调市志编纂的进度时间和质量要求；10月，市政府办公室针对市志编纂工作严重滞后的单位，印发了《关于认真做好〈南充市志〉有关部分稿件编纂工作的通知》，进行重点督办。2005年2月，市志编委会印发《关于报送2004年度市志编纂工作自查报告的通知》，要求各单位自查、报送2004年市志编纂情况，市政府办公室进行抽查核实后，对2004年度市志编纂工作情况进行了通报。4月，市政府召开市志编纂工作滞后的11个承编单位负责人参加的督办会议，市政府副秘书长、市政府办公室主任袁志鸣受市委常委、常务副市长蒋辅义委托参加会议，他要求各承编单位克服各种困难，加快编纂进度，按时按要求完成市志初纂任务。5月，市志编委会召开35个牵头单位工作会议，要求各牵头单位切实加强组织领导，搞好协调督办。8月，市政府再次召开市志编纂工作滞后的13个承编单位负责人参加的督办会议，要求各部门对修志工作狠抓落实，在人力、物力、财力上予以保障，确保编纂任务按时按质完成。11月，市政府办公室对个别未交初稿的单位发出催稿通知，要求务必在规定时间内完成初稿编纂任务。至2005年年底，各承编单位基本完成市志初稿撰写任务。2006年，市政府继续加强对各牵头单位组织人员进行市志分纂的检查督促，确保了2006年12月前完成市志分纂任务。

市地志办、市志总编室分成6个指导督查小组，分别落实联系、指导和督查责任单位，主动深入到各单位、各部门开展资料搜集和编纂业务指导，商讨研究和帮助解决一些技术疑难。积极参与市政府对市志编纂工作的检查督促，确保市志编纂工作各阶段任务的完成。逐一验收各单位、各部门报送的市志初稿和分纂稿，对质量不合格志稿不予接收，退回单位修改完善，质量合格志稿经单位主要领导签署意见、单位盖章后予以接收。组织人员对市志进行总纂和通纂，严把市志编纂质量关，保证志书编纂质量达到编纂质量要求。

方案制定　2003年3月，市政府印发《关于〈南充市志〉编纂方案的通知》，对《南充市志》编纂的指导思想、编纂原则、编纂体例、编纂任务分工、实施时间及步骤、组织领导及保障措施等作出了明确的规定。市志记述空间范围为南充市2003年行政区域，记述时间上限原则上为清康熙四十六年(1707年)、下限为2003年，市志采用条目体。2003年6月，市志编纂委员会印发《〈南充市志〉编纂细则》《南充市志·凡例》《〈南充市志·大事记〉编纂方案》《〈南充市志〉人物入志办法》等具体实施办法，要求各编纂单位遵照执行。2004年11月，市志编委会印发《〈南充市志·人物〉入志人物选编要求》，统一了入志人物的范围、标准和要求。2006年5月，市志编委会印发《〈南充市志〉总纂实施方案》，对总纂原则、总纂人员及任务分工、总纂实施时间及步骤、总纂志稿质量等作出了明确规定。2008年3月，市志编委会印发《〈南充市志〉通纂方案》，对市志通纂提出了具体要求。

篇目设置　市地志办、市志总编室根据市志编纂方案，特邀专家学者、教授和知名人士，按照“科学分类和社会分工相结合”“事以类聚、类为一志”的基本原则，研究制定了《南充市志》资料搜集篇目，除志首（序、凡例、总述、大事记、特载图片、目录等)、志尾（附录、索引、编纂始末、后记等）外，设置了南充地理、政党、政权、政协、军事、政法、农业、工业、城镇建设等33个门类。在资料搜集过程中，发现有的篇目对事物分类不大合理，有的篇目没有体现南充特色、行业特点，有的篇目难以搜集到资料，有的资料又难以归在某一类。市地志办、市志总编室与各牵头单位、各承编单位逐一进行商讨研究，力求对事物分类科学合理，力求突出南充特色和各行业特点，对资料搜集篇目进行修改完善，如将“南充地理”分设成了“政区、自然环境、人口”3类，将“政权”分设成“议会·人大、政府”2类，将“政法”分设成了“审判、检察、公安、司法行政”4类，形成了市志初纂的59个门类。2004年5月，各牵头单位、各承编单位将商讨研究形成的篇目上报市地志办、市志总编室审批同意后，各承编单位开始市志初稿编纂，各牵头单位按照篇目进行分纂。2007年1月，市志总纂前，市地志办、市志总编室组织总纂人员对初纂、分纂中出现的问题进行认真分析研究，发现篇目设置在突出南充地方特色还不够到位，又对市志篇目进行修改完善，将突出南充地域特色的“南充丝绸、阆中古城、朱德故里”升格记述，最终形成了市志总纂的62个门类。市地志办、市志总编室将市志总纂篇目报送省地方志编委会，省地方志编委会批复同意《南充市志（1707—2003)》总纂篇目后，《南充市志》开始进行总纂、通纂。

资料搜集　2003年7月，各承编单位按照市志资料搜集篇目，大范围进行资料收集，尽最大努力收集中华人民共和国成立以前的相关历史资料，按类目以时为序，对收集到的资料进行分类、编目、立卷等整理，编辑资料长编。市地志办、市志总编室人员按照分组，主动到联系、指导和督查责任单位开展资料搜集的指导督查工作。至2004年4月，市志资料搜集工作基本结束，总体资料占有量达到了

50:1以上（即要形成志稿1个字，资料占有量在50个字以上）。

志稿编纂　2004年5月，各承编单位按照市地志办、市志总编室审批同意的市志初纂篇目开始市志初稿编纂。市地志办、市志总编室先安排各系统修志悟性较高的1~2名编纂人员分别试写1~3个条目志稿，将试写志稿印发系统内有关撰稿人员，组织系统内撰稿人员集中进行面对面地点评、修改，有针对性地开展业务指导，提高编纂人员编纂水平和技能技巧。在分系统进行志稿试写点评指导后，各部门、各单位才全面进行初稿撰写。同时，市地志办、市志总编室人员按照分组，主动到联系、指导和督查责任单位开展志稿撰写业务指导和督查工作，商讨研究和帮助解决一些技术疑难，掌握各单位志稿编纂工作进度。对综合性强或突出南充地域特色的志稿，市地志办、市志总编室聘请专家、教授撰稿。西华师范大学教授龙显昭撰写《政区》，西华师范大学教授李传永撰写《自然环境》，原地区行署办公室副主任、地区地志办主任陈祥超撰写《名优特产》，原阆中市地志办主任王国成撰写《民俗》，西华师范大学副教授曾晓柯撰写《方言》，西华师范大学副教授徐才安撰写《人物》，市委政研室副主任李小华撰写《总述》。朱德故居管理局、阆中市政府和市茧丝绸协调办公室、市蚕业总站聘请专家撰写了《朱德故里》《阆中古城》《桑蚕丝绸》3个特色志稿。至2005年12月，基本完成《南充市志》初纂任务。

2006年1月，各牵头单位组织人员按照市志篇目开展市志分纂。市地志办、市志总编室再次对分纂人员进行了分纂业务培训，继续加强对分纂工作的检查督促，着重在史实、数据、体例和行文规范等方面加强业务指导，把好志稿质量关。2006年12月，基本完成了市志分纂任务。市地志办、市志总编室验收了由各单位主要领导签署意见后的1300余万字的市志分纂稿。

2007年1月，《南充市志》进入总纂。市地志办、市志总编室在市志初纂、分纂人员中精心选聘了5名同志和市地志办3名同志共同承担市志总纂，根据其特长分别落实了总纂任务。吴兴中负责总述、统计、农业、人物等门类的总纂，何进负责大事记的总纂，于明负责政区、自然环境、人口、名优特产、朱德故里、阆中古城、宗教、民俗、方言、县（市、区）概况等门类的总纂，罗永师负责政党、议会·人大、政府、政协、纪检监察、人民团体、工业、桑蚕丝绸、卫生等门类的总纂，徐方强负责民政、劳动和社会保障、外事侨务对台、发展计划、国土资源、环境保护、安全生产监督、经济体制改革、交通、邮政通信等门类的总纂，卿远明负责旅游、教育、科技、文化、文物、报业、广播电视、出版、体育等门类的总纂，蒲明礼负责财政、税务、审计、工商行政管理、质量技术监督、药品食品监督、安全生产监督、进出口商品检验检疫、物价、商贸、金融等门类的总纂，史义华负责军事、审判、检察、公安、司法行政、人事编制、城建、建筑、房地产等门类的总纂。2月，总纂人员认真学习了《四川省第二轮市县级志书编纂规范》《标点符号用法》《〈南充市志〉总纂实施方案》等编纂规定，就突出南充地方特色、无题序、体例结构、行文规范等问题进行了研讨。按照省地方志编委会同意批复的市志总纂篇目，开始了市志总纂。总纂中，市地志办、市志总编室召开了3次总纂研讨会，对总纂中出现的问题进行研究讨论，集中解决有关重复、交叉等技术疑难问题，保证市志总纂质量。12月，形成了650余万字的市志总纂稿。

2008年1月，《南充市志》进入通纂。市志通纂由吴兴中（6月前）、夏建平（6月后）、何进、于明、罗永师、徐方强承担。着重在充分反映南充地方特色的部类上下功夫，花力气，重点是南充特有的人和事以及悠久的历史文化。采取“一支笔成志、多只手完成”的办法，每位通纂人员分别从志书的“政治原则、体例结构、行文规范、词语表述、数据图表”等方面各有侧重地将全部志稿从头到尾逐一把关，确保市志不出政治、史实、保密、数据、体例、行文等方面的错误。定期或不定期召开通纂人员研讨会，及时解决有关编纂疑难，处理好各部类交叉重复、专业性与普及性、资料与观点等关系问题。夏建平还对《旅游》《朱德故里》两个分志进行了通纂。12月，形成了约600余万字的通纂稿。是月，南充市电视台采访制作的专题新闻“精心编纂南充300年来首部地（市）级志书”在《晚间新闻》播出，大力宣传《南充市志》编纂工作。

图片编辑　2008年8月，市地志办、市志总编室开始市志特载图片的征集和编辑工作。市志编委会印发《关于广泛征集新修〈南充市志〉入志照片的通知》，公开向社会各界人士、各单位部门征集能充分反映南充历史变迁或各个时期的重大事件、重大活动、重要人物和南充巨变、南充巨大成就以及名胜古迹、城乡风光、市井老巷、民间工艺、民俗风情、百姓生活等方面具有代表性的图片。市地志办、市志总编室聘请市摄影家协会主席杨麾、副主席张祥林承担《南充市志》特载图片组稿工作，通过到市档案局（馆）、南充日报社等单位和部分摄影家个人家里收（征）集、重新拍摄等途径，至2009年10月，共征集到地图、照片500余幅（张）。在把握入选地图具有科学性、准确性和入选照片真实性、资料性、典型性、艺术性基础上，围绕南充建设川东北区域中心城市这一主线，夏建平、杨麾、张祥林、于明根据收集到的照（图）片，反复研究编辑方案，最后确定按照“领导关怀、南充记忆、南充巨变、南充人文、南充生态、百姓生活”等6个大类，精心选编了近200幅（张）精美大气、给人以冲击力的图片入志。

审核验收　《南充市志》初审，由各承编单位、各系统牵头单位在志稿初步形成后，组建本部门、本系统部分老领导、老同志、业务骨干以及现任领导等人员组成初审小组，对本单位撰写的市志初稿史实、数据等进行了审核。

2008年12月，市地志办、市志总编室按照市委常委、常务副市长、市志编委会副主任、市志总编向东“将市志通纂稿分别反馈给各牵头单位和承编单位再次进行审读”的要求，市政府办公室印发了《关于做好〈南充市志〉（通纂稿）审核工作的通知》，要求各承编单位组织本单位、本系统有关领导，业务骨干和老同志、老领导再次对通纂稿进行审核、修改。重点把好志稿的史实关、数据关、政治关、保密关。至2009年4月，各牵头单位、各承编单位按照要求完成了对市志通纂稿的审读、修改，各单位主要领导对审读后的市志通纂稿签署意见、加盖单位公章后返回市地志办、市志总编室。市志总编室对各单位反馈的建议意见进行修改完善，7月，形成了550余万字的《南充市志（1707—2003)》审读本。

2009年8月，市长、市志编委会主任高先海主持召开市志编委会会议，市委常委、市委秘书长、市志编委会副主任唐文金，市政府秘书长、市志编委会副主任李晓松及市志编委会全体成员参加了会议。与会人员听取了市地志办主任、市志编委会副主任、市志执行副总编夏建平关于《南充市志》编纂情况汇报后，对《南充市志（1707—2003)》人物入志、图片入志的原则进行了审定，初审了入志人物名录和入志图片，研究了《南充市志》审读、复审评议、政府审查等工作。市长高先海要求，要在大范围内认真开展《南充市志》审读工作，召开好《南充市志（1707—2003)》复审评议会和市政府审查会，严把质量关。要全力保障志书编纂、审读、审查验收等所需工作经费，各相关部门要大力支持市志编纂工作，确保2009年市志通过省政府终审验收。会议形成了《关于研究新修〈南充市志〉有关事项的会议纪要》。9月，市政府办公室印发了致各位领导、专家学者、市志编委会成员《关于审核新修〈南充市志〉的函》，对《南充市志》编纂的总体原则、基本特点等进行了说明，对《南充市志

(1707—2003)》审核重点、审核分工等提出了要求。市地志办、市志总编室将《南充市志》审读本送请省地方志编委会领导、历届南充市（地区）级领导、省市修志专家学者、市志编委会各位成员和市志总编、副总编、特邀副总编及各县（市、区）志办等260余人进行大范围审读。同时，请市保密、统计、民族宗教等部门对《南充市志（1707—2003)》的保密性、入志数据的准确性、市志是否违反民族宗教政策等相关内容进行了审查。市地志办主任、市志执行副总编夏建平分别召开了县（市、区）志办主任会和市志执行副总编、特邀副总编会议，专题落实本系统做好《南充市志（1707—2003)》审核工作。11月上旬，市地志办、市志总编室分别召开市人大常委会、市政协离退休领导市志审读征求意见座谈会，市人大常委会、市政协46名老领导参加座谈会，各位老领导对《南充市志（1707—2003)》编纂工作给予了充分肯定和高度称赞，并从各自曾经分管、联系和熟悉的工作领域，重点对史实、地方特色、政治、人物等方面提出了宝贵的意见和建议。历届市（地区）级领导认真审核志稿，特别是老领导李洪仁、冯希尧、李正培、李慎宽、赵培善、文正经、蒲显福、任德俭、杨安民、郭光杰、谢志远、谢正顺、陈修烈、陈绍森、胡昌川、陈尚君、罗月华、王素清、张明才、梁仕培、余善卫形成了书面意见，有的老领导还专门亲自给编纂人员当面讲述了一些重大史实情况。市地志办、市志总编室夏建平、何进、于明、罗永师、徐方强、李翠等还主动分别到市委、市政府离退休老领导家中征求意见和建议。已调离南充的历届市（地区）级领导（包括已离退休和在任领导）审读志稿后，都以书面或电话的形式，充分肯定市志编纂总体质量，褒扬称赞编纂者们付出的艰辛努力，提出了宝贵的意见和建议。审读征求意见工作中，共收集到领导、专家、学者等各方面的修改意见和建议5000余条（处）。

2009年11月10日，市政府组织召开《南充市志（1707—2003)》专家复审评议会议，省地方志编委会党组书记、副主任秦安禄，市委常委、市委秘书长、市志编委会副主任唐文金，市人大常委会副主任傅伦佳，市政协副主席康大寿，原市人大常委会主任李慎宽，原市政协主席蒲显福等领导出席。由省地方志编委会领导、市领导、省市地方志专家学者组成的市志复审评议组成员和市志执行副总编、特邀副总编以及市志编委会成员单位、各县（市、区）志办负责人等共计62人参加了会议。市长、市志编委会主任高先海和市委常委、常务副市长、市志编委会副主任、市志总编向东因争取项目、招商出差在外未能到会，他们指示要精心准备，认真开好复审评议会，虚心听取意见和建议，会后认真修改完善。市委常委、市委秘书长、市志编委会副主任唐文金代表市委、市政府、市志编委会致辞并作重要讲话，市政府秘书长、市志编委会副主任李晓松主持复审评议会，市志编委会副主任、市志执行副总编、市地志办主任夏建平全面汇报了《南充市志（1707—2003)》编纂工作和市志体例结构、地域特色、主要内容等情况。省地方志编委会党组书记、副主任秦安禄对市委、市政府高度重视《南充市志》编纂和地方志工作表示衷心感谢，对《南充市志（1707—2003)》的编纂质量给予了高度评价：《南充市志（1707—2003)》大功告成，堪称南充当代首部地情百科全书。省地方志编委会市县志工作处处长何瑞明及市县志工作处景瑞三、孙玉峰、高伟明、朱艳林、臧国亮等对《南充市志》提出了修改意见和建议。傅伦佳、康大寿、李慎宽、蒲显福等领导和西华师范大学教授龙显昭、西华师大副教授徐才安、原《蓬安县志》主编邓郁章等专家学者也提出了修改意见和建议。评审会议后，市政府秘书长李晓松立即召集市志执行副总编专题研究市志修改工作。市地志办、市志总编室认真梳理、归纳领导和专家学者的意见建议，逐一查证核实、修改完善，形成了市志送审稿。

2009年12月，市长高先海组织召开市政府四届第25次常务会，对《南充市志（1707—2003)》（送审稿）进行了审查，同意按有关要求和相关规定，正式呈报省政府市州志审查验收组对《南充市志(1707—2003)》终审验收。市地志办、市志总编室按照“齐、清、定”的要求，将《南充市志(1707—2003)》送审稿和市政府《关于审查〈南充市志（1707—2003)〉的请示》报送省政府。12月24日，省政府市州志验收小组召开了《南充市志》终审验收会，省政府副秘书长薛康任组长，省地方志编委会党组书记、副主任秦安禄任副组长并主持终审验收会议，省民委敬全林、省地方志编委会罗亚夫、省宗教局余孝恒、省民族研究所袁晓文、省保密办李明保、省统计局熊建中、省地方志编委会何瑞明等领导及专家和南充市志编委会副主任、市政府秘书长李晓松，市地志办主任夏建平等20余人参加会议。终审验收组成员在听取李晓松关于新修《南充市志（1707—2003)》编纂历程、总体原则、基本特点和审核评议及修改完善等方面情况汇报后，充分发表了终审验收意见和建议。终审验收小组认为《南充市志（1707—2003)》观点正确，体例规范，资料丰富翔实，内容全面系统，横不缺要项，纵不断主线，时代特点和地方特色突出，审验程序规范，志稿质量基本达到出版要求。秦安禄代表终审验收组宣读了终审验收意见，会议同意《南充市志（1707—2003)》通过省政府终审验收。

审定出版　市志通过省政府终审验收后，市长、市志编委会主任高先海和市委常委、常务副市长、市志编委会副主任、市志总编向东要求以对历史、对人民、对后代负责的态度，把《南充市志(1707—2003)》修改完善成精品良志。2010年1月至9月，夏建平、于明、罗永师、徐方强等对《南充市志（1707—2003)》从头至尾作了最后的修改完善。同时，聘请原《南充市志（续编)》（县级）主编潘大德对《南充市志·总述》作了全面修改，聘请原市政协主席蒲显福、原《蓬安县志》主编邓郁章对《南充市志·人物》进行了修改完善，最后由夏建平、于明把关。李翠、祝华、谢先锋、蒲丹对所有的有关市志修改意见和建议进行了整理建档，并一一与志稿修改情况作了校核，确保所有意见和建议在修改时无一遗漏。经过9个月的去粗取精，核实增补，形成了480余万字的市志定稿。

2010年9月17日，四届市委常委会第一百三十次会议审查了《南充市志（1707—2003)》编纂质量。与会领导在听取市志编委会副主任、市志执行副总编、市地志办主任夏建平就新修《南充市志(1707—2003)》编纂历程、总体原则、基本特点和人物入志、特载图片入志等情况汇报后，就市志编纂质量特别是人物入志原则、人物入志标准、入志人物名录及特载图片入志原则、入志特载图片进行了审查，原则同意市地志办提出的《南充市志》入志人物原则和入志人物名录及特载图片。会议强调，编纂责任单位要坚持尊重历史、实事求是的原则，按照相关要求，结合讨论意见进一步修改完善（市委常委会议纪要四届120次1号)。市委主要负责人在会上作了重要讲话。他指出，地方志书编纂是一项严肃的工作，一定要按照志书编纂的有关规定和要求，全面真实客观地记述好南充自清康熙四十六年(1707年）至2003年这段历史，充分反映南充的悠久历史、厚重文化和巨大变化；特载图片要围绕主线，突出南充特色和亮点。要按照把《南充市志》修成精品良志的要求，修改好志稿，搞好市志的出版发行。会议同意通过《南充市志》市委审查。

2010年10月，市政府向省政府呈报了《关于批准〈南充市志（1707—2003)〉出版的请示》，省政府作出了《关于同意〈南充市志〉出版发行的批复》。根据市长高先海、常务副市长向东“《南充市志》交由国家一级专业出版社出版，把《南充市志》印制成一部高质量的一流的精品志书”的要求，经过多方咨询比选，决定《南充市志》由方志出版社出版。方志出版社庚即安排编辑三审三校，优先安排出版，2010年12月，《南充市志（1707—2003）》正式出版。

印制发行 按照市领导把《南充市志》印制成一部高质量的一流的精品志书的要求，市地志办采用国内最好的80克玉龙纯质纸印制内文、157克金东太空索铜版纸印制彩页；采用真丝烫金制作封面，并在封面凹凸压制丝绸飘带和丝绸女神雕塑，封底凹凸压制嘉陵江南充段形状图，在扉页和每类类目页强调这两种文化元素，充分展示了南充厚重的丝绸文化和嘉陵江文化。采用梯形、留书边的方式制作了实木、纤维板两种规格的书盒，便于志书取放。采用白色麻布作纤维板书盒面料，外观上与志书形成色彩质地对比，给读者以视觉美感。《南充市志（1707—2003）》每套分上、中、下三册，每套配有电子光盘。2011年5月，市地志办决定将《南充市志（1707—2003）》与点校整理的清康熙《顺庆府志》制作成一套2张的电子书。2011年8月，3000套《南充市志（1707—2003）》完成印制，3000套电子书完成制作。

2012年4月26日，市政府召开《南充市志（1707—2003）》编纂总结表彰暨首发式大会。省地方志编委会党组书记、副主任马小彬，市人大常委会副主任李南春，市政府副市长朱家媛，市政协副主席王晓贤，省地方志编委会市县志工作处处长何瑞明、综合处副处长邓瑜等领导出席会议。市级各部门负责人，南充军分区、武警8740部队和驻市高等院校负责人，中、省驻市单位负责人，各县（市、区）政府分管领导和地志办主任，先进集体和先进个人代表以及新闻媒体记者、市志总编室全体人员等共140余人参加会议。大会由市政府秘书长沈一凡主持。市志编委会副主任、市志执行副总编、市地志办主任夏建平作了《各方参与，众手成志，全力将〈南充市志〉编纂成精品良志》的工作总结报告。会上，市政府对市委办公室、市地志办等30个先进集体和罗永师、徐方强等60名先进个人予以了通报表扬，并为先进集体和个人代表颁发了奖牌和荣誉证书；给市级部门、部队、档案馆、高等院校等单位和先进个人代表赠送了志书，举行了《南充市志》首发式。马小彬主任在《站在新的起点，再创新的业绩》讲话中指出，《南充市志》是南充地方志工作者献给南充人民的一份厚礼，是南充值得永载史册的大事、喜事，南充地方志工作走在了全省21个市州前列。朱家媛在讲话中指出，《南充市志》填补了南充近300年历史空白，堪称当代南充首部地情百科全书。她要求全市广泛开展读志用志活动，使《南充市志》成为南充经济建设和社会发展的一部镜鉴之书，真正发挥志书“资政、存史、育人”的功能。是日，《南充日报》第3版整版专题对《南充市志》进行了宣传，整版登载了《南充市志·序》和省地方志编委会副编审马国栋《记川东北重镇，谱新方志佳篇》、省地方志编委会市县志工作处处长何瑞明《五百万言巨著，三百年来南充》两篇评价文章。省地方志编委会、市委办公室、市政府办公室、达州市地志办等58个单位对《南充市志》出版发行致以热烈祝贺。

2012年5月至6月，《南充晚报》《南充广播电视报》均开辟专版整版刊登了专访市地志办主任夏建平的《〈南充市志〉架地方史断层之桥——480万字记述南充300年历史》《〈南充市志〉填补南充300年历史记载空白》的文章，对《南充市志》的重要意义及功能作用等方面进行了深入的宣传报道。南充电视台“周末故事会”栏目组采访夏建平、于明制作的30分钟《南充市志——填补南充300年历史记录》专题片在南充电视台首播，首播后在公共频道、新闻频道等进行了多次重播。

2012年10月19日，《四川日报》登载四川省第十五次哲学社会科学优秀成果获奖名单公示，《南充市志（1707—2003）》被公示为二等奖。市人大常委会主任高先海，市委副书记、市长向东，市委副书记唐文金，市人大常委会副主任李晓松，市政府副市长朱家媛，市政府秘书长沈一凡等领导得知信息后，及时通过手机短信致市地志办主任夏建平，对《南充市志》荣获省哲社二等奖表示热烈祝贺。

《南充市志》首发式后，市地志办庚即开展了《南充市志》“进机关、进部队、进社区、进学校、进企业”活动，主动为市委、市人大常委会、市政府、市政协所有领导和市（地）级以上离退休老领导、各县（市、区）领导以及市级各机关部门、驻市部队、部分社区、重点学校、重点企业等免费赠送1300余套，向国、省图书馆、方志馆、档案馆以及北京大学、清华大学、中国人民大学、北京师范大学、四川大学、西南财经大学、四川师范大学、西华师范大学、西南石油大学等大学图书馆赠送100余套，与省内20个市州和省外山东、上海、湖南、广东、重庆、江苏等地方志机构或个人交换120余套。国家图书馆、北大、清华、人大等单位给市地志办颁发了收藏证书。

2012年12月，《南充市志（1707—2003)》荣获四川省第十五次哲学社会科学优秀成果二等奖，四川省第十五次地方志优秀成果一等奖。2013年1月22日，市地志办主任夏建平在成都参加省政府“四川省第十五次哲学社会科学优秀成果颁奖大会”，省政府领导颁发了《南充市志（1707—2003)》获奖证书。

【县（市、区）志编纂】 唐代和南宋时，阆中先后编有《隆苑记》和《阆苑记》。明代，南充境内编有成化《营山县志》、嘉靖《营山县志》、嘉靖《阆中县志》、嘉靖《南充县志》、嘉靖《南部县志》、万历《营山县志》、万历《西充志》。清代，编有康熙《南部县志》、康熙《营山县志》、康熙《西充县志》、乾隆《营山县志》，嘉庆《营山县志》、嘉庆《南充县志》、道光《南部县志》、咸丰《阆中县志》、同治《营山县志》、同治《仪陇县志》、光绪《西充县志》、光绪《南部县乡土志》、宣统《西充县乡土志》。民国时期，编有《仪陇县志》《新修南充县志》《蓬安县志》《营山县志》稿、《西充县政务概览》《阆中县志》稿。

1958年至1959年，根据国务院《十二年哲学社会科学规划方案》和省人民委员会指示，南充地区所辖县（市）编写了地方志略。1966年，阆中县政协编纂《阆中县志》（未付梓）。1981年至2015年，南充先后开展了两轮新方志编纂，营山先后两次被列为全省修志试点县。在两轮修志中，南充市（地）所辖县（市、区）共编纂出版县（市、区）志19部。其中，《营山县志》（1989年版）获全国地方志奖一等奖、四川省第四次哲学社会科学优秀成果二等奖，《蓬安县志》（1994年版）获全国地方志奖二等奖，《阆中县志》（1993年版）获四川省第六次哲学社会科学优秀成果三等奖，13部县（市、区）志获四川省地方志优秀成果一、二、三等奖。

《南充市志》（县级）编纂 1983年3月，南充市（县级）第八届人代会第三次会议通过《关于动员全市人民编修南充市地方志的议案》，市委和市政府决定编修《南充市志》。7月，成立市地方志编纂委员会，编委会下设办公室，负责南充市志编纂日常工作。8月，市政府发布《关于编纂〈南充市志〉征集史志资料的通告》，并向28个政府工作部门下达编修部门志任务。市地志办部署了资料收集工作，举办修志人员训练班，创办《南充市志通讯》，组织各部门修志人员到内江市、灌县学习修志经验，市志编纂工作相继展开。1984年12月，市政府印发《编纂南充市志工作条例》。1985年3月，市政府表彰奖励市交通局等6个地方志工作先进集体和42名地方志工作先进个人。5月，地区地志办与市地志办联合举办地方志业务培训班。9月，市政府召开地方志工作会议，传达贯彻省第二次地方志工作会议和省地方志编委会召开的城市志业务讨论会精神。至1986年12月，市地志办先后3次组织约100人到西南文史馆、省图书馆、省档案馆、地区档案馆、市档案馆查阅档案。共查阅档案、报刊、图书、旧志等5000余卷（份)，搜集资料5000余万字。采访口碑4000余人次，记录整理资料4200余万字。搜集实物资

料152件，收集照片682张。市地志办汇编了《〈川北日报〉资料汇编》《嘉陵江南充市段水情资料》《洪痕碑记》《英烈浩气万古存——纪念罗瑞卿同志诞生80周年》《南充市建置沿革》等专题资料。1987年，《南充市志》开始总纂。市志编辑组经过广泛征求意见，反复研究，调整修改了《南充市志纲目》，制定了《〈南充市志〉总纂实施方案》《凡例》《人物入志意见》。邀请地、市各系统领导、专业人员召开座谈会。2月至3月，市地志办（县级）派出10人走访了重庆市、武汉市、洛阳市、湖北大学《史志文萃》编辑部等修志专家、学者和中国城市志指导小组的领导。省地方志编委会领导对《南充市志纲目》提出了修改意见。市政府聘请了65人担任分志编辑或资料员，选择了部分基础好的部门进行志稿试写，摸索经验。《概述》《大事记》《地理》《工业》《综合经济》《人物》《风俗》等综合性强的分志由市地志办负责编写。各分志初稿完成后，经过主编、副主编审改，打印成稿。市志编辑组邀请地、市有关单位领导、专业人员、学者、市志编辑等进行评审。评审后根据修改意见进行修改。修改后进行分部类通纂，最后由主编一支笔统稿。1992年10月，《南充市志》（县级）完成总纂。11月，在南充市（县级）召开四川省第二次市志学术研讨会暨《南充市志》志稿评议会。省地方志编委会副主任秦安禄、地委书记李正培、地区行署秘书长彭修昌、地区行署办公室副主任兼地区地志办主任陈祥超和市委、市人大常委会、市政府、市政协的主要领导出席会议。应邀到会的有湖北省宜昌市、成都市、自贡市、涪陵市、攀枝花市、绵阳市、江油市、广元市、江津市、乐山市、万县市、阆中市、华蓥市的修志工作者及南充地区部分修志单位和各县地志办负责人。曾任市委、市政府的主要领导应邀参加了会议。会议评议了《南充市志》（评议稿）并提出了修改意见。1993年7月，南充地区行政区划调整，撤销南充地区、南充市（县级）、南充县，设立南充市（地级）、顺庆区、高坪区、嘉陵区。1993年9月，经地区行署、省地方志编委会审查批准，《南充市志》交付出版。1994年11月，《南充市志》（县级）由四川科技出版社出版。省人大常委会主任杨析综、南充市首任市委书记吴致中分别为《南充市志》题词。省地方志编委会副主任秦安禄等为《南充市志》作序。12月16日至17日，召开《南充市志》首发式暨顺庆区第一次地方志工作会议。参加首发式的有原中央顾问委员会委员、原四川省委书记天宝，省地方志编委会副主任秦安禄，南充市委、市政府（地级）领导和区委、区人大常委会、区政府、区政协领导，区属各部门、各街道办事处、乡镇负责人及曾在南充市（县级）工作过的老领导和知名人士。1995年，《南充市志》（县级）获南充市（地级）第二次哲学社会科学优秀成果二等奖。1996年，《南充市志》（县级）获四川省第七次地方志优秀成果方志类一等奖。

1993年南充市行政区划调整后，鉴于《南充市志》（县级）下限为1985年，原南充市有8年历史没有记载。1994年，省地方志编委会建议由顺庆区地志办续修1986年至1993年《南充市志》（县级）。顺庆区采纳了这一建议。1995年年初，顺庆区地志办拟定了《南充市志（续编）》（县级）纲目征求意见稿，发送至有续修任务的单位。10月24日，区地志办受区政府指派，向区人大常委会汇报《南充市志（续编）》编纂工作。10月25日，区人大常委会第十四次会议作出《关于编修〈南充市志（续编）〉的决议》。11月14日，市政府办公厅召开《南充市志（编编）》（县级）续修工作会议。市地志办、顺庆区地志办及38个驻南充市（县级）的市属以上单位和编写人员参加会议。市政府（地级）副市长王正忠和顺庆区区长张世富参加会议并讲话。区地志办主编潘大德就《南充市志（续编）》（县级）的范围、时限、编写内容、要求及完成初稿时间作了说明。会后，各修志单位陆续抽调人员、组建修志班子，续修工作全面展开。参加修志人员共130余名。1996年9月，70%的部门、单位完成初稿编写。11月中旬，区长张世富主持召开未完成初稿单位主要负责人会议，要求未完稿单位限期完成任务。12月20日，《南充市志（续编）》250万余字的初稿全部完成。1997年1月，《南充市志（续编）》开始通纂。区地志办6名工作人员在完成初稿修改、编辑的同时，开始撰写总述、大事记、自然环境、人口、社会风土、人物、附记、后记等志稿。通纂稿印制后，送各修志单位及有关领导、知情人士征求意见。并由区委、区政府分管领导或相应主管部门负责人主持召开评审会议。区地志办按照评审意见对志稿修改充实后，形成送审稿。经市政府、省地方志编委会审查批准后交付出版。10月，《南充市志（续编）》（县级）由四川人民出版社出版。是年，《南充市志（续编）》获南充市（地级）第三次哲学社会科学优秀成果二等奖。1998年，《南充市志（续编）》获四川省第八次地方志优秀成果三等奖。

《南充县志》编纂 明嘉靖时，刘豫章、韩石溪编修《南充县志》。清嘉庆时，“所传残本，寥寥十余纸”（为清代传抄的手稿），明进士任少海所作序文载于清嘉庆十八年《南充县志》艺文卷。

清嘉庆十七年（1812年），四川省纂修通志，征调南充人文典籍、山川形胜等各种资料，南充知县袁凤孙召集同僚、学士38人收集资料。资料来源除旧志残本外，都从省志、府志、家藏书籍和轶事、传闻中摘取，汇辑上报。因所收资料较多，通志未必全载，遂将存稿细加订正，并收遗补缺，于嘉庆十八年（1813年）编成《南充县志》，知县袁凤孙为总纂，县训导陈榕、教谕席前业等为协修。共分舆地、建置、赋役、职官、选举、人物、艺文、杂识等8卷，并附有图考。但未能刊刻成书。清咸丰七年（1857年），教谕洪璞山翻阅清嘉庆十八年（1813年）编成的县志手本，感到体例不全、内容不多，很想增补。旧志手本虽已蛀蚀，经细加披阅、修整并采辑增补县内职官政绩、科甲年例、烈士节妇等材料，对清嘉庆《南充县志》进行增补修订并刻印成书，仍为8大门类，洪璞山撰有《增辑南充县志序》。市图书馆存有原刻本。

民国9年（1920年），为修《四川通志》，省通志局下函各县同时修纂县志。南充县设修志处，县知事李良俊任监修。组织清进士王荃善为总纂，蒲毓庚、任乃强等7人为协纂，另有校勘、测绘、采访、庶务、文牍等21人。民国17年（1928年）3月，开局修志，于次年2月修成，年底刻印成书。为区别清嘉庆十八年的《南充县志》，定书名为《新修南充县志》，全志56万余字，共16册，分舆地、掌故、人物、物产、艺文、外纪6大类，67个分类。志前有图考若干幅，另有附图1册，载有全境、山脉、水系、交通、市区、城区街道以及有名的建筑物、公园平面图。《新修南充县志》在清嘉庆《南充县志》基础上作了较大增补，在修纂中吸纳现代文化科学新观点，运用天文学、统计学等原理。在“舆地志”记“疆域”时，摒弃“星野”标注法，采用经纬标注法。对名胜古迹进一步考证，对孔庙祭祀，详载乐舞、祭器、礼仪，以备“将来考古复礼之资”。所记山水、古迹的有关诗文则仿效《富顺县志》散入各分志，“以助阅者兴趣”。志书中还详记道路、嘉陵江水系、灌溉50挑以上的堰塘和本地物产，还记述了民国初期发生在南充县的顺庆起义、地方自治等重大事件，收录了《南充县暂行自治大纲》，具有很强的资料性。市图书馆存有原刻本。

1959年6月，南充县委办公室编纂《南充县地方志略》，设建置沿革、地下党组织的革命活动、历史人物、文物古迹名胜、土特产、矿产、民歌民谣等7个部分。内容简略（市档案馆存有油印稿）。

1982年12月，南充县成立县志编纂筹备组，由县政协代管，办公地点设在县政协文史组，并抽调3名退休人员筹备修志。1983年3月，修志工作移交县政府。1984年7月13日，成立南充县志编纂委员会及办公室。9月16日，南充县志编纂委员会召开第一次全体会议，讨论通过新修《南充县志》征集资料和给编委会办公室配备专职领导等问题。会后，一些单位即组织人员开始收集资料。9月20日，县政府印发《关于新修南充县志征集史志资料的通告》。1985年1月，县政府配备1名副主任主持县地志办工作。3月5日，县政府批转县地志办《关于认真做好1985年地方志工作的报告》。3月7日至8日，县委、县政府召开全县地方志工作会议，安排布置全县1985年地方志工作，4月16日至21日，县地志办举办修志业务培训班，86人参加培训。9月，全省志第二次地方志工作会议后，县长办公会议听取了修志工作汇报，要求各分管副县长和各部门负责人重视、支持修志工作，抓紧部门专业志和乡镇志编写。12月底，军事志、青居电站志和川剧团志完成初稿。进入试写的有林业志、蚕桑志、水电志、交通志、体育志、卫生志和沼气志。已收集资料，准备试写的有税务、财政、民政、计量、二轻、科技等27个部门志。1986年2月1日，县政府批转县地志办《关于认真贯彻四川省第二次地方志工作会议精神，加快我县修志步伐的报告》。4月24日，县志编纂委员会召开全体会议，主要研究召开全县修志工作会议议题，确定1985年修志工作先进集体和个人，请求县人大常委会对修志工作作出决议等内容。4月25日至26日，召开全县修志工作分管领导会议，县四大家领导、编纂委员会全体成员、县级机关、企事业单位、区乡镇负责人出席会议。会议要求县级各单位部门志和各乡镇志必须在1987年完成。县委书记青永秀到会就进一步统一思想、提高对修志工作的认识，加强领导、一抓到底，编纂志书一定要有始有终保证质量三个方面提出严格要求，要求全县局以上单位部门志和乡镇志必须在1987年完成，绝不拖地区的后腿。会后不准哪个单位不动，下个月开展检查，并且要挂牌，哪个单位没动就找单位领导。区人武部、林业局、交通局、税务局、蚕桑局、工商局、水电局领导在会上交流了经验。会议表彰了1985年修志工作先进集体10个，先进个人21名。5月3日，南充县第八届人大常委会第十四次会议听取县地志办主任萧洪建受县政府委托作的《南充县志》编纂工作情况汇报，作出《关于切实加强领导，加快县志编纂步伐》的决议。7月22日，县地志办再次举办修志人员业务培训班，68人参加培训。9月2日，县志编纂委员会印发《关于编纂南充县志实施办法》。9月8日，县志编纂委员会召开全体会议，讨论研究在保证质量的前提下加快步伐，完成部门志的编纂；讨论通过了县志总纲目、分志编纂分工、人物志编纂方案和第一批入志人员名单等问题。年底，各修志单位查阅各种档案、书刊、杂志、报纸21561卷（份），走访53807人次，召开各种座谈会695次，搜集口碑资料520多万字，搜集实物260余件。收集资料总数达6216万多字。完成初稿编写的有《南充县林业志》《南充县军事志》《南充县农业志》《南充县交通志》《大通乡志》《南充地区丝二厂厂志》《南充地区棉纺厂厂志》。有18个厂、校、场、公司的志书脱稿或印成书。1987年2月6日，县地志办印发《南充县志》纲目征求意见稿。3月1日，县委书记青永秀在全县农村工作会议结束时强调：全县各级各部门对修志工作要继续抓紧抓落实，要把修志工作列入岗位责任制。3月8日，县长黄柏林在县第九届人大第一次会议《政府工作报告》中指出：地方志是很重要的文化建设工作，各级各部门都要重视和抓紧修志。6月11日，县政府批转县地志办《关于加强领导落实县志分志任务的报告》。9月2日，县志编纂委员会印发《关于编纂〈南充县志〉实施办法》。9月21日，县政府聘任40名县志分志责任编辑。21日至25日，县地志办举办《南充县志·分志》责任编辑业务培训班。11月6日，召开全县地方志工作会议。至12月底，全县完成41部县级部门志，33部校志、企业志初稿编写任务。1988年4月9日，县政府召开县志修编工作先进集体和先进个人表彰会，会议表彰了6个先进集体和44名先进个人。5月4日，县地志办印发志书行文规定。12月底，完成20个县志分志初稿，评议部门志7部，完成县志纲目修订稿第6稿，编印修志简报9期，编印《县志资料》3期。1989年4月18日，南充县地志办被地区地方志编审委员会表彰为1988年修志工作先进集体。4月22日，县委办公室、县政府办公室印发《关于认真审查修改县志初稿的通知》。成立了34个分志评审小组。至年底，完成10个分志编写任务。完成人物传稿27个，审查、修改、打印分志稿24个。全志除人大、政府分志、13个人物传和首尾部分外，均完成初稿的编写任务。审定、修改部门志7个。1990年3月15日，县志编纂委员会印发《〈南充县志〉总纂实施方案》。3月24日，县政府批转县地志办《关于认真做好县志分志评审工作的报告》。6月5日，县委、县政府召开《南充县志》初稿评审工作会议，县级各单位负责人参加会议，县委书记青永秀、县长董仲良、县人大常委会副主任万泰辉、副县长杨秀清、县政协副主席焦远志等领导先后讲话，地区地志办副主任文崇周到会指导。12月，《南充县志》36个分志全部完成初稿编纂任务，70%的分志完成分纂，50%的分纂稿完成总纂。1991年1月29日，县志各分志全部完成初步评议审查。5月28日至31日，县委、县政府召开《南充县志》志稿评议会。省地方志编委会副主任秦安禄、市县志联络处长李冀麟，地区行署副专员、地区地方志编委会主任黄德益，原地区行署副专员王庭基，地区行署办公室副主任、地区地志办主任陈祥超，地区地志办副主任文崇周、吕陌阶，原南充县委书记马远清、程志远，原南充县委副书记李家骥、晋国强、刘寿山、刘自璋、吕玺，原南充县委组织部部长樊根仕、吴建渊，原南充县县长黄柏林、副县长蔡维均，县四大家领导和县级有关单位负责人，各县市地方志办公室领导及修志同行共160余人参加会议。地委书记康咸熙、地委组织部部长杜元耀、南充县志顾问张敬虚（省社科院教授）、贾顺先（四川大学教授）、张利源（省地方志编委会副编审）写来贺信。会上，《南充县志》主编王时浩汇报了县志编纂情况。评议会采取小组评与大会评相结合，会上评与会下评相结合，一般评与重点评相结合，评与议相结合的方式对《南充县志》稿进行了评议，共收到评议文章32篇。评议会后，县志总编室逐条消化，分类整理收到的评议文章和会议发言记录，讨论修改方案，调整完善纲目，制定总纂计划。1991年8月至1992年9月，完成《南充县志》稿评议后的修改。1992年10月10日，将打印好的《南充县志》稿送省地方志编委会、四川人民出版社和在成都的县志顾问审查，同时报送地区地志办审查。根据审查意见，再次进行补充修改。11月底，全面完成《南充县志》稿修改任务，县政府呈报地区行署请示出版。12月5日，地区行署批复同意《南充县志》出版。1993年年初，县地志办将志稿送交出版社出版。1993年7月，南充地区行政区划调整，撤销南充地区、南充市（县级）、南充县，设立南充市（地级）、顺庆区、高坪区、嘉陵区。8月21日，省地方志编委会批复同意《南充县志》对外发行。12月，《南充县志》由四川人民出版社出版发行。是年年底，《南充县志》获省地方志第六次优秀成果二等奖。

1998年8月1日，省地方志编委会党组书记、副主任秦安禄到高坪区检查指导地方志工作。鉴于《南充县志》（1993年版）下限为1985年，原南充县有8年历史没有记载。建议由高坪区地志办续修1986年至1993年《南充县志》。8月26日，区政府向市政府报送《关于续修1986—1993年〈南充县志〉的报告》。10月28日，市政府办公厅印发《关于续修〈南充县志（1986—1993）〉的通知》。2003年1月7日，区地志办向区委、区政府呈报续修《南充县志》专题报告。4月，启动续修《南充县志》工作。9月14日，市政府办公室印发《〈南充县志〉续修方案》。要求续修《南充县志》工作以高坪区为主，顺庆、嘉陵两区配合。市政府成立《南充县志》续修工作协调领导小组，市政府分管副市长为组长，市地志办主任及市辖3区分管副区长为副组长。9月22日，区委办公室、区政府办公室印发《关于组织编纂〈南充县志（1986—1993）〉的通知》，成立了南充县志编纂委员会，并设立总编室。10月15日，南充县志编纂委员会印发《南充县志（1986—1993）》编纂实施方案，市政府召开高坪、顺庆、嘉陵3区政府分管领导和地志办主任协调会议。10月16日，区委、区政府召开续修《南充县志》动员暨编写人员培训会。会后，总编室编辑划片包干，分头深入机关、乡镇指导编写人员收集资料，按篇目编写。2004年，总编室委托顺庆、嘉陵两区地志办安排布置指导原南充县辖乡镇的初稿编写工作。3月25日，高坪区政府向顺庆区政府、嘉陵区政府发出商请协助编修《南充县志（1986—1993）》有关问题的函，同时向省内外发出征集入志人物函件。2005年，总编室组织人员编写《南充县志（1986—1993）》的行政区域、自然环境、社会风俗和大事记等稿件，5月底，县志初稿编写全部完成。8月底，完成志稿分纂和总纂。9月5日，南充县志编委会召开《南充县志（1986—1993）》评议会。评议会后，总编室根据评议会提出的修改意见，对志稿进行补充和完善。2006年1月16日，《南充县志（1986—1993）》评审会召开。会议由市政府副秘书长袁志鸣主持。市委常委、市委秘书长唐文金、市政府副市长谢华国，市政协副主席余长春，市老领导冯希尧、董仲良、青永秀及市地志办主任吴兴中、副主任何进、副调研员于明，区委、区人大常委会、区政府、区政协主要负责人，顺庆区、嘉陵区政府分管副区长，市辖3区地志办主任，各县（市、区）地方志专业人员等出席了评审会。评审会后，根据评审意见，总编室对稿件再次修改完善，由区政府审查并报送市政府审定。6月7日，市政府批复同意《南充县志（1986—1993）》出版。2010年5月，《南充县志（1986—1993）》由中国文史出版社出版发行。2012年，《南充县志（1986—1993）》获四川省地方志优秀成果志书类三等奖。2013年1月，《南充县志（1986—1993）》获南充市第十次哲学社会科学优秀成果三等奖。

《南充市顺庆区志》编纂　2002年10月24日，顺庆区委、区政府召开顺庆区地方志工作会议，总结地方志工作，表彰先进，布置编纂《顺庆区志》任务。区委、区政府印发了《关于认真做好〈顺庆区志〉编纂工作的通知》《南充市顺庆区地方志2010年目标规划纲要》和《〈顺庆区志〉编纂实施方案》、区志篇目、《凡例》和《人物入志细则》。成立了顺庆区志编纂委员会及顺庆区志编纂组。对编纂人员进行了业务培训，各修志单位开始搜集资料。2005年9月，区地志办邀请12位曾经在顺庆区工作的老领导、驻区大学教授、对顺庆区区情有研究的社会人士和修志老前辈召开《顺庆区志》突出地方特色、加强人文记述座谈会，听取他们意见和建议。10月26日，在全区地方志工作会议上，区长与各修志单位主要负责人签订目标责任书。会后，全区各修志单位和驻区有关单位开始编写《顺庆区志》初稿（部门志稿）或资料长编。综合性强的志稿区地志办聘请专人收集资料和撰稿。2006年8月，完成区志初稿和资料长编编写，共搜集资料200余万字，其中14个部门形成部门志稿，有2个部门志成书。2007年3月，《顺庆区志》开始总纂。区地志办聘请3位人员和1位资料员组成《顺庆区志》总纂小组，区地志办主任冯瑛负责协调，区地志办主编卿远明负责统稿。8月底，完成区志稿总纂。9月中旬和11月中旬，先后召开《大事记》《区委》《人大》《政府》《政协》5个分志审稿会。2007年11月26日至28日，召开《顺庆区志》稿评议会。省地方志编委会副主任罗亚夫，市地志办领导和各县（市、区）地志办主任、主编，顺庆区四大家领导等60余人参加会议。会议收到志稿评议文章16篇，与会专家、学者对《顺庆区志》稿提出了修改意见和建议。2008年2月，区地志办组织专人梳理评议意见，拟定修改方案，对《顺庆区志》稿进行修改。8月，完成送审稿后，又请3位修志专家对志稿进行审查。经反复修改后，形成《顺庆区志》送审稿，报送市政府审查。11月20日，市政府批准《顺庆区志（1993—2005）》出版。2009年4月，《顺庆区志（1993—2005）》由方志出版社出版发行。6月11日，举行首发式。省地方志编委会党组书记、副主任秦安禄，副主任罗亚夫，市县志工作处副处长何瑞明，市地志办主任夏建平以及区委、区人大常委会、区政府、区政协、部分区级部门领导等60余人员出席了首发式。2010年，《顺庆区志》获四川省第十四次地方志优秀成果一等奖。2011年，《顺庆区志》获南充市第九次哲学社会科学优秀成果一等奖。

《南充市高坪区志》编纂 2007年4月，高坪区启动《高坪区志》编纂工作，着手收集高坪区1993年至2007年人物、机关企事业单位大事记等资料。12月3日，区委、区政府印发《关于组织编修〈高坪区志（1993—2007）〉的通知》，成立高坪区志编纂委员会，并成立区志总编室。区政府印发了《〈高坪区志〉编纂方案》《〈高坪区志〉编纂实施办法》，区地志办拟定了区志编修参考条目。12月6日，区政府召开编修《高坪区志》工作动员会议。要求各修志单位广泛搜集资料，撰写区志初稿，初稿经单位主要领导签字并加盖公章，连同电子文档送交区地志办，由区地志办组织区志分纂、总纂，区保密局负责全志保密审查，区统计局负责全志数据审核。会后，区志总编室各位编辑分别深入区级各部门、各乡镇现场进行业务指导。区政府主要领导和分管领导先后3次听取区志编修工作情况汇报，解决实际问题，利用2次部门负责人会议强调修志工作，下乡检查指导工作时了解乡镇、街道办区志编修进度。2008年6月底，区级各部门、各乡镇、各街道办全面完成资料收集工作。年底，完成初稿编写任务，形成100万字的区志初稿。2009年年初，区志总编室各位责任编辑依照修订完善后的区志篇目，对各承修单位的初稿进行提炼加工，形成规范性稿件。6月至7月，区志总编室对各责任编辑上交的规范性稿件进行审核，不合格稿件返工修改。总编室对规范性稿件组织验收并形成分纂稿。2010年2月至12月，区志总编室对分纂稿进行总纂。12月，完成总纂，经区志编委会审核后，送市地志办审查。2011年1月至8月，根据市地志办的审查意见，区志总编室对全志再次进行修改，形成区志复审稿。8月，区志编委会将区志复审稿分送区四大家现职和退居二线的领导和地方志专家学者审查。9月23日，区政府与市地志办联合召开《高坪区志》复审评议会。市地志办主任夏建平、副区长吴斌、郑莉等领导出席，市地方志书审查验收学术委员会委员何进、于明、罗永师、杨朝志、萧志成、卿远明、赵文宝及《高坪区志》编委会部分成员单位负责人、总编室编纂人员等60余人参加了复审评议会，郑莉主持专家复审评议会。评审组成员听取高坪区地志办主任曾冬青编修《高坪区志（1993—2007）》情况汇报后，就志书体例、结构、分类、保密、民宗政策、语言规范、资料收集等方面发表了评审意见和建议。会后，区志总编室按照评议意见再次对志稿进行了修改完善。12月23日，市政府组织召开了《高坪区志》终审验收会，市政府秘书长李晓松任终审验收小组组长并主持终审验收会议。市地方志书审查验收委员会委员夏建平、吴兴中、斯顺平、熊乐成、何进、于明、徐方强、卿远明以及区委常委、政法委书记吴斌和《高坪区志》总编室编纂人员等20余人参加会议。终审组成员在听取吴斌关于《高坪区志（1993—2007）》编纂情况和区地志办主任曾冬青关于复审评议后修改情况的汇报后，充分发表了终审意见和建议。终审验收组经过充分酝酿讨论，形成一致终审验收意见，《高坪区志（1993—2007）》符合《四川省第二轮市县级志书编纂规范》，同意通过终审验收。2012年1月至7月，区志总编室根据终审验收会意见，对区志稿进行再次修改。8月3日，区志编委会全体会议审查定稿。8月14日，区政府向市政府报送《关于出版发行〈高坪区志（1993—2007）〉的请示》。9月10日，市政府批复同意《高坪区志（1993—2007）》出版。2013年1月，《高坪区志（1993—2007）》由方志出版社出版发行。2014年11月，《高坪区志（1993—2007）》获四川省第十六次地方志优秀成果志书类三等奖。

《南充市嘉陵区志》编纂 2003年3月，嘉陵区委、区政府作出《关于编纂〈嘉陵区志〉的决定》，成立嘉陵区志编纂委员会，嘉陵区志编纂委员会印发了《〈嘉陵区志〉编纂方案》。4月至9月，区地志办反复研究拟定了区志编写纲目，落实牵头单位和各承编单位编纂任务。10月，区政府办邀请市地志办及有关专家，对各工委，各乡镇，区级各部门，驻区各企事业单位分管领导和志书撰稿人员，进行了为期5天的志书编纂业务培训。会后，区级各部门、各乡镇开展了资料搜集工作。2004年3月至8月，区志编委会及总编室对全区乡镇和区级部门建立编纂领导班子、确定编修人员、拟订编纂纲目、搜集资料等工作进展情况进行检查指导。9月，区志编委会开始征集《嘉陵区志》建设成就图片资料。11月，区志编委会印发《〈嘉陵区志〉编纂细则》《嘉陵区志·凡例》《〈嘉陵区志·大事记〉编纂方案》《〈嘉陵区志〉人物入志办法》。2005年1月，乡镇、部门先后进入志稿初撰。7月，区志编委会组织召开修志阶段性工作汇报会，区教育局、区供销社、太和乡等修志进度快的单位在会上作了交流发言，区政府分管领导安排部署了下一步的修志工作。11月，全区44个乡镇、56个部门按照要求给区志编委会报送了初稿。对多次催办仍未报初稿的22个乡镇、单位，区政府办发出督办通知，提出了严格要求。2006年4月，区委办、区政府办针对部分单位区志工作进度严重滞后的问题，印发《关于进一步加强〈嘉陵区志〉编修工作的通知》及编纂工作目标任务分解表，将区志编纂工作纳入区政府目标管理进行单项考核。7月至8月，区志编委会组织区委办、政府办、政法委、文体局、建设局、工商局等牵头单位召开区志编纂协调会，进一步明确了部门志初稿完成时间。12月底，全区又有20个部门志初稿完成。2007年1月，召开全区修志工作暨业务培训会议，区委、区政府分管领导对各部门、各乡镇志初稿审定提出了时间要求。至12月底，全区共有50部乡镇志、部门志进行了初审。2008年，区志编委会及区地志办按照国务院《地方志工作条例》及《〈四川省地方志工作条例〉实施办法》相关规定，对区公安分局、粮食局、信用联社、审计局、民政局、林业局、农业局、农机局、环保局等20个单位区志编纂进展情况进行了检查。8月，区志编委会再次对督办仍未报送志稿的部门和乡镇，发出催稿紧急通知，要求在规定时间内完成初审并报送稿件。11月，市地志办主任夏建平到嘉陵区调研地方志工作，要求区政府落实好修志工作经费，解决好修志必需的办公设施设备，组织好编纂队伍，搞好编纂人员业务培训，遵循志书体例和行文规范，加快新修志书工作进度，确保按时按质完成区志编纂任务。12月底，全区69部部门志和36部乡镇志完成初审和初稿报送。区志总编室完成了大事记、人物、附录等相关资料的搜集、整理等工作。2009年，嘉陵区将地方志工作纳入全区综合目标管理，进行单项考核。区志编委会印发了《嘉陵区地方志编纂委员会审查验收部门志稿实施办法》，对部门志、乡镇志进行审查验收。2010年3月24日，市政府目标办到嘉陵区督查区志编纂情况，要求区政府把区志编纂工作列入重要日程，加快区志编纂工作进程。4月28日，区政府召开区志编纂研讨座谈会，通过了区志分纂篇目和人物入志方案。4月至6月，区地志办拟定《嘉陵区志》分纂实施方案，组织人员进行分纂，制定了区志分纂形象进度安排表。聘请10名人员，分工负责分纂，采取分纂人员自我评审、交叉互审、区志执行副总编总体主审的"三步法"把好分纂关。9月26日，市地志办主任夏建平到嘉陵区督查区志分纂工作开展情况，对志稿资料征集和提高志书质量提出了要求。至12月底，《嘉陵区志》完成了分纂。2011年1月至5月，区地志办聘请了2名地方志专家和3名分纂人员，完成了《嘉陵区志（1993—2003)》总纂任务。区地志办、区志总编室将总纂稿报送南充市县（市、区）志审查验收小组成员、嘉陵区现任县级领导和曾在嘉陵区工作过的老领导、区志编委会成员等进行审读，广泛征求意见。7月12日，嘉陵区

政府和市地志办组织召开了《嘉陵区志（1993—2003）》复审评议会。市地志办主任夏建平、区人大常委会主任张在强，区政协主席赵大伦，区委常委、常务副区长彭发阳，区委常委、组织部部长杨勇，区委常委、宣传部部长唐红莉，区人大常委会副主任郭成志，副区长张学军，区政协副主席苏俊富等领导出席，市地方志书审查验收学术委员会委员何进、于明、杨朝志、曾冬青、萧志成、卿远明、赵文宝及嘉陵区志编委会成员单位负责人、嘉陵区志总编室编纂人员等共70余人参加了复审评议会。张学军主持复审评议会，彭发阳致辞。评审组成员听取区地志办主任何毅编修《嘉陵区志》工作情况汇报后，就志书结构体例、内容表述、行文规范等方面充分发表了评审意见和建议。复审会议后，区地志办、总编室组织人员，根据征求到的修改建议和梳理复审评议建议意见，认真修改完善。9月，形成了《嘉陵区志（1993—2003）》终审稿，区委、区政府审查同意后，呈报市政府终审验收。9月23日，市政府县（市、区）地方志书审查验收小组召开了《嘉陵区志（1993—2003）》终审验收会议，市政府秘书长李晓松任终审验收小组组长并主持了终审验收会议。市地方志书审查验收委员会委员夏建平、吴兴中、斯顺平、熊乐成、何进、于明、王国成、卿远明以及区政府副调研员王永平、部分编委会成员等20余人参加了会议。终审组成员在听取王永平关于《嘉陵区志（1993—2003）》编纂情况和区地志办主任何毅关于复审评议后修改情况汇报后，充分发表了终审意见。终审验收组经过充分酝酿讨论，形成一致终审验收意见，《嘉陵区志（1993—2003）》符合《四川省第二轮市县级志书编纂规范》，同意通过市政府终审验收。终审验收组要求嘉陵区地方志编委会严格按照审查验收小组会议指出的意见进一步修改后，交付出版。终审验收会后，区志总编室组织人员进行了修改完善，形成了《嘉陵区志》定稿。区政府向市政府呈报了《关于批准〈嘉陵区志〉出版的请示》。12月，市政府印发了《关于同意〈嘉陵区志（1993-2003）〉出版的批复》。2012年3月，《嘉陵区志（1993—2003）》由方志出版社出版发行。2014年，《嘉陵区志（1993—2007）》获四川省第十六次地方志优秀成果志书类二等奖。

《阆中县（市）志》编纂　唐代，宋陟编有《隆苑记》，书佚。南宋年间，阆中人何求（一作何永）编著具有史志性质的书籍《阆苑记》，书佚。清咸丰《阆中县志·人士》载：“何求，一作何永，以宋德隆盛，记载疏略，乃裒次三十卷，号《阆苑记》。后同县曹无忌又增二十六卷。”清道光《保宁府志》黎学锦序云：“……其人物，则陈寿之传《耆旧》、何求之集《阆苑》，可以溯流芬也。”由此可知，《阆苑记》是以人物为主的传记。

明嘉靖元年（1522年），编有《阆中县志》。20世纪80年代，阆中人肖善生研究《巴渝舞》时，在北京某图书馆查阅到明嘉靖《阆中县志》藏本，并复印有关记载阆中瘟祖会的内容。第二轮修志发现此事后，萧善生病重已不能言，未能打听到明嘉靖元年《阆中县志》具体存于北京哪个图书馆。

清嘉庆三年（1798年）至二十一年（1816年）间，阆中县训导毛于逵手辑《阆中县志》十卷。志佚。清咸丰元年（1851年），阆中知县徐继镛总领其事，李惺等21人编纂《阆中县志》，另有采访7人、誊真者8人、校对者6人。该志计4册、8卷，前6卷分24门，后2卷为志余，13万余字。阆中市图书馆有藏书，四川大学、武汉大学图书馆亦有全套馆藏。

民国15年（1926年），阆中县知事岳永武聘郑钟灵编修《阆中县志》。40人参加编写，其中采访20人，督印、总纂、分纂、纂修、协修等共20人。该志共8册30卷、约22.8万字。石印本、插图7幅。民国34年（1945年），阆中县编修了《阆中概况》，共13篇，为手稿，存阆中市档案馆。民国37年（1948年），阆中县文献委员会杨诚恭、李镜芙、孔震生等人编修《阆中县志》，手抄本6册，未付梓。《志稿》计37志及大事记、文征、志余，共1215页，插图1幅。手稿存四川省文史馆，缺地质、要隘、民意、机关、财政、地籍、赋税、仓储、经济、礼俗十个专志。1984年，阆中县地志办从省文史馆复印4套，分别保存于县档案馆、县图书馆、县文化馆、县地志办。

1958年，中共中央在成都召开会议，毛泽东倡议编修地方志。是年，阆中县政协编纂了《阆中地方志略》。志略共16章19节，约3万余字。1959年，根据四川省人民委员会指示，阆中县政协又编写出《阆中县并地方志略》，计7章22节，为缩写本。1966年，阆中县委责成阆中县政协组建"重修《阆中县志》小组"，时限设置为：至1965年底止。1966年6月完成初稿。编纂人员有：戴哲民、张际中、杨君寿、杨君卓、张释南等。全志分上、中、下三册。第一册为五卷：分别为：卷一沿革、卷二地理、卷三革命、卷四政治、卷五经济，第二册为五卷：分别为：卷六文教志、卷七卫生志、卷八武备志、卷九宗教志、卷十人物志，第三册为三卷：分别为：卷十一古迹文物志、卷十二艺文志、卷十三志余。

1980年12月19日，阆中县委、县政府提出编修《阆中县志》。1981年1月，县政协组建史志编修办公室，组织几位离退休老同志开始编修县志。在"无上级指导、无修志规定、无范本、无经验借鉴"的情况下，采用断代史办法，将志书分为"帝制时期""民国时期""社会主义时期"分段编写，并拟定了"帝制时期"篇目，分为：天文志、地理志、社会风物志、艺文志、余志，共39目。2月，史志编修办公室开始"帝制时期"组稿，同时启动县志资料征集。3月，拟定出"民国时期"篇目征求意见，"民国时期"共设8编。4月，县委召开全县教育工作会，提出"发动全县4000多名教师，负责采访、收集县志资料"。在县级机关、区、乡干部会上号召全体干部提供资料。6月7日，成立阆中县志编修委员会，下设办公室。史志编修办公室将县志编修工作移交给县地志办。6月，拟定出"社会主义时期"篇目，"社会主义时期"上限为1949年12月29日（阆中解放之日），下限1980年。为了便于编写，将31年的时间又分为"'整风反右'前七、八年""'整风反右'后到'文化大革命'前""'文化大革命'十年""1976年粉碎'四人帮'后"4个阶段。8月11日，学习内江县新志篇目，重新拟定"民国时期"篇目为9个专志56目。11月24日，县地志办对"民国时期"篇目进行修订。1982年4月，完成"帝制时期"志稿编写并通过审查，县地志办着手编写"民国时期"志稿。5月，《阆中县志·帝制时期》铅印出书（内部资料）。11月，完成"民国时期"初稿编写并送审。12月28日，县地志办将"民国时期"第二稿（上、下册）送相关领导审读。1983年1月，寄送阆中籍在外地工作的一些人员征求意见。是年，先后3次对"民国时期"志稿进行审稿。1月28日，县地志办拟定"社会主义时期"目录送各系统牵头单位征求意见。4月8日，县政府召开各系统牵头单位领导和撰稿人员会议，研究《阆中县志》"社会主义时期"编纂工作。1984年4月，中国地方志指导小组《新编地方志工作条例》颁布后，《阆中县志》原定"帝制时期""民国时期""社会主义时期"三个时期的编修办法停止实施。县地志办工作重点转向指导部门志、专业志、区志、乡镇志编纂。"民国时期"上、下册清缮本和"社会主义时期"所收资料全部存档。

1984年8月，经过县志编修委员会讨论，对原定《阆中县志》（社会主义时期）篇目进行大幅度调整和修改。9月13日，县志编委会召开各系统牵头单位领导和主编会议，决定将原《阆中县志》"社会主义时期"的资料作为新编《阆中县志》的资料长编，在此基础上编纂各分志。10月，县地志办拟定出新的《阆中县志》纲目，除概述、大事记、人物志、附录外，共分14编。1985年4月15日，新编《阆中县志》纲目经地区地志办同意，县政府办公室印发县级各部门志负责人、主笔、编辑，对部门志实行“六定”（领导、主笔、质量、分志包干补助，时间、奖惩）“一包”（承包）责任制。4月19日，县地志办对县志纲目再次作了修改增删。9月29日，县地志办制定县志主编和分志编写负责制和分志承包试行办法。1986年初，县地志办经过几次集体讨论，又补充修订了县志篇目。1986年8月25日，县委、县政府印发《关于新编〈阆中县志〉工作有关问题的通知》。将《阆中县志》32个分志重新明确了承编单位及具体分工。其中，风土志由史志协会负责编写，县地志办负责卷首（含序、图、凡例、目录）、卷尾（含附录、编后记）和概述、大事记、地理志、人口志等部分。按照《通知》要求，各承篇部门相继建立了分志领导小组，选定了主笔和编纂人员。县地志办与有关部门签订合同，承包编写，实行奖惩。凡在1987年6月底完成送审稿，除付给承包费外，并按批准出版字数，付给适当稿酬。1987年3月起，县志编修委员会每季度召开一次工作会，对部门编写的分志稿进行审查，对分志编写中出现的问题进行讨论。1988年，县地志办对《阆中县志》篇目和志书总体设计进行了再次调整。采取篇目提级升格、专志浓墨重彩、内容集散结合的办法，突出阆中历史文化名城、文物古迹、风景名胜、古今人物、川陕革命根据地、传统产业及名特产品等地方特色。将“文物名胜”“蚕桑丝绸”升格为篇，将“苏维埃政府”“历史文化名城”作为专章。在政区、党派社团、政权、军事、蚕桑丝绸、建设、文物名胜、人物这些反映阆中地方特色的重点专志中，以丰富的史料和较长的篇幅，详细记述其历史渊源、发展过程和现状规模。对于阆中悠久的历史、杰出的人物、驰名的传统产业和众多的名特产品，除了在政区、人物、蚕桑丝绸、工业等专志中集中记述外，其他分志均采用追溯历史、以事系人、以人系物等方式加以记述。5月10日，县政府召开各部门负责修志工作的领导会议，要求各部门负责人树立质量第一的思想，加强督促检查。把好质量关，做好史实、政治、保密三关的审查。每个分志必须经过三审：首先由系统或编写单位领导小组集体审查，再分系统、分专业，邀请有一定阅历的老同志、专业技术骨干和上级主管部门进行评审，再送县志编修委员会复审。1989年，县地志办聘请南充师范学院（西华师范大学）中文系副教授汪琨玉为县志撰写《方言》分志，请南充师范学院（西华师范大学）地理系副主任、副教授徐邓耀审查、修改了《自然地理》分志。11月29日，县志编委会全体会议通过《阆中县志》总纂方案。12月5日，县政府转发《阆中县志》总纂方案。12月22日，成立《阆中县志》总编室，戴哲民为主编，杨林由为特约总纂，特邀侯泽周、李文密参加总纂，王国成、戚显宗、马永祥、张天顺、王家齐、官学秀为副主编。

1990年1月，县志总编室制定《阆中县志》总纂实施细则。2月，开始县志总纂。总编室分工对各分志初稿进行分纂。分纂人员根据整体设计对分志稿进行全面核实、调整、补充和加工。分纂后的志稿由主编（戴哲民年老多病，王国成代行）、特约总纂进行总纂。主编进行县志整体性总纂，侧重于处理交叉重复，决定详、略、取、舍，特约总纂侧重于文字把关。总纂实行主编负责制和副主编、编辑责任制，采取四级审稿（总编室初审、县地志办会审、县志编委会复审、地区终审），按字数和难度定任务、定质量、定时间，分工负责。县地志办加强组织协调，统筹安排，与总编室共同研究解决总纂中的具体问题。12月22日，县政府印发《关于审查〈阆中县志〉送审稿的通知》，成立了《阆中县志》审查领导小组，各部门也相应组建了审稿班子。各分志主审人为审查工作第一负责人，主要负责对志稿的政治观点、史实、数据和保密方面进行审查把关。审稿人员将具体修改内容写成书面意见，由主审人填写《审查意见表》，报送县志审查领导小组，其修改意见由县志总编室综合整理，逐一落实，统一修改。1991年2月5日，县地志办将《阆中县志》（送审稿）分送到参与评审的有关领导和修志专家。

2月底，县地志办完成县志各分志的总纂和打印、装订。3月18日至22日，县政府召开《阆中县志》评议会，省地方志编委会市、县志联络处处长余志恬，地区行署副专员、地区地方志编审委员会主任黄德益，地区行署办公室副主任、地区地志办主任陈祥超，地区地志办副主任文崇周、吕陌阶，县四大家领导和县级有关单位负责人，各县（市）修志同行共130余人参加会议。评议会后，总编室召开会议，针对评议会期间提出的意见，进行讨论、筛选，再次对志稿修改后，报地区地志办复审。1991年4月起，县地志办根据复审提出的意见，对县志稿进行了修改完善。1992年10月8日至11月20日，阆中市保密局对《阆中县志》（终审稿）进行了保密审查。10月25日，阆中市政府向地区行署报送《关于终审〈阆中县志〉的请示》。11月25日，地区行署批准《阆中县志》出版发行。12月7日，阆中市地志办将《阆中县志》稿报请省地方志编委会进行政治、保密审查。省地方志编委会对全志进行了审查、修改。1993年12月，《阆中县志》由四川人民出版社出版发行。1994年12月，《阆中县志》（1993年版）获四川省政府第六次哲学社会科学优秀成果三等奖。1995年，《阆中县志》（1993年版）获南充市政府哲学社会科学优秀成果荣誉奖（高于一等奖）。

2002年，阆中市地志办开始进行《阆中市志》编纂的前期准备工作。2004年12月，阆中市地志办拟定《阆中市地方志工作2015年目标规划纲要》，经阆中市委、市政府同意印发。2005年4月25日，阆中市委、市政府作出《关于编修〈阆中市志〉的决定》，成立了以市委书记王星照、市人大常委会常务副主任胥仕勋、市政协主席冯大文为顾问，市长魏顺泽为主任，市委、市人大常委会、市政府、市政协分管领导为副主任，市级相关部门主要负责人为委员的阆中市志编纂委员会。6月，阆中市委办、市府办印发《〈阆中市志〉编纂方案》，成立阆中市志总编室，分管副市长罗毅任总编，杨朝志、余格云、廖周德为副总编，王国成、闵清珍、苟兴伟为执行副总编。拟出《阆中市志》总体框架，制定了《〈阆中市志〉编纂实施细则》。2005年下半年，阆中开展撤区并乡，乡镇建制作了较大调整，接着进行市级机构改革和换届，行政区划、机构设置、市级领导和部门负责人发生变化，市志编纂工作未能启动。2006年5月19日，阆中市地志办、阆中市志总编室召开总编、副总编、执行副总编会议，研究修订《阆中市志》编纂方案及实施细则。会后，市地志办对《〈阆中市志〉编纂方案》及《实施细则》进行了修改，拟定了市志篇目及分志承编单位。2007年12月17日，阆中市委、市政府召开《阆中市志》编纂工作动员大会，市委副书记王晓均到会并讲话，副市长文春涛就《阆中市志》编纂工作作了安排部署，要求各分志承编单位必须将修志工作纳入重要议事日程，做到领导、机构、人员、工作条件、经费“五到位”。阆中市地志办主任杨朝志通报了《阆中市志》编纂工作准备情况。2008年3月19日至22日，阆中市地志办召开《阆中市志》各分志主编、副主编及编辑人员培训会议。市委常委、宣传部部长宋俊到会作了培训动员讲话，南充市地志办主任吴兴中、副调研员于明进行了培训辅导，阆中市地志办王国成、杨朝志采用多媒体教学方式，进行了方志编纂基础知识和编写要领培训。会后，各分志承编单位开始进行资料搜集、初稿编写。11月，有9个分志完成初稿编写。2009年1月，阆中市政府将《阆中市志》编纂工作纳入年度专项工作进行目标考核。阆中市志总编室聘请了5名有修志经验的老同志为特邀副总编，分工对已完成初稿的分志进行分纂。总编室每周召开一次工作例会，研究讨论市志整体设计和分纂工作有关问题。同时，要求各分志承编单位提交纸质文稿和电子文稿两种形式的志稿。12月1日，阆中市志编委会向未完成初稿编写的单位发出催稿通知。2010年3月11日，南充市政府副秘书长陈斌、南充市政府目标督查办副主任唐益龙、南充市地志办主任夏建平到阆中检查督查修志工作，就《阆中市志》编纂工作提出了督查意见。5月7日，阆中市政府召开《阆中市志》编纂工作促进会，阆中市委、市人大常委会、市政府、市政协分管领导，各乡镇、街道办事处主要负责人，市级机关、各单位负责人和市志总编室成员共150多人参会。会议安排了下阶段市志编纂工作任务，要求阆中市目标督查办加强修志工作督查督办，确保《阆中市志》按时完成编纂任务。6月5日，阆中市志编委会召开工作会议，通报各分志编纂情况，将分纂的《阆中市志》分志文稿送交编委会成员审查修改。6月9日，阆中市委办、市政府办印发《关于征集〈阆中市志〉入志人物的通知》。7月2日，阆中市政府办印发《关于区、乡、镇、街道简介组稿的通知》。各乡镇、街道确定了专人编写，按时完成了撰稿任务。7月16日，阆中市政府召开《阆中市志》编纂工作促进会。7月22日，南充市地志办主任夏建平、副调研员于明到阆中检查《阆中市志》编纂情况，提出加快编写进度、提高编纂质量的要求。2010年8月开始，阆中市志总编室根据部门审查意见，对志稿中一些有疑点和矛盾的资料进行了核实，对薄弱的资料进行了充实，对缺项、断线的资料进行了补充，对档案没有记载的资料进行了调查，对运用不当的资料进行了调整。鉴于部分分志初稿尚未完成编写，阆中市志总编室采取特邀副总编介入初稿编写，初稿与分纂稿一步到位、分纂与总纂一步到位等措施对志稿进行分纂和总纂。特邀副总编侯国刚、李文福、王扶民、冯恩龙分工对志稿进行交叉审改。副总编杨朝志对志稿进行通审、执行副总编王国成对志稿进行总纂，特邀副总编刘先澄撰写了总述。11月中旬，形成了140余万字的复审评议电子文稿并发排印刷。2010年12月3日，《阆中市志》复审评议会议在阆中召开。南充市地志办主任夏建平、副调研员于明，南充市地方志审查验收学术委员会委员徐方强、卿远明、赵文宝、萧志成、伍正荣和阆中市委常委、宣传部部长、市志总编室顾问宋俊，阆中市副市长、市志编委副主任、市志总编赵秀清，市人大常委会副主任、市志总编室顾问王萌，原市人大常委会主任王明奎，原市人大常委会副主任杨林由等领导，以及阆中市志编委会成员、市志总编室人员和部分单位负责人参加了会议。会议还特别邀请了阆中市民族宗教局、统计局、保密委负责人参加了会议。阆中市地志办主任杨朝志汇报了《阆中市志》编纂工作情况，复审评议组成员就《阆中市志》的编纂体例、篇目结构、历史事实、资料数据、记述方法和文风文体等方面发表了评审意见，提出了100多条修改意见。评议会后，还收到市内一些老领导和文史工作者1000余条修改意见。阆中市保密局、民宗局、统计局也分别反馈了审查意见。阆中市志总编室分析采纳各方面的修改意见，对志稿篇目进行了适当调整，将"人口"中的人口控制析出设"计划生育"，将原"司法"改设"审判检察"，"司法行政"与"公安"合并为"公安司法行政"，将原"民主党派·人民团体"分设为"民主党派""人民团体"，将原"医药卫生"改为"卫生"。对数据、史料进行了核实、补充，对文字、体例进行了加工、修正，针对志稿中的断线、漏项的事类进行补充，对新发现、澄清的有关阆中历史问题，在"建置沿革"中进行补充和纠正，对志稿中文、表口径不一，总、分数据不合，比例错误，前后矛盾之处，均按统计口径执行。对总结、评论性语言和修饰、形容、口号式语言进行修正和删除。将"大事记""人物"由原来的溯古述今，改为本志的时间断限范围。对志稿重复的内容、冗长的文字和不必要的表格进行了删减。2011年，总编室每完成一个分志稿修改完善后，均形成纸质文稿，以市政府办公室文件形式分送相关承编单位再审。单位领导签署意见后返回市志总编室。至11月初，全面完成市志修改完善工作。11月29日，南充市政府县（市、区）地方志书审查验收小组召开《阆中市志（1986—2005）》终审验收会议，南充市政府秘书长李晓松任终审验收小组组长并主持终审验收会议。南充市地方志书审查验收委员会委员夏建平、吴兴中、斯顺平、何进、于明、邓郁章、赵文宝、李翠以及阆中市政府副市长祝琳、《阆中市志》总编室编纂人员等20余人参加会议。终审组成员在听取阆中市副市长祝琳关于《阆中市志（1986—2005)》编纂情况和阆中市地志办主任杨朝志关于复审评议后修改情况汇报后，充分发表了终审意见和建议。终审验收组经过充分酝酿讨论，形成一致终审验收意见，《阆中市志（1986—2005)》符合《四川省第二轮市县级志书编纂规范》，达到《四川省县级志书质量标准》，同意通过市政府终审验收。会后，阆中市地志办根据终审意见，组织人力对《阆中市志》又进行了修改。2013年，阆中市志总纂王国成对志稿篇目、资料数据、记述体例进行了修改完善，副总编胡涛对全志语言文字及标点符号进行了规范统一，最后形成了80余万字的《阆中市志》稿。2014年3月，阆中市政府向南充市政府报送《关于批准〈阆中市志〉出版的请示》。4月1日，南充市政府批复同意《阆中市志》出版发行。11月，《阆中市志》由中国文史出版社公开出版发行。《阆中市志（1986—2005)》荣获四川省第十七次地方志优秀成果一等奖。

2014年，阆中市地志办将《阆中县志》（1993年版）再版2000册。再版《阆中县志》（1993年版）对原版本中的错落文字、标点及部分数据进行了订正，对记载有误的重人史实问题在原文后加按进行了注释。

《南部县志》编纂　明嘉靖年间，曾编纂有《南部县志》。张萱《内阁藏书目录》卷六和黄虞稷《千顷堂书目》卷七皆录有佚名纂嘉靖《南部县志》手抄本，嘉靖《保宁府志》南部条下亦有“县志”条文。明汪砢玉《古今鹾略补》、明曹学佺《蜀中广记》也引用过“南部志”。明本《南部县志》毁于明清易代之乱。雍居敬说：“先年即有人以记其事，值戈烬之余，旧本俱灭没罔传矣。”李先复则称：“世传原有旧志，自献逆毁烬，城郭寥落，几为青磷碧火，简篇载籍，所在湮没无存。国初一二遗老犹能言其事，而文则无征，亦无复能记忆其详者。”清康熙二十年（1681年），黄贞泰出任南部知县，问志于乡绅，知“邑志备极明确，奈劫灰变更，旧章久烬”。

清康熙二十四年（1685年）秋，南部县知县黄贞泰因清廷敕修《大清一统志》，“奉宪檄纂修县志，事不容缓”。邀集邑绅雍居敬、李先复等新修《南部县志》，复因应召入京，未及书成。徐浩继任，设局于城南书院，“藉雍、李二手”，完成《南部县志》修纂，手抄本存房。清道光二十六年（1846年），直隶清苑人、进士王瑞庆出任南部县知县，在县中访求得旧抄本县志两册。此志所记粗略，且多残缺，王瑞庆因询及县城耆老，皆谓向无修志之举。次年，王氏遂与徐畅达、李咸若等名士商议编修《南部县志》，得到众人赞助，遂请徐畅达、李咸若为总纂，立条规，定章程，开局编纂。清道光二十八年（1848年）功将成，王瑞庆患病回籍，直隶景州举人李澍接任县事，踵其事而督修毕工，清道光二十九年（1849年）刊刻成书。志书设天文、舆地沿革、赋税物产、仓储、盐政、户口、学校、武备、职官、选举、历代人物10个分志共65类，约28万字。清咸丰三年（1853年），南部县编有《南部县舆图说》概述。全书不分卷，题“咸丰癸丑春镌，县境分方图说，县署藏板”。全书有5个部分，对南部县舆地、保甲、场集等情况作了说明。第一部分为卷首，有咸丰三年三月朱凤枟、卫元燮序各一篇和《作吏要言二则》（同治八年蒙古佩之承绶亦作序)。第二部分为《公议团练章程》共六则。第三部分为《访举十乡五路总保正》，分别列举总保正姓名。第四部分为《南部县各场集期里分》，分别列举东路、南路、西路、北路所属场集，并注其赶集日期，离县城距离。第五部分为《南部县舆图考》，乃全书主体，以87幅图分别对各乡场集作了说明。清光绪二十二年（1896年），南部县知县袁用宾重新纂修《南部县舆图说》概述。此书参照同治《南部县舆图说》重加刊编而成。书衣题“南部县舆图说”和

“光绪丙申春重镌，县境分方图说，南部县署藏板”。全书不分卷，4册装订，共分五部分：第一部分为袁用宾“光绪柔兆君滩之如月既望麻城袁用宾撰”序和《续刻南部舆图考序》，冠丞撰《附刊绘舆图说》一篇。第二部分为袁用宾《清查保甲论》《慎选各乡总保论》《整饬团防练勇论》等三论。第三部分为《计开保甲章程十条》《计开保正章程六条》《计开团练章程十条》《计开练勇章程八条》。第四部分为《南部县各场集期里分》，分别列举东路、南路、西路、北路所属各场集，并注明离县城距离，集期时间。第五部分为《南部县舆图考》，以绘图为主，按全县东、南、西、北四路各场分绘舆图，并各加考论。清同治九年（1870年），知县承绶以最近28年史实缺载，再请李咸若为总纂，邀孝廉林澍、张承缨、谭勋、谢德全，拔贡宋泽清、张东垣，恩贡何情田等为修纂，历时3月，续补《道光南部县志》而增记得之，是为《同治增修南部县志》。《同治增修南部县志》在道光《南部县志》的基础上增修了道光至同治年间的史实，并订补了道光《南部县志》的少量不足，全书共30卷，分10志65类附一类，分志有《天文志》1卷、《舆地志》1卷、《食货志》6卷、《学校志》1卷、《武备志》1卷、《职官志》3卷、《选举志》1卷、《人物志》9卷、《杂类志》4卷、《艺文志》3卷，约25万字。清光绪二十九年（1903年），学部颁发《奏定初等小学堂章程》，规定开设历史、地理等课程，其历史“尤当先讲乡土历史”，其地理“尤当先讲乡土有关系之地理，以养成其爱乡土之心”。清光绪三十一年（1905年），学部颁发《乡土志例目》，作为编纂乡土史地教材的指导方案。清光绪三十二年（1906年），南部人王道履遵照程式，编纂了《南部县乡土志》，分为历史、地理、物产三个部分共五册，分历史、政绩录、兵事录、耆旧录附节孝烈女、人类、户口、氏族、宗教、实业、地理、城内古迹、祠庙、表、桥梁、市镇、学堂，以及区内古迹、祠庙、坊表、桥梁、市镇、学堂、山、水、道路、物产、商务等类，约6万字。卷首有王道履序。本志未刊印，仅有抄本传世。

民国6年（1917年）和民国12年（1923年），县知事黄树滋、林维干先后倡议续修县志，因人力不济未果。民国14年（1925年），县知事秦汉杰同县内知名绅士会商续修县志事宜，8月设南部县续修县志局，苏彦翘为干事部主任，礼聘蒲芝仙、王道履担任纂修。一年后因人力物力不济，修志半途而废。民国32年（1943年），县临时参议会第二次、第三次大会均作“续修县志”决议，次年第五次全体大会再次通过续修县志决议，并聘请吴伯镶为编修、杨熙本为总务主任，成立编修县志委员会，但迟迟未能实行。民国38年（1949年）5月，县参议会决议第五项称：“续修县志，成立县志委员会，第一年收集资料，第二年编撰完成，第三年印刷发行。”此时已临近解放，决议成为一纸空文。

1959年，根据四川省人民委员会指示，南部县委办组织人员编写出《南部县地方志略》。

1982年3月1日，南部县委发出编纂《南部县志》的通知并成立南部县志编纂委员会，下设办公室，利用地名普查临时班子开始筹备县志编纂。1983年1月31日，县志编委会发出新修《南部县志》征集历史资料的通告。4月30日，编委会办公室拟定出《南部县新县志收集资料提纲》。由于编纂《南部县地名录》和参与编纂《地名大词典》，无暇顾及县志编纂，工作进展缓慢。1985年4月，县政府设立县志办，开始拟定县志编纂方案并着手搜集资料。1988年4月19日，县委、县政府发出进一步加强县志编纂工作的通知。1985年至1988年，在全县进行地情大调查，采访知史老人467人次，搜集旧志、谱牒、碑刻、图表、文物、古迹资料208件。查阅省、地图书馆、档案馆历史档案41000卷，摘抄史料9600万字。中国历史博物馆副馆长杜永镇先后代为查觅古籍文献并寄送有关史料，原《十月》杂志主编苏予专程回乡为县志撰写历史人物传记，旅台学者马定波、黄万章等寄回珍贵资料和影印件，重庆市政协常委杨希宇、老画家王舜钦专程返南部提供和核实史料。在省和国家图书馆、档案馆、博物馆工作的南部乡友，先后帮助找到了道光版和同治续版《南部县志》，誊录了光绪《南部县乡土志》手抄本，一些熟悉地方史实的各界人士，热心采访和撰写文史资料，将珍藏的历史文献、实物、家谱、拓片、照片等提供给修志利用。1989年5月12日，县志办印发《南部县志纲目》讨论稿。其后，开始县志编写。1990年5月，完成县志初稿编写。1991年9月24日至26日，召开《南部县志稿》评审会议。原地区行署常务副专员、原地区地方志编纂工作领导小组组长郭光杰，地区行署办公室副主任、地区地志办主任陈祥超，原地区地志办副主任文崇周，地区地志办副主任蔡白坚、吕陌阶、周永兴，县四大家领导和县级有关单位负责人，重庆市北碚区地志办和南充各县（市）地志办领导及修志同行共120余人参加会议。参会人员以书面和讨论发言的形式，对《南部县志》初稿给予了肯定并提出修改意见，建议将志书下限时间延至1990年。县委、县人大常委会、县政府、县政协领导在会前、会后也对志稿提出了修改意见。评议会后，县志编纂人员对志稿篇目设置、资料运用、记述方法等方面进行了反复修改，增补了延长下限时间所需的资料。1992年秋，县志定稿。是年年底，县政府向地区行署报送《南部县志》出版请示，行署责成地区地方志编审委员会对《南部县志》进行终审。1993年2月12日，地区行署批复同意《南部县志》出版。1994年9月，《南部县志》由四川人民出版社出版并公开发行。

2004年12月7日，南部县委、县政府作出续编《南部县志》的决定，并成立南部县志编纂委员会，下设南部县志总编室和南部县志编辑部。是日，县政府印发《南部县志》续编方案。2005年1月，县委、县政府召开《南部县志》续修工作动员会，要求各区、乡镇、县级各部门修志工作做到“领导到位、机构到位、经费到位、人员到位、条件到位”。随即，各区、乡镇、县级各部门成立县志编写小组，落实了县志材料供稿人员。县志办邀请市地志办主任吴兴中、副调研员于明等领导和专家对全县各单位200余名县志供稿人员进行了培训。4月25日，县政府办公室印发《关于进一步做好〈南部县志〉编修和〈南部年鉴〉（2005）编辑工作的通知》。其后，各单位开始县志资料搜集。2006年年初，县地志办组织人员分成两组到各区、乡镇召开分管领导和编写人员会议，对续修工作提出意见和建议，要求所有区、乡镇必须在区、乡镇机构改革前完成县志资料供稿任务。同时，对县级机关、各企事业单位也提出了具体要求，明确了县志资料搜集的时限。至2006年年底，完成2000余万字的县志资料收集和电子文稿存盘。12月20日，南充市地方志工作会议在南部县召开。市地志办及全市9个县（市、区）地志办主任参加会议。会上，南部县地志办副主任罗君介绍了南部修志工作经验，与会人员参观了南部县修志成果展。2007年1月起，县志编辑部对全县各单位提供的2000余万字的资料，采取分块负责的办法进行归类整理。从原始材料中提取各篇章的细目，拟定出《南部县志目录》初稿。编辑人员根据目录对原始资料进行分类编纂。县志编辑部每周召开一至两次会议，交流编纂情况、讨论和解决编纂中遇到的问题。至2008年11月，编纂出180万字的县志初稿。12月起，开始进行县志总纂。县地志办确定由副主编组建总纂小组，拟定总纂方案，对全志进行总纂。总纂中，对一些重点事类进行了升格，对交通、税务、财政等篇章进行重点详述，做到重点突出。2009年10月，完成130余万字的总纂稿并送南充市地志办、县四大机构、各中心镇、县级各部门、编委会成员以及社会人士广泛征求意见。11月26日，县政府和市地志办组织召开了《南部县志（1991—2004）》复审评议会。市地志办主任夏建平、副调研员于明，市地方志书审查验收学术委员会委员邓郁章、王国成、赵文宝、萧志成、伍正荣和南部县副县长、县志编委会副主任祝琳、原县人大常委会主任刘家厚等领导以及《南部县志》编委会部分成员单位主要负责人、县志编纂人员等共40余人参加了会议。复审评议会由祝琳主持。复审评议组成员在听取南部县地志办主任、县志总编罗君关于《南部县志》续修工作情况汇报后，各位成员就《南部县志》体例结构、篇目设计、记述详略、资料史实、行文规范等方面充分发表了评审意见和建议。复审评议会后，县志编辑部对志稿个别篇目结构进行了调整，对志稿内容进行了修改完善。2010年1月，形成了100余万字的《南部县志》终审稿。4月12日，县政府向市政府报送了《南部县志》终审验收的请示。6月22日，市政府县（市、区）志书审查验收小组召开《南部县志（1991—2004)》终审验收会，市政府秘书长李晓松担任《南部县志》终审验收组组长并主持终审验收。市地方志书审查验收委员会委员陈斌、夏建平、吴兴中、斯顺平、何进、于明、王小平、邓郁章、卿远明以及南部县委常委、常务副县长曹华光、南部县地方志办公室主任罗君等20余人参加了会议。终审验收组成员在听取曹华光《南部县志》编纂工作、罗君就复审评议后修改情况汇报后，分别发表了终审评议意见和建议。终审验收组经过充分酝酿讨论，形成一致终审验收意见，《南部县志（1991—2004)》符合《四川省第二轮市县级志书编纂规范》，同意通过市政府终审验收。终审验收会后，市地志办、总编室进一步修改完善，形成了《南部县志》定稿。县政府向市政府呈报了《关于批准〈南部县志〉出版发行的请示》。8月9日，市政府批复同意《南部县志（1991—2004)》出版发行。12月，《南部县志（1991-2004)》由方志出版社出版并公开发行。2013年，《南部县志》获四川省第十次地方志优秀成果志书类一等奖、南充市第十五次哲学社会科学优秀成果一等奖。

《西充县志》编纂　明万历十三年（1585年），刘启周编纂《西充志》，志佚。清康熙六十一年(1722年)，西充县知县明凯主持，举人李昭治纂《西充志》，系木刻，计5本、12卷，7.2万余字。重庆市北碚区、重庆大学、四川大学图书馆各存一套，四川省图书馆存有胶卷，四川省图书馆和西充县图书馆存有手抄本各一套。曲阜孔毓珣（清廷地方提督军务兼理粮饷都察院右副都御史职）、江都程梦星(清廷纂修翰林院编修）分别为此志作序。县教谕、训导、典史、兵科给事中、举人、贡生等32人分别担任编辑、采访、检校、缮寄事宜。该志设舆地、建置、赋役、学校、秩官、选举、列传、物产、文艺9个分志，志首附县城形势草图。清嘉庆年间，李光阳编纂《西充志》（稿），未印成书。清光绪二年（1876年），顺庆府事候补知府邓承彬督修，知县高培榖纂修《西充县志》。县教谕、训导、主簿、千总、典史等参与编修。川北兵备道董润、顺庆知府李书宝、顺庆府事候补知府邓承彬分别作序。志书分舆地、建置、官师、食货、祠祀、学校、选举、人物、古迹、文艺10个分志，16.6万余字。清宣统元年（1909年），知县李淇章组织县属士绅编纂《西充乡土志》，内容有建置、山川、河流、道路、姓氏、忠孝节义、乡土地理、文艺、物产等，共2.9万余字，为手抄本。四川大学图书馆存有抄本(1985年，西充县地志办复印6本。存中共西充县委党史办公室、西充县档案局和西充县地志办)。

民国35年（1946年），县长杨廷椿组织县政府各科、室、处主要负责人编修《西充县政务概览》。历时近两年完成。内容有：总述、行政、自治、司法、党团五大类，共22章、85节，3.8万余字（原稿存西充县档案局，1985年西充县地志办抄誊一份）。

1959年6月，西充县委办公室主编《西充县地方志略》，内容简略，分6个小段，分别记述了西充的沿革、名胜、地下党组织、名人小传、土特产、民歌民谣。此书为16开本，共10页，8500余字。西充县委办公室、西充县档案局、西充县地志办存有原本。

1983年4月4日，西充县政府发出《关于编纂〈西充县志〉有关问题的通知》，成立西充县志编纂委员会，下设办公室。6月24日，县政府印发《关于新编〈西充县志〉征集史志资料的通告》。12月19日，县委下达59个单位编修部门志的任务。各相关部门成立编纂工作领导小组，确定修志人员并开始拟定篇目，收集资料。至1985年7月，《西充县卫生志》《西充县林业志》完成编写。月底，召开志稿评议会对各部门修志人员进行培训。1985年9月29日，县第八届人民代表大会常务委员会第九次会议听取县地志办副主任李汝昭《关于我县地方志编修工作的情况汇报》，作出《关于我县地方志编修工作的决议》。至1986年6月，各修志单位共搜集资料累计3700多万字，有50个部门志完成了初稿编写。1986年7月10日，县政府批转《〈西充县志〉编纂工作条例》。条例规定《西充县志》编纂工作实行主编负责制、业务承包制和奖励制。其后，县地志办印发《西充县志总纂方法与步骤》。县志分志初稿除首尾之外，设16个分志。分志初稿的编纂任务除概述、地理、风俗、人物、附录由县志办承担外，其余由县政府下达给各相关单位。县地志办对分志编纂工作实行全过程承包，在每个分志初稿完成后，召开会议进行评审，责任编辑根据评审意见进行修改，最后由责任人层层审改，签署意见。至1989年8月，县志各分志完成初稿编写，全稿约160万字。1989年8月，开始县志总纂。各篇编辑按篇日和总纂实施意见编纂出志稿，主编初改后，送县志编委委员、老领导、旅外专家学者、地区地志办审查。1990年3月10日，中国历史博物馆傅振伦研究员应邀审稿，作《关于〈西充县志凡例·篇目〉的意见》。朱大渭、王叔云、谢琼、李耀宗、何彩孝、赵晨曦、李泽奉、邓高如、马正平、梁奎等也对《西充县志》部分总纂稿提出审改意见。经审查后的志稿，由主编进行通纂通改。志稿经主编总纂后，由县志编委会总审人总审定稿。1991年5月，县志完成120余万字的送审稿。6月26日至29日，川东北地方志第七次学术研讨暨《西充县志》稿评议会在西充召开，省地方志编委会副主任秦安禄，地委副书记赵培善，地区行署秘书长彭修昌，地区行署办公室副主任、地区地志办主任陈祥超，县委书记、县人大常委会主任杨兴普，县长杜培松参加会议并讲话。参会人员对县志稿提出上千条意见。评议会后，县地志办又向县级各部门发出《关于进一步征求〈西充县志〉（送审稿）意见的通知》。1991年12月，开始对志稿进行修改。1992年1月28日，县政府批转县地志办《关于〈西充县志〉审改验收出版有关问题的请示》，志稿由县志复审领导小组验收。3月15日，《西充县志》终审稿由县政府报请地区行署终审。终审提出修改意见271条。主编对志稿再次进行了修改。6月29日，省地方志编委会批复“《西充县志》出版后准予对外发行”，8月5日，地区行署批准《西充县志》出版。1993年8月，《西充县志》由重庆出版社出版。12月24日，县政府举行《西充县志》首发座谈会。

2003年3月24日，西充县委、县政府作出《关于组织续修〈西充县志〉的决定》，决定从2003年4月起，全面启动续修县志工作。2004年5月25日至28日，县地志办对县志分志撰稿人员进行了培训。10月，县志编纂委员会举行全体会议，审定并通过了县地志办提交的《县志编纂方案》《入志人物办法》《大事记编纂方案》和《凡例（草案）》，县政府、县志编纂委员会分别予以转发。2005年2月，启动县志入志人物资料征集，向西充旅外乡友发函1800多封，共征集到10万余字的人物资料。2006年3月，县地志办拟定出《西充县志》篇目初稿，并邀请四川省修志专家、四川省志协理事王致修作书面指点。6月21日至23日，县地志办又对修志人员进行了培训。2007年3月，完成《大事记》《前志勘误》初稿。2008年3月，完成《人物入志办法》《凡例》的修订。5月，制定了《〈西充县志〉编纂实施细则》。2008年6月10日，县志篇目报送市地志办审定。7月1日，市地志办原则同意按此篇目撰写初稿，各单位部门开始志稿初纂。8月5日，聘任李聪为主编、赵文宝为执行主编，张正鸿、王树全、吉怀康、王文元为副主编，负责县志日常编修工作。8月18日，县志编纂委员会召开全体会议，讨论并通过了《〈西充县志（1986—2005)〉编纂实施细则》《〈西充县志〉人物入志办法》《西充县志·凡例》。8月25日，县志编纂委员会印发《〈西充县志（1986—2005)〉编纂实施细则》《〈西充县志〉人物入志办法》《西充县志·凡例》。8月27日，县志编纂委员会印发《〈西充县志（1986—2005)〉分志编纂的通知》，要求各乡镇、县级各部门建立健全各分志编纂领导小组。9月1日，《县志通讯》创刊。9月26日至27日，举办《西充县志》分志撰稿员第三期培训班。培训结束后，县地志办将专职修志人员分为3个组，每个组负责县志一个部类，由1名副主编负责，实行全过程承包。10月至12月，县地志办组织3个督查指导组到县志分志承编单位指导编纂工作。12月底，完成了《西充县志》初稿撰写任务。2009年1月，举办第四期县志分纂人员培训班。会后，开始县志稿分纂。王树全、李白杨、张忠江负责政治部类，张正鸿、王文元、孙宗琦负责经济部类，吉怀康、严洪明负责社会部类，赵文宝负责全面指导和分纂志稿验收，并参加政治部类分纂工作。分纂期间，总编室每周举行一次业务交流研讨会，交流经验，研讨和解决分纂中出现的问题。是年，共举行专题辅导8次，专题研讨会23次。2010年4月，县志分纂工作结束。5月，赵文宝、王树全、吉怀康、王文元对县志进行总纂，执行主编赵文宝对篇目结构作了适当调整。9月16日，何宇元任主编、赵文宝为执行主编，张正鸿、李聪、王树全、吉怀康、王文元为副主编。10月，完成总纂。执行主编赵文宝对总纂稿进行统一审改，形成了《西充县志》审读本。县地志办、总编室将审读本分送县委、县人大常委会、县政府、县政协所有领导及办公室主任、县志编委成员、退休老领导、旅外乡友代表、南充市县（市、区）志书审查验收小组专家等102人审读，广泛征求意见。12月24日，县政府与市地志办组织召开了《西充县志》复审评议会。市地志办主任夏建平及市地方志书审查验收学术委员会委员于明、罗永师、卿远明、杨朝志、萧志成、伍正荣和西充县委常委、常务副县长朱仕友，县人大常委会副主任孙琼惠以及县志编委会成员、《西充县志》总编室编纂人员等50余人参加了复审评议会。县政府办主任蒲生恕主持复审评议会，县委常委、常务副县长朱仕友致辞。复审评议组成员听取县地志办副主任何宇元续修《西充县志》情况汇报后，就《西充县志》的政治观点、编纂体例、篇目结构、历史事实、资料数据、记述方法和行文规范等方面发表了评审意见和建议。2011年3月14日，县志编委会在东江大酒店召开《西充县志》审读座谈会。会后，县地志办、县志总编室将各复审评议和广泛征求到的3000余条建议意见进行了梳理、归纳，对县志稿进行修改完善。修改工作分三步进行。各部类负责的副主编根据修改意见对志稿进行修改，各部类负责人对所属部类进行通改，对史料、数据进一步核实，力求语言流畅、记述准确清楚，体例规范、结构完整、要素齐全。执行主编对全志进行通改打磨，重点解决归类不当、内容重复、数据前后矛盾、小序言之无物、史料不全、记述不清的问题。9月30日，县志编纂委员会调整县志编纂人员。赵文宝为主编，张正鸿、王树全、李聪、何宇元、吉怀康、王文元为副主编。10月12日，完成志稿修改完善，形成《西充县志》终审稿。11月15日，县政府报请市政府对县志稿进行终审。11月23日，市政府县（市、区）地方志书审查验收小组召开《西充县志（1986—2005)》终审验收会议，市政府秘书长李晓松任终审验收小组组长并主持终审验收会议。市地方志书审查验收委员会委员夏建平、吴兴中、熊乐成、斯顺平、何进、于明、徐方强、萧志成、李翠以及西充县政府副县长曹慧君、《西充县志》总编等20余人参加会议。终审组成员在听取曹慧君关于《西充县志（1986—2005)》编纂情况和西充县地志办副主任张正鸿关于复审评议后修改情况汇报后，充分发表了终审意见和建议。终审验收组经过充分酝酿讨论，形成一致终审验收意见，《西充县志（1986—2005)》符合《四川省第二轮市县级志书编纂规范》，同意通过市政府终审验收。2012年1月至7月，主编赵文宝对县志稿进行全面修改改、打磨，形成了《西充县志》定稿。县政府向市政府呈报了《关于批准〈西充县志〉出版发行的请示》。9月29日，市政府批准《西充县志（1986—2005)》出版发行。2013年9月1日，《西充县志（1986—2005)》由方志出版社出版。2014年11月，《西充县志（1986—2005)》获四川省第十六次地方志优秀成果志书类一等奖。

《仪陇县志》编纂　清同治十年（1871年)，仪陇县前任知县曹绍越（安徽歙县人)、同知衔仪陇县知县胡晋熙（正蓝旗人）倡修《仪陇县志》，户部员外郎云南司行走胡辑瑞（仪陇人，乙丑进士）为总修。合纂有同知衔考授知县丁卯科优贡彭鹤龄（仪陇人)、恩贡生李春饶（仪陇人)、巳酉科拔贡文博、岁贡生李敷荣（仪陇人）4人。分纂有甲子科举人丁荧、庚子科副榜陈以漠、辛丑科拔贡朱鸿缩、岁贡生李晓屏、岁贡生王之南、岁贡生王之槐、廪膳何森荧、廪膳马良前、附贡陈树凯等10人，均为仪陇人。清同治《仪陇县志》为木刻本，共6册。清光绪三十三年（1907年）秋，为应付官府修志要求，重镌《仪陇县志》，其内容与清同治《仪陇县志》相同，仅新增序言一篇。

民国17年（1928年）8月，成立仪陇县修志局，开始编修《仪陇县志》。监修为原县知事陶茂云、马溶、林志茂与时任县知事杨诚恭，冯蔚莲、田汉英、于建勋、陈鉴渊、刘培禄、陈思咸为编纂，采访人有高维岳、何镕经、胡达权等35人。民国18年（1929年）冬十月告成，共四卷，未刊印成书。驻仪陇县国民革命军第29军军长田颂尧、知县林志茂、县志主要编纂者冯蔚莲分别作序（1983年编修《仪陇县志》时，搜集到民国18年冯蔚莲、田汉英等人编修的《仪陇县志》手抄本第二、第四卷。1984年1月派人到四川省文史馆抄誊民国《仪陇县志》第一、第三卷全文和第二卷第一编中所缺的《冢墓》两页，使该志完整无缺)。

1959年，根据国务院《十二年哲学社会科学规划方案》和省人民委员会指示，仪陇县组织编写了《仪陇县地方志略》。

1983年5月27日，成立仪陇县志编纂委员会，编委会下设办公室。7月10日，仪陇县委、县政府印发《关于成立领导机构组织人员编写部门志的通知》。7月23日，召开各部门、单位修志工作大会。随后，各修志单位成立修志领导小组，组长由本单位主要负责人担任。全县有216人参加部门志编纂。县志编委会组织县志编辑人员分别到各单位参加修志小组成员会、支部会、行政会、职工会和知情老人座谈会，宣传修志的目的、意义、作用，落实修志人员，研究部署部门志编纂工作，讨论修改单位志书纲目。9月，县志编委会组织重点修志部门人员到四川、重庆等10多个修志先进县（市、区）考察学习。1984年春，又派人到崇庆（今四川崇州)、郫县、岳池、绵竹、什邡等地考察学习。县地志办先后派出8人到重庆、成都、北京、上海、南京等地档案馆、图书馆、文史研究馆查阅古籍资料，搜集文献资料4392万余字，实物资料358件。1983年至1984年，县地志办先后4次召开知史老人座谈会，收集了10余万字的历史资料。仪陇籍在外的有百余名老红军、老干部、专家、学者，他们主动为县志编纂提供资料，并到当地图书馆、档案馆核实史实。1985年年底，大多数部门志完成初稿。1986年1月，县志编纂委员会从部门志主笔中选出38人（年底减为26人）转入县志编纂工作。1987年，县志分志完成初稿。10月30日，仪陇县委、县政府印发《关于全面审查〈仪陇县志〉各卷初稿的通知》，成立总纂审查修改领导小组。县志分志经县志编辑部修改后，打印成册，分送县委、人大常委会、政府、政协、县志编委会成员、县属部局单位、地区地志办以及在仪陇县工作过的县委书记、县长审查，征求意见。

县委、县政府按门类分别成立26个审稿小组，分组进行审查。各个部、委、室、局也成立审稿小组或安排专人审稿。年底，县志编辑部根据审稿意见，修改形成第二稿。1988年，县志第二稿经审查后，县志编辑部又对志稿进行修改。1989年4月，修改形成县志第三稿，将第三稿分送县委、人大常委会、政府、政协、县志编纂委会成员、地区地志办和各县（市）地志办以及巴中、平昌、苍溪等邻县地志办。5月17日至20日，召开《仪陇县志》志稿评议会。参加会议的有全区12个县（市）地志办的主编、副主编，地区地志办领导和地区检察分院、计委、交通局、林业局、人民银行的修志人员，仪陇县委、县人大常委会、县政府、县政协及县志编委会领导和应邀参加会议的有巴中、平昌、苍溪县地志办的主编、副主编等共65人。县长、县志编委会主任李阶生，县委副书记、县志编委会副主任张思智，县人大常委会副主任骆正田，县政协副主席王英杰等参加评议，地区行署办公室副主任兼地区地志办主任陈祥超宣读了地区行署副专员黄德益的书面讲话。会议收到35份评议文章和300余条修改意见及建议。评议会后，县地志办将修改意见和建议进行梳理、归类，分给副总编和编辑人员，开始进行县志修改完善。1990年3月，完成县志修改并报县委、县政府审定。县委、县政府作出《关于审查〈仪陇县志〉总纂稿的决定》。县志总纂稿除由县委常委、顾问、人大常委会、政府、政协正副职及县志编纂委员会成员审查外，成立15人组成的《仪陇县志》总纂稿审查领导小组，代表县委、县政府通审全志。8月12日，县委、县政府将县志稿报地区地方志编审委员会审定。地区地方志编审委员会审查后，县志编辑部根据审稿意见对志稿再次进行修改完善。1991年7月，县志定稿并上报地区行署审批。1991年8月14日，地区行署批复同意《仪陇县志》出版。9月，省地方志编纂委员会审查同意《仪陇县志》国内外公开发行。由于财力紧张，县志未及时出版。1994年7月，《仪陇县志》由四川科技出版社出版。

2002年9月6日，县委办、县政府办印发《关于续修县志、部门志、乡镇志的通知》，要求用1年多时间完成部门志、乡镇志编写，用3年至4年时间完成县志编写任务，将编写县志、部门志、乡镇志纳入目标考核。2003年2月20日，仪陇县志编纂委员会印发《〈仪陇县志（1985—2002)〉编纂方案及实施意见》。4月25日，召开全县修志工作动员会，启动续修县志工作。2004年9月，大部分单位完成部门志编写，县地志办将尚未进行初稿编写的《商贸》《社会风俗》《仪陇客家语言、风俗》《经济管理与监督》等篇承包给专人编写，实行定时间、定任务、定报酬的承包责任制。2005年4月，完成了县志初稿编写。县地志办拟定出总纂实施方案，开始对志稿进行总纂。志稿总纂时，县志编委会将县志原定的时限1985年至2002年调整为1986年至2003年。11月4日，省地方志编委会副主任罗亚夫到仪陇检查指导工作，要求仪陇县既要抓进度，更要注重质量。12月，完成了县志总纂。2006年2月至4月，主编伍正荣和编辑黄克璠对志稿进行统一修改，形成县志送审稿。将县志送审稿报送县志编委会成员、县委、人大常委会、政府、政协和有关部门及专家学者进行审读，广泛征求意见。审读意见返回后，主编对志稿又进行修改，再次送交县委、人大常委会、政府、政协领导及编委会成员和有关单位部门进行审查。审查中，共提出修改意见828条。6月，县地志办将各种意见进行梳理、归类，安排人员对送审稿进行修改完善。2006年7月4日至5日，召开《仪陇县志（1986—2003)》稿评审会。省地方志编委会党组书记、副主任秦安禄，市县志工作部副主任何瑞明，市地志办主任吴兴中、副主任何进、副调研员于明，仪陇县委、县人大常委会、县政府、县政协领导及全市9个县（市、区）志办负责人、修志专家及成都市、巴中市部分县（市、区）志办60余人出席了会议。会后，县地志办对志稿进行了认真修改，形成送审稿。县地志办将县志送审稿报送县委、县政府审查。县委、县政府成立志稿审查领导小组，对县志稿逐篇进行审查。经过一个多月的审查，共提出600余条修改意见。县地志办对意见建议分类汇总、修改完善，形成终审稿。9月，县地志办将终审稿报请市地志办审查。11月1日，县政府向市政府呈报《关于出版〈仪陇县志〉的请示》。11月10日，市政府批复同意《仪陇县志》出版。2007年7月，《仪陇县志》由四川科学技术出版社出版。是年，《仪陇县志（1986—2003）》获南充市第八次哲学社会科学优秀成果一等奖。2008年，《仪陇县志（1986—2003）》获四川省第十三次地方志优秀成果志书类二等奖。

《营山县志》编纂　明成化年间和正德年间，营山曾编有县志，志佚。明万历四年（1576年），营山知县王廷稷聘举人李小庵、贡生于见田和官山等人编纂县志。3人分工合作，在成化年间和正德年间县志基础上，掇其遗落，去其繁芜，增以近事，分门别类，次其始末，越月余而志稿成。志书设舆地、建置、食货、官守、人物、艺文上、艺文下、杂志，共8卷51条，系统记述了营山的山川、建置、物产、赋税、职官、人物、寺观、古迹、灾祥等情况。

清康熙四十二年（1703年），营山知县张玉璘决定重修《营山县志》，并发出《修志告示》。张玉璘特敦请白不淄从事县志编修。当时白不淄已80高龄，欣然应允，不辞劳瘁，经3个月的努力，编纂成志。知县张玉璘赞该志“纲目条例，叙事记物，明而切，详而有体。营之山川名物，风俗人文，旋转生灭者，从此重开生面，余向者愿见之思，至此而永慰矣”。县训导石奠国读书稿后，“觉山川之险易，贡赋之饶乏，建置之沿革，政事之得失，文章之盛衰，与夫士习民风之醇浇，名物胜迹之兴废，以及灾祥陵庙之奇观，了若指掌，可以代前筹，可以代輶轩，可以备采风，可以示典型，其有功于风化，岂浅鲜哉！”志佚，只存《修志告示》和《序言》。清乾隆五年（1740年）夏，江南沭阳举人李榕任营山知县。为考察县内风俗名物，向县署吏员索取县志，因散失而不可得。过了两年，县内绅士罗君将清康熙四十二年（1703年）县志送李榕，李榕阅后，觉得该志内容繁杂，且多错讹，特别是40多年的田赋增减、典礼废兴、户口增长和乡贤耆德、忠孝节烈，皆缺少无征。于是亲自动手对旧志重加校订。冗者修之，缺者补之，讹者正之，无关劝惩者，力为清之。并在凡例中强调：（一）凡山川、形势、钱粮、职数、选举，以及人物、艺文罔不悉载，然名目繁多，易滋复漏，特分为四卷，依次罗列，使观者不嫌庞杂；（二）营山自兵燹以后人民凋残，田土荒芜，户口田粮，原额难敷，今生聚日繁，田野益辟，其丁粮历年递增，今特将其总数，按新订科则，将赋役全书编载；（三）学校是选士之本，而学者对历代先贤名讳和祀典程序不够了解，故对此详加记述，使之有所效法和遵循；（四）营邑名宦、人物，凡功德在民、仪型足式者，应博采慎列；（五）孝友忠义，乃人道纲维，风化攸关，凡无事迹及印册可据者，不敢滥登；（六）水产鱼鳖禽兽五谷瓜菜竹林花草，俱宜悉栽，但营之所产，阖郡皆同，故不赘列；（七）仙释旧志所载，率多荒渺，今概从略，以崇实黜浮。书稿成，李榕于清乾隆八年（1743年）7月离任。清乾隆九年（1744年）3月，河南安阳进士邱日增任营山知县，邱阅读县志稿后，欣然作序付梓。赞该志：阅户口之众多，而知富庶之象，著于闾阎；阅田赋之增添，而知盈宁之庆，遍于草野；考孝友之记，而肫肫之至性宛在；稽节义之传，而凛凛之正气犹生；诵八景之诗，而环营之名山巨流，不出门庭历历如睹也；读劝农之歌，而田野之耕夫馌妇，不历郊原，明明如绘也。他如疆域有志，可见一邑之广袤；形势有志，可见一邑之扼塞。巨而学校祀典之必详，微而津梁祠庙之必录，推而至盐茶仓储，铺舍风俗等类，亦罔不考核精当，条分目别，皎若列眉，而了如指掌，真可信今而传后也。乾隆九年（1744年）《营山县志》共四卷。第一卷包括图考、星野、沿革、疆域、形势、城池、街市场镇、武备、公署、监狱仓廒、山川、津梁；第二卷包括户口、田赋、盐茶、俸工、仓储、铺舍、学校、祀典、秩序、名宦；第三卷包括选举、人物、孝友、忠义、隐逸、流寓、列女、古迹、祠庙、祥异、风俗；第四卷为艺文，收录诗137首、文47篇。北京图书馆藏有原木刻本。清乾隆四十三年（1778年），山东诸城举人王绂疆任营山知县。他认为离上届修志将近40年，随着时代的变迁，有很多新的事迹应该补充到县志中去，于是取旧志重加修订。他在修订旧志时，坚持不以虚文掩真，不以繁引失当，凡为他邑所同者，具不书。修订后的《营山县志》分地理、建置、祠祀、田赋、职官、选举、人物七卷。王绂疆在营山任职一年，即离任而去。清嘉庆十七年（1812年），四川省纂修通志，征调各地人文典籍、山川形胜等各种资料。营山知县蒋予藩与邑中文人学士商议复修县志，遂请曾任过崇庆州训导的于图培司编辑。历经四月修成志稿，蒋予藩作序，刻板付印。清嘉庆《营山县志》木刻本存四川省图书馆。清同治九年（1870年）春，福建翁道钧署营山事，以旧志散失残缺，又逢省督促修志，遂在县署右侧考棚设修志局，自任总纂，保宁府知府王樹漢为总裁，熊毓藩任协修，教谕张运春、训导张慎修和举人蔡文钰、蔡抡科为分纂，恩贡生李椿遂、拔贡陈全模、通判李玉棻、候选训导罗培荣、彭云纮为参订，谢金镳、铙克昌为编次，郑鸿诰、李光国、陈锡朋、罗恩俊、于鐘瑜为校对，3个月成稿，翁道钧、王樹漢作序付梓。清同治《营山县志》共30卷59条，是营山明清时期内容最全面、资料最丰富的一部县志。清光绪十五年（1889年），县儒学生员刘域、张樹芬、钟祥、熊钟英、黄世泽、龚时霖、戴熙、侯燮、邱岳、罗炳章等对清同治《营山县志》进行增补，重新镌刻印行。

民国30年（1941年）3月，营山县成立文献委员会，任禹舫任主任委员，下设修纂、采访、事务3个组。各乡和县政府所属单位都聘了采访员，但因经费枯竭，收效甚微。民国34年（1945年），四川省代理主席邓锡侯（营山人）聘请省图书馆馆长、四川大学教授蒙文通为总纂，编修《营山县志》。蒙文通于5月底将资料汇编和1部旧志带回成都进行总纂。民国38年（1949年）秋，初稿编成，设疆域、建置、赋役、礼俗、学校、选举、官师、人物列传、农业、工业、商业、交通、自治、物产、古迹金石、事记、叙余共19卷。该手稿当年由营山驻渝代表王松桥雇人缮写，未能出版（1982年蒙文通之子、川大历史系副教授蒙默向营山献出他父亲遗存下来的部分手稿和采访稿，存营山县档案局）。

1959年，营山县人民委员会办公室安排人员编修《营山县地方志略》。《志略》主要内容有：营山县历史演变情况、中国共产党地下组织革命斗争情况概述、人物传略、名胜风景、土特产、红军标语口号和民间歌谣六部分。其中人物传略记载了革命烈士王敏、杨伯恺和历史人物鄢本恕、蓝廷瑞、李特、李雄生平事迹；名胜风景记载了太蓬山、透明岩、天子读书台、石碑、孔雀洞、翠屏耸秀、白塔侧影；土特产记述了草帽、水烟袋、土白布、油豆腐、凉粉、卤鸭子、醪糟、泽泻、半夏、茯苓等。《志略》共19页约1.4万字，为油印本，存营山县地志办和县档案馆。

1983年1月10日，营山县委印发《关于成立营山县志编纂委员会的通知》，委员会下设办公室。4月9日，县志编委会印发《关于编纂营山县志征集历史资料的通告》。5月17日，县政府批转县志编委会《关于1983年工作安排意见的报告》。7月18日，营山县第八届第十五次人大常委会议批准《关于营山县志编纂工作的报告》，并作出决议，号召全县各条战线，众手修志，争取5年时间完成《营山县志》编纂任务。1983年7月开始，县级60个修志单位先后成立修志领导小组和办公室，开展部门志编写。1984年1月8日，县政府批转县地志办《关于县志编纂工作情况和意见的报告》。1985年1月26日，县政府批转县志编委会《关于编纂县志（分志）实行承包办法的报告》。其后，编委会根据编写县志的需要，挑选了34名各部门工作骨干（有办公室主任、秘书股长、文史工作者、医生、教师、经理、报社编辑、新闻记者、科技人员等）组成各分志编写队伍，在部门志、专业志的基础上陆续开始县志各分志的编写。县地志办根据《新编地方志工作暂行规定》和部门志编写中的经验教训，吸取外地经验，经过反复讨论、多次修改，拟定出县志纲目和编纂方案送领导审定。县委书记王永平主持召开有人大、政府、政协主要领导参加的常委扩大会议，讨论审定县志纲目和编纂方案，特别是对立传人物逐个进行审定。9月6日，县政府批转《营山县志编纂方案》和《营山县志纲目》。县志各分志开始编写，县地志办及时进行业务指导，要求各分志编纂人员在编写过程中拟好“施工方案”，处理好交叉重复，写出深度，克服流水账式的记述，以事系人，反映各条战线的人的活动，保证志稿质量。1986年春，《营山县志》完成第一稿编写。9月底，修改出第二稿。1986年10月7日至12日，地区地方志编纂工作领导小组办公室在营山召开县（市）志编纂研究会。参加会议的有各县（市）地志办，地区商业局、农牧局、水电局、卫生局、教育局志办的主编、副主编、编辑共70余人。会议邀请广元市苍溪县地志办的代表参加了会议。与会人员对《营山县志》（初稿）进行审阅、研究，提出修改意见。10月22日至27日，省地方志编委会在重庆市北碚区召开川东片县志编纂讨论会。《营山县志》主编李定国在会上作《编纂〈营山县志〉的几点做法》的发言。会后，根据川东片会和全国地方志第一次工作会议精神修改出第三稿，提交县委正副书记、政府正副县长、编委委员、部门领导和各行各业专业人员、知情人员以及修志人员共607人次参加的27个审稿小组，进行累计64天的审查。经过这次审查后，编辑人员又在总体设计、篇目设置、内容安排、资料选用、文体文风、记述方法等方面进行修改，编纂出第四稿。1987年12月6日至10日，省地方志编委会、地区地方志编纂工作领导小组、营山县志编纂委员会在营山县联合召开《营山县志》稿讨论会，主要评议《营山县志》第四稿，并结合讨论县志编纂业务中一些共通性问题。参加会议的7个地（市）地志办、33个县地志办以及南充地区6个地级部门的修志人员和有关负责人120人。省地方志编委会副主任曹希之、地区行署常务副专员李慎宽到会并讲话。会后，省地方志编委会编印了《志稿评议文集》。营山县地志办根据评议意见修改出140万字的第五稿。1988年11月，《营山县志》稿送地区行署审定。1989年1月16日，地区行署批示同意《营山县志》交付出版。1989年8月，《营山县志》由四川辞书出版社出版发行。1989年12月12日，营山和平解放40周年之际，举行《营山县志》首发式。1990年12月，《营山县志》（1989年版）获南充地区第一次哲学社会科学优秀成果一等奖、四川省第四次哲学社会科学优秀成果二等奖，1993年9月，获全国地方志优秀成果一等奖。

2001年12月20日，四川省政府办公厅印发《关于认真开展志书续修试点工作的通知》，确定营山县为省续修工作试点县之一。2002年3月，县政府组织县地志办工作人员赴犍为县、彭山县、大邑县学习、考察，借鉴其续修志书的经验。4月15日，县政府印发《关于认真开展续修志书工作的通知》，部署全县修志工作，对续修志书的指导思想、工作步骤、保障措施等提出具体要求。县地志办随即向县政府呈报《关于续修〈营山县志〉实施方案的报告》。4月30日，县委办、县政府办印发《关于做好续修〈营山县志〉资料准备工作的通知》。6月，县政府召开全县续修志书工作动员大会。会后，县级各部门及乡镇陆续开展资料收集整理工作。市地志办领导多次到营山县，与县分管领导及县地志办编纂人员一起研究营山续修工作，指导营山拟定了县志编纂方案和县志篇目，组建了编纂领导班子和编写班子，落实了工作经费，培训了编写人员。2003年，由于经费困难、人员变动大等原因，续志工作进展缓慢。10月，县委、县政府调整续修县志编纂委员会成员，确定县地志办主任胡绍雄任主编、县地志办副主任萧志成为副主编，聘用李定国、李培荣、肖文举、周兴太、段炼、胡洪春、龙占友、龙爱民、王治国为编辑，李定国负责统稿。并抽调人员参与资料收集和编纂工作。2004年4月1日，县志续修工作全面展开。县志各分志编纂中，县地志办在篇目设计上，抓住“续、补、创”三个环节，与前志比较，经济、政治、社会事业的主体内容基本保留，合理撤并，增加新生事物，略去方言；在志书体例上，采用更具工具书特色的条目体；改变民俗的写法，增加人物的分量，提高了新生事物的地位，增加人物简介与名录；前志缺记的内容在附录中补记。至2005年年初，县志各分志完成初稿。经过编辑部内部自审、互审后，2005年7月形成160万字的送审稿，送县有关领导、县级部门和市地志办审查。8月23日，省地方志编委会在宜宾市召开全省续修试点工作交流会。县地志办副主任、县志副主编萧志成在会上作了《抓住关键环节，修好〈营山县志〉》的发言。2005年11月3日，《营山县志》稿评审会召开。省地方志编委会党组书记、副主任秦安禄，党组成员、副主任罗亚夫，市县志工作部副主任马国栋，市地志办主任吴兴中、副主任何进、副调研员于明和9个县（市、区）地志办主任和修志人员等30余人参加会议。与会人员在会上提出了不少中肯的修改建议。评审会后，编辑人员对志稿作了全面的修改。定稿后，报市政府批准出版。2006年1月16日，市政府批复同意《营山县志》出版发行。2007年1月，《营山县志》由成都时代出版社出版发行。2007年，《营山县志（1986—2003)》获南充市第八次哲学社会科学优秀成果三等奖。2008年，《营山县志（1986—2003)》获四川省第十三次地方志优秀成果志书类二等奖。

2014年12月，县地志办将《营山县志》（1989年版）重印1500册。

《蓬安县志》编纂 民国24年（1935年）3月，成立蓬安县续修县志局，黄虎勋任局长，李劲权任总编，采访12人，仅将清光绪《蓬州志》重印400册。民国26年（1937年)，成立县文献委员会。民国31年（1942年）4月，成立续修县志局，伍玉雯、陈朴安任正副局长，总编纂沈星北，编纂伍非百、伍剑禅，由县政府指导员督学等6人担任采访，另设会计、庶务、书记、绘图、顾员、工役等，共计18人。由于经费未落实、编纂人员未到位，编纂班子组织不起来，不久，伍玉雯辞去局长职务。之后，伍玉雯自费组织人员编纂，自任主编，民国36年（1947年），《蓬安县志》编成。全志22卷12册，约30万字，未付印，仅存手稿本11册（缺1册)。

1959年，根据国务院《十二年哲学社会科学规划方案》和省人委指示，蓬安县人民委员会办公室主编了《蓬安县志略》，全志分6节，约1.3万字。

1984年4月，蓬安县委、县政府专门开会研究编修县志有关事项。5月，县政府成立蓬安县志编纂委员会，下设办公室。继后，县政府印发《关于新编〈蓬安县志〉征集史志资料的通告》，县第九届人大常委会三次会议就编修县志做出决议，要求全县各界人士支持编修县志工作。县地志办编印了《宣传提纲》，创办《县志资料汇编》《蓬安县志通讯》和《蓬安乡情报》（铅印)，并配合县广播站举办了修志专题广播。1985年5月，县政府批转县地志办《关于抓好部门志编写有关问题的请示》。县属各修志单位成立了机构，确定了人员。县地志办对撰稿人员进行了培训。1986年3月，县地志办在抓部门志编写的同时，拟出了《蓬安县志》纲目、《蓬安县志·凡例》和《〈蓬安县志〉编写规定》。1987年5月2日，召开蓬安县志编纂委员会全体会议，审议通过了《蓬安县志》纲目和《〈蓬安县志〉编写规定》，研究落实了《蓬安县志》各分志编写责任等问题。会后，县政府正式行文。至7月底，规划编写部门志的56个局级单位，有43个写出了初稿或大部分初稿。8月，开始编写县志分志。除概述、自然地理、人口、社会、方言、人物、附录外，其他分志初稿由有关单位按《蓬安县志》纲目编写。第一批编写的15个分志多为一个单位负责一个，单位领导重视，进展较快，1988年年初，即完成初稿编写。第二批分志多数是由几个单位共同负责一个，协调难度大，进展缓慢。1988年12月30日，县政府召开编纂委员会会议，研究解决编修工作中具体问题。1989年3月21日，县政府和县志编委会召开各单位负责人会议，总结县志编修工作，表彰先进单位和个人，批评未能按期完成任务的单位和个人，就落实责任、实行奖惩、审查志稿等方面提出了具体要求。10月，县志完成初稿。11月14日至17日，川东北片第六次方志学术讨论会暨《蓬安县志》稿评议会在蓬安召开。省地方志编委会副主任曹希之和副编审马国栋参加会议。会议收到评议文章63篇，提出修改意见1000余条。1989年12月，《蓬安县志》开始总纂。至1991年11月，仅完成七个分志的总纂和《概述》《人物》的编写。12月，县地志办把任务落实到个人。仅6个月时间即完成了其余分志总纂任务。1992年5月，县志稿送县委、县政府及有关部门领导审查。11月，报请地区行署和省地方志编委会审批。行署和省地方志编委会审查后，先后作出“同意出版”和“同意向外发行”批复，并提出了修改意见。1993年1月，县地志办综合各方面的意见，对志稿再次进行修改。4月初，志稿送交出版社。7月，出版社初审、复审后返回志稿，县地志办进行了订正、修改。11月，志稿再送出版社终审发排。1993年11月，《蓬安县志》由四川辞书出版社出版发行。1996年，《蓬安县志》（1994年版）获四川省第七次地方志优秀成果方志类一等奖。1997年，《蓬安县志》（1994年版）获全国地方志二等奖。

2003年9月23日，蓬安县委、县政府作出《关于组织编纂〈蓬安县志〉的决定》，成立了蓬安县志编纂委员会。决定从2003年开始，组织力量续修《蓬安县志》。编纂工作分四个阶段实施。第一阶段：组织发动。主要工作包括：成立编委会及总编室，制订编纂方案及各项细则，落实编纂任务，组织业务培训等。第二阶段：分纂。用两年时间完成分纂任务。第三阶段：总纂。用一年时间完成总纂。第四阶段：审定出版，交付出版社出版。县地志办拟定了《蓬安县志》编纂方案和承编单位任务。由于部门志、乡镇志编纂进展缓慢，未能实现规划目标。2007年10月11日，县政府办印发《关于督促修好部门志的通知》，要求各部门乡镇加快修志工作进度，务必于2007年年底完成初稿。2008年10月29日，蓬安县委、县政府印发《关于加快推进〈蓬安县志〉续修工作的意见》。2009年4月，蓬安县举办了第二轮续修县志编纂人员培训会。聘请邓郁章、于明、王国成、萧志成等4名地方志工作者对各部门、各乡镇分管领导和续修编纂人员等200余人就志书基本知识、地方志资料搜集与整理、志书编纂方法、人物志编写、大事记编写、乡镇志编写等进行了专题培训。市地志办主任夏建平在培训会上指出纂修志书，历为政府之责；要求编纂人员把握要领，纂修精品志书；不辱使命，圆满完成修志任务。县政府分管领导在会上要求要强化“责任、攻坚、质量”三种意识，全力打好县志续修攻坚战；要确保“人员落实、条件保障、督查指导”三个到位，按期完成县志续修任务。县政府与各部门、各乡镇签订了目标责任书，将修志工作纳入县政府目标考核。12月，县志编纂委员会对县志总编室组成人员进行了调整充实，加强修志力量。2010年3月，市政府副秘书长陈斌带领市政府目标督查办副主任唐益龙、市地志办主任夏建平、副调研员于明等到蓬安对续修《蓬安县志》工作进行了专项督查。3月4日，县委办、县政府办印发《关于抓紧做好〈蓬安县志〉入志人物选编及资料补充的通知》，要求4月底前，按要求完善入志资料，县政府目标办将修志工作纳入目标管理，督查督办。6月，完成了分纂。12月，完成总纂。县地志办、县志总编室将总纂稿分送市地志办、县志编纂委员会领导和成员单位、县志记载期间内曾在蓬安工作过的四大机构主要领导及相关部门进行审查，广泛征求意见，收到建议意见300多条。总编室根据收集到的意见建议进行修改，形成了送审稿。5月初，将送审稿报送南充市县（市、区）志书审查验收小组专家、县上县级领导和编委会成员等进行审读。6月16日，县政府和市地志办组织召开了《蓬安县志（1986—2006）》复审评议会，县委、县政府主要负责人和市地志办主任夏建平出席会议。市地方志书审查验收学术委员会委员何进、于明、邓郁章、杨朝志、萧志成、卿远明、伍正荣和县委副书记陈鹏泉，原县人大常委会主任赵正铭、副主任刘伦莉，县政协副主席梁中凡，《蓬安县志》编纂委员会成员单位负责人、总编室编纂人员等60余人参加了复审评议会。评审组成员听取县地志办主任刘青就《蓬安县志》编修工作情况和特邀执行副主编魏赤中就《蓬安县志》主体内容、主要特点等汇报后，从《蓬安县志》的观点、体例、内容、资料、记述、行文等6个方面发表了评审意见和建议。会后，县地志办及时组织编纂人员进行修改完善。聘请原县人大常委会主任赵正铭做文字上的修改，聘请原县志主编邓郁章作顾问指导。11月下旬，形成了县志终审稿。12月2日，将县志终审稿送南充市县（市、区）志审查验收学术委员会专家审查。12月15日，县政府向市政府报送《关于审查〈蓬安县志（1986—2006）〉的请示》。12月22日，市政府县（市、区）地方志书审查验收小组召开《蓬安县志（1986—2006）》终审验收会议，市政府副秘书长陈斌任终审验收组副组长并主持终审验收会。市地方志书审查验收委员会委员夏建平、吴兴中、斯顺平、熊乐成、何进、于明、邓郁章、罗永师、李翠及县委常委、常务副县长张斌，原蓬安县人大常委会主任赵正铭及《蓬安县志》总编室编纂人员等20余人参加会议。终审组成员在听取张斌关于《蓬安县志》编修情况和蓬安县地志办主任刘青关于复审评议后修改情况的汇报后，充分发表了终审意见和建议。终审验收组经过充分酝酿讨论，形成一致终审验收意见，《蓬安县志（1986—2006）》符合《四川省第二轮市县级志书编纂规范》，同意通过市政府终审验收。终审验收会后，县地志办、总编室组织人员进一步修改完善，形成了《蓬安县志》定稿。县政府向市政府呈报了《关于批准〈蓬安县志〉出版发行的请示》。2013年8月6日，市政府批复同意《蓬安县志（1986—2006）》公开出版。2014年8月，《蓬安县志（1986—2006）》由方志出版社出版发行。《蓬安县志（1986—2006）》荣获四川省第十七次地方志优秀成果二等奖。

县（市、区）志编纂出版一览表

志名	编纂者	版本	出版时间	备注
唐《隆苑记》	宋陟	不详	唐代	志佚
宋《阆苑记》	何求（一作何永）	不详	南宋年间	志佚
明成化《营山县志》	不详	不详	明成化年间	志佚
明正德《营山县志》	不详	不详	明正德年间	志佚
明嘉靖《阆中县志》	不详	不详	明嘉靖元年（1522年）	志佚
明嘉靖《南充县志》	刘豫章、韩石溪	不详	明嘉靖年间	志佚
明嘉靖《南部县志》	佚名	手抄本	明嘉靖年间	志佚
明万历《营山县志》	李小庵、于见田、官山	不详	明万历四年（1576年）	—
明万历《西充志》	刘启周	不详	明万历十三年（1585年）	志佚
清康熙《南部县志》	雍居敬、李先复	手抄本	清康熙二十四年（1685年）	—

续表

志名	编纂者	版本	出版时间	备注
清康熙《营山县志》	白不淄	不详	清康熙四十二年（1703年）	志佚
清康熙《西充县志》	李昭治	木刻本	清康熙六十一年（1722年）	—
清乾隆《营山县志》	李榕	木刻本	清乾隆七年（1742年）	—
清乾隆《营山县志》	王绂疆	不详	清乾隆四十三年（1778年）	—
清嘉庆《营山县志》	于图培	木刻本	清嘉庆十七年（1812年）	志佚
清嘉庆《南充县志》	袁凤孙、陈榕、席前业	刻印成书	清嘉庆十八年（1813年）	—
清嘉庆《阆中县志》	毛于逵	不详	清嘉庆年间	志佚
清嘉庆《西充志》	李光阳	手抄本	清嘉庆年间	—
清道光《南部县志》	徐畅达、李咸若	刊刻成书	清道光二十九年（1849年）	—
清咸丰《阆中县志》	李惺	木刻本	清咸丰元年（1851年）	—
清咸丰《南部县舆图说》	佚名	不详	清咸丰三年（1853年）	—
清同治《增修南部县志》	李咸若	木刻本	清同治九年（1870年）	—
清同治《营山县志》	翁道钧等	镌刻印行	清同治九年（1870年）	—
清同治《仪陇县志》	曹绍越、胡晋熙、胡辑瑞	木刻本	清同治十年（1871年）	—
清光绪《西充县志》	刘　藻	不详	清光绪二年（1876年）	—
清光绪《南部县乡土志》	王道履	手抄本	清光绪三十二年（1906年）	—
清宣统《西充乡土志》	县属士绅	手抄本	清宣统元年（1909年）	—
民国《阆中县志》	郑钟灵、刘文选	石印本	民国15年（1926年）	—
民国《新修南充县志》	王荃善	刻印成书	民国18年（1929年）	—
民国《仪陇县志》	冯蔚莲、田汉英等6人	手稿	民国18年（1929年）	—
民国《西充县政务概览》	县府各科、室负责人	手稿	民国35年（1946年）	—
民国《蓬安县志》	伍玉雯	手稿	民国36年（1947年）	—
民国《阆中县志》	杨诚恭、李镜芙、孔震生	手稿	民国37年（1948年）	—
民国《营山县志》	蒙文通	手稿	民国38年（1949年）	—
《阆中地方志略》	阆中县政协	内部印制	1958年	—
《阆中县并地方志略》	阆中县政协	内部印制	1959年	—
《南充县地方志略》	中共南充县委办公室	内部印制	1959年	—
《南部县地方志略》	内部印制发行	内部印制	1959年	—
《西充县地方志略》	中共西充县委办公室	内部印制	1959年	—
《仪陇县地方志略》	仪陇县人民委员会办公室	内部印制	1959年	—
《营山县地方志略》	营山县人民委员会办公室	内部印制	1959年	—
《蓬安县地方志略》	蓬安县人民委员会办公室	内部印制	1959年	—
《阆中县志》	阆中县政协	清缮本	1966年	—

续表

志名	编纂者	版本	出版时间	备注
《阆中县志》(帝制时期)	戴哲民　张际中　李文密 郑弗名	内部印制	1982 年	—
《阆中县志》(民国时期)	戴哲民　张际中　李文密 郑弗名	清缮本	1984 年	—
《营山县志》(1989 年版)	营山县志编纂委员会	四川辞书出版社 ISBN 7-80543-099-3/K·7	1989 年	—
《西充县志》(1993 年版)	西充县志编纂委员会	重庆出版社 ISBN 7-5366-2175-2/K·128	1993 年	—
《南充县志》(1993 年版)	南充县志编纂委员会	四川人民出版社 ISBN 7-220-02179-8/K·287	1993 年	—
《阆中县志》(1993 年版)	阆中县志编纂委员会	四川人民出版社 ISBN 7-220-02266-2/K·304	1993 年	—
《蓬安县志》(1993 年版)	蓬安县志编纂委员会	四川辞书出版社 ISBN 7-80543-246-5/K·14	1994 年	—
《南充市志》(1994 年版)	南充市志编纂委员会	四川科学技术出版社 ISBN 7-5364-0010-1/K·48	1994 年	县级
《南部县志》(1994 年版)	南部县志编纂委员会	四川人民出版社 ISBN 7-220-02548-3/K·352	1994 年	—
《仪陇县志》(1994 年版)	仪陇县志编纂委员会	四川科学技术出版社 ISBN 7-5364-2901-0/K·46	1994 年	—
《南充市志(续编)》	南充市志编纂委员会	四川人民出版社 ISBN 7-220-03836-4/K·601	1997 年	县级
《营山县志(1986—2003)》	营山县志编纂委员会	四川辞书出版社 ISBN 7-80705-338-0/K·33	2007 年	—
《仪陇县志(1986—2003)》	仪陇县志编纂委员会	四川科学技术出版社 ISBN 978-7-5364—6290-8	2007 年	—
《顺庆区志(1993—2005)》	顺庆区志编纂委员会	方志出版社 ISBN 978-7-80238—423-1/K·142	2009 年	—
《南充县志(1986—1993)》	南充县志编纂委员会	中国文史出版社 ISBN 7-5034-1234—8/K·0853	2010 年	—
《南部县志(1991—2004)》	南部县志编纂委员会	方志出版社 ISBN 978-7-80238—775-1/K·424	2010 年	—
《嘉陵区志(1993—2003)》	嘉陵区志编纂委员会	方志出版社 ISBN 978-7-5144—0444-9/K·364	2012 年	—
《西充县志(1986—2005)》	西充县志编纂委员会	方志出版社 ISBN 978-7-5144—0847-8/K·686	2013 年	—
《高坪区志(1993—2007)》	高坪区志编纂委员会	方志出版社 ISBN 978-7-5144—0818-8/K·662	2013 年	—
《阆中市志(1986—2005)》	阆中市志编纂委员会	中国文史出版社 ISBN 978-7-5034—5485-1	2014 年	—
《蓬安县志(1986—2006)》	蓬安县志编纂委员会	方志出版社 ISBN 978-7-5144—1290-1/K·1050	2014 年	—

【乡镇志、街道志、村志编纂】 1983年，南充地区启动第一轮新方志编纂。是年年初，阆中县有10个乡、镇开展乡、镇志编纂工作。7月23日，仪陇县委、县政府下达了马鞍、金城、新政三部镇志编纂任务。1984年3月，阆中县《保宁镇志》完成编纂。6月19日，阆中县志编修委员会召开会议，专题研究区、乡志编纂工作。6月29日，县政府召开各区、乡主管领导和主编参加的修志工作会议，安排部署了区、乡志编纂工作，印发了乡志纲目。会后，全县各区、乡先后成立修志领导小组和编写班子，普遍开始修志。至12月，阆中共有保宁、大垭、石滩、文成、盘马、博树、七里、峰占、土垭、龙坪10部乡镇志完成编纂，除大垭、文成、盘马3部乡志为刻印本外，其余均为手稿。12月11日，南充市政府（县级）批转市志编委会《编纂南充市志工作条例》，给火花乡政府、舞凤乡政府和西城街道办事处、东南街道办事处下达了编修乡志和街道志的任务。是年，阆中县老观乡在乡志编纂过程中，所属奉国寺、老君山、白坡、天廻、老龙、关帝庙、干子梁、茅庙子、石马、新庙10个村分别编写了村史资料，未付印。1985年，南充县启动县志编纂工作后，各区、乡镇先后开始修志，除龙门镇外，其余乡镇均，未成稿。5月28日，阆中县政府办转发阆中县志编纂委员会关于区、乡志稿质量审查验收的通知，要求加强区、乡志稿的审查验收。9月，南部县《大桥乡志》完成编纂。是年，阆中共有47部区、乡志完成编纂，除二龙、云台、千佛、石岗、望垭、护垭、狮子、水观、宝台、梅溪、花冠、护山12部乡志为油印本外，其余均为手稿。仪陇县《金城镇志》《马鞍镇志》印刷出书，《新政镇志》编纂中途停止。1986年，阆中《文成区志》《井溪乡志》《金城乡志》《石龙乡志》4部区、乡志完成编纂，均为手稿。西充县《晋城镇志》自印成书。1987年，南充市（县级）规划的《火花乡志》《舞凤乡志》《西城街道志》《东南街道志》4部志书完成编纂。西充县《仁和镇志》自印出书。1990年，蓬安县《周口镇志》完成编纂。1991年1月，南充县《龙门镇志》出版。5月，南部县《南隆镇志》完成编纂。1984年至1991年，南充地区各县（市）共编纂区、乡镇、街道志73部。第一轮修志中，营山县未编纂区、乡镇志。

1996年年底，阆中市部分乡镇启动重修乡镇志工作。1997年5月，阆中市《飞凤镇志》出版。1998年，《飞凤镇志》获四川省第八次地方志优秀成果三等奖。是年，嘉陵区太和乡成立《太和乡志》筹备委员会，开始乡志编纂。1998年2月至7月，阆中市《治平乡志》《龙泉镇志》《木兰乡志》先后出版。1999年1月19日至20日，营山县副县长赵润双带领县、乡修志人员到阆中市考察学习乡镇修志工作。随后，营山县政府决定编修乡镇志。营山县地志办选择回龙、消水、太蓬、三元四个乡镇进行乡镇志编修试点。2000年1月，阆中市《二龙镇志》出版。8月，阆中市《木兰乡志》获四川省第九次地方志优秀成果奖。是年，营山县在10个区所在乡镇和朗池、茶盘、太蓬、三元14个乡镇开展乡镇志编纂工作，并在回龙镇召开了乡镇志编纂工作现场会。9月28日，营山县政府《工作通报》对乡镇修志工作进行了通报。年底，三元、星火、骆市、茶盘等乡镇志书通过初步审查。2002年1月23日，营山县政府办公室印发《关于做好2002年乡镇志编修工作的通知》，至2003年，营山县共完成10部乡镇志编纂，其中印制出版的有《星火镇志》《回龙镇志》《骆市镇志》，成稿未印制的有《朗池镇志》《城南镇志》《太蓬乡志》《三元乡志》《老林镇志》《新店镇志》《茶盘乡志》。

2002年，第二轮修志正式启动后，嘉陵区、蓬安县、南部县、仪陇县相继开展乡镇志编纂工作。4月，《嘉陵区志》编纂工作启动后，嘉陵区有条件的乡镇除了向区志总编室提供区志编纂材料外，组织开展了乡镇志的编纂。9月，蓬安县委、县政府发出《关于组织编纂〈蓬安县志〉的决定》，全县各乡镇成立乡镇志编纂领导小组，组织编纂人员陆续开始编纂乡镇志。9月6日，仪陇县委办、县政府办印发《关于续修县志、部门志、乡镇志的通知》，要求用两年时间完成乡镇志编修。2004年年初，原阆中市石子乡小学校长黄世杰自费编写的《石子乡志》经阆中市志办审查合格，因经费问题未出书（存电子文稿）。5月，仪陇县《复兴镇志》完成编纂。2005年1月，南部县委、县政府组织召开《南部县志》续修工作动员会，要求各乡镇、县级各单位编写乡镇志和部门志。南部县各乡镇成立编写小组，在为续修县志提供资料的同时，开始编纂乡镇志。10月，嘉陵区《太和乡志》出版。2009年4月，嘉陵区志编纂委员会印发《审查验收乡镇志稿实施办法》。10月，蓬安县《罗家镇志》完成编纂。2006年至2009年，蓬安县共编纂乡镇志39部。2011年6月，阆中市《梅溪乡志》（现为福星乡）印制出版。2014年12月，仪陇县《文星镇志》印制出版。是月，民盟营山县总支启动营山县巴山民俗民居生态博物馆建设，将编写《锁口村志》作为建设项目的一个重要子项目，聘请西华师大教授潘家德及其硕士研究生数人负责资料收集和编纂工作。2015年年底，《锁口村志》完成初稿编写。至2015年，各县（市、区）共编纂乡镇志、街道志、村志（村史）228部。

县（市、区）乡镇志、街道志、村志编纂出版一览表

（1983年至2015年）

单位	合计（部）	乡镇志（部）	街道志（部）	村志、村史（部）
顺庆区	4	2	2	—
高坪区	1	1	—	—
嘉陵区	9	9	—	—
阆中市	83	73	—	10
南部县	74	68	6	—
西充县	2	2	—	—
仪陇县	4	4	—	—
营山县	11	10	—	1
蓬安县	40	40	—	—
合　计	228	209	8	11

【部门志、行业志、校志、企业志编纂】 1981年，南充开始第一轮社会主义新方志编纂。至1993年，大多数地级部门、单位和县（市）部门、单位、乡镇开展了部门志、行业志、乡镇志编纂。1993年至2000年，部分地级部门、单位和县（市）部分部门、单位、学校、企业开展了部门志、行业志、校志、企业志编纂。2002年，南充启动第二轮修志工作，又相继有部分部门、单位、学校、企业开展了部门志、行业志、校志、企业志编纂。至2015年，南充市（地）、县（市、区）共编纂部门志、行业志、校志、企业志等1000余部（本）。

市（地区）级部门志、行业志、校志、企业志编纂　1983年11月初，地区行署常务副专员、地区地方志编纂工作领导小组组长郭光杰主持召开地级部门负责人会议，部署编纂地级部门志工作，地级部门负责人53人参加会议。会议指出，编纂地级部门志、行业志是一项新的开创性工作，涉及面宽，时间长，事类繁多，工作量大，政治性、思想性、科学性和综合性强，任务艰巨，要求地级部门（单位）积极行动起来，组建修志机构，抽调人员，解决经费和办公条件，开展修志工作。11月中旬，地区地志办举办了地级部门（单位）修志人员培训班，提高修志人员业务素质，以适应修志工作需要。参训人员通过学习，明确了编纂部门志的重要性和必要性，初步掌握了志书体例和制定纲目、收集资料方法，为地级部门志编纂打下了基础。1984年3月，地区行署召开第二次地方志工作会议，部署了1984年修志任务。南充军分区、地区水电局、林业局、交通局、档案局、粮食局、蚕桑研究所等部门（单位）领导认识高、决心大、行动快、效果好。地区水电局把修志工作提上议事日程，不仅抓好本局修志工作，还具体指导各县（市）水电局的部门志编纂工作。4月13日至15日，召开全地区水利电力志编纂工作会议，进一步解决修志的认识问题，具体安排全区水利电力志编纂工作，提出了明确的要求。地区林业局把修志工作作为振兴林业的一项大事来抓，局长亲自抓，召开全区林业局主管修志的局长和编纂人员会议，部署了全区林业志编纂工作。6月19日，地区地志办在地区粮食局召开地级部门志编纂工作经验交流会。地区地方志编纂工作领导小组副组长陈春华、陈祥超、王化到会并讲话。地区粮食局、水电局、南充军分区、工业局和地区茧丝绸公司介绍了修志工作情况和经验。他们修志的共同经验是，建立了有权威的领导班子，把修志工作列入议事日程，既抓工作布置和检查督促，又解决实际问题，关心撰稿人员的生活和工作；组建了一支有力的修志队伍，撰稿人员是修志的骨干，他们舍得投入较多的力量，把熟悉专业知识的干部抽出来修志，并保持相对的稳定，保证了修志工作的连续性；建立了“三结合”的修志体系，局里有局领导分管，日常工作有办公室负责，各科室有资料员，有撰稿人员，全局密切配合，互为一体，工作落到了实处。9月，地区地志办加强了部门志、行业编纂志的业务指导和检查督促，安排专人深入部门、单位审定纲目，总结经验，推广好的做法，地、县一齐抓，条块结合，推动了地级部门志、行业志编纂工作。地区交通局对各县（市）交通志编纂工作抓得很紧，召开全区交通志工作会议，推动了全区交通志编纂工作。地区人民银行会同农行、建行、保险公司在营山县召开全区《金融志》编纂工作会议，打开了全区编纂《金融志》的局面。地委统战部、地区邮电局、文化局、教育局、卫生局等也先后召开全区修志工作会议，印发文件，具体指导各系统部门志、行业志编纂工作。1985年5月8日至10日，地区地志办和南充市（县级）地志办联合举办了方志业务干部培训班，参加学习的有90个部门195名编写人员，为编写好部门志培训了一批业务骨干。11月19日，地区行署召开地级单位部门志工作会议，48个部门领导参加会议。会议对地级机关修志工作提出了具体要求。地区水电局、工业局、财政局在会上介绍了修志经验。12月，地区地志办印发了《志书行文规定》《人物志编写试行方案》《志书要注意保密的若干规定》。派人分别参加地级部门召开的工作会和志稿评议会，到会进行具体指导。主持召开《南充地区经济综合志》篇目讨论会，指导各县（市）和地级经济部门志的编纂工作。1986年，南充地区第一部地级部门志《四川省南充轮船公司轮运志》内部印制发行。地级机关13个部门、单位召开了全区性的工作会议和志稿评议会，既抓进度，又抓质量，推动了修志工作向广度和深度发展。地区公安处召开了两次全区性的《公安志》编纂工作会议，《南充地区公安志》篇目得到省公安厅、省地方志编委会的肯定，转发全省各地参考。地区卫生局召开志稿评议会，评议了《南充市卫生志》（县级）和《西充县卫生志》，促进了全区卫生系统修志工作。部分地级部门采取以会代训的形式培训修志人员，部分地级部门、单位还派出领导和编写人员参加县（市）志稿评议会，上下结合，条块结合，有力地推动了修志工作，保证志书编纂质量。地区工商局领导重视和关心《南充地区工商志》编纂工作，把修志工作纳入议事日程，局长亲自抓，局务会议多次讨论，工作班子积极主动，召开全区工商志编纂工作会议，评议县工商志稿，指导各县

（市）工商局抓好修志工作，帮助修志人员提高业务水平，修志工作成效突出。1987年4月23日，地区烟草分公司召开《烟草志》编写工作会议。分公司和各县（市）烟草公司、蓬安烟厂等有关部门负责人及编写人员共30余人参加了会议。会议学习了中央和省、地有关修志工作文件，讨论了《烟草志》编写工作方案，成立了地区烟草志编纂工作领导小组和分公司编志机构，布置了地、县（市）烟草公司（厂）编志任务。5月22日至23日，地区中级人民法院召开全区《法院志》编写工作会议。全区各县（市）法院志主编参加会议。苍溪县《法院志》主编列席会议。地区地志办副主任文祟周到会指导。会议传达了四川省高级人民法院召开的“法院志工作会议”精神，听取了各县（市）《法院志》编纂工作情况汇报，讨论了地区法院志纲目。5月29日至30日，地区教育局召开全区《教育志》工作会议。各县（市）《教育志》主编参加了会议。地区地志办副主任文祟周到会指导。会议传达了四川省普教系统修志工作经验交流会精神，听取了各县（市）《教育志》编纂进展情况汇报。6月5日，地区地志办召开地级修志部门业务学习会，交流资料工作经验。8月27日至28日，南充军分区召开《军事志》工作会议，全区各县（市）人武部《军事志》办公室负责人等20人参加会议。地区地志办副主任吕陌阶到会指导。会议传达了四川省军区《军事志》座谈会议精神，各县（市）汇报了《军事志》编纂情况及存在的问题。1988年5月5日，地区地方志编纂工作领导小组召开地级部门修志工作会，地级各部门（单位）分管修志工作的负责人及修志人员80余人参加会议。会上，地区地志办副主任文祟周通报了地级部门修志情况，地区计委、交通局、民政局、烟草专卖局领导汇报了修志工作情况并交流了经验。11月9日至11日，地区检察分院在营山县召开《营山县检察志》稿评议会。省高级人民检察院史志办主任张长德，地区检察分院副检察长、地区检察分院修志领导小组组长李开林，营山县委常委、政法领导小组组长宋正芳等出席会议。会议收到评议稿16篇，1989年，四川省总工会南充地区办事处编纂的《南充工运史》经新闻出版部门批准，内部印制发行。1990年，地级部分部门志、行业志、单位志相继完成初稿或送审稿，地区地志办制定了审稿办法，初稿由本部门初审，初审后地区地志办和相关部门配合召开志稿评议会进行会审。会后，部门、单位修改完善后报地区地方志编审委员会审查验收并批准出版。12月14日，《南充蚕丝志》评审会召开。地区行署副专员黄德益，省地方志编委会副编审杨鸿儒，地区行署办副主任、地区地志办主任陈祥超，地区地志办副主任文祟周、吕陌阶及地区丝绸公司负责人、《南充蚕丝志》编纂人员30余人参加会议。1991年至1993年，地级部门、单位编纂了25部部门志、行业志、单位志。其中，《南充蚕丝志》《南充盐业志》《南充地区文化艺术志》《南充地区军事志》《南充地区交通志》《南充地区图书发行志》《南充地区工商行政管理志》等7部志书由出版社公开出版发行，《南充地区水利志》《南充地区医药志》《南充地区烟草志》《南充地区粮油志》《南充地区林业志》《南充气象志》《南充地区教育志》《南充地区物资志》等8部志书经新闻出版部门批准内部印制发行，《南充地区农牧志》《南充地区轻工志》《南充地区供销合作社志》《南充地区商业志》《南充地区检察志》《南充地区公安志》《南充地区城乡建设志》《南充文物志》《南充地区工业志》《南充地区民政志》等10部志稿油印（打印）征求意见后存档。

1993年，南充全面完成第一轮社会主义新县（市）志编纂任务，将工作重点转移到编辑出版地方综合年鉴上。1994年至2002年，市地志办在全面推进综合年鉴编辑工作的同时，认真搞好市级部门志编纂业务指导，把好审查关，终审并出版了10部部门志、行业志。其中，《南充金融志》《南充财政志》《南充邮电志》《武警南充市支队志》《南充日报社志》等5部志书由出版社公开出版发行，《南充炼油厂志》《四川石油管理局地质调查处志》《南充地区卫生志》《南充地区国土志》《中共南充市委党校志》《南充地区法院志》等6部志书经新闻出版部门批准内部印制发行。

2003年，《南充市志（1707—2003）》编纂工作全面展开，市级200多个部门、单位参与市志编纂工作。有部分部门、单位在撰写市志初稿的同时，开展部门志、行业志、单位志编纂工作。至2015年，市级部门、单位编纂了18部门志、行业志、单位志。其中，《南充市民政志》《南充市交通志》《南充文化志》《南充市国家税务志》《六合集团志》《南充民盟志》等6部志书由出版社公开出版发行，《南充农业科学研究所志》《南充地方税务志》《南充地区交通监理志》《南充市残联志》《南充市教育志》《南充市粮食志》《南充市军事志》等7部志书经新闻出版部门批准内部印制发行，《南充市体育志》《南充市政协志》等2部志书内部印制发行，《南充市检察志》送审稿通过市政府终审验收待出版，《南充市财政志》《南充市人民防空志》等2部志稿打印存档。

南充市（地区）级部门志、行业志、校志、企业志编纂出版一览表

（1986年至2015年）

志 名	编纂者	版 本	出版时间
《南充轮船公司轮运志》(1986年版)	四川省南充轮船公司	内部印制	1986.10
《南充工运史》	南充地区工会办事处	内部印制 南充字/第212号	1989.08
《南充蚕丝志》(1991年版)	南充蚕丝志编委会	中国经济出版社 ISBN 7-5017-1281-6/Z·251	1991.06
《南充盐业志》(1991年版)	南充盐业志编委会	四川人民出版社 ISBN 7-220-01485-6/K·198	1991.12
《南充地区水利志》(1991年版)	南充地区水利电力局	内部印制 南充字/第1000号	1991.12
《南充地区农牧志》	南充地区农牧局	油印稿	1992.02
《南充地区轻工志》	南充地区轻工局	油印稿	1992.05
《南充地区供销合作社志》	南充地区供销合作社	油印稿	1992.06
《南充地区商业志》	南充地区商业局	油印稿	1992.06
《南充地区检察志》	南充地区检察分院	油印稿	1992.08
《南充地区医药志》(1992年版)	南充地区医药局	内部印制 南充字/第719号	1992.09
《南充地区文化艺术志》(1992年版)	南充地区文化局	四川人民出版社 ISBN 7-220-01886-X/K·249	1992.10
《南充地区烟草志》(1992年版)	南充地区烟草专卖局	内部印制 南充字/第103号	1992.10
《南充地区军事志》(1992年版)	南充军分区	重庆大学出版社 ISBN 7-5624-0523-9/E·2	1992.10
《南充地区公安志》	南充地区公安处	油印稿	1992.11
《南充地区城乡建设志》	南充地区建设委员会	油印稿	1992.12

续表

志　名	编纂者	版　本	出版时间
《南充地区交通志》(1992 年版)	南充地区交通局	四川人民出版社 ISBN 7-220-01773-1/K·234	1992.12
《南充地区粮油志》(1992 年版)	南充地区粮食局	内部印制　南充字/第 981 号	1992.12
《南充地区图书发行志》(1993 年版)	南充地区新华书店	重庆出版社 ISBN 7-5366-2533-2/G·851	1993.02
《南充气象志》(1993 年版)	南充地区气象局	内部印制　南充字/第 275 号	1993.02
《南充文物志》	南充地区文化局	打印稿	1993.03
《南充地区工业志》	南充地区工业局	油印稿	1993.03
《南充地区林业志》(1993 年版)	南充地区林业局	内部印制　南充字/第 282 号	1993.03
《南充地区工商行政管理志》 (1993 年版)	南充地区工商局	重庆大学出版社 ISBN 7-5624-0764-9/K·29	1993.06
《南充地区教育志》(1993 年版)	南充地区教育委员会	内部印制　南充字/第 97 号	1993.07
《南充地区物资志》(1993 年版)	南充地区物资局	内部印制　南充字/第 503 号	1993.12
《南充地区民政志》	南充地区民政局	油印稿	1993.12
《南充金融志》(1994 年版)	南充金融志编辑室	重庆大学出版社 ISBN 7-5624-0965-X/K·39	1994.11
《南充财政志》(1995 年版)	南充市财政局	西南财大出版社 ISBN 7-81017-941-1/F·784	1995.07
《南充炼油厂志》(1997 年版)	南充炼油厂	内部印制	1997.07
《南充邮电志》(1998 年版)	南充市邮电局	四川科技出版社 ISBN 7-5364-3796-X/TN·120	1998.01
《四川石油管理局地质调查处志》 (1998 年版)	南充石油地质调查处	内部印制	1998.09
《南充地区卫生志》(1998 年版)	南充地区卫生志编委会	内部印制 川南新出内图准〔1999〕第 29 号	1998.12
《南充地区国土志》(1998 年版)	南充市国土局	内部印制 南市新出内〔1998〕第 242 号	1998.12
《中共南充市委党校志》(2000 年版)	中共南充市委党校	内部印制 川南新出内图准〔2000〕第 101 号	2000.09
《武警南充市支队志》(2001 年版)	武警南充市支队	巴蜀书社 ISBN 7-80659-138-9/E·25	2001.08
《南充日报社志》(2002 年版)	南充日报社	天地出版社 ISBN 7-80624-635-5	2002.09
《南充地区法院志》(2002 年版)	南充市中级人民法院	内部印制 南市新出内〔2002〕第 191 号	2002.12
《南充农业科学研究所志》 (2003 年版)	南充市农业科学研究所	内部印制 南市新出内〔2003〕第 178 号	2003.09
《南充市民政志》(2004 年版)	南充市民政局	四川科技出版社 ISBN 7-5364-5605-0/Z·294	2005.10
《南充地方税务志》(2005 年版)	南充地方税务局	内部印制 南市新出内〔2005〕第 9 号	2005.01

续表

志 名	编纂者	版 本	出版时间
《南充地区交通监理志》(2005 年版)	南充地区物资局	内部印制 南市新出内〔2005〕第 10 号	2005.02
《南充市残联志》(2005 年版)	南充市残疾人联合会	内部印制 南市新出内〔2005〕第 124 号	2005.10
《南充市交通志》(2007 年版)	南充市交通局	四川人民出版社 ISBN 978-7-220-07342-7	2007.01
《南充市教育志》(2007 年版)	南充市教育局	内部印制 南市新出内〔2007〕第 9 号	2007.02
《南充市体育志》(2007 年版)	南充市体育局	内部印制	2007.03
《南充市粮食志》 (2007 年版)	南充市粮食局	内部印制 南充新出内 〔2007〕第 13 号	2007.06
《南充文化志》 (2007 年版)	南充市文化局	大众文艺出版社 ISBN 978-7-80171-956-0	2007.12
《南充市军事志》(2008 年版)	南充军分区	内部印制 南市新出内〔2008〕第 61 号	2008.03
《南充市国家税务志》(2008 年版)	南充市国家税务局	中国税务出版社 ISBN 978-7-80235-278-0/F·1198	2008.10
《南充市政协志》(2009 年版)	政协南充市委员会	内部印制	2009.12
《南充市财政志》	南充市财政局	打印稿	2010.09
《南充市人民防空志》	南充市人民防空办公室	打印稿	2010.12
《六合集团志》(2012 年版)	南充六合(集团)公司	光明日报出版社 ISBN 978-7-5112-3506-0	2012.11
《南充民盟志》(2015 年版)	民盟南充市委	方志出版社 ISBN 978-7-5144-1771-5	2015.10
《南充市检察志》	南充市人民检察院	定稿待出版	2015.12

县（市、区）部门志、行业志、校志、企业志编纂 1981年6月，阆中县地志办印发《阆中县志·社会主义时期》篇目及编纂说明，县级机关各大口相继成立编纂领导小组，各局、委、办成立编写小组，开始部门志、行业志的编纂工作。1983年1月，营山县志编纂委员会成立后，为培养人才，同时为编修县志提供资料，在全县开展部门志、行业志编纂工作。县级53个修志单位相继成立修志领导小组和办公室，确定132名修志人员。

1983年，各县（市）地志办在全面开展第一轮县（市）志编纂工作后，主要采取编纂部门志、行业志、乡镇志、县（市）志分志的方式编纂县（市）志。各地在认真拟定、修改县（市）志篇目和狠抓资料搜集工作的同时，集中主要力量，把编纂部门志、行业志作为工作重点。4月，西充县政府印发《关于编纂西充县志有关问题的通知》，要求县属局以上单位成立相修志机构，编纂部门志，规划了59个修志单位。6月，阆中县政府先后召开县级各部门负责人参加的修志工作经验交流会和省地属企业、县属部委、室、局负责人以及公司和单位撰稿人参加的部门志、厂矿志工作座谈会。县地志办将县水电局、卫生局、航管站志书目录印发各单位参考。7月10日，仪陇县委、县政府发出组织编写部门、行业志的通知。各部门、单位成立以部门、单位主要负责人为组长的修志机构。7月23日，仪陇县委、县政府召开县级各部门，各公司、厂、场、站负责人参加的修志工作会议，要求全县130余个部门、单位编写部门、行业志。是月，县地志办和县级各部门先后组织23个单位的领导成员和编辑人员到成都、重庆、温江、什邡、北碚、渠县、大竹等县（市）学习修志经验。8月，南充市（县级）政府发布《关于编纂〈南充市志〉征集史志资料的通告》，向28个部门下达编修部门志任务。24日至9月1日，南充市志编委会举办部门、行业志编写人员业务培训班，培训71人。是月，南部县委、县政府要求县级各部门，各企事业单位编纂部门、行业志，各修志单位组建领导小组，确定修志人员，开始部门志、行业志编纂工作。12月19日，南部县委、县政府印发《关于编修部门专业志的通知》，规划了59个修志单位，各修志单位开展了部门、专业志编纂。1984年1月2日，仪陇县委、县政府印发《关于编志工作有关问题的通知》，要求县级各部门、各单位加强对修志工作的领导。5月，召开编写人员会议，观摩学习《仪陇县林业局志》《仪陇县计划生育志》《仪陇县土壤志》《仪陇县蚕茧志》《仪陇县马鞍镇志》等志稿。9月4日，仪陇县志编纂委员会印发《关于部门志审定程序和验收标准的试行意见》，规定部门志、行业专志脱稿后，由单位修志领导小组初审、单位领导班子会审，召开熟悉行业业务和历史的老领导、老职工、知情人员座谈会征求意见。经审查、征求意见和修改完善后，由主管系统审查并报县志编委会审定验收。公司、厂、场、站志稿经主管局审查后报送县志编委会审定验收。11月中旬，营山县志编委会主任王更生主持召开修志行动迟缓的10个单位主要负责人特别会议，到会人员逐一作了行动迟缓的原因检查。12月，南充市（县级）政府印发《编纂南充市志工作条例》，将市级部门、专业志调整为21个。南充市（县级）在编修部门、行业志期间，编纂人员常年保持在100人左右，最多时达200余人。南充市（县级）地志办和市级各部门配合，定期或不定期举办学习报告会和培训班，组织修志人员学习外地编写经验，交流心得、体会。1985年3月，南充县启动部门、行业志编纂工作。各修志单位按照县委、县政府的统一安排部署，组建编纂工作领导小组，确定编辑人员，落实办公地址，解决工作经费，选派人员参加业务培训，按照志书编写要求收集资料。5月，蓬安县政府批转县地志办《关于抓好部门志编写有关问题的请示》，规划56个局以上单位编写部门志。县级各修志部门和单位成立领导小组，确定修志人员。县地志办对编写人员进行了培训，对部门、行业志纲目进行了审查。11月，阆中县召开县地方志工作会议，县蚕桑局在会上介绍了《阆中县蚕桑志》的编纂经验。县委、县政府办先后行文，要求县级各部门、各单位实行编辑责任制，合理付给稿酬，调动修志人员积极性。12月，营山县共编纂完成部门志、行业志59部，在全区率先转入县志分志编纂。1986年年初，《南充市医药卫生志》（县级）和《西充县卫生志》完成编纂。4月8日至11日，四川省卫生厅委托南充地区卫生局在南充市召开全省县、市《卫生志稿》评议会，全省18个市、地、州及75个县（市）卫生局的代表，南充地区12个县（市）志办主任、主编和医药局志办代表等290人参加会议。省地方志编委会副主任魏国祯、省卫生厅副厅长任长方、南充地区行署常务副专员、地区地方志编纂工作领导小组组长郭光杰、副组长王化、地委宣传部副部长彭书、地区地志办主任陈祥超、副主任文崇周、地区卫生局局长罗世文、南充市（县级市）副市长胡亨霖等出席会议。会议对《南充市医药卫生志》（县级）和《西充县卫生志》进行评议，并对修志工作中的一些具体问题进行了研讨。至1992年，南充各县（市）先后完成部门志、行业志、校志、企业志编写，全力转入县（市）志分志编写。1993年，南充在全省率先全面完成第一轮社会主义县（市）志编纂工作。

1993年，阆中市一些部门、企事业单位又开展部门志、行业志编纂。2003年，全市第二轮修志工作全面展开。《顺庆区志》编纂工作启动后，各修志单位以编纂部门、行业志和资料长编的形式向区地志办提供资料。在《阆中市志》编纂过程中，阆中市人大、政协、法院、公安局、人事局、劳动和社会保障局、城管局、教委、农业局、商贸局、卫生局、科技局、质量技术监督局、体育局和金融机构以部门志、行业志的形式提供了资料。南部县委、县政府要求县级各部门、各单位按县志框架编纂资料长编和部门、行业志。西充县政府办公室印发了《西充县部门志、乡镇志编纂工作规定》，向84个部门、单位下达修志任务表。仪陇县委办、县政府办印发了《关于续修县志、部门志、乡镇志的通知》，将编写县志、部门志纳入目标考核，修志所需经费纳入财政预算，分年度解决。营山县委办和县政府办印发《关于做好续修〈营山县志〉资料准备工作的通知》，县级各部门（行业）开展了续修部门志、行业志工作。在续修《蓬安县志》工作中，蓬安县委、县政府要求县级各部门编纂部门志、行业志，为县志编纂提供资料。至2015年，县（市、区）共编纂部门志、行业志、校志、企业志710部。

县（市、区）部门志、行业志、校志、企业志编纂出版一览表
（1983年至2015年）

单 位	合 计（部）	部门志、行业志（部）	校 志（部）	企业志（部）
顺庆区	48	48	—	—
高坪区	58	33	18	7
嘉陵区	25	25	—	—
阆中市	84	78	2	4
南部县	31	31	—	—
西充县	118	118	—	—
仪陇县	186	165	9	12
营山县	78	77	1	—
蓬安县	82	80	2	—
合 计	710	655	32	23

【专题志、专项事物志编纂】 清嘉庆四年（1799年），编有《金城寺志》，志佚。清道光二十三年（1843年），编有《保宁府艺文志》七卷和《保宁府金石志》，志佚。1988年，南充开始了专题志、专项事物志编纂工作，至2015年，先后编纂了10部专题志、专项事物志。

《南充市北湖公园志》编纂 1988年8月，南充市（县级）北湖公园管理处成立《南充市北湖公园志》编纂委员会，开始编纂《南充市北湖公园志》，1990年12月完成征求意见稿。全书上限1978年，下限1990年。全志除序、凡例、北湖历史沿革简述、大事记、附录外，设有兴建北湖公园、风景名胜·游乐设施、游客、北湖艺文作品选集、经营管理效益等5章18节，12万余字，全面、系统、翔实记述了北湖公园修建始末、公园设施、园林建筑、公园管理，内容丰富，图文并茂，有较强的可读性。

《栖乐灵园志》编纂 2001年，南充市栖乐灵园管理处委托南充市顺庆区地方志办公室编纂《栖乐灵园志》，顺庆区地志办主编卿远明任主编。《栖乐灵园志》上限1991年，下限2002年。全志采用条目体，除序、概述、大事记、附录外，设有陵园建设、墓区、建筑物、忠孝廊、绿化、服务、机构与管

理等7个类目19个条目。2003年，顺庆区完成《栖乐灵园志》出版发行，是当时全省唯一的一部陵园公墓志，填补了四川省陵园公墓志领域的空白。

《升钟水库南部县灌区志》编纂　2005年，升钟水库南部县灌区成立灌区志编辑部，开始编纂《升钟水库南部县灌区志》。《升钟水库南部县灌区志》设有概述、大事记、专志、图、表5个部分。上限为20世纪50年代初动工建库时起，下限为2002年配套工程全面竣工时止，记叙了水库和灌区渠系工程规模及等级、踏勘规划、移民搬迁、施工准备、大坝建设、溢洪道建设、隧洞放空、淹没区开发管理、灌溉管理等，2006年，《升钟水库南部县灌区志》出版发行。

《太蓬山志》编纂　太蓬山，又名绥山，位于营山县东北，距县城47公里，海拔731.7米，年平均气温15.6摄氏度。太蓬山突兀高耸，群山环绕，奇峰竞秀，云缭雾绕；林木蓊郁，鸟鸣花俏，钟鸣鼓应，香烟袅袅。享“蜀北名山”之誉，获“太蓬仙迹”之称，为道教、佛教圣地。2006年11月7日至12日，营山县以太蓬山为依托，举办了“中国·四川·营山首届旅游文化节”。2007年10月，举办第二届旅游文化节。旅游文化节前，营山县地志办决定编纂《太蓬山志》。在编纂过程中，县地志办组织编纂、摄影、资料人员4次登上太蓬山，攀援悬崖峭壁，探测幽深古洞，核实碑刻题记，搜寻历史遗迹，征集文史资料，采访民间口碑，收集民间故事，务求真实准确。县旅游局、宗教局、林业局、文化局、文管所和太蓬乡党委、政府等单位提供了相关资料，并对志稿进行审查，提出修改意见。原籍营山、现台湾中台禅寺住持惟觉大师为志书作序。2007年10月，《太蓬山志》由旅游教育出版社出版发行，全面、翔实记述太蓬山自然、人文历史与现状，可以更好地了解、研究、开发利用太蓬山旅游资源，成为营山县第二届旅游文化节深受游客青睐的馈赠佳品。该志除概述、大事记和60幅图照外，设有洞府、摩崖造像、石刻题记、古建筑、兵事、人物、保护修复开发、太蓬山首届旅游文化节、《安禄山题龛》辨、碑文游记通讯报道、诗词赋、民间传说、旅游服务等15个类，共12万字。2008年12月，《太蓬山志》获四川省第十三次地方志优秀成果优秀奖。2009年7月，《太蓬山志》获南充市第八次哲学社会科学优秀成果奖。

《汶川特大地震南充市抗震救灾志》（资料）编纂　2008年5月12日，汶川特大地震波及南充，阆中、南部、仪陇被列为重灾县（市）。2009年4月16日，省政府办公厅印发《关于组织编纂〈汶川特大地震四川抗震救灾志〉的通知》，启动《汶川特大地震四川抗震救灾志》编纂工作。按照省上要求，南充市负责编纂提供汶川特大地震南充市抗震救灾的资料，阆中、南部、仪陇3个重灾县（市、区）编纂抗震救灾志。2009年，市地志办研究制定了《汶川特大地震南充市抗震救灾（资料）》搜集篇目，安排落实专人广泛搜集全市抗震救灾工作相关的重要文件、领导重要讲话等资料、图片。2010年，落实专人进行资料长编，8月，完成了编纂工作。市地志办组织人员进行了修改完善，经市政府领导审查后，呈报省抗震救灾志编纂委员会。《汶川特大地震南充市抗震救灾志（资料）》设有灾情、抢险救灾、医疗防疫、捐赠救援、灾后重建、对口援建、先进集体与先进个人、附录等8类33个条目，约5万字。

《汶川特大地震仪陇县抗震救灾志》编纂　2009年4月，仪陇县政府办公室印发了《关于组织编写5·12仪陇抗震救灾志的通知》，成立了《汶川特大地震仪陇县抗震救灾志》编委会和编辑部，启动了《汶川特大地震仪陇县抗震救灾志》编纂工作。县地志办、编辑部拟定了编纂方案和编纂纲目，组织人员到有关部门搜集抗震救灾的资料和图片，有关单位、部门积极提供相关资料，是年底，基本完成了资料、图片搜集工作。2010年，仪陇县地志办落实人员，开始进行初稿撰写。12月，完成了初稿编纂。

2011年，县地志办将初稿分送编委成员和各相关单位进行初审，征求意见。组织人员梳理意见和建议，进一步核实史实，开始对志稿进行总纂。2012年7月，形成了总纂稿。后因多种原因，编纂工作中断。2014年11月，县地志办新领导到任后，市地志办要求仪陇县必须在2015年前完成抗震救灾志编纂任务。县地志办再次组织人员继续进行《汶川特大地震仪陇县抗震救灾志》编纂工作，对原总纂稿进行完善，2015年3月，形成了审读稿。县地志办将审读稿报送县委、人大、政府、政协领导和重点单位领导、市地志办以及部分地方志专家学者进行审读，征求意见。5月，编纂人员对征求到的意见与建议进行梳理，对志稿进行修改完善。9月，形成了送审稿。县政府向市政府呈报了《关于审查验收〈汶川特大地震仪陇县抗震救灾志〉的请示》。10月30日，南充市地方志书审查验收小组对《汶川特大地震仪陇县抗震救灾志》进行了终审验收。市地方志书审查验收委员会委员夏建平、吴兴中、朱和晏、于明、罗永师、袁渊明、李忠伟及仪陇县政府办主任陈崛、志书主编等人参加了会议。终审组成员听取仪陇县地方志办主任杨全关于《汶川特大地震仪陇县抗震救灾志》编纂情况汇报后，就志稿政治、史实、体例、保密、文字等方面充分发表了意见，提出了修改建议意见。南充市地方志审查验收小组同意《汶川特大地震仪陇县抗震救灾志》通过终审验收。《汶川特大地震仪陇县抗震救灾志》采用条目体，设类目和条目，全志约50万字。上限2008年5月12日，下限2010年12月30日。全志除序、凡例、概述、附录外，设大事记、组织领导、自然环境、地震灾情、抢险救灾、灾区生活、医疗防疫、赈灾与捐赠、灾后重建等类。

《汶川特大地震阆中赈灾志》《汶川特大地震阆中灾后重建志》编纂　2009年，阆中市地志办受阆中市民政局委托，承担了《汶川特大地震四川抗震救灾志阆中市赈灾》资料长编工作。市地志办组织人员按照《汶川特大地震四川抗震救灾志·赈灾》篇目和相关要求，全面开展了汶川特大地震阆中抗震救灾相关资料图片的搜集工作。是年，阆中市发展改革局启动《汶川特大地震四川抗震救灾志灾后重建》阆中资料长编工作，市地志办对相关单位资料搜集人员进行了业务培训。至12月，市地志办完成了阆中市抗震救灾资料图片搜集。2010年，市地志办完成了《汶川特大地震四川抗震救灾志·阆中市赈灾》资料长编。阆中市发展改革局完成了《汶川特大地震四川抗震救灾志·灾后重建》阆中市资料长编。2011年3月，阆中市发展改革局委托阆中市地志办编纂《汶川特大地震阆中灾后重建志》。是年，市地志办组织人员运用搜集到的资料，编纂了《汶川特大地震阆中赈灾志》《汶川特大地震阆中灾后重建志》志稿，均为打印稿。《汶川特大地震阆中赈灾志》志稿设有救灾组织管理、灾情评估与受灾群众生活需求、灾区群众生活救助、灾区群众安置、灾区市场临时恢复、生活和公益配套设施临时恢复、灾区社会事务、维护灾区公共安全、组织农业生产自救和以工代赈、灾区教育文化临时恢复、社会赈灾发动与管理、社会捐赠、捐赠款物使用、救灾资金和物资监管、志愿者队伍等15篇，共12万余字。《汶川特大地震阆中灾后重建志》志稿设有灾后重建年度计划任务、灾后重建实施、年度计划执行、重建成效4章，共8万余字。

《汶川特大地震南部县抗震救灾志》编纂　2011年，南部县委、县政府决定编纂《汶川特大地震南部县抗震救灾志》，成立了编纂委员会及编辑部，正式启动抗震救灾志编纂工作。县地志办制定了《汶川特大地震南部县抗震救灾志》编纂方案和编纂篇目。县地志办工作人员分成3个小组，到各部门、各企事业单位和各乡镇、街道开展了资料搜集工作。2012年，完成了资料搜集，收集到300余万字的资料和相关图片，开始了志稿初纂。2013年9月，完成了初纂。县地志办将初稿分送有关单位、乡镇进行初审，征求意见。2014年，编纂人员根据征求到的意见建议，对志稿进行总纂，10月，形成了总纂稿。县地志办将总纂稿分送县委、人大、政府、政协有关领导和市地志办等地方志专家学者、编委会成员等进行审查，征求意见。2015年，编纂人员梳理归纳意见和建议，对总纂稿修改完善，形成了送审稿。县政府向市政府报送了《关于审查验收〈汶川特大地震南部县抗震救灾志〉的请示》。2016年1月13日，南充市地方志书审查验收小组召开了《汶川特大地震南部县抗震救灾志》终审验收会，终审验收小组就志稿的政治观点、体例结构、内容史实、数据统一、保密要求、行文规范等方面分别发表了审查验收意见，对志稿存在的问题提出了修改建议和意见。南充市地方志审查验收小组同意《汶川特大地震南部县抗震救灾志》通过终审验收。《汶川特大地震南部县抗震救灾志》采用条目体，设类目和条目。时间断限为2008年5月12日至2011年5月12日。志书特载图片设地震灾情、恢复重建、家园新貌3个部分，全志除凡例、总述、大事记、附录外，设南部概况、地震灾情、捐赠救助、恢复重建、先进集体、先进个人6个部类55个条目。

《营山县城南北两河综合整治工程志》编纂　营山县城北门河、南门河是县城两条重要河流。随着城市人口增加，工业发展，居民生活污水和工业废水未经处理直接排入河中，致使河水水质污染，清水河成臭水河。加之居民和企业向河中倾倒垃圾和占用河床修建房屋，河道越来越窄，生态环境恶化。营山县委决定实施县城南北两河综合整治工程，把南北两河打造成“生态之河、活力之河、文化之河、宜居之河”。2010年，在人大会议上，《政府工作报告》中提出，编纂《营山县城南北两河综合整治工程志》，全面记述南北两河综合整治工作。按照《政府工作报告》要求，营山县地志办和南北两河综合整治工程建设指挥部办公室成立了《营山县城南北两河综合整治工程志》编辑部，启动了综合整治工程志编纂工作。编纂人员根据工程进展，到指挥部办公室和施工现场，一边收集、采访，一边核实资料、整理编纂。2012年年底，营山县两河综合整治工程竣工，《营山县城南北两河综合整治工程志》志稿形成。经过有关领导和专家学者审查，2013年1月，《营山县城南北两河综合整治工程志》内部印制发行。该志时间断限为2009年2月至2012年年底。全志除概述、大事记、附录和57幅图片外，设有两河生态环境、决策规划融资、宣传组织、拆迁安置、河道工程、污水处理工程、路桥工程、景观工程、土地开发利用、管理监督、艺文等11个类目、30个条目，约12万字。

年鉴编辑

Yearbook Editing

1985年，地区统计局将《四川省南充地区国民经济统计资料》更名为《四川省南充地区国民经济和社会发展统计年鉴》，1990年再更名为《南充统计年鉴》。是年，四川师范学院（西华师范大学）创办了《四川师范学院年鉴》。1993年，南充完成第一轮修志任务，地区地志办将工作重点转移到编辑出版地方综合年鉴上。4月，地区行署印发《批转地区地志办〈关于搞好全区年鉴编写的报告〉的通知》，要求全区各地提高年鉴编辑工作的认识，将地方综合年鉴编辑作为各级地志办的一项重要任务。是年，阆中市、营山县启动了县级综合年鉴编辑，西南石油学院（西南石油大学）创办了《西南石油学院年鉴》。1994年10月，市政府印发《关于编辑出版〈南充年鉴〉的通知》，市地志办启动了《南充年鉴》编辑工作。是年，营山县地志办编辑出版了南充第一部县级综合年鉴《营山年鉴（1986—1993）》。1995年，各县（市、区）地志办逐步启动了综合年鉴编辑工作。1996年9月，市地志办编辑的第一部《南充年鉴（1995）》，由四川科技出版社正式公开出版发行。1999年8月，市委办、市政府办印发《南充市地方志工作2010年目标规划纲要》，编纂出版《南充年鉴》和县（市、区）年鉴作为目标规划的主要任务之一。是年，川北医学院等单位先后开展了部门年鉴编辑。2008年10月，南充市贯彻落实省政府办《关于加强全省地方综合年鉴工作的通知》文件精神，市政府办印发了《关于加强全市地方年鉴工作的通知》，明确提出了编纂地方年鉴是各级政府的一项重要职责，要求各县（市、区）政府、市级各部门要将地方综合年鉴工作列入议事日程，要将编纂出版市、县（市、区）综合年鉴纳入当地经济社会发展总体规划，将年鉴编辑的人员培训、公开出版、编纂印刷等所需经费列入本级财政预算，实现一年一鉴、公开出版，要加强综合年鉴的审批工作，不断提高年鉴编辑质量，市级部门要积极创造条件编辑部门、行业年鉴。2011年7月，市政府办印发《南充市地方志事业第十二个五年发展规划》，“加强年鉴编辑”作为全市地方志事业发展规划的8项主要任务之一。2015年11月，市委办、市政府办印发《关于进一步加强新形势下地方志工作的意见》，对规范全市地方综合年鉴、行业（专业）年鉴编辑出版工作、提高年鉴编辑质量提出了新要求。至2015年，《南充年鉴》编辑出版20卷，县（市、区）编辑出版综合年鉴80卷，市级部门、单位编辑出版部门（单位）年鉴109卷。

【《南充年鉴》编辑】 1993年，南充第一轮修志工作结束。根据中国地方志指导小组和省地方志编委会关于编辑出版地方综合年鉴是地方志工作的一项重要的经常性工作的要求，地区地志办将工作重点转移到编辑出版地方综合年鉴上。1994年10月，市政府印发《关于编辑出版〈南充年鉴〉的通知》，决定从1994年起，分年度编辑出版《南充年鉴》。《南充年鉴》是由市政府主办、市地志办承办的具有权威性、学术性、年度性的综合性年刊，全面系统地记述南充市上一年度政治、经济、社会发展变化的情况。《南充年鉴》采用分类编辑法，设类目、分目、条目3个层次。市政府成立了南充年鉴编辑委员会，市政府分管市长任总编，市政府秘书长、市政府办主任、市地志办主任任副总编，领导年鉴编辑工作。市地志办设立《南充年鉴》编辑部（与市地志办编审科合署办公），具体承办《南充年鉴》编辑业务指导、总体设计、组稿审稿、编辑出版等工作。各县（市、区）和市级各部门、企事业单位按照要求提供相关稿件。《南充年鉴》编辑出版经费纳入市财政年度预算。1995年3月，南充年鉴编辑委员会印发《〈南充年鉴〉（1995年卷）编辑大纲》和《关于〈南充年鉴〉“南充市社会主义建设成就图片”及“重点企事业单位简介”组织办法的通知》，每年度年鉴中的重点企事业单位简介图片实行有偿刊登，收取一定数额的宣传印刷费。同时，南充年鉴编辑部印发了《〈南充年鉴〉（1995年卷）县（市、区）稿件撰稿大纲》和《〈南充年鉴〉大纲（1995年卷）市级部门及有关企事业单位稿件撰稿大纲》。4月26日，市地志办举办了《南充年鉴》市级部门及有关企事业单位撰稿人员培训班，参加培训的有市级部门及有关企事业单位撰稿人122人。会上，市政府副秘书长、市政府办公厅副主任、市地志办主任、《南充年鉴》副总编余善卫受副市长、《南充年鉴》总编王正忠委托，代表市政府就年鉴编辑工作强调指出，编辑出版《南充年鉴》是市政府的一项重要工作，市级各部门、有关企事业单位要高度重视，按照要求分年度撰写提供年鉴稿件，报送《南充年鉴》编辑部的稿件必须经各地、各单位领导审核签署意见、加盖单位公章。6月10日，南充年鉴编辑部印发《〈南充年鉴〉编辑进度情况通报》，要求未交稿的部门尽快安排人员撰稿、交稿。7月16日，南充年鉴编辑部印发《〈南充年鉴〉编辑进度情况通报（二）》，对未交稿的几个部门进行了点名批评，要求务必在8月底交稿。8月，《南充年鉴》（1995年卷）稿件全部收齐。年鉴编辑部对收到的稿件从体例、行文格式、文句、数字、标点、计量单位及内容涉密、涉及民族宗教政策、涉外等方面进行编辑，形成了送审稿。市地志办领导审核后，制作《南充年鉴》样书报送市政府分管领导审查定稿后出版。1996年9月，《南充年鉴》（1995年卷）由四川科学技术出版社出版发行。《南充年鉴》（1995年卷）是南充市出版的第一部大型综合性年刊，上限自1993年7月南充建市开始，下限为1994年12月，以出版年号为卷次名称。卷首设有南充市行政区划地图、南充市社会主义建设成就图片和重点企事业单位图片专辑、南充年鉴编辑委员会和南充年鉴编辑部名单、编辑说明、序、目录、特载。内容设有大事纪要、南充地理、市委、市人大、市政府、市政协、市纪委、民主党派与工商联、群团、军事、政法、农业、工业、茧丝绸、城建环保、交通、邮电、贸易、财税金融、经济管理与监督、教育科技、文化新闻出版体育、卫生、计划生育、县（市、区）简介、南充人物等26个部类。卷尾附有南充市1994年国民经济和社会发展统计公报。1996年10月，市政府办公厅印发《关于认真做好〈南充年鉴〉（1995年卷）发行工作的通知》，要求各地、各部门、有关企事业单位认真抓好宣传、发行工作。

1996年11月，经市政府领导同意，市政府办公厅印发《关于编辑出版〈南充年鉴（1996—1997）〉的通知》，决定1996年和1997年两年合编一卷，要求各地、市级各部门、有关企事业单位大力配合，落实专人撰稿，按照要求将稿件报送《南充年鉴》编辑部。南充年鉴编辑委员会印发《〈南充年鉴（1996—1997）〉编辑大纲》和《关于〈南充年鉴〉“南充市社会主义建设成就图片”及“重点企事业单位简介”组织办法的通知》。12月，市政府召开年鉴编辑工作会，市级部门全体撰稿人员参加了会议，总结了1995年和1996年年鉴编辑工作，表彰了先进，布置了1997年年鉴编辑工作。1998年2月，《南充年鉴（1996—1997）》经南充市新闻出版局批准，内部发行。

1998年至2004年，市政府办公室每年年初印发编辑出版《南充年鉴》通知和《南充年鉴》编辑大纲。每卷篇目结构总体保持稳定，记载内容突出记述年度的特点。《南充年鉴》编辑部认真指导各编辑组撰写稿件和对稿件进行编辑。编辑完成后，报经市政府领导审批后，由新闻出版部门批准内部出版发行。

2005年，《南充年鉴》（2005年卷）篇目结构进行了调整，增设市委重大党务活动、市委重要会议、市政府重大政务活动、市政府重要会议等4个类目。卷尾增设了附录，附录内容含南充市国民经济和社会发展主要指标、县（市、区）国民经济和社会发展主要指标、南充市与省内部分市州经济指标对比表、南充市国民经济主要比例关系表、南充的一天。至2008年，篇目结构保持总体稳定。《南充年鉴》创刊至2008年，为了弥补年鉴编辑、印刷等工作经费不足，设置了“南充市社会主义建设成就图片”及“重点企事业单位简介”图片专栏，有偿刊登机关、企事业单位的宣传图片。

2009年，市地志办决定从《南充年鉴（2009卷）》起，主动停止有偿刊登机关、企事业单位的宣传图片，争取市财政全部解决《南充年鉴》编辑、印刷等经费。4月，为提高《南充年鉴》稿件撰稿质量，市地志办举办了《南充年鉴》编辑人员培训班，特邀《四川年鉴》编辑部刘志文就年鉴的定义、分类等基础知识和年鉴体例、条目拟定、行文规范等编辑方法作了系统地讲授，各县（市、区）地志办及市级各部门、有关企事业单位年鉴撰稿人员等150余人参加了培训。

2010年，市地志办改变了《南充年鉴》特载图片（反映编辑当年）与文稿内容（记述上一年度）不一致的问题，当年取消了《南充年鉴》特载图片。从《南充年鉴》（2011年卷）起，《南充年鉴》特载图片与年鉴文稿记述达到了一致，实现了当年编辑当年出版。《南充年鉴》创刊至2011年，仅有1卷为出版社出版，其余均为内部出版。2012年起，《南充年鉴》实现了一年一鉴、出版社公开出版。2014年5月，市地志办举办了南充综合年鉴编辑业务培训会，各县（市、区）、市级各部门年鉴撰稿人200余人参加培训，原市地志办副调研员于明对年鉴编纂业务进行了专题辅导。

2015年，市地志办副主任朱和晏带领《南充年鉴》编辑部人员到成都、绵阳、宜宾等地，考察学习年鉴编辑工作。借鉴成都、绵阳、宜宾等市年鉴编辑经验，优化调整了《南充年鉴》（2015年卷）的篇目设置与框架结构，除编辑说明、特载图片、特载、大事记外，设置了专题记述、南充市概况、市委、市人大、市政府、市政协、纪检·监察、军事、审判·检察、民主党派·工商联、群众团体、发展改革·投资促进、公安·司法、民政、人力资源和社会保障、财政·税务·审计、农业、工业和信息产业、产业集中区、商贸、旅游、住房和城乡建设、交通、金融、市场监督与管理、教育、科技和知识产权、文化·广播·影视·体育、卫生·计划生育、县（市、区）简况、人物和先进、附录等33个部类。至2015年，《南充年鉴》共出版20卷，其中，出版社公开出版5卷（1995年卷、2012年卷、2013年卷、2014年卷、2015年卷），经南充市新闻出版局批准内部出版15卷。获四川省地方志优秀成果二等奖3卷、三等奖5卷、优秀奖2卷。

《南充年鉴》编辑出版一览表
（1995年至2015年）

志名	编纂者	版本	出版时间	备注
《南充年鉴》(1995年卷)	南充市地方志办公室	四川科技出版社 ISBN 7-5364-3441-3/Z·134	1996.09	—
《南充年鉴》(1996—1997年卷)	南充市地方志办公室	内部出版　南市新出内〔1998〕第49号	1998.02	两年鉴
《南充年鉴》(1998年卷)	南充市地方志办公室	内部出版　南市新出内〔1999〕第60号	1999.06	—
《南充年鉴》(1999年卷)	南充市地方志办公室	内部出版　南市新出内〔1999〕第181号	1999.12	—
《南充年鉴》(2000卷)	南充市地方志办公室	内部出版　南市新出内〔2000〕第155号	2000.12	—
《南充年鉴》(2001年卷)	南充市地方志办公室	内部出版　南市新出内〔2002〕第32号	2002.01	—
《南充年鉴》(2002年卷)	南充市地方志办公室	内部出版　南市新出内〔2002〕第190号	2002.12	—
《南充年鉴》(2003年卷)	南充市地方志办公室	内部出版　南市新出内〔2004〕第42号	2004.01	—
《南充年鉴》(2004年卷)	南充市地方志办公室	内部出版　南市新出内〔2004〕第130号	2005.01	—
《南充年鉴》(2005年卷)	南充市地方志办公室	内部出版　南市新出内〔2006〕第42号	2006.01	—

续表

志　名	编纂者	版　本	出版时间	备注
《南充年鉴》(2006 年卷)	南充市地方志办公室	内部出版　南市新出内〔2007〕第 56 号	2007.02	
《南充年鉴》(2007 年卷)	南充市地方志办公室	内部出版　南市新出内〔2008〕第 27 号	2008.02	
《南充年鉴》(2008 年卷)	南充市地方志办公室	内部出版　南市新出内〔2009〕第 55 号	2009.08	
《南充年鉴》(2009 年卷)	南充市地方志办公室	内部出版　南市新出内〔2010〕第 37 号	2010.08	
《南充年鉴》(2010 年卷)	南充市地方志办公室	内部出版　南市新出内〔2010〕第 59 号	2010.12	
《南充年鉴》(2011 年卷)	南充市地方志办公室	内部出版　南市新出内〔2011〕第 80 号	2011.12	
《南充年鉴》(2012 年卷)	南充市地方志办公室	电子科技大学出版社 ISBN 978-7-5647-1386-7	2012.12	
《南充年鉴》(2013 年卷)	南充市地方志办公室	光明日报出版社 ISBN 978-7-5112-5755-0	2013.12	
《南充年鉴》(2014 年卷)	南充市地方志办公室	中国文史出版社 ISBN 978-7-5034-5870-5	2014.12	
《南充年鉴》(2015 年卷)	南充市地方志办公室	中国文史出版社 ISBN 978-7-5034-7259-6	2015.12	

【县（市、区）综合年鉴编辑】　1993年，南充完成第一轮修志任务后，将工作重点转移到编辑出版地方综合年鉴上。4月，地区行署印发《批转地区地志办〈关于搞好全区年鉴编写的报告〉的通知》，要求各县（市、区）地志办把编辑地方综合年鉴作为一项重要任务。收集年度县情资料，编写综合性年鉴。是年，阆中市、营山县启动综合年鉴编辑工作。1994年，南充第一部县级综合年鉴《营山年鉴》（1986—1993年卷）出版发行。1995年至2005年，顺庆、高坪、嘉陵、仪陇、西充、蓬安、南部等县（市、区）先后启动综合年鉴编辑工作。至2015年，南充市各县（市、区）编辑出版综合年鉴80部，其中，出版社公开出版发行12部，经新闻出版局审批，内部出版发行68部；获四川省地方志优秀成果二等奖4部、三等奖9部、优秀奖17部。

《南充市顺庆年鉴》编辑　1995年，顺庆区启动综合年鉴编辑工作。各大类稿件由90多个部门、单位撰稿，顺庆区地志办进行编辑。9月，顺庆区第一部综合年鉴《南充市顺庆年鉴》（1995年卷）由四川辞书出版社出版发行，全部为精装本。《南充市顺庆年鉴》（1995年卷）记述时限为1993年7月至1994年12月。设图片专辑、特载、专文、地情概况、政治、文化、经济、大事记、文献选录等大类。年鉴采用条目体，设60个分目、200余个条目，全书45万字。

1996年，顺庆区地志办对《南充市顺庆年鉴》篇目进行了调整，设图片专辑、特载、政区、党政·群团、军事·司法、社会·风物、经济综合管理、城建、工业、交通·邮电、商贸、个体私营经济、农业、财税、金融·保险、教育、医药卫生、科技·文化·体育、大事记、人物、附录等大类。8月，《南充市顺庆年鉴》（1996年卷）由巴蜀书社出版发行。1997年至2010年，《南充市顺庆年鉴》篇目结构保持总体稳定，改为一年一编辑，两年合印一卷（内容仍然是分年度记述），由新闻出版局批准内部出版发行。2011年开始，顺庆区实现一年一鉴、全部由方志出版社出版，公开发行。至2015年，顺庆区共编辑出版年鉴14卷。其中，一年一鉴7卷，一年一鉴、两年合印7卷。出版社出版发行6卷，内部出版发行8卷。

《南充市高坪年鉴》编辑　1995年，高坪区启动综合年鉴编辑工作。7月7日，高坪区政府印发《关于认真做好编辑出版〈南充市高坪年鉴〉工作的通知》，成立了高坪区年鉴编辑委员会及高坪年鉴编辑部。8月4日，高坪区年鉴编委会召开区级各部门负责人参加的年鉴编辑动员会，要求各单位、各部门按时按质供稿。21日至29日，高坪年鉴编辑部分两次培训各单位撰稿人员，学习年鉴基本知识及撰写年鉴文稿等业务知识。年鉴编辑部及时印发了《〈高坪年鉴〉纲目》《实施方案》《撰稿大纲》《行文规则》《组稿办法》，创办了《高坪年鉴通讯》。按照年鉴编辑分工，各单位落实撰稿人员，收集资料，撰写初稿。年鉴编辑部承担大事记、行政区划、自然环境、经济和社会发展概况的撰稿工作。年鉴编辑部到各撰稿单位指导稿件撰写，编发《高坪年鉴通讯》3期。10月，全区完成初稿撰写任务。11月，年鉴编委会分工负责初审，按照文献特载、专文、大事记、政治经济、教科文卫、社会生活、高坪人物、附录等分类审查。年鉴编辑部根据编委会审查提出的修改意见，进一步修改完善。12月，形成终审稿，送编委会审定。1996年4月12日，高坪区年鉴编辑委员会审查通过了《南充市高坪年鉴》（1995年卷）终审稿。4月23日，区政府批复同意印刷出版《南充市高坪年鉴》（1995卷）。10月，高坪区第一部综合年鉴《南充市高坪年鉴》（1995卷）由四川人民出版社出版。

1996年12月，高坪区年鉴编辑部印发了《南充市高坪年鉴》（1996年卷）《实施方案》和《编辑大纲》。1997年5月30日至31日，分别召开区级部门、乡镇和驻区省、市属企事业单位年鉴编撰员培训会，进行年鉴撰稿业务培训。会后，编辑部人员分别到单位、乡镇进行现场指导，收效明显。9月底，《南充市高坪年鉴》（1996卷）组稿工作全面完成。10月，《南充市高坪年鉴》（1996卷）通过年鉴编辑委员会审核，经新闻出版部门批准，内部出版发行。

1997年10月，高坪区政府印发《关于进一步加强高坪年鉴编纂工作的通知》和《〈南充市高坪年鉴〉（1997年卷）编纂实施方案》，召开全区年鉴编辑工作会，安排部署《南充市高坪年鉴》（1997卷）编纂工作。12月，完成《南充市高坪年鉴》（1997卷）文稿编辑，未付印。1998年8月，完成《南充市高坪年鉴》（1998卷）资料收集和初稿编辑，未付印。1999年，高坪区地志办集中精力准备续修《南充县志（1986—1993）》工作，未开展年鉴编辑。

2000年10月，根据区政府领导关于将高坪1996年至2000年的年鉴资料合编成一卷的指示，高坪区年鉴编纂委员会印发《〈高坪年鉴〉（1996—2000）编纂大纲》。12月15日，召开《南充市高坪年鉴》1996年至2000年编辑工作暨业务培训会，区级单位（部门）、乡镇（街道）等120余人参加会议。要求各单位主要领导负责，办公室主任具体抓，严格按照年鉴编委会的实施意见和编纂大纲要求，落实撰稿人员责任，保证年鉴编纂工作顺利开展。年鉴编辑部印发了《南充市高坪年鉴》（1996—2000）编纂实施方案和行文规则。2001年12月，《南充市高坪年鉴》（1996—2000年卷）收集整理资料1000多万字，征集图片200多幅，90%的单位完成初稿。2002年3月，《南充市高坪年鉴》（1996—2000年卷）初稿形成，年鉴编辑部立即组织人员进行编辑。6月，年鉴编委会审查了年鉴初稿。编辑部根据编委会审查意见和建议，进行修改、补充。7月26日，区政府审查后同意出版。9月，《南充市高坪年鉴》（1996—2000年卷）经新闻出版部门批准，内部出版发行。

2003年至2011年，高坪区集中力量编纂《南充县志（1986—1993）》和《高坪区志（1993—2007）》，未开展年鉴编辑工作。

2011年5月，《高坪区志》编纂工作基本结束。6月1日，区政府办印发《关于切实做好〈高坪年鉴〉（2009—2011年卷）编辑出版工作的通知》，年鉴编辑工作再次启动，年鉴总编室拟定了编辑大纲、行文规则。2012年5月16日至18日，区地志办会同区委组织部、区委党校举办区级机关、乡镇120余名年鉴编辑人员培训班，对年鉴编辑进行了专题业务培训。会后，高坪年鉴编辑部实行划片包干，深入机关、乡镇指导资料收集和撰稿工作。8月，年鉴初稿全部完成。年鉴编辑部立即进入年鉴编辑。10月，《南充市高坪年鉴》（2009—2011年卷）编辑工作完成，报送年鉴编委会审查。11月5日，年鉴编委会全体会议审查通过。年鉴编辑部根据编委会意见和建议，再次修改、校核。2013年3月，《南充市高坪年鉴》（2009—2011年卷）报送区政府审批后，经新闻出版部门批准，内部出版发行。《南充市高坪年鉴》（2009—2011年卷）上限2008年1月1日，下限2010年12月31日。全书除特载、大事记、附录外，设有23个部类。年鉴采用条目体，分年度编写，一年一卷，3卷合印成一本。

2013年4月10日，区政府办印发《关于切实做好〈高坪年鉴〉（2012—2013）编辑出版工作的通知》。要求按年度分别对2011年、2012年的资料进行收集，分年度进行编辑，两年的资料收集、编辑工作同步进行。5月21日，区政府召开全区年鉴编纂工作会暨业务培训会，全区机关、乡镇和企事业单位等140余人参加了培训。会后，年鉴编辑部及时督促各单位收集资料，按时编写，随时登门指导检查。10月底，全区各单位初稿全部完成。11月，年鉴编辑部进行编辑加工，12月，完成编辑任务，报编委会审查。2014年1月10日，年鉴编委会召开全体会议，对《南充市高坪年鉴》（2012卷）、（2013卷）稿进行审查，提出了修改建议意见。对提出的修改意见，编辑部进行了核校修改，形成了定稿。3月报区政府审定。《南充市高坪年鉴》（2012年卷）上限2011年1月1日，下限2011年12月31日，经新闻出版部门批准，内部出版发行。《南充市高坪年鉴》（2013年卷）上限2012年1月1日，下限2012年12月31日。2014年3月，由九洲出版社出版发行。

2014年5月5日，区政府办印发《关于切实做好〈高坪年鉴〉（2014）编纂工作的通知》，安排布置《南充市高坪年鉴》（2014年卷）的撰稿、供稿和编辑工作。首次试行由各单位根据工作职能自行拟定具体条目（过去由年鉴编辑部统一制定条目），重点做好特色条目的撰写，增强年鉴的可读性。年鉴编辑部通过到单位现场指导、电话催稿等方式督促年鉴编辑工作。10月底，全区各单位、部门完成初稿撰写。11月，编辑部进行编辑。12月10日，送区地方志编委会审查。12月15日，编委会对年鉴稿件审查后，编辑部根据审查意见和建议进行了全面修改完善。2015年1月10日，区政府审定同意《南充市高坪年鉴》（2014年卷）出版。2015年9月由中国文史出版社出版发行。

2015年6月10日，区政府办印发《关于做好〈高坪年鉴〉（2015年卷）编纂工作的通知》和《南充市高坪年鉴》（2015年卷）编纂大纲，启动年鉴编辑工作。7月2日，区政府召开全区《南充市高坪年鉴》（2015年卷）编辑动员暨培训会，安排布置2015年年鉴编纂工作。10月，完成了资料收集。12月，各单位、部门完成了初稿撰写。至2015年，高坪区共编辑出版年鉴7卷。其中，一年一鉴5卷，多年鉴2卷；出版社出版发行3卷，内部出版发行4卷。

《南充市嘉陵年鉴》编辑 1996年5月，嘉陵区政府印发了《关于认真做好〈嘉陵年鉴〉（1993—1995年卷）编辑工作的通知》和年鉴编辑提纲，要求全区各部门（单位）、各乡镇认真做好年鉴资料收集和初稿撰写，正式启动了综合年鉴编辑工作。1999年10月，《南充市嘉陵年鉴》（1993—1995年卷）经新闻出版部门批准，内部出版发行。1999年10月，区政府办印发《关于做好〈嘉陵年鉴〉（1996—1998年卷）编辑出版工作的通知》和年鉴编纂大纲。适当调整了年鉴篇目，增设了气象、企业、旅游、

文物等类目，专设了“嘉陵区社会主义建设成就彩色图片及重点企事业单位简介”图片专栏，刊登反映各地、各部门建设成就的彩色图片及有影响的企事业单位简介。2002年4月，《南充市嘉陵年鉴》（1996—1998年卷）由新闻出版部门批准，内部出版发行。

2002年5月，《南充市嘉陵年鉴》（1999—2002年卷）编辑工作启动，各单位、部门和乡镇开展资料收集。2003年，完成《南充市嘉陵年鉴》（1999—2002年卷）初稿撰写、编辑与图片征集工作。2004年，对年鉴初稿进行审校编辑，对入刊图片进行审核审定。2005年8月，《南充市嘉陵年鉴》（1999-2002年卷）经新闻出版部门批准，内部出版发行。

2005年10月，区政府办印发《关于编辑出版〈嘉陵年鉴〉（2003—2005年卷）》的通知和年鉴编辑大纲，对编辑工作提出了要求。各单位、部门按照大纲要求，进行资料收集。2006年，编辑部对部分单位年鉴资料收集和初稿撰写进行了指导督查。2007年，初稿全部完成。区年鉴编辑部进行编辑加工。2008年1月，《南充市嘉陵年鉴》（2003—2005年卷）经新闻出版部门批准，内部出版发行。2008年至2011年，嘉陵区地志办完成了《南充市嘉陵年鉴》（2006—2008年卷）和《南充市嘉陵年鉴》（2009—2010年卷）文稿编辑任务。因经费不足等原因，未付印。

2012年开始，嘉陵区将年鉴编辑纳入目标考核，年鉴编辑实现了一年一鉴。至2015年，嘉陵区共编辑出版年鉴8卷。其中，多年鉴4卷，一年一鉴4卷，全部为内部出版发行。

《阆中年鉴》编辑 1993年3月，阆中市政府同意以阆中市地方志编纂委员会为《阆中年鉴》编辑工作的组织协调机构，确定年鉴编辑的起始时间为1986年至1992年，为7年合卷本。因乡镇建置调整，年鉴编辑工作停止，收集到的资料存档保存。至2000年，阆中未开展年鉴编辑工作。

2001年7月，阆中市委办、市政府办印发《关于编辑〈阆中年鉴〉的通知》，明确指出《阆中年鉴》是市政府主办的大型综合年刊和大型市情资料工具书。成立了阆中年鉴编辑委员会和阆中年鉴编辑部，阆中年鉴编辑部与阆中市地志办合署办公，开始年鉴编辑工作。年鉴编辑部制订年鉴编辑大纲和实施办法，确定《阆中年鉴》（2001年卷）时间上限为2000年1月1日起，下限为2000年12月31日，除有特殊要求文稿外，只叙2000年情况。2002年9月，《阆中年鉴》（2001年卷）经新闻出版部门批准，内部出版发行。首卷年鉴出版发行后，由于缺少年鉴编辑经验，以及人力、物力、财力的匮乏，年鉴停编一年。

2003年7月，再次重启年鉴编辑工作。确定将2001年和2002年的内容编为合卷本，2003年11月，《阆中年鉴》（2002—2003年卷）经新闻出版部门批准，内部印制发行。

2004年1月，阆中市地志办印发《关于进一步做好〈阆中年鉴〉编辑出版工作的通知》。健全年鉴工作考核机制，改进编辑方法，创新编排形式，扩大入刊范围，精炼文稿内容，重点抓好图片入刊和文稿编辑两个环节。严把制版和装帧两道关口，整体提升年鉴编辑综合质量。2月，阆中市地志办与《中国知识资源总库》联合，《阆中年鉴》进入了《中国年鉴全文数据库（CAFD）》。《中国知识资源总库》编纂委员会向阆中市年鉴编辑委员会颁发了“收录证书”。《上海方志馆》《北戴河方志馆》先后收录存藏了《阆中年鉴》。3月，市地志办总结前两卷年鉴编辑出版经验，完成了年鉴编辑大纲制定。采取市委办行文、各级各单位提供初稿、市地志办组织编辑、市政府分管领导审查的办法，加大了年鉴编辑工作力度。2004年12月，《阆中年鉴》（2004年卷）经新闻出版部门批准，内部出版发行。2005年至2006年，《阆中年鉴》（2005年卷）、《阆中年鉴》（2006年卷）文稿编辑完成后，经新闻出版部门批准，先后内部出版发行。

2007年开始，每年年初，阆中市年鉴编辑部将年鉴编辑大纲的内容进行细化，分解到各系统及工作部门。每卷篇目结构总体保持稳定，刊载的内容根据记述年度不同突出每个年度的特点。工作时间上，基本做到：3月完成资料搜集，5月完成年鉴的编辑，9月完成审查，10月进行校改审核。11月完成编排。市政府领导审定后，经新闻出版部门批准，内部发行。至2015年阆中市共编辑出版年鉴14卷，全部为新闻出版部门批准，内部出版发行。其中，两年卷1卷，一年一鉴13卷。

《南部年鉴》编辑　1999年5月12日，南部县委、县政府决定编辑出版《南部年鉴》。至2004年，《南部年鉴》编辑工作没有实质性开展。

2005年4月25日，南部县政府要求各区工委、乡镇人民政府，县级各部门、各企事业单位进一步做好年鉴编辑工作，《南部年鉴》编辑工作正式启动。经过一年时间的资料收集、编辑人员的文稿编辑，2006年3月，南部县第一部综合年鉴《南部年鉴》（2005年卷）经新闻出版部门批准，内部出版发行。《南部年鉴》（2005年卷）全面系统地记载和反映了南部县上一年度的政治、经济、文化、社会生活等方面的新情况、新成就。全书除特载、大事记、图片专辑外，设有南部地理、县委、县人大、县政府、县政协、人民团体、军事、政法、农业、工业、城建环保、交通、邮政电信、贸易、财政税务、金融、经济管理与监督、教育科技、文化新闻出版、体育、卫生计划生育、区乡镇、南部人物等22个部类。

2006年至2008年，南部县年鉴编辑工作暂停。

2009年3月3日，南部县委办、县政府办印发《关于开展〈南部年鉴〉编辑出版的通知》，要求各乡（镇）党委和政府，县级各部门、企事业单位加强《南部年鉴》编辑工作，将年鉴编辑工作纳入县委、县政府年度目标，严格考核。全县开展了资料收集和初稿撰写。2010年2月，县地志办召开《南部年鉴》（2009—2010年卷）编辑部工作会议，确定了体例结构，落实了编辑任务。3月底，从近200余万字的初稿中删繁就简，严格按照年鉴编辑的相关要求，形成了70余万字的年鉴初稿。县地志办反复修改，将初稿报送至市地志办和县委、县人大、县政府、县政协办公室征求意见，请统计局、民宗局、保密局审核。县地志办根据各单位反馈意见，先后3次对年鉴文稿进行修改。在修改文稿的同时，加强年鉴图片的编辑工作，在突破传统的基础上突出大气、美观的特点。县地志办多次与县摄影家协会和县外宣办联系，扩大图片收集范围，不断完善图片内容，做到多角度展示南部县在2008年至2009年的发展变化。同时，将修改后的图片报送县有关领导审阅，征求意见。5月中旬，年鉴文字和图片全部修改完毕。县地志办及时将稿件送至成都年鉴设计部，多次与设计部商榷年鉴版式，派专人赴成都监督改稿，及时确定年鉴封面样式和正文版式，保证年鉴出版前的每一个环节细致无误。2011年6月，《南部年鉴》（2009—2010年卷）经新闻出版部门批准，内部出版发行。

2011年至2012年，南部县地志办按照省地方志编委会、市地志办的要求，认真编辑《南部年鉴》（2011年卷）和《南部年鉴》（2012年卷），实现了年鉴编辑一年一鉴，经新闻出版部门批准，内部出版发行。

2013年开始，《南部年鉴》做到了一年一鉴、公开出版。至2015年，南部县共编辑出版年鉴6卷。其中，一年一鉴5卷，两年鉴1卷；出版社出版发行2卷，内部出版发行4卷。

《西充年鉴》编辑　2002年4月，首部《西充年鉴》（2000—2002年卷）编辑工作开始启动。5月30日，县委、县政府成立西充年鉴编辑委员会和西充年鉴编辑部。西充年鉴编辑委员会印发《西充年鉴编写方案》。7月23日，召开编委会会议，会议对西充年鉴编辑工作作了具体分工。年鉴编辑部分组收集稿件，然后交责任编辑进行统稿，再由编辑部成员进行修改校对，校对完后交由责任编辑再次审改，最后交编辑部主任审查。8月22日，举办《西充年鉴》撰稿员培训班，培训人员120余人。10月，年鉴编辑委员会向各乡镇人民政府、各督导室、县级各部门印发征集图片通知。至2003年5月，形成了近48万字的送审稿，交县政府审定。2003年7月，首部《西充年鉴》（2000—2002年卷）经新闻出版部门批准，内部出版发行，填补了西充县没有综合性年鉴的空白。《西充年鉴》（2000—2002年卷）共设24个类目、172个分目、824个条目，48万字，图片248幅。首部年鉴出版后，西充年鉴编辑原则上每两年一鉴，先后内部出版了《西充年鉴》（2003—2004年卷）、《西充年鉴》（2005—2006年卷）、《西充年鉴》（2007—2008年卷）、《西充年鉴》（2009—2010年卷）。

2011年开始，西充年鉴编辑工作改为一年一鉴。每年年初，县委、县政府或县委办、县政府办向各乡镇、县级各部门印发年鉴编辑通知和编辑大纲，各乡镇、县级各部门确定专人在规定的时间内向年鉴编辑部提供稿件。2012年6月，县地志办举办了《西充年鉴》撰稿人员培训班，对全县各乡镇、部门和省、市驻县单位的160多名年鉴撰稿人进行了业务培训。2014年，县委、县政府将年鉴编辑工作纳入对各乡镇、部门年度工作目标考核内容。至2015年，西充县共编辑出版年鉴8卷。其中，一年一鉴3卷，两年鉴5卷，全部为内部出版发行。

《仪陇年鉴》编辑　2001年10月31日，县政府印发《关于编写〈仪陇年鉴〉的通知》，成立了仪陇年鉴编辑委员会和仪陇年鉴编辑部。是年，县级党政机关机构改革，年鉴编辑工作未开展起来。2002年4月1日，县政府召开了全县年鉴编写工作会议，168名编写人员参加会议。会上，对年鉴撰稿人员进行了培训，印发了《年鉴编写行文若干规定》《年鉴编写大纲》《编写年鉴的目的意义方法》等资料。10月，《仪陇年鉴》（1998—2001年卷）完成初稿。年鉴编辑部进行了4次修改补充完善，送交县委、人大、政府、政协、编委会成员及有关部门审查。审查修改意见反馈后，再次进行修改补充完善，内部印发。《仪陇年鉴》（1998—2001年卷）为仪陇县第一部综合年鉴。

2002年至2007年，由于县地志办人少，集中精力续修《仪陇县志》。仅编辑了《仪陇年鉴》（2004—2006年卷），经新闻出版部门批准，内部出版发行。

2008年，续修县志工作完成后，重新启动年鉴编辑工作，至2015年，《仪陇年鉴》做到了一年一鉴，内部出版。仪陇县共编辑出版年鉴9卷。其中，多年鉴2卷，一年一鉴7卷，全部为内部发行。

《营山年鉴》编辑　1993年4月，营山县政府办批转县地志办《关于编写〈营山县年鉴〉的报告》。县地志办制定了年鉴篇目和实施方案，县政府召开了动员会和培训会，成立了以县长为组长的年鉴编写领导小组。各乡镇、县级各部门按要求确定专门人员，收集整理1986年至1993年的有关资料。1994年，营山县地志办将收集到的300多万字资料，进行整理，分门别类，编辑成《营山县年鉴》（1986—1993年卷），是营山首次编辑的综合性年鉴。《营山县年鉴》（1986—1993年卷）采用条目体体，由特载、概述、大事记、政治、经济、文化、社会生活剪影、乡镇概况、人物、附录等13个类目56个分目580个条目组成。1994年12月，经新闻出版部门批准，内部出版发行。受人员、经费等因素的制约，1995年至1996年，《营山年鉴》编辑工作暂停。

1997年，县地志办开始编辑《营山年鉴》（1994—1997年卷）。调整了篇目设置，除序、编辑说明、后记外，设特载、大事记、县委、人大政协、政府、群团、军事政法、农业、工业交通邮电、城建环保、财税金融、贸易、经济监督管理、教育、科技文化卫生、乡镇、社会生活、附录等18大类、660余个条目。1998年，经新闻出版部门批准，内部出版发行。《营山年鉴》（1994—1997年卷）图文并茂，印制更为精美。

1999年至2006年，营山县作为四川省续修县志试点县，集中力量开展县志续修工作，年鉴编辑工作暂停。

2007年，县地志办聘请人员收集续修《营山县志》下限后的2004年至2006年的相关资料，编辑出版了《营山年鉴》（2005—2007年卷）。除特载、大事记外，设有概况、县委、人大、政府、政协、党派群团、法制、军事、经济管理与监督、农业与农村经济、工业、交通、信息业、城乡规划与建设管理、贸易、财税金融、教育、科技、文化、社会、人物、乡镇等22个大类、183个分目、704个条目。2007年11月，内部印发。

2008年开始，每年县委办、县政府办单独或联合印发年鉴编辑通知，开展了每一年度的年鉴编辑工作。县地志办聘请人员收集各单位、部门撰写的初稿，进行编辑加工，编成相应年度的年鉴电子版留存，做到了一年一鉴，未付印。至2015年，营山县共编辑出版多年鉴3卷，内部发行；一年鉴8卷，未付印（电子版留存）。

《蓬安年鉴》编辑　2003年，蓬安县开始启动年鉴编辑工作，县委、县政府把《蓬安年鉴》编辑工作纳入县委、县政府工作议事日程，年鉴编辑工作经费纳入每年财政预算。至2008年，县地志办共编辑《蓬安年鉴》5卷，经新闻出版部门批准，内部出版发行。

2009年至2010年，县地志办集中精力续修《蓬安县志》，未开展年鉴编辑工作。2011年，编辑出版了《蓬安年鉴》（2008—2009年卷）。2012年，编辑出版了《蓬安年鉴》（2010年卷）。从2012年开始，《蓬安年鉴》实现了一年一鉴。至2015年，蓬安县共编辑出版年鉴11卷。其中，两年鉴1卷，一年一鉴10卷；出版社出版发行1卷，内部出版10卷。

县（市、区）综合年鉴编辑出版一览表

（1995年至2015年）

区域	书名	编纂单位	版本	出版时间	备注
顺庆区	《顺庆年鉴》(1995年卷)	顺庆年鉴编辑委员会	四川辞书出版社 ISBN 7-80543-488-3/K·46	1995.09	—
	《顺庆年鉴》(1996年卷)	顺庆年鉴编辑委员会	巴蜀书社 ISBN 7-80523-764-6/Z·93	1996.08	—
	《顺庆年鉴》(1998年卷)	顺庆年鉴编辑委员会	内部印制 川南新出内图准号〔1998〕第223号	1998.08	两年合印
	《顺庆年鉴》(1999年卷)	顺庆年鉴编辑委员会	内部印制 川南新出内图准号〔1999〕第81号	1999.08	—
	《顺庆年鉴》(2001年卷)	顺庆年鉴编辑委员会	内部印制 川南新出内图准〔2001〕字第99号	2001.08	两年合印
	《顺庆年鉴》(2003年卷)	顺庆年鉴编辑委员会	内部印制 川南新出内图准〔2003〕字第128号	2003.08	两年合印
	《顺庆年鉴》(2005年卷)	顺庆年鉴编辑委员会	内部印制 南市新内〔2005〕字第113号	2005.10	两年合印
	《顺庆年鉴》(2007年卷)	顺庆年鉴编辑委员会	内部印制　南市新出内〔2007〕80号	2007.10	两年合印

续表

区域	书名	编纂单位	版本	出版时间	备注
顺庆区	《顺庆年鉴》(2009 年卷)	顺庆年鉴编辑委员会	内部印制　南市新出内〔2009〕80 号	2009.11	两年合印
	《顺庆年鉴》(2009-2010 年卷)	顺庆年鉴编辑委员会	内部印制　南市新出内〔2011〕74 号	2011.11	两年鉴
	《顺庆年鉴》(2011 年卷)	顺庆年鉴编辑委员会	方志出版社 ISBN 978-7-5144-0641-2/K·519	2012.10	—
	《顺庆年鉴》(2013 年卷)	顺庆年鉴编辑委员会	方志出版社 ISBN 978-7-5144-1016-7/K·822	2013.10	—
	《顺庆年鉴》(2014 年卷)	顺庆年鉴编辑委员会	中国文史出版社 ISBN 978-7-5034-5753-1	2014.12	—
	《顺庆年鉴》(2015 年卷)	顺庆年鉴编辑委员会	中国文史出版社 ISBN 978-7-5034-6939-8	2015.11	—
高坪区	《高坪年鉴》(1995 年卷)	高坪区地方志办公室	四川人民出版社 ISBN 7-220-03426-1/K.512	1996.10	—
	《高坪年鉴》(1996 年卷)	高坪区地方志办公室	川南新出内准字第 11 号	1997.10	—
	《高坪年鉴》(1996—2000 年卷)	高坪区地方志办公室	川南新出〔2002〕字第 99 号	2002.09	多年鉴
	《高坪年鉴》(2009—2011 年卷)	高坪区地方志办公室	南市新出内〔2013〕59 号	2013.11	3 年合印
	《高坪年鉴》(2012 年卷)	高坪区地方志办公室	南高新出内〔2015〕42 号	2015.05	—
	《高坪年鉴》(2013 年卷)	高坪区地方志办公室	九州出版社 ISBN 978-7-5108-2830-0	2014.03	—
	《高坪年鉴》(2014 年卷)	高坪区地方志办公室	中国文史出版社 ISBN 978-7-5034-7261-9	2015.12	—
嘉陵区	《嘉陵年鉴》(1993—1995 年卷)	嘉陵区地方志办公室	南新出内〔1999〕字第 11 号	1999.10	多年鉴
	《嘉陵年鉴》(1996—1998 年卷)	嘉陵区地方志办公室	川南新出内〔2002〕第 55 号	2002.04	多年鉴
	《嘉陵年鉴》(1999—2002 年卷)	嘉陵区地方志办公室	南市新出内〔2005〕字第 48 号	2005.08	多年鉴
	《嘉陵年鉴》(2003—2005 年卷)	嘉陵区地方志办公室	蓉市新内〔2008〕字第 151 号	2008.01	多年鉴
	《嘉陵年鉴》(2012 年卷)	嘉陵区地方志办公室	川新出内〔2013〕字第 275 号	2013.12	—
	《嘉陵年鉴》(2013 年卷)	嘉陵区地方志办公室	川新出内〔2014〕字第 156 号	2014.11	—
	《嘉陵年鉴》(2014 年卷)	嘉陵区地方志办公室	川新出内〔2014〕字第 187 号	2014.11	—
	《嘉陵年鉴》(2015 年卷)	嘉陵区地方志办公室	川新出内准字〔2015〕第 168 号	2015.12	—
阆中市	《阆中年鉴》(2001 年卷)	阆中市人民政府	川南新出内图准字〔2002〕105 号	2002.09	—
	《阆中年鉴》(2002—2003 年卷)	阆中市人民政府	川南新出内图准字〔2003〕165 号	2003.11	两年鉴
	《阆中年鉴》(2004 年卷)	阆中市人民政府	川南新出内图准字〔2004〕104 号	2004.12	—
	《阆中年鉴》(2005 年卷)	阆中市人民政府	川南新出内图准字〔2005〕117 号	2005.11	—
	《阆中年鉴》(2006 年卷)	阆中市人民政府	川南新出内图准字〔2006〕135 号	2006.12	—
	《阆中年鉴》(2007 年卷)	阆中市人民政府	阆中新出内〔2007〕第 003 号	2007.12	—
	《阆中年鉴》(2008 年卷)	阆中市人民政府	阆中新出内〔2008〕第 003 号	2008.12	—
	《阆中年鉴》(2009 年卷)	阆中市人民政府	阆中新出内〔2009〕第 012 号	2009.12	—
	《阆中年鉴》(2010 年卷)	阆中市人民政府	阆中新出内〔2010〕第 09 号	2010.12	—
	《阆中年鉴》(2011 年卷)	阆中市人民政府	阆中新出内〔2011〕第 09 号	2011.11	—
	《阆中年鉴》(2012 年卷)	阆中市人民政府	阆中新出内〔2012〕第 010 号	2012.11	—
	《阆中年鉴》(2013 年卷)	阆中市人民政府	阆中新出内〔2013〕第 013 号	2013.12	—
	《阆中年鉴》(2014 年卷)	阆中市人民政府	阆中新出内〔2014〕第 014 号	2014.11	—
	《阆中年鉴》(2015 年卷)	阆中市人民政府	阆中新出内〔2015〕第 016 号	2015.12	—

续表

区域	书名	编纂单位	版本	出版时间	备注
南部县	《南部年鉴》(2005 年卷)	南部县地方志办公室	南市新出内〔2006〕21 号	2006.03	—
	《南部年鉴》(2009—2010 年卷)	南部县地方志办公室	南市新出内〔2011〕25 号	2011.06	两年鉴
	《南部年鉴》(2011 年卷)	南部县地方志办公室	南市新出内〔2011〕25 号	2011.12	—
	《南部年鉴》(2012 年卷)	南部县地方志办公室	南部新出内〔2012〕013 号	2012.12	—
	《南部年鉴》(2013 年卷)	南部县地方志办公室	方志出版社 ISBN 978-7-5144-1170-6	2013.12	—
	《南部年鉴》(2014 年卷)	南部县地方志办公室	中国文史出版社 ISBN 978-7-5034-5742-5	2014.12	—
西充县	《西充年鉴》(2000—2002 年卷)	西充县地方志办公室	川南新出内图准字〔2003〕91 号	2003.07	多年鉴
	《西充年鉴》(2003—2004 年卷)	西充县地方志办公室	南市新出内〔2006〕第 10 号	2006.01	两年鉴
	《西充年鉴》(2005—2006 年卷)	西充县地方志办公室	西新出内〔2007〕字第 113 号	2007.12	两年鉴
	《西充年鉴》(2007—2008 年卷)	西充县地方志办公室	西新出内〔2010〕001 号	2010.06	两年鉴
	《西充年鉴》(2009—2010 年卷)	西充县地方志办公室	西新出内〔2012〕02 号	2012.06	两年鉴
	《西充年鉴》(2012 年卷)	西充县地方志办公室	西新出内〔2013〕001 号	2013.01	—
	《西充年鉴》(2013 年卷)	西充县地方志办公室	西新出内〔2013〕007 号	2013.12	—
	《西充年鉴》(2014 年卷)	西充县地方志办公室	川南新出内图准字〔2014〕91 号	2014.12	—
仪陇县	《仪陇年鉴》(1998—2001 年卷)	仪陇县地方志办公室	内部印制	2002.07	多年鉴
	《仪陇年鉴》(2004—2006 年卷)	仪陇县地方志办公室	川新出内〔2007〕224 号	2008.01	多年鉴
	《仪陇年鉴》(2008 年卷)	仪陇县地方志办公室	川仪新出内准〔2009〕002 号	2009.01	—
	《仪陇年鉴》(2009 年卷)	仪陇县地方志办公室	川仪新出内准〔2010〕003 号	2010.10	—
	《仪陇年鉴》(2010 年卷)	仪陇县地方志办公室	川仪新出内准〔2011〕006 号	2011.10	—
	《仪陇年鉴》(2011 年卷)	仪陇县地方志办公室	川仪新出内准〔2012〕034 号	2012.11	—
	《仪陇年鉴》(2012 年卷)	仪陇县地方志办公室	川仪新出内准〔2013〕026 号	2013.12	—
	《仪陇年鉴》(2013 年卷)	仪陇县地方志办公室	川仪新出内准〔2014〕17 号	2014.07	—
	《仪陇年鉴》(2014 年卷)	仪陇县地方志办公室	川成新出内准〔2015〕769 号	2015.05	—
营山县	《营山年鉴》(1986—1993 年卷)	营山县地方志办公室	营新准印字第 110 号	1994.12	多年鉴
	《营山年鉴》(1994—1997 年卷)	营山县地方志办公室	营文新字〔1999〕10 号	1998.06	多年鉴
	《营山年鉴》(2005—2007 年卷)	营山县地方志办公室	内部印制	2007.11	多年鉴

续表

区域	书名	编纂单位	版本	出版时间	备注
蓬安县	《蓬安年鉴》(2003 年卷)	蓬安县地方志办公室	内部印制	2005.03	—
	《蓬安年鉴》(2004 年卷)	蓬安县地方志办公室	内部印制	2005.12	—
	《蓬安年鉴》(2005 年卷)	蓬安县地方志办公室	川新出内〔2006〕183 号	2006.12	—
	《蓬安年鉴》(2006 年卷)	蓬安县地方志办公室	川新出内〔2007〕188 号	2007.12	—
	《蓬安年鉴》(2007 年卷)	蓬安县地方志办公室	川新出内〔2008〕135 号	2008.12	—
	《蓬安年鉴》(2008—2009 年卷)	蓬安县地方志办公室	蓬新出内〔2011〕30 号	2011.03	两年鉴
	《蓬安年鉴》(2010 年卷)	蓬安县地方志办公室	蓬新出内〔2012〕016 号	2012.03	—
	《蓬安年鉴》(2012 年卷)	蓬安县地方志办公室	蓬新出内〔2013〕001 号	2013.02	—
	《蓬安年鉴》(2013 年卷)	蓬安县地方志办公室	蓬新出内〔2014〕002 号	2014.02	—
	《蓬安年鉴》(2014 年卷)	蓬安县地方志办公室	蓬新出内〔2014〕005 号	2014.12	—
	《蓬安年鉴》(2015 年卷)	蓬安县地方志办公室	中国文史出版社 ISBN 978-7-5034-7130-8	2015.12	—

【行业（部门）年鉴编辑】 1981年至1983年，地区统计局编辑了《四川省南充地区国民经济情况统计资料》，作为资料内部印发。内容包含综合、农业、工业、交通邮电、基本建设、物价供应、商业、对外贸易、财政金融、劳动工资、文化教育卫生共11个部分。1984年，更名为《四川省南充地区国民经济统计资料》，内容增加了“物资供应”“职工、农民家庭经济情况调查”两部分。1985年，《四川省南充地区国民经济统计资料》更名为《四川省南充地区国民经济和社会发展统计年鉴》，增加“乡镇企业”部分，“职工、农民家庭经济情况调查”改为“城市、农村住户经济情况调查”。1986年“城市、农村住户经济情况调查”改为“人民生活”。1990年，《四川省南充地区国民经济和社会发展统计年鉴》更名为《南充统计年鉴》，内容由14个部分逐步增加到20个部分。每年一部，内部印制发行。是年，四川师范学院（西华师范大学）编辑的《四川师范学院年鉴》创刊（2003年，更名为《西华师范大学年鉴》）。1993年，西南石油学院（西南石油大学）编辑的《西南石油学院年鉴》创刊（2006年更名为《西南石油大学年鉴》）。1999年，川北医学院编辑的《川北医学院年鉴》创刊。1997年，南充市邮电局编辑的《南充邮电年鉴》创刊。1999年，邮电分营，《南充邮电年鉴》停刊。2000年，南充市电信局编辑的《南充电信年鉴》创刊，次年停刊。2011年，南充军分区编辑的《南充军分区年鉴》创刊。2012年，《南充军分区年鉴》更名为《南充军事年鉴》。至2015年，《南充统计年鉴》编辑印制了35卷，《西华师范大学年鉴》编辑印制了26卷，《西南石油大学年鉴》编辑印制了23卷，《川北医学院年鉴》编辑印制了17卷，《南充军事年鉴》编辑印制了5卷。各县（市、区）行业（部门）年鉴只有县（市、区）统计局编印的统计年鉴，每年一鉴。南充编辑出版的行业（部门）年鉴全部为内部印制发行。

南充市
N地方志志
AN CHONG SHI
DI FANG ZHI ZHI

地情资源开发利用

Exploitation and Utilization of Land Resources

1981年，南充第一轮修志工作启动。1983年，南充地区及各县（市）设置了常设的地方志工作机构，下达编制，配备人员，组建了地方志工作专业队伍。至2015年，南充地方志工作领域不断扩大，从编修一本书（即地方志书）到志、鉴、馆、库、用等多业并举。挖掘和利用丰富的地情资源，为党委、政府中心工作和经济社会发展、文化事业繁荣服务，是地方志工作现实价值的具体体现。南充地方志系统通过编辑地情资料书、参与经济社会文化事业建设、提供地情资料咨询服务等方式，服务于南充经济社会和文化事业发展。

【地情资料书编辑】 1981年，南充第一轮修志工作启动。1983年开始，南充地区各县（市）第一轮大规模修志工作全面开展，大范围搜集到了各类历史资料。在对搜集到的资料进行整理和资料长编中，编辑出版了反映南充自然环境、建置沿革、历史人物等方面的地情资料书。1984年，南充市（县级）地志办率先编辑出版了《嘉陵江南充段水情资料》《川北日报资料汇编》2本地情资料书。1985年，地区地志办启动编辑南充地区地方志资料丛书工作。1986年，系统介绍南充著名地方特产的南充地区地方志资料丛书之二《南充名特产》内部出版发行。1987年，西充县地志办、县地方志协会与县文教局联合编辑出版发行了《张献忠在西充》一书，对研究明末农民起义有着重要的参考价值。1990年，系统介绍南充名人轶事和名胜景物的南充地区地方志资料丛书之三《名人名胜》由四川辞书出版社出版发行。1991年，系统介绍南充悠久历史和自然条件的南充地区地方志资料丛书之一《建置沿革 自然环境》内部出版发行。《蓬安县志》（1994年版）主编邓郁章在编新修县志中，从众多资料中撷取精要，编纂了《蓬安史地漫话》，以“漫话”的形式，较全面地介绍了蓬安的悠久历史和重要人物、名胜古迹等，由成都地图出版社出版发行。1992年，仪陇县地志办编辑出版了《一代女杰康克清》，收录了曾在朱德夫人康克清身边工作人员撰写的文章30篇，由成都出版社出版发行。是年，营山县地志办编辑出版了供小学六年级学生使用的营山县乡土教材《营山地理历史》，全书共17课，重点介绍了营山县地理、历史等知识。1993年，南充第一轮修志任务全面完成，市、县（市、区）地志办进一步发掘地情资料的史料价值，有针对性地编辑出版了一些地情资料书籍。是年，仪陇县地志办编辑出版的宣传仪陇的资料书《可爱的家乡—仪陇》由四川人民出版社出版发行。1996年，西充县地志办编辑出版了《西充县十年大事记（1986—1995）》。1998年，南充市地志办组织编辑了南充市地方志资料丛书之四《南充建筑》、南充市地方志资料丛书之五《南充医药卫生 计划生育》、南充市地方志资料丛书之六《南南充乡镇》，均为内部出版发行。是年，西充县地志办组织编辑了《西充方言》，全书30万字，是全市首部反映地方方言的地情文献资料，内部出版发行。1999年，顺庆区地志办编辑出版了《千年古刹清泉寺》《说古道今话地名》2本地情书。2000年，西充县地志办编辑出版了《人民英雄蒙炳和》一书，记述了西充人蒙炳和在解放战争和抗美援朝战争中荣获6个一等功勋章、荣获人民英雄称号的英勇事迹，该书由四川大学出版社出版发行，被县委、县政府列为全县干部群众和广大师生的爱国主义教育读本。2001年，蓬安县原人大常委会主任赵正铭与原《蓬安县志》主编邓郁章编著了《相如故里在蓬安》，对司马相如的故里进行了考证研究，由四川人民出版社出版发行。阆中市地志办编辑了《辉煌十年》大型画册和《名城阆中》多媒体地情资料光碟。2003年，南充撤地建市10周年，市地志办编辑制作了《古今南充》多媒体地情资料VCD光碟，主要反映了南充建市10周年取得的辉煌成就和南充风光，收录了南充已有的《三国志》《顺庆府志》《保宁府志》等旧志、第一轮县（市）志书和《南充年鉴》。是年，西充县地志办参与了县政协文史资料专辑《纪信》、县委组织部《中国共产党西充县组织史资料》、县委党史研究室《西充县十年大事记（1994—2003)》等资料书编辑工作。这段时期，地情资料书的编辑出版既服务了当地地方经济社会和文化事业发展，又适当弥补了地方志工作经费不足。

2004年后，全市地方志工作集中精力开展第二轮修志，偶尔有少量地情资料书出版发行。2006年，南充创建中国优秀旅游城市和纪念朱德诞辰120周年，市委宣传部与市地志办共同组织编写了反映南充历史与现状的《嘉陵江畔话南充》，由四川出版集团、四川人民出版社出版发行。是年，市地志办组织部分专家和修志工作者，编辑了较为系统介绍南充历史沿革、自然条件、自然资源、人口民族、国民经济、社会事业等方面知识的《南充市情手册》，内部出版发行。2007年，仪陇县地志办组织编辑了《人民之光》，通过图片和文字颂扬了无产阶级革命家、军事家朱德的丰功伟绩，展现了朱德“功高不自居，德高不自显，位高不自私”的崇高品德，内部出版发行。是年，蓬安县原人大常委会主任赵正铭与原《蓬安县志》主编邓郁章编辑了《相如故里文化旅游丛书》（5本），汇集了司马相如故里和司马相如文化的研究成果，由四川人民出版社出版发行。南部县地志办编辑了《南部概览》，简要介绍了南部县的历史沿革、名优特产、名胜古迹、民间艺术等情况，内部出版发行。2008年，市委政研室与市地志办、市委党史研究室联合编辑了《变革与奋进——南充改革开放30年》，全面反映了南充改革开放30年的光辉历程、巨大变化和辉煌成就，内部出版发行。

2010年后，全市第二轮修志任务基本完成。市、县（市、区）地志办加大了地方志资源开发利用、编辑地情资料书工作力度。2011年，市地志办编辑了方便社会各界人士便捷了解南充、认识南充的市情知识简明读本《南充市情》，内部出版发行。嘉陵区地志办编辑了《嘉陵区情概览》，内部出版发行。2012年，市地志办组织编辑了《南充掌故》，按照“历史沧桑、地名探源、名人轶事、艺海拾贝、社会琐闻、地方风物”6个大类，从南充悠久的历史文化长廊中撷取整理了259篇有关南充的传奇故事、轶闻趣事、习俗来历等彰显南充地方文化的传说、故事，由中国文史出版社出版发行。仪陇县地志办编辑了《璀璨的仪陇客家文化》，介绍了湖广填四川的迁徙历程、衣食住行、丧葬嫁娶、生产生活等客家人的生活情况，书稿形成后，因经费困难未出版发行。2013年，市地志办编辑了《南充建市20周年大事记》，全面客观、真实准确地反映了南充建市20年来各个领域的发展变化轨迹和巨大成就，由光明日报出版社出版发行。原《蓬安县志》主编邓郁章编撰了《天下文宗司马相如》，对司马相如的一生和主要成就作了全面、客观的介绍评说，由四川出版集团、四川人民出版社出版发行。阆中市地志办编辑了《阆中掌故》《张飞的故事》2本地情资料书，均为内部出版发行。2014年，市地志办启动了《当代南充第一》编辑工作，完成了初稿编辑任务。高坪区地志办编辑出版了《精彩高坪》《高坪建区20周年大事记》。嘉陵区地志办编辑出版了《嘉陵区2014年大事记》《辉煌嘉陵20年》《红色印记·南充西区革命史》。阆中市地志办编辑出版了《那三年》。南部县地志办编辑出版了《南部史话》，西充县地志办编辑出版了《西充掌故》。2015年，市地志办编辑出版的反映南充解放以来、在南充境内发生且对南充经济社会发展产生重大影响的重大事件的《当代南充第一》由中国文史出版社出版发行。阆中市地志办编辑了《阆中俗语》，内部出版发行。原西充县地志办副主任赵文宝参与了县政协纪念抗日战争胜利70周年《抗战中的西充人》编辑工作。至2015年，全市地方志部门编辑出版地情资料书63本（套）。其中，1种获四川省哲社优秀成果奖，19种获四川省地方志优秀成果奖，5种获南充市哲社优秀成果奖。

南充市地方志系统编辑出版地情书一览表

（1984年至2015年）

单位	书名	主编或副主编	版本	出版时间	备注
南充市（地）地志办	《南充名特产》	陈祥超	内部出版	1986年	—
	《名人名胜》	王积厚	四川辞书出版社出 ISBN 7-80543-151-5/K.9	1990年	—
	《建置沿革·自然环境》	文崇周	内部出版　内部资料性图书准印证南充字第913号	1991年	—
	《南充建筑》	于　明	内部出版　川南新出内图准字〔1998〕字第14号	1998年	—
	《南充医药卫生·计划生育》	于　明	内部出版　川南新出内图准字〔1998〕字第251号	1998年	—
	《南充乡镇》	蒲俊锠	内部出版　川南新出内图准字〔1998〕字第252号	1998年	—
	《古今南充》(多媒体)	尹光明	四川电子音像出版中 ISBN 7-900364-64-1/F.01	2003年	—
	《南充市情手册》	吴兴中	内部出版　南充新出内〔2006〕第40号	2006年	—
	《嘉陵江畔话南充》	朱德修、吴兴中	四川人民出版社出 ISBN 7-220-07215-5/K.1058	2006年	—
	《变革与奋进——南充改革开放30年》	王晓东、夏建平	内部出版　南市新出内〔2008〕113号	2008年	—
	《南充市情》	夏建平	内部出版　南市新出内〔2011〕82号	2011年	—
	《南充掌故》	夏建平	中国文史出版社出版 ISBN 978-7-5034-3827-1	2012年	—
	《南充建市20周年大事记》	夏建平	光明日报出版社出版 ISBN 978-7-5112-5791-8	2013年	—
	《当代南充第一》	夏建平	中国文史出版社出版 ISBN 978-7-5034-7131-5	2015年	—
顺庆区地志办	《嘉陵江南充段水情资料》	南充市地志办	铅印稿	1984年	县级
	《川北日报资料汇编》	南充市地志办	油印稿	1984年	县级
	《千年古刹清泉寺》	潘大德	内部出版　川南新出内图准字〔1998〕第235号	1998年	—
	《说古道今话地名》	潘大德	内部出版　川南新出内图准字〔1999〕第01号	1999年	—
	《顺庆掌故》	卿远明	台海出版社出版 ISBN 978-7-80141-701-5	2010年	—
高坪区地志办	《高坪区政区地图》	高坪区地志办	内部出版	1998年	—
	《高坪手册》	高坪区地志办	内部出版	2001年	—
	《龙门、青居200年古镇》	高坪区地志办	自印	2006年	—
	《高坪区历史沿革》	高坪区地志办	内部出版	2007年	—
	《精彩高坪》	高坪区地志办	中国文联出版社 ISBN 978-7-5059-9489-8	2014年	—
	《中国绸都·丝绸第一镇——京都镇》	高坪区地志办	自印	2014年	—
	《高坪区大事记》(1993—2013年)	高坪区地志办	内部出版	2014年	—

续表

单位	书名	主编或副主编	版本	出版时间	备注
嘉陵区地志办	《嘉陵区乡友名人录》	嘉陵区地志办	自印	1996 年	—
	《嘉陵区情概览》	嘉陵区地志办	内部出版 南嘉新出内〔2011〕16 号	2011 年	—
	《嘉陵名人名胜》	嘉陵区地志办	内部出版 南嘉新出内〔2012〕29 号	2012 年	—
	《辉煌嘉陵二十年》	何建新、文海燕	内部出版 川新出内〔2013〕166 号	2013 年	—
	《红色印记·南充西区革命史》	何建新、文海燕	中共党史出版社 ISBN 978-7-5098-1538-0	2014 年	—
阆中市地志办	《古城阆中》	阆中县地志办	自印	1984 年	—
	《阆中名胜古迹考释》	杨林由	西南师范大学出版社 ISBN 7-5621-2266-1G`1121	1997 年	—
	《名城阆中》（多媒体）	阆中市地志办	内部制作	2001 年	—
	《辉煌十年》（画册）	阆中市地志办	内部出版 川南新出内〔2000〕84 号	2001 年	—
	《阆中掌故》	阆中市地志办	内部出版 阆中新出内〔2013〕03 号	2013 年	—
	《张飞的故事》	阆中市地志办	内部出版 阆中新出内〔2013〕09 号	2013 年	—
	《那三年》	阆中市地志办	内部出版 阆内新出〔2014〕12 号	2014 年	—
	《阆中俗话》	阆中市地志办	内部出版 阆中新出内〔2015〕01 号	2015 年	—
南部县志办	《山水南部》（画册）	南部县地志办	内部出版	2005 年	—
	《升钟湖》	南部县地志办	内部出版	2006 年	—
	《南部概览》	罗　君	内部出版 南市新出内〔2007〕38 号	2007 年	—
西充县地志办	《张献忠在西充》	何光复、李仲华	铅印	1987 年	—
	《西充县十年大事记（1986—1995）》	李仲华	四川大学出版社 （川）新登字 014 号	1996 年	—
	《西充方言》	西充县地志办	内部出版 川南新出内图准字〔1998〕第 234 号	1998 年	—
	《地灵人杰话西充》	张智星、李仲华	四川科技出版社 （川）新登字第 38982 号	1999 年	—
	《人民英雄蒙炳和》	赵文宝	四川大学出版社 （川）新登字 56704 号	2000 年	—
仪陇县地志办	《一代女杰康克清》	李英才等	成都出版社（川）新登字第 011 号	1992 年	—
	《可爱的家乡——仪陇》	毛一裕、伍正荣	四川人民出版社 （川）新登字第 233 号	1993 年	—
	《仪陇揽胜》	李传元、李英才	西南师范大学出版社 ISBN 7-5621-2176-1G`1343	1999 年	—
	《红色仪陇》	李传元等	四川人民出版社 ISBN 978-7-220-08817-73	2014 年	—
	《仪陇风情》	李蛟蛟、李英才	内部出版 川南新出内图准字〔2000〕第 17 号	2000 年	—
	《朱德故里客家人》	伍正荣、薛世涛	内部出版 南市新出内〔2006〕132 号	2006 年	—
	《人民之光》	伍正荣、林首忠	内部出版 南市新出内字〔2007〕31 号	2007 年	—
	《仪陇在外乡友名录》	仪陇县地志办	自印	2008 年	—
	《璀璨的仪陇客家文化》	伍正荣、张朝学	自印	2012 年	—

续表

单位	书名	主编或副主编	版本	出版时间	备注
营山县地志办	《营山县志编纂工作经验集》	营山县地志办	内部出版	1990 年	—
	《营山县情手册》	郭玉成、胡洪春	内部出版　营新准印字第 43 号	1992 年	—
	《营山地理历史》	李定国	内部出版	1992 年	—
蓬安县地志办	《蓬安史地漫话》	邓郁章	成都地图出版社 ISBN 7-80544-120-0/K.111	1990 年	—
	《相如故里在蓬安》	赵正铭、邓郁章	四川人民出版 ISBN 7-220-05720-2/K.789	2001 年	—
	《相如故里文化旅游丛书》（5 册）	赵正铭、邓郁章	四川人民出版 ISBN 978-7-220-07468-4	2007 年	—
	《天下文宗司马相如》	邓郁章	四川人民出版社 ISBN 978-7-220-08856-8	2013 年	—

【服务经济社会】 1985年1月，营山县地志办积极响应中共南充地委宣传部10个单位联合发出《关于保护和开发南充地区文物古迹和风景名胜的倡议》，以《营山今古》小报出专刊一期“爱我名山，复兴太蓬”，介绍太蓬山的由来和名胜古迹、诗文题刻、民间故事等。春节期间，免费向朝山群众发放，为太蓬山的保护与开发营造了良好环境。1986年，仪陇县地志办根据掌握的地情资料，对县境内山脉进行了考证，得出了仪陇县山脉属于米仓山余脉的结论，纠正了仪陇县山脉属大巴山余脉的错误。西充县地志办从外地工作的家乡专家处获得了魔芋种植的有关信息和资料，在对西充县土壤、水文、气候等情况开展调查研究基础上，认为西充县适宜魔芋种植，向有关部门和县政府领导提出了在西充全县大力发展魔芋生产的建议，建议得到县政府采纳，全县大力推广魔芋种植，对西充县农村经济发展和帮助农民致富起到了积极作用。1987年，西充县曲酒厂向国家工商行政管理局商标评审委员会指控射洪县沱牌曲酒厂商标侵权，并申请注册“川沱”商标。西充县地志办充分挖掘县志等地情资料，为申请“川沱”商标注册提供了有力证据。国家工商行政管理局商标评审委员会终审后裁定“川沱应予注册”，使川沱系列酒扩大了市场占有率，销售收入大幅增长。1988年，销售收入达到1672万元，增长44.9%，实现税利177.59万元。县地志办还给县曲酒厂提供了《毛主席畅饮西充枣儿酒》的地情资料，县曲酒厂又开发了传统产品枣儿酒。

1998年，市委、市政府提出加强与重庆市联系合作的意见，并列为市委1998年重点调研课题。市委政研室与市地志办组成联合调研组，从南渝经济联系的历史与现状、南渝经济关系面临的机遇与挑战、南渝经济联系的对策与建议等方面进行了深入的调查研究，撰写了《加强南渝经济联系研究报告》，被市委评为优秀调研成果一等奖。同时，在调研中，还形成了《关于重庆市加快经济发展的有关情况调查》的调研报告，提供给市委领导决策参考。市地志办蒲俊錩还对城镇建设、民营经济发展情况开展了调查研究，撰写了《千方百计抓机遇，艰苦创业建新镇——仪陇县新政镇重塑城镇功能的调查》《加速我市民营经济发展的思考与建议》2篇调研报告。顺庆区地志办潘大德对地方志如何服务地方经济进行了调研，撰写了《地方志为发展地方经济服务的几点想法》的调研报告。高坪区地志办对农业产业化进行了调研，撰写了《乘势而上，推进农业产业化》调研报告。嘉陵区地志办对民营经济发展进行了调研，撰写了《学习十五大精神，着力发展民营经济》的调研报告。阆中市地志办王国成对工业企业发展情况、苟兴伟对商品住宅楼情况进行了调研，分别撰写了《当前工业企业存在的问题、成因及对策—对阆中市22户重点考核企业的调查》《阆中商品住宅楼的喜与忧》调研报告。西充县地志办对扶贫开发工作进行了调研，撰写了《万众一心，打好扶贫攻坚战—西充县扶贫攻坚情况的调查》调研报告。蓬安县地志办唐国强对蓬安县近30年县域经济发展情况进行了归因分析，撰写了《1980年至1997年蓬安县县域经济发展的分析》调研报告。安排9个县（市、区）撰写专题调研报告。营山县地志办对农村居民收入情况进行了调研，撰写了《浅谈营山县农村居民人均收入现状及对策调研报告。市地志办将调研报告以《南充市情研究》汇编成册，提供给市、县（市、区）党政领导决策参考。市地志办帮助定点联系的嘉陵区天星乡龙归院村兴办了机砖厂、粉条加工厂、农副产品加工厂，取得了较好成效。高坪区地志办与区交通、民政等部门合作，深入乡镇、村社实地勘察，经过5个月的努力，绘制出了实用性强的《高坪区政区地图》，填补了高坪建区以来无政区地图的空白。

2002年，西充县地志办在县城扩建工作中，对新建的街道、广场、湖泊命名，查证史料，提出了新建的两条大街命名为安汉大道和谯周大道、新建的广场命名为纪信广场、新建的湖泊命名为莲花湖的建议意见，得到了县领导和有关部门的肯定，采纳了县地志办的建议意见。

2005年，四川核电站建设将南充作为全省4个选址点之一，市地志办为核电站选址调研团队提供了历代志书中记载的有关南充地质地貌、水文气候、自然条件、人文历史等方面大量的地情史料，供核电专家参考。嘉陵区地志办为四川大学旅游规划与开发研究所承担的凤垭山生态农业旅游区修建性详细规划编制工作，提供了嘉陵区地质、地貌、水文、气候等地情资料。

2006年，市地志办吴兴中对全市就业情况进行了调研，撰写了《南充扩大就业的对策思考》调研报告，在市委机关刊物《决策与务实》第6期刊登。顺庆区地志办参与西山风景区开汉楼景区《西山画廊》策划工作，撰写了画廊文字稿。2007年，西充县地志办主动开展招商引资工作，引进业主王书林投资近200万元新建四川宝马河生物有限公司，进行香桂油和洋茉莉醛开发。

2008年，市委、市政府大力实施项目推动战略，市地志办于明与市统计局吴兴中对南充医药工业发展情况进行了调研，撰写了《做强做大南充医药制造业的建议》调研报告，市委主要负责人在调研报告上批示“请蔡勇、冯斌同志阅研，在盘活现有存量的基础上，还应重视招大引强”，市政府副市长冯斌批示“请市经信委商药监局、招商局、统计局对所提建议进行分析研究，定出方案后专题研究”。市地志办创办了不定期的地情研究刊物《志鉴利用》，专门发表地情资源开发利用方面的研究文章。市地志办夏建平通过查阅地情文献资料，撰写了《把南充岩盐开发挤进国省盘子》的建议，在《志鉴利用》第1期发表，市委领导给予了肯定，批示有关部门研究。顺庆区地志办进一步做好引进的华标家私厂跟踪服务，使华标家私厂当年增加投资300万元。“5·12”汶川特大地震发生后，市地志办和阆中市地志办第一时间分别为党政主要领导提供了南充、阆中历史上的地震记载情况和南充、阆中地质构造以及省上对南充、阆中建筑地震设防等相关资料，说明了南充不在地震带上，历史上南充没有发生过地震，只是受到其他地方地震波及。党政领导获得资料信息后，及时作出了稳定市民恐慌情绪、稳定社会秩序的有效决策。2009年，市地志办参与了四川三坝核电站建设、中石油西南油气田管道铺设、华能煤电等重大项目论证会，提供了有关地情资料。

2010年，市地志办、阆中市地志办查阅清初四川省会设在阆中的相关文献资料，撰写了《清初四川省会设阆中二十年》，在《志鉴利用》上发表，纠正了清初四川省会设阆中10年、10余年、17年等的不同说法。市地志办参与了南（充）广（元）、巴（中）南（充）高速公路建设、化学工业园区建设等重大项目建设论证座谈会，主动给各个项目提供相关地情资料。

2012年，嘉陵区地志办主动参与嘉陵区革命老区申报认定工作，广泛搜集和挖掘革命史料，认真研究和考证革命史实，形成了50余万字的《嘉陵区申报认定为革命老区史实材料》，报送省政府、省委党史研究室和省民政厅，得到了充分肯定，嘉陵区被认定为革命老区。西充县地志办主动参与西充县申报中国（纪信）忠义文化之乡申报工作，在反复查找和考证相关资料基础上，编制了整套申报资料。西充县荣获了中国（纪信）忠义文化之乡的美誉。

2013年，全市地方志系统主动参与全市项目推进、招商引资等重点工作论证咨询会议，提供相关地情资料。市地志办积极参与将嘉陵江水引入西河、实施西河治理工程（简称“引嘉入西”）重大项目论证会，提供了嘉陵江及西河相关地情资料。阆中市地志办为申报保宁压酒、保宁半夏曲为国家地理标志产品和三国文化旅游圈开发，提供了相关地情资料；西充县地志办为有机食品商标注册（充国香桃）和龙滩河流域、西（充）太（平）沿线茂源农业科技开发有限公司投资30余亿元的现代农业项目开发等提供了相关资料。

2014年，西充县地志办获知习近平20世纪70年代任陕西省延川县文安驿公社梁家河大队党支部书记期间曾到西充考察沼气建设的重要信息后，访问部分当事人，查找收集有关信息，形成了近10万字的珍贵资料，提供给领导参考。高坪区地志办为申报“高坪甜橙”国家地理标志产品查证史料，形成了5万余字的考证资料。仪陇县地志办根据新政镇历史文化资源，对新政镇60余条街道重新命名提出了命名意见，被县政府采纳。

2015年，市委首次提出南充城市精神，并要求对其内涵进行研究挖掘。市地志办夏建平查阅有关南充的志书等资料文献，撰写了《南充城市精神的南充特质》，后被《南充日报》《巴蜀史志》《南充政协》《志鉴利用》等采用。市委五届十次全会提出南部撤县建市、西充和蓬安撤县设区的要求，市地志办夏建平查阅3个县的历史资料和相关志书，撰写了《南部撤县建市、西充和蓬安撤县设区行政区划的命名》，在《志鉴利用》上发表，得到了市领导的称赞和肯定。高坪区地志办参加南充现代物流园铁路专线改扩建工程论证会，提供了高坪区地质地貌、水文气象、三次产业等有关资料；参与中国绸都丝纺主题小镇建设工作，撰写提供了约5000字的《中国绸都·丝绸第一镇——都京镇》的地情资料。营山县地志办参与嘉陵江引水工程、国家湿地公园建设、望龙湖旅游开发等重大项目论证咨询会，提供了营山县地质地貌、气候水文、历史文化等地情资料。

【地情资料咨询】 1981年后，南充地区第一轮修志工作逐步开展，地区和各县（市）地志办不断接到市内外地方志机构或修志工作者的来信来函，要求帮助查找有关历史人物、历史事件等重要资料。全市地方志工作者最大努力地查阅地方旧志和搜集到的新编地方志资料或寻找有关可能的当事人，尽可能地提供需要的地情资料。同时，对到地方志机构咨询的人员，主动热情接待，帮助查找资料，尽力满足咨询者的需要。1998年，顺庆区地志办为政府编制《顺庆旅游事业发展规划》、市电视台拍摄《司马相如与南充》《话端午》《话中秋》《三国文化与南充》等宣传片提供有关资料。

20世纪80年代初，升钟水库建设工程指挥部到阆中县地志办查阅升钟水库建设区域的地质地貌、水文气候等资料，阆中县地志办为他们提供了清代和民国《阆中县志》。升钟水库建设工程指挥部根据清代和民国《阆中县志》地质、水文等记载情况，将升钟水库大坝高程在原设计基础上增加了10米，增加了水库蓄水量。1985年，蓬安县地志办将民国36年《蓬安县志》重印100部，提供给县级领导和县级部门查阅使用。1988年，仪陇县落实政策办公室、县委组织部为仪陇县太阳山地下党组织党员落实政策时，需要确定入党时间。由于证据不充分，无法定论入党时间。仪陇县地志办得知信息后，主动查找、提供了可信的历史资料，使那批地下党员入党时间得以确定。

1990年，地区行署将地区地志办编辑的地方志资料书《名人名胜》作为礼品，赠送给到南充参加首届丝绸节的3000余名来宾和客商以及参展代表团成员，让大家认识和了解南充。1993年和1994年，全市第一轮新编县（市）志全部出版发行，各县（市）地志办及时将新编县（市）志书主动提供给党委、人大、政府、政协等领导，赠送给各单位、部门和学校，为领导决策和部门单位查阅地情资料服务。之后，凡是党委、人大、政府、政协等领导变动，地方志机构都及时地将志书、年鉴和有关地情资料书主动送给新任领导，为领导了解熟悉县情、科学决策服务。1995年7月，省委常委、常务副省长张中伟到仪陇考察旱情，根据清同治《仪陇县志》和新编第一轮《仪陇县志》记载仪陇县历年旱情的史料，提出了“兴仪，必先兴水”的工作新思路。次年，全县开工建设了41000个中小微型水利工程项目，使仪陇县十年九旱的问题得到了有效缓解。

21世纪初，阆中市地志办为阆中金银台电站、沙溪供电枢纽以及机场、七里开发区等重大项目建设提供了系统的水文、气候、地形、地质和环境等资料，为中石化、中石油在阆中进行油气勘探提供了较为详细的地质资料和地情咨询服务。顺庆区地志办为潇湘电影制片厂录制《嘉陵世纪风云》、成（都）南（充）高速公路建设等提供相关地情资料和地情咨询服务。

2003年后，全市第二轮志书编纂工作全面开展，部门志、乡镇志、行业（专）志、厂矿（企业）志、校（院）志等志书编纂逐步启动，民间组织或个人著书立说、编纂家谱族谱逐渐增多，到地方志部门查阅地情资料和地情咨询的人员大量增加，市、县（市、区）地志办积极做好了查询人员的地情资料查阅和地情咨询服务工作。同时，市、县（市、区）地志办对城乡规划、招商引资、重大项目建设、旅游开发、文化事业发展等需要提供了相关地情资料。2003年，仪陇县地志办为西南油气田地质钻探大队在仪陇开展油气勘探，提供了有关地质构造资料。钻探大队根据县志“仪陇县西北面的龙门山褶皱带，北面的米仓山褶皱带，东北面的大巴山褶皱带，西南面的川中褶皱带，大体构成一个旋钮体系。仪陇—巴中—平昌莲花状构造就是这个旋钮体系的中心部分，县境的义路至柳垭一带，相当于莲花状构造的砥柱部分”等记载，在莲花状旋钮底部进行勘探，意外发现仪陇储藏有丰富油气资源。后来，在仪陇县建成了龙岗气田。2005年，市地志办为市政府《南充经济社会发展现状与思考》总课题组，撰写提供了1万余字的《南充概况》资料。2007年，市地志办为《南充政府网》提供了南充建置沿革、南充人物、南充民俗等约5万字的地情资料。2008年，西充县地志办为政府门户网站建设提供了约10万字的县情资料。嘉陵区地志办为嘉陵区生态建设规划编制提供了有关地情资料。2010年后，市、县（市、区）加大招商引资力度，许多外地企业家、投资者、房产商到地志办查阅地情资料。2013年，嘉陵区地志办为区发改局编制项目规划，提供了全区近10年经济和社会发展基本情况。蓬安县地志办为县政府门户网站建设、南部县地志办为城市规划展览馆建设提供了相关地情资料。嘉陵区、蓬安县、南部县地志办为《中国政区大典》《四川县域经济》的编纂提供了相关资料。2015年，南充市地方志网站建成开通运行，嘉陵区地志办地情信息门户网站《嘉陵地情资料网》建成对外开放，更方便了社会各界人士查阅地情资料信息。

全市第二轮市县（市）志出版发行后，市、县（市、区）地志办及时志书赠送给党委、人大、政府、政协领导，积极开展志书“进机关、进单位、进社区、进学校、进企业、进军营”活动，充分发挥志书服务领导决策、服务经济社会发展的作用。党委、人大、政府、政协领导变动后，地志办主动将志书、年鉴和有关地情资料书及时送给新任领导，为领导了解熟悉地情、科学决策服务。至2015年，南充地方志系统为外来客商、投资者和社会各界人士查阅地情资料、提供地情咨询服务约11000余人次。

旧志整理

Arrangement of Ancient Local Records

民国以前历代所编纂的志书，保存下来的十分稀少，有的已成为孤本。由于保存条件的制约，流传下来的旧志破损严重，字迹脱落，缺页少卷（篇），不便于查阅、研究和挖掘利用。抢救和保护珍贵的地方志历史文化遗产，对旧志进行点校整理、重印发行，成为南充市地方志系统的一项重要工作。2006年，市地志办向市政府提出点校整理《三国志》建议。2007年，市地志办、蓬安县地志办启动了旧志点校整理工作。2009年，市地志办印发《关于认真搞好全市旧志普查工作的通知》，在全市范围内开展了旧志普查。全市第二轮续（新）修志书任务完成后，旧志点校整理工作得到加强。在旧志点校整理中，一般以原旧志的某个版本为底本，对志书内容进行标点断句，改繁体字为简体字，并采取与其他版本进行校核、审视上下文等方式尽可能对缺漏字进行弥补、对部分存疑内容进行校正勘误，对难以理解的内容进行注释。旧志点校整理重印本采用现代印刷技术印制，重印编排的格式、条目、顺序、段落层次等基本遵照原本。至2015年，全市共点校整理旧志17部，占流传下来的旧志总数的50%，其中，重印出版发行8部。其中4部获四川省地方志优秀成果奖。

【《三国志》点校整理】 《三国志》是古安汉县人、西晋史学家陈寿撰写的一部纪传体断代史书，与《史记》《汉书》《后汉书》合称“前四史”。全书共六十五卷，《魏书》三十卷，《蜀书》十五卷，《吴书》二十卷。中华人民共和国成立后，通行的校点本为陈乃乾的校点本（中华书局1959年12月第1版）。2006年，南充市创建中国优秀旅游城市，为挖掘厚重的三国文化，市地志办向市政府呈报了点校整理《三国志》的建议。市长高先海批示市委常委、市委秘书长唐文金任执行策划，市财政局拨专款聘请专家点校整理、精装印制。聘请沈伯俊、崔蕾两位专家，以清代武英殿刻本为底本，以百衲本为主要校本，参照其他版本，对原本进行了分段、断句标点；根据上下文，改正原本中一些错误；参照有关专家研究成果，校正了原本若干错误。2006年8月，点校重印的《三国志》校点本由线装书局出版发行。点校重印本采用简体竖排，宣纸印制内文，真丝制作封面，仿古线装套盒装帧，一函十册。

【府（州）志点校整理】 历史上，南充市曾设置过顺庆府、保宁府和蓬州。2009年，全市旧志普查，南充流传下来的府（州）旧志有7部。分别是明正德《蓬州志》、明嘉靖《保宁府志》、清康熙《顺庆府志》、清道光《保宁府志》、清道光《蓬州志略》、清光绪《蓬州志》、民国《蓬州志》。2007年，市地志办启动清康熙《顺庆府志》点校整理工作。至2015年，全市共点校整理府（州）旧志5部，其中，重印出版发行3部。

清康熙《顺庆府志》点校整理 清康熙《顺庆府志》于清康熙二十五年（1686年）编纂，清康熙四十六年（1707年）增补，清嘉庆二十年（1815年）补刻版本。清康熙《顺庆府志》志记载了顺庆府所辖2州（广安州、蓬州）8县（南充县、西充县、岳池县、邻水县、大竹县、渠县、营山县、仪陇县）的经济社会发展状况。内容分29类，共10卷。刻本藏于南充市图书馆，缺1~2卷。2007年3月，市地志办主任吴兴中策划启动清康熙《顺庆府志》点校整理工作，聘请王时浩、邓郁章进行标点，后因《南充市志》编纂任务繁重，点校整理工作暂停。2010年，市地志办主任夏建平策划、聘请潘大德对《顺庆府志》进行点校、补缺。点校人员以市图书馆存清康熙二十五年（1686年）编纂、清康熙四十六年（1707年）增补、清嘉庆二十年（1815年）木刻的《顺庆府志》为底本，与《中国地方志集成》中的《顺庆府志》进行校核，同时，搜求相关县志中所录的相同人物事件资料、诗文加以校核，弥补了大部分缺漏，尽可能将空缺部分减到最少。点校整理中，还增加了明太史任瀚撰写的《顺庆府志序》和明末清初顺庆人韩国相所写的《流离传》。古版木刻《顺庆府志》系繁体字，竖排、无标点、无目录。点

校重印《顺庆府志》系简体字，竖排、加标点、有目录。2010年9月，采用仿宣纸、仿丝绸封面、线装的点校重印的清康熙《顺庆府志》正式发行，仿古线装套盒装帧，一函二册。

明嘉靖《保宁府志》点校整理　明嘉靖《保宁府志》在流传中，先后被浙江天一阁和千顷堂收藏，同时皇家也收藏此书。天一阁藏本后散出，清初被徐乾学传是楼所藏，记入《传是楼书目》。徐氏之后，书又散出。民国时期，被北平图书馆收藏。抗日战争前夕，移存美国国会图书馆，后转存中国台湾省，成为存世的孤本。北京国家图书馆仅存有缩印胶卷。1981年，编修《阆中县志》，阆中县政府派专人到北京图书馆翻拍回胶卷（胶卷存阆中市地志办），并影印成册。明嘉靖《保宁府志》为明嘉靖二十二年（1543年）杨思震（安岳县学教谕）纂修，全志共6册14卷，分别为舆地纪上、舆地纪下、建置纪上、建置纪下、食货纪、名胜纪、宦迹纪、名宦列传、人物纪、人物列传、艺文纪一、艺文纪二、艺文纪三、艺文纪四。2010年，阆中市长期从事阆中历史文化研究的人士向阆中市政府建议，对明嘉靖《保宁府志》进行点校整理。阆中市政府邀请西华师范大学教授学者组成课题组，开展了明嘉靖《保宁府志》点校整理工作。至2015年，点校整理工作仍在进行中。

清道光《保宁府志》点校整理　清道光《保宁府志》为清嘉庆二十年（1815年）纂修，分巡川北兵备道黎学锦任总裁并作序，史观为总纂。《保宁府志》共16册62卷，插图15幅，木刻本，除阆中市图书馆、档案馆存有外，四川大学、武汉大学图书馆亦有馆藏，保存完好。2013年，阆中市地志办完成《阆中市志（1986—2005）》编纂任务后，组织人员对清道光《保宁府志》进行点校整理。至2015年，仅完成文字录入工作，未进行点校。

明正德《蓬州志》点校整理　明正德《蓬州志》为明正德十三年（1518年）吴德器、徐泰纂修，共10卷。全志分类目编次，每一个类目按“本州（即蓬州）、营山、仪陇”3个部分记述，实际是3本志书的合编本。志书中除王充栋的“序言、风俗”缺失和“山川、乡镇”部分缺页外，其余部分完整无损，是今川渝地区保存下来最早、最完整的一部志书。20世纪80年代以前，被认为是一部佚书。1984年，编纂《蓬安县志》时，县志编纂人员从朱世嘉编著的《中国地方志目录》中获知浙江宁波天一阁藏有此志，遂派人到天一阁查找，此志已属文物，无法借阅，遗憾地从幻灯投影仪中抄录了几页。2007年，蓬安县纪念相如县建县1500年，司马相如研究会编辑《相如故里文化旅游丛书》时，省地方志编委会市县志处副处长、副编审马国栋将网上购得的上海书店出版的明正德《蓬州志》影印本赠给丛书执行主编邓郁章。2012年10月，原蓬安县人大常委会主任、县地志办顾问赵正铭向县政府领导建议点校、重印明正德《蓬州志》。12月，县地志办向县政府呈报了《关于整理、重印明正德〈蓬州志〉的请示》，县政府批准同意。2013年1月，县地志办主任刘青策划，组织制定了《整理、重印明正德〈蓬州志〉工作方案》，聘请赵正铭进行点校。4月初，赵正铭因病逝世，点校工作暂停。12月，县地志办聘请邓郁章对明正德《蓬州志》进行点校整理。邓郁章参阅相关旧志，加了标点，作了勘误、注释，编了目录，写了前言，并请西华师范大学历史文化学院教授金生杨审校。10月，点校整理的明正德《蓬州志》由中国文史出版社出版发行。点校重印本采用竖排、简体字、加标点，并将明正德《蓬州志》原稿影印本附印其后，便于读者对照研究，是旧志点校整理的一种创新尝试。明正德《蓬州志》（点校本）荣获四川省第十七次哲学社会科学优秀成果三等奖，四川省第十七次地方志优秀成果一等奖。

清光绪《蓬州志》点校整理　清光绪二十三年（1897年），蓬州事桐城方旭纂修《蓬州志》，分为建置、纪山、纪川、邑聚、利用、惠鲜、学校、职役、民献、孝友、忠义、武备、列女、瑞异、艺文等15篇，近10万字，木刻本。民国24年（1935年），省政府明令，征集县志，蓬安想方设法找到各方残本，凑合全书，翻印400部，分上、中、下三卷。但已无原志书中附的州廪生伍联珠创绘的州志旧图。1984年，蓬安县地志办蒋明善参加省地方志培训班学习时，在四川大学图书馆发现了伍联珠创绘的州志旧图，复制回县。2007年年初，蓬安县地志办组织人员，根据民国24年版本点校整理了清光绪《蓬州志》，县地志办主任刘林任责任编辑，郑其兆任编辑。6月，由四川省新闻出版局批准印刷发行，印数600册。附有民国24年本《蓬安县全图》《蓬安县城图》《蓬安县城旧图》。

【旧县志点校整理】 2009年，全市进行旧志普查，南充流传下来的旧县志共有25部。旧县志多数为刻本，少量手抄本，大部分藏于市、县图书馆和档案馆，少量藏于地志办。2007年，蓬安县启动了旧志点校整理工作。2009年，全市第二轮续（新）修志书基本结束，县（市、区）地志办将旧县志点校整理工作提上了重要工作日程。至2015年，全市共点校整理旧县志11部，其中，重印出版发行4部。

清嘉庆《南充县志》点校整理　清嘉庆《南充县志》于清嘉庆十八年（1813年）修纂刻成，清咸丰七年（1857年）补修，共6卷8类，有图考。2010年，顺庆区地志办主任冯瑛、主编卿远明策划点校整理清嘉庆《南充县志》。区地志办刘娜进行文字录入，聘请区地志办原主编潘大德进行标点、查漏补缺、注释。由于原志有不同程度的残损、缺页、掉字现象，且错误较多，整理中多方考证、校核、断句，弥补了部分缺漏；对部分编排明显不合理的地方，在顺序上作了调整；对一些典章、礼仪、方言作了简要的注释；为了方便查阅，在清嘉庆《南充县志·艺文志》中增加了文章目录。2011年11月，整理点校重印本采用竖排、简体字、加标点，内部资料性刊号出版发行，仿古线装套盒装帧，一函二册。

清咸丰《阆中县志》点校整理　清咸丰《阆中县志》是阆中市保存下来最早的县志，藏于阆中市图书馆。2008年，阆中市地志办杨朝志对该志进行文字录入，其后对标点，个别地方进行了标注。2013年，阆中市地志办主任杨朝志、原主任王国成策划对该志进行点校整理。以清咸丰元年（1851年）年修纂的《阆中县志》木刻本为底本，进行标点、加注，对易误读、误解的个别地方仍保留繁体字。2014年，完成点校整理。2015年12月，点校整理重印本采用竖排、简体字、加标点，内部资料性刊号出版发行，仿古线装套盒装帧，一函二册。

民国15年《阆中县志》点校整理　民国14年（1925年），阆中县知事岳永武聘请郑钟灵编修，民国15年（1926年）刊版印刷，共8册30卷，约23万字。此志原本存阆中市图书馆，阆中市地志办存有复印件。2011年，阆中市地志办组织人员开展点校整理，进行文字录入和标点。至2015年，已完成文字录入和标点工作。此志以电子文档保存，未重印。

民国37年《阆中县志》点校整理　民国37年（1948年），阆中县文献委员会杨诚恭、李镜芙、孔震生等编纂，系手抄稿，未付印，手抄稿存四川省文史馆。1984年，阆中县地志办从省文史馆复印回4套，组织人员对复印件进行整理，发现原稿无页码、内封、目录，而且手稿不全，未经清缮，总目、子目有多处先后颠倒，缺地志、要隘、民意、机关、财政、地籍、赋税、仓储、经济、礼俗9个专志。通过整理，理顺了目次，重新编排了页码，编辑了目录。2013年，阆中市地志办组织人员进行文字录入，对个别缺失之处进行了查漏补遗，形成了电子文稿。至2015年，未重印。

《同治增修南部县志》点校整理　《同治增修南部县志》为清同治九年（1870年），南部知县邀请李咸若任总纂，在清道光《南部县志》基础上增修了清道光至清同治九年（1870年）二月的史实，并订补了清道光《南部县志》的少量不足。全志共30卷，约25万字，其中增补约5万字。存国家图书馆、四川省图书馆、四川大学图书馆等，有《中国地方志集成·四川府县志辑》影印本，是新中国成立以前记载最为完备的南部县地方志。所藏版本多有异同，不少地方字迹模糊，阅读研究困难。2012年6月，南部县地志办与西华师范大学区域文化研究中心“清代南部县衙档案整理与研究”课题组协商，共同点校整理《同治增修南部县志》，西华师范大学历史文化学院院长蔡东洲、南部县地志办主任罗君任整理组组长，负责点校整理组织协调工作。南部县地志办复制并初步校订原书部分讹误，课题组进行点校、整理、注释。此次点校整理，以清同治增修《南部县志》为底本，以国家图书馆藏清道光《南部县志》《中国地方志集成·四川府县志辑》所辑清同治增修《南部县志》、四川大学图书馆藏清同治增修《南部县志》为校本，再辅以其他相关古籍文献整理而成。2014年7月，《同治增修南部县志》整理本由巴蜀书社重印发行。

清康熙《西充县志》、清光绪《西充县志》、清宣统《西充县乡土志》点校整理　清康熙《西充县志》、清光绪《西充县志》、清宣统《西充县乡土志》是西充县现仅存的旧志。清康熙《西充县志》系清康熙六十一年（1722年）由邑人李昭治编纂而成，全志分为12卷，木刻本，存四川大学图书馆，西充县地志办存有复印件。清光绪《西充县志》成书于清光绪二年（1876年），刘藻编修，全志共14卷，木刻本，存四川省图书馆，西充县地志办存有复印件。清宣统《西充县乡土志》成稿于清宣统元年（1909年），李淇章编修，手抄本，手抄稿存四川大学图书馆，西充县地志办存有复印件。此3部旧志由于年代久远，破损严重，字迹模糊。2013年1月，西充县地志办向县政府请示，对此3部旧志进行点校整理。11月，县政府批复同意对此3部旧志点校整理，所需经费纳入财政专项预算。2014年，县地志办制定了《西充旧志整理工作细则》和《西充县旧志整理方案》，聘请古汉语水平较高的县进修校高级教师吉怀康承担3部旧志的点校与标注，陈昌明协助校对，变繁体字为简化字，对志书进行断句、标点、标注和订正。至2015年，点校整理工作结束，点校重印进入政府采购招标。

明万历《营山县志》、清乾隆《营山县志》、清同治《营山县志》点校整理　明万历《营山县志》为明万历四年（1576年），营山知县王廷稷主修，举人李彭年、贡生于见田和官山协修，共8卷。原本存浙江宁波天一阁图书馆。四川省图书馆、四川大学图书馆有20世纪50年代的宣纸墨书手抄本，分上、下两册。20世纪80年代，营山县地志办派人到成都将四川省图书馆和四川大学图书馆的明万历《营山县志》手抄本借出，抄录回县装订成两册，存县地志办。清乾隆《营山县志》为清乾隆七年（1742年），营山知县李榕主修，清乾隆八年（1743年）修成书稿。清乾隆九年（1744年），营山知县邱日增阅读后作序付梓，共4卷。北京图书馆藏有原木刻本。20世纪80年代，县地志办委托县工业局陈明清利用到北京出差之机，在营山籍老红军王定国帮助下，北京图书馆同意将其复印，带回营山，装订成6册，存营山县地志办。清同治《营山县志》为清同治九年（1870年）营山知县翁道均纂，编印成书，共30卷。存营山县档案馆。1983年编纂县志，县志编委会委托南充师范学院（西华师范大学）印刷厂复印100套，供修志人员使用。2007年11月，省地方志编委会市县志工作处副处长、营山人马国栋向营山县地志办赠送明万历四年（1576年）《营山县志》影印本一册。2010年，营山县地志办启动旧志点校整理工作，以清同治《营山县志》为基础，将明万历、清乾隆《营山县志》史料，按时间顺序归并于清同治《营山县志》的舆地、食货、学校、武备、职官、选举、人物、杂类、艺文等9大类80个条目中，成为一本以时序为经、以事类为纬的全面系统的地方志书《营山县志》（明清版统编本）。在统编本中，保留了原志中大部分有价值的史料，省略了393名节女的姓氏、423名战守绅民的姓名以及79位先贤、68位先儒的简介和祀孔典礼的乐谱、仪式及与本县关系不大的诗文，增补了清同治九年（1870年）至清宣统三年（1911年）的部分职官和人物。为方便阅读，对比较生僻的词语、典故随文作简要注释，并在注释的词下加圆点，形迹模糊、无法辨认的字用“□”代替。为帮助读者了解营山古代历史发展的梗概和县志中有关职官的职权和品级，编者编写了《事记》和《县志中部分职官称谓简释》附于书末。《营山县志》（明清版统编本）由县地志办副主任萧志成主持、协调、审查，原县地志办副主任李定国统编，副主任侯柯芳注释散文，袁祖辉注释诗赋。2010年10月，以内部书刊号重印发行。

南充市旧志普查一览表

（2009年）

区域	志书名称	纂修者	版本	卷（册）数	收藏单位	备注
南充市	《三国志》	陈　寿　　—	—	—	—	—
南充市	《顺庆府志》	李成林、罗承顺	刻板	6 册	南充市图书馆	清康熙版影印本、南充市图书馆藏有刻本 6 册
顺庆区	《南充县志》	袁凤孙总纂、洪璞山增修	刻板	6 册	南充市图书馆	清嘉庆十八年纂刻成书、清咸丰七年增补修订
	《南充县志》	王荃善	刻本	16 卷	南充市档案馆 南充市图书馆	民国 18 年版，南充市档案馆存，有 34 卷
高坪区	《南充县志》	王荃善	刻本	16 卷	高坪区地志办	民国 18 年版
	《南充县志》	袁凤孙	刻本	6 册	南充市档案馆 高坪区地志办	清嘉庆十八年版、南充市档案馆存、有 18 卷
阆中市	《保宁府志》	杨思震	刻本	14 卷	南部县档案馆 阆中市地志办	清嘉庆二十二年版，南部县档案馆存有 14 卷
	《保宁府志》	黎学锦	刻本	62 卷	阆中市图书馆	清道光版、阆中市地志办存电子照片
	《阆中县志》	李　惺	刻本	18 卷	南充市图书馆 阆中市图书馆	清咸丰版、阆中市地志办存电子照片
	《阆中县志》	郑钟灵、刘文远	刻本	1 卷	南充市档案馆 阆中市图书馆	民国 15 年版、阆中市地志办存电子照片
	《阆中县志稿》	杨成恭、李镜芙、孙震生	手稿	1 卷	四川省文史馆	民国 37 年版、阆中市地志办存复印件
南部县	《南部县志》	王瑞庆、徐畅达、李咸若	刻本	10 册	南部县档案馆 南部县地志办	清道光二十九年版、清同治九年版，又称《同治增修南部县志》
	《南部县境分方图说》	无	刻本	2 册	南部县档案馆	清光绪版
西充县	《西充县志》	李昭治	刻本	3 卷	四川大学图书馆	清康熙版、西充县地志办存复印本
	《西充县志》	刘　藻	刻本	5 卷	四川省图书馆	清光绪版、西充县地志办存复印本
	《西充县乡土志》	李淇章	刻本	2 卷	西充县地志办	清宣统版

续表

区域	志书名称	纂修者	版本	卷（册）数	收藏单位	备　注
蓬安县	《蓬州志》	吴德器、徐　泰	刻本	10 卷	浙江宁波天一阁图书馆	明正德十三年版
	《蓬州志略》	洪运开	刻本	10 卷	上海图书馆 南京大学图书馆	清道光十年版
	《蓬州志》	方　旭	刻本	15 卷	南充市档案馆 蓬安县图书馆	清光绪二十三年版、民国 24 年版
	《蓬安县概况》	不详	手抄本	11 卷	蓬安县图书馆	民国 31 年手抄本
营山县	《营山县志》	官　山、于见田、李小庵	刻本	1 卷	存浙江宁波天一阁图书馆	明万历四年版
	《营山县志》	白不缁	刻本	1 卷	无存	清康熙四十二年版
	《营山县志》	李榕亲	刻本	1 卷	北京图书馆	清乾隆九年版
	《营山县志》	王绂疆	刻本	1 卷	无存	清乾隆四十三年版
	《营山县志》	于图培	刻本	1 卷	四川省图书馆	清嘉庆十七年版
	《营山县志》	翁　任	刻本	1 卷	无存	清同治九年版
	《营山县志》	蒙文通	手稿	1 卷	无存	民国 34 年版
仪陇县	《仪陇县志》	曹绍越、胡辑瑞、胡晋熙	刻本	6 卷	仪陇县地志办	清同治九年版
	《仪陇县志》	彭鹤龄	刻本	6 卷	南充市档案馆	清同治十年版
	《仪陇县志》	冯蔚莲、田汉英	手抄本	4 卷	仪陇县地志办	民国 18 年版

资料与信息工作

Documentation and Information Work

中华人民共和国成立前，编修志书所需资料征集由知府、县令签发布告，向全社会广泛征集。志书编修完成后，人员解散，搜集到的资料由修志人员个人收藏。新中国成立初期，地方志工作处于停顿状态，地方志资料搜集相应停止。中共十一届三中全会后，国家明确提出编修新方志是各级党委和政府的重要职责，启动了第一轮大规模修志。1983年，南充各级政府设立了地方志工作机构，至2015年，资料信息工作逐步成为地方志重要的基础性工作。

【资料工作】 民国以前，编修志书的资料征集与管理主要靠地方长官召集当地文人学士，搜集当地人文典籍、山川形胜等各种资料。通过对所搜集的资料进行修正、鉴别，归类入志，形成的志书大多藏于府署、县署。修志完成后，搜集的资料大多为参修者个人保管。20世纪80年代初，地方志资料搜集主要以各级政府或政协文史资料委为主，搜集的资料保存于各级政府档案馆。1981年后，各级地方志工作机构建立，至2015年，地方志资料搜集与管理由各级地志办负责。

资料搜（征）集 清代以前，编修志书，资料征集由知府、县令签发布告，向全社会广泛征集。清康熙年间，诏令天下“各直省例以志进”，顺庆知府组织文人学士历时半年，汇集大批资料，康熙二十五年（1686年）修成《顺庆府志》，向朝廷进志书。清乾隆年间，阆中县训导毛于逵“搜罗靡遗”，广收阆中县地情资料，“尝手辑《阆中县志》十卷，一邑之文献资焉”。清嘉庆年间，四川省纂修通志，布告各府、州、县，征调各类人文典籍、山川形胜等资料，各府、州、县，按照布告要求，广泛征集资料，为纂修省通志服务。南充县知县袁凤荪召集文人学士38人收集资料，资料除旧志残本外，还从省志、府志、家藏书籍和轶事、传闻中摘取，汇辑上报。并将资料存稿细加订正，收遗补缺，编成县志。清道光元年（1821年），保宁府组织纂修《保宁府志》，癸酉科拔贡史观在纂修中，广泛搜集了保宁府所辖各州县艺文、金石等方面的资料，保宁府志不能全部收录。史观整理，辑录成《保宁府志·艺文志》七卷和《保宁府志·金石志》。清咸丰元年（1851年），阆中县组织编修《阆中县志》，聘7人采访收集县志资料，对资料的真实性进行鉴别、遴选。

民国时期，省通志局在不同时期下函各县编纂县志。各县编纂县志时，普遍设有专门的采访人员，采集各类入志资料。民国15年（1926年），阆中县编修《阆中县志》，聘资料采集人员近30人，对阆中辖境的地方政治、改革和兴废、变迁之迹，逐一进行“采集、厘定，而更正之”。民国33年（1944年），四川省颁布《地方志书纂修办法》，各县文献委员会负责收集资料，拟订修志暂行办法、修志纲目、征集资料的范围。营山县分设修纂、采访、事务3个组编修志书，由采访组负责资料的采访、搜集、整理等工作，每个乡和县属单位都聘了采访员，至民国34年（1945年）5月，营山县共搜集整理23本采访资料、22本资料汇编。

中华人民共和国成立后，地方志被列入国家十二年科学发展规划。周恩来指示要整理旧志中的经济、科学技术资料，做到“古为今用”。1959年，省人民委员会要求各地开展修志工作。南充地委办及各县（市）委办或人委办主持征集有关历史资料，编修地区和县（市）《地方志略》。南充县委办发文，要求广泛搜集中共南充地下组织的革命活动、历史人物、文物古迹名胜、土特产、矿产、民歌民谣等资料，将资料汇集整理、编纂成《南充县地方志略》，油印成稿，存于档案馆中。营山县人民委员会办公室，安排人员搜集营山县历史演变、地下党组织革命斗争情况、名胜风景、土特产、地方风土民情以及红军标语、民间歌谣等方面的资料，整理编纂了《营山县地方志略》。

1981年，南充第一轮修志率先在阆中开展。阆中县委在全县教育工作会和区、乡干部会上，号召全县教师、全县干部积极为编修《阆中县志》提供资料。县志编修办公室制定了资料采集实施办法，要求采编人员既抓中华人民共和国成立前的资料搜集，又抓中华人民共和国成立后的资料采集（时称“两条腿走路”方法），着重抓好“查（档案）、采（文献）、征（来稿）、访（口碑）、勘（实地）”工作。资料采编人员到县公安局、档案馆、图书馆、文化馆等单位查档案、采文献，对修志有参考价值的资料进行摘抄，共查档案3307卷，摘抄资料810多万字。到省文史馆复印民国37年《阆中县志手稿》1部（6册），到北京复制明嘉靖《保宁府志》1部、《南充县志》6卷。11月，县志编委会向社会各界发出征集资料的函，征集到清咸丰《阆中县志》和民国15年《阆中县志》。

1983年，地区地志办加大各县（市）资料搜集工作的指导，制定了“征集资料规范化要求”，统一印制了“资料卡”。各县（市）政府或县志编纂委员会发出资料搜集通告，向在外乡友或工作人员、地方志机构致信函，派人外出采访、搜集，广泛搜集各种文字资料、实物资料、口碑资料等。南部县志编纂委员会发出资料征集通告后，各级各部门积极提供资料，县档案馆先后提供历史档案近7000卷次，中国历史博物馆副馆长杜永镇查觅古籍文献、寄来有关史料，旅台学者马定波、黄万章等寄回许多珍贵资料和影印件，从台湾归来的诗人胥端甫专程将有关南部人在台湾的剪报送到南部县，在国家和省图书馆、档案馆、博物馆工作的南部乡友帮助找到了清道光版和同治续版的《南部县志》，眷录了清光绪《南部县乡土志》手抄本，在北京图书馆收集到明嘉靖《保守府志》胶卷等。一些热心地方志、关心修志的人士，不惜将自己珍藏的历史文献、实物、家谱、拓片、照片等提供给县志编委会。营山县志编委会印发了《关于编纂营山县志征集历史资料的通告》，采访搜集了1835人次的口碑资料，计20余万字。南充市（县级）政府发出《关于编纂南充市志征集史志资料的通告》，向28个政府工作部门下达资料搜集任务，先后3次组织约100人赴重庆、成都、雅安和省档案馆、省图书馆、西南文史馆等地查阅档案、采访他人、搜集实物等。阆中县政府发出了《关于征集编修阆中县志资料的通告》，外出调查、走访或召开座谈会达1248人次，记录了约10万字的口述资料。仪陇县政府发出了《关于编纂仪陇县志征集史料的通告》，在全县各乡镇、村张贴，采取“广采集、遍查找、深挖掘、有闻必录、宁多勿漏”的方式，派人赴省内外，查阅档案资料489卷，图书报刊18种，抄录资料22余万字。

1984年，南充县政府印发《关于新修〈南充县志〉征集史志资料的通告》，查阅档案41000卷，搜集、考阅志、鉴、谱、牒、碑、刻、图、表、文物、古迹资料208件，采访人员467人次。蓬安县政府印发了《关于新编〈蓬安县志〉征集史志资料的通告》，县广播站开办了修志专题广播，派资料采编人员到宁波天一阁摘抄了明正德《蓬州志》中部分内容。西充县政府印发了《关于新编〈西充县志〉征集史志资料的通告》，先后搜集各种资料3700余万字。

1986年，南充地区各县（市）第一轮修志大规模搜集资料工作告一段落，南充地区各县（市）共搜集文字资料约4.6亿字，其中口碑资料2100万字，搜集到实物资料4186件。

1987年，各县（市）陆续进行志稿撰写，逐步补充完善资料搜集。至1989年，南充地区在第一轮修志中，对区、县（市）情进行了一次史无前例的、大规模的综合性调查采访，搜集到的文字资料达6.5亿字，实物资料5000余件。与此同时，地级各部门开展部门志编修，按照系统进行资料搜集。地区农牧系统搜集到2577万字的档案资料、215万字的口碑资料。地区水电系统查阅档案300余卷、文献资料20多种，搜集到文字资料70多万字，分12个专题整理资料，编印了《档案资料目录》。南充石油地调处实行分块的办法，有目的地定向搜集资料。

1994年，南充第一轮县（市）志书全部出版发行。为了将资料收集作为地方志工作机构的一项日常工作，加强平时资料收（征）集，市地志办向市政府提出了编辑《南充年鉴》的建议，市政府决定从1994年开始，编辑南充市每年度综合年鉴，作为每年收（征）集各单位、各部门有关资料的载体。1996年，第一部《南充年鉴》由四川科技出版社出版发行。之后，《南充年鉴》实现一年一鉴。各县（市、区）地志办也将综合年鉴编辑作为每年收集资料的载体，做好年鉴编辑出版工作。同时，市、县（市、区）地志办通过编辑地情资料书的方式，收（征）集有关资料。西充县地志办在编辑《西充县十年大事记（1986—1995)》时，广泛收集西充县10年间大事要事资料。顺庆区根据省地方志编委会和市政府要求，广泛搜集南充市（县级）所辖乡镇、部门的资料，续编了《南充市志（1986—1993)》（县级）。

1999年，市委办、市政府办印发了《南充市地方志工作2010年目标规划纲要》，明确提出"收藏、整理、研究、开发地方文献及地情资料"是三大任务之一，要求采取编写专题资料、年鉴资料丛书、大事纪要、乡土教材等方式进行开展资料收集保存工作。2000年，阆中市地志办编辑《辉煌十年》画册，采用图片展示阆中撤县建市10周年的发展成果，短短3个月征集到图片3000余幅，文字资料3.3余字。通过筛选、鉴别，编辑了图照847幅、文字1.2万余字的画册。

2002年，市委、市政府印发《关于组织编纂〈南充市志〉的决定》，南充第二轮续（新）修志书工作全面启动。二轮修志，除了《南充市志》涉及搜集新中国成立以前的资料，其余县（市、区）志主要为第一轮修志后的资料。搜集资料采取市、县（市、区）地志办制定资料搜集篇目，明确资料搜集方向和种类，要求资料搜集与利用比要达到30：1，各级各部门按照资料搜集篇目查阅档案和文献资料(实物和口碑资料搜集较少)，整理编辑资料长编或编纂初稿，呈报给市、县（市、区）志总编室。2003年，市地志办对市级各部门、县（市、区）资料搜集工作人员进行了专题业务培训，提高资料搜集人员的业务能力。市交通局成立了《南充市志·交通卷》编纂工作领导小组，组建志稿编纂组，组织全市交通系统60余人搜集资料，仅5个月时间，共查阅档案3000多卷，填制各种表格400余张，收集文字资料500多万字。2004年，高坪区根据省地方志编委会和市政府续编《南充县志（1986—1993)》的要求，印发《乡镇征稿及内容参考提纲》，广泛搜集原南充县所辖乡镇、部门的资料。西充县地志办印发了《关于报送大事记的通知》，实行大事记半年报制度，要求各乡镇、各部门、企事业单位在每年7月1日和次年1月1日报送半年大事记。顺庆区修志工作者李其升，两度单身独骑摩托车穿行四川、西藏、青海、甘肃、新疆、内蒙古、宁夏、北京、上海等28个省、市、自治区，经过300多个县市，行程6万余公里，拜访近300个市、县地方志办（史志办）公室，与160余个地志办同行进行交流，收到他们赠送的志书、年鉴和地方性资料丛书400余本。

2005年，南部县志编纂委员会对全县200余名资料搜集人员进行了业务培训，确保资料搜集质量。顺庆区地志办组织专人到实地调查、采访，对遗迹、文物拍照或抄录文献，抢救性搜集建区前的资料200余万字。2007年，西充县地志办着手建立地方志图片档案，收集到有关图（照）片200余幅。

2008年，市地志办全面贯彻省地方志编委会《四川省地方志资料信息工作规定》，提出要进一步加强地情资料搜集工作，除做好二轮志书编纂、年度综合年鉴编辑、地情资料书编辑所需资料搜集外，还要及时加大重要事件、重大活动的文字、影像、图（照）片以及实物资料的收集，市地志办要做好市委、市政府季度大事记、每日要情、政务要情等重要简报资料收集工作。"5·12"汶川特大地震发生后，市、县（市、区）地志办开展了特大地震有关的文字、影像、图（照）片资料搜集整理、分类归档。市地志办汇编形成了5万余字的《汶川特大地震·四川抗震救志·南充抗震救灾资料》，呈报省地方志编委会。市地志办向各单位广泛征集了新修《南充市志》入志图（照）片500余张（幅）。

2009年，阆中市地志办向社会发出征集资料通知，广泛征集撤区并乡建镇调整后的政区地理、行政区划、建置沿革、历史沿革等资料，函请建设、文化等部门和部分老领导提供城市规划、街道建设和古城保护的文件、图照、数据等重要资料。蓬安县地志办向全县发出《〈蓬安县志〉征稿启事》，广泛征集大事记、家谱、人物资料等方面资料。

2010年，蓬安县委办、县政府办印发《关于抓紧做好〈蓬安县志〉入志人物选编及资料补充工作的通知》，征集到蓬安县"9·27"沉船事故重大事件及入志人物等资料200余万字，图（照）片300余张（幅）。嘉陵区地志办将副区长张学军在《关于各单位区志补充资料编纂进度督查情况的汇报》上批示印发到各责任单位，要求各单位按照张学军"请应补充编纂资料的单位抓紧落实，确保圆满完成资料搜集任务"的批示要求，抓好资料征集工作。阆中市政府专门召开市志编纂工作促进会，印发了关于《区、乡镇、街道简介》《阆中市志·人物》入志资料征集工作通知，明确了资料收（征）集工作完成时间。先后收到乡镇志、部门志7部，征集到347人的传记、简介，征集到族谱3部、资料性著述47部、历史旧照片56幅和中国社会科学院历史研究所史为乐关于《阆中地名含义试解》的文章，对阆中地名的来源及含义增加了另一解释说明。

2011年，南充市二轮续（新）修志书全面通过终审验收，圆满完成编纂任务，市、县（市、区）地志办通过年鉴编辑、地情书编辑，有针对性地搜集资料，加大了重要事件、重大活动的资料收集工作。2012年，南充市启动《川北区志（1950.1—1952.9）》编纂工作。市地志办以函件或派人外出收集到原川北区所辖35个县的第一轮县志，到省档案馆逐一查阅川北区档案近7000卷，筛选复印2万余页原始档案，聘请专业摄影人员到南充日报社、市图书馆将原《川北日报》《川北工人报》《川北农民报》全部进行了拍照，收集到《胡耀邦传》《胡耀邦在川北》《开创基业的人》《南充市文史资料·胡耀邦与川北工作回忆》《中国共产党川北历史》《中国共产党南充历史大事记》《川北区组织史资料》《川北区大事记》等记载反映川北区方面的书籍资料50余册（本），共搜集到7000余万字的资料。市地志办还有针对性地收集南充的传奇故事、轶闻趣事、习俗来历等资料，编辑出版了《南充掌故》。嘉陵区地志办组织编辑《红色印记·南充西区革命史》，区委办、区政府办印发了《关于编纂出版〈红色印记·南充西区革命史〉的通知》，广泛收（征）集南充西区革命斗争资料，《红色印记·南充西区革命史》由中共党史出版社出版发行。2013年，嘉陵区地志办组织编辑《辉煌嘉陵二十年发展大事纪要》，全面系统地收集了嘉陵区成立20年来经济社会发展的辉煌成就和图（照）片等资料。西充县地志办有针对性地收集民间传说、故事或搜集整理轶闻、轶事等资料，编辑出版了《西充掌故》。

2014年，市地志办贯彻省地方志编委会《地方志书和地情文献征集办法》，要求全市地志办采取征集或交换等方式，加大地方志书或地情文献征（收）集工作力度。市地志办组织编辑了《当代南充第一》，收集了当代南充境内发生的且对南充经济社会发展产生了重大影响或作用、具有里程碑意义的重大事件的资料。西充县地志办获知习近平20世纪70年代任陕西省延川县文安驿公社梁家河大队党支部书记期间曾到西充县考察沼气建设的重要信息后，组织专人访问部分当事人，专题查找收集重要文献资料，收（征）集到价值较高的历史资料。高坪区地志办组织人员编辑介绍高坪区情的资料书《精彩高坪》，搜集整理资料近40万字、200余幅图（照）片。2015年，市地志办开展了《南充市地方志志》

资料搜集工作。全市地方志系统按照资料搜篇目，将资料搜集作为主要工作来抓，全员参与。市地志办落实责任，加强督查，在蓬安县召开资料搜集工作现场会，加强资料搜集工作的规范指导。市、县（市、区）地志办全方位搜集能够反映地方志工作发展变化的文字、文献、图片等重要资料，编辑资料长编，全面完成了资料搜集任务。阆中市地志办广泛搜集阆中民间流行的通俗语言资料，编辑出版了《阆中俗语》。高坪区地志办搜集了建区20年的重大事件资料，编辑出版了《高坪区建区20周年大事记》。至2015年，全市地方志工作机构将资料收集作为地方志的基础工作来抓，加强平时资料收（征）集，注重文字、文献、影像、图（照）片、实物等方面资料的收（征）集，通过资料交换扩大资料收（征）集面，丰富地方志资料收（征）集量。

资料管理　民国前，编修志书时，集中人员采集、搜集、整理有关资料，志书编修完成后，志书一般存藏于府署、县署或图书馆中，编修过程中形成的各种资料，主要由参与修志者个人保藏。平时对地方志资料的收集管理，主要为有兴趣、爱好的个人收集保存。

中华人民共和国成立后，至20世纪70年代末，地方志相关资料主要由各级档案馆、文史馆、图书馆等收集保存。1981年后，南充地区及各县（市）地方志工作机构先后建立，第一轮修志工作启动，地区及各县（市）地志办成为地方志资料搜集与管理的主体，履行地方志资料搜集与管理责任。地区地志办要求各县（市）地志办对搜集到的所有资料进行分类整理，加强资料管理工作，对重要的资料实行领用签字，完善交接手续。推广营山县“统一制卡，一事一卡”的资料采集管理办法，统一印制资料卡下发各县（市、区）地志办，对搜集的资料进行分类建卡、入档存藏。

1989年，营山县首轮修志工作结束。营山县地志办对搜集到的所有资料，按照县志总纲目、设30个案卷，进行整理归类，统一编制序号，建立《营山县志卡片资料目录》，加强资料入档保存。县地志办还与县档案局将县物价局作为资料规范整理建卡试点单位，组织全县各部门学习参观、现场培训。全县各单位向地志办报送部门志时，一并将整理好的资料卷交县地志办集中管理。地区地志办将营山县资料管理的做法和经验，在全地区推广。各县（市）地志办在借鉴营山资料管理经验基础上，对编修志书搜集到的资料全部分类整理、建卡归档、收藏保管。

1994年，市地志办进一步加强资料管理工作，落实一名副主任分管、一名熟悉文书档案工作人员从事地方志资料的日常管理工作，对市级部门、各县（市、区）地志办上报的各种资料，逐一分类入卷、建档入柜、编号存放。1997年，各县（市、区）地志办落实了资料分管领导和具体负责资料收（征）集、管理工作的人员，购置了专用档案资料柜，加强资料保管工作。顺庆区、高坪区、阆中市、西充县、仪陇县等先后制定了资料收（征）集制度、分类整理制度、归档保管制度、利用保密制度。营山县印制查询借阅档案资料登记表，实行查询借阅必须登记，用后归还，当面注销，及时归档，防止资料丢失。西充县将资料整理成册后，交指定的专人管理。

1999年，市地志办增设资料征管科，负责资料整理、归档和保管工作。2002年，西充县地志办增设资料征管股，专门从事资料管理工作，制定了《档案、方志资料管理制度》，对地方志资料的分类编目、整理上架、借查查阅、保护管理档等方面作出了明确规定。2003年，市地志办设立了资料信息工作单项目标考核，对各县（市、区）资料信息工作好的单位进行表彰奖励。2004年，市地志办搬迁到新区市政府1号楼办公，专门设置了资料保管室，购置了资料保管书柜，改善了资料保管条件。2006年，嘉陵区地志办印发了《南充市嘉陵区地方志资料工作管理暂行规定》，共32条，分为总则、地方志资料的范围、地方志资料的管理、地方志资料的征集、地方志资料的报送、地方志资料的使用、监督与检查等9个部分，对地方志资料的征集、分类、管理等作出了明确规定。

2008年，市地志办根据省地方志编委会《四川省地方志资料信息工作规定》，制定了《地方志资料征管制度》，对地方志资料的征集、管理、利用等提出了明确的规定。顺庆区地志办对近10年的资料按照档案保管要求进行分类整理，经区档案局验收，达到档案规范化管理省三级标准。同时，制定了《顺庆区地方志办公室地方志资料查阅制度》，对查阅、存藏、管理和资料管理人员的职责作出了规定。嘉陵区地志办将地方志资料进行系统整理，分类建档，形成年鉴资料档案862份，区志资料档案658份，地方志工作档案1289份。经南充市档案局考评，达到省三级标准。西充县地志办加强地方志图片库建设工作，全年征集、收录、拍摄有一定价值的图（照）片305幅，进行分类保管和电子存档。

2012年，市地志办聘请市档案局人员对地方志工作有关档案资料进行了分类整理、归档登记。西充县地志办聘请县档案局人员对历年收集到的各级志书、年鉴、地情资料书、工具书等地方志文献资料，按照中国图书馆分类法要求进行登记、分类、归档。2013年，市地志办积极争取改善地方志资料保管条件，南充市方志馆建设项目被市政府正式立项，完成可研报告和建筑设计。西充县政府批准，西充县方志馆与西充县档案馆合建。营山县方志馆建设被营山县政府正式立项。至2015年，市、县（市、区）地志办建立健全了资料收（征）集、管理的各项制度，建有专门的资料保管室，配有专职或兼职人员具体负责地方志资料征集、保管工作，收（征）集到的文字资料、音像资料、图（照）片、实物等以及形成的地方志文稿，统一管理，妥善保存，地方志资料管理工作基本达到了规范化。

【信息工作】 1981年后，地区和县（市）地方志工作机构成立，第一轮修志全面开展，地区和县（市）地志办采取创办刊物、简报，借助报纸、电视等新闻媒体，印发地方志工作宣传手册或传单，举办专题宣传活动等多种方式，加强地方志宣传工作，让社会各界人士认识地方志工作的意义和作用，形成了领导重视、部门支持、社会参与的地方志工作环境。

1983年3月，地区地志办开展修志工作宣传和编纂业务指导，创办了《南充地方志通讯》工作简报，当年出刊10期，主要宣传首轮修志的重大意义，解读地方志工作相关文件精神，刊载中省和地区领导关于地方志工作的讲话，登载外地编纂志书的做法和经验，通报各县（市）修志工作进度。各县（市）政府或县志编纂委员会发出资料搜集通告，既宣传地方志工作的重要意义，又宣传地方志资料搜集的范围和办法。仪陇县政府印发《仪陇县志征集史料的通告》，在全县各乡镇、村张贴。南充市（县级）创办《南充市志通讯》印发各单位、乡镇，组织部门修志人员到内江、灌县学习考察修志工作，“领导重视，头头抓，抓头头，一级抓一级；抓修志队伍培训”等做法在全地区宣传推广。阆中县、南充市（县级）地志办编写地方志工作稿件和信息，由县（市）广播站播发。阆中县创办《阆中史志通讯》，印发各部门、各乡镇。西充县地志办创办《西充县志资料》，宣传西充县情、西充历史文化和西充县地方志工作情况。

1984年，《南充地方志通讯》刊载党和国家修志工作的方针、政策，通报各县（市）修志的做法和经验，刊发修志业务知识和编纂方法，交流修志工作经验。地区地志办安排布置大力宣传学习中国地方志指导小组《新编地方志工作条例》（简称《新条例》）工作，阆中县地志办将《新条例》翻印下发各区乡镇和部门，组织编修人员专题学习、解读《新条例》。仪陇县通过广播电视宣传修志意义、作用及修志工作动态，制作幻灯片12幅在仪陇县电影院电影放映前宣传。蓬安县志编委印发

《全县人民行动起来为新编〈蓬安县志〉做贡献》宣传提纲和《致蓬安籍在外地同志的公开信》，大力宣传修志工作。

1985年，地区地志办与地区党史研究室合办季刊《南充史志》，刊载反映南充历史、南充地方风物等方面的研究、整理文章。蓬安县志编委会创办《蓬安县志通讯》，宣传修志工作及报道修志动态。南充县地志办创办《南充县志工作通讯》，刊载县委、县政府领导对修志工作的要求和讲话，宣传编修新方志的目的、意义和作用，介绍外地修志做法和经验，通报全县修志动态。

1986年，《南充日报》、南充广播电台宣传报道了四川省卫生厅在南充召开的《南充市医药卫生志》评议会情况，对全地区修志工作起到了很大促进和推动作用。全国地方志第一次工作会议在北京召开后，地区地志办以通讯、文件等形式转载了万里、胡乔木的讲话和会议精神。1987年，《南充史志》停刊，地区地志办创办了季刊《南充今古》，加强地方志工作宣传和业务指导。南充地区修志工作进入志稿编纂阶段，地区地志办编辑印发志稿编纂业务知识，汇编介绍各地志稿编纂的做法和经验，提供志稿编纂业务指导信息。地区地志办将营山县志书编纂中总结出的“党委领导、人大决议、政府主管、政协支持，四大家齐抓共管”“上下结合、条块结合抓修志”“五审定稿、分级负责把关”的3条经验，上报省地方志编委会后，省地方志编委会领导充分肯定并在全省推广。西充县地志办主任李仲华在第二次全国明末农民战争史学术讨论会上，宣读了《张献忠殉难西充凤凰山》的论文，以大量翔实的地方志资料纠正了《明史》关于张献忠殉难地记载的错误。南充县地志办编印了《学习资料》文集，帮助编辑人员把握质量标准。1989年，《南充今古》停办。

1990年，《营山县志》（1989年版）出版发行后，营山县地志办与县委宣传部、团县委、县委党史办等单位联合举办了“县情知识竞赛”活动，县城机关单位800多名青年和营山中学学生参赛，通过知识竞赛，加深了广大群众对营山县情的了解，广泛宣传《营山县志》的重要功能和作用，引导广大群众读志用志。1991年，南充各县（市）志编纂逐步进入评审阶段。地区地志办及时总结各级志书自审的做法和经验，印发各县（市）指导志书自审工作。1992年，四川省第二次市志研讨会暨《南充市志》志稿评议会在南充市（县级）召开，来自省内外的124位代表参加会议，收到学术论文和志稿评议文章14篇，交流各地志书编纂经验。

1993年5月，地区地志办积极组织各县（市）地志办参加省地方志编委会举办的全省新方志优秀成果展览，精选南充176件地方志成果参展，制作了5块宣传展板，以文字、图片、统计表等形式，全面宣传了南充地区修志历程和丰硕成果。1994年，各县（市）志书全部出版发行后，各县（市、区）政府及时印发志书征订发行通知，要求做好志书的学习和运用。各县（市）地方志办主动收集征订信息，搞好志书发行、交换和对外宣传等工作。南充广大修志工作者认真总结首轮修志的做法和经验，撰写理论研究文章，在省内外刊物发表或在有关经验交流会上交流。《南充市志》（县级）、《南充邮电志》《南充蚕丝志》出版之际，《巴蜀史志》设置了评议专栏，刊登了评议文章。

2000年10月，南充市30余部志书、年鉴、地情资料书参加在北京举办的全国地方志成果展览。11月14日至21日，南充市300余部志书、年鉴、地情资料书参加四川省地方志成果展览。

2002年，市地志办将工作简报《南充地方志通讯》更名为《南充市地方志通讯》，第1期刊登了第二轮修志全省试点县营山县的“续修县志分三步”“党委领导、政府主持、社会参与、专家修志、齐抓共管”的经验，省地方志编委会转载全省。是年10月，市地志办将江泽民在上海市地方编纂委员会成立大会上的讲话，印发各县（市、区）地志办。仪陇县地志办采取发文件、编简报、电视滚动播放等形式，大力宣传第二轮修志工作。2003年，西充县地志办创办4开小报《西充史志报》，发至各部门、各乡镇及村、学校，介绍西充历史，宣传第二轮修志工作。《四川省地方志工作条例》颁布后，市地志办印发了宣传贯彻《条例》文件。南充市政府领导在有关会议上大力宣传《条例》，要求各级各部门必须依法修志。市地志办在《南充市地方志通讯》上全文转发《条例》，登载了全市地方志工作者学习讨论《条例》的心得体会。南充广播电台、南充电视台、《南充日报》等新闻媒体刊播宣传《条例》。顺庆区在政府机关大门前悬挂宣传《四川省地方志工作条例》横幅标语，与南充电视台共同制作宣传《四川省地方志工作条例》的专题节目和专题新闻，在《南充日报》发表《顺庆区地方志工作二十年回顾》和《依法修志、进一步做好地方志工作》等文章，全覆盖地宣传《四川省地方志工作条例》。仪陇县在电视上滚动播放《条例》颁布令，南部县开展《条例》宣传活动周，悬挂宣传标语1000余幅，播放广播电视讲话500余次。阆中市印发《条例》宣传传单4000份，发送各级各部门、企事业单位和厂矿学校，通过街头、上门等形式向社会各界人士发送《条例》。蓬安县组织了各督导办、乡镇人民政府、县级各机关、企事业单位主要负责人参加的《四川省地方志工作条例》学习宣传会议，各单位办起了宣传《条例》的墙报、板报，县电视台全文播发了《条例》。西充县、营山县、嘉陵区等县区，通过悬挂横幅标语、设立宣传站、录音播放、发放宣传资料、展出第一届修志以来的地方志成果等形式宣传《条例》，全市掀起了贯彻落实《四川省地方志工作条例》的热潮。

2004年，市政府召开全市地方志工作会议，南充电视台、《南充日报》《南充晚报》、南充广播电台等新闻媒体宣传报道了市委常委、市政府常务副市长蒋辅义的重要讲话精神和全市二轮修志工作的安排部署、贯彻实施《条例》的工作要求。阆中市地志办与国家《中国知识源总库》联合，将《阆中年鉴》进入了《中国年鉴全文数据库（CAFD)》，供联网查询。2005年，市地志办在全省召开的第二轮修志试点工作会上，交流了南充特别是营山县修志的做法和经验。嘉陵区地志办创办工作简报《嘉陵方志园地》，设“方志法规瞭望”“方志编纂论坛”“区志编修动态”“修志通讯在线”等栏目，宣传地方志工作、通报区志编修动态、介绍修志做法和经验。

2006年，国务院《地方志工作条例》颁布后，市地志办及时在《南充市地方志通讯》转发。市、县（市、区）地志办利用广播、电视、网站、报刊，广泛宣传《地方志工作条例》。仪陇县地志办印制《地方志工作条例》和地方志知识、地情资料等6000份发至各级各部门，在仪陇县城中心搭台宣讲《条例》，散发宣传单，在街口制作大型横幅标语6幅，租用宣传车到金城、复兴、日兴、马鞍、土门等中心场镇进行深入的宣传。阆中市地志办印发《条例》传单2000余份至各单位以及各乡镇、街道张贴。2007年，四川省政府发布了《〈四川省地方志工作条例〉实施办法》，市、县（市、区）地志办将国务院《地方志工作条例》《〈四川省地方志工作条例〉实施办法》翻印，发给各级各部门宣传学习。仪陇县地志办利用乡镇逢场日在金城、马鞍、新政街头搭台宣传、散发资料。《南充市顺庆区志》主编卿远明撰写的《从编修实例谈突出地方特色与篇目升格的关系》在四川省地方志学术讨论会上交流，阆中市地志办原主任王国成撰写的《续修志书如何突出地方特色之浅见》在南充市地方志学术研讨会交流，嘉陵区地志办搜集各地年鉴编辑信息，制定了嘉陵区《〈嘉陵年鉴〉编写规则》。

2008年，市地志加强了地方志工作信息报送和借助《南充日报》《南充晚报》、南充电视台报道南充地方志工作宣传报道的力度，南充电视台对市志编纂进行了专题采访报道。8月，市地志办创办《南充地方志》工作简报，不定期交流、通报全市地方志工作信息和工作动态。9月，市地志办创办了《志鉴利用》刊物，不定期刊登南充地情研究、开发利用的文章。市地志办主任夏建平在西安第六届中国中心城市地方志交流暨西部城市地方志编修研讨会上作了《规范地方志书审查验收，确保地方志书编纂质量》经验交流。南充电视台采访制作“精心编纂南充300年来首部地（市）级志书”的专题新闻在《晚间新闻》播出，宣传《南充市志》编纂工作。仅下半年，市地志办编辑工作简报8期19则，省地方志编委会、市委、市政府采用10条（则），不完全统计，《南充日报》《南充晚报》、市电视台报道地方志工作信息5次（条、篇）。

2009年，川东北片区地方志工作研讨会在南充召开，与会人员围绕“如何提高志书总纂质量、如何做好年鉴和志书衔接”两个专题交流了经验。市地志办主任夏建平在四川省地方志理论研讨会上作了《强化质量管理，力出精品志书》的经验交流。《南充日报》、南充广播电视台宣传报道了《南充市顺庆区志》首发式，顺庆区地志办借助会议、橱窗、街头等载体宣传《南充市顺庆区志》，为机关、社区、学校等赠送志书。市地志办编辑工作简报15期37则，省地方志编委会、市委、市政府采用27则，不完全统计，《南充日报》《南充晚报》、市电视台报道地方志工作信息15条（则）。

2010年，市地志办主任夏建平在全省地方志工作会上作了《精心修志，服务发展，奋力开创南充地方志工作新局面》的经验发言。市政府目标督查办对未完成二轮修志任务的县（市）进行了专项督查，印发了《关于第二轮县（市、区）续（新）修志书的情况通报》。市地志办在市政协学习文史委全体委员会上，专题向30多名政协委员宣传了南充市地方志事业发展情况。市地志办主任夏建平在全省市州地志办主任学习会上作了《强化质量管理，力出精品志书》的交流发言。南充电视台专门制作播出了《南充市志·300年来唯此一志》《南充历史文化的名片》两个分别为15分钟的专题片，对南充地方志工作作了深度报道。市地志办编辑工作简报15期30则，被省志编委、市委、市政府采用23条（则），不完全统计，《南充日报》《南充晚报》《南充广播电视报》、市电视台报道地方志工作信息15次（条、篇）。

2011年，市委目标督查办第25期《督查快报》以《市地志办：科学谋划早部署，强化责任促落实》为题，通报了市地志办分解细化工作目标、迅速落实工作责任的情况。市地志办主任夏建平在全省市州地志办主任学习会上作了《围绕中心，突出重点，确保“十二五”地方志工作开好局起好步》的交流发言。市地志办以“嘉陵江畔璀璨明珠——南充”为主题，从“历史人文、区位交通、资源物产、山水风光、发展前景”等5个方面组稿6个版面，在《重庆经济年鉴（2011年卷）》图文并茂、全方位宣传南充。市地志办编辑工作简报12期18则，被省志编委、市委、市政府采用26条（则），市委目督办《督查快报》专题报道市地志办办两项工作，不完全统计，《南充日报》《南充晚报》、市电视台报道地方志工作信息16次（条、篇）。

2012年，春节后上班第一天上午，市长向东到市地志办看望慰问全办干部职工的信息报道后，全市地方志工作者倍受感动和鼓舞。《南充市志（1707—2003）》正式对外公开发行，市政府召开了隆重的《南充市志（1707—2003）》编纂总结表彰暨首发式会议，对全市在《南充市志》编纂工作中做出突出贡献的30个先进集体和60名先进个人予以通报表彰。南充电视台作了专题新闻报道，《南充日报》整版全文登载了《南充市志·序》和省地方志编委会副编审马国栋《记川东北重镇，谱新方志佳篇》、省地方志编委会市县志工作处处长何瑞明《五百万言巨著，三百年来南充》两篇评价文章，刊登了省地方志编委会、南充市委办、南充市政府办、达州市地方志办等58个单位对《南充市志（1707—2003)》出版发行致以祝贺的单位名单。会后，《南充晚报》《南充广播电视报》记者就《南充市志（1707—2003)》的编纂等专访了市地志办主任夏建平，分别以《〈南充市志〉架地方史断层之桥——480万字记述南充300年历史》《〈南充市志〉填补南充300年历史记载空白》整版文章，对《南充市志（1707—2003)》编纂的意义、编纂过程及现实作用进行了深度系统的宣传报道。南充电视台《周末故事会》栏目组采访夏建平、于明，制作了30分钟《南充市志——填补南充300年历史记录》的专题片，在科教文化频道、公共频道、新闻频道多次播出，对《南充市志》的特点、意义和作用等作了系统的宣传。市地志办给副厅级以上领导（包括退休）、各县（市、区）和市级部门等免费赠送市志1000余套，开展志书“进机关、进社区、进学校、进企业”活动，有力地宣传了南充地方志工作。阆中市地志办主任杨朝志在川东北片区研讨会上作了为《对开发利用地方志资源的思考》的发言。南充电视台公共频道《新闻630》栏目制作时长6分钟的“《川北区志》编纂进入资料搜集阶段”的专题报道，宣传报道《川北区志》编纂工作。市地志办编辑工作简报15期19则，被省志编委、市委、市政府采用16条（则)，不完全统计，《南充日报》《南充晚报》、市电视台报道地方志工作信息15次（条、篇)。

2013年，市地志办主任夏建平在全省地方志工作会上作了《拓宽领域，依法修志，奋力推进地方志事业持续科学发展》的经验交流。市地志办编辑工作简报8期12则，被省志编委、市委、市政府采用12条（则)，不完全统计，《南充日报》《南充晚报》、市电视台报道地方志工作信息13次（条、篇)。

2014年，新修订的《四川省地方志工作条例》颁布施行，市地志办主任夏建平在省人大常委会教科文卫委组织召开的《四川省地方志工作条例》施行10周年暨新修订《条例》颁布实施座谈会上，作了《深入贯彻实施〈条例〉，推动地方志事业全面发展》的发言。市政府组织召开了市人大教科文卫委、市政协文史委和市级相关部门负责人贯彻学习新修订的《条例》座谈会，市地志办将修订的《条例》印成册分别送给市、县（市、区）领导和各单位负责人、全市地方志系统干部职工，各县（市、区）通过召开座谈会、电视讲话、录音广播、印制宣传册等形式，积极开展新修订《条例》的宣传学习。原川北区中共南充市委副书记、组织部部长、胡耀邦夫人李昭欣然为《川北区志》作序，给《川北区志》编纂者极大鼓舞。市电视台、《南充日报》报道宣传了《川北区志》复审评议和省政府终审验收工作。市地志办编辑工作简报15期25则。被省志编委、市委、市政府采用17条（则)，不完全统计，《南充日报》《南充晚报》、市电视台报道地方志工作信息9次（条、篇)。

2015年，市委办、市政府办印发了《关于进一步加强新形势下地方志工作的意见》，全市地方志系统积极宣传学习，把握文件的实质。市政府召开南充市地方志工作会议后，全市地方志系统认真传达会议精神，组织学习市长向东对地方志工作的重要批示和省地方志办主任马小彬、副市长单木真的重要讲话以及市地志办主任夏建平的《适应新常态，务求新突破，奋力谱写南充地方志事业发展新篇章》的工作报告。市地志办主任夏建平在第八次全省地方志工作会议作了《求真务实，开拓创新，奋力推进地方志事业科学持续发展》的经验交流，全面汇报了南充近10年地方志工作情况。市地志办在蓬安县召开了《南充市地方志志》资料搜集工作现场会，各县（市、区）学习借鉴了蓬安县地志办的做法与经验。市地志办加强网络在地方志宣传信息工作的作用，南充市地方志专业网站正式对外开通运行。嘉陵区建成开通了嘉陵地情信息门户网站《嘉陵地情资料网》，至12月点击量达到2.23万余次。市地志办编辑印发《南充地方志》工作简报14期共31条信息，被省志编委、市委、市政府采用16条（则)，不完全统计，《南充日报》《南充晚报》、市电视台报道地方志工作信11次（条、篇）。

【地方志网站】 市、县（市、区）地志办认真贯彻省政府《四川省〈地方志工作条例〉实施办法》和省地方志编委会《四川省地方志信息化建设意见》的精神，加强地方志信息网站建设。2007年，阆中市地方志网站率先建成开通。2011年，地方志网站建设写进了市政府办印发的《南充市地方志事业第十二个五年发展规划》，明确提出加强地方志网站建设，实现市、县（市、区）地方志网站联网和资源共享。2015年，南充市地方志网站建成运行。至2015年，全市建成4个地方志专业网站。

南充市地方志网站 2012年，市地志办谋划、启动南充市地方志网站建设工作，在学习借鉴省内兄弟市州建设地方志网站建设经验（财政拨一点、自己筹一点）基础上，向市政府提出了《关于自筹经费建设南充市地方志网站的请示》，采取市财政拨付一部分、市地志办出售少部分《南充市志(1707—2003)》的收入补充一部分的办法，建设南充市地方志网站。市政府领导批示后，市地志办贯彻执行市委治理经济发展软环境的要求，主动放弃自筹经费建设网站的做法。2013年，市地志办向市政府呈报《关于解决建设南充市地方志网站建设经费的请示》，市政府领导批转给市财政局，要求将市地方志网站纳入市政府门户网站建设，由财政统一解决网站建设经费。市地志办积极与市财政衔接、争取，将南充市地方志网站列入2014年政府门户网站建设之中。2014年，南充市地方志网站作为市政府门户网站进行规划建设。市地志办与网站建设专业设计人员，反复研究栏目设计，不断修改完善。2015年，南充市地方志专业网站正式对外开通运行，网址为：ncdzb.nanchong.gov.cn，网站域名为南充市地方志办公室。南充市地方志网站设有“南充市情、政策法规、地方志书、南充年鉴、地情开发”等一级栏目，将地方志成果数字化上网，供广大社会各界人士免费查阅。同时，设置了“组织机构、工作动态、通知公告、领导信箱、投诉建议”等栏目，及时报道全市地方志工作情况，让大家充分了解南充市地方志工作，收集大家对地方志工作的意见和建议。

县（市、区）地方志网站 2006年10月，阆中市地志办将地方志网站建设作为年度工作重点，通过与省内网络营运商互利合作的方式，共同建设《阆中地方志》网站。网站设有阆中概揽、大事回眸、地方志、阆中年鉴、地情资料、历史名人、方志动态、方志论坛等8个栏目，将《阆中县志》《阆中年鉴》和编辑出版的阆中地情资料书上网。2007年1月，阆中市地方志信息网站建成对外运行，率先建成南充市地方志系统专业网站。2011年，因缺乏专业管理人员，网站停止运行。

2012年，南部县地志办着手建设地方志专业网站。网站设置了南部概况、地方志、南部年鉴、新闻动态等栏目，将南部县志、年鉴、地情资料书等地方志成果，数字化上网。2013年4月，南部县地志办专业网站建成，对外运行。网址：//www.scnbdqw.com.cn，网站域名为：南部地情网（2015年12月，网路维护出现故障，网站暂时无法打开）。

2014年8月，嘉陵区地志办根据嘉陵区政府办加强政府部门网站建设的要求，启动了嘉陵地情资料网站建设工作。是年10月，嘉陵区地志办与四川机构网协商，就网站域名、网址、网站维护管理费用等达成共识，签订了网站建设合作协议。经过双方反复研究，栏目设置了网站首页、政务公开、年鉴之窗、志书精粹、人物春秋、红色文化、地情丛书、地情百科、图片新闻、工作动态、通知公告、机构设置、方志园地、年度大事等。是年12月，完成网站网上备案资料的报送工作。2015年4月，嘉陵地情资料网网站正式开通运行。网址为：//www.jldqzlw.com/，网站域名为：嘉陵地情资料网。

地方志学术研究

Academic Research of Local Records

20世纪50年代末期，南充专区和所辖各县（市）开展了《地区志略》和县（市）志略编纂，约一年时间完成。之后，修志工作停止，修志时间短暂，未开展地方志学术研究活动。

20世纪70年代末，全国开展了第一轮社会主义新方志编纂。1981年，南充新编地方志工作起步。1983年，南充地区全面开展第一轮社会主义新方志编修工作。第一轮修志是一项开拓性的工作，没有经验可借鉴，缺乏理论指导，思想准备不足等。南充在修志工作中一边探索，一边总结，广泛开展了地方志学术研究。南充总结形成了“党委领导、人大决议、政府主管、政协支持”四大家齐抓共管、“上下结合、条块结合”抓修志、“五审定稿、分级负责把关”“众手成志、一只手完成”等修志工作经验。2002年，南充市开展了第二轮修志工作，借鉴第一轮修志的做法和经验，市级志书编纂实行了由“承编单位（市级各部门）负责资料搜集、初稿撰写、志稿初审；各系统牵头单位负责初稿编纂的组织、市志分纂及分纂稿初审；市地志办、市志总编室负责市志初（分）纂的业务指导和市志总纂、通纂”的三级负责制，县（市、区）志编纂实行“部门（单位）负责资料搜集、初稿撰写、志稿初审，地志办、总编室负责总纂，政府组织复审，市政府进行终审验收”的办法。

在两轮修志工作中，通过志稿评议会、专家复审评议会、地方志学术研讨会等方式，将地方志工作中组织管理、志书编纂、年鉴编辑、地情资源开发利用等方面的实际做法，总结提炼，形成了丰富的地方志理论研究或经验论文（文章），在市级以上地方志专业学术刊物或理论研讨会、经验交流会上发表或交流。在此基础上，南充地方志工作者主持或主研（参研）了张澜研究、司马相如研究、阆中历史文化名城研究等3个专题研究，编著了有重大影响的专著。

【专题研究】 1983年至2015年，南充地方志工作者主研或参研了张澜研究、司马相如研究、阆中历史文化名城研究等重点课题研究工作，形成了具有重大影响的研究成果。

张澜研究　1990年10月和1992年4月，地区地方志协会牵头，与四川师范学院历史系、地区历史学会在南充联合举行了2次张澜思想学术讨论会。两次研讨会期间，编著出版了《张澜》（传）和《张澜文集》。1992年5月，地区地方志协会向省、地社科联申报了“张澜研究”课题。10月，省委理论小组和省社科联规划办共同批准“张澜研究”课题，列入了四川省哲学社会科学“八五”期间科研规划重点课题。课题立项后，地区志协成立了课题组，由原地区行署常务副专员、地区志协会长郭光杰任组长，负责课题研究。课题研究成果（预计）为形成《张澜思想学术讨论会论文集》《张澜思想研究》等专著。计划1993年编著出版《张澜思想学术讨论会论文集》，1995年编著出版《张澜思想研究》。课题研究进行后，因种种原因，《张澜思想学术讨论会论文集》和《张澜思想研究》（专著）未能如期完成。经请示市社科联和省社科联规划办同意，将《张澜思想学术讨论会论文集》和《张澜思想研究》（专著）合二为一，调整为《张澜纪念文集》。1999年11月，《张澜纪念文集》完成编著。12月，《张澜纪念文集》由四川教育出版社出版发行。《张澜纪念文集》共40万字，选录文章基本上按张澜生平活动的时间顺序排列，中央领导的讲话及张澜与中央领导人之间的往来信函等文章置于最前，有关统一战线、教育、哲学及传统文化研究的论文分类排列，置于论述生平活动文章之后。中共中央政治局常委、全国政协主席李瑞环为《张澜纪念文集》题写书名；全国政协副主席、中共中央统战部部长王兆国，全国人大常委会副委员长、民盟中央主席丁石孙，全国政协副主席钱伟长和曾经在南充工作过的胡耀邦总书记夫人李昭为文集题词；四川省政协副主席、中共四川省委统战部部长李培根为文集作序。2000年4月3日，在北京人民大会堂举行了《张澜纪念文集》出版发行座谈会，党和国家领导人姜春云、王兆国、丁石孙等出席座谈会并作重要讲话，对《张澜纪念文集》给予高度评价。3日晚，中央电视台新闻联播对会议作了报道。4月4日，《人民日报》《光明日报》《人民政协报》《团结报》对会议作了报道，《人民日报》海外版还发表了《缅怀张澜先生》专文，对《张澜纪念文集》的研究、编辑、出版做了较详细的述评。2000年12月，《张澜纪念文集》获四川省第九次哲学社会科学优秀成果三等奖。

司马相如研究　1989年11月14日至17日，蓬安县承办，地区地志办、地区地方志协会协办的川东北片第六次方志学术讨论会暨《蓬安县志》稿评议会在蓬安县召开。时任蓬安县志主编邓郁章向到会专家、学者提出了“相如故里在蓬安”的观点。1993年，《巴蜀史志》刊登了邓郁章撰写的《相如与蓬安县》一文。1999年10月16日，南充电视台邀请邓郁章与四川师范学院（西华师范大学）历史系教授王明元、徐才安，中文系教授周子瑜，南充市创办何剑青、南充市顺庆区地志办主编潘大德座谈，摄制成《司马相如与南充》的文化专题片，在南充电视台播放。1999年11月25日，《南充日报》发表萧红涛的《我市专家学者为一代文豪寻根》的报道，报道了司马相如与蓬安的关系。同时，邓郁章执笔撰写了《王培荀的〈司马相如实今之蓬州人〉说考论》，以“司马研”笔名发表于《四川师范学院学报》2000年第三期。2000年3月13日，《四川日报》发表蔡云中、萧红涛的《相如故里知何处》的长篇报道，较为系统报道了蓬安县发起的司马相如故里问题的研究。《王培荀的〈司马相如实今之蓬州人〉说考论》先后传到台湾、成都，台湾“国立大学”研究生院院长、教授胡自逢指出：“该文考订相如实籍蓬安县，举证确凿，令人信服。”四川师范大学教授李大明指出：“司马相如实今之蓬州人的结论可以成立，论文一、二部分证据确凿，有关文学史的这一部分应改写。”

2000年4月，县人大常委会主任赵正铭和已退休的《蓬安县志》（1994年版）主编邓郁章提出了《关于成立司马相如研究会有关事项的建议意见》，上报蓬安县委、县政府。2001年6月，四川省委副书记、巴蜀文化研究领导小组组长杨崇汇赴南充调研时得知此事后对市委主要负责人说：司马相如是蓬安人，应大力宣传，写一个川戏，并当场表态拨款10万元的研究启动费。事后，何剑青写了《鸾凤和鸣》一戏。12月，赵正铭、邓郁章主编的《相如故里在蓬安》由四川人民出版社出版。2003年7月25日，蓬安县委召开县委、人大常委会、政府、政协四大家班子领导干部会议，邀请省博物馆副馆长魏学峰、省地方志编委会副编审马国栋到会，专题讲授了文化资源与经济发展关系。会后，蓬安县委决定筹备成立“司马相如研究会”，并在进入县城的大道上修建了“司马相如门阙”，门阙上方刻有四川省作家协会主席马识途题写的“司马相如故里”六个大字。2003年9月20日上午，蓬安县委邀请四川大学、四川师范大学、西华师范大学、南充文化局、南充日报社、南充晚报社、南充电视台、南充广播电视报社等单位赴蓬安参加司马相如研究会成立大会的20余名专家学者，举行了“开拓相如文化资源，发展蓬安旅游经济”的专题座谈会，与会专家、教授、学者、作家肯定了相如故里在蓬安的研究，作为文化资源具有很大的开发价值。9月20日下午，蓬安县举行了司马相如研究会成立大会，通过了司马相如研究会章程。《南充日报》《南充晚报》、南充市电视台、《南充广播电视报》作了多角度的深度报道。

2004年10月20日至22日，四川师范大学巴蜀文化研究中心、司马相如研究会主办，蓬安县委、县政府承办的司马相如与巴蜀文化研讨会在蓬安举行，大会收到海内外专家学者论文26篇，与会91位专家、学者、教授集体签名，倡议蓬安县恢复为相如县。

2007年10月28日至30日，由四川省社会科学界联会会、四川省社会科学院、四川师范大学文学院、蓬安县委、县政府、司马相如研究会联合主办，南充市社科联、市地方志协会、西华师范大学历史文化学院协办的“纪念相如县建县1500周年暨国际相如文化研讨会”在蓬安举行。来自海内外30余家高校、科研单位、学术出版机构和文君研究会的100余名专家学者、全国各级10多家新闻媒体和四川省、南充市有关领导、主办单位负责人、蓬安县四大班子及相关部门负责人、司马相如研究会会员等共600余人参加了纪念会议。大会收到海内外专家学者论文43篇，主要从司马相如生平事迹、司马相如生平与作品、司马相如影响与评价等方面作了广泛而深入的探讨。是月，赵正铭任主编、邓郁章任执行主编的《相如故里文化旅游丛书》由四川人民出版社出版。丛书共五册，第一册《司马相如故里在蓬安》，第二册《司马相如与巴蜀文化研究论集》，第三册《相如故里古今吟》，第四册《相如故里故事集》，第五册《司马相如作品注释》。

2008年7月27日，司马相如研究会邀请南充文化界老领导、老教授、老专家、知名人士30余人在南充召开座谈会。会议对在南充深入研究开发相如文化进行了深入研讨。2009年12月25日，司马相如研究会在南充召开年会，与会人员对加快相如故城建设、恢复相如县名、深化相如文化研究提出了意见和建议。2010年至2015年，司马相如研究会每年度都要召开年会，并在司马相如研究会基础上成立了四川省司马相如研究会。邓郁章编著了《天下文宗司马相如》（专著）。

阆中历史文化名城研究 2000年1月6日，成立阆中市历史文化名城研究会（简称“名城研究会”）。名城研究会是阆中市委、市政府领导下的常设综合性学术研究机构，由有志于促进名城建设与发展的专家、学人、文化知名人士、工程技术骨干组成，是市委、市政府相关决策的智囊和参谋。名城研究会实行研究员聘任制，由市委、市政府委派在职副县级领导兼任主任，由政府配备、任用驻会执行副主任，聘请国内外著名专家、学者为顾问，聘请有志于阆中历史文化研究的学人为特邀研究员。阆中市地志办主任王国成被聘为名城研究会特邀研究员。

2000年至2015年，名城研究会根据市委、市政府制定的发展战略，开展阆中历史文化研究，提出有据可依、操作性强的建议和意见并拿出实施方案，为领导决策发挥智囊和参谋作用。根据名城旅游资源优势，搜集、挖掘、整理相关名城人文和自然旅游资源，提出开发利用的文史依据与构想、策划；对名城的历史文化、名胜古迹、文物资料进行考证、研究、整理，提出充实文化内涵的操作方案；对与名城文化相关的资源利用、项目建设、社会事业、产品开发，企业创意等方面提出建议；每年编辑出版《名城研究》年刊，以稽古探源、阆苑钩沉、古城经纬、名城名人、古迹名胜、民俗民风、红色文化、仙苑艺坛、探索争鸣、建言献策等栏目刊载研究员的学术研讨文章；接待外地莅阆的有关学术知名人士，介绍阆中的历史文化和开发建设的有关情况。在宋代龙源古井保护、老观古镇申报全国历史文化名镇、福音堂保护、复建中天楼、贡院修复和布展、锦屏山文化内涵充实、街区文化内涵展现、古院落保护和修复、华光楼和火神楼修缮、天宫院风水文化景区建设、滕王阁公园重建、春节文化研究与打造、“本源文化与阆中”研讨、“阆苑仙乐”打造、阆中古城宣传推介等方面做了大量工作。至2015年，阆中市地志办王国成先后撰写了《川北袍哥组织》《川北行会习俗》《宋代官制与三陈职官浅释》《驳三陈籍贯“从南部说”》《阆中县卫戍司令部》《保宁与保宁府》《保宁府名宦祠为何奉祀安丙》《阆州保宁军与安德军》《元初新得、小宁二州初探》《东晋、南北朝时期的巴西郡与北巴西郡》《再探南梁北巴州》《巴西与巴西郡》等12篇学术研究文章，并与杨朝志合撰《再启北宋三陈籍贯之争》刊于《名城研究》年刊上。

【学术活动】 1989年11月14日至17日，蓬安县政府主办，地区地志办、地区地方志协会协办的川东北片第六次方志学术讨论会暨《蓬安县志》稿评议会在蓬安县召开。省地方志编委会副主任曹希之、副编审马国栋参加会议，会议收到《蓬安县志》稿评议文章63篇，提出修改意见1000余条。《四川地方志》1990年第三期特发一组评议专稿作了介绍。

1990年10月30日至11月2日，地区地方志协会牵头，与四川师范学院历史系、地区历史学会在南充果州宾馆联合召开了张澜生平与思想学术讨论会。省政协常务副主席李培根、全国政协文史专员吕光光和张澜的女儿张茂延、张惠延以及省内外专家、学者等63人出席了会议。地委、地区行署主要领导及南充地区民主党派负责人和南充市（县级）、南充县有关领导出席了会议的开幕式、闭幕式。省政协常务副主席李培根在会议开始和结束时作了重要讲话。这次专门研究张澜生平与思想的学术讨论会在全国尚属首次，在全国史学界、理论界引起了强烈反响。会议收到了40篇有一定价值的论文和张澜著述及研究张澜文章的目录索引，掌握了国内张澜学术研究的现状，提高了南充的知名度。

1991年6月26日至29日，西充县政府主办，地区地志办、地区地方志协会承办的川东北地方志第七次学术讨论暨《西充县志》稿评议会在西充县召开。省地方志编纂委员会副主任秦安禄，地委副书记赵培善，地区行署秘书长彭修昌，地区行署办公室副主任、地区地志办主任陈祥超，西充县委书记、县人大常委会主任杨兴普，县长杜培松参加会议并讲话。绵阳、广元、遂宁、达川、巴中、广安等川东北地区7个市26个县的代表参加会议。会议收到《西充县志》稿评议文章50余篇，提出修改意见近千条。

1992年4月2日，是张澜先生诞辰120周年纪念日。1992年3月31日至4月3日，地区地方志协会、四川师范学院历史系、地区历史学会在南充果州宾馆联合召开了全国第二次张澜思想学术讨论会。省政协常务副主席李培根、全国政协文史专员吕光光、张澜先生原秘书沈自强和张澜先生的女儿张茂延、张惠延以及来自全国各地的专家、学者、史志工作者等80余人出席了会议。地委、行署、地区人大工委、地区政协工委、地委宣传部、地委统战部、地区社科联、四川师范学院（西华师范大学）主要领导出席了会议的开幕式和闭幕式。会议收到论文58篇，从不同角度对张澜的政治思想、哲学思想、经济思想、教育思想、文学思想、爱国主义思想、统一战线思想、廉政思想等进行了研究和探讨。与会者认为，纪念张澜先生，缅怀他的历史功绩，研究他的思想，对于弘扬他的革命精神和高尚品德，向广大人民群众进行爱国主义教育、革命传统教育，对于推进社会主义民主政治建设，发展最广泛的爱国统一战线，对于廉政建设，具有非常重要的现实意义。与会代表还参加了南充地区各界群众纪念张澜诞辰120周年大会暨《张澜文集》首发式和张澜纪念室开展剪彩仪式。

1992年11月26日，南充市（县级）政府主办，地区地志办、地区地方志协会协办的四川省第二次市志研讨会暨《南充市志》志稿评议会在南充市召开，来自省内外的124位代表参加会议，会议收到学术论文和志稿评议文章14篇。

2002年11月5日，市地志办主办、市地方志协会协办的川东北地区地方志工作研讨会在南充市召开。省地方志编委会党组书记、副主任秦安禄及绵阳、德阳、广元、遂宁、达川、巴中、广安、南充等川东北地区8个市、23个县代表参加会议。会上，与会人员重点研讨了续修工作。

2007年8月22日至23日，市地志主办、市地方志协会在阆中市召开南充市地方志学术研讨会。市地志办领导以及各县（市、区）地志办主任、县（市、区）志主编及论文作者30余人出席会议。与会人员在会上认真研讨了续修志书人物入志和突出地方特色问题，会议收到论文12篇。论文既有方志理论研讨，又有编纂志书实践经验总结，在总结两轮修志的经验与教训、志书突出地方特色应把握的原则、志书如何突出地方特色、志书人物入志等方面进行了探讨，提出了不少新的见解。

2009年6月12日至13日，市地志办主办，市地方志协会协办的川东北片区地方志工作研讨会在南充召开。省地方志编委会党组书记、副主任秦安禄，党组成员、副主任罗亚夫以及绵阳、德阳、广元、遂宁、达州、巴中、广安、南充等市和44个县（市、区）志办主任、主编70余人参加了会议。与会人员围绕“如何提高志书总纂质量、如何做好年鉴和志书衔接”两个专题，从篇目设计、史实核实、数据考证、审查验收、图片编辑、印刷装帧、年鉴资料性等方面多角度地进行了广泛的研讨交流。

2012年6月14日至15日，市地志办、市地方志协会在南部县召开研讨会。市地志办领导和9个县（市、区）地志办主任、副主任以及《南充掌故》编辑人员等30余人参加了会议。与会人员对《南充掌故》组稿样稿进行了讨论，并就地情资料书籍编撰工作进行了研讨。

【研究成果】 1983年，南充地区和各县（市）地志办相继成立后，地方志工作者在地方志管理、志书编纂、年鉴编辑、地情资源开发利用等方面，勇于探索，善于总结，将工作中的实际做法进行总结提炼，逐步开展了地方志理论和学术研究，形成了较为丰富的研究成果。

1984年，地区卫生局、水电局、交通局等部门一边抓好本部门、本单位的修志，一边配合县（市）地志办抓好县（市）对口部门和直属单位的修志，条块结合，地、县齐抓，有力地推动了部门志编纂工作。地区地志办认真总结他们的做法，在强化地、县（市）块块统一领导修志工作的同时，注意发挥地区职能部门的条条指导作用，提炼出了“上下结合、条块结合”抓修志的经验，在全地区推广。

1986年，地区地志办倡导修志实践与理论研究同步进行，要求广大修志工作者在修志过程中积极撰写论文。地区地志办先后召开了3次志稿编纂研讨会和方志论文撰写讨论会，对志稿的整体性、科学性及总纂问题分别进行了研讨。全区修志工作者共撰写论文60余篇，被国家、省、地报刊和会议选用50余篇。地区地方志编纂工作领导小组副组长兼地区地志办主任陈祥超撰写的论文《浅谈经济综述》被省志协选为1986年年会论文。年会上，南充地区入选论文9篇，占年会入选论文总数的1/8。是年，南充地区召开规模较大的志稿评议会38次。其中，地区地志办召开2次、地级部门召开13次、县（市）政府主持召开23次。与会人员认真审读志稿，认真准备评议稿，在评议会上对志稿进行评议，从理论上、实践上推动了修志工作顺利开展。

营山县在第一轮《营山县志》编纂期间，营山县委常委会4次听取修志工作专题汇报，对工作中涉及的班子组建、篇目审定、志稿审核、出版发行、读志用志等问题作出决定；县人大常委会召开专门会议听取县志编委会和县志办工作汇报，对修志工作作出决议，每年县人代会的政府工作报告都把地方志工作列为政府的一项任务；县政府作为修志主管，县长办公会多次研究修志工作，及时解决工作中的重大问题；县政协多次召集社会各界有关人士召开修志座谈会，为修志工作提出好的建议意见。地区地志办对营山县修志工作中逐步形成四大家齐抓共管的工作格局进行了调研，总结形成了“党委领导、人大决议、政府主管、政协支持”的营山经验，在南充大力推广，取得了很好的成效。省志编委领导肯定了这条经验，并在全省推广。

1987年，全区部分县（市）志进入审查阶段。如何开展志书审查，这是一个新课题。地区地志办在对《营山县志》《仪陇县志》审查验收探索实践的基础上，总结出了“五审定稿、分级把关”的审查验收办法。严格实行地区地方志编纂领导小组、县（市）党委政府、志书编委会分级负责把关，五审定稿（初审、联审、会审、通审、终审）进行审查验收。南充总结的“五审定稿、分级把关”的志书审查经验得到省地方志编委会的肯定与好评。

1989年4月，地区志协成立后，组织广大地方志工作者开展地方志理论研究。地区地志办、地区志协组织召开了“众手成志、一只手完成”、政治部类志稿撰写、社会主义初级阶段理论与新编地方志的关系等多个专题研讨会，形成了研讨理论文章。至1993年，全区地方志工作者撰写的论文和志稿评议文章，在全国和省级刊物上发表100余篇。其中，《营山县志》主编李定国在《宁夏史志》上连载了6篇文章；《南充地区交通志》副主编徐方强在省级以上刊物发表了有关方志学、逻辑学等方面的论文10余篇；地区行署办副主任、地区地志办主任陈祥超撰写的论文《编史修志要保守党和国家机密》在《四川地方志》上发表；地区地志办副主任文崇周撰写的论文《提高政治部类质量的反思》和《党群志要写好县市常委会》在《四川地方志》和《史志文萃》上发表。《蓬安县志》主编邓郁章、《西充县志》主编李仲华、顺庆区地志办主编潘大德、阆中市杨林由、南部县地志办史今律等人也在全国、省级以上地方志刊物发表了论文（文章）。同时，地区地志办先后创办了《南充史志》《南充今古》《南充市情研究》《南充地方志通讯》等刊物，作为交流修志工作经验、提供学术研究阵地的平台。地区地志办与南充市（县级）地志办承办了四川省卫生志稿评议研讨会，与蓬安县地志办、西充县地志办分别承办了川东北片区地方志学术研讨会等，广泛与全省地方志工作者交流地方志工作经验。营山县地志办在完成《营山县志》（1989年版）编纂工作后，组织编写了《营山县志编纂工作经验集》，从理论和实践上对《营山县志》编纂工作进行了全面系统地总结。

1993年，南充地区第一轮修志任务全面完成，地方志工作重点转向综合年鉴编辑。至2003年，南充地方志理论研究工作基本处于停滞状态。

2003年，南充第二轮修志全面展开，方志理论研究工作又逐渐开展。在总结借鉴第一轮修志组织管理经验基础上，提炼出了市级志书编纂实行“三级负责制”、县（市、区）志编纂实行“部门（单位）、地志办（总编室）、县政府复审、市政府终审验收”的组织管理办法。2007年8月22日至23日，南充市地方志学术研讨会在阆中市召开，市地志办领导及各县（市、区）地志办主任、县（市、区）志主编及论文作者30余人出席会议。与会人员专题研讨了续修志书人物入志和突出地方特色的问题，会议收到论文12篇。这些论文既有方志理论研讨，又有志书编纂的实践经验总结，在总结第一轮轮修志的经验与教训、志书突出地方特色应把握的原则、志书如何突出地方特色、志书人物入志若干问题探讨等方面提出了不少新的观点和见解。

2008年，市地志办、市地方志协会举办了县（市、区）志和市级部门志主编50余人参加的研讨会，对志书大事记、志书篇目设置等进行了专题研讨。是年8月，市地志办认真总结第一轮志书审查验收和第二轮《营山县志》《仪陇县志》审查验收的做法和经验，开展了志书审查验收课题研究，成立了南充市地方志书审查验收学术委员会，制定了《南充市地方志书审查验收办法（试行）》，明确了各级政府、地志办志书审查的职责，规范了地方志书审查验收的组成人员和审查程序，建立了地方政府领导与专家学者、地方志工作者相结合的审查验收机制，采取初审、复审评议、终审验收的“三审制”和政府审定批准出版的办法，严格各级各类地方志书审查验收工作。市地志办主任夏建平撰写了《规范地方志书审查验收，确保地方志书编纂质量》的论文，在四川省市县志主编培训研讨班和第六届中国中心城市地方志交流暨西部城市地方志编修研讨会上交流。仪陇县地志办主任伍正荣在四川省市县志主编培训研讨班就突出志书地方特色作了《浅谈续志中的时代特点与地方特色》经验交流。

2009年，川东北片区地方志工作研讨会在南充召开，与会人员围绕“如何提高志书总纂质量、如何做好年鉴和志书衔接”两个专题交流了经验。市地志办主任夏建平在四川省地方志理论研讨会上作了《强化质量管理，力出精品志书》的经验交流，文章被《巴蜀史志》2009年第6期刊载。2012年，市地志办向市科学技术和知识产权局申报了《川北区政权建设研究》研究课题，被批准并获得资助科研经费5万元。研究成果被《川北区志》编纂吸收采用。

2012年至2015年，地方志理论研究不仅仅局限于志书编纂方面，还拓宽研究领域，在地方志工作管理、队伍建设、年鉴编辑、地情资源开发利用、地方志服务经济社会发展等方面形成了一批有参考借鉴作用的研究成果。阆中市地志办主任杨朝志撰写的《对开发利用地方志资源的思考》、市地志办副调研员于明等人撰写的《浅谈湖广填四川》、市地志办主任夏建平撰写的《拓宽领域，依法修志，奋力推进地方志事业持续科学发展》《切实加强领导班子思想政治建设，全面提升地方志事业科学发展能力》、顺庆区地志办卿远明撰写的《谯周与谯氏家族的文化影响》等研究论文（文章）等在市级以上刊物发表或研讨会上交流。

南充市（地区）方志理论研究论文、调研报告、经验文章一览表

（1986 年至 2015 年）

单位	论文、调研报告、经验文章名称	作者	发表的刊物或会议名称	发表（交流）时间	备注
南充市（地区）地志办	《浅谈经济综述》	陈祥超	四川省地方志理论研讨会	1986.09	—
	立足三新，体现三性 ——用新观点、新资料编修地理志	吕陌阶、谢敏堂	四川省地方志理论研讨会	1986.09	—
	经济志中必须反映经济体制变化	蒲心茹	四川省地方志理论研讨会	1986.09	—
	精辟的论述，光辉的榜样	吕陌阶	《南充古今》1987 年第 1 期	1987.03	—
	《社会志》质疑	陈吕勇	《四川地方志通讯》1987 年第 4 期	1987.07	—
	《提高政治部类质量的反思》	文崇周	《四川地方志》1987 年第 5 期	1987.07	—
	《社会志》质疑	陈吕勇	《江西方志》1987 年第 4 期	1987.09	—
	试谈在县志中设社会志的否定	陈吕勇	《重庆地方志》1988 年第 1 期	1988.03	—
	小议志书的语言	陈吕勇	《四川地方志》1988 年第 5 期	1988.09	—
	修好地理志，反映当代科学水平	杨林由、吕陌阶	《广西地方志》1989 年第 1 期	1989.03	摘录
	对资料工作的反思与设想	陈吕勇	《四川地方志》1989 年第 3 期	1989.05	—
	大商业志编写刍议	蒲心茹、孔和森	《云南地方志》1988 年第 3 期	1988.07	—
	《党群志要写好县市常委会》	文崇周	《史志文萃》1989 年第 3 期	1989.07	—
	地方志与爱国主义	蔡白坚	南充地区 1989 年理论研讨会	1989.12	—
	编纂志书要保守党和国家的机密	陈祥超	《四川地方志》1990 年第 6 期	1990.07	—
	南充修志英雄多	陈祥超	《巴蜀史志》1993 年第 2 期	1993.05	—
	精品意识的体现——《南充邮电志》简评	于　明	《巴蜀史志》1997 年第 6 期	1997.12	—
	关于重庆市加快经济发展的有关情况调查	蒲俊锠、于　明等	《南充调研》1998 年第 2 期	1998.03	合著
	与时俱进——历尽桑海始终列前茅	蔡白坚	张澜生平与思想研讨会	1990.10	—
	对编写社会风俗志的思考	陈吕勇	《广元方志》1990 年第 2 期	1990.12	—
	志苑又一奇葩	于　明、周　青	《南充蚕业》1991 年第 1 期	1991.03	—

续表

单位	论文、调研报告、经验文章名称	作者	发表的刊物或会议名称	发表（交流）时间	备注
南充市（地区）地志办	加强南渝经济联系研究报告	蒲俊　、于　明等	《南充发展研究》1998年第6期	1998.11	合著
	做强做大南充医药制造业的建议	吴兴口、于　明	《南充统计资料》第25期	2008.09	—
	张澜经济思想初探	陈祥超	张澜思想学术讨论会	1992.04	—
	规范地方志书审查验收　确保地方志书编纂质量	夏建平	第六届全国中心城市地方志工作交流会暨第四届中国西部城市方志编修研讨会	2008.10	—
	强化质量管理，力出精品志书	夏建平	《巴蜀史志》2009年第6期	2009.12	—
	精心修志，服务发展，奋力开创南充地方志工作新局面	夏建平	全省地方志工作会议	2010.02	—
	围绕中心，突出主题　确保“十二五”地方志工作开好局起好步	夏建平	全省市州志办主任学习会	2011.07	—
	各方参与，众手成志　全力将《南充市志》编纂成精品良志	夏建平	《南充市志》编纂工作总结表彰暨首发式会议	2012.04	—
	拓宽领域，依法修志　奋力推进地方志事业持续科学发展	夏建平	全省地方志工作会议	2013.01	—
	深入贯彻实施《条例》　推动地方志事业全面发展	夏建平	《巴蜀史志》2013年第6期	2014.01	—
	关于湖广填四川的四句大实话	苟明奇、于　明等	《四川省情》2014年第5期	2014.05	合著
	“湖广填四川”四论	吴兴中、于　明等	《西华师范大学学报》（哲社版）2014年增刊	2014.06	合著
	浅谈湖广填四川	苟明奇、于　明等	《巴蜀史志》2014年第5期	2014.10	合著
	求真务实，开拓创新　奋力推进地方志事业科学持续发展	夏建平	全省第八次地方志工作会议	2015.03	—
	切实加强领导班子思想政治建设，全面提升地方志事业科学发展能力	夏建平	省地方志工作办公室中心组（扩大）既市（州）志办主任学习会	2015.04	—

续表

单位	论文、调研报告、经验文章名称	作者	发表的刊物或会议名称	发表（交流）时间	备注
顺庆区地志办	试评《营山县二轻工业志》稿	冯秉杰	《南充史志》1985 年第 3 期	1985.06	—
	关于志书的选材	卿远明、田一农	南充市志编辑人员培训班发言	1987.03	—
	编修人物篇的一次尝试	潘大德	《巴蜀史志》 1996 年第 6 期	1996.12	—
	说说《顺庆年鉴》的地方特色	冯　瑛	《巴蜀史志》 1996 年第 6 期	1996.12	—
	编修县级地方年鉴大有必要	谢模建	《巴蜀史志》 1996 年第 6 期	1996 12	—
	对风俗志的几点思考	卿远明	《涪陵方志》 1991 年第 2 期	1991.12	—
	城市风俗志初探	卿远明	《涪陵方志》 1993 年第 1 期	1993.06	—
	年鉴要在实字上下功夫	卿远明	《巴蜀史志》 1996 年第 6 期	1996.12	—
	为发展地方经济服务的几点想法	潘大德	《南充市情研究》1998 年年刊	1998.12	—
顺庆区地志办	教以安民——孔子的治理之道	潘大德	孔子思想与当代社会学术研讨会	1999.07	—
	半个世纪的回眸——服饰与心灵的碰撞	卿远明	《南充日报》 2000.3.10	2000.03	—
	地方志工作者角色定位初探	卿远明	四川省地方志理论研讨会 《巴蜀史志》	2010.08	—
	顺庆区志完成后的新探索	冯　瑛	川东北地区地方志学术讨论会	2010.09	—
	谯周与谯氏家族的文化影响	卿远明	嘉陵江文化与区域发展学术研讨会	2012 .08	—
	顺庆修志八百年	卿远明	《南充日报》 2000.6.14	2000.06	—
	从编修实例，谈突出地方特色与篇目升格的关系	卿远明	四川省地方志理论研讨会	2007.09	—
高坪区地志办	《西充县卫生志》（稿）读后感	王时浩	四川省卫生志稿评议会	1986.04	—
	《庞鉴周传》	甘信民	《南充古今》1987 年第 1 期	1987.03	—
	《谈谈英雄人物立传问题》	甘信民	《江西史志》1987 年第 3 期	1987.07	—
	张澜先生教育思想初探	彭世福、李志广	张澜生平与思想学术讨论会	1990.10	—
	张澜民主爱国思想初探	杨秀珍	张澜思想学术讨论会	1992.04	—

续表

单位	论文、调研报告、经验文章名称	作者	发表的刊物或会议名称	发表（交流）时间	备注
阆中市地志办	写交通志所走过的弯路	马金生	《南充地方志通讯》86 年第 5 期	1986.08	—
	陆游过广果阆诗词注	杨林庄	《南充今古》1987 年第 3 期	1987.03	—
	汉桓侯张飞墓考辨	戴哲氏	《南充今古》1988 年第 1、2 期合编	1988.08	—
	玉台山畔滕王阁	阆中县地志办	《南充地方志通讯》（1984 年第 12 月）	1984.12	—
	《北宋三陈籍贯小考》辨	杨林由	《四川地方志通讯》1985 年 11 月	1985.11	—
	北宋三陈世系初考	杨林曰	《四川地方志通讯》1985 年 11 月	1985.11	—
	《提督川陕总兵关防》初考	杨林由	《南充今古》1988 年第 1、2 期合编	1988.08	—
	“老骥”的心愿—记《阆中县志》主编戴哲民	阆中市志办	《南充今古》1988 年第 1、2 期合编	1988.08	—
	《阆中县志》与阆中地方特色	阆中市地志办	《巴蜀史志》1994 年第 2 期	1994.05	—
	阆中商品住宅楼的喜与忧	李俊杰、苟兴伟	1998 年《南充市情研究》	1998.12	—
	当前工业企业存在的问题、成因及对策	张荣生、李俊杰、王国成	1998 年《南充市情研究》	1998.12	—
	续修志书如何突出地方特色之浅见	王国成	四川省地方志理论研讨会	2007.09	—
	年鉴与志书接轨的思考	杨朝志	川东北地方志理论研讨会	2009.06	—
	对开发利用地方志资源的思考	杨朝志	川东北地方志理论研讨会上	2012.11	—
南部县地志办	南部立佛	史今律	《旅游天府》1984 年第 5 期	1984.11	—
	三陈诗译注前言	史今律、郭万邦	《绵阳师专学报》1989 年第 1 期	1989.03	—
	贵约，贵新，贵深	史今律、李勤员	《重庆地方志》1991 年第 4 期	1991.09	—
	略论县志概述	史今律、李勤员	《陕西地方志通讯》1991 年第 5 期	1991.11	—
	政权志撰写初探	曾海清	《重庆地方志》1988 年第 1 期	1988.03	—
	职官表编写刍议	曾海清	《方志研究》1988 年第 2 期	1988.03	—
	画怪席德进	史今律	《南充今古》1988 年第 1、2 期	1988.08	—
	贵约，贵新，贵深	史今律、李勤员	《方志研究》1992 年第 1 期	1992.03	—
	漫谈南充市志总述	史今律、李勤员	《巴蜀史志》1994 年第 5 期	1994.11	—
	济源寻古	史今律	《中州今古》1998 年第 6 期	1998.12	—

续表

单位	论文、调研报告、经验文章名称	作者	发表的刊物或会议名称	发表（交流）时间	备注
西充县地志办	谈县志人物的立传问题	李仲华	《新方志问题研究》（论文集）	1986.03	—
	鲜英和他的民主之家	李仲华	《南充史志》1986 年第 1 期	1986.03	—
	新方志与社会主义精神文明建设	李仲华	《四川地方志通讯》1987 年第 5 期	1987.11	—
	实事求是编写人物志的重要原则	李仲华	《中国地方志》1987 年第 6 期	1987.12	—
	在大事记中所选“大事”的标准	李仲华、蒲生恕	《四川地方志通讯》1986 年第 3 期	1986.07	—
	西充县志总纂的方法与步骤	李仲华	《全国方志报刊辑要》1986 年第 7 辑	1986.07	—
	关于新志的表达	李仲华	《绵阳师专学报》1986 年第 1 期	1986.03	—
	社会志的名称与论述内容管见	何德裕	《中国地方志》1987 年第 5 期	1987.11	—
	分志编写问题之我见	崔渭阳	《四川地方志通讯》1987 年第 1 期	1987.03	—
	张献忠究竟在何处殉难	李仲华	《四川日报》	1985.11	—
	县志总纂的方法与步骤	李仲华、崔渭阳	《方志研究》1987 年第 2 期	1987.03	—
	杨仁叔事略	李仲华	《重庆市中区史志》1987 年第 2 期	1987.03	—
	千方百计争取领导的重视和支持	李仲华、蒲生恕	《四川地方志通讯》1987 年第 2 期	1987.05	—
	新方志与社会主义精神文明建设	李仲华	《四川地方志通讯》1987 年第 5 期	1987.06	—
	试论县志编纂的方法与步骤	李仲华	《四川地方志论文选》（第一集）	1987.06	—
	浅谈社会志的名称与内容	何德裕	《方志研究》1987 年第 3 期	1987.07	—
	于江震传略	崔谓阳	《四川党史研究资料》1987 年第 9 期	1987.10	—
	教育志如何反映教育规律	何德裕	中国教育史志学术讨论会暨第一届年会	1987.10	—
	方志人物传的文体浅探	崔渭阳	四川省地方志第三次学术讨论会	1987.12	—
	历史上的四位西充籍宰相	李仲华	《南充日报》	1987.08	—
	修志随想	李仲华	《四川志方志通讯》1987 年第 4 期	1987.09	—
	血浇山城红千里——杨仁叔事略	李仲华	《四川党史研究资料》1987 年第 9 期	1987.10	—
	人物传与传记文学	崔渭阳	《重庆地方志》1987 年第 6 期	1987.12	—
	认真抓好队伍建设，提高县志质量	李仲华	四川省地市州志办主任会议	1988.03.	—
	浅谈如何提高年鉴与志书的对接关系	张正鸿	川东北片区地方志研讨会	2009.06	—

续表

单位	论文、调研报告、经验文章名称	作者	发表的刊物或会议名称	发表（交流）时间	备注
仪陇县地志办	仪陇县建置沿革初考	李传元	《南充地方志通讯》1984 年第 6 期	1984.12	—
	浅议志书因事系人	刘增耀	《四川地方志通讯》1989 年第 3 期	1989.07	—
	朱德元帅对待亲属	罗定直	《史志文萃》1992 年第 5 期	1992.11	—
	县志稿发排前的自查校审体会	刘增耀	《巴蜀史志》1993 年第 2 期	1993.03	—
	革命烈士席懋昭	罗定直	《四川地方志通讯》1985 年第 2 期	1985.05	—
	朱德同志的书信和题词	罗定直	《四川地方志通讯》1984 年第 5 期	1985.11	—
	胡耀邦同志在川北工作的二三事	罗定直	《南充史志》1985 年第 5 期	1985.11	—
	浅议志书因事系人	刘增耀	《四川地方志通讯》1989 年第 3 期	1989.07	—
营山县地志办	浅谈营山县志大事记的编写	杨本荣	《河北地方志》1988 年第 1 期	1988.03	—
	县志主编工作纵横谈	李定国	《四川省新方志论文选集》	1988.02	—
	关于志书照片的设计	杨本荣	《方志天地》1988 年第 1 期	1988.03	—
	对五年修志实践的思考	李定国	《方志研究》1988 年第 3 期	1988.07	—
	浅谈提高志书质量的几个问题	杨本荣	《河南史志》1988 年第 4 期	1988.12	—
	把握主线　体现主题　突出主体	李定国	《宁夏史志研究》1991 年第 1 期	1991.03	—
	通过城镇建设反映社会进步	易新对	《江西方志》1991 年第 1 期	1991.03	—
	主编的执着追求——县志整体质量	李定国	《宁夏史志研究》1991 年第 5 期	1991.11	—
	志书的价值贵在经世致用——对新编《营山县志》服务现实的调查	邓淑清	《中国地方志》1993 年第 4 期	1993.9	—
	十年辛苦十年乐——对我县修志十年的回顾思考	邓淑清	《中国地方志》1994 年第 1 期	1994.3	—
	抓住关键环节，修好《营山县志》	萧志成	《巴蜀史志》2005 年第 5 期	2005.11	—
	志书中的“以事系人”	李定国	《宁夏史志研究》1991 年第 6 期	1991.12	—
	县志“概述”三议	李定国	《宁夏史志研究》1992 年第 3 期	1992.7	—

续表

单位	论文、调研报告、经验文章名称	作者	发表的刊物或会议名称	发表（交流）时间	备注
蓬安县地志办	论述与记述	邓郁章	《方志研究》1987 年第 3 期	1987.4	—
	浅谈县志人物志中几个没有讨论的问题	邓郁章	四川省人物志讨论会	1987.12	—
	浅议《营山县志》教科卫诸篇的篇目	邓郁章	《志稿评议文选》（四川省地方志编委会编）	1987.12	—
	人物志的层次分几个好	邓郁章	《广西地志办》1988 年第 2 期	1988.5	—
	县志分志交叉的种类及处理方法	邓郁章	《河南史志》1989 年第 1 期	1989.3	—
	略论编写政权志的几个问题	邓郁章	《四川地方志》1989 年第 3 期	1989.7	—
	谈县志人口志的篇目设计及编写	邓郁章	《史志文萃》1989 年第 5 期	1989.11	—
	浅谈县志中管理的记述	邓郁章	《四川地方志》1988 年第 4 期	1988.9	—
	关于仪陇县文化类诸志的编写	邓郁章	川东北第五次方志学术讨论会	1988.10	—
	“乡镇企业志”编写两议	邓郁章、陈应济	《方志研究》1988 年第 6 期	1988.12	—
	政法志编写三议	邓郁章	《方志研究》1990 年第 1 期	1990.3	—
	一本指导总纂修改的好书	邓郁章	《方志研究》1990 年第 3 期	1990.3	—
	浅谈专志的记述	邓郁章	《南充史志》1986 年第 3 期	1986.10	—
	新蓬安县志初稿简介	邓郁章	《四川地方志》1990 年第 3 期	1990.7	—
	县志各组成部分的标名及编次小议	邓郁章	《方志研究》1991 年第 4 期	1991.9	—
	纲目的层次划分和条目的论述——读《南部县志·畜牧蚕桑》（稿）	邓郁章	《重庆地方志》1991 年第 6 期	1991.11	—
	姚莹与王环书院	邓郁章	《巴蜀史志》1992 年第 1 期	1992.1	—
	一篇可资借鉴的好概述	邓郁章	《方志研究》1992 年第 4 期	1992.9	—

续表

单位	论文、调研报告、经验文章名称	作者	发表的刊物或会议名称	发表（交流）时间	备注
蓬安县地志办	姚莹在蓬州的诗歌	邓郁章	《巴蜀史志》1993 年第 2 期	1993.2	—
	莲池县治考辨	邓郁章	《巴蜀史志》1993 年第 5 期	1993.11	—
	司马相如与蓬安县	邓郁章	《巴蜀史志》1994 年第 4 期	1994.4	—
	俏也不争春——读《南充市志 教育志》	邓郁章	《巴蜀史志》1994 年第 5 期	1994.11	—
	王培荀“司马相如实今之蓬州人”说考论	邓郁章	《四川师范学院学报》文科版 2000 年第 3 期	2000.3	—

说明：收入地方志理论研究论文、调研报告、会议交流文章，均属在市（地区）级以上刊物发表或理论研讨会、志稿评议会、工作会上交流的文章。

地方志工作管理

Work Management of Local Records

清代和民国时期，南充部分县设有县文献委员会或修志局，编修志书时组织人员进行编修。20世纪80年代初，全国第一轮修志工作启动后，南充地区及所辖各县（市）成立了地方志编纂工作领导小组及办公室，配备专职人员从事地方志工作。至2015年，南充各级党委、政府高度重视地方志工作，明确各级政府分管地方志工作领导，通过制定法规文件、编制发展规划、开展指导督查和加强制度建设、队伍建设、基础设施建设等途径，切实加强地方志工作管理。

【领导体制】 1980年，国务院指示各地“编史修志，为历史研究服务”。1981年，四川省地方志编纂委员会及办公室恢复成立。是年，阆中县成立县志编修筹备委员会，由县政协代管。之后，改为县志编修委员会，为县委议事协调机构，县委书记任委员会主任，县委、人大、政府、政协领导和县级主要单位负责同志21人组成编修委员会，负责修志工作的组织协调，委员会下设办公室，为非常设工作机构，具体负责修志工作。1982年，南部县、西充县、南充县成立了县志编纂筹备委员会，由县委副书记或县委常委、常务副县长任主任。

1983年3月，南充地委、地区行署根据省委、省政府关于“各级地方志编纂委员应当是当地政府直接领导下的常设机构”精神，研究成立了南充地区地方志编纂工作领导小组，为地区行署议事协调机构，受地委、地区行署的领导，行署常务副专员担任领导小组组长。领导小组下设办公室（简称“地区地志办”），具体负责全区地方志编纂工作。其后，各县（市）在较短时间内相继成立了县志编纂委员会及办公室，受同级党委、政府领导，地志办为政府常设机构，编委会主任均由政府主要领导担任，大多数县（市）委常委、常务副县（市）长分管地方志工作。修志工作在同级党委领导下，由政府主持。1984年年初，南充地区地级机关机构改革，南充地委、地区行署和各县（市、区）党委、政府根据省编委、省财政厅、省志编委《各级地方志编纂委员会编制和经费的通知》精神，将地区地志办列为行署直属常设办事机构，为正局级（正县级）事业单位，确定了编制人数、领导职数，各县（市、区）也将地志办列为政府直属正科级事业单位，确定了人员编制、领导职数。各级政府落实了地方志工作主管领导，地区地方志工作由行署常务副专员郭光杰主管，3个县（市）由县（市）常委、常务副县（市）长主管，其余县（市）由分管教科文卫工作的副县（市）长主管。党委确定1名副书记联系地方志工作，人大常委会、政协分管文教卫生工作的副主任、副主席联系地方志工作。1989年，地委、行署将南充地区地方志编纂工作领导小组更名为南充地区地方志编审委员会，地区行署副专员黄德益任主任。至1993年7月，南充地方志工作在地区地方志编纂工作领导小组（地方志编审委员会）和县（市）志编委会领导下，组织开展地方志工作。

1993年7月，南充地区被撤销，建立地级南充市。南充市（县级）、南充县建置撤销，新设立顺庆区、高坪区、嘉陵区。撤地建市后，南充地区地方志编审委员会自行撤销。南充市（县级）地志办更名为顺庆区地志办，南充县地志办更名为高坪区地志办，嘉陵区成立了嘉陵区地志办。1994年1月，南充地区地志办更名为南充市地志办。

1994年10月，南充市政府成立了南充年鉴编辑委员会，市委书记李正培、市人大常委会主任李慎宽、市政协主席赵培善、原地委书记康咸熙、原省人大南充地区工委主任冯希尧、原省政协南充地区工委副主任郭光杰任顾问，市长向阳任主任，市委常委、常务副市长分管，负责组织领导全市年鉴编辑工作。设立了南充年鉴编辑部，与市地志办编审科合署办公，具体承办《南充年鉴》编辑工作。各县（市、区）也相继更名或成立了年鉴编辑委员会及年鉴编辑部，县（市、区）书记、人大常委会主任、政协主席任顾问，县（市、区）长任编委会主任，大多数县（市、区）由常务副县（市、区）长分管。2002年，南充市委、市政府决定编纂《南充市志》，成立南充市志编纂委员会。市委书记黄顺福、市人大常委会主任李慎宽、市政协主席蒲显福任顾问，市长杜光辉任主任，市委常委、常务副市长伏文超，市委常委、市委秘书长蒋辅义，市政府秘书长陈自立任副主任。各县（市、区）相应成立了县（市、区）志编纂委员会，县委书记、县人大常委会主任、县政协主席任顾问，县（市、区）长任主任，县（市、区）委常委、常务副县（市、区）长和分管副县（市、区）长为副主任。至2012年12月，南充年鉴编辑委员会、南充市志编纂委员会组成人员和成员单位随着领导职务变化、单位机构变更调整，自行进行调整。

2012年12月，市政府对常设机构进行清理规范，取消了南充市志编纂委员会和南充年鉴编辑委员会，成立了南充市地方志编纂委员会，为市政府常设机构，市长任主任，分管副市长、市政府秘书长和市地志办主任任副主任，负责统筹、领导和管理全市地方志工作。各县（市、区）相应撤销了原议事协调机构，统一成立了地方志编纂委员会，为县（市、区）政府常设机构，县（市、区）长任主任，分管副县（市、区）长任副主任。至2015年，南充市及9个县（市、区）地方志工作均由地方志编纂委员会领导，地方志机构（地志办）负责组织实施，做到了“一纳入、八到位”（将地方志工作纳入国民经济和社会发展规划、各级政府工作任务，做到认识、领导、机构、编制、经费、设施、规划、工作到位），形成了“党委领导，政府主持，人大、政协支持，地方志机构组织实施”的工作体制，负责组织领导全市地方志工作。

【法规文件】 市（地区）、县（市、区）地方志工作认真贯彻落实国务院《地方志工作条例》《四川省地方志工作条例》和省委办、省政府办《关于进一步加强和改进新形势下地方志工作的意见》等重要法规文件精神，依法加强地方志工作管理，加强地方志工作执法检查。2015年，市委办、市政府办出台了《关于进一步加强新形势下地方志工作的意见》文件，对做好新形势下南充地方志工作提出了新的要求。

地方志行政法规贯彻执行 《地方志工作条例》《四川省地方志工作条例》《〈四川省地方志工作条例〉实施办法》以及四川省新修订的《四川省地方志工作条例》（统一简称为《条例》）颁布实施后，南充市采取将《条例》编印成册印发各级领导和单位、在市级报刊转载、召开学习讨论座谈会等形式，广泛宣传《条例》的重要意义和主要内容。大力开展《条例》贯彻实施情况的专题检查，依法保障地方志工作的有效开展，营造地方志工作的良好氛围。

2003年7月24日，四川省第十届人民代表大会常务委员会第四次会议通过《四川省地方志工作条例》，于2003年10月1日起施行。《条例》颁布施行后，南充市各级党政机关、社会团体、企事业单位认真学习宣传、贯彻落实《条例》。市地志办和各县（市、区）地志办组织全体修志人员认真学习《条例》原文，深刻领会《条例》精神。南充广播电台、南充电视台、《南充日报》等新闻媒体大力宣传《条例》的主要内容和重要意义。市地志办将《条例》印发市级各部门，各县（市、区）在政府门口挂横幅标语，设立宣传站宣传《条例》，将《条例》印发给各部门、单位和乡镇。顺庆区政协委员视察《条例》宣传贯彻落实情况，依法推动《条例》贯彻落实和地方志工作。蓬安县政府办发出要求各级各单位认真学习《条例》，严格坚持依法修志，确保续修县志按时、按质、按量完成修志任务。西充县依法将修志工作纳入政府目标考核，县目标督查办对全县各级各部门修志工作进行年度考核。2004年9

月，全市地方志工作会召开，市委常委、市政府常务副市长蒋辅义要求各级政府、各级部门按照《条例》规定和要求，认真履行法定职责，规范修志行为，严格依法修志；各级地方志办公室是同级政府负责修志的业务主管部门，是《条例》执法主体，必须切实加强地方志工作管理，依法开展执法检查。是月，市政府法制办、市地志办印发《关于认真学习贯彻〈条例〉，依法搞好南充地方志工作的通知》。

2006年5月18日，国务院总理温家宝签署中华人民共和国国务院第467号令，公布《地方志工作条例》，自发布之日起施行。《地方志工作条例》以法规形式，为地方志事业发展提供了法律保障。国务院《地方志工作条例》公布后，市政府要求各级政府、各级部门、社会各界及解放军、武警部队、中央、省驻南充单位等认真学习贯彻《地方志工作条例》，深刻认识《地方志工作条例》重大意义，依法将地方志工作纳入各地经济和社会发展规划，依法将地方志工作经费列入各级政府财政预算，依法加强地方志编纂，依法加强地方志工作管理，依法加强地方志执法检查。市地志办和各县（市、区）地志办组织修志人员学习讨论《地方志工作条例》，深刻领会精神，透彻把握实质；组织市级有关部门、县（市、区）地志办负责人及部分修志专家学者召开了贯彻学习《地方志工作条例》座谈会。充分利用广播、电视、网站、报刊，广泛宣传《地方志工作条例》的主要内容和重要意义。2007年11月13日，四川省省长蒋巨峰签署四川省人民政府第218号令，发布《〈四川省地方志工作条例〉实施办法》，自2008年1月1日起施行。市政府要求各地认真宣传学习《〈四川省志方志工作条例〉实施办法》，抓好贯彻落实。2010年，市政协学习文史委全体委员30余人专题听取了《南充市志（1707—2003）》编纂情况和两个《条例》贯彻落实情况。2012年4月，省地方志编委会党组书记、副主任马小彬到南充检查工作，对南充两个《条例》贯彻执行情况和南充市、县（市、区）两级地方志机构建设、人员队伍建设、地方工作经费和工作条件及环境等方面进行调研。2013年2月，省地方志编委会副主任罗亚夫、副巡视员汪毅、市县志处处长邓瑜和省政府法制办政法文教法制处处长陈标到南充专题调研两个《条例》的贯彻执行情况和新修订《四川省地方志工作条例》的立法工作。

2013年11月28日，四川省第十二届人民代表大会常务委员会第六次会议通过、公布了新修订的《四川省地方志工作条例》，自2014年1月1日起施行。为学习贯彻好新修订的《四川省地方志工作条例》，市地志办将修订的《四川省地方志工作条例》印成册，分别送给市、县领导和各单位负责人、全市地方志系统干部职工，组织全市地方志系统干部职工进行学习讨论，组织召开了市人大教科文卫委、市政协文史委和市级相关部门负责人贯彻学习《条例》座谈会。2014年1月，市地志办夏建平在省人大教科文委组织召开的《四川省地方志工作条例》颁布10周年暨新修订《四川省地方志工作条例》颁布实施座谈会上作了《深入贯彻实施〈条例〉，推动地方志事业全面发展》的经验发言。2015年6月，省地方志编委会党组成员、机关党委书记王孝平到南充检查地方志工作。市政府副市长单木真就南充市近年来贯彻实施两个《条例》，营造地方志发展环境，增大投入强化保障，筑牢地方志工作基础，拓宽工作领域，促进地方志事业全面发展等情况作了全面汇报。检查组听取南充工作汇报后，对南充地方志工作给予了充分的肯定，特别是各级政府依法高度重视地方志工作机构、队伍建设和地方志工作经费保障条件改善等方面特色突出，对南充进一步推进依法修志，建立一套完善的法规体系，推动工作从行政手段向法治手段转变等方面提出了意见和建议。是年10月，市政协委员专项视察了地方志工作，市地志办主任夏建平就近5年来全市地方志工作制定实施“十二五”规划、贯彻落实《地方志工作条例》、营造良好发展环境、积极编纂地方志书、规范编辑综合年鉴、开发地情资源服务发展、旧志整理有序开展、方志理论研究初见成果、队伍建设不断加强、工作条件不断改善等10个方面所做的工作和取得的成绩向委员们作了全面的汇报。委员们听取汇报后称赞全市各级领导高度重视地方志工作，在人员、经费、编制等方面提供了保障，充分肯定了全市地方志工作积极主动作为、服务南充经济社会发展等方面所取得的成绩。

地方志工作重要文件　南充市认真贯彻落实国务院、中指组和省委省政府、省地方志编委会关于加强地方志工作的文件精神，结合南充实际，制定印发了有关地方志工作机构成立、地方志工作管理、地方志事业发展、地方志工作先进表彰等系列重要文件，保障南充地方志工作有序开展。

1983年3月5日，地区行署印发《关于成立地区地方志编纂工作领导小组和办事机构的通知》，南充地区地方志编纂工作领导小组及地方志办公室成立。

1984年1月7日，中共南充地委印发《关于南充地区地方志编纂工作领导小组及办公室领导干部任职的通知》，明确南充地区地方志编纂工作领导小组办公室为地区行署常设办事机构，属局级（正县级）单位，日常工作由地区行署办公室代管。

1988年4月30日，地区行署办印发《批转地区地方志办公室〈关于搞好全区地方志工作的意见〉的通知》，指出修志是各级政府的一项重要工作，要纳入政府的议事日程和目标管理，要进一步加强领导，要认真抓好队伍建设，要严把志稿质量关，要切实搞好目标管理。

1989年3月15日，地区行署印发《关于变更地区地方志工作领导机构名称和调整成员的通知》，将南充地区地方志编纂工作领导小组更名为南充地区地方志编审委员会，对组成人员进行了充实调整。

1989年4月18日，地区地方志编审委员会印发《关于表彰地方志工作先进集体、先进个人、优秀成果的决定》，对1984年至1988年修志工作中做出显著成绩的26个先进集体、58名先进个人和40项地方志优秀成果予以表彰。

1991年3月15日，地区地方志编审委员会印发《关于表彰奖励南充地区第二次评选地方志优秀成果的决定》，对《营山县志》等7件获省、地哲学社会科学优秀成果和省地方志优秀成果列名表扬，对地区地方志评奖委员会评审出的10项地方志优秀成果予以表彰。

1993年4月5日，地区行署批转地区地志办《关于搞好全区年鉴编写的报告》，要求全区各地要把地方综合年鉴编辑作为地方志工作的一项重要任务。

1994年10月24日，市政府印发《关于编辑出版〈南充年鉴〉的通知》，决定从1994年开始，分年度编辑出版《南充年鉴》。

1997年10月27日，市政府办印发《南充市地方志办公室职能配置、内设机构和人员编制方案》，明确南充市地方志办公室为市政府直属事业单位，正县级，内设2个科，事业编制10人。其中，主任1名，副主任1名，科级领导职数3名。

1999年8月26日，市委办、市政府办印发《南充市地方志工作2010年目标规划纲要》。发展目标和主要工作任务是：2000年完成《南充县志（1986—1993）》编纂出版任务，编纂出版《南充年鉴》和县市区年鉴，2010年前完成续修（新修）市县（市区）两级志书的编纂出版任务〔新修市志1种、续修县（市）志6种、新修区志3种〕，收藏、整理、研究、开发地方文献及地情资料；加强地方志理论研究和方志学科建设，认真保存、积极利用地方志书。

2001年12月28日，市政府办印发《南充市地方志办公室机构编制方案》，明确南充市地方志办公室是市政府授权主管全市地方志工作的直属事业单位，正县级，内设3个科。事业编制7名。其中，主任1名、副主任1名，科级领导职数3名。工勤人员编制1名。

2002年7月29日，市委、市政府印发《关于组织编纂〈南充市志〉的决定》，决定从2002年开始，组织力量编纂《南充市志》，要求各地、各部门切实加强领导，把编纂《南充市志》作为南充一项重大文化建设工程来抓，将组织编纂《南充市志》工作纳入市委、市政府目标管理，严格考核，所需经费列入财政预算，坚持“党委领导、政府主持”的修志工作原则，成立南充市志编纂委员会，编委会下设南充市志总编室。

2002年7月30日，市政府印发《关于表彰首届修志工作先进集体的决定》，对20个首届修志工作先进集体予以表彰。

2003年3月27日，市政府印发《〈南充市志〉编纂方案》，方案主要内容有：指导思想和编纂原则、编纂体例、《南充市志》纲目和编写任务分工、实施时间及步骤、组织领导及保障措施。

2003年6月18日，市志编纂委员会印发《〈南充市志〉编纂细则》《南充市志·凡例》《〈南充市志·大事记〉编纂方案》《〈南充市志〉人物入志办法》。

2004年9月26日，市政府法制办、市地志办印发《关于认真学习贯彻〈条例〉，依法搞好南充地方志工作的通知》，通知要求各地、各部门规范修志行为，严格依法修志。要按照条例的规定和要求，认真履行法定职责，规范修志行为。要从依法修志的高度去完成修志任务。各级地方志办公室是同级政府负责修志的业务主管部门，是条例规定的执法主体，必须要切实加强地方志编纂和管理，切实负起地方志编纂工作的协调、指导、监督、审稿责任。

2008年11月13日，市政府印发《关于加强全市地方年鉴工作的通知》，明确提出编纂地方综合年鉴是各级政府的一项重要职责，要求各县（市、区）人民政府、市级各部门要将地方综合年鉴工作列入议事日程，要将编纂出版县（市、区）综合年鉴纳入当地经济社会发展总体规划，将年鉴编辑的人员培训、公开出版、编纂印刷等所需经费列入本级财政预算，实现一年一鉴。

2008年12月3日，市志编委会印发《关于成立南充市地方志书审查验收学术委员会的通知》《南充市地方志书审查验收办法（试行）》。对地方志书审查验收的范围、标准、重点、程序、出版等作出明确规定，是南充制定的第一个规范审查验收地方志书的办法。

2011年7月15日，市政府办印发《南充市地方志事业第十二个五年发展规划》，是全省第一个也是唯一由市（州）政府印发地方志事业发展规划的市。“十二五”规划提出了全市“十二五”期间地方志事业发展的指导思想、基本原则、主要任务和保障措施。

2012年4月10日，市政府办印发《关于组织编纂〈川北区志〉的通知》，决定用3年时间编纂出版省级区域志书《川北区志》。

2012年4月25日，市政府印发《关于表扬〈南充市志（1707—2003)〉编纂工作先进集体和先进个人的通报》，市政府对《南充市志（1707—2003)》编纂工作中做出突出贡献的全市30个先进集体和60名先进个人予以通报表扬，颁发了荣誉证书、奖牌。

2012年12月2日，市政府办印发《关于印发〈市政府议事协调机构名单〉的通知》，在市政府对常设议事机构规范清理工作中，撤销“南充市志编纂委员会”和“南充年鉴编辑委员会”，成立“南充市地方志编纂委员会”，为市政府常设议事机构，市长任地方志编纂委员会主任，分管副市长和市政府秘书长、市地志办主任任副主任，负责统筹和管理全市地方志工作。

2015年11月2日，市委办、市政府办印发《关于进一步加强新形势下地方志工作的意见》，要求全市各地加强对地方志工作的组织领导，充分认识地方志工作重要性、切实增加地方志工作责任感、准确把握地方志工作总要求；要突出抓好地方志重点工作，做好地方志书编纂、规范年鉴编辑、搞好地方志资源开发利用、做好地方志资料收（征）集保管；要大力推进地方志基础设施建设，加强方志馆建设、加强地方志信息化建设；要切实加强地方志工作组织领导，完善地方志工作机制、制定实施地方志事业发展规划、强化地方志队伍建设和经费保障、积极营造地方志工作良好氛围。

法规、文件贯彻及执法检查 1983年5月，地区地志办分组对各县贯彻落实《关于成立地区地方志编纂工作领导小组和办事机构的通知》文件等情况进行专项检查，重点检查地方志编纂委员会和办公室的成立情况、专职干部配备情况、工作经费和办公用房及设备落实情况。2003年10月，全国第一个地方志行政法规《四川省地方志工作条例》颁布实施后，市地志办对全市《四川省地方志工作条例》宣传情况进行了督促检查。2004年10月，市地志办、市法制办组成联合检查组，对全市贯彻《条例》情况开展大检查。嘉陵区政府办组织人员深入乡镇、区级部门，对《条例》学习贯彻和区志编修启动情况进行执法检查。2005年，市地志办到蓬安县、营山县、高坪区、仪陇县开展依法修志工作检查，到《南充市志（1707—2003）》编纂各牵头单位、承编单位开展《条例》贯彻实施情况检查，对贯彻落实较差的部门提出整改意见，责令限期改正。2006年国务院《地方志工作条例》和2007年《〈四川省地方志工作条例〉实施办法》颁布施行后，市地志办组织人员对全市宣传贯彻《条例》及《〈条例〉实施办法》情况进行检查，对部分宣传贯彻《条例》较差的单位提出整改意见，责令限期改正。市地志办邀请市人大代表、市政协委员与市人大法工委、市政府法制办、市政协文史委联合检查两个《条例》和《〈四川省地方志工作条例〉实施办法》贯彻落实情况。仪陇县对两个《条例》贯彻执行情况开展执法检查。2010年，南充第二轮修志进入关键时期，市地志办组织人员对贯彻实施《条例》开展执法检查，督促部分县（市、区）政府增加了修志力量，大幅度增加了修志专项经费。2011年7月，市政府办印发了《南充市地方志事业第十二个五年发展规划》，市地志办对9个县（市、区）分解落实"十二五"发展规划的目标任务情况进行了督促检查。

2013年11月，四川省新修订的《四川省地方志工作条例》颁布，全市进行了宣传贯彻。2014年，市地志办对县（市、区）和市级部门贯彻落实新修订《条例》的情况开展了检查督促。2015年6月，省地方志编委会党组成员、机关党委书记王孝平对南充近年来贯彻实施《条例》，依法营造地方志发展环境、增大地方志经费投入、促进地方志事业全面发展等情况进行了督查。嘉陵区依法对乡镇、部门贯彻落实《条例》情况进行了检查，以印发整改措施、通报批评等行政手段，纠正和处理地方志工作中的违法违规行为，累计印发地方志工作整改措施10份、通报8份、通报批评6份。2015年11月，南充市委办、市政府办印发了《关于进一步加强新形势下地方志工作的意见》，市地志办对9个县（市、区）和市级部分部门学习贯彻情况进行了检查督促。

【发展规划】 1999年，《南充市地方志工作2010年目标规划纲要》印发，为南充第一个地方志工作规划。至2015年，南充市还编制《南充市地方志事业第十二个五年发展规划》《南充市地方志事业第十三个五年发展规划》，嘉陵区、顺庆区、阆中市、西充县等县（市、区）编制了地方志工作目标规划纲要和地方志事业发展规划。

南充市地方志工作2010年目标规划纲要　1998年，市地志办根据《四川省地方志工作2010年目标规划纲要》要求，结合南充地方志工作实际，组织草拟《南充市地方志工作2010年目标规划纲要》初稿，征求意见修改完善后，提交市委、市政府领导审定后，1999年8月，市委办、市政府办印发《南充市地方志工作2010年目标规划纲要》。规划纲要由总则、发展目标和主要工作任务、保障措施3部分组成，确定至2010年主要工作任务：完成新修《南充市志》《南充市顺庆区志》《南充市高坪区志》《南充市嘉陵区志》4部志书和续修《南充县志（1986—1993）》《阆中市志》《南部县志》《西充县志》《仪陇县志》《营山县志》《蓬安县志》7部志书，编纂出版《南充年鉴》和县（市、区）年鉴，收藏、整理、研究、开发地方文献及地情资料。提出组织保障、机构保障和经费保障3大保障措施，将地方志工作纳入各地经济社会发展规划和各级政府工作目标，坚持党委领导、政府主持的领导体制，做到领导到位、机构到位、经费到位、队伍到位和工作条件到位，要求各级政府主要领导负总责，加强各级地方志工作机构和队伍建设，加大地方志事业经费投入，促进地方志事业发展。

县（市、区）地方志工作2010年目标规划纲要　2000年1月，嘉陵区委办、区政府办印发《嘉陵区地方志工作2010年目标规划纲要》，对地方志工作遵循原则、地方志书编纂和年鉴编辑、地方文献及地情资料开发、加强地方志理论研究和方志学科建设、组织保障、机构保障、经费保障等作出规划。2002年，顺庆区委办、区政府办转发《顺庆区地方志工作2010年目标规划纲要》，规划在2008年完成《南充市顺庆区志》新修出版任务。2005年年初，阆中市地志办根据《四川省地方志工作条例》和南充市2010年规划纲要等要求，结合阆中实际编制《阆中地方志工作2015年目标规划纲要》。是年3月，阆中市委办、市政府办印发《阆中市地方志工作2015年目标规划纲要》，规划纲要提出2015年前的主要任务：完成《阆中市志》续修编纂出版任务，每年度编辑出版一卷《阆中年鉴》，在2010年启动行业、部门志编纂工作，提倡有条件的乡、镇开展修志工作，收藏、整理、研究、开发地方文献及地情资料，逐步建立阆中地情信息的开发、咨询、服务体系，加强方志理论研究和方志学科建设，有计划地组织专业修志人员开展、参加地方志以及自然科学、社會科学等各学科的学术讨论和学术交流活动，加强修志人员业务培训，充分发挥志书服务的作用。规划纲要明确提出将编修地方志纳入经济社会发展规划和政府工作目标任务，实行党委领导、政府主持的领导体制，地方志工作坚持领导到位、机构到位、经费到位、队伍到位、工作条件到位的保障措施。

南充市地方志事业“十二五”发展规划　2011年年初，市地志办根据《四川省地方志事业第十二个五年发展规划》的精神，结合全市地方志工作实际，讨论全市地方志工作“十二五”（2011—2015）期间发展目标和工作重点，组织人员草拟《南充市地方志事业第十二个五年发展规划》初稿。5月，市地志办将“十二五”规划初稿印发各县（市、区）地志办和市级有关部门征求意见，召开部分县（市、区）地志办主任、市级相关部门负责人、部分地方志协会会员、部分人大代表、部分政协委员征求意见座谈会，在广泛征求意见基础上修改完善，6月底形成送审稿，报市政府审定。市政府组织召开市政府办、市发改委、市委组织部、市人社局、市委编办、市财政局、市地志办、市委党史研究室等部门负责人参加的审查会，对“十二五”地方志事业发展规划进行审定。7月，市政府印发《南充市地方志事业第十二个五年发展规划》，是四川省第一个也是唯一由市（州）政府印发的地方志事业“十二五”发展规划。《南充市地方志事业第十二个五年发展规划》由指导思想、基本原则、主要任务、保障措施4个部分组成，提出“十二五”全市地方志工作要遵循“科学发展、依法修志、质量第一、修用并举”的基本原则，明确“十二五”全市地方志工作的主要任务是：2012年全面完成第二轮新（续）修市、县（市、区）志书编纂出版发行，2014年完成《川北区志（1950—1952）》编纂出版发行，加强和指导部门（行业）、乡镇（街道）编纂志书工作，县（市、区）综合年鉴实现一年一鉴、公开出版，加强地方志资源开发利用和旧志整理，加大志书、年鉴、旧志、家谱及相关文献、史料、实物、图片、影像等不同载体的地情资料搜集保管工作，加强地方志信息化和馆网建设，力争“十二五”期间建设3000~5000平方米的南充市方志馆、县（市、区）500平方米方志馆（室）立项，加强方志理论研究和地方志队伍建设。“十二五”规划提出将地方志工作纳入国民经济社会发展规划和政府工作之中，坚持“党委领导、政府主持”的领导体制，切实做到领导到位、机构到位、经费到位、队伍到位、条件到位，大力营造发展环境，加强工作督查指导等保障措施，确保“十二五”地方志事业健康持续发展。

南充市地方志事业“十三五”发展规划　2015年10月，市地志办根据国务院办公厅《全国地方志事业发展规划纲要（2015—2020）》和省政府办公厅《四川省地方志事业第十三个五年发展规划(2016—2020)》（征求意见稿）的精神，结合南充市地方志工作实际和未来五年发展需要，编制《南充市地方志事业第十三个五年发展规划（初稿）》，反复研究和讨论修改，12月形成征求意见稿。“十三五”规划由发展机遇、指导思想、基本原则、主要任务、保障措施5个部分组成，全面分析“十三五”（2016—2020）期间全市地方志事业发展面临的新机遇，明确“十三五”期间全市地方志事业发展要坚持“依法治志、全面协调、质量至上、开放创新、服务发展”的基本原则，主要任务是：大力推进市、县（市、区）部门、社会团体、企事业单位和乡镇（街道）、村编纂部门志、行业志、专题志和乡镇（街道）志、村志，启动全市荣获全国、全省历史文化名镇、名村称号的镇、村编纂历史文化名镇志、名村志，全面实现市、县（市、区）综合年鉴编辑一年一鉴、公开出版，鼓励市、县（市、区）部门、社会团体和企事业单位编辑部门年鉴、行业年鉴、专业年鉴，要围绕党委政府中心工作做好地方志资源开发利用、服务南充经济社会发展，切实做好市、县（市、区）方志馆和地方志信息化建设，加强地方志书、地情资料文献的征集、收藏、保管工作，不断提高地方志工作者业务能力和专业水平，加强地方志理论研究和学术交流，切实做好地方志对外宣传工作。规划对“十三五”地方志工作提出强化组织领导、营造法制环境、增大经费投入、鼓励购买服务、加强目标督查5条保障措施，要求地方志工作始终坚持“党委领导、政府主持、地方志机构组织实施、社会各界广泛参与”的工作体制，健全各级政府主要领导任主任的“地方志编纂委员会”政府议事机制，巩固和稳定与履行职能职责相适应的地方志工作机构，真正将地方志工作纳入各地国民经济和社会发展规划、各级政府工作任务，做到认识、领导、机构、编制、经费、设施、规划、工作到位（简称“一纳入八到位”）；制定《南充市地方志工作管理办法》，为执法监督检查、纠正执法不力、查处违法行为提供良好的法制环境；各级政府将地方志书、年鉴、地情书编辑出版印刷和图书资料购买、征（收）集以及地情资源开发、信息化建设、工作条件改善等工作经费全部纳入财政预算，重点工作单列经费予以保障；通过政府转移委托、项目课题制等方式向社会组织购买服务，广泛吸收各类社会力量参与地方志工作；充分发挥地方志工作机构依法对地方志工作组织、管理、指导、监督和检查职能，建立健全目标考核责任制，强化责任落实，加强工作督查，推动地方志各项任务圆满完成。

县（市、区）地方志事业五年发展规划　2011年9月，嘉陵区政府办印发《南充市嘉陵区地方志事业第十二个五年发展规划》，对嘉陵区“十二五”期间地方志工作的指导思想、基本原则、主要任务和保障措施等提出要求，确保嘉陵区地方志事业科学健康发展。是年，西充县地志办编制《西充县2012—2016地方志事业发展规划》，提出续修《西充县志》出版发行，《西充年鉴》一年一鉴、公开出版，点校出版发行整理清康熙年间《西充县志》、清光绪年间《西充县志》2部旧志，加大地情资料收集整理和开发利用等主要工作任务。不断加强地方志队伍建设，促进地方志工作再上新台阶。

【指导督查】 1983年至2015年，市（地）地志办认真履职，对县（市）工作机构队伍建设、地方志业务工作进行指导督查。

机构队伍指导督查 1983年，南充地委、地区行署研究决定，成立南充地区地方志编纂工作领导小组，下设办公室（简称“地区地志办”），配备专职人员，负责地方志办的日常工作。地区地志办成立后，南充市（县级）、南充县、西充县、仪陇县、营山县于1983年成立了地志办。但有的县修志工作抓得不紧，地方志工作机构未及时成立。地区行署办副主任、地区地志办主任陈祥超，地区地志办副主任文崇周带领地区地志办人员逐一到相关县进行督查，亲自找县政府分管领导或县委、县政府主要领导，宣传省委、省政府关于“各级地方志编纂委员应当是当地政府直接领导下的常设机构”有关精神，督促设立稳定的工作机构。经过督查，1984年，阆中县、蓬安县成立地志办，阆中县、西充县正式给地志办下达人员编制。1985年，南部县成立地志办。各县（市）地志办成立后，配备了1至5名不等的干部，专职从事地方志工作。为了使干部安心从事地方志工作，地区地志办加大人员编制核定的督查，1985年开始，各县（市）逐步明确地志办为政府直属正科级事业单位，核定人员编制。南部县、西充县地志办配备专职主任。1986年，南充市（县级）地志办配备专职主任。1990年，各县（市）换届后，个别县政府未明确地方志工作分管领导，加之第一轮修志接近尾声，个别县认为修志即将结束，没有必要再保留县地志办机构。针对这种情况，地区地方志编审委员会向地委、行署呈报《关于进一步加强地方志工作和稳定修志机构的请示》。1991年8月，地区行署下发《关于批转地区地方志编审委员会〈关于进一步加强地方志工作和稳定修志机构的请示〉的通知》，要求“各县（市）人民政府保持地区和各县（市）地志办和修志队伍的稳定，对修志机构不能撤并、降格，不要挪用和挤占修志人员编制或随意调走修志人员。各县（市）地志办人员未配齐的，要坚持条件，尽快配齐。特别要注意选好主编、副主编、责任编辑等主要编写人员”。1992年，营山县、西充县先后充实了领导班子和修志人员。阆中市给地志办增加编制2人，召开首届修志工作总结会，给聘任的老同志颁发荣誉证书和奖金。1993年2月，南部县撤销地志办，在县政府办设立县志股。1993年12月，撤地建市新设立的高坪区将原南充县地志办与党史办、档案局撤销，成立高坪区档案史志局。面对这一新情况，市地志办加强工作机构稳定的持续督查工作。1995年，新设立的嘉陵区成立区地志办，属政府直属正科级事业单位，核定人员编制。1996年4月，南部县恢复成立县地志办，属政府直属正科级事业单位，核定人员编制。1997年4月，高坪区撤销高坪区档案史志局，恢复成立区地志办，属政府直属正科级事业单位，核定人员编制。之后，市、县（市、区）地方志工作机构在历次政府机构改革中，都是独立的政府直属事业单位，工作机构保持稳定。2008年，市地志办被明确为参照《中华人民共和国公务员法》管理的事业单位，市地志办庚即与市编制委员会、县（市、区）衔接，各县（市、区）地志办都明确为参照公务员法管理的事业单位。至2015年，9个县（市、区）地志办，全部为政府直属独立的参照公务员法管理的正科级事业单位；领导班子除仪陇县、蓬安县地志办主任由政府办副主任兼任外，其余县（市、区）

均为专职主任，阆中市、营山县、蓬安县还配备专职副主任，顺庆区配备纪检组长；核定编制45名，在编在岗39人。

业务工作指导督查　1983年3月，地区行署印发《关于成立地区地方志编纂工作领导小组和办事机构的通知》中，把督促、检查、指导各县（市）志和地级部门志编纂作为一项重要职责。5月，地区地志办到各县（市）重点检查配备专职干部情况、落实专门工作经费情况和解决办公用房及设备等情况。1985年至1987年，地区地志办除发文件、发简报、召开会议对修志业务进行指导督促外，还将地区地志办人员按照党群、政府、政法、经济、教育科技、文化卫生等系统进行分工，对这些系统加强指导督促。同时，根据每个人的特长按照工业、农业、商贸等志稿类别对县（市）、地区部门志编纂分阶段进行业务指导。南充市（县级）、西充县对修志工作进展慢、行动迟缓的单位和部门进行挂牌督办。1988年至1991年，地区行署将修志纳入各级政府目标管理，地区地志办制定了地级部门、各县（市）修志工作目标，按照修志进度，分阶段实施目标督查。西充县、阆中县把修志作为单位、部门主要负责人的政绩考核内容，南充市（县级）、南充县、仪陇县将修志工作总目标进行细化分解，制定《目标管理实施方案》，坚持季度检查、半年小结、年终总结的考核制度。地区地志办组织召开《营山县志》《仪陇县志》志稿评议会，以会代训，对修志人员进行业务指导。通过持续不断的业务指导和修志进度督查，1993年，南充全面完成第一轮修志任务。

1995年至2002年，市地志办主要开展综合年鉴编辑和地情资料书籍编辑的业务指导和督促检查，《南充年鉴》实现一年一鉴，9个县（市、区）都开展年鉴编辑工作。

2003年，《南充市志》和第二轮续（新）修县（市、区）志全面启动。至2004年，市地志办举办《南充市志》专题业务培训班，对400余人开展为期3天的集中培训，督促指导各县（市、区）对参与县（市、区）志编纂的人员进行业务培训。

2005年至2008年，市地志办按照志书编纂进程，分阶段加强志书编纂业务指导和编纂进度督查。市地志办通过与市级部门、各县（市、区）面对面地研究审定志书篇目设置、志稿试写面对面进行研讨、主动到县（市、区）和市级部门解决撰稿中的疑难等进行业务指导。市地志办人员分片对县（市、区）、市级部门进行对口联系督查督办，掌握修志工作动态，对《南充市志》编纂领导重视不够、人员没有按时到位、工作不力、进度滞后的部门和单位，市政府印发通报批评并组织召开专项工作督办会、促进会。西充县委、县政府将续修县志工作纳入县委、县政府目标管理，严格考核，督查督办。嘉陵区多次召开阶段性工作汇报会，听取部门、乡镇修志进度等情况，对到期未报相关资料的22个单位发出紧急通知，提出了严格要求。蓬安县政府召开续修《蓬安县志》工作促进会，各乡镇、县级各部门主要负责人与县委常委、常务副县长赵小轻签订目标责任书，将修志工作纳入政府目标考核，县政府目标办每月考核督查一次，并将督查情况通报全县。

2009年，第二轮修志进入关键时期，市地志办主任夏建平、副主任何进带领地志办人员分别在3月、7月对9个县（市、区）修志工作进行专项督查。同时，主动到县（市、区）或应县（市、区）要求，对志稿分纂、总纂出现的疑难问题进行指导解决。阆中市政府将续修《阆中市志》工作纳入年度单项工作目标考核，嘉陵区把新修《嘉陵区志》纳入区委、区政府年度综合目标管理，制发《嘉陵区2009年度地方志工作考评办法》。西充县地志办将专职人员划分成3个组，到县志承编单位进行指导业务和进度督查。

2010年，第二轮修志进入攻坚阶段，市地志办集中力量对未完成续（新）修县（市、区）志书任务的县（市、区）加大业务指导和进度督查力度。1月至2月，市地志办主任夏建平、副调研员于明逐一检查各县（市、区）修志进度和志稿质量。3月，市政府副秘书长陈斌带领市政府目标督查办副主任唐益龙、市地志办主任夏建平、副调研员于明对未完成二轮修志任务的高坪区、嘉陵区、阆中市、西充县、蓬安县进行了当年市政府第一个专项工作督查督办，5个县（市、区）政府分管领导和政府办、目标办、财政局、地志办等领导参加专项督查。督查后，市政府目标督查办印发《关于第二轮续（新）修志书的情况通报》，要求各县（市、区）要高度重视，切实加强修志工作的领导；充实人员，切实加快修志进程；严格审核，争修精品志书，务必于年底完成志书编纂任务。市地志办根据督办情况制定部分县（市、区）2010年志书编修形象进度要求。各县（市、区）按照督办要求和形象进度要求，加强修志领导力量，充实修志人员，大幅增加工作经费，在保证志书质量的前提下确保修志进度。阆中市专门召开《阆中市志》编纂工作促进会，目标督查办向个别单位发出了“督促通知书”。嘉陵区委、区政府召开区志编修工作推进会，制定印发区志分纂工作实施方案、形象进度安排，把区志分纂、总纂、评审时间明确到月。西充县、蓬安县增加总纂人员，大幅度增加修志经费。6月，续修《南部县志》通过市政府终审验收。7月，市地志办主任夏建平、副主任何进分别带队，对9个县（市、区）地方志工作半年目标完成情况进行了检查指导。检查督促后，市地志办召开全市地志办主任参加的半年工作会议，通报地方志工作督查情况，就加快二轮志书编修、做好综合年鉴编辑、资料收集等工作提出要求。是年年底，续修《阆中市志》《西充县志》分别召开了复审评议会。续修《蓬安县志》、新修《高坪区志》和新修《嘉陵区志》分别报送志书送审稿。

2011年，市地志办制定《阆中市志》《西充县志》《蓬安县志》《南充市高坪区志》《南充市嘉陵区志》编纂进度形象要求和通过市政府终审验收的目标任务，加强志书审读和志稿修改业务指导，主动帮助解决修改完善中的技术问题，保证不因进度而影响志书质量。是年，5部志书全部通过市政府终审验收，南充全面完成第二轮修志任务。

2012年至2015年，市地志办加强地方志工作条件改善、地方志网站建设、方志馆建设、乡镇部门（行业）志编纂、综合年鉴编辑和地情资源开发利用等方面工作的指导督查。市地志办组织各县（市、区）参与编纂《南充市地方志志》，六合集团编纂出版《六合集团志》，南部县、仪陇县编纂《汶川特大地震南部县抗震救灾志》《汶川特大地震仪陇县抗震救灾志》。嘉陵区全面启动了乡镇（街道）志、部门志编纂。市地志办和西充县、营山县地志办争取政府支持修建了方志馆，市地志办和嘉陵区、阆中市、南部县建立了地方志专业网站。

【志书审核】 中华人民共和国成立前，南充地方志书编纂没有志书审查验收记载。第一轮修志工作中，南充探索实践、总结建立县级区域志书初审、联审、会审、通审、终审的“五审定稿”志书审查验收制度，省地方志编委会在全省进行推广。第二轮志书编纂工作中，南充市对志书审查验收办法进行改革创新，2008年12月，成立南充市地方志书审查验收学术委员会，制定《南充市地方志书审查验收办法（试行）》，明确各级政府、地志办志书审查的职责，规范地方志书审查验收的组成人员和审查程序，建立地方政府领导与专家学者、地方志工作者相结合的审查验收机制，采取初审、复审评议、终审验收的“三审制”和政府审定批准出版的办法，严格各级各类地方志书审查验收工作。

市级区域志书审查验收　1983年至1993年第一轮修志工作中，南充地区没有编纂南充地区志。2002年7月，南充市委、市政府决定编纂南充市级区域志书《南充市志（1707—2003）》。采取部门初审、复审评议、终审验收、省政府批准出版的办法，对市级区域志书进行审查验收。

市级区域志书初稿形成后，即开展部门初审。由各承编单位、各系统牵头单位组建本部门、本系统部分老领导、老同志、业务骨干以及现任领导等人员组成初审小组，对本单位、本系统编纂的市志初稿进行政治、史实、数据等方面初审，初审修改后的志稿送交市志总编室、市地志办验收。市地志办、市志总编室组织人员对市志进行总纂、通纂后，市政府办印发做好市志通纂稿审核工作的通知，将市志通纂稿反馈到各牵头单位、各承编单位进行审核，要求重点把好志稿的史实关、数据关、政治关、保密关，各单位主要领导对审读、修改后的市志通纂稿签署意见、加盖单位公章后送回市地志办、市志总编室。

市地志办、市志总编室组织力量对市志通纂稿进行修改完善，形成市志审读本后，即开展市志复审评议工作。市志编委会将市志审读本送请省地方志编委会领导、历届南充市（地）级领导、省市修志专家学者、市志编委会各位成员和市志总编、副总编、特邀副总编及各县（市、区）志办等进行大范围审读，广泛征求意见。同时，请市保密、统计、民族宗教等部门对市志的保密性、入志数据的准确性、市志是否违反民族宗教政策等相关内容进行专项审查。在此基础上，市政府组织召开市志专家复审评议会，与省地方志编委会商议组建由市政府市长和省地方志编委会党组书记、副主任任组长，省地方志编委副主任、市政府分管领导、市人大常委会副主任任副组长，市级老领导、省市地方志专家学者等为成员的复审评议组，复审评议组成员对市志进行全面的审查评议，充分发表审查意见和建议。

市地志办、市志总编室梳理、归纳复审评议的意见建议，逐一查证核实、修改完善，形成市志送审稿，即开展市志终审验收相关工作。市政府常务会对市志送审稿质量进行审查后，市政府向省政府呈报市志终审验收的请示和市志送审稿。省政府市州志验收小组将市志送审稿分别分发给省民委、省保密、省民宗、省统计、省地方志等部门领导和专家审查后，组织召开市志终审验收会，市志通过省政府终审验收。

市地志办、市志总编室对市志作最后的修改完善，形成定稿。市委常委会专题审查市志编纂质量并通过市委审查，同意由市政府向省政府呈报批准市志出版请示。市政府向省政府呈报批准市志出版的请示和市志定稿，省政府市州志验收小组对市志定稿审查通过后，省政府批复同意市志公开出版发行。

县（市、区）级区域志书审查验收　1983年，南充地区第一轮修志工作全面启动。1985年，南充地区地志办和各县（市）地志办认真贯彻中国地方志指导小组《新编地方志工作暂行规定》，按照“各地各类志书定稿时，各级编纂委员会必须严格审查，严格验收手续”的要求，对志稿审查验收工作进行了探索实践。1986年10月，《营山县志》初稿形成，地区地志办在营山县召开县（市）志编纂研究会，对《营山县志》初稿进行审阅。初审后修改形成的志稿，提交县委正副书记、县政府正副县长、县志编委会委员、部门领导和各行各业的专业人员、全体修志人员等607人参加的27个审稿小组、进行了64天的审查修改。审查修改形成的志稿，省地方志编委会和地区地方志编纂工作领导小组在营山县召开《营山县志》志稿讨论会进行评议。会后修改形成的志稿报请地区行署审定后批准出版。1986年11月，《仪陇县志》初稿形成，由县志编委会进行初审。初审后修改形成的志稿，县委、县政府按照门类成立了26个审稿小组，审稿小组由县委、县人大常委会、县政府、县政协、县志编委会成员、县级各单位和地区地志办、地区有关部门组成，进行分组分卷审查。审查修改形成志稿后，地区地方志编纂工作领导小组和仪陇县志编委会召开《仪陇县志》志稿评议会。评议后修改形成的志稿，仪陇县委、县政府又组成志稿审查小组，代表县委、县政府对志稿进行审查。最后将修改稿报送地区行署审定、批准出版。1988年4月，地区地志办在总结《营山县志》稿、《仪陇县志》稿审查的基础上，明确提出志书初审、联审、会审、终审“四审”制，即县（市）志编委会分管领导初审，领导、专家、修志人员联审，地区地志办与地级部门会审（召开审查评议会），地区地方志编纂工作领导小组代地委、行署终审。阆中县对第一轮县志审查确定了总编室初审、县地志办会审、县上几大家和编委会复审、地区终审的“四级审查”制。1988年11月，地区成立南充地区地方志审查验收小组，代表地区行署负责对全区县（市）志的审查验收。1990年，地区地志办对志书审查验收进一步完善，提出了初审、联审、会审、通审、终审的“五审”制，3月，省地方志编委会《情况简报》第6期刊登了《严格审查，确保质量——南充地区审查验收县市志的做法和体会》，向全省推广南充地区志书审查验收的做法。即初稿形成后，由分管编委会成员牵头，组织单位领导、业务骨干、修志人员进行初审；修改后形成的分志稿，由地区地志办、地区主管部门、县（市）有关单位、离退休干部采取上下结合、条块结合进行联审；联审后修改形成的志稿，由地区地志办、县志编委会共同召开评审会进行审查，邀请有关领导、专家学者、修志同行等人员参与，采取会内外结合、书面和口头结合进行会审；志稿总纂稿形成后，由县委、县政府组织县委、县人大常委会、县政府、县政协的领导和编委会成员、熟悉情况的老同志等若干审稿小组，对志稿进行通审；通审后形成的志稿，县（市）政府向地区行署请示终审，地区志书审查小组将志稿分别分送有关领导、专家教授、地方志业务骨干、专业人士等进行审查，地区志书审查小组听取终审人员意见后，对符合质量要求的志稿批准公开出版。至1993年，按照“五审”制，审查验收了《南充市志》（县级）《南充县志》《阆中县志》《南部县志》《西充县志》《蓬安县志》，全面完成南充第一轮县（市）区域志书的审查验收。

2002年，南充第二轮修志工作全面开展。2008年10月前，仍按照“五审”制，审查验收了《南充市志（续修）》（县级）、《营山县志（1986—2003）》《仪陇县志（1986—2003）》《南充县志（1986—1993）》和新修《南充市顺庆区志（1993—2005）》5部县（区）级区域志书。

2008年12月，为规范全市志书审查验收工作，保证志书编纂质量，南充市志编纂委员会制定印发《南充市地方志书审查验收办法（试行）》，对地方志书审查验收的范围、标准、重点和人员组成、实施程序、批准出版等作出明确规定，成立南充市地方志书审查验收学术委员会，学术委员会由市地志办领导、西华师范大学教授、地方志专家学者、地方志业务骨干和市保密、统计、民族宗教等26人员组成，采取“初审、复审评议、终审验收、市政府批准出版”的办法严格志书审查验收，即县（市、区）志稿形成后，由县（市、区）志编委会组织县（市、区）有关领导、相关人员和地方志工作者进行初审；初审后修改形成复审稿送交市地志办，市地志办在志书审查验收学术委员会中确定7~9名人员审读志稿，县（市、区）确定政府领导和熟悉县（市、区）情况的4~6名人员审读志稿，在充分审读复审稿基础上，由县（市、区）政府和市地志办共同组织召开复审评议会，对志稿进行复审评议；复审评议后修改形成县（市、区）志终审稿，由县（市、区）政府向市政府报送终审验收请示和志书终审稿，市地志办将志书终审稿分送市政府秘书长或分管联系副秘书长、7名志书审查验收学术委员会成员进行充分审读，在此基础上，由市政府秘书长或分管联系副秘书长主持召开志书终审验收会，质量基本达到要求的，通过市政府终审验收；终审验收后修改形成志书定稿，县（市、区）政府向市政府呈报批准志书出版发行的请示和志书定稿，志书审查验收学术委员会3名人员对志书定稿作最后审定，达到志书出版质量要求的，由市政府批复县（市、区）同意出版发行。志书审查验收办法的制定和审查验收学术委员会的成立，是南充地方志工作的创新，是南充第一个地方志书规范审查验收办法，在原审查基础上强调了对志稿涉及保密、统计、民族宗教、政法军事等专业性审查。夏建平撰写的《规范地方志书审查验收，确保地方志书编纂质量》理论研讨文章，在四川省市县志主编培训研讨班培训学习会上和第六届中国中心城市地方志交流暨西部城市地方志编修研讨会会上作交流。至2011年，按照“初审、复审评议、终审验收、市政府批准出版”办法，完成第二轮续（新）修的《南充市高坪区志（1993—2007）》《南充市嘉陵区志（1993—2003）》《阆中市志（1986—2005）》《南部县志（1991—2004）》《西充县志（1986—2005）》《蓬安县志（1986—2006）》6部县（市、区）级区域志书审查验收。

部门（行业）志　专题志审查验收　1983年至1993年，第一轮修志工作中，南充地区没有编纂地区志，地区大多数部门编纂了部门志；各县（市）采取先编纂部门志，再编纂县（市）志。第二轮修志中，市、县（市、区）区域志由市、县（市、区）志编委会组织编纂，市、县（市、区）部门按照志书编纂篇目大纲提供初稿，在部门提供初稿的基础上，部分部门编纂了部门志书。少部分单位、学校、厂矿等开展了行业志、专题志编纂。

为了保证部门（行业）志、专题志编纂志书质量，实行市（地）、县（市、区）地志办分级负责审查验收，即市（地）地志办负责审查验收市（地）级部门（行业）志、专题志，县（市、区）地志办负责审查验收县（市、区）部门（行业）志、专题志。采取部门审查、地志办审查评议、地志办审定批准的办法进行审查验收，即志稿形成后，由编纂单位（部门）组织本单位（行业）的领导、业务骨干和离退休老同志对志稿进行审查（第一轮编纂的部门〈行业〉志，部分地区部门还请县上部门〈行业〉的人员参与初审），重点对志稿的史实、政治、数据、保密等方面进行审查；初审修改后形成的志稿，由编纂单位向地志办提出审查验收的申请，将志稿送交地志办，地志办组织地方志专家（志书审查验收学术委员会成员）、业务骨干对志稿进行审查，重点对志稿的政治观点、体例结构、行文规范、语言表述、保密等进行审查，在此基础上，地志办组织召开志稿审查评议会，发表评审意见和建议；审查评议后修改形成定稿，编纂单位向地志办申请批准出版并报送志书定稿，地志办最后对定稿进行审定，对基本达到出版质量要求的志书，地志办批复同意出版发行。凡是没有经过地志办审查、批准出版的部门（行业）志、专题志，一律不得公开出版或内部出版发行。

乡镇志审查验收　1983年后，南充在第一轮修志工作中，部分乡镇在为县（市）志编纂提供资料的基础上，进行了乡镇志编纂。1984年，阆中县制定乡镇志审查办法，规定乡镇志初稿形成后，编写小组共同审查；修改后形成乡镇志送审稿，送本乡所属单位和有关人员广泛征求意见；修改后形成志稿，报同级党委审查定稿后报区委（原县派出机构）进行审查，对基本达到质量标准的乡镇志发给验收合格证，批准出版发行，报县地志办备案。之后，各县（市）经过实践探索，逐步完善，最后形成编委会初审、乡镇政府复审、县（市、区）地志办终审验收的审查验收办法，即由乡镇志编委会组织乡镇单位和熟悉乡镇情况的人员（特别是乡镇老领导、老同志）对志稿进行初审；初审后修改形成的送审稿，由乡镇政府组织乡镇老领导、现任领导和地方志工作者等人员对志稿进行审读后，召开复审评议会；复审评议后修改形成的志稿，乡镇政府给县（市、区）政府呈报终审验收请示和终审志稿，县（市、区）政府委托县（市、区）地志办组织地方志专家、业务骨干和保密、统计、民族宗教等方面的领导和业务骨干对乡镇志进行终审验收，对基本达到质量要求的志书，通过终审验收；乡镇志编委会在通过终审验收后，对志稿作最后修改完善，形成定稿，再送交县（市、区）地志办审定，对基本达到出版要求的志稿，由县（市、区）政府批准同意出版发行。

【制度建设】 1983年，地区地志办、县（市）地志办相继成立后，逐步建立健全各种管理制度，加强机关内部和工作运行管理。是年，地区地志办制订业务学习制度、业务指导制度、修志工作检查等制度。南充市（县级）、营山县、仪陇县、阆中县、西充县、南充县等县地志办制订了总编室工作职责、总编室会议制度、业务学习制度等。1985年，西充县地志办印发《西充县地志办工作人员岗位职责》，南充市（县级）地志办建立了会议记录、收发文件登记、财产登记、图书资料登记等制度。1986年，各县（市）志书编纂实行"主编负责制"。1988年，地区地志办制定调查研究制度、重大事项报告制度、目标管理制度。西充县、仪陇县、阆中县、南充县、蓬安县等县制定《主编、执行主编职责》《总编室例会制度》《志稿登记制度》《编辑工作制度》《审稿制度》《资料管理使用制度》等，同时，将志书编纂工作纳入政府目标管理，地区、县（市）建立了地方志工作目标考核及奖惩制度。

1990年，地区地志办成立目标管理考核小组，考核组由文崇周、周永兴、于明组成，文崇周任组长，负责目标实施及目标完成情况的考核。制定志书审查的"五审定稿制"，规范各级志书审查验收。

1994年，市地志办对原地区地志办制定的各项制度进行全面的修订完善。顺庆区、高坪区、嘉陵区等制定了政治和业务学习制度、地方志资料查阅制度、地方志编纂工作保密规定、目标管理责任制等制度。

2002年，市地志办制订《科室负责人目标考核制》《科室目标责任制》等制度。2004年，阆中市地志办健全完善了会议制度、学习制度、政务公开制度、管理制度、目标管理制度、重大问题集体研究决策制度、副科级以上领导干部重大事项报告制度等，南部县地志办制定《南部县地方志办公室工作制度》（11项）。2005年，嘉陵区地志办健全完善了机关考勤制度、财务管理制度、学习和工作制度、廉洁自律制度等。2007年，西充县地志办健全完善了例会制度、志稿登记制度、编辑工作制度、审稿制度、简报制度和主编（执行主编）职责、副主编职责、编辑职责等系列制度。

2008年8月，市地志办全办干部职工讨论、主任会议审定通过并印发《南充市地方志办公室管理制度》，包括工作制度、会议（学习）制度、党支部组织生活制度、党风廉政建设制度、地方志编审制度、地方志资料征管制度、公文管理制度、财务管理制度、办公设备管理制度、小车管理制度、请（休）假制度。12月，市志编委会印发《南充市地方志书审查验收办法（试行）》，对规范地方志书审查验收作出了制度性的严格规定。2009年年初，市地志办实行重点工作责任分解制度，按照主要领导负总责、一项重点工作一个领导牵头负责、一个科室具体落实、一名干部主抓的原则，将每项重点工作责任分解到相关责任领导、责任科室和具体责任人，建立"每月报告、季度评比、半年总结、年终考核"的工作落实责任制度。是年，市地志办制定《机关首问责任制》，加强机关效能建设。

2012年，西充县地志办修订完善干部行为规范制度、会议制度、学习制度、财务管理制度、群众评议制度、党员教育培训制度、文明卫生制度、考勤和请销假制度、党风廉政建设制度、股室工作职责和服务大局、服务基层、服务群众制度等11项机关内部管理制度。

2014年，市、县（市、区）地志办在开展党的群众路线教育实践活动中，对已有管理制度进行认真梳理，通过废、改、立，建立健全了工作制度、会议制度、学习制度、财务管理制度、党风廉政建设制度、领导班子建设制度、目标考核及奖惩制度、地方志编纂管理制度、地方志书审查验收制度、干部职工考勤制度等较为系统的制度。

至2015年，市、县（市、区）地志办在不同时期，根据不同任务和新形势下的新要求，适时修订完善地方志工作各项管理制度，建立健全了工作制度、会议制度、学习制度、党风廉政建设制度、党组织生活制度、首问责任制度、目标考核奖惩制度、地方志编审制度、地方志资料征管制度、公文管理制度、财务管理制度、办公设备管理制度、小车管理制度、请（休）假制度等，制度建设更加系统化，实现了制度管人管事，加强各项制度的贯彻执行力度，制度管理经常化、长效化，做到了工作制度化、管理规范化，提高了工作质量和办事效率。

【队伍建设】 民国时期以前，编修志书基本上由主修者临时组织人员进行编修，志书修完后人员解散。中华人民共和国成立后，1959年，四川省人民委员会指示各地开展修志工作，地委办公室及各县（市）委办公室或县人民委员会办公室组织人员编修了地方志略，编修任务完成后人员即回原单位工作或解散。1983年后，地区和各县（市）相继成立地方志办公室，从其他部门调入工作人员，专职从事地方志工作，开始构建地方志专业队伍。1984年，地区编制委员会核定地区地志办事业编制、领导职数。之后，各县（市）开始核定编制人员、领导职数。在修志人员选拔和配备上，各地依照领导和群众相结合，老、中、青相结合，专职、兼职、聘请相结合的方式，把修志专家、学者和各单位部门热心地方志工作的业务骨干引入到地方志队伍。同时根据修志工作需要，聘请有志于地方志工作又有较高写作水平的人员或身体健康、能胜任工作、本人愿意的离退休老同志等参与地方志工作。1989年，地区成立地方志协会，将热爱地方志事业、愿意从事地方志工作的广大社会各界人士吸引进地方志队伍。继后，各级地志办不断充实地方志专业人员，多种途径吸引社会人员参与地方志工作。采取组织编纂人员外出学习取经、召开志稿评议等各种业务会议、邀请专家学者举办培训班等途径，不断提高地方志队伍业务能力。至2015年，通过充实专业人员、加强业务培训和思想政治工作等办法，建设了一支业务水平较高的专兼职相结合的地方志工作队伍。

专职队伍建设 1983年3月，地区地志办成立，从地区文化局抽调1名干部到地志办专职从事地方志工作。是年，南充市（县级）、南充县、西充县、营山县、仪陇县地志办成立，南充市（县级）从其他部门调入干部3人，南充县调入干部2人，西充县调入干部1人，仪陇县调入干部2人。

1984年上半年，地区地志办调入干部2人。8月，地区编制委员会核定地区地志办事业编制10名。下半年，再调入2人。12月，地级机关精减人员，地区地志办减少2名编制，核定事业编制8名。是年，南部县、蓬安县、阆中县地志办成立，南部县调入2人，蓬安县调入和聘用6人，阆中县下达编制调入2人。1985年，县（市）机构编制委员会明确县（市）地志办为政府直属正科级事业单位，核定了人员编制和领导职数。南充市（县级）核定编制7名，南部县配备人员3人，阆中县增编调入2人。至1986年12月，地区地志办专职人员8人，县（市）地志办专职人员54人，另有借聘人员41名。

1987年9月，阆中县地志办定编4名。1988年5月，南充县地志办核定事业编制6名。1989年，仪陇县地志办核定编制4人。1990年1月，阆中县地志办定编7名。1992年1月，阆中市地志办增加事业编制2人。1993年7月，南充撤地建市，地区地志办配备专职人员8人。

1994年1月，南充地区地志办更名为南充市地志办，人员编制仍核定为8名。12月，市地志办专职人员为7人。1995年8月，蓬安县地志办核定编制5名。1995年10月，嘉陵区地志办成立，为正科级事业单位，核定编制1名。1996年6月，阆中市地志办定编7人。1997年12月，顺庆区地志办核定编制5名。1997年8月，西充县地志办核定事业编制6名。至1997年12月，市、县（市、区）地志办核定编制49名，在编在岗39人。

1998年9月，市地志办调入1名干部后，除领导变动和干部到龄退休外，没有再调入干部。2002年1月，仪陇县地志办核定事业编制2名。3月，西充县地志办核定事业编制4名。2007年8月，蓬安县地志办增加事业编制3名。2008年，四川省人事厅印发《关于批准南充市档案局（馆）等5个事业单位参照公务员法管理的通知》，市地志办为参照《中华人民共和国公务员法》管理的事业单位。是年6月，市地志办在编6人、在岗仅4人（市政府办借用1名干部、1名工勤人员），其中，主任1人，副主任1人，副调研员1人，科长1人。2008年，蓬安县地志办核定事业编制11名。2010年，市政府办借用的1名干部调市政府办工作，市地志办在编5人、在岗仅为4人（市政府办仍借用1名工勤人员），专业人员严重缺乏。2010年，市地志办开始加强专业人员选调工作。2011年6月，市地志办从县上选调1名专业人员，是13年来首次选调专业人员。从2012年开始，市地志办每年在全市公开遴选1名专业人员，至2014年，公开遴选了3名专业人员。2015年，嘉陵区地志办增加编制2名。县（市、区）地志办根据核定人员编制、专职人员退休或调离等情况，及时从县级公务员或参照公务员法管理的其他部门陆续选调充实专业人员。至2015年12月，全市地志办系统共核定编制53名，在编在岗47人，其中：硕士研究生2人，本科30人，专科13人，高中2人；处级领导3人，科级领导34人，科员及以下9人，高级技师1人。市地志办核定编制8名，在编在岗8人；顺庆区地志办核定编制5名，在编在岗5人；高坪区地志办核定编制3名，在编在岗3人；嘉陵区地志办核定编制3名，在编在岗2人；阆中市地志办核定编制6名，在编在岗5人；南部县地志办核定编制5名，在编在岗3人；西充县地志办核定编制4名，在编在岗6人；仪陇县地志办核定编制3名，在编在岗3人；营山县地志办核定编制5名，在编在岗4人；蓬安县地志办核定编制11名，在编在岗8人。另外，市、县（市、区）地志办长期（2年以上）聘用7人。

技术职称评定　1987年7月，省职称改革领导小组转发《四川省地方志编委会关于修志人员专业技术职务评聘的意见》，在地方志系统开展专业技术职务评聘工作。1987年10月，南充地区地方志系统开展首次专业技术职务评聘工作。成立南充地区地方志办公室、南充地区地名办公室职称改革工作领导小组，由陈祥超、文崇周、吕陌阶、王浦贤4位组成。文崇周任组长，兼任职称评聘办公室主任。领导小组根据中国地方志指导小组、省、地职称改革有关政策规定，鉴于地方志没有专门的职务系列，参照出版系列对地方志技术职称进行评聘。制定《南充地区地志办、地名办出版专业人员职务的实施意见》，对评聘范围和对象、职务设置、评聘资格、考核原则、考核办法等作了明确规定和详细说明。《意见》确定，地区地志办设副编审、编辑、助理编辑三级职位，县（市）地志办设编辑、助理编辑两级职位。

1987年12月，成立了以地区地志办为主的南充地区出版系列职务初级评审委员会和中级职务评审委员会，负责南充地区地方志系统专业职称评聘工作。地区评审组依照专业年限、学历、专业基础理论和知识水平、政治思想和业务能力、履职尽责和著述成果等方面，对申报材料进行认真考查核实，作出完整准确的评审意见，先后召开了12次初评委会议和8次中评委会议。至1988年12月，基本完成了全区地方志专业技术人员职称评定工作，地区地志办8人评聘了专业技术职务，其中，副编审（副高）1人、编辑（中级）4人、经济师1人；县（市）地志办44人评为编辑（中级）、助理编辑（初级）专业技术职务。对评聘的专业技术职务人员，按专业技术职务确定职务及工资待遇，对未评专业技术职务的人员按事业单位管理人员确定职级及工资待遇。1990年，阆中县地志办1人聘为编辑职务。1992年，南充市（县级）从南充市职工大学调入1名人员，由副教授转为副编审。之后，地方志系统未开展职称评定工作。1998年，市地志办人员工资由事业单位序列转为行政单位工资序列，人员工资全部按照行政人员职级重新确定，县（市、区）地志办人员工资相应全部按照行政人员职级重新确定。

兼职队伍建设　1983年，南充第一轮修志全面展开后，地区及各县（市）地志办专业人员缺乏，为了适应修志工作需要，抽调或聘用退休教师或综合单位离退休老同志从事修志工作。南充地区及各县（市）部门编纂部门志书，大多数是由编纂单位一名领导分管、单位办公室或政策法规（研究室）室主任主抓，聘请离退休老干部、退休教师或有一定文字功夫的业务骨干兼职从事资料搜集、志书编纂等工作。1986年，地级部门和县（市）从事修志工作兼职人员超过2000人。志书编纂完成后，聘请的人员解散。为了发挥社会上有志从事地方志工作人员的积极性，1989年，成立南充地区地方志协会，通过协会学术研究、志稿评议等活动，加强地方志兼职队伍建设。2002年，南充第二轮修志工作全面启动，市、县（市、区）各个部门聘请人员按照市、县（市、区）志编纂提供的有关资料要求，进行资料搜集和资料长编、志稿初纂等工作，工作任务最集中时，兼职人员最多时约1500人。部分单位、部门聘请人员编纂部门志书。资料搜集提供或志书编纂完成后，各个部门聘请人员解散，地方志工作由部门办公室负责，相对固定专人兼职从事年鉴编辑等工作。在两轮集中修志和年鉴编辑、地情资料研究等地方志工作中，市（地区）、县（市、区）参与资料收集、志书编纂、志稿撰写、地情资料书编辑等地方志兼职工作者数以万计。市（地区）、县（市、区）地志办通过地方志协会学术研讨、编辑地情资料书籍、年鉴编辑等地方志工作发现和培养了一批社会兼职地方志工作骨干，为地方志事业发展储备了一批懂业务、热心地方志工作的人才。

业务培训　1981年，阆中县筹备编修《阆中县志》，采取以会代训或专题培训的形式，分阶段对参与编修的人员进行5次业务培训，培训人员达498人次。1983年，地区、县（市）地志办成立后，地区地志办创办《南充地方志通讯》工作简报，选编外地和南充地区志书编纂工作中好的做法和经验，提供给大家学习参考；地区地志办举办地级部门修志人员训练班，南充市（县级）对部门、单位70余名修志人员进行修志业务培训，营山县举办了为期4天、130人的部门志编纂人员培训班。1984年，地区和县（市）地志办采取以会代训、定期学习、外出参观、专题讲座、经验交流等多种形式，共培训地方志领导和编纂人员4108人次，较为系统学习方志学基础知识，参训人员初步掌握了方志体例、拟定纲目和搜集资料的原则。阆中县地志办对乡志纲目设置进行培训。1985年，地区地志办和南充市（县级）地志办联合举办为期3天的方志业务干部培训班，90个部门195名部门志编纂骨干参加培训。积极组织地区和各县（市、区）地方志工作人员参加省地方志编委会举办的业务培训，地区和南充市（县级）、阆中县地志办各选送1名年轻干部参加省地方志编委会在四川大学历史系举办的地方志干部方志培训班进行业务培训。

1986年，《营山县志》《仪陇县志》初稿形成，地区地志办分别在营山县、仪陇县多次召开县（市）志编纂研究会、志稿评议会，组织地区、县（市）地方志工作者参会，以会代训对县（市）志和地级部门志的主编、副主编、编辑进行业务培训，南部县地志办召开为期2天的修志人员业务学习会。1987年，南充市（县级）先后派出5人参加省地方志编委会举办的主编培训班、广东省社科院历史研究所举办的全国地方志高级讲习班和中国地方志指导小组举办的广西桂林地方志培训班学习，南充县对聘任的40名分志责任编辑进行编辑业务培训。1989年，成立南充地区地方志协会后，组织广大地方志工作者开展方志学术研讨，交流修志的具体做法和心得体会，提高大家修志业务水平。在一边探索、一边总结和边学习、边提高的过程中，完成了第一轮修志任务。第一轮县（市）志书全部出版后，市地志办和地方志协会组织修志工作者认真总结首轮修志的做法和经验，撰写理论研究文章，《营山县志》主编李定国、《南充交通志》副主编徐方强、《蓬安县志》主编邓郁章、《西充县志》主编李仲华、顺庆区地志办主编潘大德、南部县地志办副主任史今律、阆中市地志办杨林由等在全国和省级以上方志期刊等刊物上发表了不少有见地的学术论文。市、县（市、区）地志办继续抓好干部职工的业务学习，发现和培养地方志工作业务骨干，为续修志书做准备。

1995年，开始编辑《南充年鉴》，市地志办对120余名年鉴编辑人员进行了年鉴编辑专题业务培训。

2002年，全市第二轮修志全面启动，首先对参与修志人员进行业务培训。营山县作为全省第二轮修志的试点县之一，县志编委会对全县各乡镇、各部门参与县志编纂的200余人进行专门培训。2003年6月，市地志办编印了《〈南充市志〉编纂培训教材》和《〈南充市志〉编纂工作文件法规汇编》等规范性培训材料，特聘四川师范学院（西华师范大学）副院长、教授龙显昭，省地方志编委会总编室主任、编审黄友良，省地方志编委会市县志工作部副主任、副编审马国栋，原《蓬安县志》主编邓郁章，原《营山县志》主编李定国等专家、教授和学者对参与《南充市志》编纂的400余人进行3天业务培训，系统讲授了“试论历史上的南充、方志基础知识、关于修志的资料工作、志书编纂方法、人物志编写的几个问题、关于大事记编写的几个问题”等6个专题。顺庆区地志办对参加《顺庆区志》编纂的80余人进行培训，高坪区地志办举办续修《南充县志》培训，对参与续修《南充县志》的156人进行专题业务培训，嘉陵区地志办聘请地方志专家对200余名区志编纂人员进行为期5天的业务培训。

2004年至2006年，各级各部门对参与地方志工作的人员开展资料搜集等专题培训。南部县对区、乡、镇、县级各部门和县属企事业单位200余人的县志编纂人员暨年鉴撰稿人进行业务培训。顺庆区邀请12位曾在顺庆区工作的老领导、驻区大学教授、对顺庆地情有研究的学者和修志战线的老同志，对《顺庆区志》编纂人员进行有针对性的业务指导。市地志办组织各县（市、区）修志人员参加省上举办的修志业务培训，到巴中、遂宁、成都、营山等地学习续修县志的做法和经验，利用《南充市地方志通讯》刊发修志经验和做法。市地志办通过志稿试写、召开志稿撰写研讨会等办法，对市志编纂人员进行面对面的点评。

2007年，市地志办对《南充市志（1707—2003）》总纂人员进行了总纂专题培训。2008年，阆中市和西充县先后对300多名编纂人员进行了业务培训。高坪区分3次对100余名编纂人员进行培训。蓬安县聘请4名地方志工作者对200余名县志续修人员就地方志基本知识、志书资料搜集与整理、志书编纂方法、人物志编写、大事记编写、乡镇志编写等进行专题培训。2009年，市地志办举办年鉴编辑人员业务培训班，聘请省年鉴编辑专家就年鉴的定义、分类等基础知识和年鉴体例、条目拟定、行文规范等专题作系统讲授。是年开始，市地志办为每位干部职工订阅《中国地方志》《巴蜀史志》等专业杂志，要求每位干部每年自己至少选订1种与地方志工作相关的杂志，加强业务自修提高。

2011年，南充市及各县（市、区）志第二轮续修（新修）志书任务全面完成。高坪区通过区委组织部发文、区委党校开设地方志培训专题班，对90余名地方志撰稿人员进行培训，是高坪区全面完成第二轮志书编纂工作后第一次大规模培训，也是南充有史以来第一次由组织部组织、党校举办的地方志工作培训班。之后，市、县（市、区）地志办积极选派地方志工作者参加省地方志编委会组织的志书编纂、年鉴编辑、宣传信息、地情资源开发利用等业务培训。继续举办年鉴编辑、志书编纂等业务培训班，不断加强地方志工作业务培训。

2012年开始，市地志办通过岗位练兵的方式，对新进市地方志办人员进行较为系统的业务培训。至2013年，市地志办人员全员参与《川北区志》资料搜集、编纂审核工作，让大家掌握资料搜集方法、志书编纂的基本做法。2014年，市地志办对办内人员开展了年鉴编辑专题业务培训，全员参与《南充年鉴（2014）》稿件编辑并年年坚持下去，持续提高大家年鉴编辑业务能力。2015年，市地志办组织全办人员统一学习《方志学通论》《当代志书编纂教程》两本理论专著，作好学习笔记，写好学习心得。同时，全员、全程参与《南充市地方志志》编纂工作，按照《南充市地方志志》编纂工作进度，分阶段、分专题对志书编纂的篇目设计、资料搜集、资料长编编辑、志稿初纂、志稿总纂、志稿审核等进行有针对性的业务培训，使理论学习与工作实践有机结合，提高志书编纂的实际工作能力。

思想政治建设 1983年，地区、县（市）地志办成立后，始终将地方志队伍思想政治建设作为首要工作抓紧抓实。组织干部职工及时学习不同时期党的方针政策和政治理论，认真学习中共十一届三中全会至中共十八大各次大会报告和全会《决定》，系统学习中国特色社会主义理论、“三个代表”重要思想、科学发展观和四个全面战略布局、五大发展新理念以及习近平关于全面建成小康社会、全面深化改革、实现中华民族伟大复兴的中国梦等系列重要讲话精神，及时传达学习中央、省委、市委重要文件和领导重要讲话，时刻保持头脑清醒、立场坚定，与党中央、省委、市委保持高度一致。组织全体党员学习党章，开展重温入党誓词，按照“三会一课”的要求，上好党课，开好党员组织生活会、党员民主会、党员领导干部民主生活会，搞好党员民主评议，加强党员教育与管理，充分发挥地方志系统党员的带动示范作用。组织干部职工学习贯彻廉洁从政的有关规定和国家法律法规，听取廉政建设报告会，观看廉政建设教育警示片和图片展览，自觉做到敬畏法纪、清正廉洁。组织干部职工到革命纪念馆、革命圣地参观学习，大力弘扬革命先辈、英雄模范和先进人物的精神，发挥好革命先辈、先进榜样的导向引领作用。

按照中央、省委和市委的部署，扎实开展好不同时期党的重大专题学习教育活动。2000年2月至7月，按照市委统一部署，市地志办领导班子和领导干部开展了“讲学习、讲政治、讲正气”的学习教育活动，制定了实施意见和学习活动方案，召开离退休老干部、科长、县（市区）地志办主任参加的座谈会，广泛征求基层群众、市级部门对地方志工作的意见建议，认真查摆领导班子、领导干部在党风党性方面存在的突出问题，勇于开展批评与自我批评，切实整改存在的问题，巩固学习教育成果，取得了坚定政治信念、改进工作作风、增强解决问题能力等成效。

2005年1月至5月，在市委统一部署下，市地志办认真开展“保持共产党员先进性教育活动”。重点学习《保持共产党员先进性教育读本》，开展“保持共产党员先进性教育活动”知识竞赛。在整改活动中，请各县市区地志办、人大代表、政协委员、市级部分单位对市地志办整改结果测评，在市委检查组全面验收时，市地志办获得99分。2009年3月至8月，按照市委安排部署，市地志办扎实开展深入学习实践科学发展观活动。成立领导小组，制定活动方案；加强理论学习，畅谈学习心得，市地志办主任夏建平围绕科学发展观、结合本单位实际，作了《全面准确理解科学发展观》专题辅导报告；开展解放思想和“坚持科学发展，创新地方志工作”“树立正确的政绩观，提升地方志工作质量”2个专题大讨论，夏建平作《把握发展机遇，开创地方志工作新局面》中心发言；深入基层调研，到市地志办联系帮扶的顺庆区合众街社区4户帮扶户和嘉陵区木老乡唐家沟村5户“计生三结合”帮扶对象研究落实帮扶措施，大力开展帮扶工作，市委学习实践科学发展观活动指导小组予以宣传报道；广泛征求各方意见，向县（市、区）地志办、市级部门发放了100份问卷调查表，收到加强地方志工作指导的意见和建议15条；领导班子和个人撰写高质量的分析检查报告，召开高质量的专题民主生活会，市委深入学习实践科学发展观第六组指导组亲临指导；切实抓好问题的整改落实，对整改项目落实整改措施、责任人、责任科室和整改时限；学习实践活动群众评议和民主测评，满意率均为100%，圆满完成深入学习实践科学发展观活动。

2014年2月至10月，按照市委统一部署，市地志办认真开展了党的群众路线教育实践活动，严格按照“照镜子、正衣冠、洗洗澡、治治病”的总要求，紧紧围绕为民务实清廉的主要内容，聚焦“四风”突出问题，切实抓好“学习教育、征求意见，查摆问题、开展批评，整改落实、建章立制”各环节工作。制定学习计划和活动方案，及时进行动员部署，市地志办主任、群众路线教育实践活动领导小组组长夏建平在动员讲话中要求，充分认识开展教育实践活动的重要性和必要性，抓实抓好教育实践活动每个环节的工作，确保教育实践活动取得实效。市委第十二督导组组长谢洪才要求思想上要高度重视，行动上认真抓落实，方法上领导做好表率、起好引领作用；集中学习和自学习近平总书记系列重要讲话、规定必学的书目和中央、省、市有关领导的重要讲话、有关文件，撰写学习心得体会；通过听取市政府秘书长沈一凡《践行党的群众路线，争做人民满意的好党员、好干部》和市地志办主任夏建平《牢记宗旨，勤奋实干，争做一名优秀地方志工作者》专题党课、观看《焦裕禄》《周恩来的四个昼夜》等影视片和《苏联亡党亡国20年祭——俄罗斯人在诉说》等警示片强化党性教育，开展“群众路线怎么走”“工作作风怎么改”“工作质量怎么提升”等3个专题讨论；主动征求省地方志编委会和市、县（市、区）相关部门以及干部职工对市地志办领导班子和班子成员的意见建议50余条；开展班子成员之间、班子成员与干部职工之间全覆盖的交心谈心活动，充分沟通交流，达到思想上的统一；深刻开展剖析对照检查，高质量地开好领导班子专题民主生活会和党员组织生活会，既有红红脸、出出汗的紧张与严肃，又有加加油、鼓鼓劲的团结与和谐；切实抓好制度建设的“废、改、立”工作，废除原有不适应制度，修改完善和新建立了指导力强、能长期管用的制度。通过群众路线教育实践活动的开展，市地志办干部职工思想认识和宗旨意识明显强化，工作作风与精神风貌明显改观，工作态度和工作责任明显增强，制度建设和长效机制得到完善。领导班子和每个党员民主评议满意度全部获得100%“好”的评价。

2015年，市地志办领导班子成员参加市政府办公室党组统一开展的“严以修身、严以用权、严以律己、谋事要实、创业要实、做人要实”专题教育活动。听取市政府党组书记、市长向东和市政府办党组书记、市政府秘书长沈一凡讲党课，学习《党章》《习近平谈治国理政》以及习近平系列重要讲话精神，开展“严以修身、严以用权、严以律己”专题讨论，召开领导班子专题民主生活会和党员组织生活会，梳理领导班子和个人在不严不实方面存在的问题，抓好问题整改落实和加强班子制度建设，切实增强践行“三严三实”要求的自觉性。

【办公条件】 1981年1月，阆中县率先成立县志编修办公室，在阆中县政协借用2间砖瓦结构平房作为办公场地。1983年3月，南充地区地方志编纂工作领导小组办公室成立，在地区行署一院二号楼分配1间办公室。1984年，行署车库楼建成后，给地区地志办分配了4间共约60平方米的办公室。1984年3月，阆中县地志办划归为政府常设正科级事业单位，在县政府办公楼分配2间共20多平方米的办公用房。至1985年3月，南充地区各县（市）政府相继成立了地志办，从县（市）政府办或其他单位调剂1至2间办公室分配给地志办作为办公用房，面积30平方米左右。办公设备简陋，仅有陈旧的木桌木凳或藤椅，没有办公电话、降温取暖设备，用蜂窝煤炭、茶壶烧开水。地区地志办及仪陇等少数县（市）配有手动打字机、油印机。

1989年，地区地志办和仪陇县、南充市（县级）等安装了办公电话，各县（市）购置了打字机、电风扇等设备，阆中县开始使用天然气。至1993年7月，南充撤地建市前，全区各级地志办共有办公用房29间（不含南充地区所辖的岳池县、武胜县、广安县、华蓥市等办公用房），其中，市地志办8间、100余平方米，仪陇县、西充县地志办3间、约60平方米的办公用房，蓬安县仅有1间计24平方米的办公室。部分县（市）购置了书柜、资料柜。

1990年12月，地区行署将一台成都产白鹿牌越野车调拨给地区地志办，作为公务用车。1992年，白鹿牌越野车报停，更换为成都产野马牌越野车，1995年报停。1998年，市政府将市领导使用后更换下来的一辆桑塔纳小车调拨给市地志办，作为公务用车，2000年报停。2002年，市地志办和顺庆、高坪、仪陇等县（区）地志办开始购置电脑设备，部分县（市、区）地志办购置了新办公桌椅、皮制沙发、铁制文件柜，安装程控电话和空调等。

2004年10月，市地志办办公地点随市政府办公楼搬迁，从南充市涪江路市政府一院搬至市政新区市政府1号楼2楼办公，分配了5间、约200平方米的办公用房和2间、约80平方米的资料用房，新购置台式电脑、传真机和办公桌椅、书柜、资料柜等办公设备。是年，高坪区、阆中市地志办实现干部每人1台台式电脑，阆中市地志办还配置1台笔记本电脑。2006年，市政府将一辆日产蓝鸟牌轿车调拨给市地志办作为公务用车，2008年报停。2009年5月，市政府安排市财政拨专款，给市地志办购置了1辆排量为2.0的雅阁公务小车，是市地志办成立以来首次购置新车。是年，市地志办为每个干部更换、配备了1台笔记本电脑。2010年，嘉陵区政府给嘉陵区地志办配备1辆公务小车，是县（市、区）地志办第一个配备公务小车的单位。

2012年，市地志办争取市财政局拨出专款，采购了非接触扫描仪、零边距数码扫描仪、数码单反照相机、数码摄像机、录音笔、笔记本电脑、复印机、打印机等专用设备，是市地志办成立以来第一次集中采购专用设备。是年，市政府给市地志办增加1辆公务用车编制。同时，给市地志办增加了1间约30平方米的办公用房。顺庆区、阆中市、南部县、西充县、嘉陵区、蓬安县等县（市、区）地志办增加了办公用房或资料室。

至2015年，地方志工作领域扩大，专业人员逐步增加，办公用房相应有所增加，全市共有42间、1300余平方米的办公用房，市地志办和顺庆区地志办配有专门的会议室，市、县（市、区）均有专门的资料档案保管室。办公设施设备有了较大改善，基本达到干部职工每人一台笔记本电脑，扫描仪、打印机、复印机、传真机、照相机、摄像机、录音笔等专用设备基本齐全，市地志办和嘉陵区、阆中市、西充县配备了公务小车。

【方志馆建设】 2011年，市、县（市、区）两级方志馆建设写入《南充市地方志事业第十二个五年发展规划》。2012年7月，市地志办正式给市政府呈报修建南充市方志馆的请示。2013年2月，市政府五届第12次规划委员会决定南充市方志馆建设正式立项。是年，完成南充市方志馆建设可研报告和建筑设计。2013年5月，西充县政府领导批准，西充县方志馆与西充县档案馆合建。2014年10月，南充市方志馆正式开工建设。2015年6月，营山县方志馆建设被营山县政府正式立项。至2015年12月，南充市方志馆主体工程封顶，西充县方志馆建筑工程基本完成，营山县方志馆进行建筑场地平整。

南充市方志馆建设 2011年，市政府办公室印发的《南充市地方志事业第十二个五年发展规划》，明确提出"'十二五'期间，市级建设约3000平方米至5000平方米的方志馆"，方志馆作为地方志工作的基础设施建设予以重视。2012年，市地志办将市方志馆建设列入年度重点工作。市地志办主任夏建平在考察学习北京市、江苏省等省外方志馆建设的基础上，结合南充地方志工作实际，对市方志馆建设提出建议意见。7月，市地志办正式给市政府呈报《关于修建南充市方志馆的请示》，建议市方志馆建筑面积约4000平方米，建设方式采取划地新建或利用机构改革腾出的符合条件的办公楼改建，功能布局设置地情展览厅、志书阅览室、地情阅览室、电子阅览室、志书藏书室、地情资料藏书室、地情学术报告厅等。市政府秘书长沈一凡批示"考虑到单独新建体量小，建议适时安排腾出的办公楼改建"。市政府副市长朱家媛庚即批示"同意一凡同志建议。请办公室纳入统筹改建范围，尽早安排方志馆建设"。根据市政府领导的批示，市地志办主动与市政府办衔接，对腾出来的3处办公楼分别进行实地考察，提出了市方志馆改建的初步意见。

2013年2月，市地志办得知市政府决定修建市规划馆、市科技馆和扩建市图书馆的情况，立即给市政府呈报《关于新建南充市方志馆的请示》，市政府副市长朱家媛立即批示"请市规划局将市方志馆纳入市规划馆、市科技馆和扩建市图书馆一并规划建设，根据具体情况合理规划"。市地志办立即落实市政府领导的批示，主动及时地与市规划局沟通衔接，市规划局大力支持，将市方志馆建设纳入市规划馆、市科技馆和扩建市图书馆的规划中。是月20日，市长向东主持召开市政府五届第12次规划委员会，决定将市方志馆与市规划馆、市科技馆、市图书馆（扩建）、市青少年活动中心（简称"四馆一中心"）一并规划建设，选址南充市黄金地段、南充北部新城核心区的市大剧院旁。"四馆一中心"由市规划局负责总体方案设计、市政府投资非经营性项目代建中心（以下简称"市代建中心"）负责立项、可研、建设等工作，市发改委负责立项申请等事宜。市地志办根据第12次规委会精神，及时主动地与市规划局及建设方案设计招标单位进行多次沟通衔接，市规划局提出市方志馆地上建筑面积约2321平方米的设计方案。是月，市代建中心、市发改委启动向省上申报立项工作。3月27日，市长向东主持召开市政府五届第13次规委会，通过"四馆一中心"设计方案，并要求进一步优化设计，适当增加方志馆建筑面积，满足方志馆使用。市地志办根据第13次规委会意见，立即与市规划局进行衔接，修改完善市方志馆设计方案，市方志馆地上建筑面积增加到2490平方米。6月，市规划局将工程设计方案移交市代建中心，市代建中心启动“四馆一中心”建筑方案优化设计等工作。

2013年7月，中办、国办发出停止建设楼堂馆所的通知，在类似楼堂馆所项目的审批上，全国普遍实行缓批、停批。继后，全国各地陆续向国家反映涉及楼堂馆所类似项目在审批上存在的困难和问题。11月，中办、国办就文件规定作了进一步说明，对公益性楼堂馆所不属于停止建设的楼堂馆所项目。12月，市发改委根据新的说明，立即分级启动“四馆一中心”立项工作，市代建中心加快《可行性研究报告》编制评审、项目投资预算等工作，对工程建设方案、工程结构、功能分区以及抗震烈度、给排水、电气暖通、消防设施等方面进行深化设计。市方志馆地上4层建筑总面积为2664.05平方米，其中，第一层906.74平方米，第二层594.04平方米，夹层594.04平方米，第三层569.23平方米，市方志馆地下建筑面积3400平方米，总建筑面积6064.05平方米。市地志办根据建筑面积，按照方志馆的定位，反复研究，对各层的功能进行了合理布局，第1层为地情展览厅、管理室、接待室、查阅登记室、空调房、卫生间；第2层为志书阅览室、志书藏书室、电子阅览室、空调房、卫生间；夹层为地情阅览室、地情资料藏书室、资料抢救修复室、空调房、卫生间；第3层为地情学术报告厅、地情开发室、影像制作室、资料征集室、空调房、卫生间。12月，市政府五届第60次常务会议，审议通过“四馆一中心”建设项目。

2014年2月，市政府常务会议审定并原则通过“四馆一中心”项目投资估算，估算总投资5.3718亿元，其中，市方志馆估算投资4344万元（不含土地、装饰布展、设备购置等费用）。市政府将“四馆一中心”建设作为2014年城市基础设施建设重点项目进行目标责任分解，落实各相关单位责任。4月，内江市地志办到南充考察学习市方志馆建设工作。市代建中心加快地质勘查、工程环评、工程招标等工作进度，5月底完成项目批复，7月底前完成施工设计。9月，省地方志编委会党组书记、副主任马小彬和党组成员、副主任罗亚夫分别到南充调研了市方志馆建设。市代建中心9月底前完成施工监理招标，10月20日前办理建筑施工许可等证。通过建筑工程招标，“四馆一中心”建设工程由市代建中心主管、中国五冶集团有限公司承建。10月26日，市方志馆等“四馆一中心”正式开工建设。

2015年6月，省地方志编委会党组成员、机关党委书记王孝平到南充调研市方志馆建设。10月，市政协组织学习文史委委员视察市方志馆建设。是月，乐山市政府副秘书长带领乐山市地志办等相关单位负责人考察学习市方志馆建设。在市方志馆建设中，市地志办积极配合，按照市代建中心要求，思考研究市方志馆的初步布展方案。市代建中心加强建筑质量和进度管理，中国五冶集团有限公司科学管理、严格施工，保证建筑质量。经过1年多时间的努力，提前完成了主体工程建筑任务。2015年12月，市方志馆建设主体工程顺利封顶。

2016年1月15日，市长向东率副市长贾德华和市政府办、市目标督查办、市住房和建设局、市城乡规划和测绘局、市地志办、市代建中心等单位主要负责人到市方志馆建筑现场进行视察。向东对承建方在保证建筑质量前提下、超进度提前实现主体工程封顶表示祝贺，希望继续抓好工程后期建设，把安全工作放在首位，强化质量管理，争创“天府杯”优质建筑工程。向东要求市地志办要出去学习考察方志馆布展经验，认真研究市方志馆的布展工作，突出方志馆的独特定位和作用，真正使市方志馆成为南充地方文化展示中心、开发中心、地情研究咨询中心、地方志文化交流中心和爱家乡宣传教育基地。

县（市、区）方志馆建设 2011年，市地志办制定、市政府审定印发的《南充市地方志事业第十二个五年发展规划》，明确提出“‘十二五’期间，县（市、区）约500平方米的方志馆（室）立项建设”。各县（市、区）地志办积极给政府分管领导汇报，力争将方志馆建设能够在“十二五”期间立项、建设。

2013年5月，西充县地志办给县政府呈报《关于修建西充县方志馆的请示》，西充县政府常务副县长何晓林、县长任明在请示上明确批示“县方志馆与县档案馆合建，由县档案馆牵头建设，县地志办配合，待全面完工后方志馆使用面积不少于500平方米”。方志馆建设可研报告、立项计划等均由县档案馆一并承办，建筑标准参照档案馆建筑标准。2014年，西充县方志馆完成建筑设计并开工建设。2015年3月，营山县地志办给县政府呈报《关于修建营山县方志馆的请示》。6月，县政府同意新建营山县方志馆。是月，营山县地志办给营山县发改局报送《关于营山县方志馆建设项目立项的函》，营山县发改局庚即研究并作出准予立项的批复。是月，营山县地志办委托南充市工程咨询公司完成《营山县方志馆建设项目可行性研究报告》，与营山县政府投资非经营性项目代建中心签订《委托代建合同书》，由代建中心负责方志馆建设项目的前期工作、施工管理、工程移交等相关工作。7月，落实方志馆建设项目选址。8月，完成可研编制、建筑初步设计、工程勘察等工作。营山县方志馆规划建筑面积1000平方米。9月，开始工程招标工作。至2015年12月，西充县方志馆建筑工程基本完工，营山县方志馆开始进行建筑场地平整。

地方志工作荣誉

Work Honor of Local Records

1981年至2015年，南充地方志事业不断发展，工作中涌现出了一大批先进集体、先进个人，分别获得中国地方志指导小组、省政府、省人力资源和社会保障厅、省地方志编委会、地区行署、市政府、地区地方志编审委员会、南充市志编纂委员会的表彰奖励。编纂的地方志书、年鉴、地情资料书等地方志成果分别获得全国地方志奖、四川省哲学社会科学优秀成果奖、四川省地方志优秀成果奖、南充市（地区）哲学社会科学优秀成果奖。

【地方志工作先进集体】 1981年至2015年，南充市（地区）地志办和各县（市、区）地志办认真履行地方志的组织、指导、督促和检查等管理职能，市（地区）及县（市、区）部门和乡镇等积极参与地方志工作，共同推动南充地方志事业向前发展。1989年，地区地方志编委会对全区地方志工作先进集体进行了表彰。1993年，省政府对地方志工作先进集体进行了表彰。至2015年，南充先后获中国地方志指导小组、省政府、省人力资源和社会保障厅、省地方志编委会、市政府（地区行署）、南充市志编委会（地区地方志编委会）等表彰奖励的地方志工作先进集体190个（次）。其中，南充市地志办、顺庆区地志办获中国地方志指导小组表彰；省政府表彰的地方志工作先进集体6个（次）；省人社厅、省地方志编委会表彰的地方志工作先进集体11个（次）；省地方志编委会（省地方志办）表彰的地方志工作先进集体41个（次）；市政府表彰的地方志工作先进集体51个（次）；南充市志编委会（地区地方志编委会）表彰的地方志工作先进集体79个（次）。

南充市地方志工作先进集体一览表
（1989年至2015年）

获奖单位	荣誉称号	授奖单位	获奖时间
南充地区地方志办公室	地方志工作先进集体	南充地区地方志编审委员会	1989年
营山县志编纂委员会	地方志工作先进集体	南充地区地方志编审委员会	1989年
营山县志办公室	地方志工作先进集体	南充地区地方志编审委员会	1989年
仪陇县志办公室	地方志工作先进集体	南充地区地方志编审委员会	1989年
南充县志办公室	地方志工作先进集体	南充地区地方志编审委员会	1989年
南充地区茧丝绸公司志办	地方志工作先进集体	南充地区地方志编审委员会	1989年
南充地区卫生局志办	地方志工作先进集体	南充地区地方志编审委员会	1989年
南充地区交通局志办	地方志工作先进集体	南充地区地方志编审委员会	1989年
南充地区水电局志办	地方志工作先进集体	南充地区地方志编审委员会	1989年
南充地区检察分院	地方志工作先进集体	南充地区地方志编审委员会	1989年
南充地区金融志办	地方志工作先进集体	南充地区地方志编审委员会	1989年
南充地区烟草公司	地方志工作先进集体	南充地区地方志编审委员会	1989年
南充地区组织史资料编辑室	地方志工作先进集体	南充地区地方志编审委员会	1989年
南充地区粮食局志办	地方志工作先进集体	南充地区地方志编审委员会	1989年
南充南充市卫生局志办	地方志工作先进集体	南充地区地方志编审委员会	1989年
阆中县农贸办公室	地方志工作先进集体	南充地区地方志编审委员会	1989年
南部县农业志办	地方志工作先进集体	南充地区地方志编审委员会	1989年

续表

获奖单位	荣誉称号	授奖单位	获奖时间
西充县政权志编纂领导小组	地方志工作先进集体	南充地区地方志编审委员会	1989年
仪陇县计划生育办公室	地方志工作先进集体	南充地区地方志编审委员会	1989年
蓬安县粮食局	地方志工作先进集体	南充地区地方志编审委员会	1989年
南充县财政局	地方志工作先进集体	南充地区地方志编审委员会	1989年
南充地区地方志办公室	地方志工作先进集体	四川省人民政府	1993年
营山县地方志办公室	地方志工作先进集体	四川省人民政府	1993年
西充县地方志办公室	地方志工作先进集体	四川省人民政府	1993年
阆中市地方志办公室	地方志工作先进集体	四川省人民政府	1993年
南充县地方志办公室	地方志工作先进集体	四川省人民政府	1993年
南部县地方志办公室	地方志工作先进集体	四川省地方志编委会	1993年
仪陇县地方志办公室	地方志工作先进集体	南充地区地方志编审委员会	1993年
蓬安县地方志办公室	地方志工作先进集体	南充地区地方志编审委员会	1993年
南充市地方志办公室	地方志工作先进集体	南充地区地方志编审委员会	1993年
南充地区茧丝绸公司	地方志工作先进集体	南充地区地方志编审委员会	1993年
南充盐业分公司	地方志工作先进集体	南充地区地方志编审委员会	1993年
中国人民解放军南充军分区	地方志工作先进集体	南充地区地方志编审委员会	1993年
南充地区交通局	地方志工作先进集体	南充地区地方志编审委员会	1993年
南充地区文化局	地方志工作先进集体	南充地区地方志编审委员会	1993年
南充地区工商行政管理局	地方志工作先进集体	南充地区地方志编审委员会	1993年
南充地区水利电力局	地方志工作先进集体	南充地区地方志编审委员会	1993年
南充地区烟草专卖局	地方志工作先进集体	南充地区地方志编审委员会	1993年
南充地区农业局	地方志工作先进集体	南充地区地方志编审委员会	1993年
南充地区金融志办	地方志工作先进集体	南充地区地方志编审委员会	1993年
南充地区气象局	地方志工作先进集体	南充地区地方志编审委员会	1993年
顺庆区地方志办公室	地方志工作先进集体	四川省地方志编委会 四川省人事厅	1996年
营山县地方志办公室	地方志工作先进集体	四川省地方志编委会 四川省人事厅	1996年
南充市地方志办公室	修志工作先进集体	四川省人民政府	2000年
顺庆区地方志办公室	地方志系统先进集体	四川省人事厅 四川省地方志编委会	2000年
阆中市地方志办公室	地方志系统先进集体	四川省人事厅 四川省地方志编委会	2000年
南充市地方志办公室	地方志工作年度先进单位	四川省地方志编纂委员会	2000年

续表

获奖单位	荣誉称号	授奖单位	获奖时间
顺庆区地方志办公室	地方志工作年度先进单位（综合奖）	四川省地方志编委会	2001 年
阆中市地方志办公室	地方志工作年度先进单位（综合奖）	四川省地方志编委会	2001 年
南充市地方志办公室	年鉴编纂工作先进单位（单项奖）	四川省地方志编委会	2001 年
南充市地方志办公室	年鉴编纂工作先进单位（单项奖）	四川省地方志编委会	2001 年
高坪区地方志办公室	年鉴编纂工作先进单位（单项奖）	四川省地方志编委会	2001 年
嘉陵区地方志办公室	年鉴编纂工作先进单位（单项奖）	四川省地方志编委会	2001 年
南充市地方志办公室	地方志工作先进单位（综合奖）	四川省地方志编委会	2002 年
营山县地方志办公室	地方志工作先进单位（综合奖）	四川省地方志编委会	2002 年
西充县地方志办公室	地方志工作先进单位（综合奖）	四川省地方志编委会	2002 年
阆中市地方志办公室	地方志工作先进单位（综合奖）	四川省地方志编委会	2002 年
顺庆区地方志办公室	志书编纂工作先进单位（单项奖）	四川省地方志编委会	2002 年
顺庆区地方志办公室	2001—2002 年度先进会员单位	四川省地方志协会	2002 年
顺庆区人民政府	首届修志工作先进集体	南充市人民政府	2002 年
阆中市人民政府	首届修志工作先进集体	南充市人民政府	2002 年
营山县人民政府	首届修志工作先进集体	南充市人民政府	2002 年
南充市政府办公室	首届修志工作先进集体	南充市人民政府	2002 年
南充市文化局	首届修志工作先进集体	南充市人民政府	2002 年
南充市交通局	首届修志工作先进集体	南充市人民政府	2002 年
南充市水利局	首届修志工作先进集体	南充市人民政府	2002 年
南充市财政局	首届修志工作先进集体	南充市人民政府	2002 年
南充市国土局	首届修志工作先进集体	南充市人民政府	2002 年
南充市林业局	首届修志工作先进集体	南充市人民政府	2002 年
南充市粮食局	首届修志工作先进集体	南充市人民政府	2002 年
南充市教育局	首届修志工作先进集体	南充市人民政府	2002 年
南充市卫生局	首届修志工作先进集体	南充市人民政府	2002 年
人民银行南充分行	首届修志工作先进集体	南充市人民政府	2002 年
南充烟草公司	首届修志工作先进集体	南充市人民政府	2002 年
南充市邮政局	首届修志工作先进集体	南充市人民政府	2002 年
南充电信分公司	首届修志工作先进集体	南充市人民政府	2002 年
南充盐业分公司	首届修志工作先进集体	南充市人民政府	2002 年
南充市地方志办公室	首届修志工作先进集体	南充市人民政府	2002 年

续表

获奖单位	荣誉称号	授奖单位	获奖时间
南充市工商行政管理局	首届修志工作先进集体	南充市人民政府	2002 年
南充市地方志办公室	地方志工作先进单位（综合奖）	四川省地方志编委会	2003 年
顺庆区地方志办公室	志书编纂工作先进单位（单项奖）	四川省地方志编委会	2003 年
西充县地方志办公室	年鉴工作先进单位（单项奖）	四川省地方志编委会	2003 年
阆中市地方志办公室	地情信息服务工作先进单位（单项奖）	四川省地方志编委会	2003 年
顺庆区地方志办公室	2001—2002 年度先进集体	四川省地方志协会	2003 年
阆中市地方志办公室	2001—2002 年度先进集体	四川省地方志协会	2003 年
南充市政府办公室	地方志工作先进单位	南充市志编纂委员会	2003 年
南充市经贸委	地方志工作先进单位	南充市志编纂委员会	2003 年
南充市交通局	地方志工作先进单位	南充市志编纂委员会	2003 年
人民银行南充中心支行	地方志工作先进单位	南充市志编纂委员会	2003 年
南充市体育局	地方志工作先进单位	南充市志编纂委员会	2003 年
南充市国家税务局	地方志工作先进单位	南充市志编纂委员会	2003 年
南充市地方税务局	地方志工作先进单位	南充市志编纂委员会	2003 年
南充市卫生局	地方志工作先进单位	南充市志编纂委员会	2003 年
南充市水利局	地方志工作先进单位	南充市志编纂委员会	2003 年
南充市房管局	地方志工作先进单位	南充市志编纂委员会	2003 年
南充市畜牧局	地方志工作先进单位	南充市志编纂委员会	2003 年
南充市林业局	地方志工作先进单位	南充市志编纂委员会	2003 年
南充市扶贫办	地方志工作先进单位	南充市志编纂委员会	2003 年
南充市机械化工行业办公室	地方志工作先进单位	南充市志编纂委员会	2003 年
南充市纺织服装行业办公室	地方志工作先进单位	南充市志编纂委员会	2003 年
南充市丝绸行业办公室	地方志工作先进单位	南充市志编纂委员会	2003 年
南充市轻工食品行业办公室	地方志工作先进单位	南充市志编纂委员会	2003 年
南充市物资建材行业办公室	地方志工作先进单位	南充市志编纂委员会	2003 年
南充电业局	地方志工作先进单位	南充市志编纂委员会	2003 年
南充市烟草公司	地方志工作先进单位	南充市志编纂委员会	2003 年
南充市国土资源局	地方志工作先进单位	南充市志编纂委员会	2003 年
南充市劳动与社会保障局	地方志工作先进单位	南充市志编纂委员会	2003 年
南充市质量技术监督局	地方志工作先进单位	南充市志编纂委员会	2003 年

续表

获奖单位	荣誉称号	授奖单位	获奖时间
南充市招商局	地方志工作先进单位	南充市志编纂委员会	2003 年
南充市档案局	地方志工作先进单位	南充市志编纂委员会	2003 年
南充市妇联	地方志工作先进单位	南充市志编纂委员会	2003 年
南充市残联	地方志工作先进单位	南充市志编纂委员会	2003 年
南充市人事局	地方志工作先进单位	南充市志编纂委员会	2003 年
南充市地方志办公室	地方志工作先进单位	南充市志编纂委员会	2003 年
华西证券南充营业部	地方志工作先进单位	南充市志编纂委员会	2003 年
工商银行南充分行	地方志工作先进单位	南充市志编纂委员会	2003 年
农业发展银行南充分行	地方志工作先进单位	南充市志编纂委员会	2003 年
中国银行南充分行	地方志工作先进单位	南充市志编纂委员会	2003 年
建设银行南充分行	地方志工作先进单位	南充市志编纂委员会	2003 年
农业银行南充分行	地方志工作先进单位	南充市志编纂委员会	2003 年
南充市商业银行	地方志工作先进单位	南充市志编纂委员会	2003 年
人寿保险公司南充分公司	地方志工作先进单位	南充市志编纂委员会	2003 年
顺庆区地方志办公室	地方志工作先进单位	南充市志编纂委员会	2003 年
高坪区地方志办公室	地方志工作先进单位	南充市志编纂委员会	2003 年
嘉陵区地方志办公室	地方志工作先进单位	南充市志编纂委员会	2003 年
营山县地方志办公室	地方志工作先进单位	南充市志编纂委员会	2003 年
蓬安县地方志办公室	地方志工作先进单位	南充市志编纂委员会	2003 年
西充县地方志办公室	地方志工作先进单位	南充市志编纂委员会	2003 年
仪陇县地方志办公室	地方志工作先进单位	南充市志编纂委员会	2003 年
南充市地方志办公室	地方志工作先进单位（综合奖）	四川省地方志编委会	2004 年
顺庆区地方志办公室	地方志工作先进单位（综合奖）	四川省地方志编委会	2004 年
西充县地方志办公室	地方志工作先进单位（综合奖）	四川省地方志编委会	2004 年
仪陇县地方志办公室	地方志工作先进单位（综合奖）	四川省地方志编委会	2004 年
营山县地方志办公室	志书编纂先进单位（单项奖）	四川省地方志编委会	2004 年
蓬安县地方志办公室	志书编纂先进单位（单项奖）	四川省地方志编委会	2004 年
阆中市地方志办公室	年鉴工作先进单位（单项奖）	四川省地方志编委会	2004 年
顺庆区地方志办公室	全国方志先进集体	中国地方志指导小组	2005 年
南充市地方志办公室	地方志工作先进集体	四川省人事厅 四川省地方志编委会	2005 年

续表

获奖单位	荣誉称号	授奖单位	获奖时间
营山县地方志办公室	地方志工作先进集体	四川省人事厅 四川省地方志编委会	2005年
阆中市地方志办公室	地方志工作先进集体	四川省人事厅 四川省地方志编委会	2005年
南充市地方志办公室	地方志工作先进集体（综合奖）	四川省地方志编委会	2006年
南部县地方志办公室	地方志工作先进集体（综合奖）	四川省地方志编委会	2006年
南部县地方志办公室	地方志工作先进集体（综合奖）	四川省地方志编委会	2008年
顺庆区地方志办公室	地方志工作先进集体（综合奖）	四川省地方志编委会	2008年
南充市地方志办公室	志书编纂工作先进单位（单项奖）	四川省地方志编委会	2008年
阆中市地方志办公室	年鉴编纂工作先进单位（单项奖）	四川省地方志编委会	2008年
南充市地方志办公室	全国方志系统先进集体	中国地方志指导小组	2010年
中共南充市地方志办公室支部	“四强”基层组织	中共南充市直机关工作委员会	2010年
南充市地方志办公室	依法修志工作先进集体	四川省地方志编委会	2012年
南充市地方志办公室	地情资源开发利用工作先进集体	四川省地方志编委会	2012年
中共南充市委办公室	《南充市志》编纂工作先进集体	南充市人民政府	2012年
南充市人大常委会办公室	《南充市志》编纂工作先进集体	南充市人民政府	2012年
南充市政府办公室	《南充市志》编纂工作先进集体	南充市人民政府	2012年
南充市政协办公室	《南充市志》编纂工作先进集体	南充市人民政府	2012年
南充军分区司令部	《南充市志》编纂工作先进集体	南充市人民政府	2012年
南充市发展改革委	《南充市志》编纂工作先进集体	南充市人民政府	2012年
南充市教育局	《南充市志》编纂工作先进集体	南充市人民政府	2012年
南充市经济信息化委员会	《南充市志》编纂工作先进集体	南充市人民政府	2012年
南充市公安局	《南充市志》编纂工作先进集体	南充市人民政府	2012年
南充市财政局	《南充市志》编纂工作先进集体	南充市人民政府	2012年
南充市人力资源社会保障局	《南充市志》编纂工作先进集体	南充市人民政府	2012年
南充市环境保护局	《南充市志》编纂工作先进集体	南充市人民政府	2012年
南充市交通运输局	《南充市志》编纂工作先进集体	南充市人民政府	2012年
南充市水务局	《南充市志》编纂工作先进集体	南充市人民政府	2012年
南充市商务粮食局	《南充市志》编纂工作先进集体	南充市人民政府	2012年
南充市文化体育局	《南充市志》编纂工作先进集体	南充市人民政府	2012年
南充市统计局	《南充市志》编纂工作先进集体	南充市人民政府	2012年
南充市卫生局	《南充市志》编纂工作先进集体	南充市人民政府	2012年
南充市旅游局	《南充市志》编纂工作先进集体	南充市人民政府	2012年

续表

获奖单位	荣誉称号	授奖单位	获奖时间
南充市金融办	《南充市志》编纂工作先进集体	南充市人民政府	2012年
南充市民族宗教局	《南充市志》编纂工作先进集体	南充市人民政府	2012年
南充市档案局	《南充市志》编纂工作先进集体	南充市人民政府	2012年
南充市地方志办公室	《南充市志》编纂工作先进集体	南充市人民政府	2012年
南充市房管局	《南充市志》编纂工作先进集体	南充市人民政府	2012年
民盟南充市委	《南充市志》编纂工作先进集体	南充市人民政府	2012年
南充市社科联	《南充市志》编纂工作先进集体	南充市人民政府	2012年
南充市国家税务局	《南充市志》编纂工作先进集体	南充市人民政府	2012年
南充市地方税务局	《南充市志》编纂工作先进集体	南充市人民政府	2012年
人行南充市中心支行	《南充市志》编纂工作先进集体	南充市人民政府	2012年
阆中市地方志办公室	《南充市志》编纂工作先进集体	南充市人民政府	2012年
南充市地方志办公室	四川省地方志系统先进集体	四川省人社厅　四川省地方志编委会	2013年
顺庆区地方志办公室	四川省地方志系统先进集体	四川省人社厅　四川省地方志编委会	2013年
阆中市地方志办公室	四川省地方志系统先进集体	四川省人社厅　四川省地方志编委会	2013年
南充市地方志办公室	地情资源开发利用、资料信息报送工作先进集体	四川省地方志编委会	2013年
南充市地方志办公室	方志馆建设、学会工作先进集体	四川省地方志编委会	2013年
南充市地方志办公室	志书年鉴编纂工作先进单位	四川省地方志编委会	2014年
南充市地方志办公室	方志馆建设和信息化建设先进单位	四川省地方志编委会	2014年
南部县地方志办公室	汶川特大地震四川抗震救灾志编纂先进集体	四川省人社厅　四川省地方志编委会	2014年
南充市地方志办公室	依法行政和宣传工作先进单位	四川省地方志工作办公室	2015年
南充市地方志办公室	方志馆建设和信息化建设先进单位	四川省地方志工作办公室	2015年

【地方志工作先进个人】 1981年至2015年，南充地方志工作者辛勤耕耘，创新实干，默默奉献，涌现出了一大批地方志工作先进个人。1989年，地区地方志编委会对全区地方志工作先进个人进行了表彰。1993年，省政府对地方志工作先进个人进行了表彰。至2015年，南充先后获中国地方志指导小组、省政府、省人力资源和社会保障厅、省地方志编委会、市政府（地区行署）、地区地方志编委会等表彰奖励的地方志工作先进工作者（个人）135人次。其中，阆中市地志办王国成、顺庆区地志办冯瑛先后获中国地方志指导小组表彰；省政府表彰的地方志工作先进工作者（个人）12人次；省人社厅和省地方志编委会表彰的地方志工作先进工作者（个人）13人次；省地方志编委会、省地方志协会表彰的地方志先进工作者（个人）4人次；市政府表彰的地方志工作先进工作者（个人）60人次；地区地方志编委会表彰的地方志工作先进工作者（个人）44人次。

南充市地方志工作先进个人一览表

（1989年至2015年）

姓名	单 位	荣誉称号	授奖单位	获奖时间
王更生	营山县政府	地方志工作先进个人	南充地区地方志编审委员会	1989年
李定国	营山县地志办	地方志工作先进个人	南充地区地方志编审委员会	1989年
何　政	营山县政府办	地方志工作先进个人	南充地区地方志编审委员会	1989年
谢孟康	营山县地志办	地方志工作先进个人	南充地区地方志编审委员会	1989年
刘致中	营山县地志办	地方志工作先进个人	南充地区地方志编审委员会	1989年
马　哲	仪陇县地志办	地方志工作先进个人	南充地区地方志编审委员会	1989年
黄克璠	仪陇县地志办	地方志工作先进个人	南充地区地方志编审委员会	1989年
邱继光	仪陇县地志办	地方志工作先进个人	南充地区地方志编审委员会	1989年
罗定直	仪陇县地志办	地方志工作先进个人	南充地区地方志编审委员会	1989年
杜丹平	南充县地志办	地方志工作先进个人	南充地区地方志编审委员会	1989年
王时浩	南充县地志办	地方志工作先进个人	南充地区地方志编审委员会	1989年
何怀森	南充县地志办	地方志工作先进个人	南充地区地方志编审委员会	1989年
李仲华	西充县地志办	地方志工作先进个人	南充地区地方志编审委员会	1989年
何德裕	西充县文化馆	地方志工作先进个人	南充地区地方志编审委员会	1989年
何金永	西充县城建局	地方志工作先进个人	南充地区地方志编审委员会	1989年
杨林由	阆中县人大常委会	地方志工作先进个人	南充地区地方志编审委员会	1989年
戴哲民	阆中县政协	地方志工作先进个人	南充地区地方志编审委员会	1989年
张天顺	阆中县地志办	地方志工作先进个人	南充地区地方志编审委员会	1989年
官学秀	阆中县地志办	地方志工作先进个人	南充地区地方志编审委员会	1989年
王　超	蓬安县地志办	地方志工作先进个人	南充地区地方志编审委员会	1989年
李　伟	蓬安县地志办	地方志工作先进个人	南充地区地方志编审委员会	1989年
杨家玥	蓬安县文教局	地方志工作先进个人	南充地区地方志编审委员会	1989年
邓中南	南充市（县级）卫生局	地方志工作先进个人	南充地区地方志编审委员会	1989年
冯成忠	南充市（县级）地志办	地方志工作先进个人	南充地区地方志编审委员会	1989年
衡元长	阆中盐业支公司	地方志工作先进个人	南充地区地方志编审委员会	1989年
杨宗谷	地区民政局	地方志工作先进个人	南充地区地方志编审委员会	1989年
冯秉杰	南充市（县级）	地方志工作先进个人	南充地区地方志编审委员会	1989年
文崇周	地区地志办	地方志工作先进个人	南充地区地方志编审委员会	1989年
吕陌阶	地区地志办	地方志工作先进个人	南充地区地方志编审委员会	1989年
刘泽许	南充绸厂	地方志工作先进个人	南充地区地方志编审委员会	1989年
陈锡礼	地区交通局	地方志工作先进个人	南充地区地方志编审委员会	1989年
赵开源	地委办公室	地方志工作先进个人	南充地区地方志编审委员会	1989年

续表

姓名	单 位	荣誉称号	授奖单位	获奖时间
刘国良	地区烟草公司	地方志工作先进个人	南充地区地方志编审委员会	1989 年
林金和	地区外贸公司	地方志工作先进个人	南充地区地方志编审委员会	1989 年
廖　钟	地区财政局	地方志工作先进个人	南充地区地方志编审委员会	1989 年
黄谷洛	地直机关	地方志工作先进个人	南充地区地方志编审委员会	1989 年
谭荣楷	地区林业局	地方志工作先进个人	南充地区地方志编审委员会	1989 年
罗大斌	地区工业局	地方志工作先进个人	南充地区地方志编审委员会	1989 年
易盛学	地区工商局	地方志工作先进个人	南充地区地方志编审委员会	1989 年
王积厚	地区文化局	地方志工作先进个人	南充地区地方志编审委员会	1989 年
侯定源	地区档案局	地方志工作先进个人	南充地区地方志编审委员会	1989 年
李继光	地委党史办	地方志工作先进个人	南充地区地方志编审委员会	1989 年
徐荣品	地区教育局	地方志工作先进个人	南充地区地方志编审委员会	1989 年
杜绵长	南充军分区	地方志工作先进个人	南充地区地方志编审委员会	1989 年
蔡白坚	南充地区地方志办公室	第四次全国人口普查先进个人	四川省第四次人口普查领导小组	1991 年
于　明	南充地区地方志办公室	地方志先进工作者	四川省人民政府	1993 年
冯成忠	南充市地方志办公室	地方志先进工作者	四川省人民政府	1993 年
萧洪建	南充县地方志办公室	地方志先进工作者	四川省人民政府	1993 年
邓郁章	蓬安县地方志办公室	地方志先进工作者	四川省人民政府	1993 年
刘元义	阆中市地方志办公室	地方志先进工作者	四川省人民政府	1993 年
刘增耀	仪陇县地方志办公室	地方志先进工作者	四川省人民政府	1993 年
史今律	南部县地方志办公室	地方志先进工作者	四川省人民政府	1993 年
李仲华	西充县地方志办公室	地方志先进工作者	四川省人民政府	1993 年
邓淑清	营山县地方志办公室	地方志先进工作者	四川省人民政府	1993 年
蔡白坚	南充地区地方志办公室	地方志先进工作者	四川省地方志编委会	1993 年
周永兴	南充地区地方志办公室	地方志先进工作者	四川省地方志编委会	1993 年
王国成	阆中县地方志办公室	地方志先进工作者	四川省地方志编委会	1993 年
潘大德	顺庆区地方志办公室	地方志工作先进工作者	四川省地方志编委会 四川省人事厅	1996 年
胡洪春	营山县地方志办公室	地方志工作先进工作者	四川省地方志编委会 四川省人事厅	1996 年
蒋明善	蓬安县地方志办公室	地方志工作先进工作者	四川省地方志编委会 四川省人事厅	1996 年
何　进	南充市地方志办公室	地方志先进工作者	四川省人民政府	2000 年
曾海清	南部县地方志办公室	地方志先进工作者	四川省人民政府	2000 年

续表

姓名	单 位	荣誉称号	授奖单位	获奖时间
严延贵	嘉陵区地方志办公室	四川省地方志系统先进工作者	四川省人事厅 四川省地方志编委会	2000 年
赵文宝	西充县地方志办公室	四川省地方志系统先进工作者	四川省人事厅 四川省地方志编委会	2000 年
王国成	阆中市地方志办公室	全国方志先进工作者	中国地方志指导小组	2005 年
于 明	南充市地方志办公室	四川省地方志先进个人	四川省人事厅 四川省地方志编委会	2005 年
卿远明	顺庆区地方志办公室	四川省地方志先进个人	四川省人事厅 四川省地方志编委会	2005 年
曾冬清	高坪区地方志办公室	四川省地方志先进个人	四川省人事厅 四川省地方志编委会	2005 年
伍正荣	仪陇县地方志办公室	四川省地方志先进个人	四川省人事厅 四川省地方志编委会	2005 年
冯 瑛	顺庆区地方志办公室	全国方志系统先进工作者	中国地方志指导小组	2010 年
杨 英	中共南充市委办公室	《南充市志》编纂工作先进个人	南充市人民政府	2012 年
杨五四	南充市人大常委会办公室	《南充市志》编纂工作先进个人	南充市人民政府	2012 年
朱和晏	南充市政府办公室	《南充市志》编纂工作先进个人	南充市人民政府	2012 年
何代池	南充市政协办公室	《南充市志》编纂工作先进个人	南充市人民政府	2012 年
潘世星	南充市人民检察院	《南充市志》编纂工作先进个人	南充市人民政府	2012 年
李德林	南充军分区	《南充市志》编纂工作先进个人	南充市人民政府	2012 年
陈海荣	中共南充市委组织部	《南充市志》编纂工作先进个人	南充市人民政府	2012 年
孙 靖	中共南充市委宣传部	《南充市志》编纂工作先进个人	南充市人民政府	2012 年
张 杰	中共南充市委统战部	《南充市志》编纂工作先进个人	南充市人民政府	2012 年
胡爱明	中共南充市委政法委	《南充市志》编纂工作先进个人	南充市人民政府	2012 年
李淑君	中共南充市委党史研究室	《南充市志》编纂工作先进个人	南充市人民政府	2012 年
欧骏飞	南充日报社	《南充市志》编纂工作先进个人	南充市人民政府	2012 年
王玉林	南充市发展改革委	《南充市志》编纂工作先进个人	南充市人民政府	2012 年
陈玉军	南充市发展改革委	《南充市志》编纂工作先进个人	南充市人民政府	2012 年
张明礼	南充市教育局	《南充市志》编纂工作先进个人	南充市人民政府	2012 年
冯漫洋	南充市经济信息化委	《南充市志》编纂工作先进个人	南充市人民政府	2012 年
夏雨虹	南充市经济信息化委	《南充市志》编纂工作先进个人	南充市人民政府	2012 年
许艳梅	南充市司法局	《南充市志》编纂工作先进个人	南充市人民政府	2012 年
鲜李刚	南充市民政局	《南充市志》编纂工作先进个人	南充市人民政府	2012 年
陈 敏	南充市财政局	《南充市志》编纂工作先进个人	南充市人民政府	2012 年
林 瑛	南充市人力资源社会保障局	《南充市志》编纂工作先进个人	南充市人民政府	2012 年

续表

姓名	单位	荣誉称号	授奖单位	获奖时间
郑永康	南充市人力资源社会保障局	《南充市志》编纂工作先进个人	南充市人民政府	2012年
李建勇	南充市交通运输局	《南充市志》编纂工作先进个人	南充市人民政府	2012年
黎德富	南充市农牧业局	《南充市志》编纂工作先进个人	南充市人民政府	2012年
罗　峰	南充市农牧业局	《南充市志》编纂工作先进个人	南充市人民政府	2012年
唐礼金	南充市商务粮食局	《南充市志》编纂工作先进个人	南充市人民政府	2012年
陈吕勇	南充市文化体育局	《南充市志》编纂工作先进个人	南充市人民政府	2012年
吉　智	南充市文化体育局	《南充市志》编纂工作先进个人	南充市人民政府	2012年
唐洪丽	南充市广播电视局	《南充市志》编纂工作先进个人	南充市人民政府	2012年
马跃明	南充市审计局	《南充市志》编纂工作先进个人	南充市人民政府	2012年
萧建书	南充市旅游局	《南充市志》编纂工作先进个人	南充市人民政府	2012年
吴兴中	南充市统计局	《南充市志》编纂工作先进个人	南充市人民政府	2012年
李海鸥	南充市金融办	《南充市志》编纂工作先进个人	南充市人民政府	2012年
刘思清	南充市国家税务局	《南充市志》编纂工作先进个人	南充市人民政府	2012年
陈在前	南充市出入境检验检疫局	《南充市志》编纂工作先进个人	南充市人民政府	2012年
杜　勇	南充市地方税务局	《南充市志》编纂工作先进个人	南充市人民政府	2012年
洪伟群	南充市质量技术监督局	《南充市志》编纂工作先进个人	南充市人民政府	2012年
杨　恢	朱德故居管理局	《南充市志》编纂工作先进个人	南充市人民政府	2012年
胡　剑	南充市档案局	《南充市志》编纂工作先进个人	南充市人民政府	2012年
李　翠	南充市地方志办公室	《南充市志》编纂工作先进个人	南充市人民政府	2012年
郑剑波	九三学社南充市委员会	《南充市志》编纂工作先进个人	南充市人民政府	2012年
李素群	南充市妇联	《南充市志》编纂工作先进个人	南充市人民政府	2012年
贾　英	南充市社科联	《南充市志》编纂工作先进个人	南充市人民政府	2012年
何军峰	人民银行南充市中心支行	《南充市志》编纂工作先进个人	南充市人民政府	2012年
杨　毅	南充市妇幼保健院	《南充市志》编纂工作先进个人	南充市人民政府	2012年
韩慧瑛	南充市卫生信息技术中心	《南充市志》编纂工作先进个人	南充市人民政府	2012年
夏建平	南充市志总编室	《南充市志》编纂工作先进个人	南充市人民政府	2012年
何　进	南充市志总编室	《南充市志》编纂工作先进个人	南充市人民政府	2012年
于　明	南充市志总编室	《南充市志》编纂工作先进个人	南充市人民政府	2012年
罗永师	南充市志总编室	《南充市志》编纂工作先进个人	南充市人民政府	2012年
徐方强	南充市志总编室	《南充市志》编纂工作先进个人	南充市人民政府	2012年
冯　瑛	顺庆区地方志办公室	《南充市志》编纂工作先进个人	南充市人民政府	2012年
王　平	高坪区地方志办公室	《南充市志》编纂工作先进个人	南充市人民政府	2012年
蒙　炘	嘉陵区地方志办公室	《南充市志》编纂工作先进个人	南充市人民政府	2012年

续表

姓名	单 位	荣誉称号	授奖单位	获奖时间
杨朝志	阆中市地方志办公室	《南充市志》编纂工作先进个人	南充市人民政府	2012 年
罗 君	南部县地方志办公室	《南充市志》编纂工作先进个人	南充市人民政府	2012 年
赵文宝	西充县地方志办公室	《南充市志》编纂工作先进个人	南充市人民政府	2012 年
贾怀平	仪陇县政府	《南充市志》编纂工作先进个人	南充市人民政府	2012 年
萧志成	营山县地方志办公室	《南充市志》编纂工作先进个人	南充市人民政府	2012 年
周 刚	蓬安县地方志办公室	《南充市志》编纂工作先进个人	南充市人民政府	2012 年
杨朝志	阆中市地方志办公室	四川灾后重建志编纂先进个人	四川省发展改革委	2012 年
罗 君	南部县地方志办公室	四川省地方志系统先进个人	四川省人社厅 四川省地方志编委会	2013 年
赵文宝	西充县地方志办公室	四川省地方志系统先进个人	四川省人社厅 四川省地方志编委会	2013 年
萧志成	营山县地方志办公室	四川省地方志系统先进个人	四川省人社厅 四川省地方志编委会	2013 年
伍正荣	仪陇县地方志办公室	四川抗震救灾志编纂工作先进工作者	四川省人社厅 四川省地方志编委会	2014 年

说明：本表地方志工作者获得的表彰奖励仅为在地方志系统工作中获得的表彰奖励。

【优秀共产党员、优秀党务工作者】 1981年至2015年，南充地方志系统中共党员在地方志工作中，发挥了先锋模范作用，10人次被评为优秀共产党员、优秀党务工作者，分别获得中共南充市直机关工委、县（市、区）党委表彰。

南充市地方志系统优秀共产党员、优秀党务工作者一览表

姓名	单位	荣誉称号	授奖单位	获奖时间
赵良杰	西充县地方志办公室	优秀共产党员	中共西充县委	1984 年
赵良杰	西充县地方志办公室	优秀共产党员	中共西充县委	1985 年
李仲华	西充县地方志办公室	优秀共产党员	中共西充县委	1986 年
赵良杰	西充县地方志办公室	优秀共产党员	中共西充县委	1987 年
王国成	阆中县地方志办公室	优秀共产党员	中共阆中县委	1990 年
蒲俊锠	南充市地方志办公室	优秀共产党员	中共南充市委	1998 年
王树全	西充县地方志办公室	优秀共产党员	中共西充县委	2003 年
冯 瑛	顺庆区地方志办公室	优秀党务工作者	中共顺庆区委	2006 年
夏建平	南充市地方志办公室	优秀共产党员	中共南充市直机关工委	2009 年
夏建平	南充市地方志办公室	优秀共产党员	中共南充市直机关工委	2011 年

说明：本表仅列地方志工作者在地方志系统工作时间内获优秀共产党员或党务工作者。

【地方志优秀成果】 1981年至2014年，南充地方志工作立足修志编鉴、开发利用，不断拓宽地方志工作领域，丰富地方志工作内容，实现了“志、鉴、库、馆、网、刊、研、用”多业并举，取得了丰硕的地方志工作成果。1986年，南充地方志成果首次获四川省第二次地方志优秀成果一等奖。1990年，南充地方志成果首次获四川省第四次哲学社会科学优秀成果二等奖、南充地区第一次哲学社会科学优秀成果一等奖。至2014年，南充166项地方志成果先后获全国、省、市地方志优秀成果和哲学社会科学优秀成果奖。其中，获全国地方志优秀成果奖2项，受到中国地方志指导小组、中国社会科学院表彰奖励；获四川省哲学社会科学优秀成果奖5项（志书4项、地情资料书1项），受到省政府表彰奖励；获南充市（地区）哲学社会科学优秀成果奖30项（志书25项、地情资料书5项），受到市政府（地区行署）表彰奖励；获四川省地方志优秀成果奖129项（志书64项、年鉴42项、点校整理的旧志4项、地情资料书19项），受到省地方志编委会、省地方志协会（学会）表彰奖励。

南充市荣获全国地方志书奖项目一览表

成果名称	编著者	等级	获奖时间	表彰单位
《营山县志》（1989 年版）	营山县志编纂委员会	一等奖	1993 年	中国地方志指导小组办公室
《蓬安县志》（1994 年版）	蓬安县志编纂委员会	二等奖	1997 年	中国地方志指导小组、中国社会科学院

说明：1998 年至 2015 年，中国地方志指导小组未开展全国地方志书评奖。

南充市荣获四川省哲学社会科学优秀成果奖项目一览表
（1990 年至2014 年）

成果名称	编著者	届次	等级	获奖时间	表彰单位	备注
《营山县志》（1989 年版）	营山县志编纂委员会	四次	二等奖	1990 年	四川省人民政府	—
《南充蚕丝志》（1991 年版）	南充蚕丝志编纂委员会	五次	三等奖	1992 年	四川省人民政府	—
《阆中县志》（1993 年版）	阆中县志编纂委员会	六次	三等奖	1994 年	四川省人民政府	—
《张澜纪念文集》	《张澜纪念文集》编写组	九次	三等奖	2000 年	四川省人民政府	—
《南充市志（1707—2003）》	南充市志编纂委员会	十五次	二等奖	2012 年	四川省人民政府	—

南充市荣获四川省地方志优秀成果奖项目一览表
（1986 年至 2014 年）

成果名称	编著者	届次	类别	等级	获奖时间	表彰单位	备注
《营山县教育志》(1984 年版)	营山县教育局	二次	—	一等奖	1986 年	省地方志编委会 省地方志协会	—
《阆中地理志》(1987 年版)	阆中县地方志办公室	三次	—	一等奖	1988 年	省地方志编委会 省地方志协会	—
《南充市医药卫生志》(1987 年版)	南充市卫生局	三次	—	一等奖	1988 年	省地方志编委会 省地方志协会	县级
《西充县城乡建设环境保护志》(1987 年版)	西充县城建局	三次	—	三等奖	1988 年	省地方志编委会 省地方志协会	—
《营山县书店志》(1984 年版)	营山县新华书店	三次	—	三等奖	1988 年	省地方志编委会 省地方志协会	—
《南充市交通志》(1988 年版)	南充市交通局	四次	—	二等奖	1990 年	省地方志编委会 省地方志协会	县级
《阆中县农业志》(1988 年版)	阆中县农业局	四次	—	三等奖	1990 年	省地方志编委会 省地方志协会	—
《南部县军事志》(1988 年版)	南部县人民武装部	四次	—	三等奖	1990 年	省地方志编委会 省地方志协会	—
《史志与逻辑》(论文)	南充地区交通局志办	四次	—	三等奖	1990 年	省地方志编委会 省地方志协会	—
《南充盐业志》(1991 年版)	南充盐业公司	五次	—	三等奖	1992 年	省地方志编委会 省地方志协会	—
《南充地区水利志》(1991 年版)	南充地区水电局	五次	—	三等奖	1992 年	省地方志编委会 省地方志协会	—
《南部县金融志》(1991 年版)	人行南部县支行	五次	—	三等奖	1992 年	省地方志编委会 省地方志协会	—
《南充县烟草志》(1990 年版)	南充县烟草公司	五次	—	三等奖	1992 年	省地方志编委会 省地方志协会	—

续表

成果名称	编著者	届次	类 别	等级	获奖时间	表彰单位	备注
《南充县志》(1993 年版)	南充县志编纂委员会	六次	—	二等奖	1994 年	省地方志编委会 省地方志协会	—
《南充地区交通志》(1992 年版)	南充地区交通局	六次	—	二等奖	1994 年	省地方志编委会 省地方志协会	—
《南充地区文化艺术志》(1992 年版)	南充地区文化局	六次	—	三等奖	1994 年	省地方志编委会 省地方志协会	—
《南充地区军事志》(1992 年版)	南充军分区	六次	—	三等奖	1994 年	省地方志编委会 省地方志协会	—
《南充气象志》(1993 年版)	南充气象局	六次	—	三等奖	1994 年	省地方志编委会 省地方志协会	—
《南充市志》(1994 年版)	南充市志编纂委员会	七次	方志类	一等奖	1996 年	省地方志编委会 省地方志协会	县级
《蓬安县志》(1994 年版)	蓬安县志编纂委员会	七次	方志类	一等奖	1996 年	省地方志编委会 省地方志协会	—
《仪陇县志》(1994 年版)	仪陇县志编纂委员会	七次	方志类	二等奖	1996 年	省地方志编委会 省地方志协会	—
《南充金融志》(1994 年版)	人行南充分行	七次	方志类	三等奖	1996 年	省地方志编委会 省地方志协会	—
《顺庆年鉴(1995)》	顺庆区地方志办公室	七次	年鉴类	二等奖	1996 年	省地方志编委会 省地方志协会	—
《营山年鉴(1993—1996)》	营山县地方志办公室	七次	年鉴类	三等奖	1996 年	省地方志编委会 省地方志协会	—
《南充邮电志》(1998 年版)	南充市邮电局	八次	方志类	二等奖	1998 年	省地方志编委会 省地方志协会	—
《南充炼油厂志》(1997 年版)	南充炼油厂	八次	方志类	二等奖	1998 年	省地方志编委会 省地方志协会	—
《南充市志(续编)》	顺庆区地方志办公室	八次	方志类	三等奖	1998 年	省地方志编委会 省地方志协会	县级
《飞凤镇志》(1997 年版)	阆中市飞凤镇政府	八次	方志类	三等奖	1998 年	省地方志编委会 省地方志协会	—
《阆中名胜古迹考释》(1977 年版)	杨林由	八次	方志类	三等奖	1998 年	省地方志编委会 省地方志协会	—
《南充年鉴(1996—1997)》	南充市地方志办公室	八次	年鉴类	三等奖	1998 年	省地方志编委会 省地方志协会	—
《顺庆年鉴(1996)》	顺庆区地方志办公室	八次	年鉴类	三等奖	1998 年	省地方志编委会 省地方志协会	—
《南充年鉴(1995)》	南充市地方志办公室	八次	年鉴类	优秀奖	1998 年	省地方志编委会 省地方志协会	—
《西充十年大事记》(1997 年版)	西充县地方志办公室	八次	年鉴类	优秀奖	1998 年	省地方志编委会 省地方志协会	—
《四川石油管理局地质调查处志》(9998 年版)	南充石油地质调查处	九次	方志类	一等奖	2000 年	省地方志编委会 省地方志协会	—
《南充地区国土志》(1998 版)	南充市国土局	九次	方志类	二等奖	2000 年	省地方志编委会 省地方志协会	—
《西充县人民医院志》(1999 年版)	西充县人民医院	九次	方志类	三等奖	2000 年	省地方志编委会 省地方志协会	—

续表

成果名称	编著者	届次	类 别	等级	获奖时间	表彰单位	备注
《西充方言》(1999 年版)	西充县地方志办公室	九次	方志类	三等奖	2000 年	省地方志编委会 省地方志协会	—
《木兰乡志》(1999 年版)	阆中市木兰乡政府	九次	方志类	优秀奖	2000 年	省地方志编委会 省地方志协会	—
《南充年鉴(1999)》	南充市地方志办公室	九次	年鉴类	二等奖	2000 年	省地方志编委会 省地方志协会	—
《顺庆年鉴(1999)》	顺庆区地方志办公室	九次	年鉴类	二等奖	2000 年	省地方志编委会 省地方志协会	—
《南充年鉴(1998)》	南充市地方志办公室	九次	年鉴类	优秀奖	2000 年	省地方志编委会 省地方志协会	—
《武警南充支队志》(2001 年版)	武警南充支队	十次	方志类	三等奖	2002 年	省地方志编委会 省地方志协会	—
《南充电力工业发展史》(2001 年版)	南充电业局	十次	方志类	三等奖	2002 年	省地方志编委会 省地方志协会	—
《顺庆年鉴(2001)》	顺庆区地方志办公室	十次	年鉴类	二等奖	2002 年	省地方志编委会 省地方志协会	—
《南充炼油厂年鉴(1991—1995)》	南充炼油厂	十次	年鉴类	三等奖	2002 年	省地方志编委会 省地方志协会	—
《栖乐陵园志》(2002 年版)	顺庆区地方志办公室	十一次	方志类	三等奖	2004 年	省地方志编委会 省地方志协会	—
《南充年鉴(2002)》	南充市地方志办公室	十一次	年鉴类	三等奖	2004 年	省地方志编委会 省地方志协会	—
《西充年鉴(2000—2002)》	西充县地方志办公室	十一次	年鉴类	三等奖	2004 年	省地方志编委会 省地方志协会	—
《仪陇年鉴(1998—2001)》	仪陇县地方志办公室	十一次	年鉴类	三等奖	2004 年	省地方志编委会 省地方志协会	—
《阆中年鉴(2002—2003)》	阆中市地方志办公室	十一次	年鉴类	三等奖	2004 年	省地方志编委会 省地方志协会	—
《顺庆年鉴(2003)》	顺庆区地方志办公室	十一次	年鉴类	优秀奖	2004 年	省地方志编委会 省地方志协会	—
《古今南充》(电子光盘)	南充市地方志办公室	十一次	地情资料类	二等奖	2004 年	省地方志编委会 省地方志协会	—
《纪信》(2003 年版)	政协西充县委员会	十一次	地情资料类	优秀奖	2004 年	省地方志编委会 省地方志协会	—
《南充地方税务志》(2005 年版)	南充地方税务局	十二次	方志类	二等奖	2006 年	省地方志编委会 省地方志协会	—
《升钟水库南部县灌区志》(2005 年版)	升钟水库南部县管委会	十二次	方志类	三等奖	2006 年	省地方志编委会 省地方志协会	—
《南充市志·国土资源卷》(2005 年版)	南充市国土局	十二次	方志类	优秀奖	2006 年	省地方志编委会 省地方志协会	—
《南部县农业机械志》(2005 年版)	南部县农业机械局	十二次	方志类	优秀奖	2006 年	省地方志编委会 省地方志协会	—
《南充年鉴(2004)》	南充市地方志办公室	十二次	年鉴类	三等奖	2006 年	省地方志编委会 省地方志协会	—
《南部年鉴(2005)》	南部县地方志办公室	十二次	年鉴类	三等奖	2006 年	省地方志编委会 省地方志协会	—

续表

成果名称	编著者	届次	类 别	等级	获奖时间	表彰单位	备注
《南充炼油化工总厂年鉴》(2000—2002)	南充炼油化工总厂	十二次	年鉴类	优秀奖	2006 年	省地方志编委会 省地方志协会	—
《顺庆年鉴》(2005)	顺庆区地方志办公室	十二次	年鉴类	优秀奖	2006 年	省地方志编委会 省地方志协会	—
《营山县志(1986—2003)》	营山县志编纂委员会	十三次	志书类	二等奖	2008 年	省地方志编委会 省地方志协会	—
《仪陇县志(1986—2003)》	仪陇县志编纂委员会	十三次	志书类	二等奖	2008 年	省地方志编委会 省地方志协会	—
《南充市交通志(2007 年版)》	南充市交通局	十三次	志书类	二等奖	2008 年	省地方志编委会 省地方志协会	—
《南充市顺庆军事志》(2007 年版)	顺庆区人民武装部	十三次	志书类	三等奖	2008 年	省地方志编委会 省地方志协会	—
《南充市粮食志》(2007 年版)	南充市粮食局	十三次	志书类	三等奖	2008 年	省地方志编委会 省地方志协会	—
《西充县规划和建设志》(2007 年版)	西充县规划和建设局	十三次	志书类	三等奖	2008 年	省地方志编委会 省地方志协会	—
《仪陇县军事志》(2007 年版)	仪陇县人民武装部	十三次	志书类	三等奖	2008 年	省地方志编委会 省地方志协会	—
《南充市教育志》(2007 年版)	南充市教育局	十三次	志书类	三等奖	2008 年	省地方志编委会 省地方志协会	—
《南充文化志》(2007 年版)	南充市文化局	十三次	志书类	优秀奖	2008 年	省地方志编委会 省地方志协会	—
《太蓬山志》(2007 年版)	营山县地方志办公室	十三次	志书类	优秀奖	2008 年	省地方志编委会 省地方志协会	—
《西充县财政志》(2007 年版)	西充县财政局	十三次	志书类	优秀奖	2008 年	省地方志编委会 省地方志协会	—
《顺庆工商行政管理志》(2007 年版)	顺庆工商行政管理局	十三次	志书类	优秀奖	2008 年	省地方志编委会 省地方志协会	—
《南充年鉴(2006)》	南充市地方志办公室	十三次	年鉴类	三等奖	2008 年	省地方志编委会 省地方志协会	—
《南部年鉴(2005)》	南部县地方志办公室	十三次	年鉴类	三等奖	2008 年	省地方志编委会 省地方志协会	—
《阆中年鉴(2007)》	阆中市地方志办公室	十三次	年鉴类	三等奖	2008 年	省地方志编委会 省地方志协会	—
《顺庆年鉴(2007)》	顺庆区地方志办公室	十三次	年鉴类	优秀奖	2008 年	省地方志编委会 省地方志协会	—
《西充年鉴(2005—2006)》	西充县地方志办公室	十三次	年鉴类	优秀奖	2008 年	省地方志编委会 省地方志协会	—
清光绪《蓬州志》(2007 年版)	蓬安县地方志办公室	十三次	旧志整理类	优秀奖	2008 年	省地方志编委会 省地方志协会	—
《南部概览》(2007 年版)	南部县地方志办公室	十三次	资料丛书类	优秀奖	2008 年	省地方志编委会 省地方志协会	—
《陈氏族谱》(2007 年版)	南部县地方志办公室	十三次	资料丛书类	优秀奖	2008 年	省地方志编委会 省地方志协会	—
《顺庆区志(1993—2005)》	顺庆区志编纂委员会	十四次	志书类	一等奖	2010 年	省地方志编委会 省地方志协会	—

续表

成果名称	编著者	届次	类 别	等级	获奖时间	表彰单位	备注
《南充市国家税务志》(2008 年版)	南充市国家税务	十四次	志书类	三等奖	2010 年	省地方志编委会 省地方志协会	—
《南充市政协志》(2009 年版)	政协南充市委员会	十四次	志书类	三等奖	2010 年	省地方志编委会 省地方志协会	—
《西充县水利志》(2009 年版)	西充县水利局	十四次	志书类	优秀奖	2010 年	省地方志编委会 省地方志协会	—
《阆中市工商管理志》(2009 年版)	阆中市工商局	十四次	志书类	优秀奖	2010 年	省地方志编委会 省地方志协会	—
《阆中市统计志》(2009 年版)	阆中市统计局	十四次	志书类	优秀奖	2010 年	省地方志编委会 省地方志协会	—
《西充县商务志》(2009 年版)	西充县商务局	十四次	志书类	优秀奖	2010 年	省地方志编委会 省地方志协会	—
《西充县安监志》(2009 年版)	西充县安监局	十四次	志书类	优秀奖	2010 年	省地方志编委会 省地方志协会	—
《南充年鉴(2008)》	南充市地方志办公室	十四次	年鉴类	二等奖	2010 年	省地方志编委会 省地方志协会	—
《嘉陵年鉴(2003—2005)》	嘉陵区地方志办公室	十四次	年鉴类	优秀奖	2010 年	省地方志编委会 省地方志协会	—
《顺庆年鉴(2009)》	顺庆区地方志办公室	十四次	年鉴类	优秀奖	2010 年	省地方志编委会 省地方志协会	—
《仪陇年鉴(2008)》	仪陇县地方志办公室	十四次	年鉴类	优秀奖	2010 年	省地方志编委会 省地方志协会	—
《解放初期的南充》(2009 年版)	政协南充市委员会文史委	十四次	地情资料类	三等奖	2010 年	省地方志编委会 省地方志协会	—
《南充市志(1707—2003)》	南充市志编纂委员会	十五次	志书类	一等奖	2012 年	省地方志编委会 省地方志学会	—
《南部县志(1991—2004)》	南部县志编纂委员会	十五次	志书类	一等奖	2012 年	省地方志编委会 省地方志学会	—
《南充县志(1986—1993)》	高坪区地方志办公室	十五次	志书类	三等奖	2012 年	省地方志编委会 省地方志学会	—
《西充县农村信用联社志》(2011 年版)	西充县农村信用联社	十五次	志书类	优秀奖	2012 年	省地方志编委会 省地方志学会	—
《南充年鉴(2011)》	南充市地方志办公室	十五次	年鉴类	三等奖	2012 年	省地方志编委会 省地方志学会	—
《仪陇年鉴(2010)》	仪陇县地方志办公室	十五次	年鉴类	三等奖	2012 年	省地方志编委会 省地方志学会	—
《阆中年鉴(2011)》	阆中市地方志办公室	十五次	年鉴类	优秀奖	2012 年	省地方志编委会 省地方志学会	—
《蓬安年鉴(2005—2009)》	蓬安县地方志办公室	十五次	年鉴类	优秀奖	2012 年	省地方志编委会 省地方志学会	—
《顺庆年鉴(2009—2010)》	顺庆区地方志办公室	十五次	年鉴类	优秀奖	2012 年	省地方志编委会 省地方志学会	—
《南部年鉴(2009—2010)》	南部县地方志办公室	十五次	年鉴类	优秀奖	2012 年	省地方志编委会 省地方志学会	—
《顺庆掌故》(2010 年版)	顺庆区地方志办公室	十五次	地情资料类	二等奖	2012 年	省地方志编委会 省地方志学会	—

续表

成果名称	编著者	届次	类别	等级	获奖时间	表彰单位	备注
《南充市情》(2011 年版)	南充市地方志办公室	十五次	地情资料类	优秀奖	2012 年	省地方志编委会 省地方志学会	—
清康熙《顺庆府志》(2011 年版)	南充市地方志办公室	十五次	旧志整理类	二等奖	2012 年	省地方志编委会 省地方志学会	—
《营山县志》(明清统编本)	营山县地方志办公室	十五次	旧志整理类	三等奖	2012 年	省地方志编委会 省地方志学会	—
清嘉庆《南充县志》(2011 年版)	顺庆区地方志办公室	十五次	旧志整理类	三等奖	2012 年	省地方志编委会 省地方志学会	—
《西充县志(1986—2005)》	西充县志编纂委员会	十六次	志书类	一等奖	2014 年	省地方志编委会 省地方志学会	—
《南充市嘉陵区志(1993—2003)》	嘉陵区志编纂委员会	十六次	志书类	二等奖	2014 年	省地方志编委会 省地方志学会	—
《南充市高坪区志(1993—2007)》	高坪区志编纂委员会	十六次	志书类	二等奖	2014 年	省地方志编委会 省地方志学会	—
《六合集团志(1912—2011)》	南充市六合集团	十六次	志书类	三等奖	2014 年	省地方志编委会 省地方志学会	—
《南充年鉴(2013)》	南充市地方志办公室	十六次	年鉴类	二等奖	2014 年	省地方志编委会 省地方志学会	—
《顺庆年鉴(2013)》	顺庆区地方志办公室	十六次	年鉴类	二等奖	2014 年	省地方志编委会 省地方志学会	—
《高坪年鉴(2013)》	高坪区地方志办公室	十六次	年鉴类	优秀奖	2014 年	省地方志编委会 省地方志学会	—
《南部年鉴(2013)》	南部县地方志办公室	十六次	年鉴类	优秀奖	2014 年	省地方志编委会 省地方志学会	—
《仪陇年鉴(2012)》	仪陇县地方志办公室	十六次	年鉴类	优秀奖	2014 年	省地方志编委会 省地方志学会	—
《蓬安年鉴(2012)》	蓬安县地方志办公室	十六次	年鉴类	优秀奖	2014 年	省地方志编委会 省地方志学会	—
《嘉陵年鉴(2012)》	嘉陵区地方志办公室	十六次	年鉴类	优秀奖	2014 年	省地方志编委会 省地方志学会	—
《西充年鉴(2013)》	西充县地方志办公室	十六次	年鉴类	优秀奖	2014 年	省地方志编委会 省地方志学会	—
《南充掌故》(2012 年版)	南充市地方志办公室	十六次	其他地方文献	二等奖	2014 年	省地方志编委会 省地方志学会	—
《南充建市 20 周年大事记》(2013 年版)	南充市地方志办公室	十六次	其他地方文献	三等奖	2014 年	省地方志编委会 省地方志学会	—
《天下文宗司马相如》(2013 年版)	邓郁章	十六次	其他地方文献	三等奖	2014 年	省地方志编委会 省地方志学会	—
《红色仪陇》(2013 年版)	仪陇县党史研究室	十六次	其他地方文献	优秀奖	2014 年	省地方志编委会 省地方志学会	—
《阆中掌故》(2013 年版)	阆中市地方志办公室	十六次	其他地方文献	优秀奖	2014 年	省地方志编委会 省地方志学会	—
《似水年华——南充知识青年上山下乡纪实》(续)(2013 年版)	政协南充市委员会文史委	十六次	其他地方文献	优秀奖	2014 年	省地方志编委会 省地方志学会	—
《文苑钩沉》(2013 年版)	政协南充市委员会文史委	十六次	其他地方文献	优秀奖	2014 年	省地方志编委会 省地方志学会	—
《时光留真》(2013 年版)	南充市档案局	十六次	其他地方文献	优秀奖	2014 年	省地方志编委会 省地方志学会	—

南充市荣获市（地区）哲学社会科学优秀成果奖项目一览表

（1990年至2013年）

成果名称	编著者	届次	等级	获奖时间	表彰单位	备注
《营山县志》(1989年版)	营山县志编纂委员会	南充地区第一次	一等奖	1990年	南充地区行署	—
《南充蚕丝之最》(资料书)	南充地区茧丝绸公司志办	南充地区第一次	一等奖	1990年	南充地区行署	—
《史志与逻辑》(论文)	南充地区交通局志办徐方强	南充地区第一次	二等奖	1990年	南充地区行署	—
《南充市交通志》(1988年版)	南充市交通局	南充地区第一次	三等奖	1990年	南充地区行署	县级
《南充蚕丝志》(1991年版)	南充蚕丝志编纂委员会	南充地区第二次	一等奖	1992年	南充地区行署	—
《阆中县志》(1993年版)	阆中县志编纂委员会	南充市第一次	荣誉奖	1994年	南充市人民政府	高于一等奖
《南充地区交通志》(1992年版)	南充地区交通局	南充市第一次	二等奖	1994年	南充市人民政府	—
《南充地区军事志》(1992年版)	南充军分区	南充市第一次	三等奖	1994年	南充市人民政府	—
《南充地区图书发行志》(1992年版)	南充地区新华书店	南充市第一次	优秀奖	1994年	南充市社科联	—
《南充县志》(1993年版)	南充县志编纂委员会	南充市第一次	优秀奖	1994年	南充市社科联	—
《蓬安县志》(1994年版)	蓬安县志编纂委员会	南充市第二次	一等奖	1996年	南充市人民政府	—
《南充市志》(1994年版)	南充市志编纂委员会	南充市第二次	二等奖	1996年	南充市人民政府	县级
《仪陇县志》(1994年版)	仪陇县志编纂委员会	南充市第二次	三等奖	1996年	南充市人民政府	—
《南充财政志》(1995年版)	南充市财政局	南充市第二次	优秀奖	1996年	南充市社科联	—
《南充邮电志》(1998年版)	南充市邮电局	南充市第三次	一等奖	1998年	南充市人民政府	—
《南充市志(续编)》	顺庆区地方志办公室	南充市第三次	二等奖	1998年	南充市人民政府	县级
《飞凤镇志》(1997年版)	阆中市飞凤镇人民政府	南充市第三次	三等奖	1998年	南充市人民政府	—
《西充县人民医院志》(1999年版)	西充县人民医院	南充市第四次	三等奖	2000年	南充市人民政府	—
《地灵人杰话西充》(1999年版)	西充县地方志办公室	南充市第四次	优秀奖	2000年	南充市社科联	—
《古今南充》(电子书)	南充市地方志办公室	南充市第六次	二等奖	2004年	南充市人民政府	—
《仪陇县志》(2007年版)	仪陇县志编纂委员会	南充市第八次	一等奖	2008年	南充市人民政府	—
《营山县志》(2007年版)	营山县志编纂委员会	南充市第八次	三等奖	2008年	南充市人民政府	—
《南充文化志》(2007年版)	南充市文化局	南充市第八次	三等奖	2008年	南充市人民政府	—
《南充市交通志》(2007年版)	南充市交通局	南充市第八次	优秀奖	2008年	南充市社科联	—
《太蓬山志》(2007年版)	营山县地方志办公室	南充市第八次	优秀奖	2008年	南充市社科联	—
《南充市顺庆区志(1993—2005)》	南充市顺庆区志编纂委员会	南充市第九次	一等奖	2011年	南充市人民政府	—
《南充市国家税务志》(2008年版)	南充市国家税务局	南充市第九次	三等奖	2011年	南充市人民政府	—
《南部县志(1991—2004)》	南部县志编纂委员会	南充市第十次	一等奖	2013年	南充市人民政府	—
《南充县志(1986—1993)》	南充市高坪区地方志办公室	南充市第十次	三等奖	2013年	南充市人民政府	—
《顺庆掌故》(2010年版)	南充市顺庆区地方志办公室	南充市第十次	三等奖	2013年	南充市人民政府	—

人 物

Characters

南充修志历史悠久，人才济济。三国时，有儒学大师、史学家谯周。西晋时，有史学家陈寿。唐、宋两代，先后有先贤编纂有《咸安郡志》《阆州志》《蓬州志》等。明、清两代，顺庆府、保宁府和蓬州官吏重视修志，编纂府、州、县志。其中，明代顺庆知府吴德器主修、徐泰总纂的明正德《蓬州志》是川渝地区保存下来的最早最完整的一部志书。民国时期，各地聘请士绅编纂县志，为南充留下了宝贵的历史文化遗产。

中华人民共和国成立后，南充广大地方志工作者在新时期地方志工作中，艰苦奋斗，呕心沥血，竭力尽智，努力推动地方志工作不断前进，为南充地方志事业的发展做出了贡献。六十余年的地方志工作实践，培养和造就了一批地方志学术带头人或管理有方的领头人，涌现出了一批工作业绩突出的先进工作者。

无论是过去的修志先贤，还是当今有影响力的修志人，他们都是不同时代南充地方志事业传承的佼佼者，其事迹激励同侪，并彰来者。

【人物传】 三国时期，南充人谯周始修志书，谯周弟子、西晋史学家陈寿也从事编史修志，他们两人为中华民族史志之先贤。唐代至民国，南充各级官吏重视修志，编修了大量志书，据调查，除佚失外，南充尚存旧志40余种。遗憾的是，这些旧志编修的组织者、纂修者的相关资料奇缺，本志仅对其中6名先贤列传记载。中华人民共和国成立后，南充地方志事业方兴未艾，产生了推动地方志事业发展的知名人士及有一定影响的地方志工作者，本志对他们的成就或事迹列传记之。

谯　周　谯周（201—270），字允南，蜀汉西充国县（南充）人。幼孤，年长后，笃学好古，精研六经，颇晓天文。蜀汉建兴二年（224年），承诸葛亮之命，为益州劝学从事。建兴十二年（234年），诸葛亮病逝后，大将军蒋琬兼任刺史，升谯周为典学从事，主管益州教育。蜀汉教育家，被尊称为“蜀中孔子”。后为中散大夫，对朝政每有讽谏，迁光禄大夫，爵位仅次于九卿。蜀汉炎兴元年（263年）冬，邓艾率魏军逼近成都，蜀汉战降不一。群臣议论或退守江中（今重庆）或南投东吴。谯周力排众议，力主降魏，主张统一，被后主采纳，刘氏和蜀地民众免受屠戮。魏以谯周有“全国之功”被封为阳城亭侯。西晋建立后，晋武帝多次下诏催促当地官府送谯周去洛阳，谯周只得抱病前往。泰始三年（267年），谯周病未愈，被任为骑都尉，上书陈述自己无功而受封，请求收还爵位和封地，晋武帝不允。泰始六年（270年）秋，谯周被任命为散骑常侍，因病重没能到职。是年冬，在洛阳病逝，归葬南充。

谯周一生著述颇多，著有《论语注》《五经然否论》《古史考》《法训》《谯子》《谯子五教志》等书，还编撰了《三巴记》《蜀本纪》《益州志》《巴蜀异物志》等志书，为后世方志研究留下了珍贵的史料。谯周所撰诸志均已遗失，《隋书经籍志》著录有《三巴记》；《蜀本纪》《巴蜀异物志》《益州志》三书，分别著录于顾怀山《补后汉书艺文志》、侯康《补三国艺文志》、姚振宗《三国艺文志》、丁国均《补晋书艺文志》、文廷式《补晋书艺文志》、秦荣光《补晋书艺文志》、黄逢元《补晋书艺文志》等书。王谟《汉唐地理书钞》有《三巴记》《蜀本纪》《巴蜀异物志》三书辑本。

陈　寿　陈寿（233—297），字承祚，蜀汉巴西郡安汉县（南充）人。自幼刻苦好学。陈寿的父亲为马谡参军，因街亭之败，受髡刑（剃光头），寿父遂回安汉。蜀汉建兴十一年（233年），陈寿出生。寿父于治西果山脚下修“万卷楼”，供寿学习。蜀汉延熙十三年（250年），陈寿到成都入蜀汉京师学院，拜同郡人谯周为师，研习经典，精读《尚书》《史记》《汉书》等名著。

蜀汉延熙十七年（254年），陈寿初应益州府衙之命，任卫将军姜维主簿。蜀汉延熙二十年（257年），任蜀汉东观秘书郎。蜀汉景耀元年（258年），陈寿升散骑黄门侍郎。但宦官中常侍黄皓操弄权柄，陈寿“独不为之屈，由是屡被遣黜”。加上父丧（蜀汉景耀三年〈260年〉），陈寿便回家守孝3年。蜀汉炎兴元年（263年），蜀亡。陈寿隐居安汉治学，撰写了《益部耆旧传》10篇，魏散骑常侍文立（蜀汉旧臣）向晋武帝表呈《益部耆旧传》，武帝慕其才。

晋泰始元年（265年），晋武帝司马炎要下面荐贤。陈寿得到他的同学武陵太守罗宪推荐。泰始四年（268年），举孝廉兼佐著作郎。泰始六年（270年），升为巴西中正，从事编著。其间，写出《古国志》50篇。泰始九年（273年），晋中书令张华表奏出补平阳令，受命撰《诸葛氏集》，泰始十年（274年）撰成。是年，陈寿回京升著作郎。咸宁四年（278年），镇南将军杜预离京镇守荆州之前又保举陈寿，陈寿被授治书侍御史。

太康元年（280年），西晋灭吴统一中国。陈寿开始潜心撰写《三国志》。太康十年（289年），终于撰成《三国志》65篇。因《魏书》有违中书监荀勖之意，再遭遣黜，贬居洛阳。西晋元康七年（297年），陈寿冤平，受诏为太子中庶子。是年，陈寿病逝于洛阳，卒年65岁。

陈寿一生著作颇多，其中影响最大的是《三国志》，与《史记》《汉书》《后汉书》齐名，为中国二十四史前四史之一，裴松之为《三国志》作注，罗贯中以《三国志》为蓝本撰写了中国古代名著《三国演义》。《益部耆旧传》则是一部记录汉魏期间四川地区先贤事迹的郡国人物志，收录汉魏士女共240人，内容丰富，史称名著。

杨　瞻　杨瞻（1491—1555），字叔后，明代宰相杨博之父，山西蒲坂人，进士出身。明嘉靖二十年（1541年）任四川巡检司佥事，分巡川北道，驻保宁（今阆中）。后以子博贵，封通议大夫，兵部左侍郎，赠光禄大夫、柱国少师、兼太子太师、吏部尚书。明嘉靖三十四年（1555年）逝世。

杨瞻任川北道期间，修葺佛寺，培植景观，提倡文教。嘉靖二十二年（1543年），主持编修《保宁府志》。对阆中大佛寺、玉台观、灵山寺、观音寺、将相堂、三陈书院等进行整修，增修锦屏山望江楼及阆南名胜、渐入佳境、别一洞天三座圆门（时称“三洞”）和景杜亭、揽秀亭、翠六亭、长啸亭、振衣亭、阆南亭（时称“六亭”），使阆中风光更入胜境。他经常视察书院，关心教学，题诗勉学。凡阆中名胜古迹，他大都题诗咏赞，还归纳出阆中锦屏春色、嘉陵秋水、云台仙风、颐神古洞、书岩遗迹、盘龙池馆、南池晓波、西津晚渡、伞盖凌云、梁山戴雪等十大景观，并逐一赋诗咏赞。杨瞻在阆中任职约8年，被列入保宁府名宦祠奉祀。

任　瀚　任瀚（1501—1593），字少海，号忠斋，自称五岳山人。南充县（今顺庆区）人。明嘉靖八年（1529年）参加殿试，赐二甲进士。任瀚文章直词绝识，名冠海内，时与唐顺之、陈束、王慎中、赵时春、熊过、李开先、吕高称为“嘉靖八才子”，与四川杨升庵、赵大洲、熊南沙合称“蜀中四大家”。任瀚先后任吏部主事、考功郎中，掌握人事、监察官吏成绩考核和升降大权。他为人正直，个性倔强，为官清廉，办事公道，不逢迎权贵，经他考查不合格的官吏，皆去其职，因而人称“木头人”。嘉靖十二年（1533年），任左春坊左司直，兼翰林院检讨。嘉靖十五年（1536年），他以病上疏求解去职，因学士（相国）张邦奇慰留，回家刚四个月又复去京城。嘉靖十八年（1539年）冬，他随从嘉靖皇帝巡楚，办理皇帝行止等事宜。返京后拜疏引疾，张邦奇再次慰留。嘉靖十九年（1540年），任瀚回到南充，把全部精力倾注于培养家乡后辈上。并先后为明嘉靖《顺庆府志》和《南充县志》作序。任瀚晚年在栖乐山凿石洞静养，潜心研究六经，研读《周易》，阐明儒学，有《读易记》刻于岩上。明万历二十一年（1593年）病逝于家中。

任瀚著有《春坊集》《钓台集》《任文逸草》《任文逸集》等。清嘉庆《南充县志》收文17篇。

黎学锦　黎学锦（1776—1838），字云屏，湖南龙阳人。自幼好学，弱冠中郡庠生，后选贡入国子监。清嘉庆六年（1801年），授四川候补道。嘉庆九年（1804年），委派甲子科文武两闱监视。嘉庆十一年（1806年）2月，委署盐茶道，5月授川北兵备道，加盐运使衔。道光四年（1824年）8月，调广东惠潮嘉道。不久，丁母忧回故里。道光九年（1829年），补授河南粮储道，兼署布政使。道光十六年（1836年）告老还乡，道光十八年（1838年）病卒。

黎学锦为官勤廉，在川北兵备道任内，政绩显著。嘉庆二十二年（1817年）冬，亲自勘测规划兴修阆中沙溪场至观音寺地段的水渠，架筒车抽嘉陵江水，并引北岩寺山泉入渠，以灌溉城东北数千顷田土。嘉庆二十五年（1820年），黎学锦商同保宁知府徐双桂、县令李传杰自捐廉俸，并向全县绅耆募捐，增筑西门河堤，堤成后，减弱了水势，保护了城基。在任期间，他还倡导将锦屏山、白塔山、北岩寺、滕王亭子、桓侯祠、凤凰楼等风景名胜修葺一新。清道光元年（1821年），黎学锦与保宁知府徐双桂主修《保宁府志》。

李　惺　李惺（1785—1863），字伯子，号西沤，晚号拙修老人，重庆垫江人，清嘉庆十三年（1808年）举人，二十二年（1817年）进士，选翰林院庶吉士。二十四年（1819年）年散馆，二十五年（1820年）授检讨，寻迁国子监司业等，调詹事府左春坊左赞善。清道光十二年（1832年）奔父丧，哀毁尽礼。时祖母袁氏年九十余，母傅氏年六十余，遂归养亲，旋应当局之邀主讲于眉山、泸州、剑阁、三台等地，主讲成都锦江书院20余年，很为人称道赞誉。清咸丰十年（1860年），为四川在乡团练大臣，以老辞不拜。道光二十七年（1847年），广东番禺人徐继镛莅任阆中知县，特聘李惺总其事，采辑省、府志书所载，广搜遗闻轶事，于咸丰元年（1851年）编纂成《阆中县志》（8卷）一书付梓。该志分25门，约15万字，其卷七、卷八为“志余”，补其他24门所未备者，下分6目。人物门记载最为详尽，历史上著名人物，如三国时蜀汉之马忠、程几、黄权，宋代裴庄、陈尧佐、陈尧叟、陈尧咨、鲜于亻先、张宪（岳飞爱将）等人之事迹无不备录。其次以山川古迹之记载为有价值。志余则较多收载历代轶闻趣事、水旱兵匪之灾乱等，有一定史料价值。

伍玉雯　伍玉雯（1873—1951），名彝章，玉雯为字，别号梅印。蓬安县人。清末廪生，后就读于四川省高等学校，曾任西昌教谕，蓬州劝学所视学兼学务总董。民国初，曾任四川省临时议会议员、县议会会长及川北师范学校校长。民国11年至民国26年（1922年至1937年），先后任四川陆军第五师（何光烈部）师部秘书、蓬溪县知事、开江县县长、21军刘湘部（时在重庆）教育处长、四川省政府秘书等职。民国27年（1938年）回蓬安，任县修志局局长。伍玉雯好读书，通文史，任蓬溪知事时，曾主持纂修《蓬溪县志》十四卷，约二十万字。任开江县县长时，又主持纂修《开江县志》。民国31年（1942年），蓬安成立修志局，伍玉雯任局长。因财力窘困，受聘18人多不到职。伍亲自撰辑，由其侄子担任抄写事务，并约请10余人为采访投稿人，历时五载，纂成《蓬安县志稿》，计22卷，凡12册，约30万字。无力印行，存毛笔恭楷手抄稿本一套。

1949年12月蓬安解放后，伍玉雯将志稿交给蓬安县人民政府，他作为特邀代表参加蓬安县首届各界人民代表会议。1951年逝世。

任乃强　任乃强（1894—1989），南充县（今嘉陵区）人。幼贫好学，博阅强记，尤嗜史地。民国4年（1915年）得老师张澜、卢子鹤等资助赴京求学，考入北平农业专门学堂（北京农业大学）。因参加“五四运动”，在前门外演讲遭军阀政府逮捕，后经全国声援获释复学。民国9年（1920年）毕业，在北京《晨报》供职。次年，随张澜返南充，担任县实业局长，协助张澜创办四川第一所新型中学——南充县立中学，兼教务主任。在学校推行新式教育，增设农蚕、师范二部，实行教育和实践相结合的教育方法，培养地方实用人才。为增强学生热爱乡土的观念，他首开全省《乡土史地》评说，自编教材，自任讲习。他还创办《实业半月刊》，自己撰文、编辑、发行。5年间先后出版120多期，抨击时弊、宣传实业救国。他对研究四川历史地理兴趣极浓，经一年多的努力，民国17年（1928年）发表了近代第一部系统阐述巴蜀历史、地理沿革的专著《四川史地》一书，首次从现代地理角度论述了巴蜀的地理特征及社会发展影响，系统探讨了上古至近代四川历史的过程。当即被四川一些高等院校采用为教材。同年，受聘担任《新修南充县志》编纂工作。民国18年（1929年），任乃强应胡子昂先生之邀，赴川边考察。他遍历川边藏区康巴、泸定、丹巴、道孚、甘孜、理塘、雅江等县，步行数千里，搜集了大量第一手资料，撰成《西康图经》（境域、地文、民俗三编），引起国内外学术界广泛重视，被誉为“边境最良之新志”、“开康藏研究之先河”。

民国22年（1933年），任乃强应张澜之邀，一行5人赴广西等地对华南民族地区进行实地考察。此行后，撰写了《峡外游记》一书，介绍沿途名胜古迹、人物风俗等。返川后，任乃强相继任重庆大学教授、省立中学校长，还承担了四川大学农学院筹办工作。

民国25年（1936年）筹建西康省时，任乃强被推荐为建省委员，再次入康，继续康藏地区的考察研究。民国31年（1942年），任西康省通志馆筹备主任，为撰修第一部《西康省通志》殚精竭虑，做了大量工作。此间，任乃强通阅康区汉藏档案，综合实地考察所得，撰成《康藏史地大纲》等专著；发表《吐蕃丛考》《泸定导游》等论文和考察报告数十篇，率先将藏族史诗《格萨尔王传》介绍到国内外，并进行开拓性研究，还主持发掘整理了王晖棺等芦山汉石墓群，发表了《辩王晖石棺》《芦山汉石图考》等一系列研究报告，引起国内外考古学界的轰动。其间，任乃强鉴于当时国内出版的地图关于康藏部分，或具而不详，或多有错误；国内出版者，或多有用心，或多有篡改的情况，致力于康藏地图的测绘和校正工作，以自己步测手绘所得，参阅古今中外汉藏图籍，积多年之功，绘成当时最精确的具有权威性的万分之一康藏标准全图和西康标准全图、西康各县分图，后成为中国人民解放军进军西藏用图的蓝本，为和平解放西藏做出了贡献，受到党和政府的赞扬。

民国32年（1943年），任乃强受聘于华西大学，任社会系教授兼边疆研究所研究员。次年随华西大学考察团第3次赴西康考察，撰成《德格土司世谱》《喇嘛教与西康政治》等文，对康区土司制度的演变及喇嘛教的发展进行了较系统的研究，提出了许多独到见解。

民国35年（1946年），任乃强转任四川大学教授，为团结藏汉研究人员，推动藏学研究，他发起组织我国第一个康藏研究的民间学术团体——康藏研究社，主编出版《康藏研究月刊》。3年多的时间出刊29期，发表了大量的研究文章，对中国藏学研究做出了积极贡献。同年，任乃强参加中国民主同盟。

中华人民共和国成立后，任乃强被任命为西南民族事务委员会委员，参与筹建西南民族学院的工作。1957年，被错划为右派，受到不公正对待，在坎坷挫折的日子里，未中断研究工作，以锲而不舍的精神，相继完成了《川康藏农业区划》《四川州县沿革图说》《四川军阀混战图记》《四川历史地图》等多部著作。1960年以后，任乃强撰成《华阳国志校补图注》计150多万字的鸿篇巨制。该书钩沉索隐，探幽发微，纠驳了前人的诸多讹谬，阐发了大量的独到见解，受到国内外学术界的高度评价。美国洛杉矶《论坛报》1988年9月30日评论称："《华阳国志校补图注》堪称方志校注之最精审，誉之为西南古代之百科全书。"

中共十一届三中全会后，任乃强被错划为右派得到彻底纠正，先后担任政协四川省第四届、第五届委员会委员，四川省社会科学院特约研究员，西南民族学院特邀教授，中国民族史学会理事，四川省历史学会、四川省民族学会、四川省古籍整理规划小组顾问，四川省文史馆特约馆员，民间文学会理事，原南充地区历史学会名誉理事长，以及30余个地（市、州）地方志编纂顾问。1979年后，相继完成《羌族源流探索》《川藏地区历史资料汇编》《山海经新探》《周诗新诠》《四川地名考》《四川地名考释》《张献忠》等10多部著述和近百篇论文，约500万字。1983年6月底，任乃强年近九旬，专程回南充，为出席原南充地区第一次地方志工作会的领导和编写员500余人作辅导报告，时间长达3个多小时。1989年3月在成都逝世。

戴哲民　戴哲民（1909—1999），又名则鸣、则明，自号梅溪滩上人，阆中县（今阆中市）人。早年就读上海美术学校，民国16年（1927年），入上海中华艺术学校，先后受业于刘海粟、潘天寿、丰子恺诸位大师门下。毕业后，受聘于四川岷江大学、成都民立大学艺术系任国画教授。后又在广汉、乐山、阆中等地任教，先后担任学校教务主任、校长、县政府教育科长等职。1950年9月，任阆中县文教科副科长。1956年5月，任阆中县教育局副局长。1957年7月至1967年1月，任阆中县文教局副局长。1978年后，任阆中县政协常委、副秘书长。1981年6月，任《阆中县志》主编。他不顾年老多病，拄着拐杖到文物部门和有关单位核实考证史实，补充完善资料。1993年，《阆中县志》出版。他参与阆中名胜景点恢复的规划设计，并撰写匾联。在金石书画方面，50年耕耘不辍，有《李文密·戴哲民书画金石选》成集。1992年，国画大师齐白石之女齐良芷教授慕阆苑名胜专程来游，戴哲民作陪。齐、戴二人合作共绘《蟹菊图》等多幅作品。齐良芷教授深佩其笔下神韵，认为有其父风，遂提议代父隔世收徒，誉称齐门入室弟子，并绘《多寿图》留作纪念。1999年逝世。

任俊杰　任俊杰（1928—2004），仪陇县人。1951年1月参加工作，1951年1月至1954年12月，先后在仪陇县兴隆乡（今檬垭乡）、城关区委、县委组织部工作。其间，1953年5月加入中国共产党。1955年至1959年，先后任乡党委书记、县委农工部副部长、区委书记。1959年7月至12月，在省委雅安党校学习。1960年任县委农工部部长。1963年7月，任仪陇县副县长。1967年至1969年6月，在中央和省委举办的读书班脱产学习。1969年7月至1972年8月，参加襄渝铁路建设，任仪陇县民兵团副团长。1972年8月至1973年10月，任仪陇县革委会生产指挥组副组长。1973年10月至1981年3月，任仪陇县革委会副主任。1981年3月至1984年5月，任仪陇县政协主席。其间，1983年5月兼任仪陇县志编委会副主任，1984年1月兼任县地志办主任。1984年因病退休。退休后，仍主持《仪陇县志》编纂工作，任《仪陇县志》主编。2004年1月逝世。

文崇周　文崇周（1931—2012），南充县（今嘉陵区）人。1950年8月至1954年9月，先后在南充县大通区、东观区工作（其间，1951年11月至1951年12月在川北团校学习，1952年5月加入中国共产党）。1954年9月至1956年3月，任中共东观区委副书记。1956年3月至1957年6月，任中共南充县委办公室副主任。1957年6月至1960年3月，任中共金凤区委书记。1960年3月至1971年，先后任中共南充县委办公室副主任、主任。1971年至1972年，任南充县革委会办事组副组长。1973年至1978年11月，任中共南充县委、县革委办公室主任。1978年11月至1981年1月，先后任中共华云工农区委、区革委办公室主任，中共华蓥市委办公室主任。1981年2月至1984年1月，任南充地区建设委员会城建科副科长。1984年1月后，任南充地区地方志办公室副主任（主持工作）。1991年6月，享受正县级干部待遇。曾任四川省地方志协会理事、南充地区地方志协会副会长、南充地区党史学会理事。1991年8月退休。2012年逝世。

在地区地志办工作期间，主编了《南充建置沿革　自然环境》，参与编辑了《南充名特产》《南充地方志通讯》《南充史志》《南充今古》等书刊。参与指导、审查了南充地区12部县（市）志和地级20余部部门志。曾多次获“工作模范”“先进工作者”“优秀共产党员”“优秀党务工作者”等称号。

侯泽周　侯泽周（1929—2012），阆中县（今阆中市）人。1949年10月加入中国共产党。至1954年，先后任石龙区委组织干事、柏垭区委组织干事、土改工作队队长。1955年，任阆中县城关区委副书记，1956年任阆中县委统战部副部长，1957年任阆中县政协副主席，是年，任阆中县城关镇委书记。1978年11月至1983年12月，任阆中县委统战部部长。其间，1981年6月兼任地志办主任。1983年，任阆中县志编修委员会副主任、兼任县地志办主任。1984年任阆中县政协专职副主席、兼任县地志办主任。1990年5月退休，享受正县级待遇。2012年逝世。

【人物简介】　1983年至2015年，南充地方志工作者赓续传统，无私奉献，为南充地方志事业发展贡献了智慧和力量。本志仅对获得省政府以上表彰的地方志先进工作者（个人）、在南充有一定影响力的地方志学术带头人和副县级以上实职地方志工作领导予以简介。

王　化　民国3年（1914年）5月生，营山县人。先后就读南充师范、四川大学文学院。民国30年至民国32年（1941年至1943年），先后在营山、成都、乐山等地任教师。民国34年（1945年），参加中国民主同盟。民国36年秋至民国38年春（1947年秋至1949年春），在重庆市沙坪坝二中、化龙桥扶轮中学、牛角沱明诚中学、重庆正华文法学院历史系任教。1949年，参加中国共产党。是年秋，回到南充，在南充高中任史地课教师。在中共领导下，策动南充民众自卫总队副队长张恢先发动武装起义，营救被关押在南充三监狱的张崇古、赵述人、李继伯等9名中共党员出狱。迎接解放军入城，和平解放南充。中华人民共和国成立初期，任南充市（时川北区直辖市）文化馆馆长。1953年，先后任南充专署文教科科员、副科长。1973年，任南充地区文化局副局长。1983年，任南充地区地方志编纂工作领导小组副组长兼领导小组办公室主任。1985年离休，享受副厅级生活待遇。

杨林由　民国5年（1916年）生，广安市人。原名麟游，自号萧溪赤子、嘉陵退士，曾用笔名瘦生。民国36年（1947年），“国立中央大学”（今南京大学）师范学院教育系毕业，以历史为辅系。后在北京师范大学学校教育专修班毕业，任永川、广安私立中学教员、教务主任，加入中国共产党。中华人民共和国成立后，任广安县人民政府文教科副科长兼广安师范学校校长，1954年4月任阆中中学校长。1982年3月，任阆中县人大常委会副主任。1984年离休（副厅级）后，先后任阆中市政协文史委员会顾问、四川省诗词学会会员、果州诗社顾问、广安市诗词学会顾问、阆中诗词学会会长，被授予“感动阆中杰出人物”。

1989年被聘为《阆中县志》特约总纂。总纂的《阆中县志》获四川省人民政府三等奖、南充市人民政府荣誉奖，与人合纂的《阆中地理志》获四川省地方志优秀成果一等奖，所著《阆中名胜古迹考释》获四川省地方志优秀成果三等奖。著有《阆中历代诗词选》《零爪集诗词》《零粞集》。主编《历代名人咏广安》，参编《中国旅游诗话》阆中部分。其作品入选《二十世纪中华诗人代表作》《二十世纪中华诗人传略》《当代诗词楹联精选》《中华诗选》。文史考辩著述有《历代科举制度述评》《常用唐宋诗词格律》《阆中城寰变迁述略》《北宋三陈籍贯小考辩》《南隆考》《碧涧寺考》《提督川陕总兵关防考》《藩镇军政府经历之印考》《充国县考辨》《北宋阆中四镇八乡刍议》《瓦口不在阆中》《五人墓碑记写作月考》《烽火连三月释》《陆游论诗之真机》《谈依谱填词及其灵活性》《从唐人律诗看通韵》等。

陈祥超　民国20年（1931年）10月生，广安市岳池县人。民国38年（1949年）5月加入中国共产党。1949年10月，接中共岳池地下组织通知，从重庆育才学校回岳池迎接解放。1950年1月，在岳池县乡干部短期培训班学习。1950年2月至4月，任中共岳池县西溪区委宣传干事、新生乡工作组副组长。1950年5月至9月，任中共岳池县委宣传干事。1950年10月至1951年4月，任中共岳池县苟角区委宣传干事、义兴乡减租退押工作组副组长。1951年5月至11月，任蓬安县土改办公室资料组组长。1951年12月，带队参加专区整党。1952年1月至1954年12月，先后任中共蓬安县委宣传部干部、县委秘书和研究室、生产办公室负责人。1955年1月至1962年10月任南充报社编委、编辑长、报社党支部副书记（其间，1957年6月至1958年4月主持报社工作近一年）。1962年10月至1971年5月，任南充专署办公室秘书。1971年5月至1977年12月，任四川省华蓥山中段煤田建设指挥部办公室副主任，同时任中段煤田建设指挥部政治部办公室主任、指挥部工业学大庆办公室主任。1978年，任地区行署办公室秘书科科长。1981年10月，任地区行署办公室副主任、机关党支部书记。1982年3月，兼任地区人防办主任（正县级）。1984年1月，兼任地区地志办主任、地区爱委会副主任、精神文明委副主任、环保委员会副主任。1992年5月离休。2010年，中共四川省委同意，陈祥超享受副厅级生活待遇。

刘增耀　民国21年（1932年）2月生，山西省介休县人。民国38年（1949年）1月，考入中国人民解放军第一野战军西北军政大学贺龙中学读书，6月分配至西北军大总校警卫连当战士。1950年4月1日加入中国共产党。1951年10月至1952年5月，在重庆西南革命大学学习、西南军政委员会机要人员培训班学习译电业务。1952年6月，调南充专员公署机要科任译电员，10月调仪陇县政府机要组工作，任县政府办党支部宣传委员、保密委员、团支部书记。1954年12月，调仪陇县法院任助理审判员，后任法院秘书、审判委员会委员。1979年，任仪陇县供销社业务股长。1980年，任仪陇县政府办公室秘书。1983年至1993年，先后任县地志办副主任、主任、党支部书记。1993年，被省政府授予地方志先进工作者称号。是年3月离休，享受县处级待遇。工作期间，曾在省、地、县10多家报纸、电台、史志、文史资料等刊物上发表志稿评议、新闻报道、诗词等100余篇，获省、地、县先进工作者和通讯报道先进个人称号13次、优秀共产党员称号3次。离休后，撰写了县地志办组织史，编印了《仪陇县志·勘误表》。1999年10月1日，被四川省委、省政府授予中华人民共和国成立50周年离休干部荣誉证书。2002年获解放军胜利功勋荣誉章。主要作品有《朱总司令故乡——仪陇县在前进》《仪陇县人民法院加强对调解工作的指导》《仪陇县商业部门自产自用土农药费省效宏》《朱德母亲钟太夫人事略》《朱德在家乡时的体育活动》《朱德同志二三事》《县志稿发排前的自查校审体会》《扎根在朱德总司令故乡的二野军大校友们》《回忆贺龙司令员动员我们到大西南及南下途中见闻》《回忆我的家乡沦陷之后》《积极投入抗日战争的仪陇人民》《朱总精神万古长存》《大公无私的朱德同志》《朱总司令回故乡》《轸缅朱德总司令》《缅怀邓政委》《党引领我走上革命征程》《仪陇县城今昔》《南下感怀五首》等。

史今律　民国21年（1932年）生，南部县人。1950年至1959年，先后在南部县工商联、县委统战部工作。1960年，调县政府办公室任秘书。1982年，主持全县地名普查工作，编成《四川省南部县地名录》。1985年3月至1993年2月，任县地志办副主任（主持工作），主编了《南部县志》（1994年版）。其间，1989年，应上海辞书出版社之约，参与编写《中国地名词典》。1988年，应四川省政协文史委会之约，撰写《照亮台湾艺坛的画家——席德进》，被编入《四川近现代文化人物》一书。撰写《中国捷声速记术创始人——刘越》，被编入《四川近代文化人物》第三辑。与郭万邦合著《三陈诗文辑注》，后经程瑞钊增撰解析，更名《陈尧佐诗辑佚注析》，巴蜀书社出版。应北京大学古籍文献研究所之约，整理宋代南部籍诗人蒲宗孟、鲜于诜等人作品，被收入《全宋诗》。此外，在省内外方志刊物上发表了《略论县志概述》《政权志撰写初探》等8篇论文（文章）。1993年，被省政府授予地方志先进工作者称号，是年2月退休。

萧洪建　民国22年（1933年）9月生，南充县（今顺庆区）人。1954年6月参加工作，同年加入中国共产党。1958年8月，任金台乡团委书记。1959年3月，任南充县渔龙公社财粮干部。5月任金台乡党委委员，负责办公室工作。9月调南充县潆溪区高产办公室工作。1960年5月，任潆溪区委组织干事，1965年2月任潆溪区公所副区长。1965年9月至1966年3月，参加青居电站建设，任营教导员。其间，1965年12月当选为南充县第六届人民代表大会代表。1966年5月，任潆溪区委副书记。1971年5月至1978年3月，先后参加襄渝铁路建设和升钟水库建设，任营教导员。1978年4月，任潆溪区委书记、革委会主任。1980年2月当选为南充县第四届党代会代表，1981年8月被四川省政府授予抗洪救灾先进工作者称号；1982年被南充县委、县政府授予民兵工作先进工作者称号。1986年4月至1993年12月，任南充县地志办主任（其间，1990年3月，当选为南充县第十届人民代表大会代表、常务委员会委员）。1993年，被省政府授予地方志先进工作者称号。1993年12月退休。

冯成忠　民国23年（1934年）7月生，南充县（今顺庆区）人。1986年6月至1994年11月，任南充市（县级）地志办主任。其间，1988年12月参加广东省社科院历史研究所主办的全国地方志高级讲习班。1989年，任《南充市志》（县级）主编。1993年，被省政府授予地方志先进工作者称号。是年退休。

龙显昭　民国24年（1935年）生，广安市岳池县人，曾任四川师范学院（西华师范大学）副院长、教授、研究生导师，中国秦汉史学会理事、四川省史学会副会长、南充市史学会会长、民间文化研究中心顾问。知名秦汉史、宗教史、巴蜀史研究专家。他在中国传统文化和历史文献等领域有很深的造诣，发表专著及论著50余种，代表作有《论秦的主流文化与非主流文化》《汉代西域的族属及其与周秦“西戎”之关系》《陈寿史学刍论》《汉昌及巴州建置年代考》《论汉晋时期的岭南开发》《三国文化历史走向》《巴蜀佛教碑文集成》《巴蜀道教碑文集成》等。先后获得四川省教学成果一等奖1次，四川省政府哲学社会科学优秀成果二、三等奖3次。他给参与新修《南充市志》的400余名编纂人员系统作了《试论历史上的南充》专题讲授，被聘为《南充市志（1707—2003）》特邀副总编，襄力解决了《南充市志（1707—2003）》时空断限问题，并亲自撰写了《南充市志（1707—2003）》政区部分稿件。

李定国　民国24年（1935年）生，营山县人。曾任小学教员、小学校长、中学教员、教育工会和县文教科干事、县教研室主任。1983年1月至1990年6月，任营山县志编纂委员会办公室副主任、县志主编，主持编纂《营山县志》（1989年版）工作。1992年，应营山县教育委员会之邀，编写《营山地理历史》，作为全县小学6年级学生的乡土教材。1995年退休。2004年4月，参加续修《营山县志（1986—2003）》工作，担任统稿工作。2007年，为营山第二届旅游文化节主编《太蓬山志》。2009年，主编《营山文化志》。2010年，参与《营山县城南北两河综合整治工程志》编纂工作和《营山县志》（明清版）统编本统编工作。2013年，主编《营山民间传统文化》。2015年，参与《营山县地方志志》编纂工作。先后撰写了《我们是怎样编写部门志的》《编纂县志的几点作法》《县志主编工作纵横谈》《把握主线、体现主题、突出主体》《主编的执着追求——县志整体质量》《县志概述“三议”》《志书中的“以事系人”》《县级审稿的做法收获和体会》等文章，分别刊载在《四川地方志通讯》《方志研究》《宁夏史志研究》《四川省新方志论文选集》等书刊。

邓郁章　民国25年（1936年）9月生，蓬安县人，名天衢。1961年毕业于四川师范学院（四川师范大学）中文系，任蓬安师范学校语文高级讲师，教导处副主任。编著《记叙文常识》《外国文学教学参考》《历代爱国诗歌选注译》等教学资料，发表《爱国诗歌赏析》《记叙文写作例谈》等文章30余篇。1985年，任《蓬安县志》主编，先后在《四川地方志》（《巴蜀史志》）、《史志文萃》《广西地方志》《河南史志》《重庆地方志》《方志研究》等刊物发表《县志分志交叉的种类及处理方法》《谈县志人口志的篇目设计及编写》《浅谈县志管理的记述》《蓬池县治考辨》等论文（文章）50余篇，内容涉及地方志撰写的各个方面。被聘为《方志研究》特约记者。著有《方志写作》（内部交流）、《蓬安史地漫话》。1993年，发表了《司马相如与蓬安县》一文，是现代首先提出“相如故里在蓬安”的学者。是年，被省政府授予地方志先进工作者称号。1996年退休后，专注于司马相如研究。2000年，发表了《王培荀的司马相如“实今之蓬州人”说考论》（合写、执笔人）。2003年，任司马相如研究会常务副会长，搜集注释了《史志舆书关于司马相如故里与相如县的记载》《历代有关司马相如故里的文章》《历代有关司马相如故里的诗歌》多种资料，撰写论文多篇，后结集为《司马相如故里在蓬安》。2007年，任执行主编编辑出版了《相如故里文化旅游丛书》（5本）。2013年，编著了《天下文宗司马相如》。在研究司马相如的同时，参与了南充及嘉陵江流域的地方历史文化研究，编印了《南充市县以上行政区建置沿革表解》，出版了《历代名人咏南充》中蓬安卷、营山卷、仪陇卷，《相如故里蓬安县》，南充风光诗系列《朱德故里古今吟》（编注）、《相如故里古今吟》（编注）、《灵山奇水南部吟》（参编）、《嘉陵山水古今吟》（编注），尚待出版的有《十里绮罗古顺庆》《江流一曲百媚生》《嘉陵江风光诗》等著作。

吕陌阶　民国26年（1937年）1月生，蓬安县人，原名吕世驹，曾用笔名南方。1962年9月，四川大学历史系毕业，10月分配至南充市（县级）图书馆工作。1964年4月调南充市（县级）京剧团艺术学校任教。1974年5月调南充地区文教局工作，1979年1月调南充地区文化局工作，1983年3月，调地区地志办工作。1986年6月任地区地志办副主任。1989年4月兼任地区地方志协会常务副会长。1994年2月，任市地志办副编审。曾任南充市政协第一届委员会委员，兼任市政协文史委副主任。1997年7月退休。

在市（地）地志办工作期间，参与编辑了《南充地方志通讯》《南充史志》《南充今古》等刊物。参与指导、审查了南充地区12部县（市）志和地级20余部部门志。发表的论文有《精辟的论述，光辉的榜样》《修好地理志反映当代科学水平》（合著）。任南充市第一届政协文史资料委员会任副主任期间，在《南充市文史资料》编辑班子中任副主编，参与编辑出版了《南充市文史资料》（1~7辑）。参与张澜研究并参与编辑了《张澜纪念文集》。

潘大德　民国29年（1940年）9月生，南充县（今高坪区）人。1964年大学毕业，任南充女子中学高中语文教师。1970年至1983年，先后任中共南充市（县级）委宣传部干事、市委中心学习组秘书(其间，1972年加入中国共产党)。1983年至1992年，在南充市（县级）职工大学任教〔其间，1985年受聘为《南充市交通志》（县级）总纂，1988年晋升中国古代文学副教授，1989年兼任《南充市志》(县级）副主编〕。1992年，调南充市（县级）地志办工作，确认为副编审职称。1993年被评为南充地区地方志先进个人。1994年任《南充市志续编》（县级）主编，兼《顺庆年鉴》主编。1996年被评为四川省地方志工作先进工作者。1999年9月赴京出席纪念孔子诞辰2550周年国际学术研讨会暨国际儒联第三届会员大会，发表论文《爱人重教致中和》。2000年退休后，先后受聘点校清康熙《顺庆府志》和清嘉庆《南充县志》。先后著有《中国古代说服艺术》《孔子论道》，与他人合著《论语新编注译》《论语新编诠释》《巴蜀高僧心月法师传》《顺庆掌故》《南充掌故》《毛泽东诗词疏证》《朱德诗赏析》等。为韩国《退溪全书今译今注》译注汉文古诗100余首。2003年，为马来西亚孔学研究会撰写《吃喝玩乐——孔子论日常生活》（2004年版）。2005年10月，应孔子基金会和韩国退溪学会邀请，赴山东济南市出席孔学与退溪学国际学术研讨会，发表论文《理性节制物欲，追求智慧人生》。2009年9月，赴北京出席纪念孔子诞辰2560周年国际学术研讨会暨国际儒联第四届会员大会，发表论文《读〈论语〉悟人生》。

刘元义　民国30年（1941年）2月生，阆中县（今阆中市）人。1963年7月中师毕业，分配至仪陇县教师进修校任教。1966年1月，任仪陇县革命委员会文卫办公室秘书。1969年1月，任仪陇县革委会政工组学校组副组长。1971年11月，任仪陇县新民公社党委书记、革委会主任（下派）。1974年8月任仪陇县日兴区委副书记、革委会副主任。1982年9月调阆中，任阆中县文成区委副书记、书记。为中共阆中县第五、六届党代表。1989年9月，任阆中县（市）地志办主任。在地志办工作期间，克服县志办条件差，经费缺乏，人心不齐等困难，经过3年艰苦努力，使《阆中县志》出版发行。1993年5月，出席省政府召开的地方志先进集体、先进工作者表彰大会，获省政府“修志先进工作者”称号，阆中县地志办被省政府表彰为“地方志工作先进集体”，1994年10月，《阆中县志》获省政府第六次哲学社会科学优秀成果三等奖。1995年2月，任阆中市人大常委会人事代表工作委员会副主任（保留正科），后任阆中市政府副县级助理调研员。2001年退休。

曾海清　民国31年（1942年）生，南部县人。1961年至1962年，在四川省农干校南充分校学习，毕业分配至南部县龙凤乡人民委员会工作。1964年，任南部县三官乡民办小学教师。1985年，调南部县地志办工作。1997年4月，任县地志办主任。2000年，被省政府授予“修志工作先进个人”称号。在县地志办工作期间，收集、考证、整理了数十万字县志资料，撰写了3万余字的《南部县志》的“行政机构”类志稿，发表了《政权志撰写初探》《职官表编写刍议》等论文。2002年退休。

蔡白坚　民国32年（1943年）6月生，广安市岳池县人。1963年，南充高中毕业。1963年12月，在南充地区新华书店工作（其间，担任南充专区机关文工口团委、文艺总支组织委员，在南充师范学院中文系函授学习）。1966年7月，任地区新华书店“文化大革命”领导小组组长，负责全区业务工作。

1970年至1973年，负责农村图书发行工作。1974年，负责全区基层发行网点建设和大队图书室建设的试点工作。1975年3月，参加中共南充地委“社会主义教育”工作团农村工作组工作。1979年5月，调南充地区文化局工作。1985年3月，任南充地区新华书店副经理。1986年8月，在中共南充地委党校86级大专班政治管理专业学习，并加入中国共产党。1988年9月，调南充地区地志办工作。1989年4月，任南充地区地方志协会秘书长。1990年，下派挂职任南充县青居区副区长，其间，获四川省第四次人口普查办公室先进工作者荣誉称号。1991年9月至12月，在中共南充地委党校县级干部轮训班学习。1991年7月，任南充地区地志办副主任（1991年8月至1994年2月主持工作）。1993年，获省志编委会“地方志先进工作者”称号。1997年5月，不再任市地志办副主任。2000年6月，被评为中共南充市政府办公厅机关党委“1999年度优秀共产党员”。2001年12月，任市地志办助理调研员并提前退休。

马国栋　民国35年（1946年）生，营山县人。1983年9月开始从事地方志工作。1986年9月，四川省地方志编纂委员会工作。1988年7月任编辑，1989年3月任副编审，1994年任《四川省志》副总编及省志民族志等6部分卷责任总编，1996年任省志编委会市县志处（工作部）副处长，1997年任四川省地方志协会副会长，2004年任调研员。2006年退休。曾任首次全国新方志优秀成果奖评委、四川省哲学社会科学优秀成果奖评委。长期指导市县志编纂工作，审读各级各类志稿（书）200余部。在《中国地方志》《巴蜀史志》《广东史志》等刊物发表《方志文风论》《重视志稿审查，提高审稿质量》《首届新方志编纂工作之成就与不足》等方志研究论文及方志评论文章40余万字。

在省地方志编委会工作期间，马国栋提出线、面、点结合的方志记述结构。同时，马国栋认为地方志工作不等于修志工作，要树立大方志观念，拓展工作领域，志、鉴、史、论、杂等反映地情、服务社会的作品都属于地方志工作范畴。地方志工作要服务现实，满足社会不同需要。地方志机构要老中青结合，以中年人为主。既要有行政权威，又要有业务权威；既要有方志编纂权威，又要有地情研究权威。方志编纂要有基本模式与基本规范，但又不能模式化。要重视志书总纂，认为志书总纂是提高志书质量的最后的关键阶段。还提出四川为中国方志发源地的观点。

邓淑清（女）　民国36年（1947年）4月生，营山县人。1969年3月参加工作，1986年调营山县地志办工作。1988年评聘为编辑（中级）技术职称。参与了《营山县志》《营山县情手册》编纂等工作。1993年，被省政府授予“地方志先进工作者”称号。1994年，主编了《营山县年鉴》。《志书的价值贵在经世致用》《十年辛苦十年乐》《谈给反面人物立传》等论文（文章）分别在《中国地方志》和省级刊物上发表。

罗永师　民国36年（1947年）农历8月生，广安市岳池县人。1968年10月，南充医学专科学校毕业，分配至南充地区食品罐头厂医务所工作。1970年5月至1973年1月，参加襄渝铁路西段会战，在南充民兵师医院住院部任传染科、内科医生。其间，1972年1月加入中国共产党。1973年2月至1984年12月，在南充地区食品罐头厂工作，先后任医务所医生、厂党委办公室秘书、厂办公室主任，厂党委委员、厂工会主席（副厂级）。1985年1月至1993年7月，任南充地区轻工局办公室主任、企业管理科科长，局办公室主任兼人事科科长。1993年7月至2001年12月，任南充市轻工业局党委委员、局长助理、副局长、常务副局长、局调研员。2001年12月退休。2003年10月至2005年5月，主编《南充市志·轻工业》。2005年10月至2006年6月，受聘市委办《南充市志·政党》《南充市志·人民团体》统稿。2006年7月至2009年12月，任《南充市志》特邀副总编，参与《南充市志》总纂、通纂。其间，主编了《南充市志·桑蚕丝绸》。2008年12月，被聘为南充市地方志书审查验收学术委员会委员。2011年1月，任《南充市嘉陵区志》特邀副总编，承担志稿总纂。2011年，任《六合集团志》主编。2012年4月，被市政府评为《南充市志》编纂工作先进个人。2012年至2014年，任《川北区志》特邀副主编，参与《川北区志》资料搜集、初稿编纂及总纂工作。至2015年12月，先后参与了《西充县志》《高坪区志》《蓬安县志》《汶川特大地震·仪陇县抗震救灾志》《汶川特大地震·南部县抗震救灾志》《南充市检察志》评审工作。

李仲华　民国36年（1947年）10月生，西充县人。1972年2月参加工作。1978年3月，考入南充师范学校高师班语文专修科学习。1981年1月毕业，分配至西充县义兴中学工作。1984年5月加入中国共产党。1984年8月，调西充县地志办工作。1985年5月，任县地志办副主任，7月，任《西充县志》（1993年版）主编。1988年6月，评聘为编辑（中级）。1989年4月，获南充地区地方志先进工作者称号。1990年1月，获西充县有突出贡献社会科学工作者称号。1991年12月，主持县地志办工作。1993年5月，任县地志办主任、党支部书记。是年，被省政府授予四川省地方志工作先进工作者称号。1997年12月，当选为中共西充县第九次代表大会代表。2001年12月离任（保留正科级）。2002年2月，不再任县地志办党支部书记。2005年6月，获电子科技大学高级工商管理硕士学位。2006年6月，评为高级经济师。2007年退休。曾任省地方志协会会员、中国青年写作理论家协会理事、地区地方志协会理事。主编了《西充县志》（1993年版）、《西充县十年大事记》《西充方言》《地灵人杰话西充》《西充旅游》《新方志编著实践论》等。

徐方强　民国37年（1948年）10月生，阆中县（今阆中市）人。1969年2月参加工作。1991年，获四川省职工自学成才二等奖。在南充市发改委工作期间，参与编制《南充市国民经济和社会发展“九五”计划及2010年远景规划》《南充市国民经济和社会发展第十个五年计划》。参与编纂的志书和著作有《南充地区交通志》《巴蜀文化大典》《南充市交通志》（地级）、《南充市志》（地级）、《嘉陵区志》《川北区志》《南充民盟志》《南充民间传统文化》。在《史志文萃》《公路交通编史研究》发表史志研究文章10多篇。参编《逻辑应用多视角》丛书。著有《编辑逻辑艺术》《浮生吟草》。

余善卫　1949年10月生，南充县（今顺庆区）人。1970年12月至1972年5月，武胜县乐善区普兴乡知青。1973年9月至1975年7月，武胜县文教局干部。1975年7月至1978年10月，武胜县委宣传部、县委新闻报道组干部。1978年10月至1981年10月，南充教育学院中文系读书。1981年10月至1983年5月，南充地区教育局干部。1983年5月至1989年12月，任地区行署办公室秘书、副科长、科长。1989年12月至1993年12月，任地区行署办公室副主任，其间，1991年11月至1993年12月，兼任地区法制局局长。1993年12月至1997年3月，任市政府副秘书长、办公室副主任、党组副书记。其间，1994年1月至1997年5月，兼任市地志办主任。1997年3月至2002年5月，任市委、市政府副秘书长，市政府办主任、党组副书记。2002年5月至2004年3月，任市委、市政府副秘书长，市政府办主任、党组书记。2004年3月，在南充市第三届人民代表大会上，当选为市人大常委会副主任。2008年6月，任市人大常委会顾问。2010年3月退休。

周永兴　1951年10月生，南充县（今嘉陵区）人。1969年1月至1971年1月，四川省简阳县三星区新星公社知青。1971年1月至1979年8月，内江四川无线电专用设备厂三车间工人。1979年9月至1982年，重庆师范专科学校（重庆文理学院）中文系读书，其间，1980年12月加入中国共产党，历任班长、学生会副主席（主持工作）。1982年9月至1985年4月，江津师范专科学校工作，任中文系年级辅导员、总辅导员（其间，1982年至1983年任江津师范专科学校附中团支部书记）。1985年5月，调地区地志办工作。1989年5月至1991年6月，任地区地志办正科级秘书。1991年7月至1997年5月，任地区地志办副主任（其间，1994年2月至1997年5月主持工作）。1993年，获省地方志编委会授予的地方志先进工作者称号。1997年5月，不再任市地志办副主任职务。2001年12月，任市地志办助理调研员并提前退休。

在地志办工作期间，参与编辑出版了《南充名特产》一书，主持《南充年鉴》（1995年卷）编辑工作，审阅了南充地区各县（市）志稿和部分地级部门志稿。

王国成　1953年1月生，阆中县（今阆中市）人。1970年1月参军，1973年7月加入中国共产党。1976年参加唐山抗震抢救灾，荣立三等功一次。1987年12月转业到阆中县地志办工作。1989年任《阆中县志》常务副主编。1990年，主持县志总纂，制定了《阆中县志总纂方案》《阆中县志总纂实施细则》，完成了《阆中县志》总纂。1993年7月，任阆中市地志办副主任。是年，被省地方志编委会授予修志工作先进个人称号。1994年，《阆中县志》获省第六次哲学社会科学优秀成果三等奖、南充市政府第一次哲社优秀成果荣誉奖。是年11月，主持阆中市地志办工作。1997年7月，任阆中市地志办主任，启动了《阆中年鉴》和地情资料书编辑工作。2003年3月离任（保留正科级待遇）。协助阆中市地志办谋划地方志长远规划，参与新编《阆中市志》启动等工作。2005年5月，任《阆中市志》执行副总编。是年，被中国地方志指导小组授予全国方志先进工作者称号。在《阆中市志》编纂期间，研究制订了《阆中市志》总体结构和篇目设置，负责总编室工作，承担了《阆中市志》总纂及复审评议、终审验收后修改完善工作。2013年退休，享受副县级生活待遇。

于　明　1954年9月生，辽宁省沈阳市人。1974年9月至1977年3月，绵阳地区青川县骑马公社（广元市青川县骑马乡）知青。1977年3月至1979年1月，南充师范学院（西华师范大学）中文系读书。1979年1月至1984年8月，四川省青川中学语文教师。1984年8月至1986年9月，四川建筑机械厂教育中心培训科工作。1986年9月，调南充地区地志办工作。1988年1月，评聘为出版系列编辑（中级）。1992年1月，任地区地志办编审科副科长。1994年6月，任市地志办编审科科长。2003年5月，任市地志办副调研员。2014年3月提前退休，享受正县级非领导职务生活待遇。曾任市政协第二届至第四届委员会委员，省地方志协会第五届理事会理事，市社科联第三届委员会委员，市地方志协会副会长兼秘书长。1993年，被省人民政府授予四川省地方志工作先进工作者称号。2005年11月，被省人事厅、省地方志编委会授予四川省地方志工作先进个人称号。2007年，被市委、市政府授予南充市创建中国优秀旅游城市先进个人称号。2012年，被市政府授予《南充市志》编纂工作先进个人。任执行副总编的《南充市志（1707—2003）》获省政府第十五次哲学社会科学优秀成果二等奖，任《川北区志》《南充市地方志志》副主编，参与调研撰写的《加强南渝经济联系研究报告》获南充市委优秀调研成果一等奖。

何　进　1957年6月生，南充县（今嘉陵区）人，1975年12月至1980年5月，阆中丝绸厂工作。1980年6月至1990年5月，南充地区水电局工作。其间，南充师范学院（西华师范大学）历史系政史专业大专毕业。1990年5月至1999年5月，在地区行署办公室、市政府办公室工作，任市政府办公室机关党委委员、纪委副书记、秘书三科科长。1999年5月，任市地志办副主任（1999年5月至2004年7月主持工作）。2000年，获省政府授予的地方志工作先进个人荣誉称号。2011年12月，任市地志办调研员。2012年，获南充市人民政府授予《南充市志》编纂工作先进个人荣誉称号。

刘 刚 1958年10月生，南充市（县级）人。1976年7月至1977年11月，南充县新复公社知青。1977年11月至1980年3月，蓬安师范学校读书。1980年3月至1983年3月，南充县同仁公社教师。1983年3月至1990年5月，南充市（县级）物资局工作。其间，1985年至1987年在南充师范学院（西华师范大学）中文系读书。1990年5月至1993年12月，在地区行署办公室秘书科工作。1993年12月至1997年5月，在市政府办公室工作，任秘书科副科长、科长。1997年5月至2001年9月，任市政府法制局副局长。其间，1997年9月至2001年7月中央党校法律专业本科毕业。2001年12月至2004年6月，任市地志办副主任（其间，四川省社科院经济专业研究生毕业）。2004年6月至2013年5月，任市城管执法局副局长、市爱卫办副主任、市城管办副主任，市创建国家卫生城市办公室主任，省爱国卫生专家委员会专家。2013年4月，任市城管执法局调研员。

蒲俊锠 1959年3月生，南充县（今嘉陵区）人。1978年12月，南充县师范学校毕业，分配至南充县龙池小学任教，后任教导主任。1984年2月至1989年7月，任南充县委宣传部干事、南充县委组织部秘书科科长〔其间，在南充师范学院（西华师范大学）中文系脱产学习2年〕。1989年7月至1990年12月，任南充县委政研室副主任。1990年12月至1994年3月，先后任地区纪委办公室、党风廉政室、教育研究室副主任。1994年4月至1997年4月，任市政府办公厅（室）秘书三处（科）处（科）长。1997年5月至1999年4月，任市地志办副主任，主持工作（其间，在西南师范大学哲学经济研究生班函授学习）。1999年4月至2003年1月，任嘉陵区政府副区长。2003年1月，任嘉陵区人大常委会副主任。2012年任嘉陵区人大常委会顾问。

罗亚夫 1960年7月生，营山县人。1979年7月至1981年9月，四川省人民警察学校学习。1981年9月至1988年12月，四川省人大常委会办公厅办公室干部（其间，1982年3月至1985年3月，西南政法学院法律专业函授学习）。1988年12月至1990年6月，任四川省人大常委会办公厅保卫科副科长。1990年6月至1992年8月，任四川省人大常委会办公厅副科级秘书。1992年8月至1993年8月，任四川省人大常委会办公厅正科级秘书。1993年8月至1998年4月，任四川省人大农业委员会办公室副主任（其间，1994年9月至1996年12月，四川省委党校经济管理专业本科班学习；1994年10月至1996年9月下派任广安县副县长）。1998年4月至2004年4月，任四川省人大农业委员会办公室主任（其间，2001年4月至2001年7月，省委党校第八期中青班学习；2003年9月，四川大学研究生课程进修班法学专业学习）。2004年4月至2014年10月，任四川省地方志编纂委员会党组成员、副主任（其间，2005年7月，四川大学研究生课程进修班法学专业毕业）。2014年10月，任四川省档案局（馆）副局（馆）长、党组成员。

吴兴中 1961年8月生，南充县（今嘉陵区）人。1980年9月至1982年8月，四川统计学校读书。1982年8月至1986年4月，南充地区统计局干部。1986年4月至1991年12月，任南充地区统计局农村经济统计科副科长（其间，1988年12月西南财经大学自考统计专业专科毕业）。1991年12月至1994年7月，任南充地区统计局农村社会经济调查队副队长（其间，1992年9月任主任科员）。1994年7月至1997年8月，任南充市统计局工交统计科科长。1997年8月至2004年7月，任南充市统计局党组成员、副局长（其间，2000年9月至2002年12月省委党校经济管理专业本科函授学习）。2004年7月至2008年6月，任南充市地志办主任。2008年6月，任南充市统计局党组书记、局长。曾任中共南充市第三次、第四次、第五次党代会代表，政协南充市第五届委员会委员，南充市地方志协会会长，南充市统计学会会长，省统计学会常务理事。

夏建平　1963年3月生，蓬安县人。在职研究生，教育学硕士。1982年8月参加工作，1989年12月加入中国共产党。1982年8月至2000年9月，在蓬安县工作，曾任蓬安县茶亭初中教导主任、蓬安县教育科学研究室主任、蓬安县教育委员会副主任。2000年参加南充市副县级领导干部公选获第1名，9月任南充市外侨办（旅游局）党组成员、副主任（副局长），2001年8月任南充市外事台侨旅游工作局党组成员、副局长，2006年4月任南充市旅游局党组成员、副局长，2007年8月任朱德故居管理局局长，2008年6月任南充市地方志办公室主任。南充市第四届人民代表大会代表，政协南充市第五届委员会委员。兼任四川省地方志学会副会长、南充市地方志协会会长、市政协学习文史委副主任。

在市地志办工作期间，任执行副总编的《南充市志》获省政府第十五次哲社二等奖，任执行主编的省级行政区志书《川北区志》出版发行，任《南充市地方志志》编委会主任、主编，主编了《南充市情》《南充掌故》《南充建市20周年大事记》《当代南充第一》等地情书，主持点校整理出版清康熙《顺庆府志》，《南充年鉴》实现一年一鉴、公开出版，撰写发表了《强化质量管理，力出精品志书》等6篇论文，制定南充市地方志书审查验收办法并成立南充市地方志书审查验收学术委员会、规范严格全市地方志书审查验收工作，主持制定并由市政府印发了南充市地方志事业“十二五”“十三五”发展规划，争取市政府全额拨款修建的南充市方志馆于2015年主体工程封顶，建成南充市地方志专业网站。切实抓好机构队伍建设和办公条件改善，争取财政加大投入保障地方志工作需要。在2010年、2013年、2015年全省地方志工作大会上作了经验交流发言。市地志办2010年获“全国方志系统先进集体”、2013年获“四川省地方志系统先进集体”等多个荣誉称号，个人获市直机关工委“优秀共产党员”、市政府“《南充市志》编纂先进个人”、市委“优秀公务员”等多个荣誉称号。

尹光明　1966年7月生，南充县（今嘉陵区）人。在职研究生，1984年8月参加工作，1987年5月加入中国共产党。1984年8月至1990年11月，南充县（今高坪区）农业局干部、党办副主任、信息站副站长（其间，1989年6月，四川师范大学汉语言文学专业自考专科毕业）。1990年11月至1993年10月，南充县（今高坪区）政府办公室副科长、副主任（其间，1990年9月至1993年6月，西南农业大学农学专业本科函授学习）。1993年10月至1994年9月，南充市高坪区政府办公室副主任。1994年9月至1997年10月，南充市高坪区体改（委）办主任。1997年10月至1999年5月，南充市政府办公厅科长（其间，1996年9月至1998年12月中央党校政法专业本科函授学习）。1999年5月至2001年11月，南充市政府办公厅副主任、党组成员。2001年11月至2003年2月，南充市政府办公室副主任、党组成员。2003年2月至2003年5月，南充市政府副秘书长、市政府办副主任、市政府办党组成员、市地志办主任。2003年5月至2004年7月，南充市政府副秘书长、市政府办党组成员、市地志办主任。2004年7月至2006年7月，中共南充市委副秘书长（其间，2003年9月至2005年7月四川省工商管理学院工商管理专业研究生学习）。2006年7月至2008年5月，南充市委副秘书长、市委办公室主任。2008年5月至2008年6月，中共南充市顺庆区委副书记。2008年6月至2008年7月，中共南充市顺庆区委副书记、代区长。2008年7月至2011年10月，任中共南充市顺庆区委副书记、区人民政府区长。2011年10月，任中共南充市嘉陵区委书记。曾任中共南充市委第四届、第五届委员会委员。

冯　瑛（女）　1966年9月生，西充县人。1986年至1996年，南充市紫竹街幼儿园教师、副园长。其间，1993年9月被中共南充市委、市政府授予“优秀教师”称号。1994年5月加入中国共产党。1996年2月，调顺庆区地志办工作，1998年评聘为编辑（中级）。2000年，四川省委党校经济管理专业本科毕业。2003年12月，任顺庆区地志办副主任。2005年，任顺庆区地志办主任，当选为顺庆区第四次党代会代表。是年，顺庆区地志办获“全国地方志工作”先进集体。2010年，获“全国方志系统先进工作者”称号。任副主编的《南充市顺庆区志》获四川省第十四次地方志优秀成果一等奖、南充市第九次哲学社会科学优秀成果一等奖，任副主编的《顺庆掌故》获四川省第十五次地方志优秀成果二等奖、南充市第十次哲学社会科学优秀成果三等奖。

朱和晏　1974年12月生，南充县（今嘉陵区）人。1990年9月至1993年7月，南充师范学校学习。1993年8月至1995年8月，顺庆区搬罾中学任教（其间，1994年12月自考汉语语言文学专科毕业）。1995年8月至2000年8月，南充市第九中学任教。2000年8月至2002年8月，顺庆区委办工作（其间，2000年9月至2003年6月四川师范学院汉语言文学本科毕业）。2002年8月至2003年3月，南充市政府办公室干部。2003年3月至2005年7月，市政府办秘书科副科长、社会事业科副科长。2005年7月至2007年11月，市政府办公室机关党支部书记（正科级）。2007年11月至2014年2月，市政府办应急管理科科长、财贸科科长、秘书一科科长、综合秘书科科长。2014年2月，任南充市地志办副主任。其间，2007年获市委、市政府授予的南充市创建中国优秀旅游城市先进个人称号，2012年获市政府授予的《南充市志》编纂先进个人称号，是年，获省政府办公厅授予的全省政府系统办公厅（室）工作先进个人称号。

【人物表】　中华人民共和国成立后，南充地方志工作者兢兢业业，埋头实干，取得的丰硕成果得到各级领导的充分肯定和社会各界广泛称赞，给予了政治上的崇高荣誉。本志对地方志工作者在地方志系统工作中，选为县级以上的党代表、人大代表和安排为县级以上的政协委员列表记载。同时，为了反映南充市（地区）地志办专职人员变动情况，也一并列表记载。

县级以上中共代表大会代表一览表
（1983 年至 2015 年）

姓名	性别	单位	职务	党代会届次
吴兴中	男	南充市地志办	主　任	南充市第三、四、五次党代会代表
萧洪建	男	南充县地志办	主　任	南充县第四次党代会代表
冯　瑛	女	顺庆区地志办	主　任	顺庆区第四次党代会代表
唐文雄	男	高坪区地志办	主　任	高坪区第三、四、五次党代会代表
曾冬清	男	高坪区地志办	主　任	高坪区第四次党代会代表
李　聪	男	西充县地志办	主　任	西充县第八次党代会代表
李仲华	男	西充县地志办	主　任	西充县第九次党代会代表
高宏义	男	西充县地志办	主　任	西充县第十次党代会代表
王昌良	男	西充县地志办	主　任	西充县第十一、十二次党代会代表
李传元	男	仪陇县地志办	主　任	仪陇县第六、七、八次党代会代表
刘良国	男	仪陇县地志办	主　任	仪陇县第九次党代会代表
伍正荣	男	仪陇县地志办	主　任	仪陇县第十一次党代会代表
何宗泽	男	蓬安县地志办	主　任	蓬安县第八、九次党代会代表
余九龄	男	蓬安县地志办	副主任	蓬安县第八次党代会代表
刘　青	女	蓬安县地志办	主　任	蓬安县第十二次党代会代表
彭桂林	男	蓬安县地志办	副主任	蓬安县第十二次党代会代表

县级以上人大代表一览表

（1983 年至2015 年）

姓名	性别	单位	职务	届次
夏建平	男	南充市地志办	主 任	南充市第四届人大代表
萧洪建	男	南充县地志办	主 任	南充县第六、十届人大代表
唐文雄	男	高坪区地志办	主 任	高坪区第五届人代会代表
杨朝志	男	阆中市地志办	主 任	阆中市第十三、十四届人大代表
萧志成	男	营山县地志办	副主任	营山县第十五届人大代表

县级以上政协委员一览表

（1983 年至 2015 年）

姓名	性别	单位	职务	届次
吕陌阶	男	南充市地志办	副主任	南充市第一届政协委员
蒲俊锠	男	南充市地志办	副主任	南充市第二届政协委员
于 明	男	南充市地志办	副调研员	南充市第二、三、四届政协委员
夏建平	男	南充市地志办	主 任	南充市第五届政协委员
彭秀权	男	高坪区地志办	主 任	高坪区第四、五届政协委员
曾冬清	男	高坪区地志办	主 任	高坪区第五届政协委员
文海燕	女	嘉陵区地志办	主 任	嘉陵区第三、四、五届政协委员
严洪明	男	西充县地志办	科 长	西充县第七届政协委员
任俊杰	男	仪陇县志编委会	副主任	仪陇县第一、二、三、四届政协委员
伍正荣	男	仪陇县地志办	主 任	仪陇县第八届政协委员、常委
范 虎	男	营山县地志办	干 部	营山县第十三届政协委员
梁中凡	男	蓬安县地志办	主 任	蓬安县第八届政协委员
刘 林	男	蓬安县地志办	主 任	蓬安县第九届政协委员
刘 青	女	蓬安县地志办	主 任	蓬安县第九届政协委员
彭桂林	男	蓬安县地志办	副主任	蓬安县第九届政协委员

南充市（地区）地方志办公室工作人员一览表
（1983年至2015年）

姓名	性别	籍贯	职务	从事地方志工作时间	备注
王 化	男	营山县	主 任	1983.3—1984.1	地区文化局副局长兼任，1984.1 离任
吕陌阶	男	蓬安县	副主任 副编审	1983.3—1997.7	1986.6—1994.2 任副主任，1994.2—1997.7 任副编审，1997.7 退休
陈祥超	男	岳池县	主 任	1984.1—1992.5	地区行署办副主任兼任，1992.5 离休
文崇周	男	嘉陵区	副主任	1984.1—1991.8	主持工作 1991.8 退休
蒲心如	女	岳池县	编 辑	1984.2—1989.12	1989.12 退休
谢敏堂	女	合江县	助理调研员	1984.3—2001.3	1994.6—1999.7 任副科长，2000.7—2001.3 任助理调研员，2001.3 退休
杨郦冰	女	蓬溪县	科 长	1984.7—2010.12	1994.6—2000.1 任副科长，2000.1—2010.12 任科长，2010.12 调离
陈吕勇	男	苍溪县	编 辑	1984.9—1991.3	1991.3 调离
周永兴	男	嘉陵区	副主任 助理调研员	1985.9—2001.12	1991.7—1997.5 任副主任，2001.12 任助理调研员,2001.12 提前退休
于 明	男	沈阳市	副调研员	1986.9—2014.3	1992.1—1994.6 任副科长，1994.6—2003.5 任科长,2003.5—2014.3 任副调研员，2014.3 提前退休，享受正县级非领导职务生活待遇
蔡白坚	男	岳池县	副主任 助理调研员	1988.9-–2001.12	1991.7—1997.5 任副主任，2001.12 任助理调研员,2001.12 提前退休
谢先锋	男	西充县	技 师	1990.10—	2010.8 任技师
蒲邦璧	男	西充县	副科长	1992.1—1993.9	1992.1—1993.9 任副科长，1993.9 调离
余善卫	男	顺庆区	主 任	1994.1—1997.5	市政府办副主任兼任，1997.5 离任
蒲俊锠	男	嘉陵区	副主任	1997.5—1999.5	1999.5 调离
李 翠	女	仪陇县	科 长	1998.9—2014.3	1999.9—2000.1 任副科长，2000.1—2014.3 任科长,2014.3 提前退休，享受副县级非领导职务生活待遇
何 进	男	嘉陵区	副主任 调研员	1999.5—	1999.5—2011.12 任副主任，2011.12 任调研员
刘 刚	男	顺庆区	副主任	2001.12—2004.6	2004.6 调离
尹光明	男	嘉陵区	主 任	2003.2—2004.7	市政府副秘书长、市政府办副主任兼任，2004.7 离任
吴兴中	男	嘉陵区	主 任	2004.7—2008.6	2008.6 调离

续表

姓名	性别	籍贯	职务	从事地方志工作时间	备注
夏建平	男	蓬安县	主　任	2008.6—	
祝　华	男	蓬安县	科　长	2011.6—	2012.1—2014.1 任副科长，2014.1 任科长
袁渊明	男	仪陇县	科　长	2012.10—	2013.4 任科长
童梅菁	女	重庆市	科　长	2013.9—	2014.6 任科长
朱和晏	男	嘉陵区	副主任	2014.2—	
付薇臻	女	蓬安县	科　员	2014.10—	

说明：南充市（地区）地方志办公室工作人员以到市（地区）地志办工作时间先后为序。

附　录

Appendix

地方志工作文件选录

南充地区行政公署
关于成立地区地方志编纂工作领导小组和办事机构的通知

南署发〔1983〕37号

各县（市、区）人民政府，地级各部门：

为了加强对全区地方志工作的领导，经地委、行署研究，决定成立“南充地区地方志编纂工作领导小组”，由郭光杰、郝振书、谢志远、王以能、陈春华、兰一先、许哲生、贺景升、戚永杰、沈耀坤、王化、陈祥超、何子君等十三位同志组成。郭光杰同志任组长，陈春华、陈祥超、王化同志任副组长，其余为成员。下设办公室，王化同志兼主任，暂配干部六名，由组织、人事部门抓紧抽调，办公地点设在行署二院内。办公用具首先由行署办公室调剂，修志所需经费，地方志办公室据实编报，经领导小组研究，由地区财政部门核拨，以保证工作需要。

四川省南充地区行政公署

一九八三年三月五日

南充地区行政公署办公室
批转地区地方志办公室关于搞好全区地方志工作的意见的通知

南署办发〔1988〕95号

各县、市人民政府，地级各部门：

经行署同意，现将地区地方志办公室关于搞好全区地方志工作的意见批转你们，望结合实际研究贯彻。

南充地区行政公署办公室

一九八八年四月三十日

关于搞好全区地方志工作的意见

行署：

去年，我区地方志编纂工作进展较快，取得了一批成果，积累了一些编纂地方志的经验。但发展还不平衡。

今年，我区修志工作将进入全面编写县、市志的关键阶段，任务艰巨，责任重大，若稍有松懈，就会延误时机，造成人力、财力的浪费。为此，特对搞好全区地方志工作提出如下意见：

1. 进一步加强领导。修志是各级政府的一项重要工作，要纳入政府的议事日程和目标管理，并有一位领导主持修志工作。每年召开一、二次办公会议讨论修志工作。个别地方编委会不健全的，要进行调整。各县、市编委会至少每年召开一次全委会，每半年召开一次正副主任会议，负责制订修志工作计划，研究解决编纂工作中的一些重大问题。同时，各级志办要广泛向社会宣传编纂地方志的重要性、必要性，使各部门的广大群众，特别是领导同志了解、关心、重视修志工作。

2. 认真抓好队伍建设。志办人员不足的，要按原下达编制数选调政治思想好，有政策水平、专业知识和写作能力，又有志于修志的人员，充实健全编写班子，加强编纂力量。同时，要注意吸收能胜任工作的退居二线和离、退休的老同志参加修志工作。特别是要选好主编，实行主编责任制，并相应配备副主编，责任编辑。要大力加强培训，提高修志人员素质，确保志书质量。要在编纂的不同阶段，根据工作霹要，进行不同内容的学习和培训。当前，除了学习党的十三大文件和七届一次人大会议决议外，还要学习修志业务和编辑知识。

3. 提高志书质量，严格把好志稿质量关。今年，要继续开好多层次、多形式的志稿评议会和专题研讨会，探索编写难度较大的专业志，如乡镇企业志、商业志、政权志等，提高编纂质量；要认真坚持审稿制度，县、市志要把好“四关”，即政治关、史实关、技术关、文字关；搞好“四审”，即分管编委初审，领导、专家、修志人员联审，地志办与地级部门汇审，地区地方志编纂工作领导小组代地委、行署终审。

4. 切实搞好目标管理。各县、市志办都要普遍实行目标管理责任制，强化内部管理，健全各种规章制度，逐步使工作制度化、规范化。要完善以“承包奖励”为重点的改革，按照核定的纲目，定人员、定任务、定时间、定质量、定报酬，把竞争机制引入修志战线，在竞争中求质量，求发展。

5. 积极推广营山搞好修志的经验。营山县委、人大、政府、政协四大家对修好县志的工作十分重视和支持；编委成员既挂帅又出征，千方百计保证修志进度、保证志书质量；广大修志人员不求功名利禄，千锤百炼，精益求精，努力探索创新。由于领导的重视和修志人员的努力，该县修志工作进展快，质量高，受到同行的好评，取得了宝贵的经验，各地要认真学习和推广营山的经验，以推动修志工作的开展。

望各地、各有关部门结合实际，采取切实有效措施，努力编纂出反映社会主义初级阶段特点的具有南充特色的高质量的志书，使全区修志工作有一个新的起色。

如无不妥，请批转各县、市和地级各修志部门执行。

四川省南充地区地方志办公室
一九八八年四月二十三日

南充市人民政府
关于编辑出版《南充年鉴》的通知

南府发〔1994〕395号

各县（市、区）人民政府，市级各部门，有关企事业单位：

根据中国地方志指导小组、四川省人民政府以及谢世杰同志的指示精神，各市、地、州人民政府在完成第一届社会主义新方志编纂任务后，要把工作重点转移到编辑出版地方综合年鉴等任务上，全面记载一地政治、经济、文化、社会发展情况，也为下届修志作资料准备。为此，市政府决定从1994年起，分年度编辑出版《南充年鉴》，系统、翔实地记载南充市及辖县（市、区）每年度的新情况、新进展、新成就。为搞好此项工作，现将有关事项通知如下：

一、编辑、出版《南充年鉴》的重大意义及办刊宗旨

《南充年鉴》是新市成立后创办的具有权威性、科学性、综合性年刊，将综合反映我市历史、地理、政治、军事、法制、农业、工业、交通、邮电、内外贸易、旅游、金融、经济管理与监督、教育、科技、文化、卫生、体育、社会生活、县（市、区）概况、当代人物、企事业单位介绍、大事记等情况。它的编辑出版，将为各级领导机关制定政策和科学决策提供依据和借鉴，为科研人员提供准确、翔实的资料，为社会各界人士了解南充提供有价值的信息。《南充年鉴》的编纂以建设有中国特色社会主义理论为指针，坚定不移地贯彻党的“一个中心、两个基本点”的基本路线，服从、服务于经济建设这个中心，为发展南充经济、扩大对外开放和社会主义精神文明建设服务。

二、加强领导，建立编辑组网络

《南充年鉴》是市政府主办的综合性年刊，由国家出版社出版，国内外公开发行。各地各部门一定要高度重视，加强领导，全力配合，办好刊物。为了保证年鉴编辑、出版、发行的顺利进行，市政府决定成立南充年鉴编辑委员会，领导年鉴的编辑工作，以市地方志办公室为主体设立南充年鉴编辑部，具体承办《南充年鉴》编纂业务指导、总体设计、组稿审稿、编辑出版等项工作。各县（市、区）要建立由政府办公室一位领导挂帅，县（市、区）地方志办公室领导具体负责、承办的年鉴编辑组。市级各部门要建立由一位领导负责的年鉴编辑组。各编辑组要选派得力的编辑人员具体承办《南充年鉴》的撰稿、图片组织、发行等工作。各编辑组成员要相对稳定并纳入其岗位责任考核。各编辑组成员名单（单位、姓名、职务、联系电话）于11月15日前报送市地方志办公室，由年鉴编辑委员会正式聘任。

三、《南充年鉴》编辑、出版经费问题

《南充年鉴》的编辑、出版经费纳入市财政预算，除保证日常业务工作开支外，出版经费亦应按年预算。各编辑组所需的经费，各地、各部门也必须予以保证，不能影响正常业务开展。

南充市人民政府

一九九四年十月二十四日

南充市人民政府办公室
关于印发《南充市地方志办公室机构编制方案》的通知

南府办发〔2001〕140号

南充市地方志办公室：

根据中共四川省委、四川省人民政府批准的《南充市市县乡机构改革方案》（川委〔2001〕134号）和中共南充市委、南充市人民政府《关于市级机构改革的实施意见》（南委发〔2001〕15号）文件规定，南充市地方志办公室机构编制方案，经南充市人民政府批准，请你们于2001年12月31日前组织实施，开展人员分流、竞争上岗等工作。

附件：南充市地方志办公室机构编制方案

二〇〇一年十二月二十八日

南充市地方志办公室机构编制方案

根据中共四川省委、四川省人民政府批准的《南充市市县乡机构改革方案》（川委发〔2001〕134号）和市委、市政府《〈关于市级机构改革的实施意见》（南委发〔2001〕15号），设置南充市地方办公室。南充市地方志办公室是市政府授权主管全市地方志工作的直属事业单位。

一、主要职责

南充市地方志办公室的主要职责是：

（一）负责制订全市地方志工作规划、方案并组织实施；

（二）代表市政府审定各县（市、区）志和市级各部门专志各类志书；

（三）承担《南充市志》组稿、总纂、上报审定、出版、发行工作；

（四）承担《南充年鉴》组稿、编辑、审定、出版、发行工作；

（五）督促和指导各县（市、区）、市级各部门志书及年鉴的编修工作；

（六）收藏、整理、研究、开发地方文献及地情资料，为社会各界提供咨询服务，并有计划地编辑出版地情资料专辑；

（七）培训全市修志队伍，组织经验交流，开展方志理论研究；

（八）完成市委、市政府交办的其他工作。

二、内设机构

根据上述职责，南充市地方志办公室设3个职能科室；

（一）秘书科

负责会议组织、文秘、机要、档案、保密、保卫、接待、目标管理及机关人事、财务、退休人员管理服务工作；负责机关精神文明建设、社会治安综合治理工作；承办党务和群团工作。

（二）编审科（与《南充年鉴》编辑部合署办公）

负责《南充市志》的组稿、总纂、出版工作；负责各县（市、区）、市级各部门地方志编修及年鉴编辑的业务指导；负责全市修志人员的业务培训。

（三）资料征管科

负责收集、整理、保藏全市古今各类志书、各类地方文献、市情资料；负责管理各类图书、报刊；负责资料咨询服务工作；负责志书和年鉴的征订、发行工作。

三、人员编制和领导职数

南充市地方志办公室核定事业编制7名。其中：主任1名、副主任1名；科级领导职数3名。

工勤人员编制1名。

中共南充市委　南充市人民政府
关于组织编纂《南充市志》的决定

南委发〔2002〕52号

各县（市、区）委、县（市、区）人民政府，市级各部门，驻市中、省、市属企事业单位：

按照省委、省政府的要求，自2001年起，各市、州全面启动续修新修志书工作，尤其是未列入首届省辖市、州志编纂出版规划的各市、州，必须在2010年前完成本市、州的编修出版工作。经市委、市政府研究决定，我市从2002年开始，组织力量编纂《南充市志》，力争用5年时间完成《南充市志》的分纂、总纂、审定和出版工作。

一、编纂《南充市志》目的、意义

1. 地方志编纂工作是中华民族特有的优良文化传统，是国家一项长期的、具有连续性的重要文化建设事业，是社会主义精神文明的重要组成部分。志书续修，是我国目前规模最大、统一性最强、最具权威性的地情汇总工作，是国家意志和政府行为的体现，是各级政府的一项重要政务。

2. 南充市（地级）至今尚无市志，与南充的重要地位极不相称。南充在历史上就是州郡府等行政机构治地，建国后一直属地区级行政建置，是川东北政治、经济、文化中心。1993年南充建市以来，经济社会发展步伐明显加快，成为川东北地区乃至全省有影响的中心城市。非常需要一部全面、系统记述南充历史与现状的市志。

3. 实施西部大开发、建设新南充，需要一部能全面准确反映南充历史与现状的市志，它不仅可为市委、市政府研究南充市情、制订可持续发展战略，实现南充跨越式发展提供历史借鉴和科学依据，也可为外界了解南充、认识南充、投资南充提供翔实、可信的地情资料。

二、《南充市志》的编纂原则及总体框架

根据“详今略古，详近略远”的原则，新修《南充市志》全面、系统地记述南充自然、社会、政治、经济、科技、文化等各个方面的客观情况，初稿约400万字，分多卷本出版。

《南充市志》的主要内容包括：概述、大事记、建置沿革、自然地理、人口、民族、宗教、经济综述、体制改革、科学技术、城建、环保、工业、农业、交通、邮电、商业贸易、对外经贸、招商引资、财政税收、金融、证券、政权、政协、党派群团、政法、军事、教育、医疗卫生、文化、体育、社会生活、风土民情、人物、县（市、区）概况、开发区建设等。

三、《南充市志》编纂工作实施时间及步骤

新修《南充市志》从2002年8月开始，力争用5年时间完成编纂、出版工作。分四个阶段实施：

第一阶段：组织发动。时间为2002年下半年。主要工作包括：成立编委会及总编室，制订编纂方案及各项细则，落实编纂任务，组织业务培训等；

第二阶段：分纂。从2003年初至2004年底，用二年时间，完成分纂任务；

第三阶段：总纂。2005年至2006年，完成《南充市志》总纂；

第四阶段：审定出版。2007年底，报市政府、省政府审定，交付出版社出版；

四、组织领导及保障措施

组织编纂《南充市志》是一项意义重大、任务艰巨的工作，实施周期长，工作难度大，质量要求高，涉及方方面面，各地各部门必须切实加强领导，把此项工作作为我市一项重大文化建设工程来抓，在人员、经费等方面给予必要保证。

1. 将组织编纂《南充市志》工作纳入市委、市政府目标管理，严格考核，所需经费列入财政预算分年度解决。

2. 坚持“党委领导、政府主持”的修志工作原则，成立《南充市志》编纂委员会，由市委、市人大、市政府、市政协主要领导担任主任或顾问，市委、市政府分管领导担任副主任，市级相关部门主要领导担任委员（名单附后）。

3. 在搞好调查研究，多方征求意见的基础上，市志办负责拟定《南充市志》编纂方案和承编单位目标任务，报市委、市政府审查批准后实施。

4. 加强修志队伍建设，有计划地对修志人员进行多种形式的培训，提高队伍的政治、业务素质，确保志书质量。

附：《南充市志》编纂委员会成员名单（略）

中共南充市委
南充市人民政府
2002年7月29日

南充市人民政府
关于印发《〈南充市志〉编纂方案》的通知

南府发〔2003〕42号

各县、市、区人民政府，市级各部门：

《〈南充市志〉编纂方案》已经市志编纂委员会全体委员修改，并经市政府同意，现予印发，请遵照执行。

附件：南充市志编纂方案

二〇〇三年三月二十七日

《南充市志》编纂方案

根据南委〔2002〕52号文市委、市政府《关于组织编纂〈南充市志〉的决定》，特制定本方案。

一、指导思想和编纂原则

（一）指导思想：坚持以马列主义、毛泽东思想、邓小平理论和“三个代表”重要思想为指导，坚持实事求是的思想路线，坚持思想性、科学性、资料性的统一，努力把《南充市志》编成史志珍品，文化精品。

（二）编纂原则：一是遵循“详今略古，古为今用”的原则，二是坚持存真求实的原则；三是记述解放后的历史事件必须符合中共中央《关于建国以来党的若干历史问题的决议》精神；四是遵守《中华人民共和国保守国家秘密法》及有关法律法规。

《南充市志》编纂中涉及的有关重大政策性问题，由市委、市政府审定。

二、编纂体例

（一）志名：本志名称为《南充市志》（2007年版）；

（二）记述空间范围：南充市现行政区域，即市辖顺庆区、高坪区、嘉陵区、西充县、南部县、阆中市、营山县、蓬安县、仪陇县等9县（市、区）区域；

（三）断限：鉴于南充历史上清康熙时编纂《顺庆府志》后未续修府志，未编纂地区志，故《南充市志》上限原则上断于清康熙四十六年（公元1707年），下限断至2003年。为保持事物的连续性和完整性，有些条目的内容可适当上溯；

（四）体裁：本志采用述、记、志、传、图、表、录、考等体裁，以志为主。

（五）体式：本志采用条目体，原则上设类目、分目、条目三个层次，且全志条目统一使用黑体字加【】表示；

（六）语言：采用现代汉语书面语，全志均用第三人称进行编纂，语言表述要准确、简明、朴实、规范；

（七）全志数字用法，行文规则，执行《出版物上数字用法的规定》《中华人民共和国法定计量单位》等有关国家标准；

（八）数据：主要以统计部门的数据为准，统计部门没有的数据，以主管部门的数据为准；

（九）图表：全志除卷首集中使用图片外，各分卷也应多用随文附图。各分志中的示意图及统计表，应采用现代技术编制，做到形象、直观、精要。

三、《南充市志》纲目和编写任务分工

《南充市志》共400万字，包括志首、志尾和33个分卷。志首由南充行政区划图、特载图片、序、凡例、目录、总述、大事记组成；志尾由附录、编纂始末、索引组成。33个分卷根据南充实际按科学分类和社会分工相结合方式设置。全志分6册出版。

《南充市志》各部分编写任务分别由市地方志办公室、各县（市、区）志办、市级各部门，驻市中、省及市属有关企事业单位承担。（《南充市志》纲目及编写任务分工见附件1）。

四、实施时间及步骤

《南充市志》编纂工作始于2002年8月，2007年底完成。

分四个阶段实施：

第一阶段：组织发动。时间从2002年8月至12月。主要工作包括：成立编委会及总编室，制定编纂方案，拟定市志篇目。

第二阶段：成立领导小组和编写组，资料搜集、部门志编纂、市志分卷编纂。时间从2003年1月至2004年12月。主要工作为培训人员，完成资料搜集、部门志编纂、市志分卷编纂任务。

第三阶段：总纂。时间从2005年1月至2006年12月，主要工作为完成总纂任务。

第四阶段：审定出版。时间从2007年1月至12月，主要工作为审查市志总纂稿，并报市政府、省政府终审批准，交出版社出版。

五、组织领导及保障措施

（一）设立《南充市志》总编室：总编由市政府常务副市长担任，副总编由市政府秘书长及相关人员担任，市志总编室在市志编委会领导下开展工作（总编室人员名单及主要职责见附件2）。

（二）成立分志领导小组和编写组：承担市志各部分初稿编写（分纂）任务的各县（市、区）、部门、单位要成立相关的领导小组和编写组，各承编单位要有领导分管，有专职（兼职）人员承办，各地、各部门要解决好编写人员的工作条件和相关待遇。

（三）打好总体仗：凡涉及市志编纂任务的部门、单位，不论是中、省、市属，还是外地驻市单位，均应积极配合，支持市志总编室工作，向南充市、县（市、区）两级志办提供其所需资料，以确保市志所载内容全面、系统、翔实。

（四）严把审稿关：坚持“五审制”，即初审、联审（含外审）、会审、复审、终审。市政府对市志进行终审并报省政府批准出版。

（五）严格目标管理：各地、各部门的市志编纂工作纳入市委、市政府目标管理，分年度、阶段严格考核，以确保市志编纂任务按时，高质量完成。

附件1：《南充市志》纲目及编纂任务分工表（略）

附件2：《南充市志》总编室人员名单及主要职责（略）

南充市人民政府法制办公室　南充市地方志办公室
关于认真学习贯彻《四川省地方志工作例》
依法搞好南充地方志工作的通知

南府法〔2004〕18号

各县、市、区人民政府，市级各部门：

全国地方志第一个地方性法规——《四川省地方志工作条例》（以下简称条例），已由四川省第十届人民代表大会常务委员会第四次会议于2003年7月24日通过，自2003年10月1日起施行。《条例》具体规定了各级政府和相关部门、企事业单位关于地方志工作的职责、任务。它的制定、颁布和实施，标志着四川地方志工作已步入法制化轨道。全市各级机关、社会团体、企事业单位要认真学习宣传和贯彻落实好《条例》，自觉主动执行《条例》，依法搞好南充地方志工作。

一、充分认识《条例》颁布实施的重大意义

地方志是各地政府主持编修的具有权威性的地情书，编修地方志是中华民族的一项优良传统。我国从隋、唐以来，基本确定了官修的制度，历代统治者均重视地方志编修。新中国成立后，尤其是党的十一届三中全会以来，南充全面开展了新编地方志工作，抢救、发掘了大量有价值的地方历史文化资源，整理、编研了大量地方志书和地情资料书，在南充经济建设和社会发展中发挥了重要作用。但由于地方志工作长期缺乏法律保障，一些地方、部门领导对地方志工作重视、支持力度不够，机构、人员的稳定和必要的工作经费难以保证，部门机构之间缺乏全面、有力的配合。随着我国政治体制和经济体制改革的深化，要求地方志工作必须走上法制化轨道。《条例》的制定、颁布和实施，使我市地方志工作真正实现了“有法可依”，为地方志工作提供了有力的法律保障，必将促进我市地方志事业步入持续、健康、规范发展的新阶段。

二、认真学习、深刻领会《条例》精神

《条例》明确规定了地方志工作的性质、地位、功能、涉及范围，各级地方政府及参与部门、单位的职责、任务，以及对志书编纂出版方面的一些基本原则。要求各级地方政府把地方志工作纳入当地经济和社会发展规划，将其工作经费列入政府财政预算，并严格批准各类地方志书出版，强调志书编纂应当坚持实事求是的原则，全面、客观、真实、科学地反映当地自然与社会的历史及现状，切实保证志书质量。

全市各级党政领导，特别是县（市、区）主要领导要带头学习《条例》，主动执行《条例》，明确地方政府对地方志工作承担的职责；各级机关、社会团体、企事业单位要认真学习，深刻领会《条例》精神，并充分利用广播、电视、报刊等媒体宣传《条例》，让《条例》深入人心，在我市形成依法修志的良好局面。

三、结合实际，认真贯彻实施《条例》

依法治国，是国家政体成熟的表现；依法修志，是大势所趋，是地方志事业持续、稳定、健康发展的重要保证。贯彻实施《条例》是一项艰巨的任务，各级政府、各有关部门、社会各界及解放军、武警部队、中央、省驻南充单位要充分了解《条例》的具体内容，深刻认识《条例》的重大意义，严格执行《条例》的各项规定，认真履行职责，依法将地方志工作纳入各地经济和社会发展规划，依法将地方志工作经费列入各级政府财政预算，并加强队伍机构建设，努力提高人员素质，要进一步加强地方志工作管理和监督检查，对照《条例》，找出差距，采取有力措施尽快解决，努力实现我市地方志工作的规范化、法制化。目前要按照市委、市政府要求，认真抓好新修《南充市志》《顺庆区志》《高坪区志》《嘉陵区志》，续修《南充县志（1986—1993)》《阆中市志》《南部县志》《西充县志》《营山县志》《蓬安县志》《仪陇县志》工作；抓好市级各部门志的编纂工作，认真抓好《南充年鉴》、各县（市、区）年鉴、市级有关部门年鉴编辑出版工作；开发地情信息资源，建立南充地方文献、地情信息开发、咨询、服务体系，编辑出版各类地情资料专辑，积极为我市地方经济文化建设服务。

深入学习、宣传、贯彻、实施《条例》是一项长期的工作，我们一定要结合南充实际，更新观念，与时俱进，在全市形成“依法修志”格局，依法搞好南充地方志工作，充分发挥地方志“资治、教化、存史”作用，为南充经济、文化建设做出更大的贡献！

二〇〇四年九月二十七日

南充市人民政府办公室
关于组织编纂《川北区志》的通知

南府办函〔2012〕37号

各县（市、区）人民政府，市政府各部门，各直属机构，有关单位：

新中国成立初期，中共中央把四川省划分为川东、川南、川西、川北4个省级行政区和重庆直辖市，川北区党委、行署驻地南充。在中共中央和西南局的领导下，川北区党委、行署领导全区人民迅速荡涤了反动封建势力，建立了人民民主政权，恢复和发展了地方经济，为川北的发展奠定了较好的基础，留下了许多宝贵的历史经验。编纂《川北区志》将凸显历史上南充在川东北区域的中心地位，也将为南充加快建设川东北区域中心城市和成渝经济区北部中心城市提供资政借鉴和历史依据，必将对南充经济社会的发展与繁荣起到更大的促进作用。市政府决定从2012年开始，用3年时间编纂出版《川北区志》，现将有关事项通知如下：

一、编纂原则

坚持以马列主义、毛泽东思想、邓小平理论和“三个代表”重要思想、科学发展观为指导，坚持正确的政治观和辩证的历史唯物观，严格遵守党的方针政策和国家相关法律法规，坚持科学完整、实事求是、客观真实、表述规范的编纂原则。

二、编纂体例

《川北区志》采用条目体，原则上设类目、分目、条目3个层次。采用述、记、志、传、图、表、录、考等体裁，以志为主。语言采用现代汉语书面语，使用第三人称表述。

三、主要内容

《川北区志》记述范围为原川北区所辖南充、遂宁、达县、剑阁4个专区的35个县和南充直辖市的行政区域，记述时限为1950年1月至1952年9月。

《川北区志》记述内容除概述、大事记、附录外，拟设政区、自然环境、人口民族、川北区党委、川北行署、川北区各界人民代表大会、纪律检查、军事、审判、检察、民主党派、群团组织、民政、人事、劳动、公安、财政、税务、人民监察、外事、城市建设、农业、工业、商业、蚕桑、合作事业、专卖事业、盐务管理、粮食、交通、邮电、金融、文教体育、卫生、新闻出版、人物等36类。

四、实施步骤

《川北区志》编纂工作从2012年开始，2014年出版发行，分五个阶段组织实施。

第一阶段：工作启动（2012.2—2012.4）。市政府制发相关文件，成立《川北区志》编委会及总编室，制定编纂方案，拟定搜集资料篇目，召开《川北区志》编纂工作会。

第二阶段：资料搜集（2012.5—2012.12）。收集原川北区所辖35个县和1个市的第一轮志书，收集复印四川省档案馆、重庆市档案馆、原辖35个县档案馆、南充日报社等部门的档案及相关资料，采访原川北区党委、行署现仍健在的领导人或广泛收集其本人或家属、子女所保存的重要文献史料，征集珍贵的相关图片及重要文献资料，编辑资料长编。

第三阶段：分纂总纂（2013.1—2013.12）。聘请专家学者以专题形式进行初纂，在此基础上聘请专家进行总纂。

第四阶段：审查验收（2014.1—2014.8）。将《川北区志》征求意见稿印制成册，征求相关老领导及专家学者的意见，召开志稿征求意见座谈会，根据征求的意见再对志稿修改，形成送审稿，市政府组织专家进行终审验收。

第五阶段：审定出版（2014.9—2014.12）。根据终审验收意见，组织专家对《川北区志》修改完善形成定稿，交出版社出版发行。

五、保障措施

（一）加强领导。市政府成立由市委、市人大、市政协主要领导任顾问，市政府市长任主任，市政府常务副市长、分管副市长、秘书长等任副主任，市级相关部门主要领导任委员的《川北区志》编纂委员会（名单附后），加强《川北区志》的组织领导工作，解决《川北区志》编纂工作的重大问题。

（二）组织实施。编纂《川北区志》工作由市地方志办公室具体负责组织实施，市级各相关部门要大力配合支持。成立专业性、学术性强的《川北区志》总编室，聘请长期从事地方志工作的同志撰稿，组织召开好编纂业务研讨会和征求意见座谈会，做好《川北区志》审查验收工作，确保《川北区志》在预计时间内完成，力争把《川北区志》编纂成一部质量上乘的志书。

（三）经费保障。川北区至今已60余年，原4个专区所辖35个县和1个市现已划归南充、绵阳、遂宁、广元、广安、巴中、达州、资阳及重庆所辖，加之当时档案资料的收集、保管不全，这对《川北区志》编纂的资料搜集、志稿撰写等工作带来了较大困难，所需编纂、审查等工作经费由市财政安排，专项列支，按工作进度分年度拨付，确保《川北区志》编纂工作顺利开展。

二〇一二年四月十日

南充市地方志编纂委员会
关于印发《〈川北区志〉编纂方案》的通知

南地志编发〔2013〕01号

市政府各部门，各直属机构，有关单位：

《〈川北区志〉编纂方案》已经《川北区志》总编室修改，并经市地方志编委会同意，现予印发，请遵照执行。

附件：《〈川北区志〉编纂方案》

二〇一三年三月十七日

《川北区志》编纂方案

根据《南充市人民政府办公室关于组织编纂〈川北区志〉的通知》（南府办函〔2012〕37号），特制定本方案。

一、指导思想

坚持以马克思列宁主义、毛泽东思想、邓小平理论、“三个代表”重要思想和科学发展观为指导，坚持辩证唯物主义和历史唯物主义的观点，全面、系统、客观、真实地记述川北区历史，力求思想性、科学性、资料性相统一，努力把《川北区志》编纂成为精品良志，为南充建设川东北区域中心城市和成渝经济区北部中心城市提供资政服务。

二、编纂原则

（一）坚持严格遵守党的方针政策和国家相关法律法规的编纂原则。

（二）坚持科学完整、实事求是、客观真实、述而不论、以事系人、生不立传、表述规范的编纂原则。

三、编纂体例

（一）志名：本志名称为《川北区志》（1950.1~1952.9）。

（二）记述空间范围：原川北区所辖区域，即川北区直辖南充市（地级）、遂宁专区（辖遂宁县、三台县、中江县、安岳县、乐至县、潼南县、蓬溪县、射洪县、盐亭县等9个县）、剑阁专区（辖广元县、昭化县、剑阁县、旺苍县、苍溪县、阆中县、江油县、北川县、青川县、平武县等11个县）、达县专区（辖万源县、开江县、宣汉县、达县、平昌县、通江县、南江县、巴中县等9个县）、南充专区(辖南充县、西充县、南部县、岳池县、武胜县、营山县、蓬安县、仪陇县等8个县)。

（三）断限：《川北区志》上限为1950年1月，下限为1952年9月。为保持事物的连续性和完整性，部分条目内容适当上溯下延。

（四）体裁：本志采用述、记、志、传、图、表、录、考等体裁，以志为主。

（五）体式：本志采用条目体，原则上设类目、条目、子目三个层次，全志条目统一使用黑体字加【】表示。

（六）语言：采用现代汉语书面语，均用第三人称进行表述，语言表述准确、简明、朴实、规范。

（七）数字用法及行文规则：执行《出版物上数字用法的规定》《中华人民共和国法定计量单位》等有关国家标准。

（八）数据：本志使用的数据以统计部门的数据为准，统计部门没有的数据，以主管部门提供、统计部门认定的为准。

（九）图表：全志卷首集中使用图片，各大类中的示意图及统计表，采用现代技术编制，做到形象、直观、精要。

四、主要内容

《川北区志》定稿字数拟在100万字左右，内容包括志首、志尾和政区、自然环境、人口民族、中共川北区委员会、川北区人民行政公署、川北区各界人民代表会议、民主党派、军事、政法、群团组织、国民经济、社会事业、宗教、人物等14个大类。志首由川北区行政区划图、特载图片、序、凡例、目录、概述、大事记组成；志尾由附录、编后记组成。

五、实施步骤

《川北区志》编纂工作在南充市地方志编纂委员会领导下，由《川北区志》总编室组织人员完成。

编纂工作从2012年开始，2014年出版，分五个阶段组织实施：

第一阶段：工作启动（2012.2—2012.4）。市政府制发相关文件，成立《川北区志》总编室，制定编纂方案，拟定搜集资料篇目，召开《川北区志》编纂工作会。

第二阶段：资料搜集（2012.5—2012.12）。收集原川北区所辖35个县和1个市的第一轮志书，收集复印四川省档案馆、重庆市档案馆、原辖35个县档案馆、南充日报社等部门的档案及相关资料，采访原川北区党委、行署现仍健在的领导人或广泛收集其本人或家属、子女所保存的重要文献史料，征集珍贵的相关图片及重要文献资料，编辑资料长编。

第三阶段：分纂总纂（2013.1—2013.12）。1月至7月完成初纂；8月至12月完成总纂。

第四阶段：审查验收（2014.1—2014.8）。征求相关老领导及专家学者的意见，市政府组织召开志稿专家复审评议会，总编室根据复审评议意见再对志稿修改，形成送审稿，省政府组织专家进行终审验收。

第五阶段：审定出版（2014.9—2014.12）。根据终审验收意见，对《川北区志》修改完善形成定稿，交出版社出版发行。

二〇一二年四月十六日

中共南充市委办公室 南充市人民政府办公室 关于进一步加强新形势下地方志工作的意见

南委办发〔2015〕10号

各县（市、区）党委和人民政府，市直各部门：

为贯彻落实《中共四川省委办公厅、四川省人民政府办公厅关于进一步加强和改进新形势下地方志工作的意见》（川委办〔2015〕9号）等文件精神，充分发挥地方志“资政、存史、教化”的作用，使地方志工作更好地服务全市经济社会发展，经市委、市政府同意，现就进一步加强新形势下全市地方志工作提出如下意见。

一、高度重视新形势下地方志工作

（一）充分认识地方志工作重要性。地方志是全面系统记述本行政区域自然、经济、政治、文化和社会历史与现状的资料性文献，是了解和把握国情、地情最权威的百科全书，可以让人们特别是各级领导干部以志为鉴，更好地认识和把握经济社会发展规律，提高决策水平和执政能力，促进经济社会持续健康科学发展。地方志是传承和弘扬人文精神的重要载体，是中国特色社会主义先进文化的重要组成部分，在促进地方文化大发展大繁荣、提升地方软实力、培育社会主义核心价值观等方面具有独特的不可替代的重要作用。

（二）切实增强地方志工作责任感。编修地方志是中华民族的优秀文化传统，具有连绵不断的悠久历史。自古以来，地方志是官书，由官修。在新的时期，编修地方志是各级政府的重要职责，是各级政府的一项基础性工作。党的十八大以来，党和国家领导人高度重视地方志工作，作出了系列重要讲话和重要批示，国务院和省委、省政府分别制定了发展规划和指导文件，对新时期地方志工作提出了新的要求。各县（市、区）和市直各部门要认真贯彻落实国务院和省委、省政府关于地方志工作的安排部署，切实增强责任意识，以对历史、对人民、对子孙后代负责的态度，担负起做好南充地方志工作的重大使命。

（三）准确把握地方志工作总要求。地方志工作要坚持以马克思列宁主义、毛泽东思想、邓小平理论和“三个代表”重要思想、科学发展观为指导，深入贯彻党的十八大和习近平总书记系列重要讲话精神，围绕党委、政府工作大局，树立依法修志意识，立足修志编鉴、开发利用，主动服务南充经济社会发展和文化强市建设，发挥好地方志“资政、存史、教化”重要功能，为建设开放、生态、法治、繁荣的川东北区域中心城市做出更大贡献。

二、突出抓好地方志重点工作

（一）做好地方志书编纂。认真总结第二轮志书编纂工作做法，为第三轮志书编纂提供经验借鉴，积极开展第三轮志书资料搜集和归类整理。大力推进市县（市、区）部门、社会团体、企事业单位和乡镇（街道）编纂部门志、行业志、企业志、校志、专题志和乡镇（街道）志。地方志机构要加强志书编纂统筹、业务指导、质量把关和审查验收，确保志书编纂质量。

（二）规范年鉴编辑。年鉴编辑要围绕年度中心工作，突出记述年度经济建设、政治建设、文化建设、社会建设、生态文明建设和党的建设等方面的新举措、新成就、新经验。各级地方志机构要加强综合年鉴编辑出版工作，并强化年鉴编辑业务培训和业务指导，努力提高年鉴编辑质量。各级各部门、企事业单位要按时按要求报送高质量的年鉴稿件，市、县（市、区）综合年鉴要实行一年一鉴、公开出版。有条件的市、县（市、区）部门要开展部门（行业、专业）年鉴编辑出版工作。

（三）搞好地方志资源开发利用。各级各部门尤其是领导干部要带头读志传志用志，充分借鉴历史经验，推进治理体系和治理能力现代化。地方志机构要围绕党委政府中心工作、经济社会发展和重大项目建设，不断挖掘地方志价值，充分发挥地方志资政作用，为党委政府决策提供参考，为经济社会发展提供咨询服务。要大力开发独具南充地方特色的嘉陵江文化、丝绸文化、三国文化、红色文化、历史名城（名人）文化等资源，加快地方志成果转化，组织编写适合各界人士阅读的地方志读物或乡土教材，推出一批有地方文化特色、影响力强的地情精品力作，大力开展地方志书进机关、进社区、进农村、进企业、进学校，充分发挥地方志教化作用，为繁荣地方文化和满足人民群众需求服务。要做好旧志文献、地方古籍和珍贵史料的抢救整理，展现地方志历史价值和独特文化魅力。

（四）做好地方志资料收（征）集保管。各级地方志机构要结合工作实际，广泛收（征）集志书（旧志）年鉴、地情书籍、家谱族谱、重大历史事件、重要历史人物、非物质文化遗产的文字、图片、照片、录音、录像等地方特色文献资料，及时收（征）集行政区域内重要活动、重大事件的文字资料、图片资料、电子文档和音像资料。各级各部门编纂出版的各类志书、年鉴、地情书等地方文献，要及时报送同级地方志机构或方志馆。各级各部门在志书编纂过程中收（征）集到的文字资料、图表、照片、音像资料、实物以及形成的资料长编、大事记、志稿等要移交同级地方志机构或方志馆保存管理。鼓励单位和个人向地方志机构或方志馆捐赠地方志文献书籍和地情资料。各级地方志机构或方志馆要建立健全地方志资料收（征）集保管制度，改善地方志资料收藏保管条件，做到地方志资料保管科学安全、妥善合理。

三、大力推进地方志基础设施建设

（一）加强方志馆建设。方志馆是地方志收藏展示中心、开发利用中心、地情研究咨询中心、地方文化交流中心和爱国爱家乡宣传教育基地。各县（市、区）人民政府、市直有关部门要将方志馆建设纳入工作议程，加大政府建设方志馆力度。其中，南充市方志馆2017年完成装饰布展、对外开放；各县（市、区）采取与档案馆（文化馆、图书馆）合建或利用腾出的基本符合条件的办公用房改建等方式，建设能够满足功能需要的方志馆。

（二）加强地方志信息化建设。加快全市地方志网站建设，“十三五”期间要全面建成市、县（市、区）两级地方志网站并联网运行，实现地方志信息资源共享互通。积极应用现代信息技术手段，加快地方志书、综合年鉴、地情资料书、整理点校的旧志等地方志文献数字化处理，推进地方志文献资料目录数据库、全文数据库、多媒体数据库建设，提高地方志工作信息化水平。

四、切实加强地方志工作组织领导

（一）完善地方志工作机制。各级各部门要深入贯彻落实《地方志工作条例》《四川省地方志工作条例》等法规，坚持“党委领导、政府主持、地方志机构组织实施、社会各界广泛参与”的工作机制，健全各级政府主要负责同志任主任的地方志编纂委员会议事协调机构，稳定与履行职能职责相适应的地方志工作机构，切实加强党委政府对地方志工作的领导，真正做到“一纳入、八到位”（将地方志工作纳入国民经济和社会发展规划、各级政府工作任务；认识、领导、机构、编制、经费、设施、规划、工作到位）。各级地方志编纂委员会每年应至少召开1次由主任召集的全体成员会议，及时研究解决工作中的重大问题。各级地方志机构主管本行政区域内的地方志工作。各部门要明确分管领导，落实专兼职人员负责本部门地方志工作。

（二）制定实施地方志事业发展规划。各县（市、区）要将地方志工作纳入国民经济和社会发展规划，单独编制一定时期内具有前瞻性、指导性、操作性的地方志事业发展规划，明确提出一定时期内地方志事业发展的指导思想、基本原则、主要任务和保障措施。各级地方志机构要将规划任务按年度进行责任分解，依法履行地方志工作组织、管理、指导、监督和检查职能，强化执法检查和工作督查，建立健全目标考核责任制，确保地方志工作各项任务的圆满完成。

（三）强化地方志队伍建设和经费保障。各级党委、政府要高度重视地方志机构班子和队伍建设，把地方志干部培养交流、选拔任用纳入统一规划，为地方志工作顺利开展提供组织保障。各级地方志机构要在核定编制内配备与工作相适应的专业人才，加强思想政治建设和业务能力培训，努力建设一支高素质的地方志专职队伍。同时，充分发挥地方志学会等社会团体的作用，引入竞争机制，鼓励通过政府转移委托、项目课题制等方式向社会组织购买服务，广泛吸收各行业专家学者等社会力量参与地方志工作，形成一支结构合理、专兼结合的地方志队伍。各级政府要将地方志专项工作和日常工作经费全部足额纳入财政预算，重点工作单列经费予以保障。

（四）积极营造地方志工作良好氛围。市地方志机构要制定《南充市地方志工作管理办法》，并会同县（市、区）和市直有关部门采取多种形式、多种途径，大力宣传《地方志工作条例》《四川省地方志工作条例》等法规和地方志工作新举措、新成果，让社会各界人士进一步了解地方志工作，逐步引导全社会自觉遵守地方志法规，真正为执法监督检查、查处违法行为提供良好的外部环境，努力形成领导重视、部门参与、社会支持的良好工作氛围。

2015年11月2日

地方志工作规划选录

中共南充市委办公厅　南充市人民政府办公厅
关于印发《南充市地方志工作2010年目标规划纲要》的通知

南委办发〔1999〕54号

各县（市、区）委、各县（市、区）人民政府、市级各部门，驻市有关单位：

《南充市地方志工作2010年目标规划纲要》已经市委、市政府同意，现印发给你们，请遵照执行。

中共南充市委办公厅
南充市人民政府办公厅
1999年8月26日

《南充市地方志工作2010年目标规划纲要》

南充市新编地方志工作在市委、市政府领导下，在四川省地方志编纂委员会指导下，取得了丰硕的成果。省委、省政府规定的我市应编纂出版的县（市）志已全部出版发行，市及所辖各县（市、区）和市级有关部门年鉴编辑出版工作进展顺利。新编地方志及年鉴已经并将长期对南充的社会主义精神文明建设和物质文明建设产生重要作用。为继续做好这项工作，根据国务院办公厅〔1996〕47号文件《关于进一步加强地方志编纂工作的通知》、中国地方志指导小组《关于地方志编纂工作的规定》和中共四川省委办公厅、四川省政府办公厅《关于转发〈四川省地方志工作2010年目标规划纲要〉的通知》精神，结合南充实际，特制定本目标规划纲要。

一、总则

地方志编纂工作是中华民族特有的优良文化传统，是一项长期的具有连续性的文化建设事业。地方志编纂工作对全面、系统了解和反映地情，对地方的社会进步、领导决策、科学研究、经济发展、文化建设，对积累和保存地方文献有极其重要的意义。

地方志工作必须遵循以下原则：

（一）以马列主义、毛泽东思想、邓小平理论为指导，遵循党和国家有关方针、政策、法律、法规、坚持辩证唯物主义和历史唯物主义的基本原理，实事求是，求实存真。

（二）解放思想，更新观念，增强创新意识，批判地继承传统方志理论，发展新方志理论，加强地情研究，多出良志，争创名志。

（三）纂志存典，经世致用。发挥志书资治、教化、存史功能，为建设有中国特色社会主义总目标服务。

二、发展目标和主要工作任务

（一）2000年完成《南充县志（1986—1993）》编纂出版任务。

1. 高坪区政府负责完成《南充县志（1986—1993）》的续修工作，顺庆区、嘉陵区政府协助此项工作。

2. 《南充县志（1986—1993）》由市政府组织的审核机构审查验收，报市政府批准出版。

（二）编纂出版《南充年鉴》和县（市、区）年鉴。

1. 《南充年鉴》每年度出版一本。由市政府地方志办公室统一规划全市年鉴的编纂工作和业务指导工作，并负责《南充年鉴》的组织、编纂、出版、发行工作。

2. 县（市、区）政府地方志办公室负责本辖区年鉴的组织、编纂、出版、发行工作。县（市、区）年鉴一届政府（五年）正式出版一本，其余年度每年度搜集资料，编辑成册，发送有关部门参考。

3. 支持市级各部门开展行业年鉴的编纂出版工作，并以此作为续修志书的日常工作，搜集、积累资料。

4. 《南充年鉴》、县（市、区）年鉴及市级行业年鉴由市政府组织的审核机构审查验收，报市政府批准出版。

（三）2010年前完成续修（新修）市县（市、区）两级志书的编纂出版任务。

1. 新修市志1种；续修县（市）志6种；新修区志3种。

2. 续修县（市）志书的上、下限原则上定为1986年至2005年；新修志书上限原则上起自行政区划建置年份，下限迄止2005年。

3. 续修（新修）市、县（市、区）两级志书的志名、编纂体例、技术规范、版式装帧，遵照四川省地方志编纂委员会制定发布的标准执行。

4. 续修（新修）市、县（市、区）两级志书工作由各级政府负责，分级实施，按时完成。

（1）新修南充市志1种，多卷本，一次出齐。

市级党、政、群各部门，事业单位，中央、省驻南充单位，南充军分区，武警8740部队，武警南充支队均为参编单位，要明确专办机构（常设或非常设）、专办人员承办此项工作。新修《南充市志》的编纂方案由市政府地方志办公室负责拟定，经由市委、市政府批准，并报省地方志编纂委员会备案。

（2）续修（新修）县（市、区）志9种，各为单卷本，一次出齐。续修（新修）县（市、区）志的编纂方案由各县（市、区）政府地方志办公室负责拟定，报县（市、区）党委、政府批准，并报市政府地方志办公室备案。

5. 续修（新修）市、县（市、区）两级志书的审查验收及出版工作，按照省地方志编纂委员会制定的管理办法实施。新修《南充市志》由省政府组织的审核机构审查验收，报省政府批准出版；县（市、区）志书由市政府组织的审核机构审查验收，报市政府批准出版。

6. 名山志、风景名胜志、市级行业（部门）志由市政府地方志办公室组织审查验收，并批准出版。乡镇志、县（市、区）级行业（部门）志由县（市、区）统一规划，进入县（市、区）级地方志序列，由县（市、区）政府地方志办公室组织审查验收，并批准出版。

7. 因行政区划变化，有必要调整修志规划时，由所在地政府提出方案、专文报上级政府批准后执行。

（四）市政府地方志办公室负责统一规划全市地方志工作和业务指导工作，并负责组织实施完成新修《南充市志》的编纂出版工作。县（市、区）政府地方志办公室负责组织实施完成续修（新修）县（市、区）志编纂出版工作。

（五）收藏、整理、研究、开发地方文献及地情资料。

拟建立川北地情研究中心（南充方志馆），收藏市内外各时期各级各类志书、相关地方文献及各类资料，逐步建立南充地方文献的开发、咨询、服务体系。有效地开发、利用地情资料，发挥全市各级地方志机构占有的地情资料优势，对各门类地情信息资料进行系统、科学的整理和研究。各地根据本地实际，有计划地编辑出版各类地情资料专辑。

（六）加强地方志理论研究和方志学科建设。各级地方志机构要有计划地组织工作人员开展学术讨论和学术交流活动，加强业务培训。进一步发挥各地地方志学（协）会作用，积极创造条件，以多种方式组织地情研究工作。评选、推荐、奖励优秀志书和优秀学术研究成果。

（七）认真保存、积极利用地方志书。各级领导干部应配置志书，带头读志、用志、熟知地情，科学决策。积极做好志书的发行、宣传工作，努力在全社会形成“用志知情”风气。

三、保障措施

（一）组织保障。

地方志工作坚持党委领导、政府主持的领导体制。编修地方志是政府的工作职责，要纳入各地的经济社会发展规划和各级政府的工作目标，坚持“五到位”。即领导到位、机构到位、经费到位、队伍（特别是专业技术职称）到位、工作条件到位。各级政府主要领导负总责，分管领导具体抓，各有关部门和团体共同参与，分级负责，分工协作，按照完成。

（二）机构保障。

各级地方志工作机构在同级党委、政府领导下，具有规划、组织、编纂本级志书和对下级地方志工作进行业务指导的双重职能。各地应按国家有关规定，确定地方志办公室职能配置，内设机构和人员编制方案，报各级政府批准实施。各地应配备德才兼备的干部担任领导，择优选配能胜任工作，有志于地方志事业的专业人员担任各级志书的总编。要调整完善各级地方志工作机构人员的年龄、知识结构。加强修志队伍建设，有计划地对工作人员进行多种形式的培训，提高队伍的政治、业务素质，形成一支人员精干、素质良好、结构合理的专业队伍。

（三）经费保障。

各级各部门必须切实加大对地方志事业的经费投入。地方志工作的事业经费、科研经费、志书出版经费应纳入财政预算，保证工作和事业发展的需要。各级政府对地方志工作的投入要随经济发展逐年增加，各级财政部门应安排一定的专项经费，支持地方志办公室搜集资料、专题调查等，促进地方志事业的健康发展。

附：南充市续修（新修）市县（市区）两级地方志规划任务表（略）

1999年8月10日

南充市人民政府办公室
关于印发《南充市地方志事业第十二个五年发展规划》的通知

南府办发〔2011〕67号

各县（市、区）人民政府，市级相关部门：

《南充市地方志事业第十二个五年发展规划》已经市人民政府审定，现印发你们，请结合实际参照执行。

2011年7月15日

南充市地方志事业第十二个五年发展规划

为促进和指导全市地方志事业“十二五”期间（2011—2015）科学发展，根据《四川省地方志事业第十二个五年发展规划》和《南充市国民经济和社会发展第十二个五年规划纲要》的要求，结合南充地方志工作实际，特制定本规划。

一、指导思想

坚持以马列主义、毛泽东思想、邓小平理论和“三个代表”重要思想为指导，高举中国特色社会主义伟大旗帜，深入贯彻落实科学发展观，依法开展地方志工作，充分发挥地方志“资治、存史、教化”功能，积极服务于南充加快建设川东北区域中心城市、成渝经济区北部中心城市和经济社会发展。

二、基本原则

（一）科学发展原则。用科学发展观统领地方志工作，突出中心和重点，统筹推进志书编纂、年鉴编辑、地情资料开发与利用、旧志整理、地方志信息化与馆网建设、方志理论研究、队伍建设的协调发展。

（二）依法修志原则。认真贯彻国务院《地方志工作条例》《四川省地方志工作条例》和《〈四川省地方志工作条例〉实施办法》，依法开展地方志执法检查，在全市逐步形成依法开展地方志工作的良好格局。

（三）质量第一原则。本着对历史高度负责的态度，严把政治关、史实关、保密关和体例关，确保地方志书及地方资料文献质量。

（四）修用并举原则。围绕党委、政府中心工作和经济社会发展大局，加强地方志资源开发与利用，加大地方志成果转化力度，充分发挥地方志服务功能。

三、主要任务

（一）加强志书编纂

1.切实做好第二轮县（市、区）志书编纂指导，认真组织第二轮新（续）修县（市、区）志书专家复审评议和终审验收。2012年前完成第二轮新（续）修县（市、区）志书编纂出版发行工作。

2.认真组织编纂《川北区志》（1950—1952），全面、系统、客观地记述川北区历史。2011年启动《川北区志》编纂工作，2014年前完成《川北区志》编纂出版发行任务。

3.完成汶川特大地震仪陇、阆中、南部3个重灾县（市）的抗震救灾志编纂出版发行任务。

4.支持和指导市、县（市、区）有条件的部门、社会团体、企事业单位和乡镇、村编纂部门志、行业志、专题志、专项事务志、乡镇志、村志、厂（矿）志、校志。

（二）加强年鉴编辑

1.抓好市、县（市、区）综合年鉴编辑工作，加强业务培训，突出地方特色、行业特色和年度特点，增强综合年鉴资料性、可读性、实用性。综合年鉴实现一年一鉴，公开出版。

2.支持和指导市、县（市、区）有条件的部门、社会团体、乡镇和企事业单位编辑部门年鉴、行业年鉴、专业年鉴。

（三）加强地方志资源开发利用

1. 大力开展志书“进机关、进学校、进企业、进社区”活动，抓好读志用志工作，充分发挥地方志的“资治、教化”作用。

2. 围绕党委、政府中心工作，充分挖掘地方史料，有针对性地开展专题研究，形成有参考价值的调研报告，提供领导决策参考。

3. 围绕党委、政府工作大局和社会需求，发挥地方志机构占有丰富地情资料的优势，开展地情资料整理和研究，编辑具有地方性、资料性、实用性的地情资料书，服务于决策，服务于发展，服务于社会。

4. 积极为重大项目建设、外来投资者、社会各界人士了解南充提供相关地情资料，搞好地情查阅、咨询服务。

（四）加强旧志整理

积极开展对全市各种旧志、地方古籍和珍贵史料的抢救整理，组织专家有计划、有重点地整理点校、影印出版地方特色鲜明、学术价值高、社会效益好的旧志。完成明嘉靖《保宁府志》和清光绪《蓬州志》等部分旧县志的点校出版。

（五）加强资料征集保管

1. 加大志书、年鉴、旧志、家谱、族谱及相关文献资料、口述史料、实物资料、图片资料、影像资料、电子文档等不同载体的地情资料收集。加强与党史办、档案馆、图书馆、文史（纪念）馆、大专院校等单位合作交流，多渠道整合地方志资源，逐步建立南充地方文献公共服务平台。

2. 及时收集重要活动、重大事件的文字资料、图片资料、电子文档和音像资料。

3. 改善地方志资料保管条件，建立重要资料专柜，地方志资料做到分类上架入柜，科学保管。

（六）加强地方志信息化和馆网建设

1. 积极推进市、县（市、区）方志馆（室）建设，力争“十二五”期间，市级建设约3000~5000平方米的方志馆（室），县（市、区）约500平方米的方志馆（室）立项。

2. 积极应用现代信息技术手段，提高地方志工作应用信息技术的水平和能力，加大地方志机构“三网一库”建设，推进地方志资料目录数据库、全文数据库、多媒体数据库建设。加强地方志网站建设，市级建立地方志网站，县（市、区）建立地方志网页，实现市、县（市、区）地方志网站联网和资源共享。

3. 加强志书、年鉴、整理点校的旧志数字化处理，提高地方志信息资源电子化、网络化水平。

（七）加强方志理论研究

1. 及时总结第二轮修志的做法和经验，充分发挥地方志学会作用，通过志稿评议、学术交流和理论研讨，探索新时期地方志编纂等工作规律，为地方志学科建设和发展提供理论和实践基础。

2. 继续办好《南充地方志》和《志鉴利用》不定期刊物，筹办具有可读性、理论性和具有专业特色的南充地方志定期专业期刊，搭建地方志理论研究平台。

3. 积极鼓励和支持全市地方志工作者、社会人士加强地方志理论研究，力争形成一批在全省有影响的地方志理论研究成果。积极开展地方志理论研究成果的评选、表彰活动。

（八）加强队伍建设

1. 按照德才兼备、结构优化的原则，建好地方志专职队伍。2015年前，在核定编制内，市、县（市、区）地志办均应配备一定数量的专职业务骨干。

2. 加强地方志学会建设，积极吸收各行业专家、学者参与地方志工作，充分发挥社会力量修志作用，努力形成一支专兼结合的地方志队伍。

3. 加强地方志工作者业务培训，鼓励和积极支持地方志工作者参加大专院校相关专业和省级以上有关专业培训，认真组织地方志学术研讨会和地方志业务培训会，不断提高地方志工作者的业务能力和专业水平。

4. 完善地方志工作激励机制，充分调动广大修志工作者的积极性，促进地方志事业持续发展。

四、保障措施

（一）强化组织领导。坚持“党委领导、政府主持”的地方志工作领导体制，将地方志工作纳入国民经济社会发展规划和政府工作议事日程，切实做到领导到位、机构到位、经费到位、队伍到位、条件到位。

（二）营造发展环境。通过举办地方志成果展览、地方志成果评奖等活动，积极借助各种新闻媒体，多角度地大力宣传地方志工作，充分让领导、社会及各界人士了解地方志工作，努力形成领导重视、部门参与、社会支持地方志事业发展的良好环境。

（三）加强督查指导。根据国、省《地方志工作条例》，充分发挥职能作用，加强对全市各级各部门修志编鉴工作的检查指导，按年度对各县（市、区）地方志工作进行考核奖励，不断推进地方志事业健康持续发展。

南充市人民政府办公室
关于印发南充市地方志事业第十三个五年发展规划（2016—2020年）的通知

南府办发〔2016〕23号

各县（市、区）人民政府，市政府各部门、各直属机构，有关单位：

《南充市地方志事业第十三个五年发展规划（2016—2020年）》已经市政府同意，现印发你们，请结合实际，认真贯彻执行。

南充市人民政府办公室

2016年6月29日

南充市地方志事业第十三个五年发展规划

为促进全市地方志事业“十三五”期间全面协调发展，根据《全国地方志事业发展规划纲要（2015—2020年）》和《四川省地方志事业第十三个五年发展规划（2016—2020年）》要求，结合南充地方志工作实际，制定本规划。

一、发展机遇

编修地方志是中华民族的优秀文化传统，历史悠久，连绵不断。《地方志工作条例》《四川省地方志工作条例》颁布实施后，地方志工作步入了依法治志轨道。党的十八大以来，党和国家领导人高度重视地方志工作，习近平总书记强调“要高度重视修史修志”，李克强总理作了“修志问道，以启未来”重要批示，刘延东副总理提出了“一纳入、八到位”，即将地方志工作纳入各地国民经济和社会发展规划、各级政府工作任务，认识、领导、机构、编制、经费、设施、规划、工作到位。国务院办公厅、省政府办公厅分别印发全国、全省未来五年地方志事业发展规划（纲要），市委办公室、市政府办公室联合印发《关于进一步加强新形势下地方志工作的意见》（南委办发〔2015〕10号）。党和国家、省委和省政府、市委和市政府对新时期地方志工作提出了新的要求，描绘了新的蓝图，地方志事业迎来了新的发展历史机遇。

二、指导思想

坚持以马列主义、毛泽东思想、邓小平理论、“三个代表”重要思想、科学发展观为指导，深入贯彻党的十八大和十八届三中、四中、五中全会精神以及习近平总书记系列重要讲话精神，全面落实第五次全国地方志工作会议、第八次全省地方志工作会议要求，认真实施《全国地方志事业发展规划纲要（2015—2020年）》和《四川省地方志事业第十三个五年发展规划（2016—2020年）》，围绕市委、市政府工作大局，解放思想，勇于创新，锐意进取，真抓实干，依法推进全市地方志事业全面协调发展，充分发挥“资政、存史、教化”重要作用，为实现中华民族伟大复兴中国梦和“四个全面”战略布局、把南充建设成为创新、开放、生态、法治、繁荣的区域中心城市做出更大贡献。

三、基本原则

(一) 依法治志原则。贯彻执行国家、省地方志工作法规规章，增强依法修志、读志、用志、治志意识；落实党委领导、政府主持、地方志工作机构组织实施、各部门（单位）共同参与的工作机制；市、县（市、区）地方志工作机构依法履行地方志组织、管理、指导、督促和检查本行政区域内地方志工作的法定职责。

(二) 全面协调原则。突出修志编鉴主业，推进地方志资源开发利用、方志馆和信息化建设、资料征集保管、方志理论研究和学术交流、对外宣传、队伍建设全面协调可持续发展。

(三) 质量至上原则。坚持存真求实、全面客观，牢固树立精品意识，严把政治关、史实关、保密关、体例关和文字关，确保地方志书及地方资料文献质量经得起历史检验。

(四) 开放创新原则。主动适应新形势、新任务的要求，学习借鉴省内外先进经验，与时俱进，探索规律，推动地方志理论、管理和方法、手段等创新。

(五) 服务发展原则。遵循修志为用、修用并举，提升地方志资源开发利用水平，加大地方志成果转化力度，发挥地方志服务于党委和政府中心工作、服务于经济社会发展的独特作用。

四、主要任务

(一) 切实做好地方志书编纂

1. 大力推进市、县（市、区）部门、社会团体、企事业单位和乡镇（街道)、村编纂部门志、行业志、专题志、企业志、校志和乡镇（街道）志、村志。

2. 启动全市荣获全国、全省历史文化名镇、名村称号的镇、村编纂历史文化名镇志、名村志。

3. 积极做好第三轮志书编修的工作规划、资料搜集和队伍培训等工作。

4. 加强志书编纂业务指导和质量严格把关，按照《地方志书质量规定》和《南充市地方志书审查验收办法》等规定规范审核验收地方志书，力争质量上乘的志书进入中国志书精品工程。

(二) 切实做好年鉴编辑

1. 抓好市、县（市、区）综合年鉴编辑，全面实现一年一鉴、公开出版。

2. 鼓励市、县（市、区）有条件的部门、社会团体和企事业单位编辑部门年鉴、行业年鉴、专业年鉴。

3. 加强年鉴编辑业务培训和业务指导，突出地方特色、行业特色和年度特点，优化篇目结构设计，增强年鉴资料性、可读性、实用性，力争质量较高的年鉴进入中国年鉴精品工程。

(三) 切实做好地方志资源开发利用

1. 围绕党委、政府中心工作，挖掘地情史料，开展有针对性的专题调研，形成有价值的调研报告，提供领导决策参考。

2. 围绕独具南充地方特色的嘉陵江文化、丝绸文化、三国文化、红色文化、历史名城（名人）文化等丰富的地情资源，开展地情资料整理和研究，编纂地方史，编辑具有地方性、资料性、实用性的地情资料书或口述史，服务于经济社会发展和人民群众文化需求。

3. 深入开展读志用志工作，组织编纂市、县（市、区）简志读本，探索编写适合领导干部、人民群众、中小学生等不同对象阅读的地方历史、地情读物或乡土教材。

4. 加强重大事件的资料收集整理，编辑重大事件专题纪实性资料书。

5. 开展各种旧志、地方古籍和珍贵史料的抢救整理，有计划、有重点地整理点校、影印出版地方特色鲜明、学术价值高、社会效益好的旧志、古籍。

6. 积极参与全市重大项目建设论证会、咨询会，提供相关地情资料，服务南充发展。

7. 热情为投资者、外来客商和社会各界人士查询南充地情资料搞好地情查阅、咨询服务。

（四）切实做好方志馆和地方志信息化建设

1. 加快推进市、县（市、区）方志馆（室）建设，南充市方志馆2017年完成布展对外开放，西充县、营山县方志馆力争2018年建成，其余县（市、区）采取与档案馆（文化馆、图书馆）合建或利用腾出的基本符合条件的办公用房改建等方式，建设不少于500平方米的能满足功能需要的方志馆。

2. 加强方志馆地方志书、地情资料文献的征集收藏和开发利用工作，不断丰富馆藏，使方志馆成为地方文化展示中心、开发利用中心、地情研究咨询中心、地方文化交流中心和爱国爱家乡宣传教育基地。

3. 加大地方志网站建设力度，南充市地方志网站和嘉陵区地方志网站要做好网站维护与更新，阆中市、南部县地方志网站在2016年恢复对外运行并做好网站维护与更新工作，其余县（市、区）地方志网站采取独立建设或依托政府门户网站建设务必在2018年底前建成，实现地方志信息资源互通共享。

4. 应用现代信息技术手段，加快地方志书、综合年鉴、地情资料书、整理点校的旧志等地方志文献数字化处理，推进地方志文献资料目录数据库、全文数据库、多媒体数据库建设，提高地方志工作信息化水平。

5. 方志馆和地方志网站建成后全面免费对外开放，充分服务社会各界查阅地情的需求。

（五）切实做好地方志资料征集保管

1. 实施《四川省地方志书和地情文献征集办法》，推行地方志资料年报制度，建立地方志资料收（征）集制度。

2. 拓展资料收（征）集渠道和范围，广泛收（征）集志书、年鉴、旧志、家谱、族谱及相关文献资料、口述史料、实物资料、图片资料、影像资料、电子文档等不同载体的地情资料。

3. 及时收（征）集重要活动、重大事件的文字资料、图片资料、电子文档和音像资料。

4. 建立地方志资料保管制度，改善地方志资料保管条件，合理分类，科学保管。

（六）切实做好方志理论研究和学术交流

1. 及时总结第二轮修志做法和经验，有计划开展组织管理、资料搜集、篇目制定、志书体例、志稿撰写、志稿评议、审核验收等专题学术研讨，探索新时期地方志编纂工作规律，为第三轮修志和地方志学科建设提供理论和实践基础。

2. 充分发挥地方志学会作用，搭建地方志理论研究和学术交流平台，活跃学术研讨气氛，创办具有一定理论性、学术性和可读性的地方志专业期刊。

3. 鼓励支持全市地方志工作者开展地方志理论课题研究，力争形成一批在全省有影响的地方志理论研究成果。积极开展地方志成果和理论研究成果评选、表彰活动。

4. 加强与省内外地方志系统、高等学校人文历史学院、档案馆、图书馆、党史研究机构等单位学术交流与合作，开展地方志文化“走出去、请进来”活动。

（七）切实做好地方志对外宣传

1. 积极借助各种新闻媒体，多渠道、多角度、多形式宣传地方志工作法规、政策和新举措、新成就，充分让社会各界深度认识地方志工作，提升地方志文化影响力。

2. 大力开展地方志成果进机关、进农村、进校园、进企业、进社区，举办形式多样的地方志成果展览，展现地方志历史价值和独特文化魅力。

3. 办好《南充地方志》和《志鉴利用》工作简报，及时报道全市地方志工作动态。

（八）切实加强地方志队伍建设

1. 大力选拔和充实地方志专业人才，市、县（市、区）地志办均要配备与工作相适应的一定数量的专业骨干，按照德才兼备原则配强领导班子，努力建设一支高素质的地方志专职队伍。

2. 加强方志馆机构和队伍建设，努力提升地方志服务社会经济发展的水平。

3. 广泛吸收各行业专家、学者参与地方志工作，积极调动各单位、各部门工作人员修志热情，充分发挥社会力量修志作用，形成一支结构合理的社会修志队伍。

4. 鼓励和支持地方志工作者参加大专院校地方志专业进修学习和全国、全省地方志专业培训学习，举办市内地方志业务培训班，不断提高地方志工作者业务能力和专业水平。

5. 完善地方志工作激励机制，按照有关规定表扬激励先进集体和先进工作者，弘扬修志问道、直笔著史的方志人精神，充分调动地方志工作者干事创业积极性。

五、保障措施

（一）强化组织领导。坚持“党委领导、政府主持、地方志机构组织实施、社会各界广泛参与”的工作体制，健全各级政府主要领导任主任的地方志编纂委员会议事协调机制，巩固和稳定与履行职能职责相适应的地方志工作机构，切实加强政府对地方志工作的领导，真正做到“一纳入、八到位”。

（二）营造法制环境。大力宣传《地方志工作条例》《四川省地方志工作条例》的意义和内容，采取多种形式宣传地方志工作新举措和新成果，制定《南充市地方志工作管理办法》，逐步形成各级各部门遵守地方志法规的自觉性，真正为执法监督检查、纠正执法不力、查处违法行为提供良好的法制环境，真正形成领导重视、部门参与、社会支持的良好氛围。

（三）增大经费投入。各级政府要将地方志书、年鉴、地情书编辑出版印刷和图书资料购买、征（收）集以及地情资源开发、信息化建设、工作条件改善等工作经费全部纳入财政预算，重点工作单列经费予以保障，真正为地方志事业发展提供必要条件。

（四）鼓励购买服务。大力引入竞争机制，通过政府转移委托、项目课题制等方式向社会购买服务，广泛吸收各行业专家学者等社会力量参与地方志工作。

（五）加强目标督查。充分发挥地方志工作机构依法对地方志工作组织、管理、指导、监督和检查职能，建立健全目标考核责任制，强化责任落实，加强工作督查，推动地方志各项任务圆满完成。

南充市地方志办公室负责对本规划落实和执行情况进行督促检查。

志书序言选录

明正德《蓬州志》后序

蓬在唐有《咸安郡志》，宋元再徙以来，志修否，皆莫可考。入国朝百五十年，天下郡邑志修屡矣，而蓬犹缺焉。英庙修一统志，当时有司亦草具事绩，进备采取而已。故至于今，有索观志于蓬，辄无以应之者。正德丙子，分守川北道少参滇南张公檄取蓬志，丁丑钦差请戎侍御江右熊公复檄下取。皆责诸泰，不能辞。于是遍访，得一抄本，乃前训导衡阳吴君常之所纂辑。然亦志在纪事，未暇润饰，矧十仅得五，舛遗尤多。则命一二士子，蒐载籍之或遗，考见闻之必实，断崖残碣，不惮洗剔。又以蓬辖营、仪，志蓬而不及其属，无以见所统，则又求之二邑。既又得《顺庆府志》，遂主一统志，参互考证，冗者削之，讹者正之，缺者补之，疑者存之，鄙俗之甚者略示之。唯其可录者，而一毫己意不敢预乎其间。既定，为卷十，使录以塞二公之责。郡判孙君宗器、杨君良佐方谋梓刻，而太守吴公德器适至，首政询及，忻然以为己任。复礼命泰，再加详校而鸠工，以有事焉。肇功于丁丑仲冬之吉，越明年三月书成。或曰：书其成乎？曰：未敢谓之成也，然大略则已具矣。事其无遗乎？曰：是邦蓄书甚少，加以记识寡陋，漏万之罪，予所不能逃矣。刻之将以传乎？曰：何敢望其传也，他日有作者兴，将于是乎据，则予亦预有一寸之功焉。盖予其搜材而聚之者也，大厦之成，以俟后之匠氏！岁月不可不识也，敢赘数语于后。

戊寅二月立夏后　日，乡进士掌州学事海盐徐泰书。

清康熙《顺庆府志》序

郡邑之有志，犹国家之有史。所有由即迩见远，以适于治之书也。其间，积邑而郡，集郡而省，集省以大一统。揆国是，则国不拘泥于荒服，犹之省不暗于郡邑，郡邑能周识乎所隶。于以通险易，酌时宜，一风尚，颂神明焉。志之时义大矣哉！安汉，距会城西北陲。秦火而后，典籍散遗，志乘剥落，只字莫睹者历有年所。帷是山川之灵异，节义之精英，典籍人文之光耀，绩而复蚀，蚀而复绩者，岂非间气之磅礴。不容后晦哉！迩者，纶音特下，诏令天下各直省例以志进。所谓“能迩柔远，求治无已”之盛心其来艾也！凡兹臣工，抚有疆域，讵敢冒昧以图？顾余自奉命来典兹郡，莅事伊始，百凡未谙，夙夜冰兢，乃于案牍间，捧读徵书之檄。见上宪仰体朝廷，高瞩旷览，坐致到隆，指掌可谙之至意也。矧兹弹丸版籍维新，洞若观火，条分缕晰如理家焉。安上金下如置物焉。文何虑乎碍目棘手，不足仰报高深于万一乎？无如诸属当灰烬之余，壁藏久废，献圭无稽，呼疾应迟。以之披烟拨草，广收远缉。所幸古洞残碑，缙绅秀士存什一于千百，次第编修，各竣乃职。虽稗说野史，因陋就简，然山川之灵异，节义之精英，典制人文之光耀，如江河之丽地，日月之经天，而余得以约略，其间险易以通，王制以定，宫箴以立，礼义以兴，教化以起，风尚以一。凡所谓因革损益，酌古宜今，权衡尽变者，不觉油油然其欲出。爰集郡绅士，汇而成帙，借手上宪以覲。天子嘱以史笔从事，宁核毋纵，宁实毋华，务期有裨于国，以适于治。是为朝家（廷）命志之意。若乃图绘山灵，辉张藻翰，黼黻太平，南辕北辙，其于斯役也，不大相径庭矣哉！于是乎序。

时康熙二十五年平月，中宪大夫知顺庆府事间山李成林茂远氏撰。

清道光《保宁府志》序

巴西自汉分郡以来无志。至国初，始有李钟峨太史手录《保宁府志》一册，然未付梓，其书不传。夫阆中渝水，为华胥之渊，伏羲所都，三巴首导神功也，五丁始通奥区也，山川险闻天下，人物盛自汉唐，顾可使数千百年无一乘之传，令采风者叹无征乎。且我朝开国会墉实在于斯，一时名臣宿将、持旌驻节者几二十年，而又首开蜀秀擢人才者四科，则固梁洋益梓之一大都会也，又可无特文专献以纪，若斯之盛耶。予奉命监司川北，得以周览山川，进郡之耆旧，与言风土民物、古今掌故之存，退而取通志观之，多有所未合，况自嘉庆乙亥纂修以后，迄今已七年矣，其间，如兵营、城郭、学校数大事，并为信史所关，至于官师、科第、文章、节烈之伦，亦宜表而出之，使不于此时昭其美，备恐久而缺略者必多，然郡志之修不可缓也，明矣。顾自下车来察吏安民，未遑，游心于载籍，比年，庶官和民气乐，而徐秋山太守亦以为言遂，精延嗜古之儒，于辛巳春开局，广搜旧典，搏采耆闻，别类分门，发凡起例，今夫《郡志》周官之外史也，抚民人，施政教，验得失，胥在于此矧。创始之书非仅拾遗文者，比必精其思，如江河之导源焉，富其言如彝鼎之陈实焉。峻其旨如龙门之桐无枝叶焉。精矣，峻且富矣。而犹有难者，则以陵谷变迁时殊势异，有非简册间所能尽得。予来是邦久，每于耳目所见闻，古今所同异，无不一一识之于心，故得考其是非，集思广益，确然共勒为成书。上自分野，下迄艺文，分为六十二卷。其天文，则李焘之《候图》、杨慎之《晴雨》可以，坐而谈也；其舆地，则谯周之《巴志》、郑樵之《图经》可也，卧而游也；其食货，则文光之考，《豳风》费着之撰《物谱》可也，按而稽也；其学校则《苏过之传》弟子常宽之列后贤可以，景前徽也；其武备，则胡西仲之编《靖蜀》、刘仕伟之录《从戎》可以，钦英风也；其职官，则杜眉州之集《名臣》、费华阳之标《廉吏》；其选举，则刘春之志《科第》、费密之议《贡举》可以，问政治、资考镜也；其人物，则陈寿之传《耆旧》、何求之集《阆苑》可以，溯流芳也；其杂类，则张唐英之《梼杌》、海滨叟之《记闻》可以，供博雅也；至于艺文，则斟酌乎升庵之《全蜀》，而披华启秀可以，式歌而式思也。如是者，历一年而始竣。夫然后神功奥区得显，其奇于蜀北；夫然后大都名会得扬，其盛于全川；夫然后七年来之创制经营，千百年之因陋就简，得以大书特书荟萃。而为秦汉以来，未有之着作，岂不伟哉！尤其进者，巴西为江汉之源，昔文王之化首被江汉，我朝定蜀首入版图，则可知风行俗美，固不独全蜀先声亦，天下之纲领也，莅斯土者，抚兹民物，援古鉴今，循赵瑶、薛逢之迹而次第布之，以仰副圣天子慎简乃僚之意，则修志者之厚望也。

夫道光元年岁辛已长至月分巡四川川北兵备道盐运使衔湘南黎学锦序。

《南充市志》序

南充自清康熙四十六年（1707）对《顺庆府志》增补以后，再没有编修过市（地）级地方志书，地方志断代已300余年。本着对历史、对未来、对人民负责的态度，2002年，中共南充市委、市人民政府决定编纂《南充市志》。全体修志人员肩负使命，历经八年，在浩如烟海的史料中仔细甄别，辛勤笔耕，数易其稿，记载南充近300年历史的《南充市志》（1707–2003）终于结晶成形。这是南充文化建设的一件大事，也是南充精神文明建设的重大成果，实乃可喜可贺。

南充地处四川盆地东北部、嘉陵江中游。这里历史悠久，早在新石器时期，境内就有先民生息；东汉建郡后，历代均为郡、州、府、路、道、署治所，也曾是古巴国的国都、清初四川省省会、新中国成立初期川北行署所在地。这里人才辈出，忠祐安汉公纪信彪炳史册，辞宗赋圣司马相如《子虚赋》吟唱千秋，天文学家落下闳《太初历》造福万代，史学大家陈寿《三国志》传颂百世；“红军之父”朱德、“民主之澜”张澜、总参谋长罗瑞卿功勋卓著，名垂青史。这里物华天宝，以盛产柑橘、蚕丝而享有“果城”和“绸都”之美誉；地下盐矿、石油、天然气等资源富集；土地肥沃，是中国重要的农副产品和蚕桑基地；水利资源丰富，水能开发潜力巨大。这里风光旖旎，嘉陵江九曲回肠，宛如蓝色玉带，把最美好的身段留给了南充；阆中古城山环水绕，犹如人间仙境，为全国保存最为完好的“四大古城”之一；蓬安嘉陵第一桑梓湿地遍布，鹭鸟成群，百牛渡江，构成一幅诗画田园风光；高坪嘉陵第一曲流蜿蜒曲折，千回百转，造就359度大回旋，堪称世界地貌奇观。这里文化底蕴厚重，嘉陵江文化、丝绸文化、三国文化、红色文化独具地域特色，世代传承；川北灯戏、川北大木偶、川北皮影纳入国家非物质文化遗产保护名录，名扬中外；土著巴人创造的古老的巴渝舞历经演变，仍具远古巴国风情。这里人民勤劳智慧，历代南充儿女创造了灿烂的南充文明，使古老的南充发生了翻天覆地的变化，特别是新中国成立和改革开放以来，南充人民解放思想、负重自强、艰苦创业，南充发展日新月异、蒸蒸日上，谱写了璀璨夺目的华章。这一切，都载入了《南充市志》，构成弥足珍贵的历史画卷。

新修《南充市志》凡62类，3000余条目，约480万字，内容横陈百科，纵贯古今。编纂者坚持辩证唯物主义和历史唯物主义的观点，存真求实，全面系统、公正客观地记述了南充经济社会发展的历史与现状。市志史料翔实，结构严谨，表述规范，融思想性、科学性、资料性于一体，凸显了时代特点和南充地域特色，堪称当代南充首部地情百科全书。

地方志书作为全面系统记述特定区域内自然、政治、经济、文化和社会的历史与现状的资料性文献，是“一方之全史”，具有“资治、存史、教化”的功能。古人讲，“治天下者以史为鉴，治郡国者以志为鉴”。历代有作为的地方官员都把史志视为“致用之书”“资治宝鉴”。在新的历史发展时期，我们通过修志、读志、用志，可以洞悉事物发展的客观规律，把握历史前进的时代脉搏，筹谋经济发展和社会进步的大政方略。面对载入史册的辉煌业绩，我们应戒骄戒躁，居安思危，增强竞争意识，继续开拓前进。当前，南充发展正处于爬坡上行、蓄势突破的重要时期，我们要深入贯彻落实科学发展观，坚定不移实施项目推动战略，坚定不移推进优势产业跨越发展、推进民生问题有效解决、推进体制机制不断创新，同心实干，奋勇争先，为加快川东北区域中心城市建设而努力奋斗！

中共南充市委书记　刘宏建

南充市人民政府市长　高先海

2010年9月25日

《川北区志》序

中共南充市委、市人民政府组织编纂了《川北区志（1950.1—1952.9）》，作为那段历史的参与者、见证人，南充市请我为此书写序，很高兴看到这段历史面世，很乐意就我所知写一段话。

川北区是1950年至1952年在特定历史条件下设立的一个省级行政区，下辖南充市和南充、遂宁、达县、剑阁4个专区、35个县，面积约9万平方公里，人口1700余万人。中共川北区委、川北行署驻地南充市。

1950年春，我带着母亲和两个孩子一行人经武汉坐船，经三峡到重庆，最后到川北南充。一路风光，让我第一次看到天府之国的山水之美，第一次接触到纯朴的川北人民。耀邦是个孝子，随后又从湖南老家接来公婆和大侄女一起生活，1952年我的四子也在南充出生。

新中国成立后，地域辽阔的四川省在行政区划上分为川东、川南、川西、川北4个省级建制行政区和西康省、直辖重庆市。1949年12月中旬，中共中央西南局电告以贺龙同志为首的川西北临时军政委员会“同意组织川北党的临时工委，以胡耀邦为书记，赵林为副书记”。

在面对旧政权留下满目疮痍的川北这块土地上，如何巩固新生的人民政权，恢复工农业生产和发展经济，让饱受苦难的川北人民尽快过上好日子。这一切，对于新成立的川北区党委来说，都是严峻的考验。

在巩固新生政权方面。川北区党委、川北行署团结带领川北人民，开展了大规模的剿匪反霸和镇压反革命运动，彻底肃清匪特，建立了良好的社会秩序。

在发展地方经济方面。严格执行财经统一政策，调整工商业，战胜经济困难，发展地方经济。开展了“三反”“五反”运动，巩固了国有经济的领导地位。在这方面我深有感触，1950年随耀邦到川北后，我就被组织安排在丝三厂参加工作。当时丝绸业是南充的支柱产业，南充是成都蜀绣丝绸原料的供应基地。为了加快发展经济，川北区党委研究决定抓好丝绸生产，不仅能带动南充一大批相关企业，还可以搞活川北的经济。就这样如火如荼的生产建设开始了。

在恢复工农业生产方面。开展了轰轰烈烈的减租退押、土地改革运动，消灭了封建剥削制度，恢复发展了农业生产。1951年，中央派出了西南土改工作团到川北参加土改时，川北区党委把南充丝织厂纺织的一块丝绸方巾作为礼物相赠。时隔60多年后，当年西南土改工作团成员，原北京青年报记者安瑞霞同志又将这块保存完好的方巾交给我的儿子德平。睹物生情，一块方巾勾起了无数回忆。这块方巾正中绣的是耀邦题写的“翻了身的川北人民亲切地记忆着您”。题词的四周用文字罗列了24种“川北区土特产：柚子、苹果、大米、竹子、胡豆、白蜡、茶叶、生丝、鹅毛、猪鬃、梨子、拐杖、银耳、桔梗、煤、生铁、广柑、牛皮、桃子、枳壳、贝母、葡萄、桐油、五贝子”，并绘有土特产图片。一块丝绸方巾也成了对外宣传的一个载体，不仅宣传当地的支柱产业——丝绸业，也宣传了农副业。从此，我喜欢上了纺织业。全家到北京以后，我先在全国总工会工作，总工会领导陈少敏、栗再温劝我不要在机关办公，最好去基层锻炼。我欣然同意，组织上安排我到北京市国棉一厂工作，在这个行业一干就是30年，直到退休。

在1951年耀邦给中央西南土改工作团作报告时，安瑞霞同志在会场还请耀邦给她题了词，内容是"在毛主席的号召下团结起来为人民的事业而努力奋斗"。这也是耀邦在川北工作的指导思想。安瑞霞、张其锟夫妇至今还保留着这份珍贵的题词。

在统一战线工作方面。改革和扩大各阶层人民的民主统一战线，团结和调动各方面力量，建立和巩固了人民民主政权。

在兴办教育方面。有步骤、有计划地改革与发展文化教育工作，恢复和发展了文教事业，创办川北革命大学、川北党校，训练培养革命干部，为新川北的建设奠定了组织基础和干部基础。

同时，积极响应抗美援朝、保家卫国的号召，倡导增产节约、积极捐献、支援前线，为抗美援朝做出了较大贡献。

1952年9月，中共中央和中央人民政府决定撤销川北等4个行政区，恢复四川省建制。短短的两年多时间里，川北区党委、川北行署经受住了严峻的考验，不仅建立和巩固了新生的人民政权，而且迅速恢复和发展了国民经济，推动和促进了社会进步。川北区的伟大革命实践，是建国初期民主改革和建设的一个缩影，它有力地回击了新中国成立时有些人对共产党执政的怀疑，粉碎了"共产党在军事上得满分、政治上得八十分、经济上得零分"的错误言论。

耀邦和我曾在这块土地上工作、生活了近900个日日夜夜，一直对这方土地和人民怀有深深的眷恋之情。耀邦和我离开川北之前，耀邦曾跟我讲过，"南充今后要建机场，这里很可能还有大量油气资源等待开发，嘉陵江也要治理通航。"我们是怀着依依不舍的心情离开川北南充的。

川北区建制存在的时间虽然短暂，但它的重要历史性不容忽视，这段历史已经过去60多年了。高兴的是2012年中共南充市委、南充市人民政府决定将这段历史记述下来，组织力量编纂《川北区志》，功莫大焉！

《川北区志》的编纂者们实事求是，运用大量的翔实的历史资料，全面系统、客观公正地记述了川北区时期建立政权、巩固政权和民主改革、发展经济、社会进步等方面的历史状况。不仅为人们研究中国共产党在新中国成立之初如何执政提供了弥足珍贵的史料，而且还填补了地方志书专门记述新中国成立初期这一特殊时期的历史空白。为此，我向付出心血的所有编纂者们致以崇高的敬意！

当年的川北区，今天已分属于四川省、重庆市的10个市（区）。在过去的60多年里，各级党委、政府领导川北人民大力发展经济，努力提高人民生活水平。今天的川北大地已面貌一新，人民生活幸福。我深感欣慰！

回顾历史，展望未来，我衷心地祝愿川北人民，在全面建成小康社会和全面深化改革、实现中华民族伟大复兴中国梦的奋斗目标中，发展得更加美好，生活得更加幸福，描绘出更加灿烂的画卷，谱写出更加绚丽的篇章！

李　昭

2014年7月9日

（李昭系胡耀邦夫人，时任中共南充市委副书记、组织部部长。）

省地方志编委会（地方志办）领导讲话选录

在《南充县志》稿评议会上的讲话

四川省地方志编委会副主任　秦安禄

（1991年5月31日）

今天是我到地方志工作的第10天，也是到任后第一次出差，就有幸到南充参加《南充县志》稿评议会，这是一个向同志们学习、了解情况、调查研究的机会。会议期间，陈祥超和文崇周同志向我介绍了南充地方志工作的情况，并就全省地方志工作中存在的一些问题交换了意见，并提出在会议期间召集一个请各县（市）同志参加的座谈会，直接听取基层同志的意见。在座谈会上，大家畅所欲言，开诚布公地提出了不少意见。这次会议我感慨颇多，收益良多。下面，我讲几点意见：

一、《南充县志》稿资料翔实、体例完备、文笔流畅，是一部质量较好的县志稿。但这只是大功初成，后面的任务还很艰巨。会议当中，参会的同志本着对历史负责、对事业负责的高度责任感，对志稿提出了许多很有见地、很有价值的意见、建议，南充县志办的同志在会后要认真梳理、分析研究、认真地采纳有利于提高志书质量的意见，抓紧修改完善志稿，争取出版一部高质量的《南充县志》。

二、南充修志8年，成果丰硕，可喜可贺。自1983年3月始，经过8年多的辛苦耕耘，南充地区编纂出版了包括《营山县志》《南充蚕丝志》在内的700多个成果，可谓成绩巨大。在修志的过程中，收集资料近8亿字，实物资料6000多件。另外，围绕经济建设中心编辑出版了一批为两个文明建设服务的地情资料书：如《南充名特产》《南充名人名胜》《柴云振》等，为宣传南充，发展地方经济发挥了积极的作用。

南充的地方志工作，不光成果数量多，而且质量好，几年来，共有81部成果获奖，其中《营山县志》《南充蚕丝志》获省政府哲社二、三等奖。

三、南充地区地方志工作取得如此辉煌的成就，首先应归功于各级党委、政府和各部门的支持。地方志是一个庞大的系统工程，涉及面广、要求高、难度大，不光要求认识到位，更需大量的人力、财力投入，如果没有各级领导的关心、支持，我们会一事无成，这绝不是危言耸听。在此，请允许我向长期关心、支持地方志工作的各级、各部门领导表示诚挚的谢意！

取得巨大的成绩，还有一个特别重要的因素，南充有一支政治思想素质好、修志业务水平高、甘于寂寞、乐于奉献，努力拼搏的修志工作队伍。可以这样说，没有这样一支能打硬仗的队伍，就不可能有修志工作辉煌的今天！在此，我向修志同志们表示崇高地敬意！这里，我还要提醒广大修志工作者：修志工作是一项长期任务，只有起点，没有终点，在今后的工作中，我们要进一步提高对地方志工作的认识，上下联动，齐心协力，努力创造修志工作一个又一个的辉煌！

四、在这次会议期间召开的座谈会上，与会的同志提了不少意见。归纳起来主要是两条：1. 省地方志编委会工作作风不深入，上下联系太少，对基层的业务指导不力等；2. 省地方志编委会的业务指导思想有偏差：即只管省志编写，不指导市、县志。大家的意见很尖锐，也很中肯（其实这两点意见是相互关联的），在这里，我诚恳地接受大家的意见，并且在今后的工作中认真地改正。因为地方志工作是“三苦”工作（即艰苦、辛苦、清苦），要做好这项工作，光靠单方面的努力是远远不够的，很重要是要做到上下联动，互相支持，团结奋斗，尽可能地调动一切积极因素才行。至于我们业务指导思想的错误，首先，我们的机构名称为“四川省地方志编纂委员会”，而不是“四川省志编委会”，这里的“地方志”包括三级：即省、市（州）、县（市、区）。再者，我们机关的“三定方案”和内部机构设置中设有市县志处，如果不指导市县志，设市县志处何用？因此，我们的业务工作，主要任务是两项：1. 修好省志；2. 指导好市县志（当然志后还有年鉴工作等）。因此，在今后的工作当中，我们要尽力深入基层，尤其深入到工作中存在靠自己力量难以克服困难的地方，深入到老、边、少地区指导，推动地方志工作，保证全省的地方志工作平衡、健康、协调发展。

初来乍到，了解情况不多，不一定全面，以上如有不妥，欢迎大家批评、指正！

在南充市地方志工作会议上的讲话

四川省地方志工作办公室党组书记、主任　马小彬

（2015年12月15日）

在深入学习贯彻党的十八届五中全会和省委十届七次全会精神之际，南充市地方志工作会议隆重召开了，这是南充地方志事业发展的盛事。在此，我代表四川省地方志工作办公室，向会议的召开表示热烈的祝贺，向长期以来关心和支持地方志工作的南充市各级党委政府、各级部门表示衷心的感谢，向全市广大地方志工作者表示诚挚的问候！

南充有着深厚的悠久的历史文化传统，著名的谯周、陈寿和当代的任乃强都堪称我国史学界、地方学志界的大家。近几年来，在市委、市政府坚强领导下，在市人大、市政协大力支持下，全市地方志工作者立足修志编鉴、开发利用，主动服务南充经济和社会发展，创新举措，履职尽责，真抓实干，开创了地方志事业发展新局面，地方志各项工作一直走在全省前列。主要有以下特点：一是党委政府高度重视，领导有力。认真贯彻国务院《地方志工作条例》《四川省地方志工作条例》，

市委常委会、市政府常务会、市政协主席会专题听取和研究地方志工作，南充市委办、市政府办印发了《关于进一步加强新形势下地方志工作的意见》，南充市政府办印发的《南充市地方志事业第十二个五年发展规划》是全省第一个由市州政府印发的发展规划，市、县（市、区）两级都建立健全了政府主要领导任主任的地方志编纂委员会和独立的地方志工作机构，将地方志工作纳入了国民经济和社会发展规划、各级政府工作任务，在领导班子配备、干部队伍建设、工作条件改善、工作经费保障等方面都给予了坚强保证。二是贯彻《条例》，营造良好环境。采取多种形式宣传贯彻国务院、省人大颁布的《地方志工作条例》，多渠道大力宣传地方志工作成果，全市上下形成了“领导重视、部门参与、社会支持”的良好发展氛围。三是各级地方志部门主动作为，依法履职，成果丰富。记述南充近300年历史的《南充市志》荣获省政府第十五次哲社二等奖和第十五次省地方志优秀成果一等奖，编纂出版的《川北区志》填补了国内地方志专门记述新中国成立初期这一段特殊时期的历史空白，省政府规划的10部二轮志书编纂任务率先在全省全面完成，市、县（市、区）综合年鉴全面实现一年一鉴、公开出版，围绕党委政府中心工作进行专题调研形成的高质量的调研报告获得市领导批示，全市编纂出版了36部部门（专题）志、43本地情书、点校整理出版了6部旧志，全市54项地方志成果获省、市政府哲社奖和省地方志优秀成果奖。四是保障到位，发展基础扎实。5000平方米（地上建筑面积近3000平方米、地下建筑面积约2000平方米）的南充市方志馆今年完成主体建筑，市、县（市、区）地志办均有独立的办公用房，设备设施不断完善；市、县（市、区）都将地方志工作经费纳入财政预算；信息化建设起步快，市地志办和嘉陵区、南部县地方志网站开通，西充县方志馆已在建设中，营山县方志馆建设已立项。五是超前谋划，各项工作全面推进。南充市地方志工作思路清晰，前瞻性强，措施得力，在志鉴编纂、地情资源开发利用、服务经济社会发展、工作环境营造和条件改善等方面特色突出。近年来，市地志办分别被评为全国、全省地方志系统先进集体，全市1名个人被评为全国方志系统先进个人，全市4个单位、4名个人被评为全省地方志系统先进集体、先进个人。

党的十八大以来，党和国家领导人高度重视地方志工作，习近平总书记强调“要高度重视修史修志”“知史爱党、知史爱国、知史爱家”。李克强总理作了“修志问道，以启未来”重要批示，刘延东副总理提出了“一纳入、八到位”（即将地方志工作纳入各地国民经济和社会发展规划、各级政府工作任务，认识、领导、机构、编制、经费、设施、规划、工作到位）。今年，国务院办公厅印发了《全国地方志事业发展规划纲要（2015—2020）》；省委办公厅、省政府办公厅印发了《关于进一步加强和改进新形势下地方志工作的意见》，省政府办公厅即将印发《四川省地方志事业发展规划（2016—2020）》，这充分体现了党和国家、省委和省政府对新时期地方志工作的高度重视，明确了新时期地方志工作在今后五年的任务和要求，为地方志事业发展提供了新的历史机遇，指明了工作方向。

借此机会，对南充市地方志工作提几点建议，供参考。

一、希望市委市政府继续依法加强对地方志工作的领导和监督。坚持“一纳入，八到位”，为全市地方志工作发展提供组织领导和工作保障。

二、希望全市各级地方志机构继续依法履职，加强对全市地方志工作的指导监督。要继续争取各级党委、政府的重视不放松，倍加珍惜来之不易的良好发展的基础和工作环境，继续推动南充地方志工作更上台阶。当务之急，要认真总结“十二五”规划，谋划落实好“十三五”规划，抓住国家、省加强地方志工作的机遇，围绕中心大局，发挥地方志资源作用，拓展思路，主动作为，加强地方志资源的收集保护和开发利用“两个建设”；要围绕巴蜀文化、民族文化、红色文化、科教文化和地震感恩文化，不断拓展思路，创造更多的文化产品奉献社会；要围绕城乡统筹建设，加强民风民俗、口述史、家谱族谱等地方文献的收集整理，保存好历史的乡愁记忆；要拓展各级部门志、乡镇志、特色志编纂工作；继续加强各级方志馆建设，在建设一流的方志馆设施的同时，要积极利用现代信息技术，在创造一流的管理和一流的利用服务上，发挥好地方文献的资源和方志馆的收藏利用的中心作用，为增强文化软实力和核心价值观，真正发挥地方志地方文化资源宝库的作用。

省地方志办将继续支持关心南充市地方志事业的发展，作好指导和服务工作，继续加强人员培训和学习交流活动。当前，正是“十二五”规划的收官之年，也将是“十三五”规划的开局之年。盛世修志，功在当前，惠及未来。我深信，在南充市委、市人大、市政府、市政协的坚强领导和关心支持下，南充市的地方志事业将在新的时期得到更大的发展。最后，预祝会议圆满成功，祝南充市的经济社会事业的明天更加美好。

南充市政府（地区行署）领导讲话（批示）选录

在南充地区地方志工作座谈会上的讲话

南充地区行署常务副专员、地区地方志编纂工作领导小组组长　郭光杰

（1985年2月8日）

一九八五年新春佳节即将来临。在这辞旧迎新之际，我们召开这样一个会，请大家共同回顾过去的工作，集思广益，研究讨论今年的任务，以便把我们的工作推向一个新的阶段。在过去的一年里，同志们很辛苦，成绩大，我代表地区地方志编纂工作领导小组向到会同志们表示敬意！并请你们转达我们对全区二千多名修志人员的敬意！

这次座谈会，是我区讨论地方志编写业务工作的第一次全区性会议。在历时四天的会议上，传达了省志编委去年底在温江召开的“县志”业务讨论会议精神，重点评议了《营山县二轻工业志》志稿，总结了去年的工作，评选了一九八四年度修志先进单位，布署了今年的工作任务，使会议开成了既是探讨如何提高志书质量的业务学习会，又是讨论发展地方志工作大好形势的工作会。会议时间虽然短，但由于与会同志的共同努力，开得很好，基本上收到了一举双得的效果。有关业务和工作问题，办公室的同志已经讲了。我这里只简要地讲点意见。

关于地方志编纂工作的情况，大家知道得很多了。中国地方志指导小组成立以来，全国的地方志工作进展很快。去年在香山、北片、南片会议上，就先后讨论了近三十部县志稿，可以说是硕果累累，形势大好。我们地区地方志工作虽然起步晚一些，但由于各级领导的重视，广大干部群众的支持，有关部门的配合，同志们的努力，工作进展还是比较快的，成绩很大，有了一个良好的开端。到去年底，除一个县外，都选调了专职主任，副主任，配备了专职业务干部，积极开展了工作。全区地县（市、区）应修志的部门，已经有四分之三的单位开始了工作（包括南部县的部分局级单位），搜集了各种文字资料两亿多字。从事这项工作的专兼职人员已达二千一百多人。营山、仪陇等县，已完成了一批部门志的初稿。岳池、南充市、苍溪、阆中、西充、武胜、广安等，撰写了《战斗英雄柴云振》《川北日报资料汇编》《土特产专辑》《古城阆中》和一些专题资料、学术文章，为加强共产主义思想教育，振兴我区经济，推动地方志工作的开展，起了积极的作用。这说明我区的地方志工作进入了新的阶段，工作进行是正常的。相信这次会议以后，定能在中央领导同志指示精神的鼓舞下，使全区编志工作更广泛、更深入、健康地发展下去。

经过近几年的实践，编写志书对四化建设所起的作用和重大意义，已逐步被更多的领导和群众所理解，得到越来越广泛的重视和支持。现在，全国城乡呈现出欣欣向荣的新局面，形势一年比一年好。

随着经济事业的发展，文化建设必然相应地跟上去。编修地方志是文化建设的一个重要组成部分，也必然会有一个大发展。

去年八月，耀邦、乔木同志对地方志工作所作的批示，具有重要的指导意义，应当引起我们各级领导的注意和深思。耀邦同志日理万机，还这样关心、重视地方志工作，说明这是很重要的。我们是中国共产党领导的社会主义国家，应该比封建时代强若干万倍。封建时代都那么重视修志，我们有什么理由不抓呢？因此，我们各级组织必须认真贯彻和落实中央领导同志的批示，认真做到各级的地方志工作“确要有一个敢抓敢闯的人牵头”，务必“认真改变目前的状态，调集有志于此者全力以赴”，进一步开拓方志事业的新局面。

中央领导同志对地方志工作如此重视，我的理解，不仅是为了继承和发扬中华民族这一优良传统，更主要的是通过编修方志为“两个文明”建设服务。要建设具有中国特色的社会主义，其中一项重要的任务是弄清国情，使认识符合客观实际。地方志可以为领导机关和有关部门提供历史的、现实的、全面的、系统的资料和可靠依据，避免指导工作决策的主观性、片面性。地方志中有不少材料可以直接为工农业生产服务，还可以为思想教育提供乡土教材，激发广大人民热爱家乡、热爱祖国的感情，把祖国和家乡建设得更加美好。

要振兴南充经济，实现翻番的战略目标，就要研究我们地区在两个文明建设中的理论问题和实际问题，就要掌握地方的情况，这就是研究区情、县情、市情。也就是我们现在搞社会主义建设的出发点是什么，目前是个什么状况等都要了解。特别是对现状，要进行一翻系统、全面的调查研究，需要掌握大量准确可靠的历史和现状资料。地方志工作，可以帮助我们认识南充。我对地方志工作感兴趣，热心这项工作，也是从这里出发的。我在南充工作了几十年，但是对南充的认识还很不够。过去，我们走了一些弯路。除了受极“左”思潮影响，对社会主义发展规律的理解认识不够外，也和对南充的自然规律了解不够，对南充的优、劣势认识不够有关。比如，南充发展生猪为什么常胜不衰？究竟它的规律性东西是什么？恐怕除自然优势外，南充人民穷，叫做“穷不丢猪，富不养猪”是个重要原因。我们要尽快富起来，就要大力发展生猪，再通过深加工，把一头猪变成几头猪，大大提高经济效益，增加收入。所以对发展生猪，我们也有个重新认识的问题。因此，编修地方志是时代的需要，与当前奋斗的目标是一致的。那种轻视地方志，忽视地方志编修的想法和作法是不对的。我们应当从建设中国式的社会主义战略高度来认识新编地方志工作的目的、意义。

当前，我区正在进行整党，将来在对照检查中有一个重要问题是检查官僚主义。为什么会出现官僚主义呢？其中一条重要原因就是缺乏调查研究，对上级的指示生搬硬套，不从本地实际情况出发，缺乏创造性。如果我们对本身工作对象的历史与现状有了透彻的了解，摸准了它的规律，我们也就可以从宏观和微观的结合上制定切合实际的规划，实施正确有力的指挥，达到预想的目的。

既然地方志的编纂具有深远的历史意义和现实意义，对当前和今后的两个文明建设具有这样重要的作用。我们就应当把这件事办好。可是，有的县和单位的领导，对这项工作还认识不足，思想上未引起应有的重视，至今还未排上议事日程。因此，我建议将耀邦、乔木同志的批示印发给各单位领导看一看，对照检查一下本地、本单位修志工作进行得怎么样？是正常的，还是不正常的？有没有人抓？有些什么问题需要解决？今年怎样抓上去？领导要总揽两个文明建设的全局，不抓地方志工作怎么行呢?今天到会的同志中，有的是作具体工作的同志，也有一些分管修志工作的负责同志，我希望大家回去后，进一步学习宣传耀邦、乔木同志的批示，增强提高修志工作的自觉性，尽快改变被动落后的局面，跟上全国、全省修志工作的步伐，把我区的地方志工作全面开展起来。

全区两千多名修志大军，绝大多数都是热心于地方志事业，勤勤恳恳，吃苦耐劳，努力工作，值得赞扬的。由于这项工作进展不平衡，实际问题解决得不太好，也有个别同志在困难面前唉声叹气，强调客观原因，工作不够主动。当然，编修志书很辛苦，整天埋头苦干，一点一滴地查阅文献资料，还要顶风冒雪，翻山越岭走访老同志，收集口碑资料。如果领导不关心，不支持，甚至还把修志人员当外人看待，在政治、生活、福利待遇方面和本单位职工不能一视同仁，就会挫伤修志人员的积极性，使修志队伍难以稳定。

我认为，对这些问题，应该有个正确的态度，领导上现在没有很好地重视起来，是因为修志是一项新工作，新事物，有一个认识的过程。我们不要光埋怨领导，要充分发挥自己的主观能动性。我们能从事这项崇高而光荣的事业，是党和领导对自己的信任，应该尽心尽力，不辞千辛万苦去工作，去完成这一伟大历史任务。只要我们积极主动地 以各种形式反复地向领导宣传，就能得到领导的重视和支持。比如把具有现实意义和参考价值的有益资料，及时地整理出来，提供给各级领导和有关部门参考，为经济体制改革服务，充分发挥经济效益，使地方志的功用，不仅体现在志书修成之后，而且体现于修志工作的全过程。这样，领导就会逐步地从这些有用的材料中认识地方志工作的必要性和艰巨性，从而逐渐重视起来。当然，领导上要尽力解决修志工作中的具体问题，包括对修志人员的待遇问题。这些，文崇周同志已经讲了，我同意他讲的那些意见。希望各单位结合本单位的实际情况，从思想上、工作上、生活上关心修志人员，在评薪、晋 级、福利、奖金、住房以及子女安排等方面，都要和本单位职工一视同仁，使他们能心情舒畅地从事修志工作。

今年已进入部门志编写、审订的新阶段，请同志们一定要注意志书的质量，用高标准要求自己，切实把好质量关。地、县（市、区）志办要认真审查，地区各主管部门也要帮助审查。总之，不要草率从事，更不要滥竽充数。

编写社会主义新方志是前无古人的创举，是一项开拓性的工作，是一项系统工程。现在，省志编委已经正式明确，我们既要编纂县（市、区）志，又要编写《南充地区简志》。在编新志的同时，还要整理旧志，编写《年鉴》，任务相当艰巨。但是，在我们前进的道路上没有克服不了的困难。只要大家努力工作，勤于思考，勇于探索，善于总结实际中的经验，掌握科学的工作方法，辛苦几年，就一定能编写出无愧于伟大时代的高标准、高质量、高水平的新志书。

在南充地区地方志第三次工作会议上的讲话

南充地区行署副专员　向　阳

（1987年10月8日）

行署召开这次会议，是我区地方志编纂工作发展到新的阶段的一次重要会议，把去年十二月底全国地方志工作会议和今年九月初全省地方志第三次工作会议精神传达下去，总结我区四年来的地方志工作，部署当前和明年的任务，达到提高认识，增强信心，加强领导，落实规划，确保质量的目的，进一步推动全区修志工作健康地向前发展。

刚才崇周同志传达了全国、全省会议精神，分析了我区修志工作的形势，提出了今后工作的任务，我完全同意，希望同志们结合自己的情况，认真研究贯彻落实，这里，我再讲几点意见。

一、关于提高认识问题

自一九八五年全省地方志第二次工作会议以后，特别是贯彻国务院办公厅〔1985〕33号文件批转中国社会科学院《关于加强全国地方志编纂工作领导的报告》的通知后，我区各级政府和绝大多数部门加强了领导，充实了力量，为开展修志工作创造了较好的条件，激发了编写人员的积极性，获得了一批成果，在两个文明建设中做出了一定的贡献。

但是，由于编修地方志是一项新的工作，有的地方和部门的领导，对这项工作的重要性、艰巨性、复杂性还认识不足，抓得不紧，支持不力，个别地方和部门的修志工作尚未认真开展起来，还处于被动落后状态，为什么他们下不了决心，打不开局面，我认为关键还是这些地方和部门的领导问题，领导又是认识问题。在认识上有的把修志同其他工作对立起来，认为修志是额外负担，可以搞也可以不搞，没有提高到是“重要文化建设”，是两个文明建设的基础工作上去理解修志工作的重要性和迫切性。同志们都知道，我国现在正处于社会主义初级阶段，要搞四化建设，要进行经济体制和政治体制改革，要建设具有中国特色的社会主义，各级领导和各行各业都迫切需要了解本地区、本部门的历史和现状，编纂地方志可以提供全面系统、准确的历史资料，为领导正确决策、制订规划，实施各项政策提供必要的依据，有利于避免主观片面性、克服官僚主义；有利于扬长避短，发挥优势，大力发展商品经济；有利于向广大群众特别是青少年进行传统教育，可以提供极好的乡土教材，也是培养人才的一种有效途径。总之，修志是我国的传统。今天我们修志是还历史的欠账，各级领导一定要有历史的眼光，战略的眼光，把这项服务当代，惠及子孙的千秋大业抓好，千万不能做历史的败家子，我想只要认识明确了，工作安排就好解决了。营山县同其他县、市的工作任务大体差不多，经济条件不比有的县、市优越，而他们的县志完成了第三次修改稿，今年十一月省、地验收后，明年上年正式报地委、行署批准出版，营山的其他工作并未因此受到影响，这里就有个位子问题，工作合理安排问题，只要部署得当，安排合理，是完全可以搞好的，落后了也是可以赶上的，关键在于领导的决心，在于领导的艺术，在于领导的重视程度。只要把认识问题，安排问题解决好了，可以肯定，我区修志工作将会全面、平衡地发展下去。

二、关于落实规划问题

全国地方志第一次工作会议，在总结几年来新编地方志的经验基础上，制订了“实事求是”的原则和“积极稳妥，留有余地，保证质量”的方针，我们要正确理解和认真贯彻落实。地区地方志编纂工作领导小组根据全国、全省会议提出的新要求，对我区修志工作的现状进行了分析和研究，在确保志书质量的前提下，对我区地方志“七五”规划进行了适当的调整，要求以地委、行署批准出版的时间为准，各县、市在一九九一年前分期分批定稿，最迟时限不得超过一九九二年。地级各部门和单位的部门志或专志，必须在一九九〇年前分期分批定稿。请各县、市和各部门的同志认真进行讨论，回去向党委、政府汇报后正式写个报告，地志办综合后再由地委、行署正式发文。根据全国修志的实践。一部县（市）志要五年左右才能完成，我认为这次调整后的规划是切实可行的，希望各县、市，地级各修志部门一定要在规划的时间内编纂出高质量的志书。

实现这个规划，首先要正确、全面地理解“积极稳妥，留有余地，保证质量”的方针。从前一段时间看，因受《人民日报》二月二十八日《编史修志不要刮风》和省委宣传部资料刊登的《要大大压缩编写“史志”的空气》的文章影响，部分领导和修志人员对这个方针的理解有片面性。一是主张慢慢来，编到哪里算哪里；二是急于求成，交差了事；这两种倾向都不利于我区修志规划的完成。我认为“实事求是”的原则和“积极稳妥，留有余地，保证质量”的方针是正确的，并不存在异议。“实事求是”是要求我们一切从实际出发，有计划、有步骤地开展工作。量力而行，创造条件，讲求实效。“积极稳妥”，既不是不顾主客观条件，盲目冒进，不讲质量，也不是踏步不前，遥遥无期。这个原则和方针的出发点和归宿是为了确保志书质量。所以，我们一定要积极进取，大胆编写，认真修改，慎重出书，要有时间的紧迫感和历史的责任感，要鼓好中求快的实劲，既不是不讲质量，草率交差，又不是不要时间，放任自流，我们适当延缓定稿和报批时间，是因为全国地方志工作会议对志书质量提出了更高更严的要求，要把地方志编写成一部地方科学文献。从这个意义上讲，不抓紧时间，努力工作，在提高质量上狠下功夫，就是延长了报批时间，也是难以完成任务的，到时志书不合格，地委、行署批不准，再返工重来，又得修改一、二年，更要造成人力、物力、财力和时间上的浪费。这一点我早点提出来，望同志们引起注意。其次要落实规划。编修地方志已列入国家“七五”重要科研项目，为了保证规划的实施，各县、市政府和各级修志部门，也应把地方志纳入经济和社会发展规划，并作为目标管理落实到人，实现这个规划就有了可靠的保证。

三、关于保证质量问题

质量是志书的生命所在，我们这一代编纂的地方志，是社会主义时代的新方志，要成为地方的科学文献，这是两个文明建设的需要。在全国地方志第一次工作会议上，胡乔木同志指出“地方志的价值在于它提供科学的资料，在这个范围内，应该要求地方志做到一句也不够，一句也不少。如果说不能做到后一点，至少要做到前一点。”并要求：地方志应该提供一种有系统的资料，整部地方志从头到尾都力求严谨，要保持一种科学的、客观的态度，客观的历史就是客观的历史，不需要在地方志里画蛇添足地加以评论。杜绝任何空话，摆脱任何宣传色彩，使我们编出来的书是一部朴实的、严谨的、科学的资料汇集，让它能够经受历史的考验，乔木同志的概括和论断，把地方志的性质、作用和质量标准讲得一清二楚了，多年来，争论不休的问题有了定论了。希望我区各级领导和编写人员，一定要本着对历史负责的态度，在修志的每个环节上，牢固地树立质量第一的观念，把好每一关，确保志书质量。

从我区几年来修志情况看，我认为一个突出的问题是专业人员不足，缺乏修志人才，现有部分修志人员素质较低，这个问题如不得到应有的重视，保证志书质量就是一句空话。因此各县、市、地级各修志部门要重视修志人员的选配和培训，要舍得把具有一定政治水平、写作能力、熟悉业务的第一流人才拿出来把关，尤其要重视主编、副主编的选配，因为主编既是志书的组织者、设计者，又是施工员，对志书质量负有重大责任。同时要注意发挥离退休老同志的作用。“名志出名手、关键在志才的选用，没有第一流的人才难成第一流的志书”。从志书质量，也可以看出你那个地方、那个部门的领导水平和政绩。这是要载入史册，一代一代传下去的。如果质量不高，价值不大，后代会耻笑我们，也对不起他们，一个有远见卓识的领导，不仅在他当政时能促进历史的发展，为人民做出贡献，还在于他实事求是地总结经验教训，为子孙后代留下一分宝贵的财富，我们一定要重视人才，要舍得智力投资。经过系统专业进修的人员也有个专业对口的问题，有个县把一名北师大地方志专修班毕业的同志调做他用，这种做法很不妥当的，修志专业性强，人员要相对稳定。

保证志书质量，要严格验收，严格审批，省上把权力下放到地区，加重了地、县（市）的责任，省上规定：县级志书由市、地、州地方志编委会（领导小组）审查验收，市、地、州政府（行署）批准出版，“坚持高标准，严要求，不合格的绝不能出版”。我听地志办的同志讲。《营山县志》的审稿工作做得比较扎实，每个环节严格把关。分志初稿写出后，志办组织编写人员集体讨论修改，第一次修改稿广泛征求意见，再由编委会审查，第二次修改稿，由县委、人大、政府、政协的领导和编委会成员，统一组织二十四个审稿小组，一部一部地通审，经过省、地组织评审验收后，再次修改上报，他们的做法可借鉴。验收和审批是最后一关，我们务必把政治上、史实上的错误以及一些常识性的问题，尽可能解决在报批之前，切实把好质量关。

四、关于加强领导问题

我们这一代编纂的地方志，是各级党委领导下，由政府组织编纂出的具有行政权威性的地方科学文献。地方各级党、政加强领导，是修志工作顺利发展的必备条件。在全国地方志第一次工作会议上，国务院副秘书长张文寿再度重申了国办发〔1985〕38号文件，希望地方各级政府进一步加强和改善本地区修志工作的领导，切实帮助解决存在的实际问题。根据我区实际情况，请各级政府，地级各部门切实帮助解决好以下几个问题：

1. 要明确领导分管修志工作。各县（市）、地级各修志部门要解决好领导合理分工以及领导合理安排的问题，分管领导要定期听取汇报，了解工作情况，督促检查，为修志工作排忧解难。

2. 稳定修志机构，充实修志力量。副省长顾金池同志明确要求：各级政府在调整机构时，要注意此项工作的连续性，不要把修志机构搞掉。地、县（市）地志办是常设机构。一定要完善好，进行政治体制改革，精简行政机构，修志工作不能中断，要做好机构撤并后的组织协调工作。志办人员编制。省编委、省志编委、省财政厅〔1984〕8号文件早有规定，尚未配齐的，要尽快选调合格人员充实志办的力量，也可聘请有志于此的同志参加修志。

3. 要为修志工作创造良好条件。一是要理解修志人员。我区从事修志工作的老同志较多，大多数又是在比较困难的条件下凭觉悟埋头苦干，他们很需要领导的理解和关心。二是要解决好经费和办公条件，我区修志四年多了，少数县志办无办公用房，有的借外单位的房子，条件极差，狭窄、阴暗、潮湿，急需解决。三是要关心修志人员的生活。顾金池副省长讲：“希望各级领导同志，像关心其他工作的同志一样关心修志人员，与党政工作人员一视同仁。”请各县（市）和地级各部门的领导检查一下，你们是否是这样做的，对修志人员的技术职务、工资、住房、子女就业等，领导应当关照和妥善解决，以稳定修志队伍。

同志们，你们担负的工作是有历史意义的，也是艰巨而光荣的，希望大家认真学习，努力工作，为编写高质量的志书做出贡献。

在四川省《营山县志》稿讨论会上的讲话

南充地区行署常务副专员　李慎宽

（1987年12月6日）

在学习党的十三大文件，贯彻十三大决议的热潮中，省地方志编委会在营山县召开《营山县志》稿讨论会。部分市、地、县的一些领导和专家，不辞辛劳，不畏严寒，亲临指导，济济于营山小城切磋琢磨，讨论研究《营山县志》稿的得失，以促进早日付梓问世，对此，我代表中共南充地委、南充地区行署和地区地方志编纂工作领导小组，向大会表示热烈祝贺！向光临指导我区修志工作的领导、专家和同志们表示最热烈的欢迎！向与会同志致以最亲切的问候和诚挚的感谢！

我认为，这次《营山县志》稿讨论会十分重要，既是对《营山县志》稿的评议审查，也是对我区修志人员的现场培训；既要交流修志工作经验，又要研讨修志工作中的新情况，新问题。我深信，通过评议审查，交流经验，讨论问题，部署任务，将会对提高编写人员的业务水平和志书质量，推动我区修志工作继续向前发展，产生积极的促进作用。

在这次会上，一些有名望的领导和专家，要对《营山县志》稿进行认真评议，这对我们来说，是渴望已久的大好事。因为你们有学问、有经验，尤其是对地方志这门科学，有精深的研究，这是我们向你们学习、请教的好机会，希望我区各县、市参加会议的同志虚心学习，特别是营山的同志更要仔细听取大家的意见，以便会后逐条研究，力求把《营山县志》稿修改好，使之成为高质量的志书，为我区的“两个文明”建设做出应有的贡献。

我区的修志工作是1983年才开始的，在省委、省政府的领导下，在省志编委会的指导下，我们认真学习推广原温江地区的修志经验，在实践中探索，打开了工作局面，修志工作取得了一定的成绩。四年多来，全区绝大部分县（市）委、政府的领导同志，对地方志工作是重视的，在人力、财力方面给予了很大支持。《营山县志》率先完成送审稿；《仪陇县志》已写出了初稿；西充、南充市、蓬安、武胜、阆中、岳池等县（市）志进入紧张地编写阶段；南充、南部、广安和华蓥等县、市，在抓好部门志扫尾工作的同时，也着手进行部分分志的编写；地级修志部门，大多数已落实了专人，拟出了篇目，有的正在进行编写。目前，全区已搜集文献、口碑资料五亿三千多万字，实物资料4186件，完成部门志稿468部，写出分志初稿63个。这些仅是一个良好的开端，与兄弟市、地相比，我们的差距还大，这次会上要讨论的《营山县志》稿，虽然经过几次修改，仍感不足。我们真诚地希望与会同志对《营山县志》稿，评头品足。横挑鼻子竖挑眼，畅所欲言，各抒己见，广泛地进行评议，把志稿政治上的差错，史实上的谬误，科学上的笑话，都消灭在出版前。

我们由于家底薄，基础差，不能为此次会议提供良好的条件，深感内疚，特向与会领导和同志表示深切的歉意。

预祝会议圆满成功！

在《仪陇县志》稿评议会上的讲话

南充地区行署副专员　黄德益

（1989年5月17日）

《仪陇县志》稿评议会今天胜利召开了，这是继一九八七年《营山县志》稿评议会后我区又一次县志稿评议会，这是我区修志工作中一件值得庆贺的事，它标志着我区又一部社会主义新县志即将诞生。在此，我代表南充地区行署和地区地方志编审委员会向大家表示热烈的祝贺；向不辞辛苦、长途跋涉赶来参加会议的区内外修志同行表示崇高的敬意；向与会的全体同志表示亲切的慰问。向仪陇县委、县人大、县政府、县政协、县志编委会表示衷心的感谢。感谢你们对编修《仪陇县志》的重视和支持，感谢你们对这次会议提供了好的条件。

志书是一地的百科全书，是传世之作，它要发挥“存史、资政、教化”的作用，因而我们必须高度重视志书的质量。我们一定要从史实、政治观点、体例、文风、保密等各方面把好志书的质量关。要以党的十三大初级阶段理论和全国第一次地方志工作会议精神来指导我们的修志工作，要用初级阶段的理论来考察分析，审视县情、地情，要真实、准确、科学地反映出本地政治、经济、文化、教育、科技等各个方面历史和现状的基本面貌，使志书真正成为胡乔木同志所要求的是一部“朴实的、严谨的、科学的资料汇集”。

要确保志书质量，除了提高修志人员政治、业务素质，严格审查制度外，召开志稿评议会是保证志书质量的一种行之有效的方法。因为编修社会主义新县志，是一项开拓性的工作，没有现成的理论，没有相对固定的模式，这就需要广大修志工作者在实践中探索、总结、互相学习，取长补短，交流经验，共同探讨理论和实践中的一些问题，这样才能提高志书质量。希望参加这次评议会的同志本着“百花齐放”“百家争鸣”的方针，各抒己见，畅所欲言，平等研讨，展开争论，“横挑鼻子，竖挑眼”，对《仪陇县志》稿提出宝贵意见，使大会开得生动活泼又富有成效。

仪陇从事修志的同志很辛苦，在较为艰苦的条件下，经过六年时间努力拿出了县志评议稿，这是一个了不起的成绩。但是，我们同时也看到，这只是迈出了第一步，离出版一部高质量志书的要求还有相当长的距离，希望你们戒骄戒躁，虚心听取与会同志的意见，会后把这些意见归纳整理，梳成辫子，认真加以研究，精心修改志稿。仪陇是朱总司令的故乡，全世界人民都想了解朱总故乡的情况。对《仪陇县志》要求应更严格些，争取拿出一部高质量的县志在国内发行，为朱总故乡争光。

南充地区和仪陇县自然资源贫乏，交通不便，经济发展较慢，家底薄，基础差，不能为这次会议提供更好的条件，深感内疚，请到会同志，特别是巴中、平昌、苍溪等外地来的同志原谅。

最后预祝会议圆满成功！

在《南充市志》编纂工作会议上的讲话

中共南充市委常委、市政府常务副市长 伏文超

（2003年4月9日）

市委、市政府非常重视《南充市志》的新修工作。去年，市委、市政府作出编纂《南充市志》的决定、并以南委〔2002〕52号文进行了安排部署。今年市政府以南府发〔2003〕42号文印发了《南充市志》编纂方案。这标志着《南充市志》的编纂工作正式开始启动。

今天，市政府专门召开《南充市志》编纂工作会议，进一步落实工作任务，明确工作责任。在此，我强调三个问题：

一、充分认识《南充市志》编纂工作的重大意义

为什么要编修市志？是因为志书编纂具有特殊的意义。各编修单位一定要充分认识《南充市志》编纂工作的重大意义。

第一，充分认识志书的“资政”作用——编纂《南充市志》是研究市情、科学决策的现实需要。我国有句古语：“治天下者以史为鉴，治郡国者以志为鉴”。《南充市志》是南充经济、社会、历史、人文的总体反映，它的根本功能是“资政”。市志编纂出版，一是便于调查研究，掌握地方基本情况。历代有作为的统治者和地方官员，都重视以地方志为基础，进行调查研究。他们把志书视为“致用之书”“资治宝鉴”。秦始皇治天下，大量收集天下图籍，置之秦廷，借以掌握各地地理和户口情况，成为他统一天下的重要条件。历史上，新官、谏官、巡视官及钦差，初到地方，下属都要“以志呈阅”，而新官上任初始也要“览县志”。如果一个地方官到一方任职，不了解当地历史情况，地理沿革，风物掌故，风土人情以及政治、经济、文化、人民生活的现实情况，要想政通人和、百业俱兴是很困难的。因此通过阅志阅鉴，以尽快熟悉地情，进入角色，是决策者探寻富民之策的一项基础性工作。二是利于掌握地方信息，进行科学决策。地方志的内容极为广泛，是“一方之全史”，其种类之多、内容之广是其他丛书、类编或汇编都不及的。志书全面、系统准确地记载一个地方的地理、政治、军事、经济、文化等方面历史和现状，它既反映了一地天文、气候、地形、地貌、自然资源、自然灾害等，又反映了一地各族人民进行政治斗争和经历社会、文化发展的历程，可以为地方各级领导机关从实际出发进行有效、科学决策提供依据。为地方制订国民经济和社会规划提供坚实可靠的资料基础。三是易于借鉴戒规，防止大的失误。地方政府清醒地掌握地方情况是施政的前提。一个地方有一个地方的特点，不掌握地方的基本情况，就会犯本本主义、“瞎指挥”的错误。志书以丰富的地情帮助地方官知古通今，吸取历史经验教训，自觉按客观规律办事，用前人的得失启示、规范后来者的行为。

第二，充分认识志书的“存史”功能——编纂《南充市志》是传承优秀文明、填补南充近三百年史料空白的迫切需要。我国是一个文化悠久的大国，编纂地方志有着悠久的历史传统。早在两千年前的秦汉时期，就已有志书问世。东汉光武帝刘秀为了表彰他的家乡下令撰修《南阳风俗传》，开后世官修地方志之先河。此后多次改朝换代，历代统治者都普遍官修。每逢盛世，国家稳定，政通人和，经济发展，人民安居乐业时，中央就要下令编纂地方志，把历史记录下来，传诸后世。据统计，我国现

存旧志八千五百余种十万卷以上，占我国全部古籍总数的十分之一。有人称它为“国之瑰宝”，可以说是当之无愧。编纂地方志成为我国一种独有的文化传统，在世界上也是独树一帜。纵观我国地方志发展史，有两点为人注目：一是代代相传；二是定期普修。编纂地方志书，可以起到保存历史资料的重要作用，这也是修志工作的目标之一。南充自古以来，编纂过不少府志、州志、县志。但自自康熙四十六年（公元1707年）编纂《顺庆府志》后一直未续修府志，未编纂地区志，已有近三百年没有编修过地市一级的志书。也就是说在南充的历史进程中，已有近三百年的历史没有全面、系统、翔实、准确地记载下来，形成了一段历史空白，这与南充在全省所处的地位是极不相称的。从古至今南充一直是川东北重镇，水陆交通要道，川东北地区政治、经济、文化中心和重要物资集散地，历代均为县、州、府、路、道、署治所，是四川著名的历史文化名城，尤其是1993年南充建市以来，经济社会发展步伐明显加快，成为在全省有影响的川东北地区的中心城市。同时，按照党的十六大要求，全面建设小康社会，实现南充的跨越式发展，非常需要编纂一部能全面、准确反映南充历史与现状的市志。这部市志编纂出版后，不仅可以填补南充近三百年的史料空白，而且还可为市委、市政府研究市情，制订跨越式发展战略，全面迈向小康社会提供历史借鉴和科学依据；为外界了解南充、认识南充、投资南充挺供翔实、可信的地情资料。

第三，充分认识志书的“教化”功能——编纂《南充市志》是沟通未来、开展思想教育的迫切需要。地方志写的是乡土民情，从古至今，地方志的编纂者总是把自己热爱家乡的乡情，深深地渗透在志书的字里行间。《南充市志》的“教化”作用，一是爱国主义教育。爱国主义的核心是对祖国的忠诚和热爱。具体表现在对生于斯、长于斯的家乡和人民的深挚誉念；对悠久历史和文化传统的崇高自豪；对国家、民族命运的高度责任心。市志出版后，广大读者通过阅读市志，可以培育乡土情感，加深乡土观念，增强热爱家乡的自豪感，共同为建设美好家园而努力奋斗。二是革命传统教育。我们现在编纂的这部市志，纵跨清朝、民国和新中国成立后3个时期，所涉及的内容相当广泛。特别是中国共产党在社会大变革中，领导人民英勇奋斗，从胜利走向胜利。这个光辉的历程，是教育干部、群众特别是青少年，热爱党、热爱社会主义的最好教材。三是干部作风教育。人物传是志书中一个重要组成部分。一篇好的人物传，就是一面做人的镜子，读后可以从中受到诸多教益。首届修志工作结束后，出版发行了一大批新市、县志，相当多的地方干部读了志书，深有感触。他们从中得知只有全心为民，无私奉献，为官一任，造福一方的人，才能受到人民的尊重，流芳千古。四是时尚新风教育。市志不但要全面系统记载地方风俗民情，而且特别注重记载时尚新风，其中浓墨重彩记述的一心为公，舍己为人，尊老爱幼，拾金不昧，克勤克俭等内容，可以培养人们高尚的道德情操。

二、明确《南充市志》编纂工作的任务和责任

新修《南充市志》上限断于清康熙四十六年（1707年），下限断至2003年，囊括南充近300年的历史，预计400万字，包括志首、志尾和33个分卷，是一项规模宏大、工作浩繁的重大工程。《南充市志》各编纂单位的任务和责任，在《南充市志》编纂方案中，作了明确具体的要求。各牵头单位和承编单位要严格按照南府发〔2003〕42号文件的要求，认真组织编纂。

志首部分：南充行政区划图由民政局提供；特载图片由市地志办牵头，各县（市、区）、市级各部门、各有关企事业单位提供；序和凡例由市志办完成；市志目录由市志办牵头，与各牵头单位、承编单位充分协商制订；总述由市志办完成；大事记由市志办牵头，聘请专家执笔，各县（市、区）、市级各部门提供资料。

卷一《南充地理》中的建置、自然环境部分由市志办牵头，聘请专家撰稿。人口部分由计生委牵头，计生委、公安局、统计局承编。

卷二《城镇建设》由建设局牵头，建设局、规划局、城管办、房管局、开发区管委会承编。

卷三《农业卷》由市委农办牵头，市委农办、农业局、畜牧局、蚕业总站、林业局、水利局、升水管理局、水文局、气象局、乡镇企业局、农机局、扶贫办、救灾办承编。

卷四《工业卷》由经贸委牵头，经贸委、机化行办、纺织服装行办、丝绸行办、轻工食品行办、物资建材行办、南充电业局、水利局、石油天然气公司承编。

卷五《商贸卷》由财办牵头，财办、供销社、粮食局、烟草公司、盐业公司、药监局、石油公司、外经局承编。

卷六《名优特产卷》由市志办牵头，市委农办、经贸委、财办承编。

卷七《交通卷》由市经贸委牵头，交通局、重点办、达成公司南充客运站、达成公司南充货站、机场办、南充机场承编。

卷八《邮政电信》由市经贸委牵头，信息产业办、邮电局、电信公司、网通公司、移动公司、联通公司、各寻呼台、南充微波局、南充长线局承编。

卷九《旅游卷》由市外事侨台旅游局完成。

卷十《金融·证券·保险卷》由南充人行牵头，人行、农行、工行、农行、建行、中行、商行、农村信用社、证管办，人民保险公司、人寿保险公司、泰康保险公司、新华保险公司承编。

卷十一《市场管理与监督卷》由市府办牵头，国土资源局、环保局、劳动与社会保障局、工商局、质监局、商检局、物价审计局、统计局、无线电管理局承编。

卷十二《政党卷》由市委办牵头，市委办、组织部、宣传部、统战部、纪委、监察局、政研室、台办、保密办、老干局、精神文明办、党史研究室、市委党校，市直机关工委、市委信访局、民革、民盟、民进、民建、九三、致公党承编。

卷十三《政权卷》由市人大办、市府办牵头，市人大办、市府办、体改办、外事侨台旅游局、市政府信访办、经协办、招商局、重点办、档案局、宗教局、市志办承编。

卷十四《政协卷》由市政协办完成。

卷十五《人民团体卷》由市委办牵头，工会、团市委、妇联、社科联、文联、工商联、科协、侨联、对外友协、残联、红十字会承编。

卷十六《军事卷》由南充军分区牵头，军分区、武警8740部队、武警南充支队、人防办承编。

卷十七《政法卷》由政法委牵头，政法委、公安局、检察院、中级人民法院、司法局承编。

卷十八《发展计划卷》由发展计划委完成。

卷十九《财政卷》由财政局完成。

卷二十《税务卷》由国税局牵头，国税局、地税局承编。

卷二十一《民政卷》由民政局完成。

卷二十二《人事编制卷》由人事局牵头，人事局、编制委承编。

卷二十三《教育卷》由教育局牵头，教育局、驻市大中专院校承编。

卷二十四《科技卷》由科技局牵头，科技局、驻市科研机构承编。

卷二十五《文化卷》由文化局完成。

卷二十六《文物卷》由文化局完成。

卷二十七《新闻出版卷》由市委宣传部牵头，新闻出版局、广电局、南充日报社，南充晚报社承编。

卷二十八《体育卷》由体育局完成。

卷二十九《卫生卷》由卫生局牵头，卫生局、市属及驻市医疗机构承编。

卷三十《宗教卷》由宗教局完成。

卷三十一《民俗卷》由市志办聘请专家撰稿。

卷三十二《方言卷》由市志办聘请专家撰稿。

卷三十三《人物卷》由市志办牵头，聘请专家执笔，各县（市、区）、市级各部门提供资料。

志尾部分：附录由市志办牵头，市志办、档案局承编；编纂始末及索引部分由市志办完成。

全志的保密审查由保密局负责，全志的数据审查由统计局负责。

希望全市凡是涉及市志编纂任务的部门、单位，不论是中央、省、市属、还是外地驻市单位，均应积极配合，共同努力，按时按质完成任务。

三、精心组织《南充市志》的编纂工作

（一）明确指导思想和原则

《南充市志》编纂的指导思想是：坚持以马列主义、毛泽东思想、邓小平理论和“三个代表”重要思想为指导，坚持实事求是的路线，坚持思想性、科学性、资料性的统一，努力把《南充市志》编成史志珍品，文化精品。

《南充市志》编纂必须坚持三条基本原则：一是坚持求实原则，真实准确反映南充市情。真实是志书的生命，是志书编纂的灵魂和原则。我们要把求实作为编纂市志的基本原则贯彻始终，对历史和现实重大事件、重要人物活动、事物发展过程、各项工作效果进行正确分析、比较，存真求实，如实记述其功过、得失、成败。二是坚持科学原则，客观辩证地反映南充基本面貌。客观辩证反映南充的基本面貌和发展规律，是正确反映地方基本面貌的前提。在记述市志内容时，要善于运用历史唯物主义和辩证唯物主义的观点来反映南充的基本面貌。要用发展变化的观点，用改革的观点记述历史过程中的事物，记述新中国成立以后的事物；必须紧紧围绕建设有中国特色社会主义道路这条主线，如实反映社会主义制度不断自我完善的过程。三是坚持政治原则，充分体现“三个代表”重要思想。市志编纂必须要把好政治关，要坚持党对地方志工作的绝对思想指导。作为一部志书来说，一旦在政治观点上出了毛病，志书就成了废品，就失去了存在的价值。市志编纂要充分体现“三个代表”的重要思想；要充分反映改革开放以来生产力的巨大发展，生产关系的不断进步；要记述好改革开故以来全市广大人民在物质文明、精神文明和政治文明建设上所做的工作以及取得的成就。

（二）加强领导，健全机构

各级、各部门要切实加强对地方志工作的领导，把地方志工作纳入到各地经济和社会发展的总体规划，摆上重要议事日程。

一是领导到位。各地、各部门一把手要负总责，分管领导要集中精力具体抓。市地方志办公室是市政府授权主管全市地方志工作的职能部门，担负着对本地修志工作进行规划组织、协调和督导检查的重要职责，一定要充分发挥职能作用，以高度负责的精神切实加强对地方志工作的管理，进一步加强对修志工作的督导检查，定期通报工作进展情况，推动市志编纂工作深入、扎实、有序地开展。二是健全组织机构。市委、市政府专门成立了由市长任主任，常务副市长、市委秘书长，市政府秘书长任副主任的编纂委员会，常务副市长兼任市志总编，统一组织协调和领导编纂工作。市委、市政府还决定将市志编纂工作纳入市委、市政府目标管理，分年度、阶段严格考核。各地、各有关部门要有相应的修志领导小组和编写组，落实编纂人员，选配政治素质高、事业心强、有能力的同志参加修志工作，并充分发挥专家学者作用，不能因修志机构和人员不落实而影响修志工作的正确发展。三是落实工作经费。各级、各部门要列出专门经费，确保修志工作正常的经费开支。要切实解决好市志编写人员的工作和相关待遇，为市志编纂营造一个良好的工作环境。

（三）精心组织，有序推进

一是严格按工作阶段组织实施。按照南委发〔2002〕5号和南府发〔2003〕42号要求，市志编纂工作分四个阶段实施：第一阶段，组织发动；第二阶段，各承编单位落实领导和编写组，完成搜集资料和编写任务；第三阶段，市志总纂；第四阶段，完成审定出版工作。按市委、市政府要求，全部工作力争5年时间完成。各地、各部门要严格按照这个时间表来落实自己的工作，现在第一阶段的组织发动工作按要求已经基本完成。第二阶段工作全面启动。这个阶段是整个市志编纂工作中最关键的阶段。这个阶段的工作能不能顺利完成，搞得好不好，关系着整个编纂工作能否按时按质完成的大局，各牵头单位和承编单位务必要按市委、市政府要求完成任务。二是部门配合，打好总体战。修志是一项综合性的系统工程，需要上下左右的密切配合和支持。各县（市、区）、市级各有关部门要高度重视，各司其职，大力支持市志总编室的工作。尤其是市级部门要在全市起表率带头作用，切实担负起应尽的修志职责，在市志编纂委员会的领导下，认真搞好市志各部分的编纂工作。三是改进方法。为了扎扎实实地组织实施好《南充市志》的编纂工作，市志总编室要认真吸取上一届修志工作的经验和教训，引入系统论的方法，采用三级编修体制，各承编单位向牵头单位提供初稿，各牵头单位组织力量撰写分志，最后由市志总编室总纂全书。要将三级编修体制覆盖全市所有应入志的地方和单位。市志总编室一定要与各牵头单位、承编单位密切配合，精心组织好，一级一级抓落实。四是培训编纂人员。市志总编室要尽快抓好编纂人员的培训工作，对所有参与此项工作的人员进行系统的编纂理论、搜集资料方法、编写方法的培训。要选择2~3个单位进行试点，用以点带面的方法，取得经验，指导全局。

（四）严格把关，确保质量

质量是志书价值的根本所在，也是检验修志工作成败的根本标志。志书能否得到社会的认可，能否经得起历史的检验，能否充分发挥“资政、存史、教化”的功能，归根到底取决于志书的质量。我们要牢固树立精品意识，力争编纂出精品市志。市志总编室和各牵头单位、承编单位在工作中，要切实强化质量意识，加强质量管理，把好三关。一是把好审稿关。送审稿件务必做到：第一，观点正确。要符合党和国家的政策法律法规，尤其是涉外、保密、民族、宗教等有关政策规定。第二，资料真实，数据准确，内容全面系统，详略得当，重点突出，特色鲜明。第三，体例严谨，结构合理，层次清楚。第四，行文规范，表达准确，文风端正。第五，照片选用得当，图表制作科学、使用配置得宜。二是把好审批关。志书不是一般的出版物，是官修的地方百科全书，各类志书必须报政府批准才能出版，按照省上的要求，市志由省政府审批，县（市、区）志由市政府审批，市级部门志由市地方志编纂委员会审批。未经批准出版的各类志书一律不准出版。市新闻出版局要把好这个关。三是把好印刷审校关。市志的编纂质量哪怕再好，如果放松了印刷审校工作，出版的志书会错漏百出，造成不良后果。

同志们，盛世修志，惠泽千秋。编纂市志是一项意义重大而又深远的千秋大业。我们要本着对历史、对未来、对南充人民负责的主人翁态度，发扬“求实、创新、协作、奉献”的精神，进一步增强责任感和使命感，尽职尽责，抓紧抓好市志编纂工作，为南充全面建设小康社会做出新的更大的贡献！

在全市地方志工作会上的讲话

中共南充市委常委、市政府常务副市长　蒋辅义

（2004年9月2日）

这次全市地方志工作会议，是去年《南充市志》编纂工作和县（市、区）志续修工作启动以来，市政府召开的一次十分重要的会议。这次会议的主要内容是总结交流市志、县（市、区）志编纂工作经验，研究解决编纂工作中存在的问题，进一步明确和落实编修责任，以确保今年年底完成市志初纂任务和县（市、区）志续修、新修工作顺利进行。下面，我讲四点意见：

一、总结经验，寻找差距，正视工作中存在的问题

市志、县（市、区）志续修工作启动以来，已经取得阶段性成果。一是启动迅速。市级部门和各县（市、区）都十分重视修志工作，一把手亲自挂帅，对修志工作进行了认真安排部署，分管领导具体抓落实。二是修志机构健全，修志人员力量配备较强。三是修志工作的办公条件有所改善，许多部门都为修志工作配备了必要的办公设施，同时还拨出专款作为修志经费，为修志工作提供了物质保障。四是修志整体水平有较大提高。南充本届修志充分贯彻了“专家修志”的原则，市志编委会在市志编纂工作启动时，就聘请了西华师大的知名学者和南充修志界的资深专家作为市志编纂工作的顾问，并坚持了“内行修志”，采纳了修志研究新成果。市志编纂大纲经过数番深入实际的调查研究和科学的分析类比，进行了适当的调整，科学性、全面性和独创性进一步增强；收集的资料内容丰富、全面，利用价值较高；大部分单位确定了初纂篇目，并已报送市志总编室审核；部分单位已经开始搜集资料、撰写条目；市交通局、市物资建材行办等近10个单位已完成初稿。县（市、区）志续修、新修工作进展较为顺利，营山、仪陇、高坪正在抓紧撰写初稿，顺庆、嘉陵、西充、蓬安正在抓紧搜集资料。

尽管我市修志工作取得了一定成绩，但也还存在着许多问题，有些问题甚至十分严重，已经影响到整个修志工作的进行。一是市志编纂工作进度极不平衡。有的部门领导对修志工作的重要性和必要性认识不足，认为修志既费人力又花钱，拒绝接受修志任务，有的至今还未启动修志工作；有的部门表面上修志工作已经开始，但实际上没有任何进展，编纂工作实际处于停滞状态；有的单位为了应付了事，在单位内部随便确定一个科室承担修志任务，指定一些人员兼职修志，修志工作没有真正落到实处；个别中央和省属驻市单位认为隶属关系不在地方，地方修志与已无关，不支持、不配合市志编纂工作；有的单位缺乏必要的办公条件和物资保障，修志工作难以开展。二是部分单位修志水平较低。

有的编纂人员素质不高，修志业务不熟，不能适应修志工作；有的单位初纂纲目设置不科学、不合志体，无法全面、客观、真实地反映历史；有的单位收集的资料残缺不全，降低了市志的史料价值；有的被聘请的编纂人员，同时承接几个单位的志稿初纂任务，精力和时间难以满足，影响初纂质量和交稿的时间。三是个别县、市由于种种原因续修工作至今还未启动。

二、提高认识，转变观念，明确修志工作的重大意义

编修地方志，是中华民族的优良文化传统，是中国传统文化中的精髓之一，在世界上独树一帜。当前，我国已经进入了加快推进现代化建设的新的历史时期，地方志“存史、资政、教化”三大基本功能，在新的形势下已经被赋予了新的内涵和更高的要求。

首先，修志是实践“三个代表”重要思想的具体体现，是弘扬先进文化、加强社会主义精神文明建设的迫切需要。实践证明，地方志作为重要的文化产品，在精神文明建设中发挥了重要作用。在新的历史时期，发展社会主义先进文化，必须继承和发扬修志这个中华民族的优良文化传统。通过新编地方志，记述美俗淳风、灿烂文化、英杰人物，为人民群众树碑立传、抑恶扬善，弘扬中华民族传统美德，引导广大人民群众树立正确的世界观、人生观、价值观，为贯彻“以德治国”方针提供重要的精神动力。

其次，修志是发展社会生产力的客观要求。地方志作为完整的、权威的地情资料，是政府信息工程的重要基础，是传承社会经济信息的主要载体和重要渠道，是连接古今时代的桥梁。在经济和社会发展中，修志将会发挥不可替代的作用。因此，高度重视地方志文化的开发利用，整理、挖掘人文资源和市情信息为经济建设服务，是新时期我市地方志工作的一项重要任务。

第三，修志是提高领导干部自身素质和执政水平的需要。在社会主义现代化建设的今天，包括地方志在内的历史知识，是各级领导干部丰富文化内涵，把握发展规律，增强执政本领，提高自身素质的基本知识和必修课。以古鉴今，是地方志工作的一项重要任务，一本好的志书不仅是为了记述过去，更重要的是警示当今。江泽民同志曾多次强调：党和国家的各级领导干部都要注重学习历史，高级干部尤其要带头这样做，领导干部应该读一读中国通史。这对于大家弄清楚我国历史的基本脉络和中华民族的发展历程，增强民族自尊心、自信心和奋发图强的精神，增强唯物史观，丰富治国经验，都是很有好处的。历史知识丰富了，能够寂然凝虑，思接千载，眼界和胸襟就可以大为开阔，精神境界就可以大为提高。江泽民同志的这一重要讲话，充分说明了做好地方志工作的重要意义，特别是对提高各级领导干部素质和执政水平有着重要意义。

第四，修志是各级党委、政府的重要职责。编修社会主义新方志，是认识过去、服务现在、开创未来的千秋大业，党中央、国务院对此非常关心和重视，明确提出了修志工作“党委领导，政府主持”，近年又作出了“在新世纪要继续加强编修地方志工作”的重要决定，调整加强了中国地方志指导小组，召开了全国地方志第三次工作会议，进一步明确了地方志工作的指导思想、主要任务和具体措施，希望各级政府和各有关部门要提高认识，明确任务，认真履行职责，进一步增强做好修志工作的紧迫感、责任感，努力把全市地方志工作做实、做好，不断开创我市修志工作的新局面。

三、明确目标，狠抓实施，全面完成任务

我市地方志工作的总体规划已经市委、市政府确定，分阶段目标任务也已经明确，我们一定要紧紧围绕既定目标，增添措施，狠抓落实，保证完成任务。

1. 加强领导，转变作风。要搞好志书编纂工作，领导是关键。各级、各部门领导一定要转变工作作风，真抓实干，切实把修志工作落到实处。要把修志工作纳入政府和部门工作的重要议事日程，切实负起编修责任。要强化“官职”“官责”，真正做到修志工作“一纳入”“五到位”（“一纳入”即是将地方志工作纳入国民经济和社会发展规划；“五到位”是机构、队伍、人力、物力、资金到位）。要按照全国地方志工作会议的要求和《四川省地方志工作条例》的规定，把“一纳入”“五到位”作为检验各级政府是否重视地方志工作的标准，确保机构、队伍、人力、物力、资金的落实，积极为修志工作创造良好的条件。

2. 健全机构，落实人员。各地、各部门要切实组建好修志机构，调配精兵强将参与修志工作。凡是有修志任务的地方和单位，都要落实修志机构，承担修志任务。对参与修志的在职人员，要调减他们原来的工作量，让他们腾出精力和时间专心致志编纂志书。外聘修志人员的单位，要切实把好人员素质关。参与编纂志书的人员，不得同时承接几个单位的初纂任务，否则在时间上会延误整个修志进度，在结构上可能会出现不同部门、不同行业千篇一律的呆板现象，在内容上可能会造成严重的缺失和谬误，这样既写不出不同行业的不同特点，甚至会遗漏珍贵的史实。

3. 加大物资投入，改善修志条件。各县（市、区）、市级各部门要根据自己的实际情况，在精打细算的基础上，合理制定修志经费预算，不管多么困难，都要千方百计保证修志的必要开支。

4. 制定目标，强化管理。为了按时完成市、县两级志书编纂任务，市委、市政府决定将修志工作纳入各地、各部门年度目标管理，并严格考核，逗硬奖惩。各县（市、区）、市级各部门要根据市委、市政府确定的修志目标，结合本地、本部门的实际，制定相应的编纂目标，并实行目标管理和考核。各单位务必要在今年年底前完成市志初稿。

5. 加强协作，密切配合。各地、各部门要打破地域界限、行业界限、部门界限，根据修志社会化的要求和志书编纂大纲，主动提供资料，积极配合编纂。

6. 规范修志行为，严格依法修志。省人大出台的《四川省地方志工作条例》首开依法修志的先河，是四川修志史上的一个重要里程碑。各地、各部门要把宣传贯彻条例作为本地、本部门法制宣传的重要内容，纳入行政执法责任制进行管理，依法承担修志义务和承编相关内容。公民和法人必须依法为志书编纂提供相关资料，凡不履行法定义务的要按条例规定给予处理。各级政府是修志的主体，一定要从依法修志的高度去完成修志任务，要依法将地方志工作纳入当地经济和社会发展规划，依法将地方志工作经费列入当地政府财政预算。各级地方志办公室是同级政府负责修志的业务主管部门，是条例规定的执法主体，必须要切实加强地方志编纂和管理，切实负起地方志编纂工作的协调、指导、监督、审稿责任。对不启动修志工作，或表面启动而实际未动的单位，要按《四川省地方志工作条例》的有关规定处理；对修志质量低劣的，要责成编修单位限期修改，如修改后仍不合格的要发回重写；对不按期完成任务的单位，严重影响工作进度的，要追究单位主要领导和分管领导的责任。

四、树立精品意识，坚持科学修志，确保志书编纂质量

1. 坚持“专家修志”“内行修志”。一是聘请对修志或相近学科研究深透、学术上有很高造诣的专家、学者参与修志，提高志书的学术品位和挡次；二是聘请对某行业、某专业有特别研究的专家、学者参与修志，确保志书的权威性和准确性；三是要把那些既有修志经验、对修志有研究，又熟悉本部门、本行业情况的人安排到修志岗位上来，充分发挥他们的优势和特点，努力把志书编纂好。

2. 坚持学习、培训制度。一方面，修志人员一定要加强修志理论学习，全面掌握修志技巧，确保所纂内容全面、客观、真实、准确，使志书既具有严肃完备的资料性，又具有精确生动的可读性。另一方面，市、县（市、区）两级志办要适时举办培训班，根据当前修志必须掌握的知识进行专题培训。

3. 坚持严谨科学的修志方法。对绝大多数人来讲，修志是一项极其复杂而又艰巨的任务，这就要求我们要以严谨科学的方法，研究修志工作的特点，领悟修志工作的要领，掌握修志工作的技巧，特别是对这次修志所采用的条目体，大家一定要认真研究，突出特点，使我们编纂出来的志书真正成为适应信息化潮流、符合现代化办公要求的新方志。

同志们，地方志书编纂工作是我市在社会事业方面的一项重大、复杂的工程，它涉及社会的各个方面，是我们留给当代、留传后世的一项重大的社会成果。我们必须以与时俱进的时代精神，以实事求是的唯物观点，以务实创新的工作作风，以科学严谨的编纂方法，进一步搞好志书编纂工作，力争把市、县两级志书编纂成具有极高利用价值的文化精品、富有极高收藏价值的史料珍品、闪耀着南充灿烂光芒的不朽史诗。

在南充市志编纂委员会会议上的讲话

南充市政府市长、南充市志编委会主任　高先海

（2009年8月19日）

今天召开市志编委会会议，主要是通报全市第二轮修志情况，审议新修《南充市志》人物入志、图片入志、审查验收等有关原则问题，初审了入志人物名录和入志图片，议定了市志审查验收工作。会后，希望各相关部门、市志总编室按照会议要求，切实抓好全市修志工作。下面，我讲四点意见。

一、充分认识地方志工作的重要意义

地方志是全面系统记述特定行政区域内自然、政治、经济、文化和社会的历史与现状的资料性文献，是“一方之全史”“地方百科全书”，也是传承和弘扬人文精神的重要载体，集中反映不同时代的发展创造，展现一个地方的文化风貌，具有独特的历史文化价值。“隔代修史、当代修志”是中华民族延绵数千年的光荣传统，最早的志书可以追溯到春秋战国时期。从宋代开始，修志逐渐规范化，并在朝廷设置了“九域图志局”。明、清两代由朝廷颁布修志诏书，修志成为国家行为而被制度化。民国时期，政府将地方志编纂列为重要事项，曾下令各地设立方志馆、方志局，编修省、市、县三级志书，并颁布了修志办法与规定。新中国成立后，继承并极大地发扬了中华民族编修地方志的优良传统。早在1957年，国务院就将地方志工作纳入国家十二年哲学社会科学规划纲要，成立了中国地方志小组指导全国修志。到1960年，全国已有20多个省、直辖市、自治区的530个县开展了新编地方志工作。1985年和1986年，国务院办公厅两次发文部署修志工作。为了保障地方志事业健康发展，2006年5月，国务院颁布了《地方志工作条例》，对地方志的内涵与外延、各级政府的责任、修志原则等都作出了明确规定，标志着地方志工作在我国已步入法制化轨道。这些，说明了地方志书历来是由政府主持的“官修”国情书、地情书，是官书，修志历为政府应尽之责。

古人讲，“治天下者以史为鉴，治郡国者以志为鉴”。古代官员到一个地方上任，是一手托印一手托志。南宋朱熹“下轿伊始问志书”，毛泽东同志到外地视察，走到哪里，第一件事就是要那里的志书。这是因为，地方志客观真实地反映了某一个地方经济社会发展的历史进程和经验教训，反映了一个地方经济社会发展规律。地方志是真史，是所有地情书、国情书中最全面、最翔实、最客观的，也是各级领导、专家学者和广大群众了解国情、地情最权威的资料性著作。在新的历史时期，通过修志编鉴，读志用志，可以让各级领导干部以志为鉴，更好地认识当地经济社会发展规律，提高决策水平和执政能力，促进经济文化的融合与互动，为改革发展和现代化建设服务。地方志在提升地方文化内涵、丰富地方文化底蕴、构建和谐社会等方面同样具有重要的作用。因此，大家一定要充分认识地方志工作的重要意义，切实担负起国家和民族赋予我们做好新时期地方志工作的神圣使命，不断推动地方志事业科学发展，又好又快发展。

二、努力编纂彰显南充特色的精品志书

修志是功在当代、资治后世的千秋大业。地方志具有资政、育人、存史的重要功能，必须全面、真实、客观、准确地反映一个地方经济社会发展的全貌，准确地反映历史的本来面目。在市志纂修中，要按照统合古今、详今略古的原则，全面记述南充近300年特别是改革开放以来发生的巨大变化、取得的巨大成就，充分反映南充人民创新、创造和创业实绩。要坚持历史的、辩证的观点，既要突出南充发展的主旋律，也不要忽视工作中的差距和问题。要在反映时代特点、体现南充地方特色方面狠下功夫，既对南充的解放思想、体制改革、企业改制、经济发展、新农村建设、城市建设、民生改善等重大发展战略和巨大变化浓墨重彩予以记述，也要在体现南充丰厚的人文文化、民俗风情、名优特产、民间艺术等独具地方特色方面着力，充分展示出南充独特的地域差异。

地方志生存、留存的意义和价值，在于志书的质量。一部好的志书，能长远地产生经世致用的作用；反之，存在诸多错误的志书，就会贻误今人后世。南充在史书、志书编著上有光辉的典范，三国时期谯周所著的《益州志》、西晋时期陈寿所著的《三国志》都是不朽之作。因此，要牢固树立质量第一的意识，把志书质量意识贯穿于志书编纂全过程，全面准确、客观公正、实事求是地反映历史与现状，用资料说话，用史实说话，做到述而不议。特别是对重大历史事件，更应坚持反映历史的真相，不能曲意逢迎，歪曲事实。对入志史实要反复核实，入志资料要多方查证，入志数据要充分考订，经得起历史和实践的检验。要严格遵循志书的体例和规范要求，搞好志书审查审核，严把政治关、史实关、保密关、文字关、体例关，以对历史、对人民、对子孙后代负责的态度，精益求精、一丝不苟，修出精品佳志来。

三、认真搞好地方志资源的开发利用

修志的目的是为了用志，只有开发利用好地方志，才能显示出地方志的价值。我们如果把千辛万苦、耗费巨资编出来的志书束之高阁，不予以利用，那就失去了修志的意义，造成极大的浪费。因此各级地方志工作机构要站在反映和传播先进文化、服务经济社会发展的高度，不断拓宽工作和服务领域。没有完成第二轮修志任务的县（市、区），工作中要突出修志这个中心，确保明年底前全面完成修志任务。完成了修志任务的县（市、区），要推动志书进机关、进学校、进社区，要在读志用志上多动脑筋，始终围绕资政、教化这个中心，积极开发利用地方志资源，主动为党委、政府中心工作服务，为把南充建成为川东北区域中心城市服务。要认真研究如何根据不同时期党委、政府和社会层面的不同需求，开发一些精炼、受用、实用的地方志成果，服务于决策，服务于社会，服务于发展。要充分利用现代信息手段，建好地情网站，将志书数字化、网络化，尽最大可能为人民群众查阅地情、阅读志书提供便利。要及时广泛地收集各方面的资料，为下轮修志打好基础。要积极开展旧志整理，编辑重要地情资料，不断扩大地方志影响，实现地方志价值。

这里，我要着重强调一下综合年鉴编辑的问题。地方综合年鉴是及时记录本行政区域上一年度内自然、政治、经济、文化、社会等各方面现状和各行业发展的政府年度蓝皮书，是国内外人士认识、了解南充地方经济社会发展的重要工具书，更是为下一轮修志（大约要在2020年后才开展第三轮修志）积累资料的重要载体，所以编辑好地方综合年鉴也是各级政府的一项重要职责。省政府、市政府去年印发了《关于加强地方综合年鉴工作的通知》，要求每年编辑上一年度的地方综合年鉴，全面、客观、准确地记载本地上一年度各领域的重大变化和重大成就，反映当地上一年经济社会发展的情况，做到一年一鉴，公开出版。各级政府和相关部门要按照省、市政府的要求，把年鉴编辑工作列入议事日程，要将年鉴人员培训、年鉴编辑、出版印刷等工作经费列入本级财政预算，保证经费的落实。市地志办要加强对县（市、区）综合年鉴的管理、协调、指导、督查，将综合年鉴编辑作为全市地方志办的一项日常工作来抓，有计划地培训编辑人员，落实工作举措，努力提高年鉴编辑质量。

四、切实加强地方志工作的领导

地方志编修是一项复杂的社会系统工程，修志既是政府的一项基础性工作，又是文化建设的一个重要内容。各级政府要按照《地方志工作条例》《四川省〈地方志工作条例〉实施办法》的要求，坚持“党委领导、政府主持、地方志机构组织实施”的具有中国特色的地方志工作体制，坚持“一纳入五到位”，即将地方志纳入地方经济社会发展规划和政府工作中，做到领导到位、机构到位、人员到位、经费到位、条件到位。要在各级财政预算中进一步加大地方志工作经费的投入，改善工作条件，解决好“有钱修”的问题。要进一步充实地方志工作力量，加强地方志队伍建设，解决好“有人修”的问题。各级政府要对在地方志工作中做出突出成绩和贡献的单位和个人，给予表彰和奖励，要主动关心地方志工作者，帮助解决具体困难和问题，使他们安心地方志事业，稳定地方志队伍，保证地方志事业后继有人。

盛世修志，惠泽千秋。地方志是一件默默无闻、富有意义的工作，过去几年里，全市地方志工作者在为我市地方志事业发展中，付出了辛勤的汗水、心血和智慧，取得了较大成绩。在此，我代表市委、市政府，向大家表示诚挚的问候和衷心的感谢。希望大家继续发扬奉献精神，拿出最佳的状态、最高的水平，确保全市二轮修志任务的圆满完成，为南充经济社会发展、为把南充建设成为川东北区域中心城市做出更大的积极贡献。

在全市地方志工作会议上的讲话

南充市委常委、常务副市长　向　东

（2010年2月5日）

今天，市政府召开全市地方志工作会议，主要任务是认真贯彻落实市委四届七次全会和全省地方志工作会议精神，安排部署今年全市地方志工作。刚才，市人大常委会伦佳副主任、市政协大寿副主席对地方志工作讲了很好的意见，市地志办主任建平同志传达了全省地方志工作会议精神，总结了去年全市地方志工作，安排了今年全市地方志工作。我完全赞成。希望大家深刻领会，抓好贯彻落实。

2009年，新修《南充市志》顺利通过省政府终审验收，圆满完成了市政府年初下达的重点工作任务，这是一件具有重大里程碑意义的大事，全市地方志工作因此得到市委、市政府领导的高度肯定。南充在全省地方志工作会议上，作为21个市州的代表作了先进经验交流发言，这充分说明我市地方志工作走在了全省前头。这些成绩的取得，是全市地方志工作者辛勤努力的结果。在此，我代表市人民政府向全市地方志工作者表示衷心的感谢，并致以诚挚的问候！

下面，我讲几点意见。

一、充分认识新时期地方志工作的重要意义

地方志是全面系统记述特定行政区域内自然、政治、经济、文化和社会的历史与现状的资料性文献，是“一方之全史”“地方百科全书”，也是展现一个地方文化风貌、传承和弘扬人文精神的重要载体，具有独特的十分重要的历史文化价值。

古人讲，“治天下者以史为鉴，治郡国者以志为鉴”。在新的历史时期，通过修志、读志、用志，可以让各级领导干部以志为鉴，更好地把握经济社会发展规律，提高决策水平和执政能力，促进经济文化的融合与互动，为改革发展和现代化建设服务。地方志在提升地方文化内涵、丰富地方文化底蕴、打造地方文化名片、提升地方软实力、构建和谐社会等方面同样具有重要的作用。

二、全面完成第二轮续（新）修志书任务

根据全省地方志工作规划和省地方志编委会2010年底前全面完成二轮志书续（新）修任务的要求，各地要完善措施，狠抓落实，全面完成。一是市地志办要组织精干力量，修改完善好《南充市志》，宁可慢一点也要修成精品良志，并高质量地做好出版发行工作。二是对于未完成续（新）修志书任务的5个县(市、区)，市地志办要加强指导督查，各县（市、区）政府要加强领导，强化举措，在保证质量的前提下加快工作进度，务必于今年底前通过市政府终审验收。三是要统筹协调抓好《四川省志·市州概况》《四川省志·人物志》及《汶川特大地震四川抗震救灾志》南充市组稿和市、县（市、区）综合年鉴（2010卷）编辑出版工作。

三、围绕发展做好地方志工作

全市地方志系统要紧紧围绕党委、政府中心工作，充分挖掘和利用地方志资源，服从服务于经济社会发展。在年鉴编辑中，不仅要全面陈述事实，罗列数据，还要阐明决策过程，为后人提供有益的为政经验。要积极宣传我市优越的历史文化资源，吸引人们到南充投资兴业、旅游观光和安居乐业，为南充加快发展、科学发展、又好又快发展营造更加良好的人文环境。

四、认真抓好地方志队伍建设

队伍建设是修志工作的重要基础。没有一支素质过硬的队伍，做好地方志工作就是一句空话。一要配齐人员。特别是学术带头人要配备到位。二要善于借脑。高校是南充得天独厚的智力资源。要依托高校，充分借助社会力量推动地方志工作发展。三要营造浓厚的学习氛围。对地方志工作者而言，学习就是工作，工作就是学习。如果没有渊博的学识，司马迁不可能写出传诵千古的《史记》。史志工作者一定要养成终日学习、终身学习、学与思紧密结合的良好习惯，把工作提升到更高的境界。四要耐得住寂寞。地方志工作是一项青史留名的事业，各级地方志工作者要守得住清苦，经得住诱惑，把心血和汗水献给地方志事业。

五、切实加强地方志工作的领导

地方志是一项复杂的社会系统工程，既是政府的基础性工作，又是文化建设的重要内容。修志历为各级政府之职。各级政府要认真贯彻落实《地方志工作条例》和《四川省〈地方志工作条例〉实施办法》，切实加强对地方志工作的领导，真正把“一纳入五到位”（将地方志工作纳入当地经济和社会发展规划，领导、机构、经费、队伍、条件五到位）落到实处，切实解决好“有钱修”“有人修”等具体问题，为地方志工作的深入开展创造良好的工作氛围和发展环境。

在川北区志编委会第一次全体委员会上的讲话

南充市政府副市长、川北区志编委会副主任、总编　朱家媛

（2012年5月16日）

市政府决定从2012年开始，用3年时间编纂出版《川北区志》。市政府办已经印发了《关于组织编纂〈川北区志〉的通知》，成立了高规格的编纂委员会和具有权威性、学术性的总编室，今天，我们在此召开编委会第一次全体委员会议，主要是贯彻落实市政府布置的《川北区志》编纂工作，我希望通过这次会议，大家共同努力，统一思想，提高认识，研究和制定有力措施，高质量完成《川北区志》编纂工作。下面，我讲三点意见。

一、充分认识编纂《川北区志》的重要意义

新中国成立初期，中央把四川省划分为川东、川南、川西、川北4个省级行政区和重庆直辖市，川北区辖南充、遂宁、达县、剑阁4个专区35个县和南充市，面积约9万平方公里，人口1700多万。南充是川北区党委、行署所在地。川北区的建立为南充的发展奠定了较好的基础，留下了许多可资可鉴宝贵的历史经验。编纂《川北区志》将凸显南充历史上处于川东北区域的中心地位，可以为市委、市政府把南充建设成为川东北区域中心城市和成渝经济区北部中心城市的发展目标提供全面、系统、准确的川东北区域综合性、有价值的资料，可以为市委、市政府提供资政借鉴和历史依据，必将对南充经济社会的发展与繁荣起到更大的促进作用。

二、扎扎实实搞好《川北区志》的编纂工作

《川北区志》的编纂是我们为川北区存史的一项严肃而神圣的工作。在《川北区志》编纂工作中，必须坚持以马克思列宁主义、毛泽东思想、邓小平理论、“三个代表”重要思想和科学发展观为指导，坚持辩证唯物主义和历史唯物主义的观点，全面、系统、客观地记述川北区从组建到撤并的发展变化以及可资可鉴的历史，力求做到思想性、科学性、资料性相统一。必须坚持科学完整、实事求是、客观真实、符合志体、表述规范的编纂原则。

《川北区志》定稿字数原则上为100万字左右，要求三年时间完成，时间紧，任务重，我们一定要有计划、有步骤组织实施好，精益求精，努力编纂出对历史负责，让川北人民满意的高质量精品区志。

按照市政府的安排，今年上半年启动此项工作。4月10日，市政府办公室印发了《关于组织编纂〈川北区志〉的通知》，成立了编委会和总编室，日前，总编室已经制定出编纂方案和搜集资料篇目。今年下半年主要工作是全力以赴搜集川北区从组建到撤销时的资料。明年用一年的时间撰写初稿，完成分纂和总纂。2014年上半年征求意见，对志稿进行认真修改。2014年下半年定稿后报省政府终审，交出版社出版发行。

希望《川北区志》总编室和市地志办要按照这个目标，认真负责，扎扎实实地搞好《川北区志》编纂工作。

三、同心协力完成《川北区志》的出版工作

编纂《川北区志》，是我市新修《南充市志》出版后的又一项重要工作。意义重大，绝不是可有可无，可做可不做，可做好可应付的事，而是一项一定要做并且必须做好的工作。编纂《川北区志》是一项系统的工程，涉及方方面面，需要各地各行各业的通力配合，众手编修，才能有效开展并顺利完成。只要有一个单位或部门拖了后腿，便会影响全局。各位在座的领导务必对这项容易被忽视却又非常重要的工作真正重视起来。要明确自己的职责，切实负起责来。为确保《川北区志》按时按质完成编纂出版任务，这里，我提几点要求：

市地志办要精心组织实施，按照目标计划开展工作，要建立编纂督查通报制度。主要是对《川北区志》编纂工作进度情况进行督查通报，建立上下沟通、情况互达、上下联动、各方配合的良性机制。编纂《川北区志》是一项思想性、科学性、专业性、资料性都比较强的工作，为了保证志书质量，编修出高质量高效用的志书，市地志办一定要选配好有事业心和责任心、有较高理论水平和业务能力的编纂人员。在资料收集和编纂过程中，要切实对历史负责，对人民负责，对后代负责，使编纂出来的区志真正起到服务当代，有益后世的作用。

市财政局要按年度足额拨付工作经费，以确保《川北区志》编纂工作的顺利开展。

市档案局、市委党史研究室要积极配合，确保《川北区志》资料搜集工作顺利完成。

市级其他相关部门和各县（市、区）要按《川北区志》总编室的要求，积极配合支持他们的工作。

同志们，编纂《川北区志》，是我市当前地方志事业的一件大事，是我市当前地方志工作的重中之重，是南充发展的需要，是历史赋予我们在座诸位的光荣使命。我们面临的任务光荣而艰巨，大家一定要有高度的责任感和紧迫感，密切配合，同心协力，为确保在2014年前出版《川北区志》而共同努力。

在全市地方志工作会议上的讲话

南充市人民政府副市长　单木真

(2015年12月15日)

在学习贯彻党的十八届五中全会和省委十届七次全会精神、全面总结“十二五”工作和研究制定“十三五”规划的重要时刻，市政府召开这次全市地方志工作会议，目的就是认真总结好“十二五”全市地方志工作，贯彻落实好中、省、市对新形势下地方志工作的新要求，安排部署好“十三五”全市地方志工作。省地方志办长期以来对我市地方志工作高度重视，马小彬主任莅临会议并作了重要讲话，在此，我们对省地方志办和马主任一直对南充经济社会发展的关心支持表示衷心的感谢！刚才，小彬同志对我市地方志工作提出了新要求，请认真贯彻落实；建平同志全面总结了“十二五”工作并安排部署了“十三五”工作，我完全赞同；嘉陵区、市检察院作了经验发言，西充县、蓬安县和市统计局、民盟南充市委作了书面经验交流，各有特色，值得学习借鉴。

近几年来，在市委、市政府领导和人大、政协支持下，在省地方志办指导下，全市地方志工作者辛勤耕耘，地方志工作取得了显著成绩。一是全市形成了“党委领导、政府主持、地方志机构组织实施、社会各界广泛参与”的工作体制和“领导重视、部门参与、社会支持”的良好工作格局，营造了地方志事业发展的良好氛围。二是全市建立健全了政府主要领导任主任的地方志编纂委员会，地方志工作机构保持稳定，逐步充实了地方志专业人员，广泛吸收热爱地方志事业的社会人士参与地方志工作，形成了老中青结合、专兼职相融的地方志工作队伍。三是修志编鉴、开发利用的领域拓宽，主动服务党委、政府中心工作和经济社会发展的能力增强，地方志工作质量高，地方志成果丰硕，地方志工作走在了全省前头。四是地方志工作经费全部纳入财政预算，重点工作单列经费保障到位，方志馆、地方志网站等基础设施建设正式启动，地方志工作条件进一步改善。这些都为我们做好新时期地方志工作打下了坚实的基础。当然，全市地方志工作也还存在着一些问题，主要是：少数县（市、区）和部门的领导对地方志工作重要性认识不到位，相关法规规章贯彻落实不到位，人员编制、人员配备和工作经费保障不到位；地方志专业人员业务素质不高，部分地方专业人才青黄不接，地方志事业发展不平衡；地方志“资政、存史、教化”的功能彰显不够，服务党委、政府中心工作和经济社会发展的作用发挥不够；方志馆与信息化等基础设施建设滞后，还没有全部纳入政府工作中。这些问题必须采取有效措施，认真加以解决。

去年，召开了第五次全国地方志工作会议。今年，召开了第八次全省地方志工作会议，国务院办公厅《全国地方志事业发展规划纲要（2015—2020)》、省委办和省政府办《关于进一步加强和改进新形势下地方志工作的意见》、市委办和市政府办《关于进一步加强新形势下地方志工作的意见》等重要文件相继出台，我们要认真学习领会，结合南充工作实际，抓好贯彻落实。下面，讲三点意见和要求。

一、深化认识，抓住机遇，切实增强做好地方志工作的责任感

地方志是全面系统记述本行政区域自然、经济、政治、文化和社会历史与现状的资料性文献，是了解和把握国情、地情最权威的百科全书，可以让人们特别是各级领导干部以志为鉴，更好地认识和把握经济社会发展规律，提高决策水平和执政能力，促进经济社会持续健康科学发展。地方志是传承和弘扬人文精神的重要载体，是中国特色社会主义先进文化的重要组成部分，在促进地方文化大发展大繁荣、提升地方文化软实力、培育和践行社会主义核心价值观等方面具有独特的不可替代的重要作用。

编修地方志是中华民族的优秀文化传统，具有连绵不断的悠久历史。自古以来，地方志是官书，由官修。在新的时期，编修地方志是各级政府的重要职责，是各级政府的一项基础性工作。党的十八大以来，党和国家领导人高度重视地方志工作，作出了系列重要讲话和重要批示，国务院和省委省政府、市委市政府分别制定了发展规划和重要文件，对地方志工作提出了新要求。各级党委、政府和各级部门要认真贯彻落实党中央国务院和省委省政府、市委市政府关于地方志工作的安排部署，将地方志工作作为政府和部门工作的重要组成部分，以对历史、对人民、对子孙后代负责的态度，担负起做好南充地方志工作的历史责任。

“十三五”时期，是我市统筹推进全面建成小康社会、全面深化改革、全面依法治市、全面从严治党的重要时期，地方志要全面系统、客观真实地记述市委、市政府各项重大战略决策部署的实施和各项工作目标的实现，充分发挥好地方志记载历史、传承文明、资政育人的重要作用，为南充建设开放、生态、法治、繁荣的川东北区域中心城市做出新的贡献。

二、突出重点，创新举措，奋力推进全市地方志工作新跨越

一要抓好志书编纂。编修志书是地方志的中心工作。我市已全面完成了第二轮市、县（市、区）两级修志任务，未来几年就是大力推进市、县（市、区）部门志、行业志、企业志、校志、专题志和乡镇（街道）志、村志的编纂，这既是履行地方志工作职责的需要，也是为第三轮修志积累资料的需要。市、县（市、区）各部门、行业等要将志书编纂作为一项重要工作来抓，落实分管领导，组建编纂队伍，提供经费保障。地方志机构要加强志书编纂统筹、业务指导、质量把关和审查验收，把握正确的政治方向。齐心协力做好志书编纂工作，保证志书编纂质量，打造无愧于历史、无愧于时代、无愧于人民的系列精品佳志。

二要抓好综合年鉴编辑。编辑综合年鉴是地方志的日常工作。综合年鉴不仅及时记载了全市各级政府、各个部门、各个行业每一年度的重点工作、特色工作和新成就、新举措，而且是今后志书编纂的重要资料来源。所以，各级各部门要高度重视综合年鉴编辑工作，落实专人负责撰写一年一度的年鉴稿件，领导要审核把关，按时按要求报送高质量的年鉴稿件，承办重大活动的部门单位还要主动提供高质量的图（照）片。地方志机构要加强年鉴编辑业务培训和业务指导，不断提高年鉴编辑质量。市、县（市、区）综合年鉴要实行一年一鉴、公开出版。有条件的部门要开展部门（行业、专业）年鉴编辑工作。

三要抓好地情资源开发利用。开发地情资源服务经济社会发展是地方志价值体现。地方志是一座巨大的文化宝库，要加大研究和开发利用力度，围绕党委政府中心工作、经济社会发展和重大项目建设，不断挖掘地方史料，充分发挥地方志资政作用，为党委政府决策提供参考，为经济社会发展提供咨询服务。要深度研究独具南充地方特色的嘉陵江文化、丝绸文化、三国文化、红色文化、历史名城（名人）文化等资源，加快地方志成果转化，编纂南充地方史，组织编写适合各界人士阅读的地方志读物或乡土教材，推出一批有地方文化特色、社会影响力强、质量较高、人民群众喜闻乐见的地方志产品。要积极创新地方志服务手段和方法，利用网络、期刊、媒体和音像制品等宣传、传播地方志资源，开展地方志进机关、进社区、进农村、进企业、进学校等活动，满足社会各界的多种需求。要做好地方志资源收集和抢救保护工作，做好旧志文献、地方古籍和珍贵史料的抢救整理，展现地方志历史价值和独特文化魅力。

四要加强地方志基础设施建设。基础设施是地方志事业发展的必要条件。各县（市、区）政府要将方志馆建设、地方志信息化建设纳入政府重要工作中，作为政府公共文化服务体系建设给予重视，加大政府建设方志馆、地方志网站的工作力度。南充市方志馆2017年要对外开放，西充县、营山县方志馆要建成并投入使用，其余县（市、区）要采取与档案馆（或文化馆或图书馆）合建或利用腾出的基本符合条件的办公用房改建等方式予以立项并开工建设。市、县（市、区）地方志网站要在2018年底前全面建成并联网，实现地方志信息资源共享互通。要积极应用现代信息技术手段，推进地方志文献资料目录数据库、全文数据库、多媒体数据库建设，提高地方志工作信息化水平。

三、加强领导，强化保障，大力营造全市地方志工作良好环境

一要进一步加强地方志工作的组织领导。各级政府、各级部门要深入贯彻落实《地方志工作条例》《四川省地方志工作条例》和《全国地方志事业发展规划纲要（2015—2020）》《关于进一步加强和改进新形势下地方志工作的意见》《关于进一步加强新形势下地方志工作的意见》等法规文件，坚持“党委领导、政府主持、地方志机构组织实施、社会各界广泛参与”的工作机制，健全各级政府主要负责同志任主任的地方志编纂委员会议事协调机构，稳定与履行职能职责相适应的地方志工作机构，切实加强党委政府对地方志工作的领导，真正做到“一纳入、八到位”，即将地方志工作纳入国民经济和社会发展规划、各级政府工作任务做到认识、领导、机构、编制、经费、设施、规划、工作到位。各级地方志编纂委员会每年应至少召开1次由主任召集的全体成员会议，及时研究解决工作中的重大问题。各级地方志机构主管本行政区域内的地方志工作。各部门要明确分管领导，落实专兼职人员负责本部门地方志工作。

二要抓紧制定并认真实施地方志事业“十三五”规划。当前，各地正在编制“十三五”国民经济和社会发展规划，地方志工作要纳入其中。市政府将组织编制地方志工作“十三五”专项规划，明确提出“十三五”全市地方志事业发展的指导思想、基本原则、主要任务和保障措施。要将规划任务按年度进行责任分解，落实到县（市、区）政府和市级部门，地方志机构要依法履行地方志工作组织、管理、指导、监督和检查职能，强化执法检查和工作督查，建立健全目标考核责任制，确保地方志工作各项任务的圆满完成。

三要切实强化地方志队伍建设和经费保障。各级党委、政府要高度重视地方志机构班子和队伍建设，把地方志干部培养交流、选拔任用纳入统一规划，为地方志工作顺利开展提供组织保障。各级地方志机构要在核定编制内配备与工作相适应的专业人才，加强思想政治建设和业务能力培训，努力建设一支高素质的地方志专职队伍。同时，要充分发挥地方志学会等社会团体的作用，广泛吸收各行业专家学者等社会力量参与地方志工作，形成一支结构合理、专兼结合的地方志队伍。各级政府要将地方志书、年鉴、地情书编辑出版印刷和图书资料购买、征（收）集以及地情资源开发、信息化建设、工作条件改善等专项工作和日常工作经费全部足额纳入财政预算，重点工作单列经费予以保障。

四要积极营造地方志工作发展环境。要坚持依法修志、依法治志、依法用志、依法兴志，大力宣传《地方志工作条例》《四川省地方志工作条例》的意义，加大执法检查力度，努力提高地方志工作法制水平。要采取多种形式、多种途径，广泛宣传地方志工作新举措和新成果，让领导、社会及各界人士进一步了解地方志工作，真正形成领导重视、部门参与、社会支持的良好氛围。

修志问道，以启未来。各级党委政府要切实履行好加强地方志工作的领导职责，各级部门要将地方志工作作为本职工作的一部分抓好落实，各级地方志机构要依法履行地方志工作组织、管理、指导、监督和检查的职能，地方志工作者要勇于肩负传承文明、记录历史、弘扬文化、服务社会的光荣使命。大家共同努力，以对历史、对人民、对子孙后代高度负责的态度，奋力推进南充地方志事业再上新台阶，为南充建设开放、生态、法治、繁荣的川东北区域中心城市做出更大贡献！

市长向东对加强地方志工作的批示

2015年11月4日，市长向东在南充市地方志办公室《关于南充市地方志工作情况的报告》上批示："治天下者以史为鉴，治州郡者以志为鉴。地方志是全面、客观、翔实的地情书，具有存史、资政、育人的重要作用。近年来，全市地方志工作者辛勤耕耘，记述南充历史，反映时代风貌，取得了可喜成绩。望继续发扬修志问道、直笔著史的方志人精神，为建设成渝经济区北部中心城市和川东北区域中心城市做出新的更大贡献！"

副市长单木真对加强地方志工作的批示

2015年10月2日，副市长单木真在南充市地方志办公室《关于南充市地方志工作情况的报告》上批示："全市地方志工作近5年成果丰硕、成效显著，未来5年思路清晰、目标明确，值得高度称赞和充分肯定！希望全市广大地方志工作者继续解放思想，创新举措，真抓实干，为南充文化强市建设做出新的贡献。"

南充市（地区）地志办 领导讲话选录

南充地区两年来修志工作情况

——在四川省第二次地方志工作会议上的发言

南充地区行署办公室副主任、南充地区地方志办公室主任 陈祥超

（1985年9月11日）

盼望已久的全省第二次地方志工作会议又在温江召开了。这是全省修志战线的一次盛会，也是贯彻落实国办发〔1985〕33号文件的实际步骤和有力措施。我们相信通过这次会议精神的传达贯彻，全省的修志工作一定会出现崭新的局面，取得更多的成绩。现根据会议的安排，把我们南充地区近两年来修志工作的情况作一次汇报。不妥之处，请批评指正。

我区修志工作除阆中县起步较早外，其余十二个县、市都是在一九八三年后开始修志的。现在全区普遍建立了领导机构，成立了工作班子，修志队伍已扩大到二千五百多人，收集各种文字资料近三亿字，完成县、市部门志有三分之一左右。进展较快的营山县已经转入县志总纂阶段。南充市、岳池、武胜、西充、苍溪、蓬安等县、市正在全力以赴抓部门志的编写工作。华蓥市、南部、南充、广安县正在集中力量收集资料，少数部门已开始编写初稿。地级六十一个修志部门（单位）绝大多数开展了资料收集工作。总的来看，一个群众性的编写社会主义新方志的热潮正在我区兴起。其特点是：领导重视，群众支持，老者关心，壮者积极。很多七八十岁的老人，也自觉投身修志工作。有的不要任何报酬，义务修志；有的无偿赠送长期保存的珍贵资料；有的把钱寄到县志办资助修志；甚至远在香港、台湾的南充人也积极为家乡修志提供资料、赠送资金。这些事实充分反映了修志是广大群众的迫切需求，是历史发展的必然趋势。

两年多来，我们是怎样抓修志工作的呢？

一、领导重视，敢抓敢管

地方志是一项新的开拓性的工作，涉及面宽，工作量大，政策性、科学性、资料性强，单靠志办来完成这个艰巨任务是有困难的，必须加强党和政府的领导，才能尽快打开局面，保证修志工作正常而有秩序的进行。我区早在一九八三年三月，根据全省第一次地方志工作会议精神，成立了地区地方志编纂工作领导小组，由行署常务副专员郭光杰同志任组长，地委办公室、宣传部、行署办公室、文化局的负责同志任副组长，组建了地区地志办，抽调专人，正式开展了工作。

两年多来，地委、行署为地方志工作发了六个文件，主要领导同志在县委书记、县长会议上多次强调修志工作的重要性和必要性，要求作为两个文明建设的内容一齐抓。地委副书记康智盛同志，除

在一九八三年六月全区第一次地方志工作会议上作了专题讲话外，还在县书会、党史工作会强调抓好地方志工作。分管地方志工作的副专员郭光杰同志，很热爱这一工作，生病住院时还要地方志办送资料给他看，出院后第二天就到地志办来了解工作情况。地区开了六次地方志工作会和业务会，他五次到会讲话。有的县工作开展得不好，他亲自找县上的主要负责同志谈话。地志办没有办公地点，行署将新修的新楼划了四间。地志办调来的干部，行署办公室也作了妥善安排。由于地委、行署领导重视，有关部门的大力支持，全区地方志工作的开展较顺利，发展也比较平衡。

在地委、行署领导的影响下，全区绝大多数县（市）委、政府、人大、政协和地区部门的领导同志都能重视修志工作，纳入议事日程，确定了领导分管。营山、仪陇、武胜、岳池、苍溪、阆中、南充市等在召开县、市人民代表大会时，对修志工作专门进行了讨论，并相应作出了决议。行署副专员、南充市委书记黄德益，营山县委书记王永平，仪陇县委书记、县志编委会主任王以恂，苍溪县委书记雍湘，西充县委书记任尊俊等领导同志，不仅重视关心修志工作，还亲自到所在县、市召开的修志工作会议上，修志人员培训班里去讲话，宣传修志工作重要性、迫切性，号召干部、群众齐心协力编修出一部高质量的传世之作。营山县政协主席王更生、人大常委会副主任熊德馨、武胜县人大副主任段学新、仪陇县政协副主席任俊杰、阆中县政协副主席侯泽周等同志分管修志工作，敢抓敢管，挂帅又出征，不仅“掌舵”，还要抓下面的头头，帮助各级领导提高认识，落实县委、县政府的安排，解决各种具体问题。西充县副县长张长瑞同志对不参加县志工作会议的单位，亲自打电话催人，耐心做思想工作，经费有困难的部门，逐个审查解决。由于解决了实际问题，全县修志工作发展很快很好。营山县政协主席王更生同志，抽到外县任整党联络员，回家休假，都要过问修志工作，亲自和志办同志到搞得差的部门解决问题。

当然我区修志工作的发展也不是一帆风顺的，在工作中也遇到了不少困难和阻力。一九八三年底，地、县机关机构改革时，有的干部和修志人员，认为志办“经费是要的，房子是借的，人员是抽来的，机构是临时的”，因而人心浮动，有的已经起步的单位又停了下来。针对这一情况，经地委研究，于一九八四年二月中共南充地委发了4号文件，明确了地志办作为行署直接领导下的局级常设机构，从而稳定了人心，激发了修志人员的积极性。去年底，社会上又刮起了一股“一切向钱看”的拜金主义歪风，有的部门和单位的领导，认为“修志不能出产值出利润”“改革都忙不过来，哪有时间抓修志”，他们把修志同经济工作、体制改革对立起来，不愿出人、出钱搞修志工作，对此，我们曾多次利用会议、刊物、简报宣传修志与两个文明建设的关系。强调“修志工作，只能加强，不能削弱”“迟动手，不如早动手；早抓早主动，越晚越被动，越拖越费劲”。会后，又有几个部门开展了工作。

南充地区的修志工作，能够在两年多时间蓬勃兴起，固然有赖于有识之士和有开拓精神的领导人率先倡导，竭力支持，而根本原因仍在于绝大多数领导认识到编修地方志是一项千秋大业，是社会主义物质文明建设与精神文明建设的需要。他们把地方志看作是可以借助的一种智力工具，把修志办公室看作是可供运用的一个智力机构，因此，在财力、人力十分紧缺的情况下，各地都落实了领导和工作人员，安排了修志工作必要的经费，为修志工作创造了条件。

二、健全机构，充实力量

编修社会主义新方志是一项规模浩繁的系统工程，涉及面广，工作量大，任务艰巨，需要有健全的机构作保证。但一九八三年前，我区地、县（市）志办机构很不健全，由于任务的长期性和机构的临时性的矛盾，修志人员的一些实际问题未得到合理的解决，专职人员难以调进，退休人员应聘勉强。在地、县（市）机构改革后，地区和大多数县（市）及时调整充实了编委会，配备了热心修志又有较强的组织能力和文字能力的专职副主任，选调了一批专职业务干部，进一步健全了修志机祷。

编修社会主义新方志，既有开拓性的学术研究课题，又有大量的组织领导工作，修志机构必须具有一定的行政权威，因而我区地、县（市）地方志办公室，一般由地、县（市）政府办公室主任或副主任兼任志办主任，再配一至二名专职副主任。这样才能切实做到党委领导，政府修志，使地方志工作比较容易纳入政府工作议事日程。驻南充市的中央、省、地级修志部门七十余个，他们有关修志的文件、简报、专题资料都发，他们有什么资料也送志办一份，这样既推动了修志工作，又加强了上下联系。有关修志工作会议，都要请地志办去参加。

修志机构具备行政权威，还有一个级别问题。去年初，地委就明确规定地志办为局级单位。苍溪、西充、岳池、武胜、蓬安、仪陇、阆中、南充、华蓥市等也明确了县（市）志办为区、科级单位。这既有利于指导修志工作′，也有利于稳定修志队伍。修志工作的艰巨性、复杂性，没有相当的级别规格，是难以开展工作的。

在领导重视，班子健全后，加强修志队伍的自身建设，显得尤为重要。我们强调，要按干部的“四化”要求来建设培养修志队伍。编制内干部少，工作量大，不少县还聘请一批有一定写作能力和知识丰富的离退休干部参加修志工作。下决心充实修志队伍，改变不适应当前修志任务的状态。在干部的选拔配备上，还要注意质量。我们注意了三点：一是人才结构，既要有学历史、语文的，也要有学经济学的；二是年龄结构，刚起步时，老同志较多，有一个县志办，是“七十不稀奇，六十小弟弟”，显然这种年龄结构，是不能适应发展着的修志事业的，从修志事业的发展趋势来说，还是搞老中青结合为好。因而，去年底以来，我区地、县（市）志办先后调进了一批中年知识分子，同时也选调了一些三十多岁、二十多岁的年轻人；三是知识更新，在科学技术飞速发展的今天，地方志虽不是相应科学的专门研究，然而它必须受各专门学科理论的指导，符合它本身学科的理论要求，借助于各门学科的研究成果，否则就会闹出违反科学的事，贻笑大方。我们要求修志工作者除掌握方志学的基本理论和编纂方法外，还应学点哲学、政治经济学、历史地理学，以及目录学。

与此同时，我们还注意加强修志人员的政治思想工作，从政治上关心修志人员的进步，培养入党对象，充分信任，更好地发挥大家的积极性。

三、充分发挥志办作用，加强具体指导

地方志办公室是政府领导修志的职能部门。志办工作的好坏直接关系到志书的质量，关系到方志事业的发展，我区两年多来的修志实践证明：有的由于领导重视，志办力量强，业务指导得力，部门志进度快、质量高。相反，有的县虽然领导重视，由于志办具体指导不得力，写出的志稿根本不像志，浪费了时间、人力和经费，群众有意见，修志人员委屈埋怨。我们是如何发挥志办作用的呢?

首先是支持志办同志大胆工作，边学边干，迎着困难上，在工作中出现了问题，领导主动承担责任，帮助他们总结经验。在政治上、工作上、生活上关心他们，尽量给他们提供方便。同时明确宣布地、县（市）党委、政府的责任，主要是掌握政策，审批规划，解决人、财、物等实际问题。审查志稿，有关修志中的具体业务由志办负责。并帮助志办建立健全工作责任制、奖惩制，充分调动每个人的积极性。

第二、志办要主动争取党委、政府的领导。地志办和县（市）志办在工作中，凡遇需要领导解决的一些重大问题，就主动及时地向党委、政府领导汇报，请领导出面解决；凡遇某系统、某部门在修志中出现的问题，就与那个部门的领导共同研究解决的办法。地志办虽然人少事多，但他们在坚持日常工作的同时，能经常派人到各县（市）、地级修志单位开展调查研究，督促、指导修志工作。他们坚持上为党委、政府领导出谋划策，主动争取领导重视。下与修志单位声息相通，把中央、省、地区领导小组的有关指示、决议付诸实践，推动了全区修志工作，避免或少走了弯路，保证了全区修志工作的健康发展。

我区地志办和多数县（市）志办的同志，大都事业心很强，有进取精神，能积极地、创造性地工作，主动争取党委、政府的领导，主动承担重担，主动学习，主动加强业务指导，主动建议如何解决修志进程中的问题。有的同志带病工作，加班加点地干。

第三、在业务指导上，搞好总体设计。实行“五抓”“五促”。1. 抓典型、促普及。在修志的每个阶段，我们及时运用典型，来促进面上工作。如在宣传发动、领导重视方面，我们推广了南充市的经验；在如何收集资料，拟订县志纲目，编写部门志等方面，推广了营山的经验。同时，我们对如何编写地理志、经济综述、蚕丝志等，还一个问题、一个问题进行了讨论。这些，对于指导全区修志工作起了积极的促进作用。2. 抓辅导、促提高。由于各部门、各县（市）都修志，各有各的特点，单靠开大会，很多具体的问题解决不了。特殊的问题，就个别研究解决，不厌其烦地，一个单位，一个单位的研究、商量。每天都有人来找地志办研究有关业务，我们主动解答问题，介绍资料，还将在各个图书馆、档案馆查找到的资料和索引，提供给走访的同志。3. 抓检查、促进度。为了确保全面平衡发展，今年内地志办派出调查组两次赴县检查。九月份又派人到地级各修志部门逐一检查。4. 抓评比，促后进。今年春节前后，地区志办和南充市、营山、武胜、西充等县（市），表彰奖励了一批先进集体和个人，使先进受到鼓励，后进得到鞭策。5. 抓培训，促质量。两年多来，仅地志办就举办业务人员培训班两次，参加学习的人员达四百余人次；举办方志学术报告会两次，参加听讲的六百余人次；深入县（市）和地级部门进行业务辅导五十余人次；接待地、县修志人员走访五百余人次；召开志稿评议会两次。各县（市）志办和地级已开展修志的部门都普遍采取了短期培训、以会代训、定期学习、走出去、请进来、志稿评议等办法。如地区丝绸公司，今年二月以五天时间评议了两部志稿，收到了五万余字的书面评议稿，十月份又要召开志稿评议会。这些活动提高了广大修志人员的业务水平，使我区修志队伍逐步成长起来。

这两年我们花很大精力突出抓了资料的收集和纲目的拟定。因为这是保证志书质量的前提和基础。一九八三年底，全区修志工作刚起步，大家都缺乏经验，我们发现有的县志稿和部门志稿篇目，都是采用历史分期法，有的两大块，有的三大块，纵横关系处理不好。地志办及时提出了“横分门类，纵向记述”的建议，以后逐渐改变了原来的作法。全国北片县志稿评议会精神传达后，都对篇目进行了修改。去年以来，地志办集中人力对一些县（市）和地级十余家篇目逐一进行了座谈讨论，修改后的篇目、结构符合志体，如《图书发行志》篇目被省上介绍到该系统参考借鉴。从地区评议的志稿来看，基本上达到了体例正确、特点突出、内容全面的要求。

四、上下一致，条块结合

地区是抓紧县（市）志和抓地区部门志同步进行的。八三年十月，在地区部门志编写会议上我们提出：地直单位在编好地区专业志的同时，要从本行业、本系统的角度出发，抓好下属单位和各县（市）专业志编写工作。同时指出，各县（市）专志的审稿工作，要主动征求地区主管部门的意见。这样，上下一致，条块结合，把修志工作落实到每个县（市）和每个部门，才能变一个积极性为两个积极性，加快修志进程，提高志书质量。实践证明，这是新修方志的较为踏实可靠的途径，也是一个人民历史人民写的好方法。

去年以来，南充军分区、地区水电局、丝绸公司、交通局、邮电局、教育局、卫生局、文化局、粮食局、二轻局等单位，既抓本部门修志，又抓下属部门的修志。这些部门文件发到县，篇目印到县，会议开到县，检查下到县，指导很具体，他们业务熟悉，效果也好。地区卫生局修志办公室，不仅经常派人到各县（市）检查，而且在今年一至八月印发了二十五期简报，具体地介绍了修志的进展和经验。反之，地区一些不重视修志工作的部门，他自已按兵不动，其下属单位也动得不好。因此，要做到上下一致，条块结合编好地方志，还必须通过再宣传，再发动，使各级干部、群众都能深知地方志工作繁如星辰、浩如烟海。其篇、章、节、目，包括各行各业，它决非独家所能撰成。就是地、县（市）志办人手再多，也不可能“包打天下”。即使包下来也会形成“持久战”，费时之长，耗资之大是可想而知的。所以，要通力协作，众手成志，或许是当今修志的一大特色。

五、积极为现实服务

两千多年来，编纂地方志所以能代代相传，绵延不绝，就在于“经世致用”。今天，我们坚持以马列主义、毛泽东思想为指导，以新观点、新材料、新方法编修新方志，更应该积极为现实服务。

我们在修志实践中深深体会到：在修志过程，充分利用已经收集到的资料，紧密结合当前工作，积极为现实服务，很有必要，大有好处。地、县（市）志办在现有人力、财力、物力很紧的情况下，出版了内部刊物《南充史志》（与地委党史办合办），小报《营山今古》《蓬安乡情》《岳池县志通讯》《西充县志资料》等，编写了《中国人民志愿军一级战斗英雄、特等功臣柴云振》《土特产专辑》《古城阆中》等书，整理了《川北日报资料汇编》《南充航运资料汇编》《嘉陵江南充市段水情资料》《南充地区文物资料选编》以及各县（市）志办油印的《资料选编》等，为“资政、教育、存史”，为两个文明建设起了积极的作用。

去年，广安县接待外宾，县上领导要了解本县县名由来和历史变迁，县志办很快编印了《广安县建置沿革》。仪陇县召开智力支乡座谈会，县志办主动当好参谋，配合有关部门，整理了仪陇在外工作的一百零九名领导干部和科技人员《名录》印发县上四大机构和有关部门，得到了好评。南充石油地调处，将修志工作与部门业务建设结合，既促进了工作，也提高了各级干部对修志工作重要性的认识。组织科在收集资料过程中，对历年来党员素质和结构分析时发现，50年代和60年代，该处青年党员人数一般都占党员总数的百分之十五至百分之二十，而一九八三年全处只有一名青年党员，不足千分之零点一，八四年也只占党员总数的百分之零点五。八五年上半年发展的青年党员虽超过八三、八四两年发展的总和，但也仅占百分之一左右。由于情况明，决定进一步做好在青年职工中发展党员的工作，并在六月份召开的组织工作会议上作了部署。他们还发现过去资料积累与文书档案管理不善，出现的失误也是惊人的。如七一年该处召开第四次党代会时，由于没有查到六三年召开的第三次党代会的资料，就把第四次党代会重列为第三次党代会，以致后来的第五次、六次党代会分别错列为第四次、五次党代会。工代会、团代会也同样被错列。事实教育了一些领导同志，他们感到修志非抓不可，否则将成为“糊涂单位”的“糊涂官”。去年该处修志办公室只有五名修志人员，现在已增加到五十八人(专职七人，兼职五十一人)，其中有工程师、助理工程师以上技术职称的各类专业人员三十名，搭起了“百科人修百科志”的架子，修志工作又有了新的起色。

两年多来，我们虽然做了一些工作也取得了一定的成绩，但同先进地区比还有很大差距。主要是有的领导认识落后于实际，跟不上形势，工作发展不平衡，编写人员的素质与志书质量的要求很不适应。经费、办公条件较困难，队伍还不稳定，资料工作不够扎实，志稿质量不高，对于这些问题，我们将认真加以解决。

根据国务院办公厅〔1985〕33号文件和省上这次会议精神，我们打算在一九九〇年前后分期分批完成地区部门志和各县（市）志稿编写的审订工作。为实现上述规划，我们的措施是：

1. 进一步加强领导。我们要认真落实耀邦同志“确要有一个敢抓敢管的人牵头”的指示。各县(市）人民政府一定要有一位主要负责同志分管，亲自听敢汇报，主动解决业务指导、干部培训、经费、人员住房、落实知识分子政策等重大问题。各级政府要把地方志统一纳入地方国民经济和社会发展规划，使之成为有约束力的法定的奋斗目标，保证规划的如期实现。

2. 充实编写人员。对地、县（市）志办的工作班子，要调整充实。做到配备一个有组织能力的热心修志工作的行政领导，一个有学识有能力的主编，一至二个副主编，一个熟悉业务的资料管理人员，有相当数量，有志于修志的编辑。争取今年内按编制把人员调齐，编内力量不足的，再从退职、退休的同志中聘请，也可以在社会上招聘。使志办的力量配套，以适应工作的需要，确保志书质量。

积极推行责任制。地、县（市）地志办，从一九八六年起，实行总纂、主编、编辑责任制。明确职责，定任务，定质量，定时间，检查评比，实行奖惩。并在有条件的单位推行编纂业务承包责任制，调动编写人员的积极性。

我们决心认真贯彻这次大会精神，虚心学习兄弟单位先进经验，努力开创我区修志工作新局面。

在南充地区第三次地方志工作会议上的报告

南充地区地方志办公室副主任　文崇周

(1987年10月8日)

我受地区地方志编纂工作领导小组的委托，向南充地区地方志第三次工作会议作工作报告。我们这次会议的任务，是传达贯彻全国、全省地方志工作会议精神，统一认识，总结工作，落实规划，加强领导，保证志书质量。下面我先传达一下全国地方志第一次工作会议和四川省地方志第三次会议精神，然后就我区三年来修志工作的基本情况和今后的工作谈点意见：

(一)

去年十二月在北京召开了全国地方志第一次工作会议，这是解放以来方志学界第一次全国性的盛会。党中央、国务院对这次会议非常重视，国务院副秘书长张文寿和中国社会科学院院长胡绳出席了会议的开幕式并讲了话；中共中央政治局委员、中央书记处书记、国务院副总理万里接见了与会代表并作了重要指示；中共中央政治局委员和中央书记处书记邓力群出席了闭幕式，胡乔木同志就新编地方志工作发表了重要讲话；中国地方志指导小组组长曾三作了《为编纂社会主义时代新方志而开拓前进》的工作报告。党中央和国务院领导同志的讲话和会议有关文件、材料，内容十分丰富，在总结全国七年来修志工作的成绩和经验的基础上，明确了地方志工作的指导思想、原则和方针，制定了近期和长远规划，统一了志书的质量标准，强调了各级政府加强和改善对地方志工作的领导。概括起来就三句话，一是统一认识；二是加强领导；三是保证质量。关于全国地方志工作会议情况。中国地方志指导小组〔1987〕1号文件早已下发，我就不谈了，主要想汇报一下四川省地方志第三次工作会议精神。

省政府于一九八七年九月七日至九日在成都召开了四川省地方志第三次工作会议。参加会议的有各市、地、州政府（行署）办公厅（室）秘书长、主任及志办主任，省政府各厅、局分管修志工作的负责同志。省政府副秘书长岳忠主持会议并作了会议总结。顾金池副省长到会做了重要讲话，省志编委副主任魏国桢同志作了工作报告。

这次会议目的，是传达贯彻全国地方志第一次工作会议精神，总结我省地方志第二次工作会议以来的工作，提高认识，明确任务，加强领导、协调行动，为迎接全国修志工作的新形势，为适应全国会议要求的编纂合格的新方志而努力，把我省地方志编纂工作推向一个新的阶段。

顾副省长在讲话中强调了各级政府要加强对地方志编纂工作的领导，确保志书质量，并就如何加强领导谈了很好的意见。他说，我们是政府修志，政府要把修志工作位置摆正，纳入议事日程，政府要有人分管。作为政府领导的目标管理，要给修志创造条件，解决好人员、经费、住房、职务评聘等问题，对地方志干部要一视同仁。加强检查督促，经常听取志办工作汇报，机构改革时，不要把地方志机构搞掉，人员要相对稳定，要放权、要支持，在政策原则许可范围内，经领导批准，可安排一些修志经费，应放手让其干事，要帮助各部门配合行动，顾副省长的讲话很重要，是对全省地方志编纂工作的有力支持。

魏国桢同志的报告，传达了全国地方志第一次工作会议精神，总结了全省一九八五年第二次地方志工作会议以来的工作，布置了今后的任务。报告中指出，我省修志工作有了较大的发展，主要表现在：一、县以上各级政府（行署）建立了修志工作机构，开展了编纂地方志工作。二、形成了一支人数可观并具有一定专业知识的修志队伍，现参加省、市、州、县（区）志编写人员专职、调用、聘请在内约有万人左右。三、初步取得了一批可喜的成果。《什邡县志》《内江县志》已交付出版。还编成了一大批各级各类专业志、概况、资料汇编等阶段性成果。在充分肯定成绩时，也指出了工作中存在的问题，他说，我省与全国形势相比，工作进展不快，发展也很不平衡，从目前成稿的志书来看，质量还未达到全国会议的要求。报告谈到今后修志工作的任务时指出：要集中精力抓好一批省志分志和县级地方志。从明年起要有一批县志定稿，一部分省志分志稿达到送审标准。并提出了几点具体意见：一、制定规划。要求在保证质量的前提下，省志各分志完成期限可延伸到一九九五年，市、州、县志可以按这个期限制定好规划，分期分批完成，但最迟不要超过一九九五年，各市、地、州于今年十一月底将各自的规划报省志编委。二、分级负责，明确任务。省志编委会的主要任务是编修省志，其次是在政策上、业务上指导各地的修志工作。各市、地、州志编委会（领导小组）负责所属县（市、区）志的审查验收。各级修志机构不要再向厂矿企业和乡镇布置修志任务。三、扩大修志队伍，提高专业修志人员的业务水平，保证志书质量。

全国地方志第一次工作会议和四川省地方志第三次工作会议是很重要的会议，对于指导和推动我区地方志编纂工作，有着重要的现实意义。我认为两个会议精神是一致的，核心问题都是要加强对地方志工作的领导，切实保证志书质量。我们一定要认真学习会议的文件，深刻领会会议精神，把认识统一到文件精神上来，积极贯彻落实到修志实践中去，推动我区地方志编纂工作健康、持续、协调、稳步地向前发展。

（二）

在各级党委、政府的直接领导下，各部门、各单位紧密配合，修志人员积极努力，我区地方志编纂工作取得了新的成绩，摸索了新的经验，主要有以下几个方面：

1. 各级党委、政府加强了领导。

国发办〔1985〕33号文件下达后，绝大多数县（市）和部门更加重视修志工作，进一步加强了领导，调整充实了县（市）地方志编纂委员会，健全了地方志办公室，充实了编写力量。改善了工作条件，激发了修志人员的积极性。这里特别要提到的是营山县，这个县的县委、政府、人大、政协四大家领导，十分重视、热爱、关心、支持修志工作，在每个关键环节上都是领导把关，集体决定，为开展修志工作创造了良好的条件。一九八四年审定县志篇目时，县委书记王永平同志主持召开了县委常委扩大会议，四大机构的领导成员出席了会议，初步把县志框架结构定下来，为搜集资料，进行编写创造了条件。一九八五年确定哪些人物入志时，县委常委专门开会，逐个审查确定入志名单。一九八六年县志编纂委员会成员分工对每个分志初稿进行了审查。县志编委会主任王更生同志集中大部门精力和时间，字斟句酌，全面通审。去年地区在营山召开县志稿研讨会后，为了把好志书质量关，县上四大家的领导和县志编委会成员，统一组织24个审稿小组，一个分志一个分志进行全面审查。在审查《大事记》时，有四十四人参加，整整搞了五天，县委书记王永平同志参加了四天。参加审稿的同志非常认真，不迟到早退、不扯闲谈，一共提出了三百多条意见。在县志总纂修改的关键时刻，县府领导又决定加强总纂力量，把县政府办公室副主任何政同志抽出来，专门负责县志的修改润色工作。营山的经验在全省都有影响，我们地区是近水楼台，更应好好学习推广。南充县委书记青永秀，西充县副县长张长端，岳池县副县长谢帮禄，武胜县人大常委会副主任、县志编委会主任段学新等领导，经常为修志工作排忧解难，受到修志人员的称赞。地区茧丝绸公司、水电、农业、粮食、交通、文化、教育、卫生等部门的领导对修志也很重视，修志工作很有特色，无数事实证明，领导是关键。尤其是编写地方志工程浩繁，涉及面宽，政策性强，质量要求很高，工作难度大，但它又不是“热门货”，容易被人们忽视，只有在党委领导下，由政府主管，组织各部门和各方面的人才才能完成这一历史性的任务。

2. 建立了一支比较稳定的修志队伍

修志是一项巨大的文化建设工程，又是一项新的开拓性工作，要完成这一项有历史意义的任务，首先是要有人，要建立一支具有一定政治素质和业务素质的修志队伍。为此，各地在建立机构时，选调了地、县（市）两级志办的专职干部，任命好主任、副主任加强对志办工作的领导，与此同时，逐步发展壮大了修志队伍，注意了县、市志主编、副主编的配备，现我区地、县（市、区）两级志办共有专职干部66人，借调聘请的44人，共110人。加上地区部门志、县（市）志分志和部门志的编写人员，已形成一支一千多人的修志队伍，我们这支队伍明显的具有三个特点：一是有高度的事业心和责任感。很多离退休老干部和老教师，各单位的笔杆子或业务骨干，他们参加修志工作后，有的少拿了奖金、津贴，有的失掉了晋升、晋级机会，有的子女就业、分房等问题上受到了不公正的待遇，但是他们不计个人得失以大局为重，本着对后代子孙负责的精神，勤勤恳恳，埋头工作。阆中县志主编戴哲民老先生，年逾七旬，七个冬春勤奋工作，和他的同事们一起，担负了全县一百多个部门志（包括乡镇）的组织发动和业务指导工作，并整理铅印了《阆苑古城》《历代名人在阆诗选》等一批专题资料；阆中县志地理分志也两度寒暑，四易其稿，现已付印。这种“烈士暮年，壮心不已”的精神，实在令人敬佩。南充市卫生志办的同志，为了在地区卫生志稿评议会上拿出较高质量的志稿，11名同志春节不休息，星期日加班干，按时写出了志稿。中医张富同志病重输液，医生拔下针头后，他又立即投入编写工作。蓬安县志办聘请的退休老教师吕沉勋，不顾年老体弱，带病坚持工作。生病住院，躺在病床还与志办的同志一起研究旧志的整理工作，终因脑溢血抢救无效，为修志工作奉献了自己的宝贵生命。二是初步形成了年龄和知识结构的配套。编修地方志工作不是权宜之计，不是临时性突击性任务，它是一项长期的文化建设工程，县、市志完成后，还要整理旧志、编写年鉴、编写地方志资料丛书，为下一次修志做准备。这就要我们的修志队伍必须注意年龄结构，保持一定梯次，以保证这项工程后继有人。县、市志是一方之全史，它要求修志人员必须具备历史、地理、经济、政治、军事、文化等多方面的知识。我区现已初步形成了一支老、中、青三结合，知识结构比较配套的队伍。三是保持了队伍的相对稳定。我区修志工作经历了组织发动、搜集资料、编写部门志、编写县、市志分志等阶段，虽然各个阶段的人员有所变化，但从总体上保持了骨干的相对稳定，部门志书完成后，各县、市志办即从部门志编写人员中选留一批骨干作为分志编辑，并补充了一些有一定政策水平和文字功底的笔杆子，充实了编辑队伍。

我区修志队伍经历了两次大的考验，一次是一九八四年底的那股一切向钱看的邪风和今年二月二十八日《人民日报》评议员文章《编史修志不要刮风》引起的波动。在地委、行署和各市县（市、区）委、政府的领导下，地志办和各县、市志办做了耐心细致的思想工作，不仅稳住了队伍，没有引起大的折腾。而且还有新的发展，地区金融系统、地区工商行政管理局等部门就是这个时候开展修志工作的。

3. 收集了一大批资料

志书是资料性著述，资料多寡、翔实直接影响到志书“存史、资政、教育”作用的发挥。各县、市志办都充分重视了资料搜集工作。南充县于一九八五年十月至十二月中旬组织了35人集体到省档案馆查阅资料，先后查阅了二千一百多卷，复印摘抄210万字。南充市仅一九八五年一年搜集了一千一百七十八万字的资料，他们把资料整理、建卡、归档后搞了资料汇编36份，共八十八万九千二百多字；写出了专题资料六十份，计三十八万三千六百多字。地区茧丝绸公司搜集的资料突破千万字。各地在搜集资料的过程中，还整理了一批为现实服务的专题资料。地志办编写了《南充名特产》，岳池县志办编写了《特等功臣一级战斗英雄柴云振》，西充县志办编写了《张献忠殉难西充凤凰山》，地区水电局搜集整理了我区上千年旱洪资料等一批专题资料。截至今年6月底止，全区共搜集资料五亿二千万字，实物资料四千一百八十六件。仪陇县在民间搜到一部保存完好的旧县志。阆中县、武胜县还搜集到一批族谱、家谱、家乘等有价值的历史资料。由于资料工作做得较好，为编写工作奠定了基础。

4. 狠抓志书质量

志书具有长期稳定性和行政权威性，是传世之作。一定要注意质量，围绕保证志书质量，我们主要做了三方面的工作：①坚持正确的指导思想，把好政治观。马列主义哲学、政治经济学、科学社会主义的基础原理，是我们对于客观世界和社会历史的伟大认识工具。毛泽东思想是马列主义同中国革命具体实践相结合的科学指导思想，是我们修志审稿的理论依据。《邓小平文选》是对马列主义、毛泽东思想的坚持和发展，它是建设具有中国特色的社会主义的纲领。因此，运用马列主义、毛泽东思想的理论指导修志实践，是根本的指导方针。我区现在成稿的志书，一般还未发现政治性错误。②抓好篇目的总体设计。《新编地方志工作暂行规定》第十条指出："确定志书的框架和篇目，是关键性的一环"，集中概括了拟定好志书篇目的重要性。地志办也把拟定、修改和审查篇目的工作作为加强业务指导的关键环节，除了亲自参与拟定地级各部门志的篇目外，对全区县、市志篇目的拟定和修改也反复抓了几次。一九八五年审查介绍了《营山县志》篇目；一九八六年十月在营山召开了全区县志编写研讨会。会议专门讨论了县志的整体性和科学性问题，同年十二月召开了仪陇、阆中、西充、武胜、南充市五县、市志篇目的审查、调整、充实工作，各县、市志基本上理顺了篇目。通过抓篇目的审查、调整、充实工作，各县、市志基本上理顺了篇目。做到科学性强，门类齐全，结构合理，层次清楚。繁简适当，纠正了分期断代的现象，体现了时代的特点、地方特点和行业特点。③开展志稿评议。志书设计的学科和门类很多。而我们的修志队伍又普遍缺乏经验，还有的观念老化、知识陈旧，要保证志书质量，只能依靠领导、内行、专家、学者及修志人员的共同努力，集各家之长，有计划地搞好志稿评议。这方面地、县（市、区）志办做了大量的工作。一九八四年冬《营山县二轻志》脱稿，我们及时组织了评议，对于推动我区部门志的编写起了促进作用。一九八五年又评议了《阆中县志·地理志》稿，一九八六年又评议了《营山县志》初稿。地区地志办还协助地级各主管部门召开了有各县、市参加的志稿评议会多次，各县（市、区）志办也分别召开了很多志稿评议会。据不完全统计，二年来，地志办召开了五次全区志稿评议会，地级主管部门召开三十多次，各县、市召开了五十多次。实践证明，这种群策群力，集中大家智慧的志稿评议会，成了提高编写人员和志书质量的重要手段和有效途径。

5. 获得一批成果

经过全体修志人员的辛勤劳动和共同努力，三年来，我区修志工作取得了很大的成绩。营山县在全区率先完成了部门志的编写后，于一九八六年底又完成了全部县志分志初稿。紧接着，仪陇、西充、阆中、南充市也相继转入县、市志分志的编写。目前，我区基本上进入县、市志分志编写的新阶段。现全区已完成部门志468部，分志初稿63个。《营山县教育志》获得一九八六年省地方志优秀成果一等奖，该县的新华书店志已由出版社正式出版发行，目前正在印刷。地区交通、水电、文化、商业、卫生等部门的志稿或专题资料也得到过省上主管部门的肯定和奖励。

为了提高修志人员的方志理论水平，更好地解决修志实践中碰到的问题，地区地志办于一九八六年初提出修志实践与研究同步进行的设想。并先后三次召开方志论文撰写讨论会，既活跃了方志理论研究气氛，又指导了我区修志实践。据不完全统计，我区修志人员撰写的论文被全国和省、地（市）

级一些报刊和会议选用的有70多篇。有的还被收入有关专集，在全国出版发行。一九八六年底省志协召开了“经济志论文讨论会”（即志协年会），在这次年会上，我区的入选论文有九篇，约占全省入选论文的八分之一，西充一县即选中三篇，这在全省也是仅有的。

回顾我区三年来修志工作走过的历程和取得的成绩。我认为主要经验有七点：

1. 关键在于加强领导。党委领导，政府主管，人大决议，政协支持，是我区已形成的修志格局。这是我们能够顺利开展修志工作并不断取得成果的基本保证。

2. 必须建立常设机构。早在一九八四年地委、行署就明文指示，各级要成立地方志编纂委员会，下设办公室。同时各县、市也明确了地方志办公室为政府的局级常设事业单位。同时各县、市也明确了地方志办公室为政府的局级常设事业单位。调集有志于此者，从事修志工作，逐步形成了一支专业队伍，使志办成为县委、政府领导修志的参谋部和咨询服务部。

3. 一定要抓好修志队伍的建设。为了提高修志人员的业务水平。各地把培训和提高编写人员的素质作为一项基本建设经常抓，反复抓，采取办培训班，建立学习日制度，脱产进修，参加志稿评议，外出参观、学习等办法，有效地提高了修志队伍的素质。

4. 切实抓好篇目的总体设计。这是业务指导的关键环节，地志办抓县（市、区）志篇目和地区部门志篇目；县、市志办拟定县、市志篇目，同时逐个审定各部门的篇目，尽量做到篇目设计上科学性。这样就能够做到有目的地搜集资料，有计划地组织材料，有秩序地进行编写。

5. 点面结合，条块结合，是重要的工作方法。地志办一九八五年就明确提出依托两个重点，就是以营山县为重点，指导县、市志编纂工作；以地级部门为重点，指导县（市）部门志的编写工作，这样条块结合，抓点带面，互相促进，有力地推动县、市志和部门志工作。

6. 开好志稿评议会是提高志书质量的好形式，我区从一九八四年秋以来，地志办、地级各修志部门、各县（市）志办、先后召开了上百次志稿评议会，对于核实资料、精心修改、提高编纂水平和志书质量，收到了显著效果。

7. 务必把好志书审查验收关。志书是政府组织编纂的，是最具有权威性的资料著述，是地方的科学文献，志稿写出后，一定要由县（市、区）志编纂委员会验收，县（市、区）委、政府审查，严格把住政治、史实、保密关，使之经受历史的检验。

（三）

我区的地方志编纂工作已经入了一个新的发展阶段。就是总纂成书，快出成果的阶段。前几年我们做的工作是有很大成绩的，打好了编写分志和通纂成书的基础。现在到了出产品、出成果的关键时刻，更应抓紧抓好，善始善终，如果产生松劲情绪，将会造成前功尽弃的不良后果。应当看到，摆在我们面前的工作是艰巨繁重的，今后三四年内，都要认真地贯彻好全国、全省地方志工作会议精神，努力实现调整后的规划，精心编写出合格的志书，为两个文明建设服务，这就是我们的主要任务。为此，提出以下意见：

一、落实规划，明确任务

编修地方志被列入国家“七五”规划的重点项目，各县（市、区）也应纳入经济和社会发展的规划，作为奋斗目标。根据全国地方志第一次工作会议制定的“实事求是”的原则和“积极稳妥，留有余地，保证质量”的方针，和四川省地方志第三次工作会议的精神，结合我区实际情况，经地区地方志编纂工作领导小组初步研究，将原订的规划作了调整。总的设想是一九九二年底以前，分期分批完成我区新修县（市）志的任务。具体安排如下：一九八七年审批营山县志稿，一九八八年审批仪陇、西充两部县志稿，一九八九年审批阆中、蓬安、南充市、华蓥市志稿，一九九〇年审批武胜、岳池、南充县志稿，一九九一年审批南部、广安县志稿。一九九二年为县（市）志成书的最后期限。所谓完成修志任务，要以地委，行署审查批准的时间为准。地级各部门、单位规划的部门志、专业志分别在一九九〇年底以前送审报批。《南充地区简志》一九九五年前定稿出版。乡镇和厂矿企业不再布置修志。已经编写的可分别情况提出要求。这个规划方案请到会同志审议。会后，经政府研究后于十二月二十日前正式由县、市志办向地志办写出报告，以便我们汇总向省上报告，同时，请地委、行署发文，以文件为准。地级各部门何时完成部门志、专业志，也请在十月二十日前告诉地志办。对待规划态度要积极，工作要抓紧，不能因为时间往后推延了一、二年，就放松领导，放慢步伐。我们延缓时间，主要是确保志书质量，如果慢慢来，就失去了调整规划的意义。到时候拿出来的志书不合格，造成的浪费和损失就大了。希望各县（市、区）和各部门在落实规划时，要认真研究实现规划的具体措施。使规划建立在切实可靠的基础上，以便具体实施，按时完成任务。

二、提高素质，确保质量

全国地方志第一次工作会议，对编修社会主义新方志提出了明确的质量要求，要求把志书编写成一部朴实的、严谨的科学的资料汇集，成为地方的资料全面、系统、准确、真实可靠，能起到历史文献的作用，有较高的实用价值。按这个质量标准来衡量，我区已完成的志稿，还有很大的差距。那么差距在哪里呢？差在编写人员的素质。说到底志书的质量问题，就是人才问题。名志出名手，就是这个道理，这就要求一定要加强队伍的建设。一方面要重视人才，舍得把第一流的笔杆子请出来，担当此项重任，要选好主编、副主编，总揽志书的全局，把好志书质量关。要充分发挥退居二线的领导干部和离、退休干部的积极性，县（市）志向区外发行，须经县（市）志编委会审查验收，县（市）委、政府批准后，报地区地方志办公室备案。地区部门志铅印出书，须经地区地方志编纂工作领导小组审查验收，报地委、行署备案。希望各地各部门，严格执行审批制度，不要各行其是。

三、加强领导，改善条件

修志断限时间长，涉及的面很广，靠编委会和志办是难以搞好的，只有政府才能动员和组织各部门、各单位的力量完成这项浩繁的巨大工程。因此，国办发〔1985〕33号文件明确指出。各级地方政府要加强和改善对修志工作的领导。我们建议：政府把修志工作作为日常工作纳入议事日程，统一安排和部署，落实领导分管，并作为目标管理的硬任务，要定期或不定期地听取汇报，及时检查督促；要支持、要放权，在政策原则许可内，应该放手让其工作，要帮助协调各部门配合行动，搞得不好的部门，要限期搞上去。志书完稿后，要抓好审查验收，调整机构时，要注意工作的连续性，不要把修志机构搞掉，要稳定修志队伍，专业人员不要随意调动，要按规定的编制，尽快把志办的专职干部配齐，要搞好专业技术职务的评聘工作，合理分配职数，要关心修志人员，要一视同仁，切实解决经费、办公住房、子女就业等实际困难，要充分调动修志人员的积极性，使他们集中精力，一心一意搞好修志。各级志办既是政府修志的职能工作部门，又是一个科学事业单位，要服从领导，尊重领导，支持领导，主动争取请他们参加修志工作。还要聘请有关方面的学者、专家、知情人士，参加审查志稿，用集体的智慧共同把好志书质量关。另一方面，要抓好现有人员的培训，更新观念，更新知识，提高政治理论水平、政策水平和业务能力，组织他们学习党的十一届三中全会以来的文件，即读“两本书”。学习马列主义的基础理论，学习方志学的理论和业务知识，同时要注意吸收外地的信息，学习别人的实践经验，弥补自己知识的浅漏和鄙薄，以便尽快适应志书质量的要求，编写出高标准、高质量的志书，为地方志的历史宝库增添光彩，奉献良志。

四、层层把关，严格验收

要保证志书的高质量，就需要分级负责，层层把关，建立严格的审批制度，四川省地方志第三次工作会议明确规定，把县级志书交给市、地、州验收和审批，这既是上级对我们的信任，同时也加重了我们肩上的责任，希望各县、市一定要做好报批前的各项工作，把握每一个关键环节，从审定篇目，编写分志到总纂通审。都要层层把关，初稿完成后，县、市志办要组织编写人员集体讨论修改，县、市志编纂委员会要及时进行审查，送审稿要由县委、县政府牵头，组织人大、政协、编委成员，离、退休老干部，部门负责人逐个进行集体审稿；修改打印后再由地区地方志编纂工作领导小组，领导、专家、学者、同行评议验收，再报地委、行署批准出版。县、市志编纂委员会对部门志也要严格审查验收。达到质量标准的，发给合格证，作为资料保存，打印成书。

同志们，我区地方志编纂工作，总的形势是好的，但发展还不平衡，希望通过这次会议，认真总结经验，找准差距，确定自己的主攻方向。搞得好的要戒骄戒躁，在提高志书质量上狠下功夫。搞得差的，要采取有力措施，在保证质量的前提下，加快进度，迎头赶上，为共同完成第一代社会主义新方志的编纂做出应有的贡献。

认真贯彻市委四届五次全会精神　奋力开创南充地方志工作新局面

南充市地方志办公室主任　夏建平

（2008年8月12日）

这次全市地方志工作会议的主题是：贯彻市委四届五次全会精神，进一步解放思想，自我加压，开拓创新，推动我市地方志工作科学发展、又好又快发展。刚才，各县（市、区）汇报了今上年的工作，谈了下年的打算，各有重点，各有特色，希望大家相互学习借鉴。后面，市人大、市政府、市政协的领导还将作重要讲话，希望大家认真贯彻落实。

我到地志办工作仅一个多月时间，通过加紧的学习请教和调查研究，对地方志工作有了一些认识，作了一些思考。讲三点意见，供大家参考。

一、牢记职责，增强地方志工作责任感

（一）地方志纂修历为政府所重视

纂修地方志在我国有着悠久的历史。大体讲，修志始于春秋战国时期，发端于两汉魏晋南北朝时期，成型、定型于隋唐两宋时期，极盛于清代。从宋徽宗大观元年（1107年），在朝廷创置“九域图志局”起，历朝历代都设有修志机构，修志成了古代中国的官职官责。

到了近代民国时期，虽然社会巨变，时局动荡，但是地方志纂修工作从未中断。民国初期，北洋政府内务部会同教育部通令各地纂修地方志书，许多省、区成立了修志局、馆；抗战前期，国民政府“内政部”颁布了《修志事例概要》，要求各省普遍建立修志局、馆；抗战时期，学者与绅士仍在艰苦条件下开展方志编修；抗战胜利后，国民政府于1946年10月重新颁布《地方志书纂修办法》，推动了方志编纂工作恢复。

新中国成立以来，我国地方志事业进入了一个新的发展时期。1959年，中央成立了中国地方志小组，1981年7月25日，中国地方史志协会成立，1983年4月，中国地方志指导小组（简称“中指组”）成立，加强全国修志工作的组织领导。1996年5月，李铁映同志（当时兼任中指组组长）在第二次全国地方志工作会上指出“修志工作不是可有可无的事，而是各级政府的职责，主要是省、市、县三级政府主要领导同志的职责”。同时指出“要坚持‘一纳入’（即把修志工作纳入各地经济社会发展计划和各级政府的任务之中），要坚持‘五到位’（即领导到位、机构到位、经费到位、队伍到位、工作条件到位）；要坚持党委领导、政府主持、专家修志、三审定稿制度”等。由于党和国家的高度重视，使20世纪80年代以来的地方志编纂工作，成为中国历史上第一次规模最大、有计划、有步骤、全社会参与的宏伟的文化建设工程，取得了辉煌的成就。

进入21世纪，我国地方志工作步入了法制化、规范化时代。2003年7月24日，我国第一部地方性的地方志法规《四川省地方志工作条例》经省十届人大常委会第四次会议审议通过，颁布实施，开创了全国之先河。2006年5月18日，国务院总理温家宝签署了国务院第467号令，颁布了《地方志工作条例》，使地方志工作有法可依了。为贯彻国务院《地方志工作条例》，2007年11月13日，省长蒋巨峰又签署了省政府第218号令，颁布了《〈四川省地方志工作条例〉实施办法》。两个《条例》和一个《实施办法》的颁布，成为推动地方志工作的最有力的法律武器。

（二）地方志工作大有可为

修志，在古代是官职官责；在当今，则是各级政府的重要职责。中指组《关于地方志编纂工作的规定》中明确提出了坚持“党委领导、政府主持”的修志体制，所以各级志书编纂委员会主任都是各级政府主要领导，而地方志办公室则是编纂委员会的日常工作机构，是政府直属的具有一定行政职能、参照公务员法管理的事业单位。《条例》明确规定了地方志机构的职责为：编纂志书和地方综合年鉴等重要地情资料，指导、审核各类志书，组织旧志整理，推动方志理论研究，搜集积累资料，开发利用地方志资源，加强队伍建设等。这是法规赋予地方志工作者的职责，是我们必须做好的工作，大有可为，大有事可做。

（三）我们肩负着第二轮修志的光荣使命

我国第一轮修志于2000年基本结束，在2001年底的第三次全国地方志工作会上，提出了启动全国第二轮修志工作。而我省在1997年就作出了《四川省地方志工作2010年规划纲要》，明确提出了在2010年要全面完成第二轮续（新）修三级志书工作，省政府与各市州政府签订了目标责任书，是必须要完成的。可以这样讲，第二轮修志的历史任务，责无旁贷地落在我们在座的各位身上了。

地方志书是全面系统记述本行政区域自然、政治、经济、文化和社会的历史与现状的资料性文献，在历史上是要长期起作用的。因此所记史实、所入数据必须要经得起推敲，经得起历史检验，这就需要对志稿进行反复的打磨，对史实反复核实，对资料多方查证，对数据充分考订。就是说，修志需要有比较充裕的时间，要在短时间内修出一部高质量的志书是很难做到的，那种抢时间而赶出来的志书，难以成为合格的作品，可能还会贻害后人。

南充，在志书、史书编著上有光辉的典范。三国时期谯周著有《益州志》（严格讲是史、志合一，隋唐以前都是处于“不史不志”形态，以后史、志才分开），西晋时陈寿著有《三国志》，享有“并迁双固”之美誉，为我国二十四史四川唯一者，这都是南充史志界的骄傲。

我们当代地方志工作者应该以先贤为榜样，以对历史、对人民、对后代负责的态度，切实增强修志工作的责任感和使命感，修精品，出良志，圆满完成历史赋予我们第二轮修志的光荣使命。

二、把握重点，推动地方志工作新发展

地方志具有“存史、资治、教化”三大功能。“存史”就是编纂地方志书、综合年鉴以及搜集积累资料；“资治”就是开发利用地方志资源，为党委、政府中心工作服务，为经济和社会发展服务，为社会提供地情咨询；“教化”就是挖掘地方志中优良的传统美德及先进人物，发挥志书育人的作用。归结起来，就是我们地方志工作的立足点：修志编鉴、开发利用。

把握这一立足点和当前我市地方志工作实际，按照市委四届五次全会“围绕把南充建设成为川东北区域中心城市的目标，把更多的精力集中到加快发展上来”的要求，今下年及今后一段时期内，我市地方志工作要着重抓好以下五方面的工作。

（一）高质量地按时完成第二轮新（续）修志书工作

省上要求在2010年全面完成第二轮修志工作，现在离2010年只有两年多一点的时间，而我们要做的工作还很多。新修《南充市志（1707—2003）》上限为清康熙四十六年（1707年），下限为2003年，时间跨度近300年，目前仅完成工作总量的70%左右；续修的7本县志，除仪陇、营山2个县续修志书已出版、高坪续修的《南充县志（1986—2003）》已通过评审外，其余的4个县（阆中、南部、西充、蓬安）还刚刚启动；新修的3本区志，目前只有顺庆区定稿待评审，高坪、嘉陵还在搜集资料中。这样看来，我市要按时完成第二轮修志任务，工作还很艰巨。

一是新修《南充市志》务必于2010年底出版。由于市上换届，领导工作变动，需调整市志编委会成员，按工作进度召开编委成员会，加强对修志工作的领导；分层次、分类别召开志稿征求意见座谈会，确保志稿质量，确保按时完成。

二是新（续）修县（市、区）志务必于2010年底前全面完成评审。加强对县（市、区）志书新（续）修工作的指导督促，加快新（续）修志工作进度，召开全市第二轮修志促进会，确保全市按时完成修志目标任务。计划今年完成顺庆区、南部县志稿评审，2009年完成高坪区、嘉陵区新修志书评审，2010年完成阆中、西充、蓬安3县续修志书评审。

（二）规范地方志书审查验收工作

志书质量是志书的生命。搞好志书审查验收工作，是保证志书质量的关键，是修精品、出良志的重要举措。

一是制定南充市地方志书审查验收办法。根据《地方志工作条例》《四川省地方志工作条例》《〈四川省地方志工作条例〉实施办法》，制定《南充市地方志书审查验收办法（试行）》，明确我市地方志书审查验收的范围、标准、重点以及审查验收方式、程序、要求和审查验收人员组成等规定。

二是组建南充市地方志书审查验收学术组。聘请西华师大修志专家（教授）、全市具有修志理论素养和修志实践经验的行家里手以及保密、统计、民族宗教方面的业务骨干，组成我市地方志书审查验收学术组，负责地方志书学术方面的审查把关，把好志书的体例、逻辑、结构、文字关，突出志书的时代特征和地方特色。

三是搞好审查验收办法的组织实施。我市地方志书实行初审、复审、终审三审制，按照其职能职责，初审由志书编纂机构或总编室组织审查；县（市、区）志书复审由县（市、区）政府与市地志办组织专家进行评议审查，部门（行业）等志书由志书编纂机构主管部门组织专家进行评议审查；县（市、区）志书终审验收由市政府组织志书审查验收学术组专家进行审查验收，部门（行业）等志书由市、县（市、区）地志办组织专家学者进行终审验收。终审验收后，编纂机构修改完善，形成志书定稿，经专家最后审定把关后，县（市、区）志书由市政府批准出版，部门（行业）等志书由地志办批准出版。

（三）充分发挥为党委、政府中心工作服务的作用

地方志工作的最终目的是应用地方志资源服务发展。我们一定要在读志用志上下功夫，搞好地方志资源的开发，始终围绕党委、政府的中心工作，为领导决策服务，为当前经济、社会发展服务，即是古人所说“经世致用”，用经济学的术语讲，叫“实现了价值”。实现了价值，发挥了作用，地方志工作在经济社会发展中也就有了地位，在党委、政府领导心中也才有了分量，有为也才有位。

一是编辑重要地情文献资料。搞好每年一鉴的《南充年鉴》编辑出版工作；根据党委政府中心工作需要，挖掘史料，为政治、经济、文化建设提供历史依据；创办不定期的《志鉴利用》简报，根据党委、政府中心工作，查证史料，供领导决策参考。

二是筹建南充市地方志网站。今年筹备，力争在明年底前建成。将南充市志、各县（市、区）志等志书史料以及重要地情文献资料上网，方便市民查阅，服务于社会。

三是办好《南充地方志》简报。将全市修志工作动态、修志经验以及修志理论、编纂方法等不定期地进行交流、通报，促进地方志工作有力开展。

（四）加强地方志队伍建设

现代地方志工作具有行政管理和编纂志书的双重职能。因此，地方志机构的人员组成既要有善于组织协调的人，又要有具备学术研究能力的人。同时，要广泛吸收社会贤达人士、学者修志，搞开门修志，扩充修志队伍。

一是改选南充市地方志协会。拟在明年适当时候改选南充市地方志协会，将社会上有修志经验的专家、学者和有修志、读志兴趣的人士吸收入会，充分发挥社会修志、读志用志的作用。

二是提高在职人员素养。加强在职修志人员的培训，提高其修志理论水平和业务技能；加强政治理论学习，提高其政治素养；加强交流学习，借鉴好的修志经验，搞好我市地方志工作。

三是建设和谐高效队伍。抓好机关效能建设，加强工作联系与沟通，努力打造一支和谐共事、高效干事的工作团队。

（五）进一步抓好《地方志工作条例》的贯彻实施

《地方志工作条例》对机构、职责、经费、队伍建设、表彰奖励以及违反法律法规的责任追究等都有明确的规定，比较全面，给我们的工作提供了法律保障，我们要进一步学习，善于理解，善于运用，

在工作中贯彻落实。

一是通过新闻媒体广泛宣传。与南充日报、南充晚报、南充电视台等新闻媒体协商，开辟修志、用志专栏，大力宣传《地方志工作条例》和地方志工作。

二是举办重大活动造势宣传。结合市上重大活动和在两个《条例》、一个《办法》颁布周年等重要节日举行两个《条例》和一个《办法》宣传活动。

三是开展《条例》监督检查。对各县（市、区）、各部门贯彻实施两个《条例》、一个《办法》工作进行监督、检查，查处违法违规行为，表彰先进单位和个人。

三、加大宣传，营造地方志工作发展环境

地志办，人员少，工作清苦、辛苦、艰苦，许多同志默默无闻地辛勤耕耘，体现了地方志工作者的品质，但封闭式运作不是我们应有的态度。要让领导认可我们的工作，要让社会认识和了解我们，必须宣传好地方志工作，干出像样的成绩来。

（一）用实绩赢得领导关心

我们除了平时向领导汇报工作、请求解决问题外，更要用好的工作业绩去赢得领导的关心支持。今明两年主要是搞好第二轮新（续）修志书，按时完成修志任务，把好质量关，修出精品、修出良志；同时，也要在为经济社会发展、为党委政府中心工作、为领导决策服务等方面有所作为，发挥好作用。

（二）用奉献赢得社会理解

在全市实施项目推动战略、招商引资等经济建设、社会发展中，相关部门会来地志办查阅重要地情资料，我们要主动、热情、高效地提供相关资料，无偿地、无怨言地搞好地情咨询服务，让来者高兴而来，满意而归。

（三）用合作赢得同行支持

纂修志书，是一项专业性较强的庞大的系统工程。我们要主动与同行加强交流，搞好资料、志书交换，相互学习，相互借鉴，携手合作，促进发展。

同志们，盛世修志，惠泽千秋。我们要认真贯彻市委四届五次全会精神，在市委、市政府领导下，在人大、政协的关心指导下，心安气定，振奋精神，尽职尽责，圆满完成第二轮修志任务，为把我市建设成为川东北区域中心城市做出更大的贡献！

适应新常态 务求新突破 奋力谱写南充地方志事业发展新篇章

——南充市地方志工作会议工作报告

南充市地方志办公室主任 夏建平

（2015年12月15日）

这次全市地方志工作会议的主题是深入贯彻党的十八届五中全会和省委十届七次全会、第五次全国地方志工作会议和第八次四川省地方志工作会议精神，全面落实国务院办公厅《全国地方志事业发展规划纲要（2015—2020）》、省委办公厅和省政府办公厅《关于进一步加强和改进新形势下地方志工作的意见》、市委办和市政府办《关于进一步加强新形势下地方志工作的意见》的要求，总结“十二五”全市地方志工作，部署“十三五”全市地方志工作。会上，省地方志工作办公室主任马小彬同志、市政府副市长单木真同志将作重要讲话，对我市地方志工作提出新的要求，我们一定要认真学习领会，抓好贯彻落实。

我现在作工作报告。

一、十二五全市地方志工作回顾

近5年来，在市委、市政府坚强领导下，在市人大、市政协大力支持下，在省地方志办精心指导下，全市地方志机构认真贯彻实施《地方志工作条例》《四川省地方志工作条例》，立足修志编鉴、开发利用，主动服务南充经济和社会发展，拓宽视野，创新举措，履职尽责，真抓实干，开创了地方志事业发展新局面。全市编纂出版省、市、县（市、区）行政区域志书12部，编纂出版部门（行业）志、特色（专业）志和乡镇志、厂志36部，点校整理出版旧志6部，编辑出版综合年鉴56部，编辑出版地情资料书籍43部（本）；54项地方志成果分别获得省、市政府哲社奖和省地方志优秀成果一二三等及优秀奖；全市地方志系统1个单位、1名个人荣获全国方志系统先进集体、先进个人荣誉称号；4个单位、4名个人荣获全省地方志系统先进集体、先进个人荣誉称号。我市地方志工作走在了全省前头，得到了省地方志办的充分肯定，2010年、2013年、2015年全省地方志工作会议上南充均作了经验发言。

（一）科学谋划，着眼长远，制定地方志事业发展目标

1. 结合实际制定发展规划。地方志事业科学持续发展，规划必先行。市政府将地方志工作纳入了全市国民经济和社会事业发展规划，根据《四川省地方志事业第十二个五年发展规划》工作重点，结合南充地方志工作实际，制定了具有前瞻性、指导性、操作性的《南充市地方志事业第十二个五年发展规划》。规划由市政府办印发县（市、区）政府和市级部门，明确提出了“十二五”全市地方志事业发展的指导思想、基本原则、主要任务和保障措施。

2. 分解目标实施发展规划。规划的落实关键在于执行。市地志办将规划目标任务按年度进行责任分解，具体落实到县（市、区）和市级部门，提出每一年度完成的进度形象要求，强化工作指导、督促检查和目标考核，确保目标任务的圆满完成。

（二）贯彻《条例》，加强宣传，营造地方志事业发展环境

1. 多种形式宣传贯彻实施《条例》。《地方志工作条例》是地方志工作的法律武器。《地方志工作条例》《四川省地方志工作条例》颁布实施后，采取将《条例》印发各级领导和各个单位、市政府领导发表电视讲话、市级报刊转载、召开多层次学习座谈会等形式，广泛宣传《条例》重要意义和主要内容，让各级领导和社会各界充分认识《条例》的重大意义，为依法开展地方志工作创造了有利环境。市地志办开展了贯彻实施《条例》专题检查，依法对地方志工作力度不到位、保障不到位的6个市级部门或县（市、区）政府进行了监督检查，提出了整改意见和要求。嘉陵区督促检查后，给有关部门或乡镇共印发了整改措施10份、通报8份、通报批评6份。

2. 多渠道宣传地方志工作成果。有效的对外宣传利于外界对地方志工作的认知和理解。充分借助南充电视台、《南充日报》《南充晚报》《南充广播电视报》等新闻媒体，采编刊（播）发了150余条（篇、次）地方志工作信息，制作了3个分别为15分钟的地方志工作专题宣传片，宣传报道地方志工作动态和地方志重要成果。特别是《南充市志》公开发行后，《南充日报》《南充晚报》《南充广播电

视报》均分别开辟了1个整版、南充电视台制作了两个30分钟的专题节目宣传《南充市志》。全市地方志机构积极开展志书“进机关、进社区、进学校、进企业”活动，让地方志成果走进社会，进入百姓视野，大力提升了地方志工作对外影响力。

3. 广泛形成各方重视支持的良好氛围。各方支持是地方志工作开展的有利条件。通过对外宣传，各级领导和社会各界认识了地方志工作，以实绩赢得了领导的关心，以奉献赢得了社会的理解，全市上下形成了“领导重视、部门参与、社会支持”的良好局面。地方志工作每年都写进政府工作报告，市委常委会、市政府常务会、市政协主席会专题听取地方志工作汇报，解决制约地方志事业发展的重大问题，各县（市、区）领导切实解决地方志工作中的具体问题，各级各部门大力支持地方志工作开展，营造了地方志事业发展的良好环境。

（三）突出修志，多业并举，拓展地方志事业发展领域

1. 积极编纂地方志书。编修志书是地方志的中心工作。一是圆满完成《南充市志》编纂任务。记述清康熙四十六年（1707年）至2003年近300年南充历史、480万字的当代南充首部地情百科全书《南充市志》于2003年正式启动，历时8年，2010年正式出版，圆满完成编纂任务。《南充市志》荣获省政府第十五次哲社二等奖和第十五次省地方志优秀成果一等奖。市政府对《南充市志》编纂工作30个先进集体、60名先进个人进行了表彰。二是在全省率先全面完成二轮修志任务。2001年，营山县作为全省二轮修志试点县率先启动，随后及时启动了全市二轮修志工作。市政府将二轮修志工作纳入年度目标考核，政府目标办进行了专项督查，市地志办切实加强修志工作指导、督促和检查，制定《南充市地方志书审查验收办法》，严格规范志书审查验收，确保志书编纂质量。到2011年，9个县（市、区）续（新）修10部志书全部通过市政府终审验收，在全省率先全面完成编纂任务。《南充市顺庆区志》《南部县志》《仪陇县志》获南充市哲社一等奖，《西充县志》《南充市顺庆区志》《南部县志》获省地方志优秀成果一等奖，其余县（市、区）志书均获省地方志优秀成果二三等奖。三是省级行政区《川北区志》编纂出版。新中国成立初期，胡耀邦主政川北，留下许多宝贵历史经验。2012年初，市政府决定编纂《川北区志》，省志编委大力支持。经过组建编纂队伍、广泛搜集资料、精心编纂、严格审核，2014年通过省政府终审验收，2015年出版发行。四是启动《南充市地方志志》编纂。为全面反映南充地方志事业发展变化历程，2014年启动了《南充市地方志志》编纂工作，2015年全面开展资料搜集，7月在蓬安县召开了资料搜集现场工作会，9月开始初纂，今年完成了初纂任务。五是抓好部门志（行业志、特色志、专志）和乡镇志编纂。大力支持和指导部门、行业、专业团体、企业、乡镇编纂部门志、行业志、特色志、乡镇志，按照职能职责实行分级审查验收，目前已出版发行《南充政协志》《南充民盟志》《阆中市河溪镇志》《南充六合集团志》《营山县南北两河整治工程志》等市、县（市、区）部门志、特色志和乡镇志、厂志36部；《南充检查志》《汶川特大地震·仪陇县抗震救灾志》《汶川特大地震·南部县抗震救灾志》已通过市政府终审验收，即将出版；《南充科技志》《朱德故居志》等5部市级部门志正在编纂中。2015年，嘉陵区委办、区政府办发文全面启动了部门志、乡镇志编纂工作。

2. 规范编辑综合年鉴。编辑综合年鉴是各级政府重要职责，是地志办一项日常工作。市政府办每年发文对市、县（市、区）综合年鉴编辑、公开出版提出了明确要求。市地志办加强全市年鉴编辑人员业务培训，不断优化年鉴篇目设计，努力提高年鉴编辑质量。《南充年鉴》自创办以来实现一年一

鉴，2010年开始实现公开出版，各县（市、区）综合年鉴从2012年开始全部实现一年一鉴、公开出版。高坪区还将因修志而没有编辑综合年鉴的年度，分年度全部进行了编辑、出版。

3. 开发地情资源服务发展。开发地情资源服务经济社会发展是地方志价值体现。全市地方志系统充分挖掘和开发利用丰富的地情资源，编辑出版了《南充市情》《南充掌故》《南充建市20周年大事记》《解放初期的南充（上、下）》《天下文宗司马相》《张飞的故事》《顺庆艺文撷英》《精彩高坪》《红色印记·南充西区革命史》《西充掌故》《南部史话》《红色仪陇》等43本地情书，提供给各级领导和社会各界人士参阅，服务南充文化强市建设；围绕市委、市政府项目推动战略等中心工作，撰写了《把南充岩盐开发挤进国家项目的建议》《做强做大南充医药制造业的建议》等9篇调研报告，得到市领导批示；市地志办积极参与四川核电站选址、南充化学工业园、广（元）南（充）高速公路等重大项目论证咨询会议，阆中市地志办为申报地标产品、旅游项目开发，西充县地志办为县有机食品注册商标，嘉陵区地志办为申报革命老区等提供了大量相关地情资料，主动服务于南充经济建设；蓬安县地志办编纂了《中国政区大典·蓬安篇》《四川县域经济·蓬安篇》，高坪区地志办编纂了《四川县域经济·高坪篇》等重要文献资料；全市地方志机构热情为查询地情资料的各界人士提供地情咨询服务，让查询者高兴而来，满意而归。

4. 整理旧志保护文献。旧志整理是抢救、保护历史文献的有效途径。全市地方志系统对全市旧志开展了全面摸底调查，制定了旧志整理工作方案，聘请地方志专家或对南充历史有研究的教授学者对旧志进行有计划的点校整理，已有明正德《蓬州志》、清康熙《顺庆府志》、清同治增修《南部县志》、清嘉庆《南充县志》、清光绪《蓬州志》《明清营山县志》（统编本）6部旧志点校整理出版发行，清康熙《西充县志》等5部旧志正在点校整理中。

5. 资料信息工作得到加强。资料信息是做好地方志工作的重要基础。主动做好全市重大活动、重大事件的纸质文档、电子文档、照片图片和市委《每日要情》、市政府《南充政务》等资料收（征）集管理工作。主动与全国、全省地方志机构开展地方志书、地情资料交换工作，广泛收集市内有关地方志方面的著述，不断丰富馆藏资料。同时将志书、年鉴等重要地方志成果数字化，供广大市民查阅使用。

6. 开展方志理论研究。理论是行动的指南。全市地方志工作者将实际工作中好的做法、经验进行总结提炼，形成具有一定理论性的研究成果，《强化质量管理，力出精品志书》等10余篇文章在《巴蜀史志》上发表或在川东北片区理论研讨会上交流。

（四）充实力量，强化保障，筑牢地方志事业发展基础

1. 机构始终保持稳定。市、县（市、区）地方志工作机构自成立以来，一直都是独立的正县、正科级参照《公务员法》管理的事业单位。市、县（市、区）政府都成立了由政府主要领导任主任的“地方志编纂委员会”，形成了“党委领导，政府主持，人大、政协支持，地方志机构组织实施，社会各界广泛参与”的地方志工作机制。机构的稳定，机制的完善，为地方志事业发展提供了有力保障。

2. 队伍建设不断加强。队伍建设事关全市地方志事业持续健康发展。全市地方志系统积极开展“学习型、研究型、创新型、服务型”队伍创建活动，提出了“锐意进取、创新实干”工作要求和“建强队伍、树好形象、争创一流”工作目标，高坪区近3年每年都对年鉴编辑人员进行了业务培训；大力充实专业人才，近5年市地志办通过公开遴选增加了5名专业人员，县（市、区）地志办公开考录或遴

选增加了21名专业人员，有效解决了专业人才青黄不接的问题，嘉陵区政府今年给地志办增加了2名编制；积极开展创先争优活动，加强机关效能建设，强化工作目标考核，铸造了一支团结和谐、高效务实的专职队伍。加强地方志学会建设，充分发挥社会人士修志作用，借智借力，形成了专兼职有机结合、相得益彰的地方志工作队伍。

3. 增大投入改善条件。市、县（市、区）政府都将地方志工作经费全部纳入财政预算且逐年增长，重点工作还单列经费予以重点保障。南充市地方志网站、嘉陵区地方志网站、南部县地方志网站建成投入使用。市地志办和嘉陵区、西充县、阆中市地志办配备了公务用车。顺庆区、阆中市、南部县、西充县、嘉陵区、蓬安县等县（市、区）地志办在清理办公用房中还增加了办公用房或资料室。各县（市、区）购置了电脑、照相机、录音笔等办公设备，全市地方志工作条件得到了较大改善。

4. 政府拨全款新建方志馆。南充市方志馆建设是“十二五”的一项重要工作，2013年2月市政府正式立项并选址于市中心黄金地段。2014年7月完成了施工建筑设计，市方志馆地上建筑面积近3000平方米（地下2000平方米）。2014年10月，南充市方志馆正式开工建设，2015年完成主体工程建筑任务。西充县方志馆已在建设中，营山县方志馆已被政府立项。

5年的工作实践，我们深刻认识到，要实现地方志事业科学持续发展，争取领导重视是关键，营造良好环境是条件，依法履职尽责是根本，加强督促检查是途径，强化要素保障是基础。

当然，我们也清醒地认识到，全市地方志机构队伍不强、专业人员数量不足、业务素质不高，地方志工作经费、信息化建设、基础设施建设等没完全到位，地方志服务党委政府中心工作、服务经济社会发展的作用发挥不够，等等，这些问题需要在今后工作中采取有效措施加以解决。

二、“十三五”全市地方志主要工作

未来五年全市地方志工作总的要求是：以马列主义、毛泽东思想、邓小平理论和“三个代表”重要思想、科学发展观为指导，高举中国特色社会主义伟大旗帜，深入贯彻党的十八大和习近平总书记系列重要讲话精神，全面落实《全国地方志事业发展规划纲要（2015—2020）》和省委办省政府办《关于进一步加强和改进新形势下地方志工作的意见》、市委办市政府办《关于进一步加强新形势下地方志工作的意见》的安排部署，解放思想，勇于创新，锐意进取，真抓实干，依法推进全市地方志事业全面协调发展，充分发挥地方志在经济社会发展和文化强市建设中的重要作用，为实现中华民族伟大复兴中国梦和“四个全面”战略布局、把南充建设成为开放、生态、法治、繁荣的川东北区域中心城市做出更大贡献。

（一）制定实施“十三五”发展规划

按照《全国地方志事业发展规划纲要（2015—2020）》《四川省地方志事业发展规划（2016—2020）》要求，结合南充地方志工作实际，制定具有前瞻性、指导性、操作性的《南充市地方志事业第十三个五年发展规划》，提出“十三五”全市地方志工作的指导思想、基本原则、主要任务和保障措施。按年度分解目标任务，落实到县（市、区）和市级部门，强化督促检查和目标考核，确保规划目标任务的全面完成。

（二）切实做好地方志书编纂

大力推进市、县（市、区）部门志、行业志、专题志和乡镇（街道）志、村志编纂工作；启动全国、全省历史文化名镇志、名村志编纂；做好第三轮志书资料搜集和归类整理。

加强志书编纂业务指导，按照《地方志书质量规定》和《南充市地方志书审查验收办法》等规定规范审核验收地方志书，严把志书质量关，争取一批质量上乘的志书进入中国志书精品工程。

（三）切实做好年鉴编辑

全面实现市、县（市、区）综合年鉴一年一鉴、公开出版；支持市、县（市、区）有条件的部门、社会团体和企事业单位编辑部门年鉴、行业年鉴、专业年鉴。

加强年鉴编辑业务培训和业务指导，完善年鉴篇目设计，突出地方特色、行业特色和年度特点，增强年鉴资料性、可读性、实用性，争取质量较高的年鉴进入中国年鉴精品工程。

（四）切实做好地方志资源开发利用

围绕党委、政府中心工作，挖掘地情史料，开展有针对性的专题调研，形成有参考价值的调研报告，提供领导决策参考。

围绕独具南充地方特色的嘉陵江文化、丝绸文化、三国文化、红色文化、历史名城（名人）文化等丰富的地情资源，开展地情资料整理和研究，编纂南充地方史，编辑具有地方性、资料性、实用性的地情资料书或口述史，服务于经济社会发展和人民群众需求；做好重大事件的资料收集整理，编辑重大事件专题纪实性资料书。

做好各种旧志、地方古籍和珍贵史料的抢救整理，有计划、有重点地整理点校、影印出版地方特色鲜明、学术价值高、社会效益好的旧志。

积极参与全市经济建设等重大项目论证、咨询会，提供有关地情资料，服务南充经济社会建设；热情为投资者、外来客商和社会各界人士查询南充地情资料搞好查阅、咨询服务。

（五）切实做好方志馆和地方志信息化建设

加快推进市、县（市、区）方志馆（室）建设，南充市方志馆争取2017年完成布展对外开放，西充县、营山县方志馆建成并投入使用，其余县（市、区）方志馆（约500平方米）采取与档案馆（或文化馆或图书馆）合建或利用腾出的基本符合条件的办公用房改建等方式予以立项并开工建设。做好方志馆地方志书、地情资料文献的征集收藏工作，不断丰富馆藏，使方志馆成为地方文化展示中心、地情研究咨询中心、地方文化交流中心和爱国爱家乡宣传教育基地。

加大地方志网站建设力度，南充市地方志网站和嘉陵区、南部县地方志网站要搞好网站维护与更新，其余县（市、区）地方志网站最迟要在2018年底前建成，市、县（市、区）联网，实现地方志信息资源共享互通。大力应用现代信息技术手段，加快地方志书、综合年鉴、地情资料书、整理点校旧志等地方志文献数字化处理，推进地方志文献资料目录数据库、全文数据库、多媒体数据库建设，提高地方志工作信息化水平。

（六）切实做好地方志资料征集保管

深入实施《四川省地方志书和地情文献征集办法》，推行地方志资料年报制度，建立地方志资料收（征）集制度。拓展资料收（征）集渠道和范围，广泛收（征）集志书、年鉴、旧志、家谱、族谱及相关文献资料、口述史料、实物资料、图片资料、影像资料、电子文档等不同载体的地情资料。

及时收（征）集重要活动、重大事件的文字资料、图片资料、电子文档和音像资料。

建立地方志资料保管制度，改善地方志资料保管条件，合理分类地方志资料，科学保管。

(七) 切实做好方志理论研究和学术交流

及时总结第二轮修志做法和经验，有计划开展组织管理、资料搜集、篇目制定、志书体例、志稿撰写、志稿评议、审核验收等专题学术研讨，探索新时期地方志编纂工作规律，为第三轮修志和地方志学科建设提供理论和实践基础。

充分发挥地方志学会作用，搭建地方志理论研究和学术交流平台，活跃学术研讨气氛，创办具有一定理论性、学术性和可读性的地方志专业期刊。鼓励支持全市地方志工作者开展地方志理论课题研究，力争形成一批在全省有影响的地方志理论研究成果。积极开展地方志成果和理论研究成果评选、表彰活动。

加强与省内外地方志系统、高校人文历史学院、档案馆、图书馆、党史研究机构等单位学术交流与合作，积极开展地方志文化“走出去、请进来”活动。

(八) 切实做好地方志对外宣传

积极借助各种新闻媒体，多渠道、多角度、多形式宣传地方志工作法规、政策和新举措、新成就，充分让社会各界深度认知地方志工作，提升地方志文化影响力。

大力开展地方志成果进机关、进农村、进校园、进企业、进社区，举办形式多样的地方志成果展览，展现地方志历史价值和独特的文化魅力。办好《南充地方志》和《志鉴利用》工作简报，及时报道全市地方志工作动态。

(九) 切实加强地方志队伍建设

大力选拔和充实地方志专业人才，在核定编制内，市、县（市、区）地志办均要配备与工作相适应的一定数量的专业骨干，努力建设一支高素质的地方志专职队伍。大力引入竞争机制，通过政府转移委托、项目课题制等方式向社会组织购买服务，广泛吸收各行业专家、学者参与地方志工作，充分发挥社会力量修志作用，形成一支结构合理、专兼结合的地方志队伍。

鼓励和支持地方志工作者参加大专院校地方志专业进修学习和全国、全省地方志专业培训学习，举办市内地方志业务培训班，不断提高地方志工作者业务能力和专业水平。

完善地方志工作激励机制，按照有关规定评选表彰先进集体和先进工作者，充分调动地方志工作者干事创业积极性。

编修地方志是中华民族的优秀文化传统，历史悠久，连绵不断。国务院《地方志工作条例》和《四川省地方志工作条例》颁布实施后，地方志工作步入了依法治志轨道。党的十八大以来，党和国家领导人高度重视地方志工作，党中央国务院和省委省政府、市委市政府相继出台了系列重要文件和发展规划，对新时期地方志工作提出了新的要求，描绘了新的蓝图，地方志事业迎来了新的春天、新的历史机遇。我们一定要认真贯彻党的十八届五中全会和省委十届七次全会、全省第八次地方志工作会议精神，以这次全市地方志工作会议为新的里程碑，抢抓机遇、乘势而为，解放思想、创新实干，用更加饱满的热情，更加务实的作风，奋力推进南充地方志事业再迈上新的台阶！

地方志工作论文、调研报告、经验文章选录

新方志与社会主义精神文明建设

西充县地方志办公室　李仲华

鉴于旧志对经济的极端轻视，在新修地方志伊始，方志界提出了新方志的主要内容是经济，要加强反映物质文明建设，把社会主义经济建设和经济体制改革放在头等重要地位的观点，被方志工作者所普遍接受，并运用到新方志编纂的实践之中，从目前已经问世的《如东县志》《萧山县志》《宁明县志》等10多部县志和1部市志看，基本上都做到了这一点，这是对的。但是，对于精神文明，特别是社会主义精神文明的反映，却往往被忽视，不少人认为，社会主义精神文明建设刚刚在作基础工作，党内和社会上一些严重的消极现象尚未消除，新志反映社会主义精神文明，没有多少写头，无须多用笔墨，只宜在个别章节中稍加点缀，有的人甚而至于根本否定社会主义精神文明的普遍存在，说什么中华人民共和国成立以来本地区本单位很难找到先进典型，对那些先进模范人物“说不清楚”。这就值得严重注视了。新方志不仅应当反映物质文明，并且也应当反映精神文明，二者不可偏废。

（一）新方志必须反映社会主义精神文明

以马克思主义为指导的社会主义精神文明，是社会主义社会的重要特征。它为物质文明的发展提供精神动力和智力支持，为物质文明的正确发展方向提供有力的思想保证。

时代特色是地方志的重要特色，要突出新方志的代特色，就必须加强对社会主义精神文明的反映。

新方志反映社会主义精神文明，反过来又能促进社会主义精神文明建设，增大它自己的社会效益和功能。

新方志可以提供对干部群众，特别是青少年进行爱国主义和革命传统教育的乡土教材。新方志记叙的曾经发生在身边的人和事，能够使人们从对家乡的认识中，牢固树立爱国主义思想，继承和发扬光荣的革命传统。

新方志能帮助干部群众理解社会发展规律，坚定共产主义理想和信念。新方志通过对中国共产党创立以来家乡的光辉历史和中华人民共和国成立以来特别是党的十一届三中全会以来建设、改革的现实成就的真实记述，使人们认识只有社会主义能够救中国，只有共产党领导才能实现社会主义现代化，最终实现共产主义的共同理想，从而自觉地坚持四项基本原则，坚定建设具有中国特色的社会主义的信心，以良好的精神状态投入让家乡腾飞，让中华振兴的伟大实践。

新方志也能为搞好共产主义道德、树立和发扬社会主义道德风尚，建立健康、文明、科学的生活方式提供借鉴。由于各地方经济、政治、文化发展的历史差异，形成了各地生活方式的差别，新方志如实地反映彼地人群在婚姻、家庭、交往、信仰、风气、习俗诸方面的历史、现状和特点，为人们从

本地实际出发，按照社会主义精神文明建设的总要求，扬善去恶，取长补短，采取系统性、适应性、针对性的措施，逐步引导其向着文明、科学、健康的方向发展。

(二) 社会主义精神文明普遍存在，新方志反映社会主义精神文明大有可为

中华人民共和国成立以来，社会主义精神文明建设，取得了不少成就，十一届三中全会以后，更有了重大进展。

就我们西充县而言，抗美援朝时期，广大群众踊跃报名参军，西充中学就有400多名学生自愿入伍，前方有228位英雄为世界和平献身。后方，人民节衣缩食，捐资购买了“西充号飞机”支援前线。民主改革后，群众中占统治地位的宗法观念，特权思想、专制作风、拉帮结伙，男尊女卑等封建观念，土崩瓦解，民主思想、主人翁意识，普遍加强。在社会主义改造和开始全面建设社会主义时期，不少互助合作社的带头人，积极分子，劳动模范发挥了骨干作用。“大跃进”期间，人民生活极度困难。1960年，全县有3万多人因困难缺乏营养而患水肿，但广大群众仍以大局为重，正确处理国家利益、集体利益和个人利益之间的关系，与党和政府同舟共济，迅速战胜了困难，恢复和发展了生产。在极“左”路线干扰的时候，广大教师受到了极不公正的待遇，甚至遭到了无情打击，但他们没有动摇热爱祖国和拥护社会主义的立场，仍然兢兢业业地搞好教育教学工作，保证了全县教育和教学质量，为国家输送了一批又一批的优秀人才。“文化大革命”中，绝大多数干部群众顶着林彪、江青反革命集团的种种压力，坚守生产和工作岗位。他们兴修水利，建成了红旗水库；开展科学研究和技术推广，培育了小麦良种西充一号和西充红心苕，推广矮秆稻，引进了杂交水稻，使国民经济仍有了进展，在一定程度上限制了“文化大革命”的破坏。

十一届三中全会以来，县委解放思想，坚持实事求是的思想路线，发挥马克思主义的科学精神和创造活力，对社会主义的认识突破了一系列僵化观念，而提高到新的水平，全县安定团结、民主法制逐步健全，广大干部群众的积极性显著提高，尊重知识、尊重人才的风尚开始树立，423位中青年知识分子进了各级领导班子，绝大多数知识分子能用其所学，用其所长，发挥作用。教育、科学文化日趋繁荣。全县学龄儿童入学率达百分之九十七点二，巩固率百分之九十八点三、毕业率百分之八十七点三，普及率百分之九十二点一，成为全省首批普及初等教学县。高中毕业生的升学率、合格率在南充地区是七连冠。科技界大力开拓科技市场，引进科技项目，获得科技成果300多项。新建了川剧团，图书馆等文化娱乐设施，建成50瓦调频广摇，建成电视差转台9个。

党的优良传统在发扬，社会风气在好转。几年来，涌现了文明单位（村）200多个，“五好”家庭1000多个，贾中伦在老山前线偷袭敌目标，倒身血泊，荣立一等功。苏联邦带领战士英勇扑灭森林烈火，壮烈牺牲，荣立一等功。范天泗、范居满父子舍身救起落水小孩，王安永推马救列车而致残，学生官梁德松三拒贿赂，研究生李茂康不嫌弃种田妻，成为精神文明的带头人。

这些，我们怎么能视而不见，见而不书之于志呢？

(三) 新方志如何反映社会主义精神文明

新方志要反映社会主义精神文明，必须搞清楚社会主义精神文明的概念。社会主义精神文明，是一个有别于精神文明的概念。精神文明是指人类社会发展的不同阶段，每一个社会成员都应遵奉的一般行为准则。社会主义精神文明，是指社会主义国家每一个公民都要遵守的行为规范。前一段时间，由于没有把这两个概念区别开来，一些地方的志书在篇目设置和内容记述中，都将精神文明建设的一

般内容，如待人礼貌、说话和气以及消灭脏乱差等现象，误作社会主义精神文明的特定内涵。学习《中共中央关于社会主义精神文明建设的指导方针的决议》使我们认识到，社会主义精神文明，是高层次的文明，它需要继承、吸收人类社会的精神文明，又必须创造出具有社会主义劳动者所独具的思想情操和道德水平，具有社会主义制度因素和意识形态色彩的精神文明。

社会主义精神文明建设，必须推动社会主义现代化建设，必须促进全面改革和对外开放，必须坚持党的基本原则，这是社会主义精神文明建设基本的指导方针。新方志反映社会主义精神文明，也必须坚持这个指导方针。

社会主义精神文明建设，包括思想道德建设和教育科学文化建设两个方面，渗透在整个物质文明建设之中，体现在经济、政治、文化、社会生活的各个方面。新方志对社会主义精神文明的反映，也要涉及各个领域，贯串于经济、政治、文化、人物和社会生活各部分的整体记叙之中。

在政治部类的分志中，要注意优越的社会主义制度为社会主义精神文明建设提供了条件的背景。

在《党群政协志》中，《中共地方党组织》章要记叙地方党委对社会主义精神文明建设的组织、领导、示范活动。《群团》章中，要记述工会、团委、妇联、科协、社科联、侨联、学联所开展的提高人民群众，特别是青少年思想道德素质和科学文化素质的各种活动。《政权志》中，要记述政权机构在建设社会主义精神文明的职能活动。《政法志》中，要记述民主政治建设，法制建设、纪律建设、普法工作，坚持在法律面前人人平等。上列篇章中，还要记述用教育和输导的方法解决各种思想问题的成效，完善机关责任制，建立健全党内监督和人民监督制度，决策科学化、民主化的措施和成效。

在经济部类的各专志中，不仅要反映生产力发展，而且要记录生产关系的变化。包括所有制，人与人的关系和分配关系的变化。要肯定人们在分配方面的合理差别，同时注意反映人民发扬国家利益、集体利益、个人利益相结合的社会主义集体主义精神，发扬顾全大局，诚实守信，互助互爱和扶贫济困的精神。要注意记述社会主义精神文明建设对经济基础的反作用。比如，记述职工队伍时，可结合记述提高职工思想道德素质和科学文化素质的教育活动；记叙业务经营时，可结合记述职工道德建设及其对业务发展的影响；在记叙一项科学研究或技术推广中，可记叙起重大作用的人物的攻关精神和协作风格等。

在关于文化、教育、卫生事业部分记述其发展变化时，要注意反映它们怎样服务于社会主义精神文明建设，怎样为提高人民群众的道德水平创造条件。

《乡风民俗志》是反映社会主义精神文明的重要部分。在这个分志中，可设“新风俗”专章，分“破除迷信”“喜事新办”“殡葬改革”“拾金不昧”“五讲四美”“扶贫帮富”“余热贡献”各节予以记述。

《人物志》是反映社会主义精神文明的又一重要部分。人物传，要增大社会主义时代有理想、有道德、有文化、有纪律人物的比重。要突出“四有”新人为了人民利益和幸福，为了共产主义理想，站在时代潮流前面，奋力开拓，公而忘私，勇于献身的崇高的共产主义精神风貌。

《人物录》，专录为社会主义事业而牺牲的烈士。

《人物表》中，对于社会主义精神文明建设中涌现出来的英雄模范，包括在籍属地活动和旅外乡人，要依类入表，并简录其事迹。《人物表》中，可以大量是生人。

(录自《四川地方志通讯》1987年第5期)

条块结合审稿　提高志书质量

南充地区地方志办公室

（1988年3月）

我区地方志编纂工作，在贯彻全国地方志第一次工作会议以后，各方面的情况越来越好，成绩更加显著。修志队伍的素质有了进一步的提高，涌现出一批业务骨干；搜集的文字资料突破了五亿大关。初步弄清了县情、市情和行业发展的历史与现状，为了解社会主义初级阶段的情况，提供了大量丰富的资料，完成部门志500多部，为部门领导决策和专业人员进行研究，提供了历史借鉴和现实依据，有两个县的县志稿正在总纂，10个县（市）志进入分志稿的编写，一九九一年前完成县（市）志是有可能的。

在整个修志过程中，我们在强化县（市）块块统一领导的同时，注意发挥了地区职能部门的条条指导作用，并把条块有机结合起来，条块密切配合，上下互相促进，调动了两个方面的积极性，这不仅有力地推动了全区的修志工作，而且有效地提高了志书质量，现将主要情况作一简要汇报。

一、概要

关于实行条块结合，我们也有一个逐步实践和完善的过程，大体经历了三个阶段。一是组织发动。一九八三年地区召开第一次地方志工作会议上，行署领导在向县（市）政府布置修志工作的同时，向地级部门提出了具体要求，作为参谋部的地志办，抓住时机，举办了第一期方志培训班，帮助部门培训了一批修志的“种子”。一些认识早的明白人，在一九八四年上半年就召开部门志工作会议，发动本系统、本行业修志。县（市）的同志反映，地区抓得好的部门，下面也动得好，地区没有抓的部门，下面就不来气，我们通过行署办及时总结通报了起步早的部门，带动了地区大部分领导和地志办的组织、协调工作，大多数地级部门行动起来了，推动了县、市部门的修志工作。我们从实践中尝到了“条块结合，上下结合，互相促进”的甜头，对于修志上下都没有经验，只有摸索前进。因此，在一九八五年地志办的工作要点中，又明确提出了依托两个重点，指导全区修志的设想，即依托营山县指导县（市）志的编写；依托地级部门，指导县（市）部门志的编写。二是审查部门志稿，随着部门志的成批完稿，地志办人少事多，承受不了审查验收部门志稿的任务，于是通过行署正式做出决定，县（市）部门志稿要送地区主管部门审查签发意见。县、市编委会验收发给合格证，才能付印出书。为了保证部门志的质量。地志办早在一九八四年底，召开了《营山县二轻工业志》稿评议会，开了抓志稿质量的头，给地级部门和县、市审查部门志稿提出了方向。三是审查县、市分志稿。鉴于有了审查部门志的效果和经验，行署又于一九八六年提出，地区部门也要参与县（市）志分志稿的审查修改工作，与地志办共同把好质量关。从审查营山、仪陇县志稿的情况看，地区大多数部门的领导和修志人员态度是积极的，工作是认真的，提出了很多很好的意见，县、市志办和分志责任编辑很满意。

地级部门和单位安排修志的是四十五个，从工作进度看，可分为三种类型。

一种是搞得好的有二十五个，占55.5%，其特点是领导重视，队伍稳定，专业志进展快，对县（市）抓得紧。地区茧丝绸公司承担编写《南充地区茧丝绸志》，公司把修志纳入议程，发动全行业修志。经理赵家潘（兼党委书记）亲自上阵，分工一名党委委员专职脱产抓。抽调16名干部和工程技术人员，经费第一次拨五万，以后需要多少给多少。为了争取在今年出书，年前公司决定，领导每月到志办现场办公一次（一、二月份已去两次），当面解决问题，对修志人员十分关心，逢年过节领导慰问修志人员。评选先进，发放奖金一视同仁。主编的爱人生病，公司派专人专车送往重庆检查治疗，大大激发了修志人员的积极性，加快了工作进程。现已搜集文字资料2300万字，写出初稿7篇，约140万字（还有5篇在编写中），整编的分志有关桑、蚕、茧丝、绸的史料6万多字，力争今年总纂成书。在指导县、市蚕桑局和下属单位修志抓得很紧。一九八四年至一九八七年四年内，公司召开了7次全区性的会议(三次工作会，四次志稿评议会和业务讨论会)，9次派人深入县、市和厂、场、站检查督促，印发《简报》33期，推动了全行业的修志工作。这个行业有修志人员160人，搜集的文献、口碑资料3700万字，写出局、厂、场、站志二十部，约400万字，抓好一个公司，带动一个行业，收到了牵一发而动全身的显著成效。地区的水电、交通、卫生等局，也类似这种情况。

二种是抓得一般的有13个，占28.5%，这些部门和单位的共同点是：领导态度积极，人员落实。不同点是条块结合不紧密，有顾此失彼的现象。有的重视本部门专业志的编写，对下面的指导不够有力。有的偏重对下面的指导，而对本部门编写专业志则未相应跟上，工作不同步。如地区粮食局，确定两名科长，抽调三名干部负责编写《南充地区粮油志》，现已搜集资料300多万字，写出初稿七章，就是对县（市）志缺乏具体指导。而另一个局则与此相反，他们多次召开部门志工作会议，志稿评议会议，派人下去了解情况，掌握进程，总结经验，这个系统的修志搞得不错，有的小志在全省印发，就是局本身编写专业志进展不快。

三种是搞得不好的还有七个，占15.5%，这些部门和单位，领导不重视，强调客观原因，一推再推，按兵不动。

二、做法

曾三同志严肃指出："怎样把好质量关，是一个十分迫切和重要的问题。"为了严格审查，严格验收手续，我们在报党委、政府批准出版之前，采取领导和群众相结合，块块和条条相结合，修志机构和专职部门相结合的方法，审查县、市志稿，解决了地、县（市）志办难以解决的问题，为了正式报批做好基础工作，地区部门审稿的形式和做法是：

一是派出去。地区交通、公安部门，由熟悉情况的局办公室主任和研究室主任，带上志办的编写人员。逐个县、市审查。他们同县、市志办分志责任编辑和部门领导一起，有利于统一认识，修改好志稿。

二是送上来。多数县、市是把志稿送到地志办，再分发到地区有关部门审查，地志办也同时审查，然后把审读意见转下去，部门和志办意见不一致，同时照转。由县、市结合自己的实际定夺，不强加于人。地区部门审稿是积极认真的，劳动人事局审查仪陇县《劳动人事志》，局长看、科长看、主办干事也看，提了不少好的意见。卫生局退居二线的副局长何义群同志，地区医疗单位的志稿他要过目，县、市卫生志稿也要一部一部的审查修改。去年看了岳池县《卫生志》稿，他认为写得不错，为了帮助提高质量。把该县卫生局的领导和修志人员请来、边看、边议、边修改。

三是组织评议。我们把评议志稿作为提高志稿质量的重要手段和途径，地级部门召开这类会议共有七十八次，主要形式有四种。第一，省、地联合召开，以地区为主。一九八六年四月，地区卫生局评议南充市、西充县《卫生志》稿，参加会议300人，省卫生厅邀请了市、地、县代表110人。这次志稿评议会，收到评议文章三十五篇，约十三万字，省卫生厅办的《四川卫生史料》刊载南充的就有25篇之多，这次会议对我区和全省卫生系统修志都有一定的影响。一九八六年底，省出版协会、省新华书店在南充召开了《书店志》评议会。会后，《营山书店志》由省新华书店内部铅印，全国内部发行，社会反映较好。第二，全系统、全行业组织评议。地区水电、交通、公安等局和茧丝绸、医药公司等，多次召开评议会，同行评议，内行审稿。第三，分片评议。地区文化局评审剧团志稿时，把全区分成四片，分期分批进行，花了近半年时间才评审完18部剧团志稿。第四、县、市为主评议，地区派人参加指导。地区林业局退居二线的老局长张天钊同志，不顾年老体弱，专程到西充、南部、仪陇等县检查修志工作，还自己动手写评议讲话稿，参加南充县、苍溪县《林业志》稿评议会。地区卫生局的新任和原任领导，同台评议南充县《卫生志》稿，修志人员很受启发和鼓舞。

四是个别指导。县、市修志的同志到地志办和地区主管部门征求意见，商讨业务。地区部门的修志人员，也深入到县、市有关部门听取汇报，研究修志业务问题，有的还用信函互相交换意见，探讨看法。

总的说来，地区各部门对评议和审查县、市志稿态度是积极的，方式方法也是灵活多样的，上下关系、条块关系十分融洽，思想活跃，学术空气浓厚，形成了民主、平等、谅解的会风和学风。

三、效果

地方志是一项群众事业，又是一项系统工程，没有一批懂行的业务骨干参加审查，是难以保证质量的，而条块结合，发挥部门审稿的优势正是为了把好质量这一关。部门审稿，力量有保证，经费好解决，评议能抓住点子。情况熟悉，有利于核实史料。政策熟悉，有利于把握政治关。业务熟悉，有利于志书类的立目划分和避免常识性的谬误，具体有五点好处：

第一，促进了队伍的建设。要评议和审稿，就得学习。既要学习修志业务，掌握志书体例和质量标准。又要学习专业知识，了解行业发展的来龙去脉，才能取得审稿的主动权。地区部门的修志人员，他们本身承担有编写任务，又要审查几十部志稿，工作任务确实艰巨。许多修志人员深有体会地说。我们参加一次评议会，审查一部志稿，除了通读志稿外，还要查阅档案，翻阅工具书，核实史料，然后才能写出评审意见，硬是夜以继日的工作，我们评别人，又反思自己，从中吸取了不少经验教训，对编写本部门的专业志也很有好处。县、市志办和部门的修志人员反映说，地区对我们帮助很大，使我们明确了方向，开阔了视野，增长了见识，给我们核实了史料，纠正了失误，增强了工作信心。

第二，加快了修志步伐。条块结合，上下一致，防止了各自为政的倾向，使工作少走弯路。地区主管部门，他们按照行署的统一安排，会议开到县（市），篇目印发到县（市），检查指导到县（市），情况通报到县（市），志稿评议、审查到县（市），及时交流信息和经验，推动了修志工作的顺利进行。如地区卫生局从一九八四年至一九八七年，印发修志信息简报51期，四次召开全区性志稿评议会，六次召开小型评议会，局领导七次到会讲话，工作抓得很紧。三年多时间，地、县（市）18个部门（单位）有17部志书定稿，约230万字，区、乡医院还写出了一批小志和63篇资料汇编，不依靠主管部门直接指导，是不可能有这样快的速度的。同时，上下结合，资料互通有无，减少了重复查阅资料的时间和人力，也有利于加快进度。

第三，提高了志稿质量。这是条块结合的出发点和归宿，也是根本目的所在。专业机构从体例结构、史实、文风等方面进行通审，但由于人员少，知识不配套（也不可能配套），对一些常识性的问题难以把关，而部门审稿就弥补了这一缺陷。如地区政法部门审查《营山县志·公安司法篇》时，就解决了这一难题，原稿把“拘留”一节，设在公安章内。而拘留有刑事、行政、司法三种，刑事拘留是在刑事诉讼中采取的一种强制性措施，行政拘留是一种治安管理处罚，属行政法规范畴，司法拘留，则是一种承担民事责任的方式，这三种拘留性质各不相同，不能都归在一起，他们按照各自的性质调整了篇目，解决了门类归属的问题。地区卫生局在审查《仪陇县志》卫生志稿时，发现原稿把注射伤寒疫苗误认为“消灭了斑疹伤寒”，纠正了这一谬误，对于概念不清，逻辑混乱等问题，也提出了很好的意见，增强了志稿的科学性。

第四，进一步得到领导的关注和支持。地区部门的新老领导看了这些志稿，了解了本系统、本行业发展的历史与现状，感叹不已、赞不绝口，加深了对修志重要性和迫切性的认识。地区交通局的领导同志表示，宁愿少修几公里路，也要把南充地区交通系统的修志搞好。该局除明确了修志经费开支渠道外，还拨出两万元，补助经济困难的县、市交通局。地区农牧局起步较晚，县（市）志稿送请他们审查是个促进，局长王谁敌同志着急起来，于一九八六年秋召开了全区农牧志工作会，他提出：地、县（市）修志经费单列，保证需要；实行责任制加奖励，验收合格每千字发编写费7元；志书成功后，按科技成果对待，评奖，为开展修志创造了条件，从而推动了农业系统的修志工作。该局抽调六名干部，搜集文字资料300多万字。现在不少部门的领导，更加关心修志人员，年终评先进工作者，专门为修志人员分配了指标，发放奖金，评定技术职称也一视同仁。

第五，解决了经费困难。调动了部门的积极性和主动性，许多具体问题，特别是经费问题，也迎刃而解了，如果地、县（市）志办孤军作战，显然在人力、财力方面是无能为力的，再增加几倍的编制也解决不了这些问题。我们依靠和组织部门评议和审查志稿，志办解决不了的问题而部门就妥善解决了。

四、体会

我区条块结合评议审查志稿，提高志书质量方面，产生了良好的效果，得到了一些好评，主要有三点体会：

首先，搞好条块结合，必须借助行政权威。修志是各级政府的事，也是各级行政部门的事，只有充分发挥行政权威，才能动员各方面的力量完成修志任务。地区行署多次发文件，开会议，解决地级部门领导的认识问题，增强自觉性和责任感。部门领导又去抓直属单位和县、市部门的头头，这样领导抓、抓领导，一级抓一级，层层确定领导负责，纳入议事日程和目标管理，把修志工作落到实处，这样地区行署、县（市）政府，地、县（市）部门统一领导，统一布置，统一行动，齐抓共管。地、县（市）志办及时进行业务指导，修志工作就有声有色地正常开展起来，并不断获得成绩和成果。

其次，搞好条块结合，志办要诚心诚意做好服务工作。地、县（市）志办把主要时间和人力放在服务上，为部门大开方便之门，如举办培训班，为部门修志训练编写人员；协助和指导部门开好工作会，志稿评议会；坚持学习日制度、讨论业务、提高修志人员业务水平，提供学习资料，介绍外地信息、吸收新观念、新知识；确定专人联系，了解工作进程；审定篇目，确定框架；热情接待，回答和解决来访者提出的问题，总结经验，及时通报，鼓舞信心，关心修志人员，帮助解决切身问题；组织撰写评议文章和学术论文，参加各种形式的业务讨论和志稿评议活动等等。通过这些工作，感动了部门的领导，增进了相互了解，密切了与修志人员的联系。

第三，搞好条块结合，省级厅局的支持很重要。我区条块结合主要靠省上的支持，在省厅局召开的修志工作会上，全区有二十多个部门介绍了修志情况，得到了省上的表彰和奖励，希望各厅局继续支持我们。

同时，要讲究工作策略和方法。抓先进，带中间，促后进，发动一批，巩固一批，对于认识迟行动慢的部门，通过各种力量去做工作，帮助打开局面。对于个别尚未行动的部门，也不要操之过急，顶了牛就被动。

我们深刻体会到，只有发挥政府的行政权威，上级主管部门的大力支持，志办积极热情服务，上下一致，条块结合，才能搞好修志工作，提高志书质量，完成第一代社会主义新方志的编纂任务。

（录自1988年全省地方志办公室主任会议交流材料）

试谈在县志中设社会志的否定

南充地区地方志办公室 陈吕勇

梁寒冰同志一九八七年二月十七日在河南省地方史志编纂委员会第六次扩大会议上讲话指出："社会志怎么修、涉及哪些方面，似乎还没有解决，要请一些社会学专家共同研究和探讨这些问题……社会志的一些内容，如人口的构成与分布，居民的结构和分布，社会职业的构成等等，有些地方另列人口志，如列人口志，社会志又包括什么？又如青少年犯罪，是列入社会志好，还是列入教育志恰当，诸如此类，都应仔细研究（见《中国地方志》一九八七年第二期第二页）……。"全国性的修志工作已开展好几年，至于在省志、州志、市志、县志里设与不设社会志的问题，社会志统括些什么内容，具体怎么编写，完全可以说，至今还没有得到根本性的解决。有的地方根据史志刊物上有关社会志编写的文章与结合自己的认识，写出了志稿，有的已铅印成书。有的觉得县志中设社会志似有不当，便设社会风土志。由此就热闹了，有的叫社会风俗志，有的叫社会意识志，有的叫部分社会现象志，有的干脆就叫民俗志、民风志、风俗志、习俗志、乡俗志等，真是百花齐放。为了使修志工作少走弯路，澄清是非，这件事该闹清，再不该拖延。笔者是方志界一个未名小卒，几年中负责县志所谓的社会志和风俗志的审稿与编写，确实感到县志中设社会志行不通，由此很苦恼，悟出了以下的浅见，算一家之言，未必妥当，以此请教方志界的专家、长辈、同仁们，盼能对此引起争议，从而获得正确的结论。

一、县志中设社会志（篇）是犯了概念逻辑的错误

我们先看看"社会"一词的概念解释。一种解释是指"以共同的物质生产活动为基础而相互联系的人们的总体""是人们交互作用的产物"（《马克思恩格斯选集》第四卷人民出版社一九七二年版第三百二十页）。原始社会、奴隶社会、封建社会、资本主义社会、共产主义社会等五种形态，都是社会历史发展中的各个不同阶段。另一种解释是泛指由于物质条件而相互联系起来的人群，譬如一个家庭是一粒社会细胞（也可称作社会），一个工厂是一个社会，一个乡是一个社会，一个县或市所辖的人群更可以说成是一个社会。因为他们基本上属于是以共同的物质生产活动为基础而相互联系起来的人群

"部落"。由此说明，县志里设社会志，从广义上讲，就犯了概念逻辑性的错误，社会志的概念跟县志的名称概念发生了重叠和混淆，根本不是统辖关系，你地的省志州志市志县志，就是你地的省社会志州社会志市社会志县社会志，因它们分别是记述你省你州你市你县志书断限这一时间的人们的一切活动和自然风貌，在市志或县志名称后面加上或减去"社会"二字，毫不妨害县志市志的含义，如南充县社会志，南充县志，是半斤八两，等同关系。黄山书社一九八六年底出版的《中国地方志辞典》第四百三十二页对社会志的概念解释说："方志中的社会，不作相对于'自然'而言的理解"。此话怎讲，只能理解成是人的活动吗？若此，整部县志大半是在记述人的活动；若所指要从规定的范围或狭隘来理解，那么这种"范围"或"狭义"出在哪典哪章中？本辞典不言明，《新编地方志工作暂行规定》不解释，有关部门和方志界权威人士不解释，我们具体从事编纂的同志作难之余，只有遵循国家正式出版的辞书解释或各自发挥。

二、所谓县志的社会志以社会学研究对象为记述范围也难行通

黄山书社出版的《中国地方志辞典》给社会志词条下的定义是："以社会学研究对象为记述范围的志书。"《中国地方志》一九八六年第六期刊登李晓飞同志的文章"谈社会篇的编写"中也指出："编写社会篇要以社会学为指导""要使用社会学的基本方法"。时下，对编写社会志，都倾向于根据社会学的观点和研究对象来确定其内容和编写。社会学是当今全球性的热门学科。它以人类的社会生活及其发展为研究对象，从而揭示存在于人类各历史阶段的各种社会形态的结构及其发展的过程和规律（见《辞海》一九七九年版缩印本，第一千五百七十七页）。就当前倾向性的简略解释，社会学是用科学态度研究社会的学说。主要是研究和探讨社会结构和社会过程的。至于社会学研究的对象，具有广阔的领域，在一定意义上可以说，一切社会现象，一切由于人们彼此之间的活动而产生的现象，都属于它的研究之列。如果将其研究对象具体化，比如社会结构、社会生活、社会关系、社会制度、社会功能、社会问题、社会变迁、社会现象、社会组织、社会意识、社员成员、社会教化、社会矛盾、社会分工、文化摄入、社区研究、虚假意识、社会冲突、社会改革等等，太多太广了。不管从理论社会学还是应用社会学来着手，社会学包括的范畴太广。若按社会学所研究的对象（内容）来确定县志社会志要记述的内容，那是不敢想象的，涉猎如此广泛的内容，那是一部篇幅有限的县志其中篇幅更有限的一卷所能担当的。这种设想或做法是跟县志的主次关系、领属关系在重复，在矛盾、不是县志者为父，社会志者为子的关系，是平起平坐，小巫见大巫的关系。民国时的《洛川县志》第十二卷就是社会志。一九八二年，中国地方史志协会拟定的《新编县志基本篇目》中，第八编为社会志，类目包括民族、华侨、社会福利、风俗习惯、宗教、信仰、方言、民谣、民间传统、衣食住行等。我读过目前有的县市写就的社会志稿和书，里面记述的内容，只可以说是社会学研究对象的一部分，甚至是微小部分，不应以"社会志"的名称横挂其首，不说题文相悖，至少不严谨，叫部分社会现象志或局部社会现象志较恰切。旧志有社会志，今天未必就非要沿袭，既有的未必就正确。修志工作古来有之，对今天来说，是项新事业，对不少课题的研究尚不成熟，在实践中逐渐摸索，所以拟定的方案未必全对，要不《新编地方志暂行规定》怎么要修改，那"暂行"二字的意义便说明了这个道理，相信方志界的领导、专家、长辈们会正视真理。

由此可以想到甚至可以提出：用社会学和应用社会学来指导县志的编写。但还不可以说以社会学的研究对象来确定县志的记述范围，由于社会学的不少东西是研究社会的理论、观点，许多理论观点正在争议之中，十年八年也难有定局，甚至有的理论是假定的，是对将来的一种估计或预见，县志是记述已过时了的、定性了的历史事实，虽然不少社会学研究的对象而表现出来的历史已含在县志中，但不是社会学研究对象的全部。用社会学来指导县志和其他志书的编写，可以拓宽我们的视野，发现志书遗漏的事和不该忽视的角落；用它的理论指导我们对材料的组织与编写，使志书更有深度，门类齐全。尤其是应用社会学，它是把社会学的理论知识应用于社会实际生活、现象和问题的研究，并找出相应的解决办法。它包括经济社会学（工业、农业、商业、交通、国际贸易、旅游方面的社会学)，文化社会学（教育、体育、新闻、出版、文艺方面的社会学)，法律社会学、军队社会学、民族社会学、科学社会学、民俗社会学、医疗卫生社会学、社会问题概论，社会调查与社会统计，家庭与婚姻问题，老年问题，青少年问题等等。应用社会学也叫微观社会学，我们在编写中，在对某一个问题作具体分析时，借鉴社会学的观点，可以找出带规律性的东西，比如城乡差别的存在与逐步缩小的问题；暴涨的人口延缓和阻碍了经济文化的发展问题；生态失去平衡的问题；方言对推广普通话的排斥问题；城市噪音、饮水、环境、空气污染问题等等，就存在于史料中，我们掌握了社会学的观点和方法，将它们发现，重点地剔出来，在志书中重点地反映。

三、社会学的不少研究范围已含在县志中，未含的部分内容另设分志或归其他分志

就目前以出书的和写成稿的一些所谓县志的社会志，所记述的这些门类可以分移到县志其它分志里去，无处归入的、酌情重要可取的可以单独设志。并且，所谓的社会学的研究对象的部分内容已含在县志中，如：

青少年犯罪。共产主义社会之前，都存在青少年犯罪，无须大惊小怪。至于犯罪率分阶段性的上升或下降，上升或下降的社会因素等内容，可以在县志政法志中或教育志中交叉反映。

人口。它包括人口的结构、素质，增减幅度等。本属地理志人文地理，我区的县市现以拟定和确定的县市志篇目，都单独设了人口志，把计划生育事业突出的写进去，因计划生育政策是基本国策，多年来的极左路线的干扰，党的这项政策未可实施，导致了“多生几亿人”。同时在提高人口素质问题上也是消极而不是积极的。人口之患，四川是重灾区，我们南充地区是重灾区之中的重灾区，人口是全省总数的四分之一。为了使子孙后来吸取咱们当代犯的这个难以挽回的失误，应将其失误过程以及近些年采取的计划生育急救措施的历史，公正地入志，不该回避。为了表现编纂者对这一重大历史进程的重视地位和考虑其庞杂的内容，单独设志较合理。少数民族地区人口稀薄的地带，这个问题另当别论，人口归入地理志也行。

人民生活。这个概念很大，志书中一般指人民的贫富水平的程度。除了在《经济综述》《经济总志》等志中记述外，还可在《风俗志》中记述人们的衣食住行演变的历史等办法表现。

民族。少数民族集中的地方，需设民族志，反之，特点不突出，是清一色的汉族或其他族，异民族极少（也包括种类)，民族自然会在人口志或地理志的人文地理章记述，因人口的构成当中包括民族种类。

侨务。若内容多，这个事业在本县突出，比如广东、福建的一些侨乡，就设专志。否则可在政党志或政事纪要、政务志中设章节处理。

社会福利。基本上属民政志内容。

社会问题。它包罗极广，搜集不完，不可能全入志，要处理好，要用宏观角度来认识、取材、入志。若运用列举法，把各类社会问题并列起来真是浩如烟海，社会中处处充满矛盾不好解决和暂时解决不了的矛盾就是社会问题，只有按哪来哪去的办法，各自归类，诸分志记哪项事业就反映哪项事业的矛盾，也达到了反映社会问题的目的。

方言。看本地方言与普通话的对应关系大不大，有无特色，具备就设方言志，否则就在风俗志下设章节解决。因方言属一地的语言风俗，它与人们的行为风俗都属风俗。

社会教化。它有民族性、地域性、阶级性利历史性。包括教导一些基本的生活规范或纪律；认识社会地位和角色；教导职业技能和谋生手段；树立社会生活的目标和期望。那么，县志的教育志、宣传志都可反映。

社会制度。对此的分法多种，比如社会的家庭制虔、政治制度、法律制度、军事制度、宗教制度、科学制度、教育制度、交通制度、经济制度等。县志记述的每一项事业都有它的一套社会制度，和你记述的那项事业的发展过程的史实是因果关系，所以记述中自然就反映了那项事业的制度。

社会变迁。是指社会生活现象的变化和发展。可以说，县志的全部内容都属此。

社会成员。人口志或地理志人文地理章节将记述一县社会成员的文化、年龄、数目、性别等构成内容。

社员分工。县志劳动人事志的使命。县志劳动人事志宴打破部门的界线，写出一县人口社会大分土的基本面貌，不要只停留在记述干部、工人队伍对象上，他们毕竟是一县人口的少数，还有农民队伍，社、大队、生产队机构等内容也应记入。由此应称劳动志（“人事”可归入“劳动”概念中，工人和社队干部的调动、农民的流动，广义地讲也是人事调动或调整）或社会分工志。

社会政策。它是指政府对社会服务所采取的政策。县志各分志在记述那项事业的发展过程中，必然要提到当地政府对那项事业所采取的政策措施，而且是重要的内容。

社会组织。是指相互依存的社会各个部分，这是一切持久集合的实体，如群体、团体和社会的基本特征。通常它包括这些的一部分或全部，工作和其他活动，各种职务之间的关系、价值、准则和信仰，从大的组织分出的分支群体；以及在社会之内的机构。为此，社会组织已含县志中，不论是一县的社会组织整体还是局部。

社会结构。在社会人类学，这个名称与社会组织一词常常通用。风俗。产生于社会或局部社会人们的行为的屡次重复，在个人是习惯，在团体是习俗。那么，县志要想反映县志断限内县人日常生活常规行为，从他们常规行为和生活中表现出来的文化范型，整个文化的特征的内容，是县志其他分志无法代劳的，只有设专志，所以，县志中设风俗志、民俗志、习俗志均在理，这些名称的前面加上或省去“社会”二字听便，毫不害义。

社会学的研究对象已含在县志其他分志中，以上只是列举了部分，算作一种提示。由此证明，县志中再设社会志从多种角度讲都行不通在我们编修社会主义第一代新方志时，应将“某某县志社会志”这个概念和内容（调整、分并）从辞典和志书中请出去，社会志这一名称应成为省志、州志、市志、县志的代名词，也可以作为其他专志的代名词，比如某某县工业志，可称某某县工业社会志。

（录自《重庆地方志》1988年第1期）

编纂志书要保守党和国家的机密

南充地区地方志办公室 陈祥超

编纂志书不仅要把好政治关、史实关、文字关，也要把好保密关。保密范围划得过大，把不属于国家机密的史料，视为国家机密在志书中删除，有失志书的完整性、系统性。反之，保密范围划得过小，把属于国家机密，甚至是属于核心机密的史料划到保密范围以外，随意将这些史料原封不动的载入志书，势必会给党和国家造成无法挽回的政治影响或巨大的经济损失。如何正确处理保密同修志的关系？我认为：

一、要明确工作的重要意义和新时期保密工作的指导思想

保守党和国家机密，是每个共产党员和革命干部应尽的义务。党章里党员标准第三条关于党员义务，明确指出：严格保守党和国家的秘密，坚决保卫党和国家的利益。”《关于党内政治生活的若干准则》第三条规定“一切党员看文件，听传达，参加党的会议，都要严格遵守保密纪律，严禁把党的秘密泄露给家属、亲友和其他不应该知道这种秘密的人。”国家宪法第五十三条规定“中华人民共和国公民必须遵守宪法和法律，保守国家秘密……”中国地方志指导小组颁发的《新编地方志工作暂行规定》第六条明确规定：“新编地方志必须注意保密工作。中共中央和国务院规定的保密条例，必须严格遵守。”因此，从搜集资料、撰写到审稿、定稿，都要注意保密。

党的十一届三中全会以来，工作重点转移到经济建设上来。党中央实行了对外开放，对内搞活经济的正确政策，随着开放、搞活政策的实施，以及世界科学技术的发展，保密工作的形势就逐渐发生了很大的变化。对外开放，来中国的人多了，有利四化建设，但保密工作的任务也加重了；由于电子科学技术的高度发展，卫星、激光技术的出现，电子计算机的使用，窃密与反窃密的情报战更激烈。中国是十亿人口的大国，在世界形势的变化中，有举足轻重的地位。敌人千方百计窃取我政治、经济、军事等方面的情报。我们每个修志人员必须有敌情观念，保密观念。

过去保密工作只讲“保”，守口如瓶，这是闭关锁国时期的保密工作原则和方式。现在开放，单纯的保是不行的，必须抓好既要保，又要放。保和放都是手段，不是目的，目的是为了保卫和促进四化建设。因此，新时期保密工作的指导思想是提高警惕，贯彻突出重点、积极防范的方针。坚持内外有别，既便于工作又确保秘密的原则，确保党和国家的核心秘密，有领导、有控制地放宽对核心秘密的限制，更好地为社会主义现代化建设服务。总的原则是“保而不死，保中有放，放的适当，放而不乱”。有的同志说，这个原则很不好掌握，其实并不难，各地区、各部门，都划过密级，哪些该保，哪些该放，都有明确的规定。这对我们编史修志，大大提供了方便。

二、关于志书保密范围的探讨

地方志是一方之概貌，只载地方史料，空间比较小。地方性是它的第一特点。它的第二个特点“历史性”，是一定历史阶段的记述。绝不能因这些，认为志书没有什么密可保。关于志书保密范围，我认为应从以下两方面考虑。

(一) 关于中华人民共和国成立前史料的保密范围

1. 对某些组织或团体，是否属于党的地下组织或党领导下的群众组织尚有争议者，我们不能轻率地予以定性入志。

2. 对那些涉及中央和地方高中级负责干部政治历史上未做出最后组织结论的问题，地方志不能单凭某些档案记载、旧报纸刊载或少数口碑资料予以定性入志。

以上两个问题只有通过党史资料征研单位和组织部门做出确切的组织结论以后，才能作为方志资料编纂入志。

3. 档案管理部门规定不能公开的其他事项，不能作为史料人志。

(二) 关于中华人民共和国成立后史料的保密范围

1. 凡属于涉及国家安全和利益的事项。例如：党中央、国务院、省委、省政府、地委、行署、县委、县政府召开的不准公开的重要会议内容和重要文件，以及不准公开的汇报材料，未经上一级保密部门批准，不得入志。

2. 虽不涉及国家安全和利益，但不准公开的事项。例如：某一地区历次政治运动中错判、错杀的具体数据，历年有关党员、团员干部、职工的违纪处分数据，均不能作为史料入志。但可以根据“宜粗不宜细”的精神，简单地概括或记典型案件。

3. 涉及国家安全和利益，现存的国防军工厂址、战略基地，尖端科研部门所在地，武器弹药库址、战略物资库址、金库机要部门地址、大中型水库坝址、重要军事机关及部队所在地、战略矿藏点等，未经有关上级机关批准，一律不能在地方志书所附地图上标明详细方位。文字可以从略记述。

4. 凡经保密部门列入国家保密项目不准公开的科研成果的蓝图、配方、公式、设计、模型、技术记录、材料清单、说明书、操作方法、原材料、辅助材料、工艺示意图、专用设备、检验和控制方法等具体典型资料，不得载入志书。但可以扼要地记载有这么一件事。已经过时的科技成果资料可以入志。

5. 根据保密制度规定划为不准公开的特种工艺、技术诀窍、传统工艺、特殊操作方法、原材料及其配方，均不得编入志书，但可扼要记事。现已过时，并被新工艺、新配方、新材料所代替的项目，可以入志。

6. 公安、检察部门的人员编制、分工、侦察手段，及杀、关、管的具体数据不能入志。

7. 武装部队的编制、番号、实力、行动、部署、训练、后勤供应、人民防空、民兵组织的序列编制、数量、质量、准备等情况，以及历年入伍、转复退伍军人和现役军人的具体数字，不能入志。

8. 粮食等重要物资历年的调运和库存量，历年财政支出和物资储备支出细目等不能入志。关键年的数字可记，可用图表和百分比的办法记叙。

9. 对外宣布已经消灭的疾病、传染病的发病率，未经上级批准，不能记入公开发行的志书。

10. 凡未解除机密的绝密档案资料，未经批准，一律不能编入志书

三、如何处理好保密与存史的矛盾

1. 对那些保密范围密集和对社会生活反映敏感的专志，如《军事志》《公安志》《政法志》《邮电志》《科技志》，边疆地区的《地理志》等，可采用出两种版本的方志，即“完全本”和“普及本”。完全本重在存史，并应划密级，内部保存，“普及本”重在致用，公开出版发行。或部门志作为内部本，县志分志作为普及本。

2. 凡涉及保密内容的，一是只记概貌删去具体内容。如记载人防工程，只记其完成的工程量和主要特点，至于具体走向，分布情况则可从略。二是采取回避写法，如国防厂只记其厂名，迁入时间，至于企业规模，产品品种撇开不予记载。

3. 对不能入志的机密资料，凡有存史价值的，一律整理成“特种史料”，存于保密或档案部门，但志书附录可以作为存史目录征引，由后人去处理这些史料的去留问题。

4. 查阅档案资料，特别是查阅机密、绝密档案，对查阅人要认真审查，各修志人员搜集、抄录的各种资料，应交志办妥为保管，不得据为私有。

(录自《四川地方志》1990年第6期)

县志各组成部分的标名及编次小议

蓬安县地方志办公室　邓郁章

一本县志由五个部分（概述、大事、分志、人物、附录）组成，已经成了一个比较统一的体式，尽管还有一些其他的主张，但实践者不多，看来从八十年代初期开始的本届修志，由五个部分组成的体式将是主流。可是，笔者读到的已经出版的一部分县志，对五个部分的标名和编次，则有好几种做法，如何为好，谈点看法。

一、关于“标名”

县志五个组成部分的名称，概述和附录，各出版的县志，标名都一样；各分志之前，一般不再标出“分志”，也很统一；而标名多有不同的是“大事”和“人物”。人物部分的标名，有用“人物志”的，有用“人物传”的，也有用“人物”的；大事部分的标名，用“大事记”居多，也有少数用“大事记述”的。

笔者认为用“大事”和“人物”最好，它们的后面都不必加标明文体的“记”和“传”。因为县志的五个组成部分，主要是从内容上区分的。

“大事”后面加上“记”或者“记述”，都显得多余，“志者，记也”，既然志也是记，记也是志，又何必多用一个“记”呢？如果说“记述”是一种表达方式，而各分志的节、目记载事物的表达方式也是“记述”。既然都是记述，在“大事”后面特别标出一个“记述”，不仅没有意义，反而造成概念上的紊乱。多此一举，实无必要。

至于“人物”后面加“传”，反而为编纂者带来诸多难题。《四库总目》说：“叙一人始末者为传之属”。按这个定义说，凡传就必须对一个人一生的经历作全面的记述，否则不能叫“传”。而在一个县内，有些人一生平常，加之材料大都湮没，无法搜集，仅有一两件闪光的事流传下来（分志中又不易写进），就无法写成传；如果用人物传标名，对这些人就只有割爱了。特别是一些在全省、全国有影响的人物，不给他们写传，县人的感情通不过，给他们写传，而涉及于县内的事又是片断的，又无法写成传；结果只有照搬省志或国史上材料。可这样搬来搬去也不是一个办法。反之，如果去掉“传”字，标名“人物”，可“传”则传，可“录”则录，可“简介”则简介，可“表”则表，不拘一格，编纂者处理上面的问题就不会作难了。如果标一个“传”字，它就排斥了不少可记载而材料又不够写传的人物。因此，“人物”不加“传”，反倒于编者自由得多，于体例合理得多。习惯上总是把人物和传联系在一起，以为非传不写人，实际上是旧志书和一些正史的影响所致，编修社会主义的新志书，应该从实际出发，创造自己新的体式。

二、关于“编次”

县志中五个部分的顺序，除了前几年出版的志书曾有把“大事”放在概述之前处，现在，概述居首，大事第二，分志为三，人物第四，附录殿后，已经成了定格。

这里讲“编次”，主要讲各部分前面加上序数的问题。目前大致有四种做法：一是除分志各卷(篇、编）前加“序数”，其他概述、大事、人物、附录前均不加序数；二是概述、大事、附录前不加序数，分志各卷和人物前加序数；三是概述、大事前不加序数，人物、分志各卷和附录前均加序数；四是把概述和大事合为一卷，列入编次和各分志、人物、附录一并加序数。

笔者认为加序数的四种方法中的第一种方法，即仅在分志各卷前加序数，概述、大事、人物、附录前均不加序数的处理方法，比较恰当。

因为，县志的概述、大事、分志、人物、附录，是相联系而又相区别的五个部分。概述是全志内容的提要、升华，大事是全志的经线、脉络，分志是全志的骨干、主体，人物是全志的一个一个剖面，附录是全志的重要补充。这五个部分是有其内在的逻辑联系的。概述和大事之所以放在各分志的前面，确能起到浏览全文的引路作用。人物和附录放在各分志的后面，因为它们是对分志起加强和补充的作用。因此，概述、大事、分志、人物、附录，各有其作用，它们应该是并列的。而把人物和附录同分志的各卷，一起加上序数，这无形中就把它们降为一个分志了；与各分志的标名《XX志》一样，标作《人物志》的做法，更是明显将其当作一个分志看待了；把概述和大事合为一卷与分志各卷一同加序数，则是把概述和大事两个部分也分别当作一个分志了。这样的结果，当然就不存在由五个部分组成的体式了。退一步说，如果把人物当作一个分志还有些道理的话，把附录叫作一个分志，则明显有悖于事理了。

当然，上述两个问题，并不是志书编纂中的大问题，似乎不伤大雅。为求得志书的科学、严谨、整体的美感，讲究讲究也还是必要的。

(录自《方志研究》1991年第4期)

主编的执着追求—县志整体质量

营山县地方志办公室　李定国

《一九九〇年全国地方志工作会议纪要》指出：“目前大家最关注的仍是志书的质量问题”，要求“全国方志工作者一定要加强质量意识，切实把质量问题放到第一位，予以足够的重视”。对一部县志来说，应特别重视构成质量诸因素综合的整体质量。因为它所包容和反映的是一个县的自然、社会各方面的历史和现状。如何把这些复杂的事物组成一个层次分明、纵横联系的有机的整体，再现到读者面前，发挥整体效应，应该成为县志主编执着追求、努力实现的目标。如果忽略了这一根本之点，修出来的县志，就容易出现主线不清，主题不明，缺乏内在联系；此优彼劣，人事物割裂，记述不规范，难于形成全书和谐一致的整体质量。笔者在主编《营山县志》的实践中，深感要实现县志的整体质量，除了领导重视、班子得力、队伍整齐、工作条件好等必备条件外，从编纂业务来说，最关键的是主编、副主编和全体编纂人员在马列主义、毛泽东思想指导下，自始至终树立全面的质量观念，坚持质量第一。而这种观念的树立和坚持，又离不开修志实践。所谓离不开修志实践，就是要从修志的目的、意义和志书的功能上深化历史责任感，树立质量观念；要在修志的实践过程中，克服厌倦情绪、畏难情绪、自满情绪、依赖思想，不断强化质量观念；要从自己或别人正反两方面的经验教训中，不断深化质量观念。县志主编应在党的领导下，把全体编纂人员的这种质量观念凝聚成一种合力，贯穿到修志的每一个环节，共同实现县志的整体质量。在追求整体质量的过程中，以下几个环节是至关重要的。

一、调查研究县情，搞好总体设计，是实现整体质量的前提

县志是反映县情的，县情是一个复杂的整体。要全面、系统、准确地反映一县自然社会各方面的历史和现状的整体，必须要有一个统摄县情的总体设计。这个总体设计，应建立在对县情的调查研究之上。从本质上讲，编修县志，就是对县情的调查研究。这种调查研究，是全面的，系统的，其时间跨度之长，空间范围之广，是其他单项调查，如人口普查、工业普查、土壤普查、农业资源调查和区域规划等所不可代替的。但这些单项调查的成果，都要被县志吸收。这种调查研究，是分层次、有步骤的，它贯穿于从部门志到县志编纂的全过程。是一个实践、认识、再实践、再认识的由粗到细、由浅入深的过程。调查研究的客体，是全县自然社会方方面面的历史和现状；调查研究的主体，是全体修志人员。调查研究的初步成果，是基本符合县情整体状况的总体设计；最终成果，是全面反映县情、具有整体质量的县志。体现事物层次性、有序性的总体设计，从调查研究的角度讲，一般来说应从这几方面入手：一是阅读旧县志，了解一县之历史；二是阅读农业区划资料和其他单项调查资料以及有关全县情况的工作报告，从总的方面把握全县的总貌、大势和特点；三是通过阅读审改部门志，掌握每个部门的基本情况和与其他部门的关系；四是同了解全局的同志共同磋商分析，并将本县放在大范围内进行比较。通过这些途径，对县情有一个从宏观到微观、从整体到局部的基本了解，做到全局在胸。在这个基础上，由主编提出一个设志立目的初步意见，经过几上几下，反复磋商，广泛听取各方意见之后，制订出一个从自然到社会，从生产力到生产关系，从经济基础到上层建筑，以总述为纲、大事记为经、各分志为纬的宏微俱备，总分结合，纵横联系，前后呼应，人地事物相关，具有地方特色和时代特点，反映一县物质文明、精神文明的总体设计的蓝图，作为编纂的基础。这就从总体的框架结构上，为实现县志整体质量，创造了前提条件。

这个蓝图是基本县情在主编头脑中的反映，是主编实现整体质量的意图。要把这种意图变为现实，还要靠全体修志人员的共同努力。主编要帮助承担各分志编纂人员树立整体意识，通过说明、讲解、讨论、研究等方式，使他们意识到自己编的那一部分，是作为有机整体的县志的一部分，明确自己承担的篇章，在全志中的地位、作用和与其他相关篇章的关联。这好比建造一座完美的大厦，每一位编纂者，都是从不同的工种为这座大厦出力的建筑者。任何一位建筑者，如果缺乏整体意识，不注意相互协调配合，只是单打一地突出自己那一部分，势必影响这座大厦的整体形象。

二、把握主线，围绕主题，精心处理纵横关系是实现志书整体质量的核心

这里说的主线，即时代主线，这是各个时期的主要矛盾和矛盾双方力量变化的轨迹。我们编纂的第一代社会主义新县志，主要是记述中国共产党创立以来的革命斗争、社会变迁和社会主义初级阶段的物质文明建设和精神文明建设。它反映两种不同的社会形态。在半殖民地半封建的旧中国，主要是帝国主义、封建主义、官僚资本主义同中华民族和人民大众的矛盾。中国共产党领导的新民主主义革命的胜利，推翻了压在中国人民头上的“三座大山”，解决了这个主要矛盾。新中国成立后，经过几年民主改革和社会主义改造，进入社会主义初级阶段。这一新的时期，主要矛盾是落后的生产力同人民日益增长的物质文化生活需要不相适应。解决这一矛盾的正确道路，是发展社会生产力，建设有中国特色的社会主义。社会主义制度的建立、巩固和发展，体现了中国当代的主流，亦即发展的主线。我们一个县的历史，要放在这个总的历史背景下去考察，去反映。县里各项事业的发展变化，都同这个时代主线相联系，都证明一个共同的时代主题，即“没有共产党就没有新中国”，“只有社会主义才能救中国，才能发展中国。”这个主题是贯穿全志的中心思想，是鉴别、取舍资料的主要标准。抓住时代主线，围绕时代主题，精心处理纵的连贯性和横的相关性，从事物的因果联系中，反映经验教训，体现客观规律，是实现县志整体质量的核心。作为主编，应在马列主义、毛泽东思想指引下，站在时代的高度，总揽全志内容，团结全体同志，在这个核心问题上狠下功夫。

所谓纵的连贯性，就是围绕时代主线，选择典型资料，在纵述历史发展中，体现出历史发展的基本规律。营山是革命老根据地，县志在记述新民主主义革命时期的历史时，通过赴法勤工俭学学生传回革命火种，党组织的建立、发展，举办农民夜校，开展农民运动，迎接红军，打土豪，分田地，建立苏维埃政权，抗日救亡，抗租、抗丁、抗捐，组织武装起义，开展统战工作，策动县内国民党政权上层人物投诚起义等一系列反帝、反封建的政治斗争、武装斗争，推翻国民党反动统治，建立人民政权的大量事实说明“没有共产党就没有新中国”这一颠扑不破的真理。人民政权建立后，共产党又领导人民在进行减租、退押、清匪反霸、土地改革一系列民主改革的基础上，提出党在过渡时期总路线，领导人民对农业、手工业和资本主义工商业的社会主义改造，消灭剥削阶级和剥削制度，建立以生产资料公有制和按劳分配为主体和基本特征的社会主义经济制度，进行社会主义物质文明和精神文明建设。国民经济在战胜困难，克服弊端、纠正错误的过程中不断发展，人民物质文化生活水平，随着经济发展不断提高。上述贯穿全志各篇章的大量事实，又证明了一条颠扑不破的真理“只有社会主义才能救中国，才能发展中国”。编纂者，自觉地而不是盲目地，用基本事实而不是用空洞说教体现这些基本规律，整部志书就有了统帅和灵魂，有一根贯穿全志的红线，这就在本质上体现了事物之间的联系，从根本上保证了县志的整体质量。这种体现，是就总体、本质、宏观而言，不是也不可能每章每节都能体现。有的彼显此隐，有的时断时续，有的义在叙中，有的意在言外。当然各项事业的兴衰起伏，还有其各自的规律，应该在纵述中体现。但这些规律，往往受社会发展基本规律所制约，在记述时亦应注意它们之间的联系。

所谓横的相关性，即围绕时代主线反映一事物与它事物之间的联系。从一部县志来看，有总述、大事记、各分志之间的联系，这种联系是纲与目、经与纬的联系。在各分志中有经济、政治、文化几个部类之间的联系，这种联系表现为经济是基础，政治是经济的集中表现，文化是一定社会的政治和经济在观念形态上的反映，又影响和作用于一定社会的政治和经济。在经济部类中，又有工业农业之间，工业农业内部之间，生产、流通、分配、消费之间的等等联系。总之，县内的各项事业，无一不处于相互联系、相互制约之中。作为反映各项事业发展变化的县志的编纂者，就应细心研究和反映它们之间的联系。但是，由于志书的横分纵述、各篇并列，把本来联系的事物割裂开来，把本来多属性的事物一个个地独立起来，这是由总到分的必然。为了反映一地一事之全貌，追求志书的整体效应，在记述时，必须注意此事物与彼事物的联系。比如生猪，是养殖业的一项。除了主要在农业篇养殖业章的家畜节中记载品种改良、饲养管理、疫病防治和猪的数量等基本情况外，还在其他分志有关章节中记述了与生猪发展相关的饲料发展、肉食品经营、猪鬃加工、肠衣出口、人口食肉量增减等资料。有了这些，读者就可以把它们综合起来进行分析，看出生猪发展与农业、工业、外贸、人民生活的关系，体现了事物的整体性。一部县志，类似生猪这样的一事物与它事物的联系，比比皆是。编纂者必须统摄全志，精心安排。还有因果问题的记述，也关系到事物的整体性。比如粮食增产、财政投资、兴修水利、新建公路的效益如何反映？这里有的是一因多果，有的是多因一果，有的可以在本章节中直接反映，有的是综合反映或者在相关事业的发展中去反映。营山幸福水库千里渠灌区的水稻增产，水利是重要因素，但不是唯一因素。它还与种子、肥料、技术、植保、政策等有关。如果把增产数字只记在千里渠的账上，就不大合适。因此，在水利志中只记它的有效灌面，增产数字在农业志中记载。财政工作的效果，是一个综合指标，要通过多项有关事业的发展去体现。如多少学校、多少病床、多少工厂，都与财政投资拨款有关，这些效果在有关分志中反映，财政志主要反映投资方向和数量。这些因果关系记述得当，会有助于反映事物的整体，克服孤立、静止、片面、前后矛盾的现象，达到思想性、科学性、资料性的统一，提高志书的整体质量。

三、多层次的评审，是运用群体智慧实现整体质量的重要途径

县志的整体质量是综合指标，从政治观点、地方特点、资料运用、体例、文风到版式设计、印刷、校对、书籍装帧，都涉及质量问题。那一个环节上出了问题，都会影响作为政府主持编修、可供查考实用的地方历史文献的权威性，特别是政治观点是否正确，史料是否真实，更直接关系到志书的生命。一人的知识有限，众人的智慧无穷。主编应自觉地、主动地依靠多层次的评审，来把好质量关。由于县志内容包容百科，政治性、知识性、科学性强，这种审查工作靠少数人是难于全面把关的。必须经过多层次、多方面的评议审查，方能把缺陷、差错减少到最低限度。《营山县志》经过省、地、县三级评审，对提高整体质量起了十分重要的作用。通过审查，订正了大量史实，补充了不少资料，纠正了一些观点，调整了不合理的篇目结构，修改了很多不准确、不必要的语言文字，其中大部分是史实、数据方面的问题。在经过县级审稿，对志稿进行全面修改的基础上，省地方志编纂委员会又在营山召开了《营山县志》稿讨论会。全省40个地、市、县、区的120多位专家、学者、修志同行向会议提交评议材料和专题讨论文章。这些文章的作者，大都既有专业知识，又有方志理论修养和修志实践经验。所写的评议文章，理论联系实际，针对性、实用性强，具有指导性与学术性。消化吸收之后，县志的科学性、整体性又在原有基础上跨进了一大步。在交付出版之前的最后一审，是地区行政公署审批，这种多层次、多方面的评议审查，是依靠群体智慧，提高志书整体质量的有效途径。实践经验还告诉我们，省、地、县的“三审”，还必须同编纂人员的自审、互审相结合。所谓“自审”，就是县志各分志的编纂者，自查自改所写篇章中的问题。“互审”，就是编纂人员之间互相交换审查，互相挑毛病，提意见，重点放在交叉、对应关系的篇章的史实、数据、时间、人名、地名等方面。只有“自审”

“互审”与“三审”紧密配合，并贯穿审改志稿的全过程，才有利于充分发挥编纂人员的积极性，把审改志稿的工作做好。这是因为外因通过内因而起作用。在“三审”中提的意见再好，还得经过编纂人的思考、消化、吸收，一章一节地查，一字一句地改，直到定稿出版。主编应善于发挥和依靠这两个方面的积极性，来提高县志整体质量。

四、全面总纂，精雕细刻，是实现整体质量的关键

一部出自众人之手的县志稿，尽管有共同遵守的凡例和方案，又有编纂过程中的不断协调、平衡、交流和编写人员的自审、互审，仍会存在许多不贯通、不协调、不关联、不统一的问题。作为既要绘制工程蓝图，又要负责施工、安装、质检的主编，理所当然地应不断进行这种贯通、协调、关联、统一的工作，使整部县志体系完整、结构严谨、因果彰明、详略得当、文风统一，形成一个有机的整体。《营山县志》在编纂过程中五易其稿，三次打印。笔者在通改中熟悉全志内容，把握政治观点，调整结构层次，核对史实数据，处理交叉重复，理顺左右关系，删削浮词赘语，统一文体文风。这些问题，要把相关内容联系起来分析、比较才好解决。比如本文前面提到的生猪问题，又比如核对史实数据这些细致的工作，主编必须亲自动手。既管全局之大、又管一字之小，千万疏忽不得。主编对志稿的每一次通改，都是一次攻坚战，而且是愈往后愈艰巨。这是对主编意志和毅力的考验，也是对是否真正树立全面质量观念的检验。在这场持久战的最后关头，主编一定要有良好的精神状态，克服厌倦畏难情绪，身先士卒，咬紧牙关，以不达目的决不罢休的精神，同全体编纂人员共同攻克总纂关，力争达到最高水平，实现县志的整体质量。

(录自《宁夏史志研究》1991年第5期)

略论县志概述

南部县地方志办公室　史今律　李勤员

“概述”是社会主义新方志之首创。黄炎培主纂《川沙县志》虽首次使用“概述”这一名称，但其内容、形式和在全志中之重要地位与作用，显然与我们今天所撰之“概述”大不相同，这个问题，专家、学者早有论述，此处无须赘言。

是否需要设立“概述”，前些年曾经有过争论，现在好像趋于统一。在我们所学习的20多部县(市、区)志书中，只有连县、威海市和渭南县的志书未设“概述”。近期出版的志书，不设“概述”的还未发现。《渭南县志》虽不设“概述”，却有一篇长达6000多字的“前言”，其中约有2600多字概述县情，而且写得很好，读后印象十分深刻。

为什么绝大多数人主张设“概述”？这是由于“概述”在全志中之重要地位与作用所决定的。

“概述”列在志书卷首，宛如一人之面目。写得好与不好，给读者的第一印象至关重要。开篇得势，后皆有力。如果有个性，有特色，有神采，有风韵，便能引人入胜，欲究其详，读了“概述”，还想听听“下回分解”。反之，开篇无力，全志便黯然失色。“回头率”一低，势必感到受人冷落，打不起精神。

“概述”是全志之纲领。古人云：“纲举目张”。把握全局、概全书，能正确引导读者深入研究一地之自然环境、政治经济、历史文化，吸取经验教训，扬长避短，开拓未来，发挥全志之“存史、资治、教化”作用。

“概述”是志书整体性的生动体现和不可缺少的有机组成部分。日下志书，动辄上百万言，编纂者虽在各个分志之联系上作了很大努力，但到底因部类相异，必有所拘。然“概述”这一最高层次，跳出各分志的小圈子，鸟瞰全志，熔上百万言于一炉，统摄和沟通全志，使整部志书有机统一，其地位与作用确实不应低估。

我们所读过的20篇“概述”，千姿百态，异彩纷呈，为志书增添了不少光彩。毋庸讳言，少数地方难免也有瑕疵。万事开头难，“概述”重要，“概述”难写，如何写好“概述”？古人在论及文章做法时曾提出应坚持“贵约”“贵新”“贵深”三原则。因此，我感到20多篇“概述”的成就与不足，大多与编写过程中如何坚持这三原则有关。

“贵约”，就是简明扼要。“意则期多，字则唯少。”“概述”不是全志的平均压缩，不能搞小而全，不可能把什么事情都点到。编者必先高屋建瓴，把握全局，熟悉县情，正确分析和认识县情，择其要者，高度浓缩，突出特点，引人入胜。如果思想淹没、纠缠在各个分志之中，跳不出一个又一个小圈子，什么都想说，结果什么也说不清。目前普遍反映“概述”过长，过分重复，由“不约”而来。在我们读过的“概述”中，有好几家在“贵约”这点上做得很好，陕西《神木县志》其“概述”仅1500多字，同样把神木的自然地理、建置沿革、革命斗争、各项建设的历史与现状，以及今后的发展前景，表达的十分得体。这个县辖区面积7706平方公里，地下有煤的面积达4500平方公里，总储量为500亿吨！“概述”在自然地理一段讲了，最后说到今天发展的重点在煤的开发，令人信服。四川《内江市志》的“本市概况”，只有1900多字，突出自古以来因盛产糖而得名“甜城”，并在叙述工业时再次突出制糖，使人一目了然。作为城市，农业比重小，编者仅以两行字作了介绍。现有139万多人的大县四川《仁寿县志》，“概述”仅写了2000字，可谓惜墨如金，文约事丰。

20多篇“概述”，其中有的叫“概况”，有的叫“综述”，有的叫“总述”。有的同志论述过“志体概述”与“史体概述”之不同，但我读了那些“概述”“综述”，总感到差别甚小，而且在志书中的地位与作用是一样的。还有的同志认为。“概述”写得太长，重复过多，是由于“概述”这个名字取得不好，应改为“总述”。《现代汉语词典》关于“概述”的解释是“大略地叙述”。谁叫你不注意“大略”而偏要搞“小而全”？改为“总述”就可以避免长么？怕未必。老实讲，“总开关”把不住，照样会溢出很多不必要的“水分”。在我看来，是否简明扼要，关键在于要把握住“概”到什么程度的问题。通读20多篇“概述”（或“总述”“综述”“概况”），可以明显看出，概述的基本要素是：地理、历史、政治、经济、文化、优劣态势。这些重要因素不能不写，又不能事无巨细，平均落墨，在每一个要素之内，也只能精选有助于突出一县之本质、主流、特点的材料，然后分清“主次”“轻重”“详略”加以取舍，从而使整个“概述”完整、统一、和谐。如果杂乱无章、旁枝四出，随意堆砌，“概述”势难编好。辽宁《海城县志》“概述”写了8000多字，地理部分应突出主要矿产资源，但编者却一口气点了23种之多，体育写了350多字，其中机关、厂矿、企事业单位的体育活动项目也一一列出。这些放到分志中难道不好吗？江西《永修县志》“概述”在写到文化一段时，把一个县新华书店的年销售额都写上了，这样细有必要么？山东《陵县志》把“概述”定为第二大编，约11万字，分6

章，一为地理（内设地理、自然两节），二为经济，三为文教卫生，四为重大事件，五为著名人物，六为名胜古迹。不说内容，仅就章节标目就与分志明显重复。宁夏《盐池县志》的“概述”，总的印象还可以，为什么写了9500多字？主要原因太细了，仅叙述中华人民共和国成立后的成就写了3000多字。如果再精炼一点，去掉一些细枝末节，让读者到分志中去查找，当会更好一些。

“贵新”，就是“脱套去陈”“新颖别致”。笔者在前面提到了构成“概述”的基本要素，但绝不是要每个“概述”的编写者作为提纲，依样画葫芦。梅森同志在《中国地方志》87年4期《概述商议》一文中提出“概述”可以分成地理部分，经济部分、政治部分、文化部分、态势和展望部分，不标目，以（一）、（二）、（三）、（四）、（五）为序，俨然是一个“概述”写作模式。这个模式并无大错。然而每篇“概述”都这样写，势必“千人一面，千部一腔”。事实上，我们读过的20多篇“概述”中，此等毛病已露端倪。写文章，古人强调创新，今人尤为重视。而文章要创新，贵有独至。宋祁《宋景文公随笔》指出：“文章必自鸣一家，然后可以传不朽，若体规画园，准方作矩，终为人之臣仆。”墨守成规、因袭前人，缺乏新意，必然失去读者。因此，黄庭坚告诫人们：“文章切记随人后。”如果意不能发人深省，言不能引人入胜，读者是难以受到教育、启迪的。志书“概述”在体裁上同属记叙文，在内容上又诸多相似。如果不注意创新，按照一个模式去套，很可能出现“新八股”。清人薛雪《一瓢诗话》曰：“诗文家最忌雷同，而大本领人偏多于雷同处见长。”所谓“于雷同处见长”，就是在同类型文章中能以自己独到处引人注目。这是一项极为复杂、艰苦的劳动。话虽一句，做起来真难啊！令人高兴的是，前述20多篇“概述”，已有不少做出了成功的尝试。所谓创新，应从立意独树一帜，别出一境。浙江《建德县志》的“概述”写了2000字，其中建置不到50字，地理200多字，成就400多字，编者以大量篇幅，比较详细地介绍了解放34年多来，特别是党的十一届三中全会以来，建德在发展中逐步形成的四大地方特色：1. 旅游之地；2. 水电之城；3. 地质之窗；4. 果木之乡。真可谓独具匠心，境界全出，令人耳目为之一新。还有一篇是《中国地方志》90年2期上介绍的陕西《佛坪县志·总述》，立意也很新鲜，从佛坪的实际情况看，在全国两千多个县中，恐怕经济发展水平与知名度都不算高，然而，编者饱含对家乡，对这片神奇土地的无限深情，用短短3200多字，为我们展示出了佛坪的无限风光与美好未来。全文分三大段。第一大段开头一句：“佛坪，全景皆山。”围绕一个“山”字，将自然地理内容概括得十分精彩，使人着迷。第二大段，首句为：“佛坪，是陕西人口最少的县”。围绕一个“人”字，把佛坪的革命斗争和建设成就，表现得如火如荼，生机勃发。最后一个大段，首句为“佛坪，潜力无穷。”综合利弊，展望未来，充满无限信心。所谓创新，还应从“谋篇”“布局”上，也就是人们常说的从文章结构上创新。按照明人董其昌《画禅室随笔》的话说，那就是要“脱套去陈”，“取人所未布之格，舍人所已布之格”。河北《井陉县志》的“总述”写了6500多字，稍微长了一点，但结构有所创新。文章开头以很少的文字概述井陉纯系山区，长期影响当地经济发展，但同时强调指出，影响经济发展的根本原因是社会制度不同造成的。揭示这两句之后，编者笔锋一转，分三大段一挥而就。第一段，总括旧中国井陉落后主要表现在：土地贫瘠，治河乱流，宝藏“沉睡”，交通闭塞，兵燹成灾。第二段，新中国成立后为改变落后面貌，做了大量工作，取得了辉煌成就：开发水利资源，改变农业生产条件；开发矿产资源，发展工矿企业；开筑山区道路，以利发挥优势；开发井陉优势，促进各项事业发展。第三段，总结30多年来在前进过程中的经验教训，分析利弊，指点未来。重庆《北碚区志》“总述”的结构也颇具特色。前面一小段总结地理、建置简况，然后将主要内容分为政区沿革、街乡简况、经济建设、文化发展、风景名胜叙述、它避免了事无巨细，全面压缩；它突出北碚特点，既是城市，又是大专院校集中和著名风景名胜地区。与此相反，上海《崇明县志》的“概述”在结构上却显得有点混乱。全文分24个自然段，特别是前面几个段落安排得不好，一段总述了崇明地貌、地形；二段写地理位置、隶属、人口、建置；三段写历史沿革和岛的形成、变化；四段写水利建设、人工促淤、围垦、岛屿面积的增加；五段写建置沿革；六段又写气候条件；七段写水产资源及渔业生产情况；八段再写滩涂广阔、动植物资源丰富等。如果编者把有关自然地理的内容集中起来，条理、头绪就会清晰得多。

“贵深”，就是要求“概述”写得深刻而不平淡、不肤浅。具有相当深刻和力度的“概述”，应表现在能够扼要、准确、深刻地展示一县之自然环境、历史演变、经济、文化发展水平、地方特色、经验教训、优劣态势、前进方向等。要做到“深”，编者必先熟悉县情、吃透县情，反复分析、比较、研究、归纳，不厌其烦地陶冶熔炼、开掘，逐步从几十万、上百万字的大量材料中找出内部联系，抓住一县之本质特征，揭示其发展规律。江苏《如东县志》（修订本）“概述”，将全志内容分为四大部分，即地理、建置沿革、革命斗争史、社会主义建设成就，发展优势，特别是最后所写10个方面的优势，综合利弊，扬长避短，有骨有肉，令人信服，读罢“概述”使人盛行“如东的前景正像从浩瀚的大海上升腾而起的一轮红日，灿烂辉煌!”四川《营山县志》的“概述”，编者匠心独运。在25个自然段中，1~6段概述了营山自然地理和历史沿革，7~13段叙述了营山新中国成立前的社会、政治、经济、文化发展状况和人民在水深火热中的反抗斗争；14~25段，浓墨重彩，叙述了新中国成立后营山县的社会主义革命和社会主义建设历程，成就及其经验教训，最后指出存在问题和今后的发展方向。在叙述新中国成立后的情况时，编者遵循中共中央关于建国以来若干历史问题的决议精神，紧密结合营山实际，将营山的发展历程分为三个阶段，既写辉煌成就，又注意总结经验教训，不说套话，实事求是，其深度和力度都是相当好的。

(录自《陕西地方志通讯》1991年第5期)

县志稿发排前的自查校审体会

仪陇县地方志办公室　刘增耀

新修《仪陇县志》经四川省南充地区行政公署批准出版后，我们将县志稿交出版社审查，发排前我们组织全体总纂人员学习上级有关提高志书质量的文件和外地经验，主动克服“大功告成，刀枪入库，马放南山”的休战思想和等出版社提出意见后，再修改的消极松劲情绪，在提高认识，统一思想的基础上，对县志稿再次进行了全面复查。

我们主要做了四个方面的工作：一、查入志史实的记述与历史真相是否相符，重要史实是否漏记；二、查入志史实的时间、地点、人物或引文名称与发文机关的称谓是否准确吻合；三、查入志数据是否正确、文表是否相符；四、查记述和行文有无提法不妥、不规范，并采取边查、边核实订正、边补遗漏、边补建资料卡的方法进行。

经过3个月的自查，共纠正错讹和增补史实443处，具体有以下6个方面：

一、时间差错58处，占总订正数的13.09%。这类差错，多为收集资料时看错或笔误。如将“嘉庆二十年”笔误为“嘉靖二十年”，一字之误，使史实前移274年，背离了历史真相。

二、数据差错176处，占总订正数的39.73%。这类差错，多属疏忽或计算不准和计算口径不一所致。数字差错，早已被方志界同仁认为是目前方志中存在的“常见病”“多发症”，虽已引起重视，但在实践中仍是一个难题。我们在自查校审中，发现的数据差错比例最大。如1966年全县棉花总产量728万公斤，而在记述运输量时，则记为1000多万公斤。1983年全县产茧总量2000吨，而误记为4000吨，冒了一倍。将全县体育器材10000余件，记为1000余件。记述党员发展状况时，1978年全县有党员10429人与1966年8423人比较增长幅度时，本是增长23.82%，由于未减基数，而错记为增长123.82%。在记述县城住宅面积时，亦因计算失误，将住宅面积173202平方米，占房屋总面积419130平方米的41.32%，误为11.32%。

三、机关和文件名称、人名和地名差错52处，占订正总数的11.74%。干部管理节中，记述有关干部奖惩规定时，将“国务院《关于国家行政机关工作人员奖惩的暂行规定》实行奖惩”错简为“按中央《奖惩暂行规定》实行奖惩”；又将中共中央组织部、劳动部、民政部、公安部《关于逐步解决知识分子夫妻两地分居问题的通知》，不适当地省略了“中共中央组织部、民政部、公安部”3个发文机关的名称。还有把《妇幼卫生工作条例》，写成《妇幼保健工作条例》，“县人民委员会”误为“县人民政府”“李宦寺”，写为“李官寺”，土地改革中的“人民法庭”，误记为“土改法庭”，将44个村的名称写错（包括别字），占全县村名总数的5.2%。

四、史实差错8处，占总订正数的1.81%。在记述民国时期邮政业务时，将“代售印花税票”记为“代收印花税”。在记述抗日战争时期设置防空监视哨所中，将在“立山设立防空监视哨所”，误记为在“响滩设立防空监视哨所”。林业卷中记述“民国8年县府于城垣公地试种少量桑苗分给各乡栽植。”经自查校审中发现，民国8年，时为“县公署”，而不是“县府”，县以下设团、保，而不是“乡”。正确的记法应该是“民国8年，县公署于城垣公地试种少量桑苗分给各团、保栽植。”在记述1950年县委组织机构时，本无统战部的设置，而错记有统战部。

五、增补史实18处，占订正总数的4.06%。如原漏记了“1973年3月建立仪陇县革命委员会人民保卫部和群众工作部”和“1981年12月建立中共仪陇县委政法委员会”。又如在记述“1951—1952年反贪污、反浪费、反官僚主义”运动的条目中，只记了因贪污受惩处的人数，而未记以后纠正平反的人数，显得对运动过分肯定。通过自查校审补记了纠正平反数字，完善了史实全貌，体现了党的实事求是，不枉不纵和有错必纠的社会主义法制原则，显示了社会主义制度的优越性。

六、纠正了在文字表述和保密等方向的不当之处131处，占订正总数的29.57%。这类问题，主要表现是用词不准，表述不清，书写不规范，赘词冗句，错别字、错用标点符号和不宜入志的“农村兵源人数”也入了志等。

通过自查校审，使我们深深感到，这一工作步骤是非常必要的，绝不是可有可无的事。事实上有些史实、数据、记述的失误，其他人是难以发现和觉察的，主要是靠修志人员本身去把关，才是至关重要的，而不能单纯依靠上级审稿机关或出版社编审中去发现纠正。

（录自《巴蜀史志》1993年第二期）

加强南渝经济联系研究报告

中共南充市委政策研究室
南充市政府地方志办公室
联合调查组

南充和重庆之间的经济联系，历来十分密切。据史料考证，早在秦汉时期，嘉陵江就已成为两地间重要的水运航线，并以此为纽带形成了紧密的经济关系。新中国成立后，随着交通条件的改善，两地间的经济联系日益加强，特别是改革开放以来，为适应市场经济的需要，南渝经济技术协作的广度和溱度都得到空前的拓展，双方通过协作取得了可观的经济效益和良好的社会效益。1997年3月，重庆成为中央直辖市后，南充和重庆由过去同在一个省级行政区划内变为省市相邻的地区关系。在这种新形势下，南充如何面对挑战，抓住机遇，调整和加强同重庆的经济联系，促进地方经济更快发展，已是一项十分紧迫的现实任务。

一、南渝经济联系的历史与现状

南充市位于四川盆地东北部，嘉陵江中游，距重庆市中区216公里。南充和重庆同在一个经济带，两地间经济互补性强，经济联系紧密。在计划经济时期，南渝经济联系主要是商业、物资、农副产品的调拨关系。南充为重庆提供生猪、粮油等农副产品，重庆为南充提供工业品。据统计，南充调渝生猪历年在20万头左右，粮食年2亿斤左右，我市生产的土特产品也多数销往重庆。在80年代以前，重庆设有百货、针纺、五金、交电、化工、糖酒等所有工业品购销业务的二级批发站司，负责执行省下达的商业购销计划，就近向各地三级站调拨商品。南充所需的工业品90%以上是经重庆调拨进来的，其中大部分系重庆的产品。80年代以后，随着改革开放和市场经济的发展，两地间传统的经济关系发生了很大变化，主要表现在：

一是官方的计划关系逐步变为民间、企业之间的联系。计划经济时代，南渝之间的经济关系主要是靠政府计划调节，生产企业之间直接的经济往来也很少，大宗的生产资料都是通过计划调拨实现的。改革开放以后，计划调节手段弱化，民间的、企业之间的经济联系日益加强。在商贸领域，个体和私营经济蓬勃发展，担当起商品交换主角；在生产领域，企业经济技术协作不断加强，建立起紧密的直接联系；两地间相互投资也逐年增加。总之，随着市场经济的逐步建立，工商企业、个体、私营经济已成为南渝经济联系的主体。

二是商贸关系多元化不断发展，南渝商贸往来总量增加，比重下降。随着商业流通体制改革的推进，区域流通体制向多元化多层次渠道的格局演变，南渝商贸额占南充贸易总量的比重逐年下降，1989年，重庆产品在南充的市场占有率98%左右，其中，五交化类23%，针织纺织类25%，百货类30%，食品类20%。到1997年，重庆产品在南充市场的占有率下降到5%左右。南充农副产品，如生猪、粮食等，调往重庆的数量也逐年减少。但同时，由于南充市场容量的增加，经由重庆转口进入南充的商品总量逐年增加，1997年南渝陆上货物周转量达120万吨公里，比同期南充与成都间陆上货运周转量多58%。在人员流动方面，目前我市每天有70~80个班次客车发往重庆，年客运量3亿人公里，比成都多17%。

三是经济技术协作关系得到不断加强，南充机械行业成为重庆汽摩行业主要配套客户之一。八十年代，重庆的大型军工企业转产民品，生产汽车、摩托车，为尽快上规模、上档次，有关部门和企业多次到南充寻求合作伙伴，为其生产汽车、摩托车配件。重庆汽车、摩托车产品的扩散，带动了南充以汽车、摩托车配件为主的机械工业的发展，现已有20余家机械企业如嘉宝、五四、康达、东方红等厂家分别为重庆庆龄、长安、嘉陵、建设、川汽等集团公司的产品配套，占南充机械工业企业总数的35.7%。1997年配套企业产值达2.5亿元，占全行业产值的31%。顺庆区机械工业产值129亿元，其中，为重庆生产的汽摩配套件产值0.65亿元，占该区机械工业产值的50%。蓬安嘉宝汽车公司1983年开始转产汽车覆盖件，为重庆长安厂等企业配套，1997年实现工业产值4500万元，实现利税470万元。营山县五四厂1984年开始为长安厂配套生产车厢，当年实现工业产值90万元，此后又发展到为庆铃、北泉汽车厂配套，企业生产规模迅速扩大，1997年实现工业总产值5600万元，实现利税520万元，其中税金370多万元，成为该县骨干企业和利税大户。南充机械工业与重庆建立起的供需关系，对南充经济发展起了十分重要的作用。

此外，南充16个航运企业24000多吨货运运力在长江航线重庆辖区航段内运营，占南充水运量的80%~85%以上，主要进行嘉陵摩托、煤炭、矿石运输，8000多名员工的生计全系于长江航道。

二、重庆直辖后，南渝经济关系面临的机遇与挑战

重庆直辖后，中央加大了对重庆的扶持力度，重庆产业结构正在进行重大调整，经济得到了较快发展；重庆由于管辖范围扩大，经济布局和经济政策也发生了很大变化。南充和重庆由于行政区域隶属关系的变化，必然导致行政调节手段的弱化，而市场调节的作用将日益增强。这些因素，无论从短期和长期来看，都将对南渝经济关系产生重大影响。

设立重庆直辖市，对南充经济发展是一个新的机遇。中央建立重庆直辖市，是为了“进一步发挥重庆的区位优势、‘龙头’作用、‘窗口’作用和辐射作用，带动川东地区以至西南地区和长江上游地区的经济社会发展”。重庆直辖后加快改革开放步伐，加速经济结构和产业结构调整与产业结构升级，1997年重庆国民生产总值增长11.5%，比全国平均水平高近3个百分点，投资增加了21.6%，达到了390亿元，吸收国外投资9.4亿美元，增长110%。重庆经济的高速发展，客观上要求其周边地区迅速提高自身发展水平，以便谋求更广泛，更深层次的经济协作，促进自身的进一步发展。这对于南充加大城市经济发展力度，加快城市化进程，无疑是难得的机遇。南充确定的石油化工、机械、食品、服装四大支柱产业，同重庆已经具有、并将继续存在着广阔的合作前景。如果我们抓住机遇，加大自身改革力度，提高整体水平，尽可能使协作水平上档升级，并积极开辟新的合作项目和领域，在竞争中获得理想的定位，必将有力地促进南充经济发展。

但是，我们也应清醒地看到重庆直辖后给南充经济发展带来的负面影响。重庆直辖后，三千多万人口中，有80%是农村人口，自身面临移民、扶贫、老工业基地改造、环境保护四大难题，经济政策发生了很大变化。

首先，对我市机械工业的影响。重庆把机械工业列为重点骨干产业。为了加快发展，对本地汽车、摩托车工业发展提出了缩小配套半径（50~100公里以内），立足本地配套，重点向库区和贫困地区转移的要求，而该市的库区开发式移民和扶贫开发又有比较丰裕的资金投入，必定会对南充的配套厂家产生一定的影响。重庆嘉陵、建设正在组建一个集团（包括几户民营企业），把配套企业分为A（核心企业）、B（兵工系统重庆市内企业四川协作企业以及四川之外企业）等四类，规定A、B类企业配套量要逐步达到80%，C、D类企业压缩到20%左右。南充交机厂过去生产的产品100%为重庆配套，今年与重庆建设厂签订的配件合同仅够一个星期生产量，其他配套厂家也有程度不同的类似情况。而且，重庆对外地到重庆办企业提供非常优惠的条件，力图吸引外地企业带资金项目到重庆办厂。重庆的大型企业正在推行"零库存"管理办法，客观上也逼迫外地有一定规模的配套企业逐年向重庆转移。我市的配套企业如营山五四厂、蓬安嘉宝公司、顺庆的交机厂等，迫于这种形势，去年以来就开始在重庆主机厂附近租地、租房，建立分厂或总装车间或转运中心，以求在竞争中不被淘汰。重庆近年来个体、私营经济发展也特别快，其中相当部分是为大型企业集团配套。这些企业依靠政策优惠、交通方便、信息灵通、手段灵活等优势，竞争力强，正在不断挤占南充配套厂家传统的市场份额。目前，我市一些配套企业已被迫给重庆民营企业生产，让他们去赚大钱，对南充配套协作压力越来越大。虽然在短期内，重庆主机企业还有求于南充，但任其这种局面继续发展，三四年后，南充的配套厂家就完全有可能被挤出重庆市场，可以说，目前南充机械工业已处于非常时期，如果与重庆协作关系进一步被削弱，南充机械支柱产业不仅不能发展，而且会面临更大困难，陷入困境之中。

其次，对交通建设的影响。连接南充与重庆的212国道是南充重要的陆路交通运输线，对南充经济发展起着重要的作用。过去在省政府协调下，对道路进行了初步的改造。重庆直辖后，进一步改扩建工作的难度增大了，不利于南充交通运输。另外，由于地方保护主义，外地水陆运输企业在竞争中处于不利地位。如公路客运中，重庆火车站黄金班次多被重庆客车占据；船运中，某县出台土政策，要求首先满足本地船队的运输，对外地船的客、货源造成了很大的冲击。过去可由省级有关部门出面协调解决一些矛盾和问题，现在已不可能，全靠各地和企业同重庆自行协调解决。

再次，对农副产品外调的影响。重庆直辖前，按省计划，南充粮食每年调往重庆二亿斤。直辖后，省上虽然也下达了一部分调拨计划，但重庆基本未要，现在调往重庆的粮食主要通过民间渠道，每年大约只有三、四千万公斤；食油方面，南充各县、（市、区）虽然与重庆原有的关系比较好，现在也只是议价部分销一点；生猪方面，直辖前，食品公司每年调重庆10万~20万头，直辖后，销往重庆数量锐减，基本上只剩下民间渠道了。如果我市不采取相应对策，加快自身发展和加大与重庆的协作力度，将有被挤出重庆经济协作区的危险。其结果，南充产品不仅占领不了重庆市场，反而重庆产品将占领南充市场。

三、遵循市场经济原则，加强南充与重庆的经济联系

经济关系是经济区域分工所形成的，但在市场竞争中，如果缺乏政府和企业的主动性与创新精神，地域分工随时可能打破，经济关系就可能发生变化。重庆直辖后，以重庆为中心的经济协作区，将经过一段动荡的竞争激烈的阶段，从而形成新的经济地域分工格局。南充应该扬长避短，发挥自身优势，争取在重庆经济区的区域分工中处于有利地位，不断加强南充与重庆的经济联系，开辟两地经济：协作的新领域，为南充经济发展注入新的活力。

（一）加强南渝两地政府间的经济协作

以政府为主体的经济协作是区域经济协作的一种重要形式，具有企业间协作所不可替代的重要作用。政府间经济协作的主要职能是，通过高层联系，沟通合作信息，增加互相了解，协调经济政策，营造互利互惠，平等竞争的协作环境，政府搭台，企业唱戏，通过协作，促进共同发展。重庆是西南最大的工业中心，也是长江流域经济区的龙尾，按照区域经济流向和市场经济规律的客观要求，我市应将强化南渝经济联系摆到南充经济发展的战略地位，树立“政策跑成都，经济跑重庆”的观念，并将其贯穿到经济工作的指导思想之中。一是积极引导、组织和鼓励本地企业加强与重庆的联系。认真研究重庆的经济发展和产业结构变化趋势，制定相应政策，引导、支持企业积极加强与重庆的经济协作，帮助、促进南充企业开辟与重庆协作的新领域。二是针对重庆和周边地区对企业发展制定相应的政策。要解放思想，放宽政策，特别是在税费收取上应更加灵活，使本地企业在同重庆协作中，处于与竞争对手同等的水平之上，这是保持南充企业在与重庆的协作中具有竞争力的关键。三是政府及相关部位要主动密切与重庆相应部门的关系。每年可以市政府名义组织一次级别较高的代表团到重庆主动沟通往来，融洽感情，解决一些企业自身难于解决的协作环境何题。各个经济主管部门，各县（市、区）政府也要主动出击，加强与重庆辖区地方政府联系，力争重庆各级政府和各级部门能为南充参与重庆经济发展协作提供公平的竞争环境。四是重视和发挥重庆经济协作区的作用。重庆经济协作区是重庆市比较重视而且实际效果也较好的一个经济协作组织，在重庆市经协办有一个常设联络处，活动开展比较正常。目前，已召开十届年会，今年轮到南充作东道主。南充作为协作区成员，应充分重视和发挥协作区的作用。当前，重庆经济协作区内成员之间的竞争因经济结构趋同而比较激烈，南充更应当采取积极措施参与协作区活动，了解重庆及周边地区经济发展与经济协作的动态，制定正确的协作对策，使南充能在周边地区的竞争中保持最佳的协作定位。

（二）尽快设立南充市人民政府驻重庆办事处

原南充地区行政公署驻渝办事处，在南充区划调整时，划给了广安地区，随后再未设立。驻外办事处是一个地方在外地的一个窗口，其职能是多重的。但目前在人们心目中有一个误解，认为驻外办事处就是本地领导、部门人员到外地的接待机构，这实际上偏离了设立办事处的宗旨。建议新设立的驻渝办事处，其职能定位应主要是为加强南渝经济联系，密切双方协作，广泛搜集重庆经济技术信息，包括重庆产业结构变化、大型项目建设、发展经济的优惠政策以及调查重庆市场、引进重庆技术、智力为南充经济发展服务等，为本地政府、企业提出具有超前性又切合实际的对策建议。

（三）改善南渝联系的交通条件

加强南渝经济联系的关键在交通。随着经济区内与南充处于相似地位经济结构又趋同的其他地区，如广安、内江、遂宁等地市之间的竞争日趋加剧，交通就成为谁能在竞争中获胜的关键因素之一。广安至重庆的高速公路已在修建之中，遂宁目前正在筹划修建渝遂高等级公路，南充与重庆的交通联系，嘉陵江水运早已断航，且短期内难以恢复通航，现在唯一通道就是经合川至重庆的公路，全长216公里，等级较低，弯急坡陡，路行时间需5~7个小时，并且经常发生堵、塞车现象。据了解，重庆将在明年改造重庆至合川公路，按一级公路基础，二级公路路面修建，里程缩短为57公里。如果南充至合川这段公路也照这种标准进行改造，南充至重庆的行车时间将缩短到2~3小时。武胜县表示，只要重庆改造212线，该县境内路段立即进行改造。南充应将改造南充至武胜段212线提上议事日程，力争尽快立项，动工修建，为加强南渝经济协作创造良好的基础。

重庆怀化线与达成铁路搭接在遂宁接轨，这已使南充失去与重庆加强联系的一个极好机遇，因此，要力争兰州经南充至重庆的铁路尽快立项，特别是抓住国家大规模投资基础设施建设的良机，力争先修建重庆—广元段，这既可促进南渝经济联系，又可以打通南充南北进出大通道。

（四）强化南渝企业间的经济联系

在市场经济体制下，企业之间的协作是区域经济协作的最主要形式。对已具有较长协作历史和较好协作基础的南充机械、航运行业，要坚持市场经济原则，充分运用市场经济手段，不断巩固协作关系。目前尚未建立联系的企业和行业要主动出击，千方百计建立起协作关系。无论是巩固或新建协作关系，企业都应当处理好以下几个问题：一是企业自身必须不断深化改革，强化内部管理，提高新产品开发能力，降低产品成本，以此提高企业的市场竞争能力，这是能否长久有效地在南渝经济协作中站稳脚跟的关键。二是南充产品应主动占领重庆市场，利用重庆若干协作会、展览会，提高知名度，从而在南渝经济协作中占据有利地位。南充部分产品，如味精、醋等在重庆民间具有较高的声誉，但在大商场很难见到，而以川西产品较多。劳动密集型产品更应大举进占重庆市场，如小五金、小铸造等，重庆一般不准生产，南充在这方面有一定优势，如阀门、水暖管件等。三是南充企业要主动适应重庆经济结构调整，这是协作持久的关键因素。目前重庆产业结构调整速度较快，产品换代升级加速，企业重组现象日渐普遍，南充的机械企业必须认真研究所配套主机厂的资产重组、产品结构调整、新产品开发、市场开发等情况，抓住主机厂新产品开发之机，扩展自身规模。蓬安嘉宝公司主动开发主机厂的配套产品，使主机厂在缺少竞争对手的情况下优先采用，达到较佳协作效果。他们的经验值得其他企业借鉴。建议市、县统计部门针对南渝企协作状况增设相应统计内容进行统计分析，以供政府和企业在工作中决策参考。

（五）努力开辟南渝经济协作新领域

重庆所辖的万县市、涪陵市、黔江地区，其经济状况同南充类似，这对南渝经济互补性有所削弱。但是，随着重庆经济发展的加快，新的经济机会也相应增加，南充与重庆的经济联系，不能仅仅停留在旧有的机械工业、航运企业的领域，要不断开辟新的协作领域。一是招商引资在注重国外、港台、沿海外，尤其要把重庆放在首要位置，吸引重庆大型企业来南充投资，同时，注重吸引重庆民间企业资本来南充经商办企业，享受外资同等的优惠待遇。二是努力拓展重庆市场，扩大南充商品的市场占有率。以农副产品为例，尽管重庆会向所辖地区倾斜，但如果我们能掌握了解重庆的真正需求，提高产品质量档次、价格优惠，在市场竞争中仍会处于有利地位。三是加强信息、技术协作。重庆具有工业技术优势，其科技力量占原四川的40%，过去在信息、技术协作上做得比较少，现在应作为重点来抓。四是国家加大基础设施建设，重庆无疑是中西部一个重点，因此，劳务输出、建筑建材合作前景非常广阔，南充要预先谋划，寻求机会、主动出击。四是吸引重庆企业集团和人才参与南充支柱产业建设，南充确立的四个支柱产业，都存在规模小、档次低的问题，而南充自身缺乏技术、信息、人才和资金，支柱产业必须借助外力才可能发展壮大。目前重庆科技力量非常庞大，浪费也比较严重，南充应采取特别优惠政策，大力引进重庆的科技人才和企业集团来南充兼并、托管、收购支柱产业中的重点企业，或利用其管理人才、信息、技术等优势促进南充支柱产业的培育和发展。

课题组组长：杜光辉　黄旭东

主 研 人 员：黄旭东　蒲俊锠　于　明

张　旭　朱　彬

（录自《南充发展研究》1998年第6期）

为发展地方经济服务的几点想法

顺庆区地方志办公室　潘大德

如何服务于当前，为发展地方经济出力？这是当前地方志工作者面临的新课题，也是关系到地方志工作生存发展的重要问题。地方志工作者如何为当前的政治经济工作服务？如何为发展地方经济出一份力气呢？我想从三个方面来回答这个问题。

第一，帮助领导更好更快地把握地情。

“深入群众调查研究”是我们党一贯倡导并坚持的优良作风。“入境问俗、入国问禁”是中华民族的优良传统。所以要这么做，是因为正确认识环境是我们谋求生存条件、谋求发展的需要。正确的认识客观环境是形成正确判断作出正确决策达到预期目标的基础。所以，医生处方前要通过“望、闻、问、切”把握病情，平常人交朋结友要先对结交者有一些了解；谈判，做生意要先了解对手，了解敌情；建高楼要钻探，把握地质情况。作一个地方的领导工作，当然更需要把握地情。人们对地情认识了解的深浅，不仅反映到他对自己工作环境、工作对象把握的程度，也深刻反映出他对地方、对群众关爱的程度。爱之愈深、了解愈深。不甚了解或不了解，则表明他对地方，对群众关爱的程度。爱之愈深、了解愈深。不甚了解或不了解，则表明他对地方，对群众漠不关心，缺乏感情，表明他对自己的工作缺乏责任心。这样的人不可能把他所负责的工作做好。从领导者的角度看，一个人所工作的地方，是他开创事业，实现自己人生价值的舞台，是他施展自己才华、展现自己聪明才智的场所、基地。一个人所领导、指挥的对象，是他获取创造力、生活营养、原动力的源泉。可见，掌握乡情地情，不仅是工作的需要也是一个人事业心、责任心、道德情操的综合表现。是一个人爱国、爱党、爱家乡，珍惜人生的表现。就贯彻落实党的方针政策学习和推广先进经验、引进先进科学技术来看，掌握地情才能把党的方针政策与本地实际相结合，把先进经验、先进科技与本地实际相结合，从而获得良好的效益实现自己的愿望。否则就会事与愿违好心干坏事。当年，在南充推广双季稻，种棉花以及造“大寨田”都是代价极为沉重的历史教训。

当前全世界最为时新的提法莫过于“知识经济”，这个概念是联合国研究机构最先提出来的，它的意思是指，未来全世界经济增长更直接地取决于知识投资，取决于以知识资本为基础的增长模式。知识资本包括存在于人们头脑中和贮存于数据库中的知识，不仅包括商标、专利，还涵盖社会知识。就其内容而言，知识经济包括：1. 明白了解自己的工作对象，即知道是什么？2. 明白了解自己工作的方法、原理和规律，即知识工作的方法、道理和完成途径。3. 能够做、能做好，即做事才干与能力。4. 明白知道为谁做，同谁做。即了解和掌握自己工作同伴、同事、所接触的人或对手（谈判对手或竞争对手）的能力，与他们协调、相处的能力，简言之即人际交往能力。分析这些内容，其核心实质依然是充分识自己工作的外界自然环境（天时、地利）与社会环境（人和），以更好地协调自身与周围的关系，把自己和他人的智力充分发展起来，发挥出来，以更好更快地去创造和运用新的技术、新知识，加速经济的发展。因此也可以看出，我们要适应知识经济新时代的要求，也必须学会和掌握迅速了解地情、把握地情的方法。地方志工作者在这方面具有独特的优势。是领导做好工作需要把握地情资料、需要研究和分析地情资料而不是地方志工作者找领导的麻烦，给他们增加额外负担。一个有见识、有事业心、责任心的领导人必然会把掌握地情摆在它应有的位置上，必然会喜欢阅读和使用地情资料书一地方志和年鉴。有的人一时还没有认识到这一点。方志工作者有责任，向他们讲讲这方面的道理，为他们掌握地情提供方便条件。使他们能较为科学地制定计划，作出决策，既有利于领导，也造福于一方。

再从教育人、激发人的创造热情和进取精神来讲。一个地方领导者，掌握了本地历史沿革，历代兴衰起伏；熟悉了本乡本土历史上曾经出现过的杰出人才、英雄人物及他们的优秀品质；熟悉了一方民众历史上对国家、民族做出过的种种贡献，也就深层次地把握了一方民众的优良传统、优良品格，也就掌握了教育人、引导人、激励人们进取，鼓舞人们斗志的最切近最实在也最有感染力的材料，增强了深知民众意愿，赢得民心、凝聚民众力量的能力和威信。运用于对外交往、交流，也有利于争取到外界对本地的了解和支持。一个领导人能够如数家珍一样有条不紊、简洁明晰地向客人介绍地情，讲今论古，从古今人物到；地方的优势、潜力乃至民间传说佚闻趣事，

不仅可以使交往和交流显得轻松愉快、生动有趣，而且可以在对方心目中产生极为良好的印象。从谈吐中把他的知识水准、

工作才能、生活情趣、道德情操以及对工作对地方的责任心、事业心，深厚的感情，深沉执着的热爱显示出来。从而产生出一种特殊的感染力和吸引力，使对方能更快地对他产生好感，甚至敬佩、喜欢，成为他的朋友，从而得到对方真诚的帮助。从这个意义上讲，地方志是值得开发的一笔宝财富。我们能够帮助地方领导掌握和运用这笔财，自然也就为推动当前地方经济建设和各项事业做出了一分贡献。

第二，总结和研究历史的经验教训。

毛泽东同志教育我们：“历史的经验值得注意。”小平同志也讲：“要懂得些中国历史，这是中国发展的精神动力。”勿论是学历史还是读地方志，一个最根本的课题还是通过分析和研究、总结出历史上的种种经验教训，以使人们现在的工作做得更好些，前进的步子迈得更快更稳一些。稍稍了解一些地方发展历程的人，不难发现不少地方所以前进的步子走得摇摇摆摆甚至是迈不开步，原因在于重复一次又一次犯错误，而且犯的是与前人大致差不多的错误。凡是能够重视吸取历史上各种经验教训的地方，发展就要好得多快得多。可见方志工作者如果能在修志的基础上深入总结并且把这些所得提供给领导者参考，是有助于推动当前各项工作及经济建设的。就南充市和以前的南充地区各县（市）而言，虽说各有自己的特点，但政治大气候相同，自然环境差别不大，在已经走过的几十年中，经验教训也是大同小异的。这里我就原南充市到今日顺庆区讲几点历史的经验教训。

1. 冷静认识机遇，才能把握机遇。不被潮流所左右，不赶潮、不等潮，不在一旁观潮，从自身实际出发选准自己的路子，坚定不移地走下去，历史上南充人有过成功的经验，解放初期南充大力抓水陆交通建设也取得了成功经验。同样，几十年赶潮流、随大流，听上唯书，也使南充人吃了不少苦头。造成了许多不应有的损失。

2. 重视教育、重视人才培训，这是南充人的优良传统，也是南充人才辈出的根本原因。然而，在为人才发挥其作用，创造条件方面又重视不够，以致南充人才外流的问题相当严重。如果不注意，南充就永远是为别人提供苗木的苗圃建不成花园、果园，更看不到多少成果，改变不了落后面貌。

3. 冲破小生产者意识的束缚仍然是我们求发展的一个重要课题。小生产意识在当前主要有以下几种表现：（1）目光短浅：怕风险，贪便宜，不求长远发展，只讲眼前实惠。往往贪得眼前小利造成后患无穷，贪得个人小利，伤害众人利益。（2）嫉妒心理：嫉贤妒能，易发“红眼病”。疑心重，传小话，爱造谣，喜打小报告，听小报告，造成有识之士痛心，有为之士寒心，有志之士恢心。（3）自私心理：损公肥私，挥霍、糟践公共财物，挖社会主义墙脚，要拿大家拿，不拿白不拿，干成几件事自夸一辈子，有一点经验，就自认为天下第一“高手”，当了官喜欢自己说了算。（4）攀上心理：图虚名，讲来头，看不起本地人，看不起乡下人，看不起比自己地位低的人，这种人很容易成为骗子的俘虏。消除这些陈旧的观念是当务之急，也是一项长任务。

还可以列出一些经验教训，主要讲这几点。意在说明编志书的人，在成书之后并没有完成任务，读志用志，使我们花费心血写出的书能在当前及今后地方发展中产生推动力，也是我们应当做的工作。

第三，为地方的振兴与发展建言献策。

古人有言：“观今宜鉴古，无古不成今。”但是，鉴古也好，知今也好，最终目标还是为了将来的发展。编写志书、年鉴，总结历史经验，教育青少年，最终也是为了求得将来的发展。志鉴中不仅存有大量史实，有治理地方的经验教训可借鉴，还有山川形势、气候物产、地方经济兴衰起伏、民风民俗演进，种种情况。包含有丰富的涉及各个方面的信息，其中也有开发价值高或者当时不具备开发条件，现在有了开发条件和开发需要的东西。方志工作者对这些材料接触多，有一定深度的认识和了解。因此，从立脚本地资源寻求发展思路来看，是可以提出比一般经济工作者或者研究者更为切实的意见和建议来的。在这方面为地方党政建言献策，也就不失为当前的经济建设出力的一种途径。以南充为例，就当前寻求发展方向而言，我以为有三点值得人们注意。其一是寻求发展的思维原则问题：南充近百年经济发展的正反两个方面经验都告诉我们，求发展就要敢于独立思考，独辟蹊径，需要“求异”意识；立足本土的乡土意识；立足于自己救自己的自强自信意识和面向顾主的市场意识。以南充目前的条件，想发展电子工业等高科技产业或信息产业，只能是无依据的梦想；指望把路修通了把市场修大了会有成百上千的巨商来投资办企业也是不切实际的幻想。南充的发展得靠南充人，靠我们自己。其二是从丝绸的束缚中解放出来。就历史来看，丝绸也曾经给南充经济发展带来过几度辉煌，但就客观上讲丝绸的发展从原料到市场都有相当大的局限性。全世界没有一个国家是以丝绸为骨干工业的国家。就百年历史看，南充丝绸工业百年内几十次大起伏，大起大落每一次受挫都使地方经济大伤元气。如果还守着丝绸之乡不放，那么，“作茧自缚”必然造成我们更落后，更难发展。另一方面，南充地处丘陵区，自然条件决定我们有很多野生植物、药用植物资源，南充医药特别是中医药方面，发展历史悠久，人才辈出，又有川北医学院，开发中草药，开发绿色食品，特别是野菜、蔬菜，适应全世界当前出现的“回归自然”的发展趋势是大有可为的。自己搞出了名堂，有了几个办得红火的企业，才能把外商吸引起来。其三，从文化旅游事业而言，要打破“三国模式”对思想的束缚。古安汉不是三国时的古战场，当时也不是任何一个政治军事集团的活动中心。千余年来除阆中外，留下的三国遗迹并不多，不能因为这80多年历史而忘记了南充两千多年的历史和文化遗产，要放眼开发嘉陵江与各县、市所有名胜风景，要建设具有川北乡土特色、文化特色的旅游景点，开辟有独特风格的旅游线。如建设川北民俗馆、川北古镇、川北农家等。要重点恢复和建设历史悠久自然风光秀美的道观、佛寺。不要把这些宗教活动场所看作“迷信”活动中心，而要把它们建设成传播和弘扬中华传统文化的基地。

今天泰国、缅甸及国内的著名景点，大都是以道观、佛寺为其歇脚点的。其四，要把开发本地智力资源摆在求发展的首位上来。人力资源中最重要的是智力资源。引进人才固然重要，留住人才培养人才，让本地所有人才具有施展才华的良好条件更为重要。读读志书想一想，这几十年特别是改革开放以来南充人走过的路，我们就可以明白，这中间的教训实在是太深刻了。

为现实服务，为经济工作服务，对方志工作者来讲，这是一个很重要的问题。很多同仁已经探索出了成功的经验，做出了相当好的答卷。让我们共同努力，把南充的地方志事业推进到一个崭新的发展阶段，在促进地方经济发展中做出新的贡献！

〔录自《南充市情研究》1998年（年刊）〕

强化质量管理　力出精品志书

南充市地方志办公室　夏建平

地方志书生存、留存的意义和价值，在于志书质量的高低。一部好的志书，能长远地产生经世致用的效果；反之，存在诸多问题的志书，就会贻误子孙。要修出一部精品佳志，必须高度重视质量问题，牢固树立“质量是志书的生命”的意识。新修《南充市志》，上限原则上为清康熙四十六年（1707年），下限为2003年，时间跨度近300年。要修出一部能全面、系统地反映南充、体现南充地方特色的高质量志书，我们从修志开始，就加强了志书纂修各个环节的质量管理，力争修出精品良志。

一、科学设计篇目

篇目是志书的总体设计和基本框架，篇目的优劣决定着志书的成败，影响着志书的质量。我们按照“科学分类和社会分工相结合”、“事以类聚、类为一志”基本原则，在以科学分类为主、突出地域特色和时代特征的基础上，科学合理地设计市志篇目。一是印发资料搜集篇目。我们在学习借鉴已成志书篇目的基础上，尊重客观事实，结合我市实际，拟定印发了《南充市志》资料搜集篇目，指导各地、各部门广泛搜集资料。二是商讨完善形成初纂篇目。在搜集资料过程中，我们发现有的篇目未体现南充特色，有的篇目未体现行业特色，有的篇目难以搜集到资料，有的篇目难以归在某一类目下，于是市志总编室人员与各部门逐一商讨研究，对搜集资料篇目进行修改完善，形成了志书初纂篇目。三是修定形成总纂篇目。总纂前，我们对初纂中出现的问题进行了分析研究，发现篇目设置上归属、层次、特色、升格还不到位。市志总编室又邀请了修志专家、学者进一步对篇目进行了探讨、修改，比如，为了突出南充地域特色，我们将“南充丝绸、阆中古城、朱德故居”升格为卷，进行专项记述。

总之，科学合理的篇目，不是一蹴而就的，需要在修志过程中反复修改，不断完善，逐步形成。《南充市志》采用条目体，原则上控制在3个层次（门目、类目、条目），最多不超过4个层次，做到了没有空标题出现。

二、抓好指导试写

“众手成志”是第一轮修志得出的一条重要经验，但“众手”长短不一，水平参差不齐。仅靠两三天或一周对各部门志稿编纂人员的集中培训，难以保证志稿质量。为此，我们着重抓了分类指导、志稿试写两方面的工作。一是做好分类指导。按照初纂篇目，将相关部门纂稿人员相对集中，分批次地开展有针对性的业务指导，同时主动到各部门开展一对一的指导帮助。二是搞好志稿试写。市志各承编单位分纂前，我们重点安排对修志悟性较高的编纂人员先试写出一部分志稿，然后市志总编室将试写的志稿印发给大家，面对面地进行点评、修改、指导，帮助编纂人员提高修志技能和技巧。

三、确保总纂质量

总纂是决定志书质量的关键。为了保证志书总纂质量，我们着重抓了四个方面的工作。一是选聘好总纂通纂人员。首先在初纂人员中选拔，我们在各个部门志稿初纂人员中选择了8名人员作为总纂人员，又在总纂人员中确定5名来承担市志通纂工作。其次聘请专家、教授撰稿，我们依托西华师大、西南石油大学等高校资源，聘请了4名教授承担了市志的政区、自然环境、方言、人物等卷的撰稿任务。二是定期研究解决技术难题。在总纂通纂中，每月定期召开总纂通纂人员研究讨论纂写中存在的问题，集中解决有关重复、交叉和一些技术疑难，从而既保证了纂修进度又保证了志书的体例、行文前后的统一。三是突出地方特色。在总纂通纂中，我们要求在能反映南充地方特色上下功夫，花力气，重点纂写好南充特有的人和事以及悠久历史文化。四是一支笔成志，多只手完成。“一支笔成志”既是第一轮修志的一条重要经验，也是保证志书质量的重要途径。但在实际中，由一人最后来定稿，时间上、精力上、知识面上都难以保证。为此，我们采取了“一支笔成志，多只手完成”的办法，选聘5名同志从志书的“体例结构、行文规范、词语表达、数据图表、政治原则”等方面各有侧重地将全部志稿从头到尾逐一把关，最终完成志书通纂。

四、严格志稿审核

搞好志稿审核是保证志书质量的重要环节。为此，我们制定了《南充市地方志书审查验收办法》，规范了我市地方志书的审查验收工作。一是抓好各部门志稿初审。要求各承编部门在志稿形成后，必须请本部门、本系统部分老领导、老同志、业务骨干以及现任领导审读志稿，重点把好史实关、数据关、政治关、保密关。二是再次征求各部门意见。市志总编室在各部门纂写初稿的基础上，按照市志编纂要求进行总纂和通纂，待通纂稿形成后，由市政府发文，要求各单位、各部门对涉及本单位的通纂稿，再次组织本部门领导和老领导、老同志、业务骨干等相关人员对通纂稿进行审读，并在一个月内将修改志稿和提出的建议意见反馈给市志总编室。三是送领导和专家学者审读。市志总编室在收到大家对通纂稿的修改稿和建议意见后，组织编纂人员再作修改，形成了《南充市志》审读本，将审读本印制成册，送请市志编委会顾问及各位成员、市厅级领导（包括已离任和在任）以及省、市修志专家、学者审读，同时也将市志审读本送市保密、统计、宗教、外事等部门，就志书是否在保密、数据、民族宗教、外事政策等方面存在问题进行审查，并向市志编委会出具正规的审查意见。四是召开好志稿评议会和政府审查评审会。市志总编室在全面完成对市志审读基础上，再组织相关领导和专家学者召开《南充市志》志稿复审评议会，认真听取领导和专家意见，待对志稿再次修改完善后，提交市政府组织市志审查评审。五是修改完善形成送审志稿。在通过政府审查评审后，我们组织编纂人员作最后的修改定稿，按照“齐、清、定”的要求，形成《南充市志（送审稿）》，由市政府呈报省政府进行终审。待通过终审后，再交出版社审定、出版。

五、精选入志图片

图，是志书的重要体裁，包括地图、照片、图画等。应用好图、表可以起到化繁为简、增强记述效果的作用。一是把握入志图片原则。入志图片要能充分反映南充历史沧桑，展示南充各个时期、各个层面的重大变化和取得的辉煌成就。选入的地图必须具有科学性、准确性，选入的照片必须遵循真实性、资料性、典型性、艺术性。二是分类广泛收集。我们按政治、经济、文化、生活、社会、事业等大类在全市广泛征集有关图片，重点放在重要事件、重大活动、重要人物、重大变化和重大成就上，聘请专业人员担任图片编辑，提高入志图片的艺术性。我们在广泛征集的500余幅照片中，选取300幅送市志编委会审查，最后确定200幅入志。

六、规范出版印刷

志书出版、印刷也是确保志书质量的重要环节。我们在把握好志书政治关、史实关、保密关和文字关的前提下，严格按照《四川省第二轮市县志书出版印刷规范》做好出版印刷工作，抓好志书的封面、板式设计，注重志书的印刷、装帧，严格文字校对，力争将差错率控制在规定范围之内，确保出版合格志书。

(录自《巴蜀史志》2009年第6期)

精心修志　服务发展　奋力开创南充地方志工作新局面

——在全省地方志工作会上发言

南充市地方志办公室

(2010年2月1日)

修志编鉴、开发利用是地方志工作立足点。我们紧紧围绕这一立足点，按照省委、省政府部署，在市委、市政府领导下，在省志编委会指导下，认真贯彻落实《地方志工作条例》和《四川省地方志工作条例》及其实施办法，突出二轮修志中心，统筹做好年鉴编辑、地方志资源开发利用等工作，真抓实干，开拓创新，不断推进全市地方志工作又好又快发展。

一、全面完成2009年地方志工作任务

“新修《南充市志》通过省政府终审”写进了2009年市政府工作报告，确保这一目标的实现是我市地方志工作的首要任务。在重点抓好《南充市志》编纂工作前提下，协调做好了深入学习实践科学发展观活动、编辑综合年鉴和开发利用地方志资源为经济社会发展服务、进一步学习贯彻《地方志工作条例》等方面的工作，圆满完成了年初提出的各项目标任务。

(一) 贯彻《条例》营造良好发展环境

《地方志工作条例》确立了地方志在经济社会发展中的法律地位，学习贯彻落实好《条例》，对于促进地方志事业全面可持续发展具有十分重要的意义，对于全社会认识和重视地方志工作、加强地方志系统自身建设有着重大作用。我们以深入贯彻《条例》为契机，善于理解和运用《条例》赋予地方志工作机构“组织编纂志书和地方综合年鉴，开展整理旧志，推动方志理论研究，开发利用地方志资源，不断加强自身建设”的职责，积极向党委、政府领导宣传《条例》、汇报工作，主动争取领导的关心与支持。在市委、市政府和省志编委会的高度重视和关注下，我市基本做到了领导、机构、人员、经费和条件“五到位”，市、县（市、区）两级都设置了正县或正科级参公管理的独立机构，落实了人员编制，配备了3~8名专职人员，并将修志、年鉴编辑等工作经费纳入了同级财政预算，逐步改善了市、县两级地志办办公条件，添置了必要的办公设施设备，为全市地方志工作的开展提供了有力保障。

为了让全社会认识和了解地方志工作，我们充分借助报纸、电视台等新闻媒体，大力宣传地方志工作。全年编印《南充地方志》简报15期，被省志编委《四川地方志工作通讯》采用20余条，市委、市政府主办的《每日要情》《政务要情》摘登5条，南充电视台报道地方志工作10余次（条），《南充日报》《南充晚报》报道地方志工作近10余条（篇），我市地方志工作赢得了社会各界的大力支持。

（二）新修《南充市志》通过省政府终审验收

新修《南充市志（1707—2003）》是自清康熙四十六年（1707年）以来南充编纂的第一部市级志书，2003年正式启动，历时6年，于2008年完成了通纂。2009年我们重点是抓好市志审核修改和审查验收。

年初，市政府印发了《关于做好〈南充市志〉（通纂稿）审核工作的通知》，要求市级各部门、各单位组织本单位老领导、老同志、业务骨干等有关人员对涉及本单位的市志通纂稿进行认真审核修改。1~8月，各部门、各单位按照要求，认真进行了审核修改，市志总编室根据反馈意见修改完善，形成了500余万字的《南充市志》审读本。

我们将市志审读本送请省志编委会领导、南充历任及现任市级领导、市志编委会顾问及各成员单位、省市修志专家学者、各县（市、区）等200余人进行了大范围审读，同时，请市保密、统计、宗教等部门对市志保密性、入志数据准确性、是否违反民族宗教政策等相关内容进行了审查。11月上旬分别召开了市人大、市政协离退休领导及县（市、区）等相关人员座谈会，广泛征询意见和建议。11月10日，市政府召开了省市领导、专家学者、市志编委会成员单位及县（市、区）相关人员60余人参加的市志复审评议会。

市志总编室认真吸纳各方面意见和建议，组织得力人员，对市志审读稿做了进一步的修订完善，形成了市志送审稿。

按照省志编委会“评议、审查”分开的要求，市政府四届第35次常务会议对《南充市志》送审稿进行了专题审查，同意将《南充市志》正式呈报省政府终审。我们按照“齐、清、定”的要求，将《南充市志》送审稿和市政府《关于审查〈南充市志〉（1707—2003）的请示》等报送了省政府市州志书审查验收小组。省政府市州志审查验收小组于12月24日组织召开了《南充市志》终审验收会，认为新修《南充市志（1707—2003）》符合《四川省第二轮市县级志书编纂规范》，达到了《四川省市县级志书质量标准》，同意通过省政府终审验收。

（三）续（新）修县（市、区）志稳步推进

第二轮修志中，我市9个县（市、区）需新修3部、续修6部志书。目前续修的《营山县志》《仪陇县志》和新修的《顺庆区志》已出版发行，已有29个市级部门和293个县（市、区）级部门出版发行了部门志书。

为了确保全市二轮修志能在2010年底全面完成，2009年，我们加大了对未完成续（新）修县（市、区）志任务的县（市、区）督促检查和业务指导，并将南部县、蓬安县作为重点县予以指导。6月，我们对全市地方志工作进行了督查，在半年工作会议上通报了全市修志等情况，分县（市、区）提出了完成年度修志目标任务的具体要求。各县（市、区）按照要求，增派力量，在保证质量前提下，加快了工作进度，保证了修志年度目标任务的完成。续修《南部县志》已召开了复审评议会，即将进行终审；续修《阆中市志》《西充县志》已完成了分纂，开始总纂；续修《蓬安县志》和新修《嘉陵区志》《高坪区志》基本完成了初纂。

（四）编辑综合年鉴工作进一步加强

地方综合年鉴是地方政府年度蓝皮书，是国内外人士认识、了解一个地方经济社会发展的重要窗口，更是下一轮修志资料的重要来源，我市将编辑综合年鉴作为全市地方志的一项日常工作来抓，实现了一年一鉴的工作目标。

为了提高全市年鉴编辑人员业务水平和年鉴编辑质量，我们举办了市级各部门、有关企事业单位和各县（市、区）地志办年鉴编辑人员业务培训会，邀请了《四川年鉴》编辑专家来我市系统讲授年鉴编辑方法。

按照省、市政府《关于加强地方综合年鉴工作的通知》要求，我市及各县（市、区）对综合年鉴的编辑、出版、印刷等经费都纳入了财政预算。我们加强了综合年鉴编辑工作的指导和管理，将综合年鉴编辑出版作为年度工作目标进行考核，《南充年鉴》（2009卷）及顺庆区、阆中市、仪陇县、西充县2009卷等5部综合年鉴已出版发行，其余4个县（市、区）2009卷综合年鉴已完成编辑任务。

（五）服务经济社会发展取得新进展

修志的目的是为了用志，只有开发利用好地方志资源，服务于当地经济社会发展，才能彰显地方志的价值。地方志资源开发利用要充分围绕党委、政府中心工作，为领导决策服务、为经济社会发展服务。

2009年，市委、市政府提出了大力实施项目推动战略、做强做大优势产业的决策。我们运用掌握的大量地情资源，深入调查研究，撰写了《做强做大南充医药制造业的建议》《嘉陵江（南充段）旅游开发研究》《把南充岩盐开发挤进国省项目盘子》的报告或建议，利用创办的《志鉴利用》地情研究专刊提供给领导决策参考，受到了市委、市政府领导的肯定与好评，其中两篇得到了市委书记刘宏建同志的批示。

我们主动参与了四川核电站、华能煤电、垃圾焚烧发电、石化园区建设、中石油西南油气田管道铺设等重大项目建设论证座谈会，提供相关地情资料和咨询服务。

全市地方志系统全年编辑了《南充市情手册》《南部概况》《嘉陵区情简读本》《解放初期的南充》《顺庆掌故》等重要地情书，赠送给领导和各部门参阅；主动、热情、高效地为全市招商项目、旅游开发等外来投资商和社会各界人士400余人搞好了地情查阅和咨询服务。

（六）启动抗震救灾志编纂工作

按照省政府编纂《汶川特大地震四川抗震救灾志》的要求，我市为非重灾区，负责向省抗震救灾志编纂委员会提供相关资料。市政府落实专职编纂人员，负责搜集南充“受灾情况、抗震救灾、捐资捐物、灾后重建、对口援建”等相关资料。目前已经基本完成编辑，待市领导审查后，报送省抗震救灾志编纂委员会。

我市阆中市、仪陇县、南部县属重灾区，要单独编纂抗震救灾志。这3个县（市）均成立了以政府主要领导为主任、政府分管领导为常务副主任的编纂委员会，成立了抗震救灾志总编室，落实了编纂人员和编纂经费。目前已完成了篇目制定和资料搜集，进入了初纂。

二、客观认识地方志工作存在的主要问题

我市地方志工作在市委、市政府和省志编委的关心和指导下，虽然取得了一定的成绩，但也还存在一些不容忽视的问题，制约了地方志事业的发展。

（一）地方志队伍建设亟待加强

目前，我市市县两级虽然机构健全，配有专职人员，但在职人员整体专业素质不高，除市地志办和5个县（市、区）分别有1~2名业务骨干外，其余县（市、区）均没有业务骨干，存在着人才断档、青黄不接的现象，难以适应地方志事业科学发展的需要。

（二）主动为党委政府中心工作服务亟待加强

由于专业人员缺乏，在充分挖掘地方志资源为党委政府中心工作、为当地经济社会发展服务上力度不大，深度不够，难以主动作为、体现出地方志自身应有的价值。

（三）地方志基础设施建设亟待加强

全市没有建立独立的地方志网站，缺乏现代化信息交流的平台；没有单独、规范的资料室，更没有建成一个方志馆；没有一个县（市、区）志办配置公务用车等，难以满足地方志成果的保存与展示、社会人士查阅地情信息和信息网络化的需要。

三、进一步加强地方志工作的几点建议

地方志是政府的一项基础性工作，也是文化建设的一个重要内容，是一项复杂的社会系统工程，需要各级政府在人力、财力等方面的综合支持。

（一）将方志馆建设列入省上重点项目予以支持

方志馆是地方志开发利用的重要场所，是保存各种地方志资料、提供各方查阅、检索志书的地方。建议将各市（州）方志馆的建设纳入全省重点项目予以立项支持，解决方志馆建设用地和资金投入。

（二）加大《地方志工作条例》和《四川省地方志工作条例》贯彻落实的调研检查力度

《地方志工作条例》和《四川省地方志工作条例》是推动地方志工作最有力的武器，学习贯彻《条例》是一项长期的任务，建议省人大、省政府对各地贯彻《条例》情况开展专项调研检查，确保《条例》的全面落实。

（三）加强地方志队伍建设

队伍建设是地方志工作得以继承和发展的一项重要工作，建议各级政府根据地方志工作特点和实际需要，研究制定特殊的人才引进办法，把熟悉地情、热爱和安心地方志工作的人员以及与地方志工作相关专业如历史学科的高校毕业生充实到地方志队伍来，不断改变队伍的专业人员结构；建议省志编委会与省内高校建立长期合作关系，有计划地举办在职人员专题业务培训班或提高研修班，不断提高全省地方志工作者的业务水平。

这次全省地方志工作会议是在全面贯彻落实省委九届七次全会、省委经济工作会议精神的关键时刻召开的，我们将认真学习贯彻好会议精神，全力抓好新修《南充市志》出版发行，全面完成二轮县（市、区）志续（新）修任务，搞好综合年鉴编辑，强化地方志队伍建，主动为党委政府中心工作服务，努力推进我市地方志工作再上新台阶。

对开发利用地方志资源的思考

阆中市地方志办公室 杨朝志

开发利用地方志资源，是各级地方志工作机构的重要职责。全国第一轮修志结束以来，修志机构在开发利用地方志资源方面做了一些尝试并取得明显成效。然而，由于资源整合不力、管理方式滞后等原因，地方志资源开发利用工作还存在一些亟待解决的问题。第二轮修志工作结束后，如何更好地对地方志资源进行开发利用，是我们必须认真探讨并加以解决的课题。下面，结合阆中市实际情况，对开发利用地方志资源提出一些思考。

一、实行志鉴一体化，开发年鉴资源

地方综合年鉴属地方志的范畴。全国第一轮新方志编纂结束后，各地已普遍开展了年鉴编辑工作。阆中市年鉴编辑始于2001年，将其定性为市政府主办的大型综合年刊和年度市情资料文献。至2012年，除2002—2003年为两年鉴外，其他年份均每年一鉴。应该说，工作还是有成效的。然而，第二轮修志中，我们发现年鉴中真正有价值、可为志书所利用的资料并不多。这种情况提示我们，年鉴与志书虽同属地方志并均由地方志机构管理和编纂，但由于篇目设置、编纂体例、资料来源和编辑方法等方面的差异，使年鉴为修志积累资料、为志书提供资料的功能并没有得到充分显现。这也说明，年鉴与志书脱轨或“两层皮”的问题是客观存在的。要解决这个问题，必须在坚持年鉴规范性的基础上，改进年鉴篇目体例、资料收集和编辑方法，实行真正意义上的志鉴一体化，使年鉴与志书接轨。具体措施可从以下几个方面考虑：

一是改进篇目体例设置，使年鉴篇目保持相对稳定。年鉴总体框架设计时，可参照和借鉴志书篇目，在类目和分目上设立相应的连续性标题，同时设立常规性条目及统计表，使年鉴与志书的主要事类相衔接并保持相对稳定，以保证修志所需资料的系统性和完整性。对每年出现的新事物，可增设新的条目，以保证新生事物的相关资料不被遗漏。

二是改进资料搜集方法，保证年鉴资料的广度和深度。要改变那种部门负责、电话催收、渠道单一、范围狭窄的状况。各年鉴承编单位按照年鉴篇目拟定资料搜集方案，保证事类要素资料齐全；年度资料的搜集范围，不能只限于单位年度工作总结，还应包括专项、业务工作情况和各种统计资料；除了年鉴承编单位提供资料外，年鉴编辑部也应注意搜集地域年度资料和相关行业、部门资料，以增强年鉴资料的综合性和全面性。同时，要注意做好年鉴原始资料的整理、归档，为续修志书积累更多的资料。

三是改进文风文体，纠正“年终总结汇编”的模式。年鉴条目编写中，必须放弃那种部门角度、归纳法、总结式、经验型的文风文体，要像志书编纂那样，对资料进行分析、整理和考证，做到“述而不论”、言简意赅、语言精练、文风朴实严谨。同时，还应改变“记喜不记忧”的文风。

二、编修地域特色志，开发志书资源

不可否认，编纂省、市、县三级志书，是地方志机构的主要任务。但是，若我们的工作只是围绕本级志书来开展，显然是远远不够的。搞好地域特色志书的编纂，是深入开发利用方志资源的重要形式和手段。第二轮修志结束后，可根据不同情况，选择一些名山大川、名胜古迹、名人名家和地域文化，编纂一批具有地域特色的志书。同时，还应抓好乡镇志、部门志、专业志的编纂工作。这样，本级志书、地域特色志书、乡镇志、部门志、专业志，加上每年的地方综合年鉴，形成“五位一体”的志鉴系统，必将大大推动地方志的深度开发和有效利用。

阆中近三十年来，先后有7个区、59个乡镇编纂了区志和乡镇志；有42个部门、单位编写了部门专业志。第二轮修志后，我们计划以阆中历史文化为主线，结合旅游开发，陆续编纂出版《阆中古城志》《阆中名人志》《阆中名胜志》《阆中土特产志》等地域特色志书，争取在志书资源的开发方面有所作为。

三、编辑地情资料书，开发地情资源

地方志机构拥有优越的资料优势，将这些资料进行二次开发和有效利用，是开发利用地方志资源的重要环节。实施方法可考虑从以下几个方面着手：一是将两届志书改编成简志或普及本，这也是目前通常的做法；二是从两届志书中提炼出最重要、最精彩、最有价值的部分分别改编成小册子；三是在方志资料基础上，进一步扩大线索，考证整理历史沿革、历史名人、历史事件等历史文化，分别编辑出版专题资料书；四是挖掘整理文物古迹、风景名胜、民风民俗等文化遗产，分别编辑出版专题资料书。这样既可使方志资料更适合、更方便地为用志者阅读和使用，又可广泛宣传本地优势与特色，提高其知名度，为经济建设和旅游开发服务。

阆中自新编地方志以来，志办曾先后编辑出版过大型画册、专题资料和多媒体光盘等地情资料。市属有关单位和一些文史工作者，以阆中古城、风景名胜、名人志士、风水文化、民族宗教、民歌民俗、名特产品等为主题，编辑出版了五十余部地情资料书，对宣传推介阆中、促进旅游业的发展起到了积极作用。市志续修完成后，我们计划陆续编辑出版《阆中史话》《地名传说》《阆中大事记》等地情资料书，力争在地情资源开发方面有所突破。

四、整理点校旧志书，开发旧志资源

旧方志是重要的历史文化遗产，整理旧志是地方志机构的职责之一，而开发旧志资源也是地方志资源开发利用的重要组成部分。阆中自明代以来，先后有明嘉靖《保宁府志》、清道光《保宁府志》、清咸丰《阆中县志》、民国十五年《阆中县志》等旧志书。这些旧志内容丰富，具有较高的史料价值，但有的流失台湾，阆中仅存影印件；有的只存孤本，一直馆藏保存，外界使用很不方便。为此，我们计划待续修市志完成后，将这些旧志进行整理、点校并出版，以供社会各界使用。事实上，从2009年开始，我们已开始进行旧志的文字录入，现在清道光《保宁府志》和清咸丰《阆中县志》已形繁体、简体两种电子文档并进行了初步点校。至于旧志出版的问题，采用什样式与格式，是线装本还是平装书，是竖排还是横排，是繁体还是简体，尚待研究和讨论后根据情况而定。

五、创办地方志网站，开发网络资源

长期以来，志书、年鉴、地情资料书均是以传统的印刷版本向社会发行。近年来，虽然在出版印刷版本的同时也出版电子版本，但严格地讲，电子版本也同样属于出版物范畴，同样需经发行途径才能面向社会。也就是说，电子版本只不过是传统书籍的另一种形式而已。这样，志书、年鉴、地情资料书这些重要的地方信息，由于其载体单一，传播途径不畅而丧失了现代信息资源的基本特征，我们一贯提倡的宣传、发行和所谓“读志用志活动”也往往事倍功半，收效甚微。

随着现代网络信息技术的迅猛发展，信息的加工、存储、传播及其利用方式都发生了重大变革。网络信息技术的普及，一方面对传统方志文化形成了严峻的挑战，同时也给方志文化和方志工作者带来极好的机遇。《四川省地方志工作条例》实施办法第十六条指出："县级以上地方人民政府地方志工作机构应当积极开发利用地方志，通过建设方志馆、资料库、网站等方式，加强地方志工作的信息化建设，健全地方志信息资源网。"运用网络这一现代传媒工具，推进地方志工作数字化、网络化建设，是我们开发利用地方志资源应引起重视和尽快解决的问题。

2006年底，阆中建立了"阆中地方志"网，设有："阆中概况""市情纵横""地方志""年鉴""方志动态"和"方志论坛"等9个栏目和20多个子栏目。我们将1993年《阆中县志》和每年的《阆中年鉴》录入上网，受到社会及网民的欢迎和很高的评价。网站运行一年多后，由于网管严格，一气之下而关闭。现在想来，仍觉遗憾。

第二轮修志工作结束后，我们应尽快创办地方志网站或地情信息网，让地方志信息的交流突破空间、时间的限制，让广大干部群众方便、快捷地了解地方志工作，了解地方历史、地理、经济、政治、文化等方面的知识。这不论是宣传效果还是其受众，都是跑单位发行（卖书）和"读志用志活动"不能相比的。当然，话又说回来，志书印数也不能少，志书发行也不能不搞。不过，这是另一个层面的问题了。

（录自2012年川东北片区地方志理论研讨会交流材料）

拓宽领域　依法修志　奋力推进地方志事业持续科学发展

——在全省地方志工作会议上发言

南充市地方志办公室

（2013年1月21日）

2012年，南充市全面贯彻《地方志工作条例》和全省地方志工作会议重要精神，认真实施《四川省地方志事业第十二个五年发展规划》和《南充市地方志事业第十二个五年发展规划》，拓宽工作领域，加强统筹协调，依法修志，全面推进地方志事业科学、持续发展。《南充市志（1707—2003)》被评为四川省第十五次哲社二等奖。南充市地志办被省志编委会表扬为"依法修志"和"地情资源开发利用"先进集体，被南充市政府表彰为《南充市志（1707—2003)》编纂先进集体。

一、切实做好二轮志书发行宣传工作

在第二轮志书编纂中，我市承担的1部市志和9部县（市、区）志书于2011年底前圆满完成了编纂任务，全面通过了省、市终审验收。新修《南充市志（1707—2003)》2011年完成了印制任务。2012年4月，市政府召开了市级各部门负责人、各县（市、区）政府领导和先进集体、先进个人代表等140余人参加的《南充市志》编纂总结表彰暨首发式大会，省志编委党组书记、副主任马小彬以及市委、市人大、市政府、市政协等领导出席，大会对30个先进集体和60名先进个人予以了通报表扬并颁发了奖牌和荣誉证书。首发式后，我们庚即开展了志书"进机关、进社区、进学校、进企业"的"四进"活动，主动为市委、市人大、市政府、市政协所有领导和副厅以上离退休领导、各县（市、区）领导以及市级各机关部门、部分社区、重点学校、重点企业等赠送《南充市志》1300余套，主动为国、省图书馆、方志馆、档案馆以及北京大学、清华大学、中国人民大学、西南大学、四川大学、西南财经大学、四川师范大学等国、省知名大学图书馆赠送200余套，与省内其他20个市州以及山东、上海、湖南、广东、重庆等部分地方志机构或个人交换志书120余套。

为了扩大《南充市志》的对外影响力，让社会各界人士认识和了解《南充市志》的重要性，《南充日报》《南充晚报》《南充广播电视报》在4月下旬至5月中旬分别开辟了1个整版宣传《南充市志》，南充电视台《人文南充》《周末故事会》两个栏目分别制作了30分钟的专访节目宣传《南充市志》。省志编委会市县志工作处原处长何瑞明、原副处长马国栋在阅读《南充市志》后分别撰写了近万字的《五百万言巨著，三百年来南充》《记川东北重镇，谱新方志佳篇》的专题评介文章，均发表在《南充日报》（2012年4月26日）和《巴蜀史志》（2012年第三期）上。

通过宣传，领导对我们的工作有了更多的了解，社会对我们的工作给予了更多的支持，从而创造了更加有利于事业发展的条件。2012年，市政府根据工作需要对政府常设议事机构进行了规范清理。在规范清理中，没有因我市市志编纂完成而对地方志工作不重视，而是成立了由市长任主任、分管副市长、市政府秘书长和市地志办主任任副主任、市委办等27个市级部门主要负责人为成员的“南充市地方志编纂委员会”，为市政府常设议事机构，并明确每年至少召开一次由委员会主任召集的委员会全体成员会，研究部署全市地方志工作，解决全市地方志事业发展中的重大问题和紧迫问题。2012年，我们向市政府提出了修建市方志馆的建议，市领导已作出批示，目前方志馆选址正在落实中。在领导关心和市财政的支持下，2012年还拨出专款，专项用于改善市地志办的办公条件。

在全市9部县（市、区）志书中，《营山县志》《仪陇县志》《顺庆区志》和《南部县志》已全面完成了志书的发行任务，《嘉陵区志》《高坪区志》和《西充县志》已正式出版，即将全面发行。

二、及时启动《川北区志》编纂工作

新中国成立初期，中央把四川省划分为川东、川南、川西、川北4个省级行政区和重庆直辖市。川北区辖南充、遂宁、达县、剑阁4个专区35个县和直辖南充市，川北区党委、行署驻地南充。川北区的建立为川北特别是南充发展奠定了较好的基础，留下了许多可资可鉴宝贵的历史经验，编纂《川北区志》将凸显南充历史上处于川东北区域的中心地位，也将为市委、市政府把南充建设成为川东北区域中心城市提供资政借鉴和历史依据，必将对南充经济社会的发展与繁荣起到更大的促进作用。为此，我们把编纂《川北区志》作为了完成《南充市志》编纂后、我市“十二五”期间地方志的中心工作。2012年初，我们向省志编委呈报了《关于组织编纂〈川北区志〉的请示》，省志编委批复同意我们开展组织编纂《川北区志》工作。4月份，市政府办印发了《关于组织编纂〈川北区志〉的通知》，并成立了由市长任主任的高规格编纂委员会和分管副市长任总编、市地志办主任任执行主编的总编室，召开了《川北区志》编纂工作启动会议，正式启动了《川北区志》编纂工作。

总编室研究制订了《川北区志》编纂方案和搜集资料篇目，积极开展了资料搜集工作，在绵阳、遂宁、达州、巴中、广元、资阳、广安等兄弟市州和德阳中江县、重庆铜梁县的大力支持帮助下，完成了原川北区所辖35个县（市）第一轮志书收集任务。在四川省档案馆的支持下，我们派出5位同志，历时20余天，从原川北区近7000卷档案中筛选查阅了1300余卷，复印了其中近2万页的原始档案资料。

在南充日报社、市图书馆的支持下，我们将原《川北日报》《川北工人报》《川北农民报》全部拍照并进行了数字化处理。同时，我们还收集到了《中国共产党川北区历史》《胡耀邦在川北》《开创基业的人们》《南充市文史资料·胡耀邦与川北区工作回忆》《中国共产党南充历史大事记》等有关记载反映川北区方面的专业书籍50余册（本），为《川北区志》编纂奠定了坚实的基础。

2012年10月，南充电视台公共频道《新闻630》栏目以"《川北区志》编纂资料搜集进入第二阶段"为题作了时长6分钟的新闻专题报道。

三、大力推进部门志书和行业志书编纂工作

从2012年开始，我们将积极支持和指导市、县（市、区）有条件的部门、社会团体、企事业单位和乡镇、村编纂部门志、行业志、专题志、乡镇志、厂（矿）志等作为了一项重要工作来抓。2012年已有《南充市人民防空志》《南充市金融志》《朱德故居志》《六合集团志》《阆中市国土资源志》《阆中市河溪镇志》《西充县教育志》《营山县南北两河整治工程志》等20余部志书正式启动编纂。其中，《六合集团志》已公开出版，《汶川特大地震仪陇县抗震救灾志》《南充市人民防空志》《朱德故居志》《营山县南北两河整治工程志》已完成总纂，《汶川特大地震南部县抗震救灾志》完成了资料搜集并编纂了部分初稿。

四、认真抓好综合年鉴编辑工作

我们在总结上一年度综合年鉴编辑的基础上，对《南充年鉴（2012）》编辑大纲和栏目设置作了较大的修改和完善，使其与经济社会发展更好地相适应。《南充年鉴（2012）》由电子科技大学出版社出版。

各县（市区）也将综合年鉴编辑作为了日常工作来抓。《顺庆年鉴（2012）》《阆中年鉴（2012）》《南部年鉴（2011）》《南部年鉴（2012）》《西充年鉴（2009—2010）》《西充年鉴（2012）》《仪陇年鉴（2012）》均出版发行。

五、挖掘地情资源服务经济社会发展

为了弘扬地方传统文化，推动南充文化事业大发展。2012年，我们组织编辑了《南充掌故》一书，征集、组织稿件500余篇，聘请专家学者从"历史沧桑、地名探源、名人轶事、艺海拾贝、社会琐闻、地方风物"等六个大类进行编辑，最终形成定稿25万余字，由中国文史出版社出版，12月底前公开发行。顺庆区编辑出版了《顺庆艺文撷英》，嘉陵区组织编辑了《红色印记·南充西区革命史》，高坪区编辑了《高坪区情》和《高坪建区20周年大事记》，蓬安县编辑了《蓬安大事记》。南部县聘请专家学者开展了清代道光版《南部县志》旧志整理工作。

市、县（市、区）地志办积极参与全市重大项目建设、旅游开发、招商引资等论证座谈会，积极提供相关地情资料300余份，主动热情地为外来客商、外来投资者和社会各界人士等200余人查阅地情资料和地情咨询服好务。嘉陵区、西充县还为申报"革命老区""忠义之乡"等重大品牌提供了丰富翔实的地情资料。

我市地方志工作取得的成绩，是在市委、市政府坚强领导，省地方志编委会精心指导下取得的。我们将认真贯彻这次全省地方志工作会议精神，创新思路，增添举措，再鼓干劲，不断推进南充地方志事业跃上新的台阶。

求真务实　开拓创新　奋力推进地方志事业科学持续发展

——在四川省第八次地方志工作会上发言

南充市地方志办公室

（2015年3月18日）

自2005年全省第七次地方志工作会议以来，南充市地方志工作在市委市政府坚强领导和省志编委大力指导下，认真贯彻实施《地方志工作条例》，全面落实第五次全国地方志工作会议精神，创新举措，真抓实干，开创了地方志事业发展新局面。南充市97项地方志成果分别获得省、市政府哲社奖和省地方志优秀成果奖，南充市地方志办等单位7次获得了全国、全省地方志系统先进集体等荣誉称号，南充市8人次获得了全国、全省地方志系统先进个人等荣誉称号。

一、科学谋划，着眼长远，制定地方志事业发展目标

（一）结合实际制定发展规划。地方志事业科学持续发展，规划必先行。我们主动争取将事关全市地方志事业最紧要的工作写进全市国民经济和社会事业发展规划，纳入全市经济社会发展。同时根据全省地方志工作重点，结合南充实际，制定具有前瞻性、指导性、操作性较强的地方志事业发展规划。特别是《南充市地方志事业第十二个五年发展规划》由市政府印发各级各部门，将地方志事业提升为政府对各级各部门的要求，明确提出了“十二五”期间全市地方志事业发展的指导思想、基本原则、主要任务和保障措施。

（二）分解目标实施发展规划。规划的执行关键在于落实。我们将规划中的目标任务按年度进行责任分解，具体落实到领导、到科室、到县（市区），提出每一年度完成的进度形象要求，强化督促检查和目标考核，确保规划目标任务的全面完成。

二、贯彻《条例》，加强宣传，营造地方志事业发展环境

（一）多种形式宣传贯彻实施《条例》。《地方志工作条例》是地方志工作的法律武器。我们采取将《地方志工作条例》《四川省地方志工作条例》《〈四川省地方志工作条例〉实施办法》编印成册印发各级领导和各个单位，请市领导发表电视讲话，在市级报刊转载，答记者问，召开学习讨论座谈会，广泛宣传《条例》的重要意义和主要内容。大力开展《条例》贯彻实施情况的专题检查，依法保障地方志工作的有效开展。

（二）借助媒体宣传地方志工作成果。切实的对外宣传有利于外界对地方志工作的认知和理解。南充电视台、《南充日报》等新闻媒体采编播（刊）发了200余条（篇、次）地方志工作信息，制作了3个地方志工作专题宣传片宣传地方志工作。我们还与市电视台联合举办了为期一年、每周一次、每次30分钟的“读市志·知南充”专题讲座，有效提升了地方志工作的地位和对外影响力。

（三）广泛形成各方重视支持的良好氛围。各方支持是地方志工作开展的有利条件。我们通过对外宣传，用实绩赢得了领导的关心，用奉献赢得了社会的理解，形成了“党委领导，政府主持，人大、政协支持，地方志办组织实施”的地方志工作机制，市委常委会、市政府常务会、市政协主席会专题听取地方志工作汇报，解决制约地方志事业发展的重大问题，地方志工作每年都写入政府工作报告，各级各部门大力支持，形成了“领导重视、部门支持、社会关注”的良好局面。

三、突出修志，多业并举，拓展地方志事业发展领域

（一）积极编纂地方志书。编修志书是地方志的中心工作。一是圆满完成《南充市志》编纂出版任务。成立了以市长为主任的高规格编纂委员会和权威性与学术性相结合的总编室，实行“承编单位初纂、系统牵头单位分纂与初审、总编室总纂通纂”三级责任制完成了志稿编纂。在有关领导、修志专家等260余人大范围审读基础上召开复审评议会，修改完善通过省政府终审验收后，于2010年正式出版发行。记述南充近300年历史、480万字的《南充市志》荣获了四川省第十五次哲社二等奖。二是全面完成二轮修志任务。我们制定了二轮修志工作总体规划和年度进度计划，将二轮修志纳入年度目标考核，制定了《南充市地方志书审查验收办法》，成立了志书审查验收学术委员会，严格规范志书审查验收，确保志书质量。2011年，全市二轮10部续（新）修县（市区）志书全部通过市政府终审验收。其中《南充市顺庆区志》等3部志书获南充市哲社一等奖，《西充县志》等4部志书获省地方志优秀成果一等奖。三是《川北区志》通过省政府终审验收。2012年初，我们主动提出编纂《川北区志》的建议得到市政府和省志编委同意。2014年11月下旬，《川北区志》通过省政府终审验收。四是及时启动《南充市地方志志》编纂。该志是市地志办直接组织编纂的第三部志书，按照编纂计划，将于2016年出版发行。五是积极开展部门志编纂。近几年来，通过强化业务指导、狠抓审查验收，已有76部部门志、特色志、乡镇志和厂志出版发行。

（二）规范编辑综合年鉴。编辑综合年鉴是地方志的日常工作。我们将综合年鉴编辑、公开出版纳入年度目标考核，每年对全市年鉴编辑人员进行培训，不断优化年鉴篇目设计，努力提高年鉴编辑质量。《南充年鉴》从1995年创办以来实现了一年一鉴、公开出版，各县（市、区）综合年鉴从2012年开始全部实现一年一鉴、公开出版。

（三）开发地情资源服务发展。开发地情资源服务区域经济社会发展是地方志的价值体现。近年来，我们编辑出版了《南充市情》《南充掌故》《司马相如故里在蓬安》《张飞的故事》等43本地情书；围绕市委、市政府项目推动战略等中心工作，撰写了《把南充岩盐开发争取国家项目的建议》《做强做大南充医药制造业的建议》等9篇调研报告；积极参与四川核电站选址、南充化学工业园、旅游开发等全市重大招商和项目引进的论证咨询会议，提供相关地情服务，主动服务南充经济建设。

（四）整理旧志保护文献。旧志整理是抢救、保护历史文献的有效途径。我们组织人员对全市旧志进行了全面摸底调查，制定了旧志整理工作方案，聘请地方志专家或对南充历史有研究的教授学者对旧志进行点校整理，已有清康熙《顺庆府志》、清同治《南部县志》等5部旧志点校整理出版，明正德《蓬州志》等6部旧志正在点校整理中。

另外，我们还在地方志理论研究、地方志资料信息等业务方面做了一定的工作，取得了一定的成效。

四、充实力量，强化保障，筑牢地方志事业发展基础

（一）机构始终保持稳定。我市市、县（市、区）地方志工作机构自1983年成立以来，虽经历次机构改革，但一直都是独立的正县或正科级参照公务员法管理的事业单位。市、县（市区）都成立了由政府主要领导任主任的“地方志编纂委员会”，确保了机构的稳定。

（二）队伍建设不断加强。我们积极开展“学习型、研究型、创新型、服务型”队伍创建活动，提出了“锐意进取、创新实干”的工作要求，明确了“建强队伍、树好形象、争创一流”的工作目标，积极参加全省或全国举办的地方志业务培训会，努力提升干部职工的业务能力。同时，大力充实专业人才，近5年市地志办通过公开遴选增加了5名专业人员、县（市、区）地志办增加了19名专业人员，有效解决了专业人才青黄不接的问题。加强地方志学会建设，充分发挥社会人士修志的作用，借智借力，形成了专兼职有机结合、相得益彰的地方志工作队伍。

（三）增大投入改善条件。市、县（市、区）政府都将地方志工作经费全部纳入财政预算且逐年大幅增长，重点工作单列经费予以重点保障。市政府在清理办公用房中给市地志办增加了办公室，拨出专款给市地志办新购置了1辆公务小车，建成了南充市地方志网站，为每位干部职工配备了1台笔记本电脑，添置了零边距书刊扫描仪、数码摄像机等专用设备，极大地改善了办公条件。

（四）政府拨款新建市方志馆。2013年2月，市方志馆作为完善城市功能的公共文化事业项目被市政府正式立项，由政府全额拨款新建，并选址市中心黄金地段。2014年，市方志馆被列为城市基础设施建设重点项目，7月底前完成了建筑施工设计，建筑面积达到5000平方米。10月26日，市方志馆正式开工建设。

编后记

志书编纂是地方志的中心工作。2011年，南充市在全省率先全面完成第二轮市、县（市、区）区域志书编纂任务后，将市、县（市、区）部门志书编纂提上议事日程。为全面反映南充地方志事业发展变化历程，在市级部门志书编纂工作中起到表率作用，南充市地志办决定用3年时间编纂出版《南充市地方志志》。

工作启动。2014年10月，市地志办印发了《关于组织编纂〈南充市地方志志〉的通知》，成立市地志办主任任主任、市地志办副主任和调研员任副主任、9个县（市、区）地志办主任和市地志办科长为成员的编纂委员会，成立市地志办主任任总编、市地志办副主任和调研员任副总编、专家学者任特邀副总编的总编室。11月，总编室研究制定印发《南充市地方志志》编纂方案和资料搜集篇目，召开《南充市地方志志》编纂工作会议，编纂工作正式启动。

资料搜集。2015年4月，市地志办、编委会召开资料搜集工作专题培训会，对各县（市、区）地志办主任、副主任和负责资料搜集的工作人员以及市地志办全体人员进行资料搜集、资料长编业务培训。市地志办主任、总编夏建平要求将《南充市地方志志》编纂作为全市地方志系统最重要的工作来抓，市、县（市、区）地志办主任为第一责任人，地方志工作者全员参与，全力以赴抓好资料搜集，高质量完成资料长编工作。6月，市地志办主任夏建平、副主任朱和晏分别带领市地志办工作人员分组对各县（市、区）资料搜集和资料长编工作进行专项督查。7月，市地志办在蓬安县召开《南充市地方志志》资料搜集工作现场会议。各县（市、区）地志办主任、资料搜集工作人员和市地志办全体人员实地观摩学习蓬安县地志办搜集到的有关原始资料和编写的资料长编，蓬安县地志办主任刘青介绍了资料搜集、资料长编工作经验，市地志办通报了各县（市、区）资料搜集工作的督查情况。夏建平要求各县（市、区）地志办认真学习借鉴蓬安县的做法和经验，拓宽资料搜集范围，分类整理，编好资料长编，按时完成资料搜集任务。9月，各县（市、区）地志办向市地志办、总编室报送资料长编和有关原始资料复印件，总编室逐一审查验收，对没有达到质量要求的资料进一步补充完善。至12月，资料搜集工作全面完成，累计搜集到约3500万字的原始资料复印件和资料长编。

志稿编纂。2016年1月，市地志办采取全办专业人员岗位练兵与外聘专家学者相结合的办法，组建由夏建平、于明（市地志办原副调研员）、杨朝志（阆中市地志办主任）、王国成（阆中市地志办原主任）、赵文宝（西充县地志办原副主任）和市地志办袁渊明、童梅菁、付薇臻等人参加的志稿初纂队伍。朱和晏负责特载图片收集，林志华负责篇目英文翻译。市地志办、总编室召开《南充市地方志志》初纂业务培训会，根据编纂人员专长进行分工，落实初纂任务。每位初纂人员选择1至2个志稿条目进行试写。市地志办、总编室召开志稿条目试写研讨会，对试写的志稿条目进行面对面点评指导、研讨修改。之后，正式进行志稿初纂。初纂中，总编室召开两次志稿初纂研讨会，专题研究解决初纂中有关疑难问题。经过全体编纂人员努力，5月上旬，形成《南充市地方志志》初稿。

为加快编纂工作进度，市地志办、总编室决定一边征求意见，一边进行总纂。市地志办、总编室经过研究，聘请于明等4人承担总纂工作，庚即开展总纂。5月中旬，市地志办、总编室将初稿印发各县（市、区）地志办、市（地区）地志办历届领导和在市（地区）地志办工作过的人员，分别召开征求意见会议，印发《县（市、区）地志办对〈南充市地方志志〉（初稿）修改完善重点内容》《市（地区）地志办老领导、老同志对〈南充市地方志志〉（初稿）修改完善补充重点内容》，要求大家认真审读，修改完善。经过近3个月的努力，8月初完成总纂。总纂人员又立即对征求到的所有建议意见逐一进行查证核实，修改完善。8月中下旬，夏建平、于明对志稿进行修改审定，形成送审稿。

审查验收。2016年9月初，市地志办、总编室将《南充市地方志志》送审稿送请省地方志办领导和省、市地方志专家学者以及编委会各位成员、总编室编纂人员进行审查。在领导和专家学者审查的基础上，9月20日，召开《南充市地方志志》审查验收会。省地方志办党组书记、主任马小彬出席并担任评审组组长，成都市地志办主任高志刚、南充市政府副秘书长李斌担任评审组副组长，省地方志办市县志工作处副调研员朱艳林和市地方志书审查验收委员会委员吴兴中、邓郁章、罗永师、徐方强等担任评审组成员。评审组在听取市地志办主任、南充市地方志志编委会主任、总编夏建平就《南充市地方志志》编纂的意义、过程和主要内容、地方特色等汇报后，充分发表评审意见。大家认为，《南充市地方志志》资料翔实，体例完备，文风朴实，全面、系统、客观地反映了南充地方志事业发展变化的历程，做到了思想性、科学性、资料性、学术性相统一，具有时代特点和地域特色。大家还就篇目设置、内容增删、行文规范、文字校对等方面提出了修改完善的建议意见。评审组成员经过充分酝酿讨论，形成一致评审意见，认为志书质量达到出版要求，同意《南充市地方志志》通过评审验收，希望总编室按照评审会议提出的意见建议，进一步修改完善后交付出版。

审定出版。《南充市地方志志》通过评审后，市地志办、总编室庚即召开意见梳理专题会议，对评审建议意见和编委会成员提出的建议意见等进行归纳整理、综合分析。根据研究形成的意见，夏建平、于明对志稿从头至尾进行了修改完善和最后把关，形成定稿。市地志办通过政府采购，《南充市地方志志》由方志出版社出版。中国地方志指导小组办公室主任、方志出版社社长冀祥德在《南充市地方志志》终审意见中指出"赞赏方志人为自己修志，希望各级地方志机构学习借鉴"，对《南充市地方志志》编纂工作给予充分肯定和高度称赞。

真诚致谢。《南充市地方志志》编纂出版工作中，省地方志办领导、市政府领导给予了关心支持，全市地方志工作者积极参与，编委会全体成员主动作为，全体编纂人员默默奉献，方志出版社优先安排，等等。在此，谨向所有关心、支持、帮助和参与《南充市地方志志》编纂出版的领导和同志们致以崇高的敬意和衷心的感谢！

地方志部门编纂地方志志，如同"裁缝给自己做衣裳"。不完全统计，截止到目前，全国省、市、县（市、区）三级地方志机构编纂出版的方志志仅10余部，这些志书记述的重点是志书本身的有关情况，其他则甚简略，尚未见到单独的"地方志志"出版发行。《南充市地方志志》详细记述南充地方志各方面的工作，系统反映南充地方志事业发展变化的历史过程。编纂工作中，我们虽然要求尽力深入广泛地搜集资料，但由于民国及以前的资料只能从现存旧志中去查找，加之2004年市地方志办公室搬迁造成部分档案资料遗失，故南充历史上参与旧志编修的部分先贤未能入志，20世纪90年代的部分工作未能充分展现，等等，是为憾事。同时，由于编纂人员能力和水平有限，志书内容疏漏之处在所难免，恳请读者批评指正。

编　者

2016年11月

索 引

条目索引

R

S

X

Y

Z

人物传 人物简介索引

W

X

Y

Z